Tout pour l'examen théorique
de pilote privé d'avion et ULM

Manuel de pilotage d'avion et d'ULM

7e édition

PPL(A) - LAPL(A) - ULM

MAXIMA
LAURENT DU MESNIL ÉDITEUR

www.maxima.fr
LinkedIn : MaximaEditions
Twitter : EditionsMaxima
Facebook : EditionsMaxima.ViePrivee
Instagram : editionsmaxima

MAXIMA
LAURENT DU MESNIL EDITEUR

ISBN : 9782840016694

COUPLAGE VERSIONS PAPIER ET NUMÉRIQUE

En faisant l'acquisition de cette 7e édition
du *Manuel de pilotage d'avion et d'ULM*,
vous avez la possibilité d'en recevoir
gratuitement sa version numérique au format ePub.

Pour cela :

1/ Rendez-vous sur le site www.numilog.com.

2/ Créez votre compte client, puis rendez-vous directement sur le panier, à partir du lien « Voir mon panier » dans l'en-tête.

3/ Saisissez le code - qui se trouve sous l'étiquette à gratter, à l'intérieur de la couverture, derrière le livret de progression - dans le champ « Utiliser un coupon de réduction », puis cliquez sur « Appliquer ».

4/ Finalisez la commande pour accéder au téléchargement ou à la lecture en ligne de l'ebook, accessibles à tout moment à partir de l'espace « Mes livres » de votre compte.

Pour toute question complémentaire, notre Service Client
se tient à votre disposition au 0 820 800 500

SOMMAIRE

Section 5 : Navigation

Section 6 : Facteurs Humains

Section 7 : Procédures et sécurité

Section 8 : Modules complémentaires

AVANT-PROPOS

Ce manuel, dont le premier objectif est de vous permettre de réussir facilement l'examen théorique de pilote privé d'avion ou d'ULM, va vous accompagner tout au long de votre vie de pilote !

Il reprend l'intégralité du programme théorique officiel pour l'obtention des Brevets de Pilote Privé avion (LAPL, PPL et ULM).

Dès le début de votre formation au sein d'un ATO, d'une école déclarée auprès de la Direction Générale de l'Aviation Civile (DTO) ou avec votre instructeur ULM, vous approfondirez, matière par matière, les connaissances indispensables qui sont détaillées ici.

Bien sûr, c'est votre école et votre instructeur qui dispenseront la formation pour apprendre à piloter lors de briefings et d'entraînements pratiques. Cet ouvrage n'a pas vocation à les remplacer. Par contre, le jour de l'examen, les savoirs théoriques tels qu'ils vous sont présentés ici vous seront indispensables.

Ce manuel complet, où vous trouverez à la fin de chaque module des QCM d'entraînement du même type que ceux qui sont posés à l'examen officiel, et à la fin de certaines sections un récapitulatif sous la forme d'un « examen blanc », est d'abord conçu pour vous permettre de réussir l'examen.

Nous vous conseillons aussi de suivre des cours théoriques (organisés par votre école, par correspondance...) avec le soutien d'un instructeur, et de passer de nombreux tests blancs (en stage, en ligne...) avant de solliciter de votre école qu'elle vous inscrive dans un centre d'examen (cette inscription n'intervenant qu'après plusieurs réussites à ces examens blancs et une fois l'intégralité du programme suivi, et sur les conseils de votre instructeur).

Une fois breveté pilote, ce livre continuera à vous servir. Si, comme nous le pensons, vous aimerez le consulter pour maintenir vos connaissances à jour et répondre aux interrogations que vous pourriez avoir, nous aurons rempli notre deuxième objectif : vous être utile tout au long de votre vie de pilote.

Quoi qu'il en soit, n'oubliez jamais que vous trouverez auprès de votre instructeur au sein de votre école toutes les réponses aux questions que vous vous poserez sur le pilotage et le monde aéronautique ; n'hésitez surtout pas à le consulter.

Nous vous souhaitons de très agréables moments dans l'univers aéronautique riche en plaisirs et en sensations fortes.

La réalisation de votre rêve commence à présent !

Bon apprentissage, bon examen et bons vols.

Destiné aux élèves de toutes les formations au pilotage d'avions et d'ULM (en écoles ou en aéro-clubs), à leurs instructeurs et à tous les pilotes privés, ce manuel est, à son origine, le fruit d'une étroite collaboration entre les pilotes instructeurs professionnels et l'ensemble du personnel d'une importante école privée de formation au pilotage d'avion de loisirs en France.

Œuvre de professionnels passionnés - comme tous les instructeurs - et de pédagogues aguerris - comme beaucoup d'instructeurs ! -, ce livre a bénéficié de l'expérience de tous.

Qu'ils en soient ici remerciés, ainsi que les contrôleurs aériens, mécaniciens, agents d'État, médecins aéronautiques qui nous ont aidés dans cette réalisation, pour leur collaboration fructueuse et leurs conseils avisés.

Un grand merci, enfin, à tous les élèves, plusieurs centaines, qui, grâce à leurs questions, remarques, commentaires, ont permis d'améliorer ce manuel au fil du temps.

Cette 7ème édition, mise à jour par Pierre-Marie Cottier, pilote professionnel et instructeur, incorpore les nouvelles dispositions réglementaires, tant au niveau des connaissances demandées pour l'examen théorique avion, que pour la réglementation européenne (SERA, Part FCL, Part NCO).

Nous avons ajouté des compléments s'adressant au futur pilote d'ULM, car le programme de leur examen théorique est depuis quelques temps calqué sur celui de l'avion.
De nombreuses QCM du PPL ont en effet été «ULMisées», du fait des performances machine égalant, voire dépassant, celles de l'avion léger. Et il était très facile pour l'administration de remplacer le terme «avion» par celui d'«ULM» dans les questionnaires, car toutes les matières - technique du vol, aérotechnique, réglementation, météorologie, navigation, facteurs humains, procédures et sécurité - relèvent des mêmes connaissances à acquérir.

Bien sûr, nous serons heureux de profiter des conseils de tous ceux qui nous choisiront (élèves) ou nous prescriront (écoles et instructeurs) pour améliorer encore ce manuel dans les années à venir.

Les auteurs
pilotage@maxima.fr

INTRODUCTION

Tout traiter afin d'être vraiment utile aux pilotes et suivre exactement le programme de l'examen pour rendre le passage de l'épreuve théorique plus facile, tels ont été les deux premiers impératifs de ce manuel.

Le lecteur trouvera ainsi les matières des examens théoriques avion et ULM intégrées dans les modules de ce manuel du pilotage. Pour une étude aisée, nous avons regroupé les modules en 7 grandes sections (Technique du vol, Aérotechnique, Météorologie, Réglementation, Navigation, Facteurs humains, Procédures et sécurité), différenciéss par une couleur spécifique.

Ces matières font l'objet d'une seule épreuve pour l'examen ULM et de deux épreuves pour l'examen avion, spécifique et commune, qui contiennent plusieurs matières.

Examen commun avec 4 matières :
- réglementation
- performance humaine
- météorologie
- communication

Examen spécifique avion avec 5 matières :
- connaissance générale de l'avion
- principes du vol avion
- navigation
- performances et préparation du vol
- procédures opérationnelles

Pour l'examen théorique de la LAPL ou de la PPL, constitué d'environ 120 QCM (Questions à Choix Multiples), notre manuel vous sera particulièrement utile car il est conçu pour une progression dans l'acquisition des connaissances la plus logique possible.

Quant à l'examen théorique ULM, constitué pour sa part de 40 QCM, l'autorité utilisant de plus en plus de questions issues de la base de données PPL avion, vous bénéficierez ainsi du cursus le plus complet pour le réussir.

Voilà pourquoi nous avons fait évoluer pour cette 7ème édition notre découpage pédagogique, tout en englobant le programme théorique défini par la réglementation.

Avant de débuter l'étude de ce manuel, et pour vous mettre dans le bain dès maintenant, voici un petit avant-goût avec les conversions des unités de mesure en aéronautique.

Les unités de mesure aéronautiques :
Le système international de mesure universel est basé sur le système MKSA, soit Mètre, Kilogramme, Seconde et Ampère.

Néanmoins, le monde aéronautique utilise des unités spécifiques dont voici les conversions :

Unités de longueurs

1 pied (ft) = 0,305 m
1 mille nautique (NM) = 1 852 m = 6 076 ft
1 pouce (inch) = 2,54 cm
1 mille terrestre (SM) = 1 609 m

Unités de vitesses

1 nœud (Kt) = 1 NM par heure = 1,852 km/h = 100 ft/min
1 m/s = 3,6 km/h = 2 Kt = 200 ft/mn

Unités de températures

0° Celsius = 273,15 Kelvin avec température du 0 absolu = 0 K = - 273,15° C
1° Fahrenheit = (1° C x 9/5) + 32

Unités de capacités

1 Gallon US = 3,78 litres

Unités de masses

1 livre = 0,454 kg

Section 1

TECHNIQUE DU VOL

Cette section de seulement trois modules vous permettra d'appréhender les différentes composantes de ce qui fait voler l'avion ou l'ULM. La mécanique du vol sera agrémentée de quelques formules indispensables à la compréhension mais ne nécessitant pas de connaissances mathématiques poussées. Cette section sera donc abordable par tous, même si les «matheux» s'y sentiront, bien entendu, plus à l'aise. Ce thème vous dévoilera principalement quelle est la clef du vol : vous !

Module 1 « Principe du vol »

Avant de débuter ce module, il est important de bien connaître le vocabulaire spécifique décrivant la grande famille des objets volants :

- le terme « aéronef » s'applique à tout objet volant ;
- le terme « aérostat » s'applique aux appareils qui utilisent le principe de la poussée d'Archimède pour assurer leur sustentation (Ballon, montgolfière, dirigeable…) ;
- le terme « aérodyne » s'applique aux appareils qui utilisent une différence de pression d'air due à son déplacement pour assurer leur sustentation (Avion, hélicoptère, planeurs, ULM pendulaire ou multiaxes).

C'est ce dernier principe avec ses conséquences que nous allons étudier dans nos cours de technique du vol.

1. Écoulement autour d'un profil

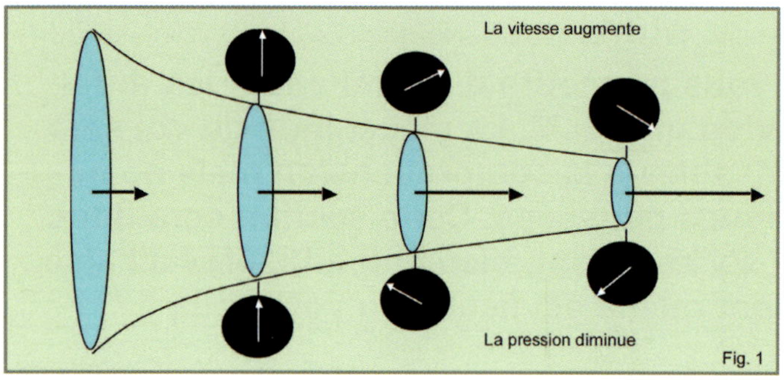

Fig. 1

L'écoulement de l'air autour d'un profil est régi par deux lois physiques :

- la conservation du débit : quand la section d'un tube d'air diminue, la vitesse de l'air augmente (fig. 1),
- le théorème de Bernoulli : quand la vitesse d'un fluide augmente, sa pression statique diminue.

La combinaison de ces deux lois permet de dire que :

- la diminution de la section du tube d'air provoque une diminution de la pression statique,
- l'augmentation de la section du tube d'air provoque une augmentation de la pression statique.

Fig. 2
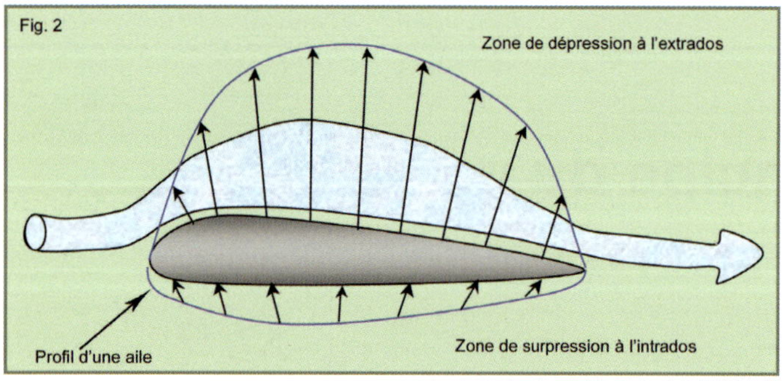

Le profil de l'aile est conçu pour provoquer une diminution de la section du tube d'air à son extrados (le dessus) et une augmentation à l'intrados (le dessous), entre son bord d'attaque (point d'impact avant) et son bord de fuite (limite arrière).

Ces modifications de la section du tube vont engendrer :

- **une zone de dépression à l'extrados de l'aile,**
- **une zone de surpression à l'intrados de l'aile.**

C'est la somme de ces deux zones de pression, représentée par une force, la **Résultante aérodynamique (Ra),** orientée vers le haut et vers l'arrière, qui va permettre le vol.

Fig. 3
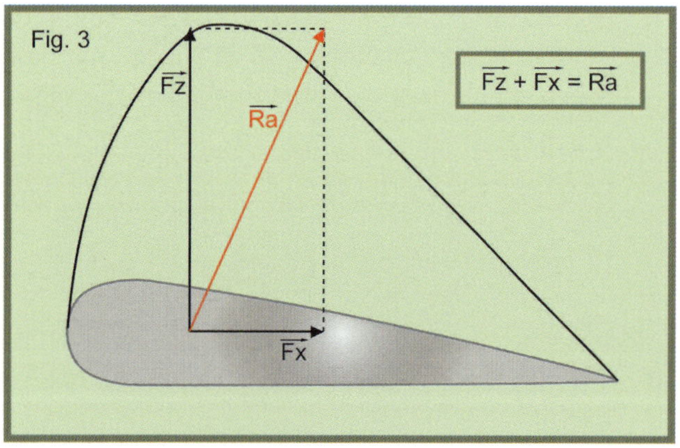

La résultante aérodynamique est composée de deux forces :

- **la portance (Fz) qui est perpendiculaire à l'écoulement et s'oppose au poids (masse x gravité),**
- **la traînée (Fx) qui est parallèle à l'écoulement et s'oppose à l'avancement de l'appareil.**

Le profil de l'aile varie selon son dessin (cambrure) et les références pour qualifier un profil sont :

- la corde de profil : droite rejoignant le bord d'attaque et le bord de fuite ;
- la ligne de cambrure : lien des points milieux sur

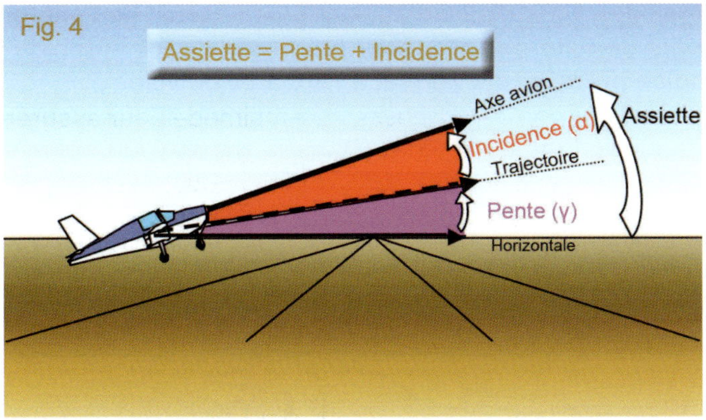

l'épaisseur de l'aile du bord d'attaque au bord de fuite ;

- l'épaisseur maximale : le point le plus épais entre le dessus et le dessous de l'aile ;
- l'épaisseur relative : rapport entre l'épaisseur maximale et la corde de profil.

L'écoulement autour d'un profil varie selon sa cambrure et son incidence.

L'incidence est l'angle entre l'axe appareil (ou la corde de l'aile, s'il s'agit de l'aile) et la trajectoire de l'appareil (écoulement de l'air, vecteur vitesse). C'est un angle dont dépendent les caractéristiques physiques du vol. Il ne doit pas être confondu avec l'assiette qui est un angle de pilotage. Cependant, incidence et assiette varient dans le même sens.

Ainsi, lorsque le pilote modifie l'assiette de son appareil, il modifie l'incidence et donc les caractéristiques de la résultante aérodynamique.

La **couche limite** : c'est la mince pellicule entourant un corps en mouvement. La vitesse de l'écoulement de l'air varie de manière importante lorsque l'on s'éloigne perpendiculairement à la paroi du revêtement de l'avion. Ce phénomène engendre des micro-turbulences qui s'accentuent du bord d'attaque vers le bord de fuite, la couche limite passant ainsi d'un stade laminaire à turbulente. Ce phénomène augmente avec l'augmentation de l'incidence.

2. La portance

C'est la composante de la résultante aérodynamique **perpendiculaire à l'écoulement**. Sa formule est :

$$Fz = \tfrac{1}{2}.\ \varrho.\ S.\ V^2.\ Cz$$

Cette formule permet de résumer les **facteurs de variation de la portance**, conditionnés par les conditions atmosphériques ou par des actions du pilote.

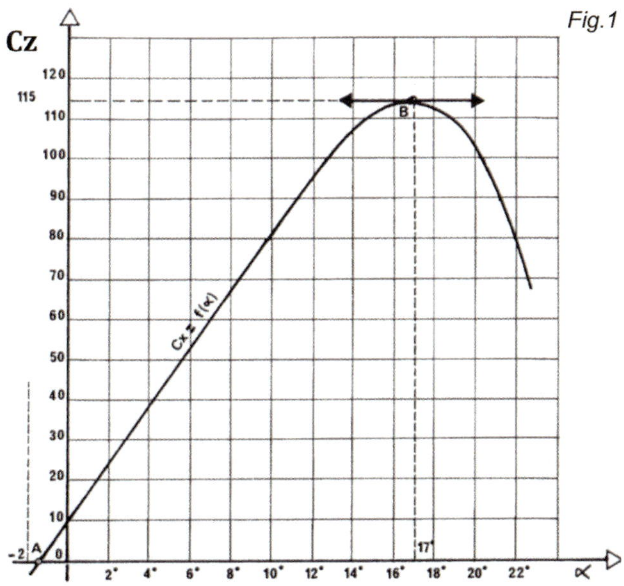

Fig.1

ϱ (se prononce RO) : masse volumique de l'air, elle diminue lorsque la température ou l'altitude augmente.
S : surface alaire. Résultante des surfaces portantes et déportantes de l'appareil. Peut augmenter lors de la sortie de volet à recul (Fowler).
V² : carré de la vitesse. Paramètre contrôlable par le pilote. Si la vitesse de l'appareil diminue de moitié, la portance est divisée par quatre.
Cz : coefficient de portance de l'aile. Il est dû à la forme de l'aile et varie avec l'incidence. Le pilote peut le faire varier en sortant les volets ou en augmentant l'incidence de l'avion (donc de l'aile).

La figure 1 donne les **variations du coefficient de portance avec l'incidence**. Cette courbe est obtenue en soufflerie par la mesure du Cz pour les différentes incidences.

Lorsque le pilote augmente l'incidence de son appareil, la portance va augmenter jusqu'à une valeur maximale pour ensuite diminuer et disparaître brutalement.

Cette disparition de la portance s'appelle le **décrochage** : les filets d'air ne suivent plus le profil de l'aile et l'écoulement à l'extrados commence à se décoller du bord de fuite de l'aile, pour progressivement et rapidement atteindre toute sa surface détruisant ainsi le champ de pression qui permet à l'appareil de voler.

Le décrochage dépend donc non pas de la vitesse, mais de l'incidence (fig. 2).

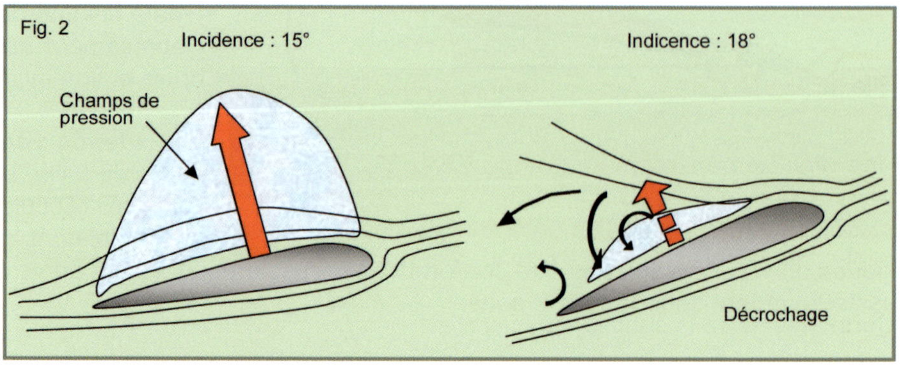

À la suite d'un décrochage, il faut pousser sur le manche et retrouver une incidence inférieure à l'incidence de décrochage, en recherchant, si possible, une trajectoire de descente, ce qui permet de redonner plus rapidement de la vitesse à l'appareil.

Le pilote dispose de **deux paramètres principaux pour contrôler sa portance : la vitesse et l'incidence**. Ainsi, à chaque vitesse correspondra une incidence et, si l'on veut voler plus lentement en maintenant sa trajectoire, il faudra augmenter l'incidence au fur et à mesure de la perte de vitesse pour maintenir une portance constante (donc une trajectoire constante).

3. La traînée

C'est la résistance à l'avancement, elle est parallèle au vent relatif et est la somme de trois traînées distinctes :

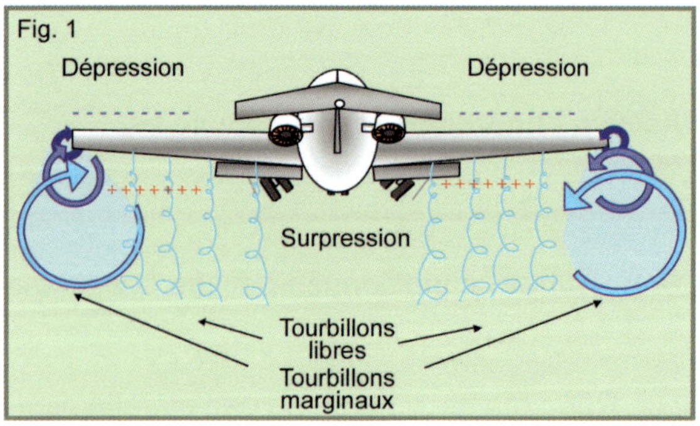

- la traînée **de forme** qui résulte du volume d'air déplacé par l'appareil et de la forme de celui-ci ;
- la traînée **de frottement** qui est issue d'une décélération de l'air importante proche du revêtement de l'aile (couche limite), créant ainsi de micro-turbulences et qui dépend aussi des interférences dues à la qualité de l'état de surface de l'appareil (rivets, jointures de tôles ou des trappes, rugosité ou déformation de l'état de surface, pluie, neige, givrage, glace, antennes...) ;
- la traînée **induite** qui résulte directement de la **portance**.

La portance est due à une différence de pression entre l'intrados et l'extrados de l'aile (fig. 1).

Cette différence de pression va créer des mouvements d'air au niveau du bord de fuite des hautes pressions de l'intrados vers les basses pressions de l'extrados. Il en résulte des tourbillons au niveau du bord de fuite. Ces tourbillons sont la cause de la traînée induite. Les tourbillons libres se situent le long du bord de fuite à partir de l'emplanture. À l'extrémité, au contraire, rien n'empêche la haute pression de combler la basse pression, c'est le tourbillon marginal. Les tourbillons libres traînent beaucoup moins que le tourbillon marginal (vortex).

Afin de diminuer la traînée induite, trois solutions sont utilisées :

- augmenter l'envergure pour une même surface, tout en diminuant la profondeur de l'aile, afin de diminuer les tourbillons marginaux au profit des tourbillons libres, on dit alors qu'on augmente **l'allongement (λ)**. L'allongement de l'aile a pour formule : b2/s avec b2 : envergure de l'aile au carré et s : surface alaire. L'allongement peut aussi se calculer par la formule du rapport de l'envergure sur la corde moyenne de l'aile (b/MAC). ;
- profiter de l'énergie du vortex pour créer une

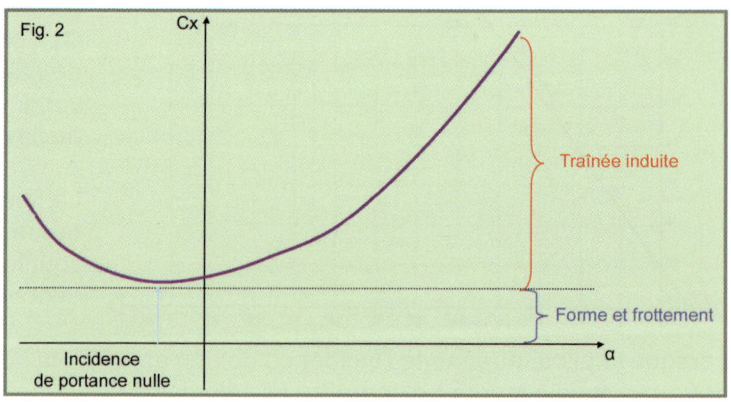

traction en bout d'aile en rajoutant un profil d'aile sensiblement perpendiculaire à l'aile, (*Winglets*) (Boeing 737-800, Diamond DA42, Falcon 7X) ;
- perturber la circulation du vortex en plaçant deux petits ailerons strictement perpendiculaires à l'aile à l'extrémité et au niveau du bord de fuite de l'aile (*Wingtips*) (Airbus A320).

La formule de la traînée est :

$$Fx = \frac{1}{2} . \rho . S . V^2 . Cx$$

Elle subit les mêmes facteurs de variation que la portance.

Une aile est généralement conçue pour produire de la portance, même à incidence nulle, grâce à un profil dissymétrique. Il existe une incidence où l'aile ne génère aucune portance (incidence légèrement négative). À cette incidence la traînée induite est nulle et elle est donc minimum. La traînée induite augmente peu pour les faibles incidences (*angle of attack*), mais croît fortement avec l'augmentation de celle-ci.

Certains appareils sont équipés d'aérofreins dont le rôle est d'augmenter la traînée de forme, sans faire varier (ou peu) la portance afin de ralentir l'appareil, contrairement aux volets dont le rôle est de diminuer la vitesse de décrochage au prix d'une augmentation de traînée (induite + forme).
Les avions de lignes et certains avions d'affaires sont en outre équipés de spoilers dont le rôle est de détruire la portance, particulièrement utiles à l'atterrissage pour plaquer l'avion au sol afin d'assurer un freinage puissant, mais aussi en vol pour pratiquer des descentes rapides.

4. La polaire

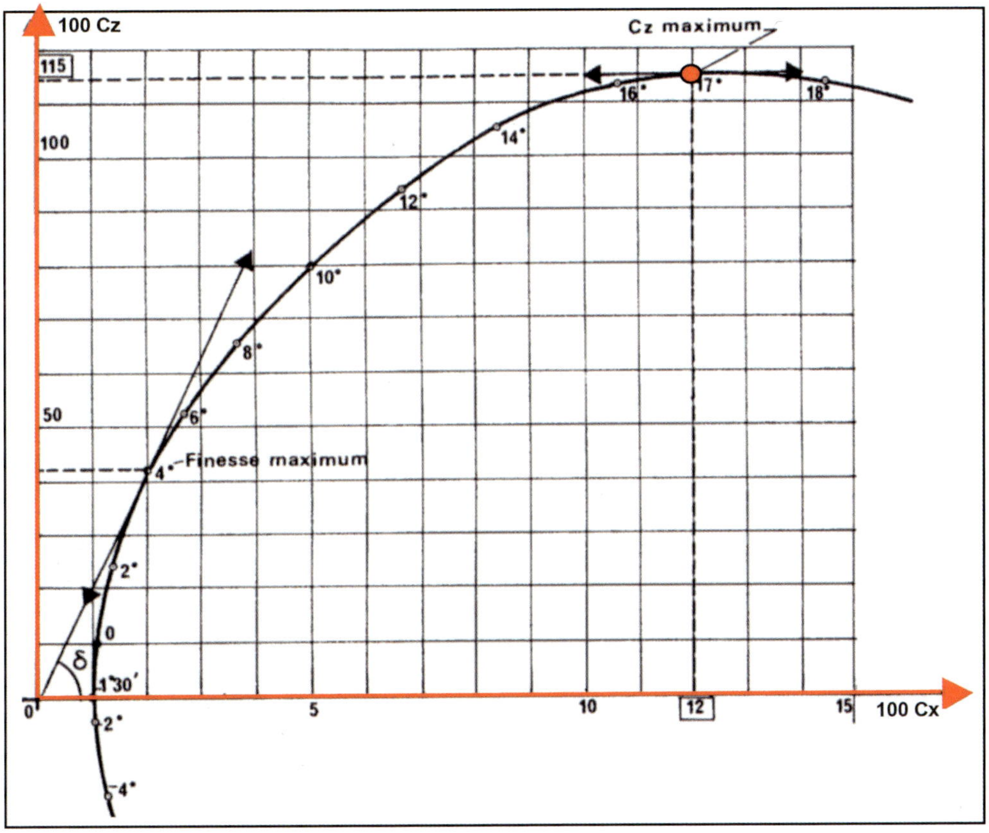

La polaire est le nom de la courbe qui représente les évolutions du **coefficient de portance (Cz) en fonction du coefficient de traînée (Cx).** Elle permet donc de regrouper les caractéristiques de l'aile sur la même courbe et est graduée en incidence. On y retrouve l'incidence de portance maximale, de décrochage, de traînée minimum ainsi que l'incidence de finesse maximale.

La finesse maximale de l'aile est son meilleur rapport portance / traînée. C'est à cette incidence que l'avion pourra parcourir le **maximum de distance en vol plané.** La finesse maximale des appareils légers est de l'ordre de 10.

F = Cz / Cx = Fz / Fx = Distance parcourue / Hauteur perdue

Exemple : f = 10
H = 3 000 ft
Distance parcourue ? ➔ D = 3 000*10 = 30 000 ft soit 10 km

5. Premier et deuxième régime

Voir Aérotechnique, module 6.

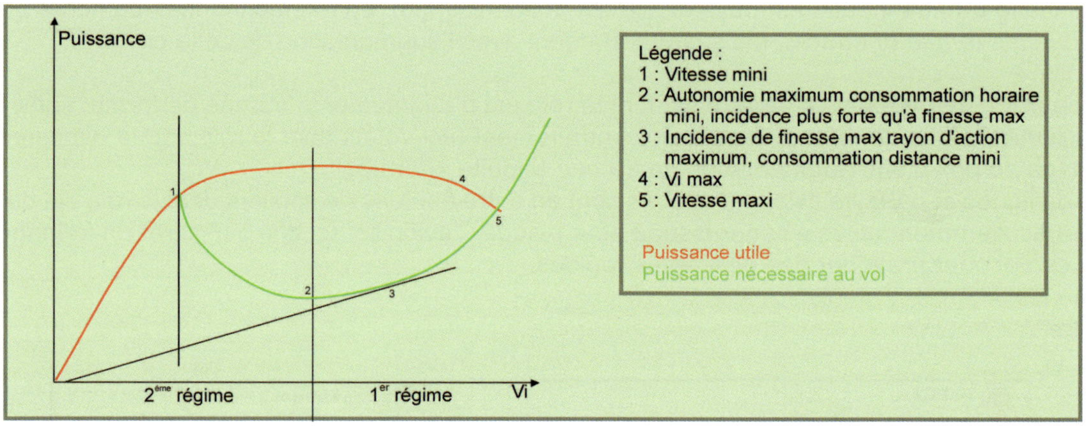

Rappels : le premier régime correspond aux vitesses de fortes et faibles incidences (traînée induite faible, tourbillons marginaux relativement faibles, associés à une forte traînée de forme et de frottement).
Le deuxième régime correspond aux faibles vitesses et fortes incidences (traînée induite forte, et par conséquent tourbillon marginal plus puissant, avec une faible traînée de forme et de frottement). Il peut en résulter une aussi forte demande de puissance pour voler à très basse vitesse.
Au deuxième régime, il est difficile de stabiliser la vitesse, alors qu'au premier régime cette dernière est naturellement stable.

6. L'effet du sol

L'effet de sol est une interaction entre les tourbillons marginaux et le sol.

Lorsque l'appareil **se trouve très proche du sol** (atterrissage et décollage), ce dernier empêche la formation des tourbillons **diminuant ainsi la traînée induite de l'appareil.**

À **l'atterrissage**, l'appareil ralentira moins vite et aura tendance à « flotter » au-dessus de la piste, **allongeant ainsi la distance d'atterrissage.**

Lors du décollage, la **distance de roulement au décollage se trouve réduite** par l'effet de sol.

Cependant un problème peut survenir lorsque l'appareil **quitte l'effet de sol**.

À ce moment, la traînée augmente et pénalise la pente de montée.

Dans certaines conditions extrêmes (masse et température élevées), cet accroissement de traînée peut induire un passage au **second régime**.

La seule solution offerte au pilote pour sortir du second régime est de piquer, trajectoire rendue impossible par la proximité du sol. Il est alors

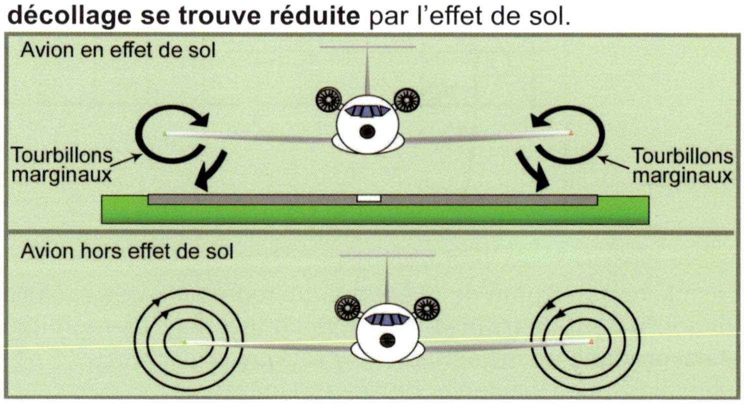

condamné à poursuivre au second régime et à se poser après la piste.

Afin d'éviter ces désagréments, il convient de **majorer la vitesse de rotation en conditions marginales et d'adopter une pente de montée faible après décollage.**

Sur piste courte, le pilote pourra effectuer un **palier d'accélération à proximité du sol.**

L'effet de sol c'est aussi, et surtout, la création d'un « coussin d'air » à l'intrados des ailes lorsque l'appareil approche du sol.

Ne subissons pas l'effet de sol. Utilisons-le !

7. La turbulence de sillage

Fig. 1

La turbulence de sillage est provoquée par les tourbillons marginaux des avions et hélicoptères et est **proportionnelle au tonnage de l'appareil** qui la génère. Les avions et hélicoptères ont été classés en trois catégories en fonction de leur Masse Maximale de Structure au Décollage (MMSD) :

- L (Light) : moins de 7 tonnes
- M (Médium) : de 7 à 136 tonnes
- H (Heavy) : plus de 136 tonnes

Ces turbulences de sillage, en particulier pour les catégories M et H, peuvent retourner et **rendre incontrôlable un appareil léger** qui les rencontrerait.

Ces turbulences commencent au moment où l'avion décolle et cessent à son point de toucher (fig. 2). En vol, elles se trouvent sous et derrière l'avion, décalées par le vent (fig. 1)

Elles **peuvent stagner sur la piste**, en particulier lorsque le vent est nul.

Leur dissipation est accélérée par **le vent** qui peut cependant pousser les turbulences **sur une piste voisine**.

Il convient donc **d'éviter à tout prix** de s'y trouver. Lors du décollage ou de l'atterrissage, **on attendra trois minutes avant l'alignement.**

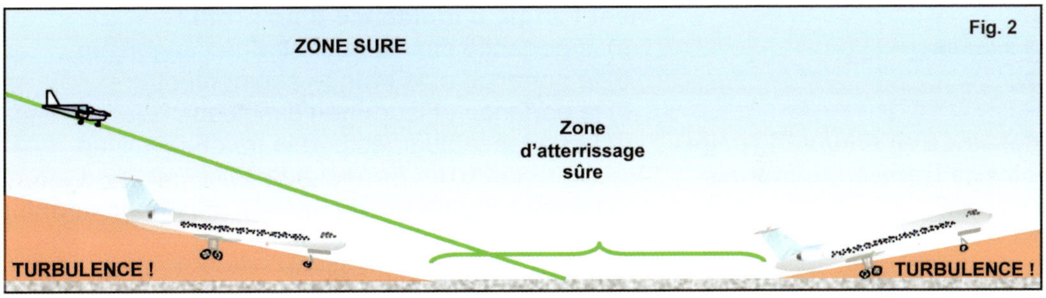

Fig. 2

En vol, on se placera toujours à l'endroit le plus propice : au-dessus et du côté au vent de l'avion qui les génère.

Un appareil léger, à l'atterrissage derrière un avion moyen ou gros porteur, doit approcher sur un plan plus fort afin de rester hors des turbulences de sillage, et viser un point d'aboutissement situé au-delà du touché des roues du gros porteur, car la portance devient quasi nulle après que le train avant soit posé.

Au décollage, il est illusoire de penser monter sur une pente plus forte qu'un avion de transport dont les performances sont bien supérieures. Il faut absolument se tenir à une distance de sécurité pour éviter le souffle des hélices ou des réacteurs, et attendre au moins 3 minutes avant d'entreprendre le décollage derrière un avion moyen ou gros-porteur.

Nota : entre deux appareils légers, il n'y a pas de séparation, il faut surtout prêter attention aux avions de moyen tonnage qu'on serait tenté de prendre pour des avions légers (Beech 200 par exemple).

Entraînement à l'examen théorique

1 - La traînée se traduit par l'expression :

a) $Fx = \rho/2 \; S \; V^2 \; Cz$ ☐
b) $Fz = \rho/2 \; S \; V^2 \; Cz$ ☐
c) $Fz = \rho/2 \; S \; V^2 \; Cx$ ☐
d) $Fx = \rho/2 \; S \; V^2 \; Cx$ ☐

2 - La portance et la traînée sont définies par rapport à :

a) la direction du vent relatif ☐
b) l'horizontale ☐
c) la corde de référence de l'aile ☐
d) l'axe longitudinal de l'appareil ☐

3 - La portance est la composante de la résultante aérodynamique :

a) perpendiculaire au vent relatif ☐
b) perpendiculaire à la corde de l'aile ☐
c) parallèle au vent relatif ☐
d) parallèle à la traînée ☐

4 - La portance engendrée par l'aile dépend de :
1/ la masse volumique de l'air
2/ la vitesse du vent relatif
3/ la surface alaire
4/ l'incidence de l'aile
5/ la forme du profil d'aile

a) 3, 4, 5 ☐
b) 2, 3, 5 ☐
c) 1, 2, 3, 4, 5 ☐
d) 1, 2, 4 ☐

5 - La portance et la traînée varient comme :

a) le carré de la vitesse ☐
b) l'inverse de la vitesse ☐
c) la racine carrée de la vitesse ☐
d) le double de la vitesse ☐

6 - Sur la polaire d'aile dessinée en annexe 1 (page suivante), on appelle point de traînée minimum :

a) le point A ☐
b) le point D ☐
c) le point C ☐
d) le point B ☐

7 - La traînée est la composante de la résultante aérodynamique :

a) parallèle à la corde de référence de l'aile ☐
b) parallèle à la portance ☐
c) parallèle au vent relatif ☐
d) perpendiculaire au vent relatif ☐

8 - L'assiette est l'angle formé par :

a) la trajectoire et l'horizontale ☐
b) la pente et la trajectoire ☐
c) l'horizontale et l'axe longitudinal de l'appareil ☐
d) aucune des réponses ci-dessus n'est exacte ☐

9 - L'angle d'incidence d'un profil est :

a) égal à la flèche ☐
b) l'assiette de l'appareil ☐
c) le calage de l'aile par rapport au fuselage ☐
d) l'angle compris entre la corde et la direction du vent relatif ☐

10 - L'incidence avion est l'angle compris entre :

a) la trajectoire et l'axe longitudinal ☐
b) la direction du vent relatif et la dérive ☐
c) la corde de profil et l'horizontale ☐
d) la trajectoire et l'horizontale ☐

11 - À incidence constante, on diminue la vitesse sur un profil :

a) la portance et la traînée augmentent ☐
b) la portance et la traînée diminuent ☐
c) la portance diminue et la traînée augmente ☐
d) la portance augmente et la traînée diminue ☐

12 - En montée, l'incidence est :

a) nulle ☐
b) supérieure à l'assiette ☐
c) inférieure à l'assiette ☐
d) égale à l'assiette ☐

13 - À vitesse constante, on diminue progressivement l'angle d'incidence d'un profil :

a) la portance diminue et la traînée augmente ☐
b) la portance et la traînée augmentent ☐
c) la portance et la traînée diminuent ☐
d) la portance augmente et la traînée diminue ☐

14 - Le vol à incidence de finesse maximale donne :

a) la portance maximale ☐
b) le rayon d'action maximal ☐
c) l'autonomie maximale ☐
d) la traînée maximale ☐

Corrections p. 383

15 - L'extrados de l'aile est la partie repérée par le numéro (annexe 2 ci-dessous) :

a) 2 □
b) 1 □
c) 3 □
d) 4 □

16 - La finesse est maximale lorsque :

a) le rapport portance sur traînée est minimal □
b) le rapport portance sur traînée est maximal □
c) la traînée est minimale □
d) la portance est maximale □

17 - En vol plané, la finesse est égale au rapport :

a) vitesse / distance parcourue □
b) distance parcourue / hauteur perdue □
c) vitesse / hauteur perdue □
d) hauteur perdue / distance parcourue □

18 - La turbulence de sillage est d'autant plus dangereuse qu'on est en atmosphère :

a) calme, derrière un appareil lourd et lent □
b) agitée, derrière un appareil lourd et lent □
c) calme, derrière un appareil léger mais rapide □
d) agitée, avec fortes rafales de vent □

19 - L'effet de sol :

a) peut permettre de décoller, malgré des performances insuffisantes, mettant ainsi l'avion en danger □
b) n'existe pas □
c) raccourcit la distance d'atterrissage □
d) permet de décoller en sécurité, malgré des performances insuffisantes □

20 - Les conséquences de l'effet de sol sont :

a) un allongement de la distance d'atterrissage et une diminution de la distance de décollage □
b) une diminution de la distance d'atterrissage et une diminution de la distance de décollage □
c) une diminution de la distance d'atterrissage et un allongement de la distance de décollage □
d) un allongement de la distance d'atterrissage et un allongement de la distance de décollage □

Annexe 1 (question 6)

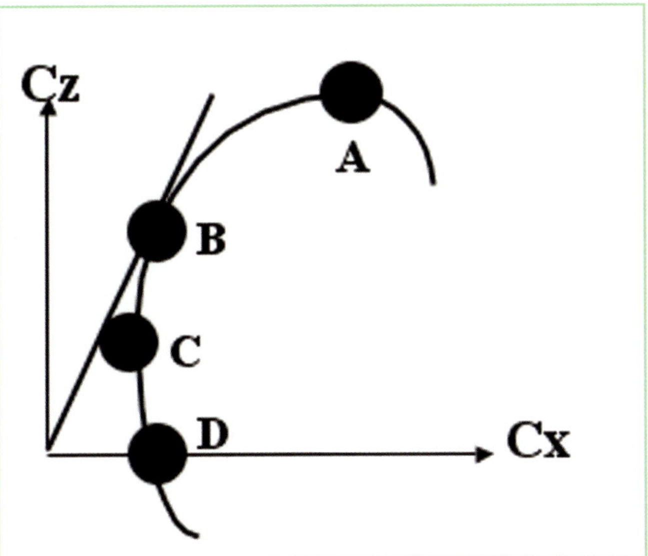

Annexe 2 (question 15)

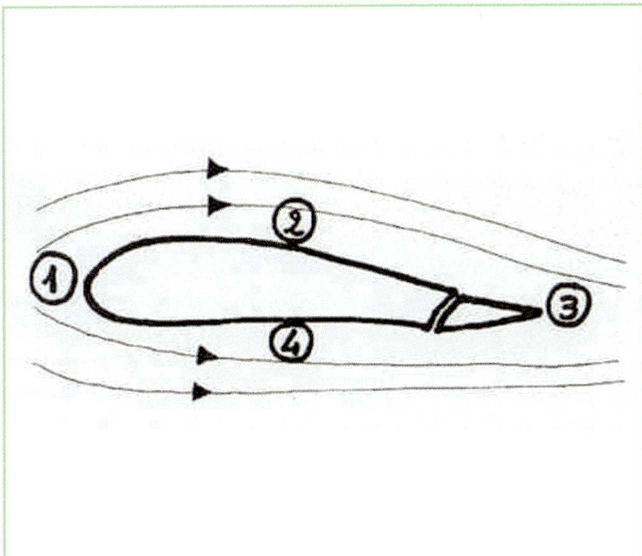

Notes personnelles et conseils de votre pilote-instructeur – Technique du vol :

Section 1

TECHNIQUE DU VOL

Module 2
« Les axes de l'appareil et tout ce qui tourne autour »

Notes personnelles et conseils de votre pilote-instructeur – Technique du vol :

....

....

....

....

....

....

....

1. Les axes de l'appareil et les forces

1.1. Les trois axes

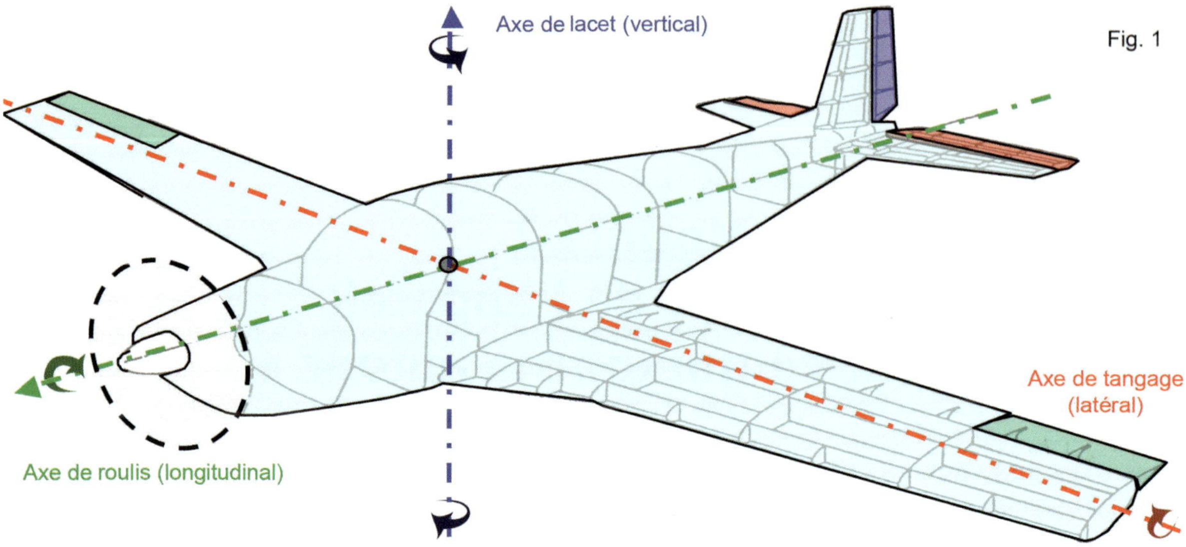

Fig. 1

Les mouvements d'un aéronef se font autour de son **centre de gravité** selon trois axes perpendiculaires.

- **Axe de roulis** : axe longitudinal de l'appareil. Les **ailerons** permettent le mouvement autour de cet axe. C'est l'inclinaison.
- **Axe de lacet** : axe vertical. La gouverne de **direction** permet le mouvement autour de cet axe. C'est le dérapage.
- **Axe de tangage** : perpendiculaire aux deux autres. La gouverne de **profondeur** permet le mouvement autour de cet axe. Ce sont les variations d'assiette.

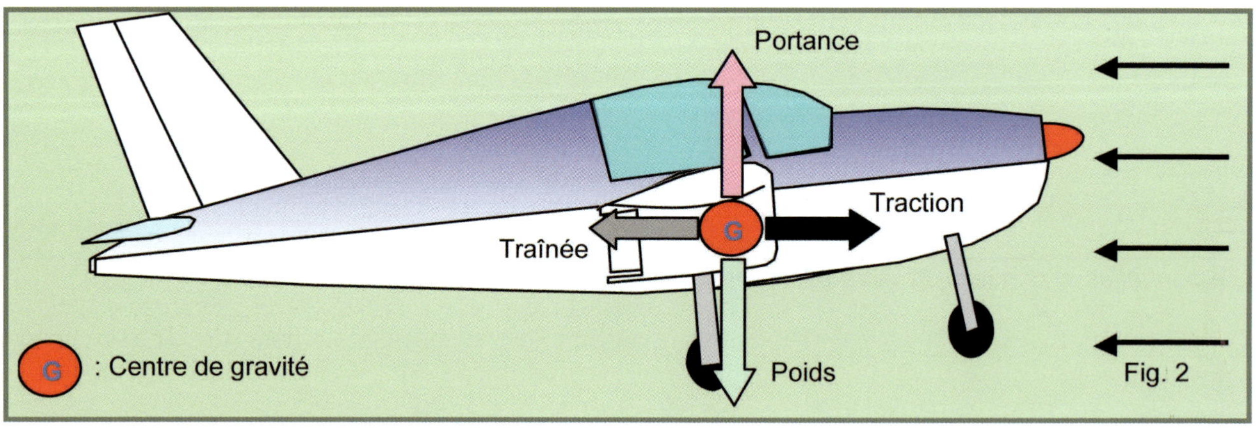

Fig. 2

En vol, l'appareil est soumis à quatre forces :

- le **poids** : s'exerce selon la verticale, de haut en bas ;
- la **portance** : s'exerce perpendiculairement au vent relatif ;
- la **traction** : s'exerce selon l'axe longitudinal de l'appareil vers l'avant ;
- la **traînée** : s'exerce parallèlement au vent relatif vers l'arrière.

L'avion représenté figure 2 est **en palier (la portance équilibre le poids) stabilisé (la vitesse est constante, la traction équilibre la traînée).**

1.2. Les trois angles et le vol en montée

Fig. 1

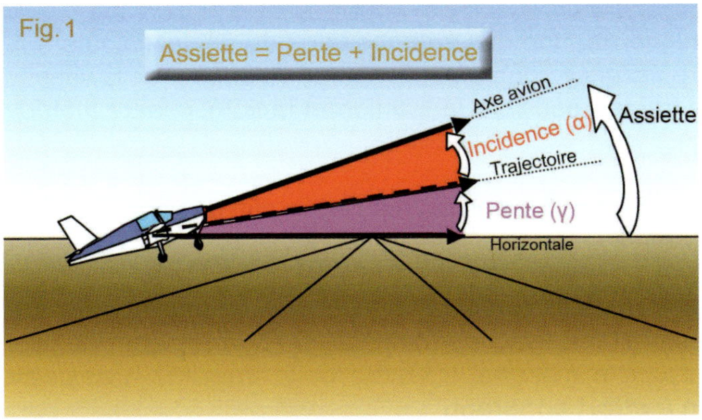

Les évolutions de l'appareil dans le plan vertical sont régies par trois angles (fig. 1).

- La **pente** : angle entre **l'horizontale** et la **trajectoire** (donc le vecteur vitesse) de l'appareil. Lorsque l'appareil est en palier, la pente est nulle. En montée, la pente est positive, en descente, elle est négative.
- **L'incidence** : angle entre la **trajectoire** et **l'axe du fuselage**. Une variation de l'incidence provoque une variation de portance. C'est un angle non mesurable par le pilote (le vent relatif est invisible). Les calculateurs des avions de ligne reçoivent des informations de sondes d'incidence. Lorsqu'il s'agit de l'incidence d'une aile, l'angle est mesuré entre la corde de profil de l'aile et la trajectoire (vecteur vitesse, vent relatif).
- **L'assiette** : angle entre **l'horizon** et **l'axe du fuselage**. C'est l'angle qui sert de référence au pilotage. Pour le pilote, il est représenté par la position de la ligne d'horizon sur le pare-brise de l'appareil en vol à vue et par l'horizon artificiel en vol aux instruments.

En palier, la pente est nulle. On a donc assiette = incidence avion.

Cas du vol stabilisé en montée :

Fig. 2

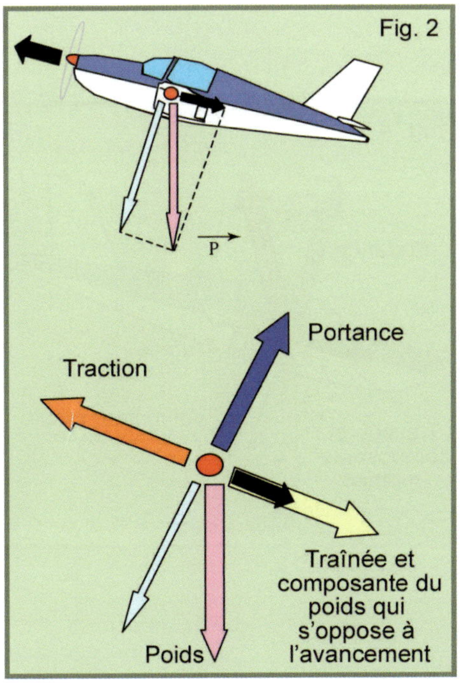

- **portance** : perpendiculaire au vent relatif,
- **traînée** : parallèle au vent relatif,
- **poids** : vertical. Si on projette cette force sur les axes de l'appareil, on obtient :
  - une composante qui s'oppose à la portance : le **poids apparant**,
  - une **composante qui s'ajoute à la traînée** et tend à ralentir l'appareil. Plus la pente de montée est importante, plus cette composante est forte,
- **traction** : selon l'axe longitudinal, vers l'avant.

Si le pilote passe du vol en palier au vol en montée, à puissance constante, l'apparition de la composante arrière du poids va provoquer une **perte de vitesse de l'appareil**.

Pour maintenir la vitesse constante, le pilote doit **augmenter la traction**, donc la puissance du moteur.
Cependant, la puissance fournie par le moteur (puissance utile) n'est pas infinie et la vitesse ne pourra être maintenue que pour des pentes de montée relativement faibles.

En montée, le pilote doit donc s'attacher à maintenir une assiette pour suivre une pente permettant à la traction de maintenir une vitesse suffisante.
On applique, en montée, la relation vitesse sur trajectoire, où, du fait que l'appareil est plein gaz, la vitesse se contrôle par l'intermédiaire de l'assiette. **Circuit visuel en montée : assiette et vitesse.**

1.3. Le vol en descente et sans moteur

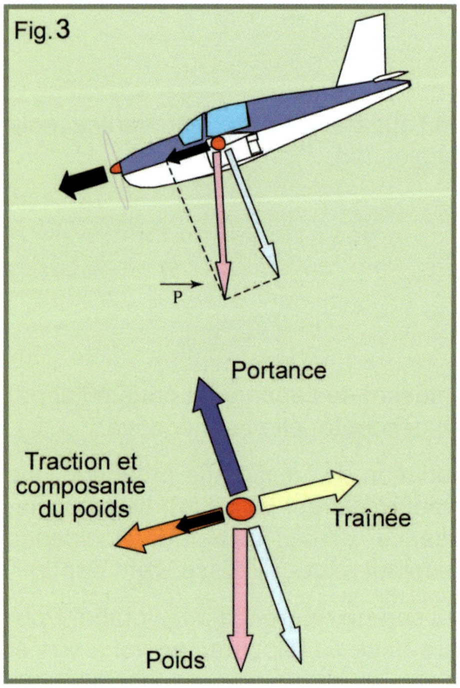

Lors du **vol en descente**, une des composantes du poids s'ajoute à la traction (fig. 3). À puissance constante, l'appareil va gagner de la vitesse jusqu'à ce que la traînée équilibre la traction et la composante motrice du poids.

Le pilote devra alors **surveiller son accélération** afin de ne pas dépasser la vitesse maximale supportée par l'appareil.

Pendant toute la phase d'accélération, le pilote devra s'attacher à maintenir une assiette constante, ceci demandant un effort à piquer de plus en plus important sur le manche. Il faudra donc travailler à **assiette constante et non à effort constant.**

Les changements de niveaux se feront à une vitesse moyenne de descente de 500 ft / min.

Lors du **vol moteur réduit** (exercice de panne simulée), seule la composante motrice du poids permet à l'appareil de conserver de la vitesse (fig. 4).

Le pilote devra donc maintenir une **assiette**, qui lui permettra d'installer l'appareil sur une pente de descente.

Plus cette **pente de descente** sera importante, plus la vitesse de l'appareil sera élevée.

Lors de cet exercice, c'est donc l'assiette qui remplace la manette des gaz et qui permet de définir la vitesse de l'appareil.

Les évolutions se feront à deux vitesses particulières :

- **1.45 Vs** : procure une marge suffisante pour effectuer des virages. C'est la vitesse de base pour les exercices,
- **vitesse de finesse maximale** : permet de voler à l'incidence de Cz /Cx max lorsque l'on désire parcourir la plus grande distance possible.

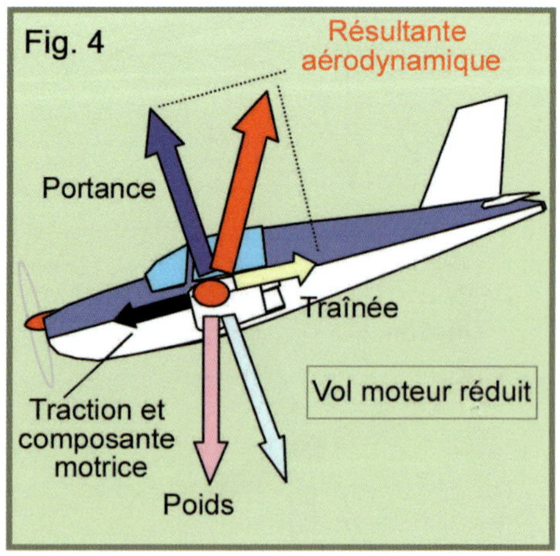

Nota : vous pouvez constater sur les graphiques qu'en montée, comme en descente, le poids apparent est légèrement inférieur au poids.

1.4. Le vol en virage

Lorsque le pilote déplace le manche latéralement pour effectuer un virage, il **incline la portance** du côté du virage (fig. 5, page suivante).
La portance peut être alors décomposée en deux composantes :

- une composante verticale qui s'oppose au poids,
- une composante horizontale, la force déviatrice, qui va initier le virage.
-

Cependant, la composante verticale de la portance est moins importante que la portance elle-même et n'équilibre plus le poids. Ce phénomène est d'autant plus marqué que l'inclinaison est forte.

Pour maintenir le palier, le pilote va donc devoir augmenter l'assiette afin d'augmenter la portance.
Cette augmentation d'assiette va elle-même engendrer une **augmentation de traînée**, donc, à puissance constante, une **perte de vitesse**.
C'est pourquoi on distingue deux types de virages :

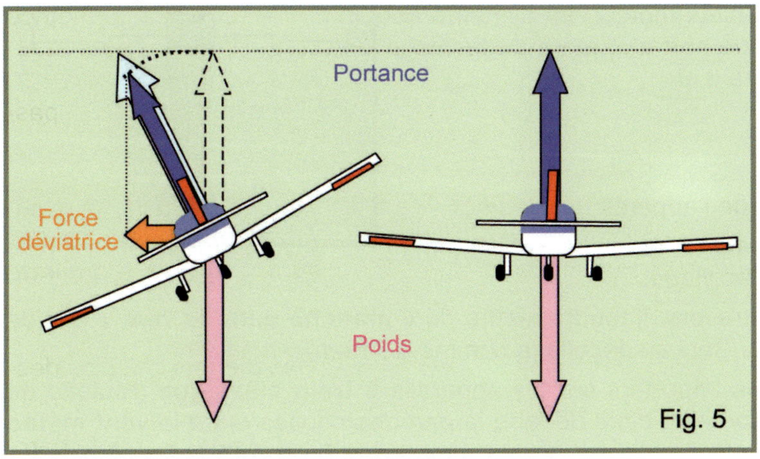

Fig. 5

- les **virages à puissance constante** : inclinaisons faibles ou moyennes (jusqu'à 30°) avec une vitesse élevée. C'est le type de virage utilisé pour des changements de cap en croisière,
- les **virages à vitesse constante** : inclinaisons faibles ou moyennes avec une vitesse faible. La vitesse devient alors un paramètre de sécurité primordial qu'il faut conserver. Le pilote augmentera légèrement la puissance (≈100 tr) en entrée de virage et la rétablira à la sortie du virage. Il en va de même pour les virages à forte inclinaison et vitesse élevée qui seront effectués à puissance maximale.
-

L'augmentation d'assiette se traduit par une augmentation de l'angle d'incidence, celle-ci va engendrer une augmentation de la portance mais aussi de la traînée. Cette augmentation de traînée va conduire à une diminution de la vitesse, à moins que le pilote n'augmente la puissance.
En **montée**, l'appareil étant déjà plein gaz, il est indispensable de conserver la vitesse.
La diminution de portance due au **virage** conduira à une diminution du taux de montée. Il convient donc de limiter les inclinaisons à 15° afin de ne pas trop pénaliser le taux de montée.
En **virage en descente**, la diminution de portance va engendrer une augmentation du taux de descente, à moins que le pilote n'augmente légèrement l'assiette pour garder un taux de descente constant.

2. Les gouvernes

Fig. 6
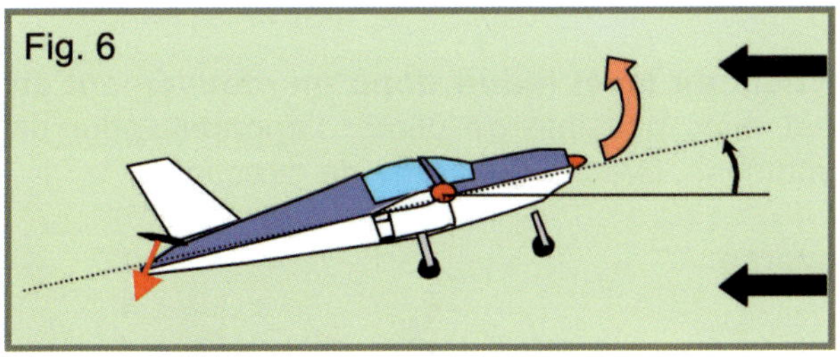

La gouverne de profondeur
Le braquage de la gouverne de profondeur (fig. 6) va créer une force aérodynamique qui va faire pivoter l'appareil autour de son **axe de tangage** et modifier **l'incidence** donc la portance.
L'appareil va alors se mettre à cabrer ou à piquer.

Les ailerons
Ils travaillent en opposition.
Le braquage du manche vers la gauche va déplacer l'aileron gauche vers le haut et le droit vers le bas.
L'aile la plus **courbe**, c'est-à-dire celle dont l'aileron est **baissé**, voit sa **portance augmenter**. L'autre aile voit sa portance diminuer.
Ce différentiel de portance va induire un mouvement de l'appareil autour de son axe de **roulis**.
Lorsque le pilote juge son inclinaison satisfaisante, il remet le manche au neutre, supprimant ainsi le différentiel de portance. L'appareil reste incliné et effectue son virage « tout seul ».

Fig. 7
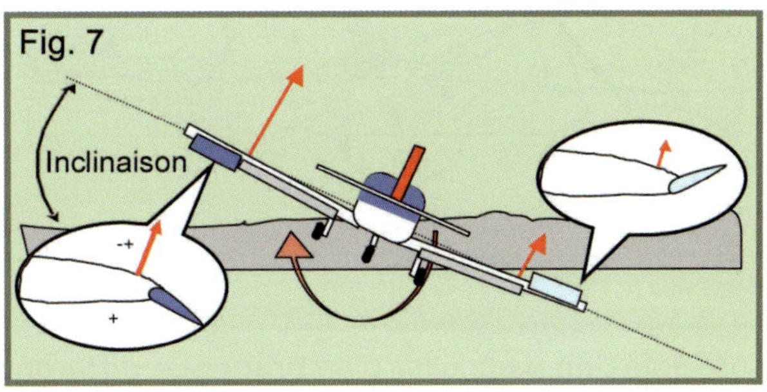

Pour sortir du virage, il faudra braquer les ailerons de façon opposée afin de produire le mouvement inverse.

La gouverne de direction

Fig. 8

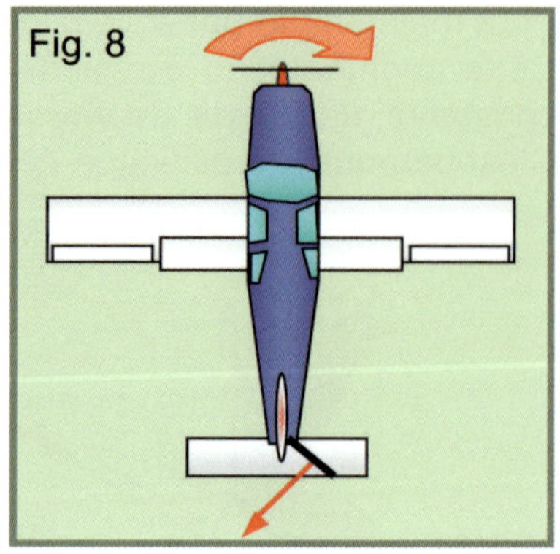

Elle va provoquer des mouvements autour de l'axe de **lacet**.
Son but est de permettre le contrôle de la **symétrie du vol**, notamment lors de virages ou lorsque l'appareil est soumis à des effets moteur. La symétrie est conditionnée par un écoulement d'air identique de part et d'autre du fuselage qui permet aux ailes de recevoir la même quantité d'air.

Le roulage et les gouvernes

Au sol, les gouvernes vont participer au roulage de l'appareil :

- la gouverne de direction permet de déplacer celui-ci lorsqu'il a suffisamment de vitesse, notamment à l'atterrissage et au décollage,
- les ailerons vont aider au roulage en vent de travers. Il faudra mettre du « **manche dans le vent** » afin de diminuer la portante de l'aile la plus alimentée. Ceci au décollage comme à l'atterrissage,
- l'usage de la gouverne de profondeur est très important sur les appareils à **train classique** (roulette de queue) afin d'éviter le passage en pylône. Il convient alors de faire la part des choses entre le **vent météo et le souffle de l'hélice** : puissance importante = manche arrière, puissance faible et vent arrière fort = manche avant.

3. Les effets secondaires

Fig. 9.1 Fig. 9.2

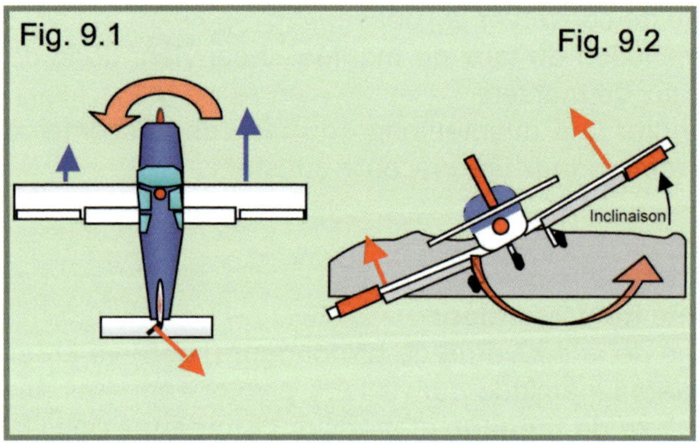

Le roulis induit

Lorsque le pilote provoque un mouvement autour de l'axe de lacet à l'aide de la gouverne de direction (fig. 9.1), l'aile extérieure a une vitesse supérieure à l'aile intérieure.
Cette différence de vitesse provoque une différence de portance : l'appareil s'engage dans un mouvement de roulis (fig. 9.2).

Un mouvement en lacet induit donc un mouvement en roulis. Il est donc possible de piloter l'appareil, pour de faibles inclinaisons, avec la gouverne de direction.

Fig. 10.1

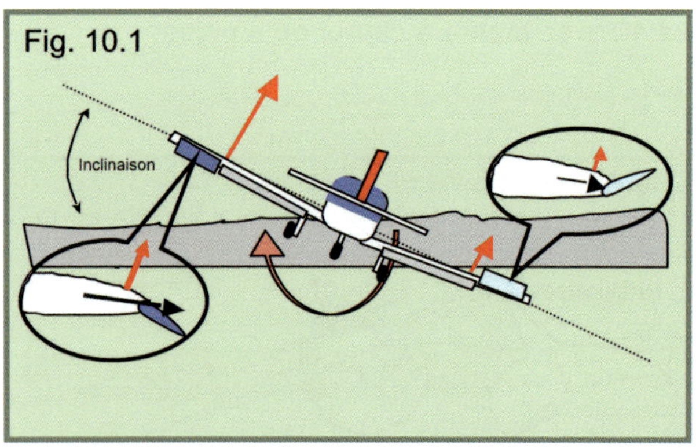

Le lacet inverse

Lors d'une mise en inclinaison, **l'aileron baissé**, associé à l'aile haute, **traîne davantage** que l'aileron levé (fig. 10.1). Ce différentiel de traînée va engendrer un mouvement en lacet du côté opposé au virage (fig. 10.2). Afin d'éviter ce mouvement, le pilote doit **conjuguer**, c'est à dire mettre du pied dans le même sens que le manche.
Les appareils modernes sont conçus pour éviter ce mouvement parasite. Ils sont dotés en particulier d'un **braquage différentiel des ailerons** sur l'aileron qui se baisse, l'angle sera moindre que sur l'aileron qui se lève afin de limiter cette dissymétrie de traînée.

Fig. 10.2

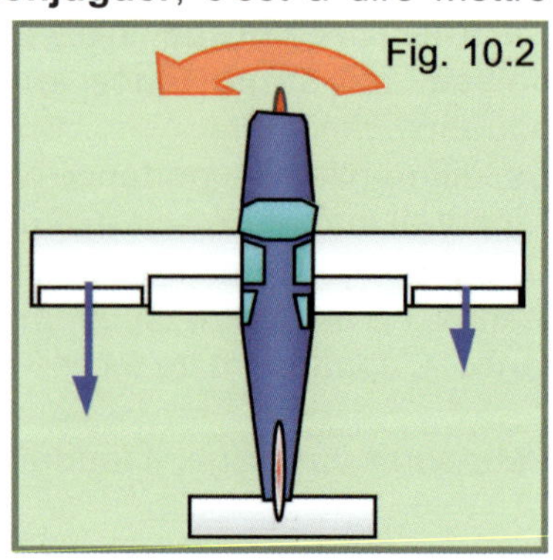

4. Les effets moteurs

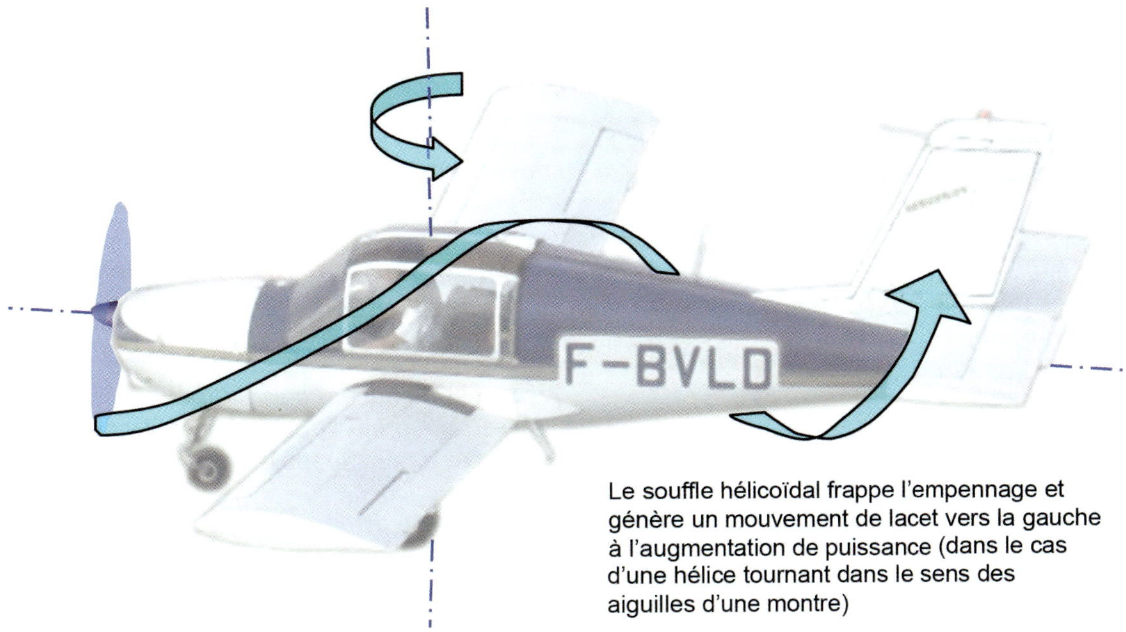

Le souffle hélicoïdal frappe l'empennage et génère un mouvement de lacet vers la gauche à l'augmentation de puissance (dans le cas d'une hélice tournant dans le sens des aiguilles d'une montre)

Les effets moteurs sont créés par les variations de puissance et de soufflage des surfaces de l'appareil. Ces effets sont ressentis autour des trois axes.

Lors d'une **augmentation de puissance** :

- **axe de lacet** : le souffle hélicoïdal frappe l'empennage sur sa partie gauche provoquant par **effet girouette** une rotation autour de l'axe de lacet vers la gauche (cas d'une hélice tournant en sens horaire vue de la place du pilote). Le pilote doit donc contrer cet effet en mettant du **pied à droite**.
  Cet effet est notamment sensible lors :
  - ▶ de la mise en puissance au **décollage**,
  - ▶ de la **montée**, une partie de la dérive étant masquée par le fuselage,
  - ▶ lors des augmentations de puissance en **approche finale** pour conserver la vitesse. Si le pilote ne contre pas au pied, il perd l'axe,
  - ▶ lors de la **remise de gaz**, l'action aux palonniers est très importante pour conserver la trajectoire.
- **axe de roulis** : le mouvement en lacet décrit ci-dessus va **induire un mouvement en roulis vers la gauche**. Si le mouvement en lacet est contré, l'inclinaison ne se produira pas. Pensez aux pieds !
- **axe de tangage** : le soufflage de la gouverne de profondeur va provoquer une variation d'assiette à cabrer que le pilote contrera par une **action à piquer**. Cette action est très importante pour la tenue du **plan en finale** : chaque action sur la puissance devra être associée à une action sur la profondeur afin de contrer l'effet cabreur avant que celui-ci ne fasse **quitter le plan** d'approche finale à l'appareil. Lors d'une **remise de gaz** (forte augmentation de puissance), le pilote devra **adapter l'assiette** afin d'éviter que la variation d'assiette n'installe l'appareil sur un plan trop fort qui lui ferait perdre de la vitesse.

Afin de diminuer les effets moteurs, les constructeurs ont légèrement désaxé le moteur par rapport au fuselage.

Les variations d'assiette vont également donner naissance à des réactions autour de l'axe de lacet par effet **du couple gyroscopique**, et ceci sans nécessiter de variations de puissance. Pour un appareil dont l'hélice tourne toujours en sens horaire vue de la place pilote :

- une variation d'assiette à cabrer engendre un lacet à droite (à la rotation par exemple),
- une variation d'assiette à piquer engendre un lacet à gauche.

Entraînement à l'examen théorique

1 - Pour maintenir le palier en virage, la portance doit être :
- a) la même qu'en vol rectiligne ☐
- b) plus grande qu'en vol rectiligne ☐
- c) égale au poids ☐
- d) moins grande qu'en vol rectiligne ☐

2 - Les variations de la puissance du moteur provoquent des effets secondaires qui imposent des manœuvres correctives sur les axes de :
1/ tangage
2/ roulis
3/ lacet
- a) 1 et 2 ☐
- b) 2 et 3 ☐
- c) 1 et 3 ☐
- d) 1, 2 et 3 ☐

3 - En virage stabilisé, l'action vers l'extérieur sur la commande de roulis vient de la nécessité de contrer le :
- a) couple de renversement ☐
- b) lacet inverse ☐
- c) couple gyroscopique ☐
- d) roulis induit ☐

4 - Le compensateur agissant sur l'axe de tangage se trouve sur :
- a) la gouverne de profondeur ☐
- b) la gouverne de direction ☐
- c) les volets hypersustentateurs ☐
- d) les ailerons ☐

5 - En montée stabilisée, pour garder la vitesse que vous aviez en palier, vous devez augmenter la puissance pour :
- a) augmenter la portance ☐
- b) diminuer la traînée ☐
- c) équilibrer la composante de poids parallèle au vent relatif ☐
- d) équilibrer la composante de poids perpendiculaire au vent relatif ☐

6 - En montée, l'incidence est :
- a) égale à l'assiette ☐
- b) supérieure à l'assiette ☐
- c) inférieure à l'assiette ☐
- d) nulle ☐

7 - En virage, en vol plané, vous augmentez l'inclinaison en gardant la vitesse constante. La valeur absolue de la pente de trajectoire :
- a) diminue et le taux de chute augmente ☐
- b) et le taux de chute augmentent ☐
- c) et le taux de chute diminuent ☐
- d) reste constante et le taux de chute augmente ☐

8 - En vol rectiligne horizontal, une pression sur le palonnier droit entraîne une rotation autour de l'axe de :
- a) lacet à droite, puis un roulis induit à droite ☐
- b) lacet à gauche, puis un roulis induit à gauche ☐
- c) roulis à droite, puis un lacet induit à droite ☐
- d) lacet à gauche, puis un roulis induit à droite ☐

9 - Une mise en virage classique exige une action conjuguée :
- a) des ailerons, de la gouverne de direction et de la gouverne de profondeur ☐
- b) des ailerons et de la gouverne de profondeur, seulement ☐
- c) des ailerons et de la gouverne de direction, seulement ☐
- d) des ailerons seulement ☐

10 - En virage en palier :
- a) la composante verticale du poids équilibre la portance ☐
- b) la composante verticale de la portance équilibre le poids ☐
- c) la résultante des forces aérodynamiques équilibre le poids ☐
- d) le poids équilibre la portance ☐

11 - Une action longitudinale vers l'arrière du manche ou du volant provoque :
- a) le braquage vers le bas des ailerons ☐
- b) l'abaissement de la gouverne de profondeur ☐
- c) le braquage vers le haut des ailerons ☐
- d) la levée de la gouverne de profondeur ☐

12 - Lorsque la vitesse augmente, l'efficacité des gouvernes :
- a) augmente ☐
- b) augmente jusqu'à la vitesse de finesse maxi, puis diminue ☐
- c) reste constante ☐
- d) diminue ☐

13 - L'axe de lacet est :
- a) les réponses b) et c) sont exactes □
- b) vertical □
- c) perpendiculaire à l'axe de roulis □
- d) longitudinal □

14 - Sur la demie-aile associée à l'aileron baissé :
- a) la portance augmente, la traînée ne varie pas □
- b) la portance ne varie pas, la traînée augmente □
- c) la portance augmente, la traînée augmente □
- d) la portance diminue, la traînée diminue □

15 - Pour agir sur les ailerons, vous manœuvrez :
- a) le manche, d'avant en arrière □
- b) les palonniers □
- c) le manche, latéralement □
- d) la manette des gaz □

16 - Braquer les ailerons pour s'incliner, provoque un effet secondaire appelé :
- a) lacet direct □
- b) couple de renversement □
- c) lacet inverse □
- d) roulis induit □

17 - Pour passer de la ligne droite au virage en restant en palier, la portance doit :
- a) rester constante □
- b) diminuer □
- c) augmenter □
- d) s'annuler □

18 - Pour un appareil à train classique doté d'une hélice tournant dans le sens horaire vue de la place pilote, l'action à piquer pour soulever la roulette de queue lors de l'accélération en vue du décollage engendre :
- a) un effet de lacet à droite □
- b) un effet de lacet à gauche □
- c) aucun effet notable □
- d) un effet de roulis inverse au couple de renversement □

19 - La gouverne de profondeur sert à évoluer autour du centre de gravité suivant l'axe de :
- a) roulis □
- b) lacet □
- c) l'avion □
- d) tangage □

20 - Pour agir sur l'assiette, vous manœuvrez l'avion autour de l'axe de :
- a) tangage □
- b) roulis □
- c) lacet □
- d) symétrie □

Notes personnelles et conseils de votre pilote-instructeur – Technique du Vol :

Section 1

TECHNIQUE DU VOL

Module 3 « Stabilité et domaine de vol »

Notes personnelles et conseils de votre pilote-instructeur – Technique du Vol :

1. La stabilité

1.1. La stabilité longitudinale

Fig. 1

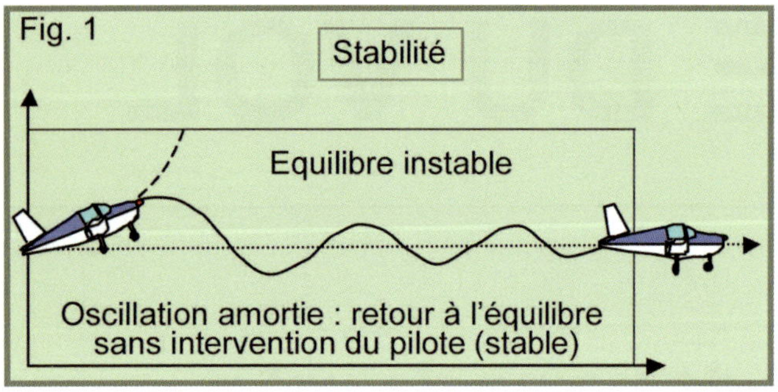

On appelle stabilité (fig. 1) l'aptitude d'un appareil à récupérer spontanément (sans intervention du pilote) **sa position d'équilibre initial** lorsqu'il en a été écarté (action du pilote, turbulence).

Fig. 2

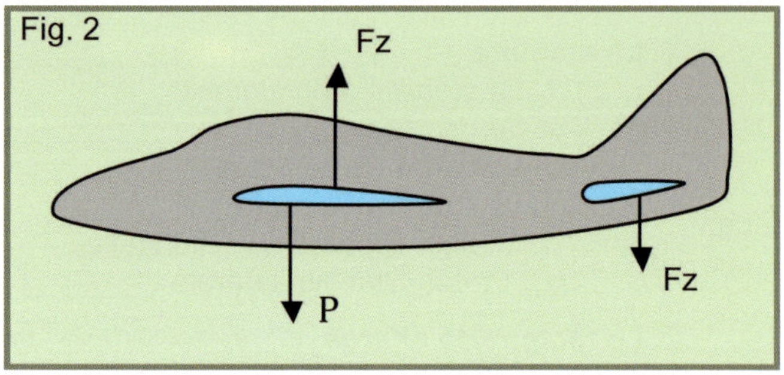

L'appareil est dit instable si sa tendance naturelle est de s'écarter davantage de cette position d'équilibre. La stabilité longitudinale d'un appareil est conditionnée par un équilibre de forces qui s'exercent en des points précis (fig. 2) :

- **le poids au centre de gravité,**
- **la portance au centre de poussée,**
- **la déportance sur l'empennage.**

Ces trois forces vont permettre l'équilibre de l'appareil lorsqu'il n'est soumis à aucune sollicitation. Il convient maintenant de déterminer un quatrième point : **le foyer.**

Pour cela, nous allons placer une maquette d'avion de poids nul en soufflerie et la fixer par un axe pouvant être placé en différentes positions du fuselage et étudier les réactions de la maquette lors de la mise en marche de la soufflerie.

Les deux premiers essais (fig. 3.1 et fig. 3.2) vont mettre en évidence des changements de positions de la maquette lorsque la soufflerie est en fonction : des variations de portance sont créées par la vitesse de l'air.

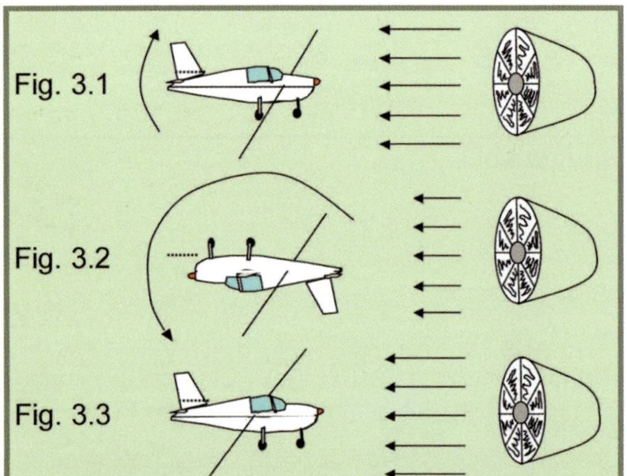

La mise en route de la soufflerie et les variations de vitesse de celle-ci engendrent des modifications de la position de l'avion autour de l'axe, preuve que la variation de portance n'est pas localisée au niveau de l'axe.

Lors du troisième essai (fig. 3.3), la variation de portance ne va induire aucune modification de la position de la maquette ; le moment autour de l'axe est donc nul malgré une variation de la portance. La variation de portance s'est donc appliquée à l'endroit précis où se trouve l'axe.

Le résultat de l'expérience est identique quelle que soit l'incidence initiale de l'avion.

Ce point est appelé FOYER.

Le foyer est le point d'application des variations de portance.

1.2. Le centrage

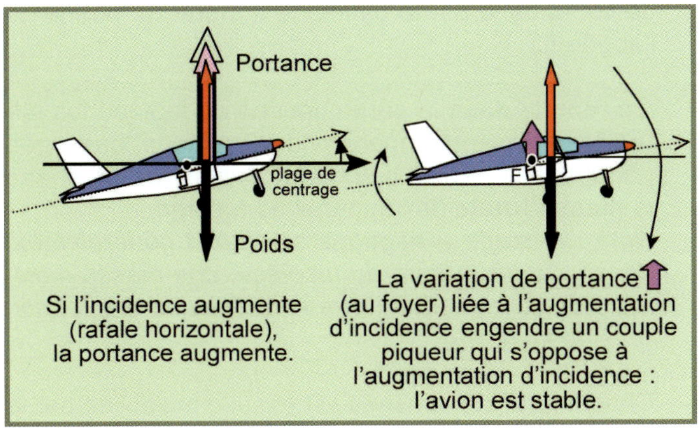

Le facteur primordial de la stabilité longitudinale de l'appareil est la position de son centre de gravité (que le pilote peut modifier lors du chargement de l'appareil) par rapport au foyer (fixe).

La figure ci-contre représente un avion stable :

- une rafale provoque une augmentation d'incidence,
- cette augmentation d'incidence provoque une augmentation de portance localisée au foyer,
- le foyer étant en arrière du centre de gravité, l'augmentation de portance tend à contrer l'augmentation d'incidence et l'avion retrouve sa position initiale sans intervention du pilote.

Si le foyer avait été en avant du centre de gravité, l'augmentation de portance aurait eu tendance à amplifier l'augmentation d'incidence. L'avion aurait été instable. **Pour que l'avion soit stable, le centre de gravité doit donc se trouver en avant du foyer.**

Afin que l'appareil reste pilotable, il convient de s'assurer que le centre de gravité se trouve à l'intérieur de **la plage de centrage** (ci-contre) lors de chaque vol.

Cette plage comporte deux limites :

- à l'arrière : position relative du centre de gravité et du foyer,
- à l'avant : efficacité de la gouverne de profondeur en position plein cabré.

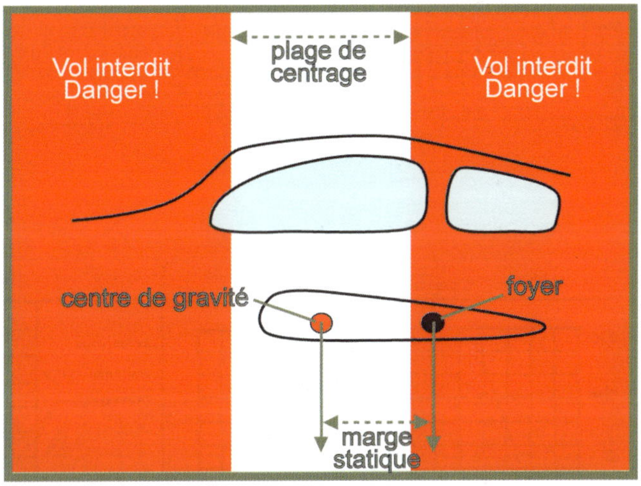

La position du centre de gravité va également modifier le **comportement de l'appareil en vol** : si l'appareil est **centré arrière**, la distance centre de gravité/foyer est faible.

Le « moment redresseur », créé par la variation de portance au foyer lors d'une augmentation d'incidence, est donc faible. L'appareil est dit **instable** (peu stable), en tangage donc très **maniable**.

Il faudra, dans ce cas, se méfier au décollage de la « vivacité » des réactions de l'appareil (maniable) et de sa tendance à prendre une assiette importante après la rotation (centrage arrière). Il faut donc pré-régler le compensateur plus à piquer.

À l'opposé, si l'appareil est centré avant (mais toujours à l'intérieur de la plage de centrage) il est **stable** en tangage et **peu maniable**.

UN AVION HORS CENTRAGE N'EST PLUS PILOTABLE

1.3. Le calcul de centrage

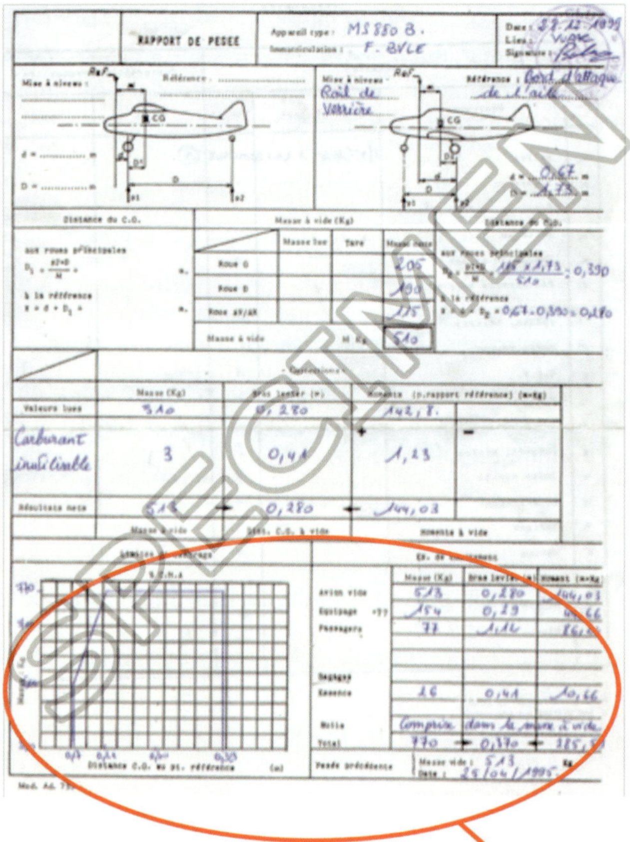

Le calcul du centrage s'effectue à l'aide du manuel de vol et de la partie basse de la **fiche de pesée** de l'appareil.

On reporte dans la partie gauche du tableau les différentes masses (appareil vide, équipage, passager, bagage, essence). La somme de ces masses donne la **masse totale** de l'appareil au roulage.
Nota : la soute à bagages se situant généralement dans la partie arrière du fuselage, une masse maximale de bagages peut être imposée pour limiter son bras de levier.

Chacune de ces masses est ensuite multipliée par le **bras de levier** fourni afin de déterminer le moment qu'elles produisent.

On calcule ensuite la somme des moments qui sera divisée par la masse totale de l'appareil afin d'obtenir **le bras de levier de l'ensemble de l'appareil**, c'est-à-dire la position de son centre de gravité.

À l'aide du graphique, on va ensuite déterminer si l'appareil est à l'intérieur de **l'enveloppe de masse et centrage** :

- ne dépasse-t-il pas la masse maximale ?
- la position du centre de gravité est-elle correcte ?

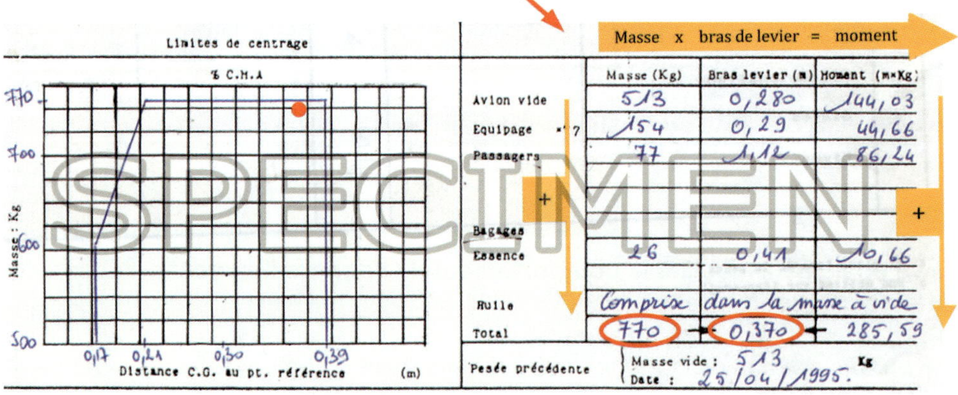

Si un de ces deux paramètres n'est pas respecté, il faudra envisager de charger différemment l'appareil, d'emporter moins de passagers, moins d'essence...

Dans cet exemple, le vol peut s'envisager bien que la masse maximale soit atteinte. Attention au rapport poids-puissance dégradé au décollage !

Remarque : lors du trajet, la consommation d'essence provoque une modification du centrage de l'appareil. Il peut être intéressant, dans certains cas, de calculer le centrage au départ et à l'arrivée prévue du vol.

1.4. La stabilité de route

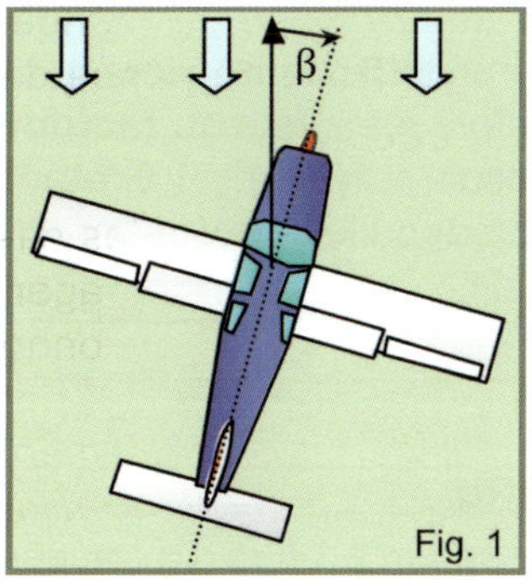

Fig. 1

On appelle stabilité de route l'aptitude d'un aéronef à **annuler le dérapage**, c'est-à-dire à conserver la symétrie du vol.
Le dérapage (fig. 1) est l'angle pouvant apparaître entre la direction du vent relatif (trajectoire) et l'axe longitudinal de l'appareil.
Son apparition va provoquer une augmentation importante de la traînée (fuselage) et masquer une partie de l'aile opposée au dérapage. Sur la figure 1 le dérapage est dit « à gauche ».

Vont contribuer à la stabilité de route :

- la dérive,
- le dièdre,
- la flèche.

1.4.1. Stabilité directionnelle

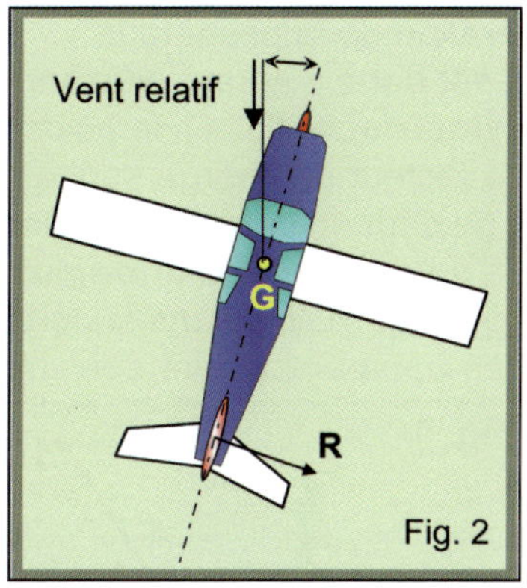

Fig. 2

La dérive (fig. 2) : lors d'un dérapage, la dérive va créer une force (R) qui induit un mouvement autour de **l'axe de lacet** afin d'annuler le dérapage.
L'appareil se met dans le lit du vent comme une **girouette**.
C'est cet effet girouette qui rend difficile le **roulage** vent de travers, l'appareil ayant toujours tendance à se mettre face au vent.

1.4.2. Stabilité latérale

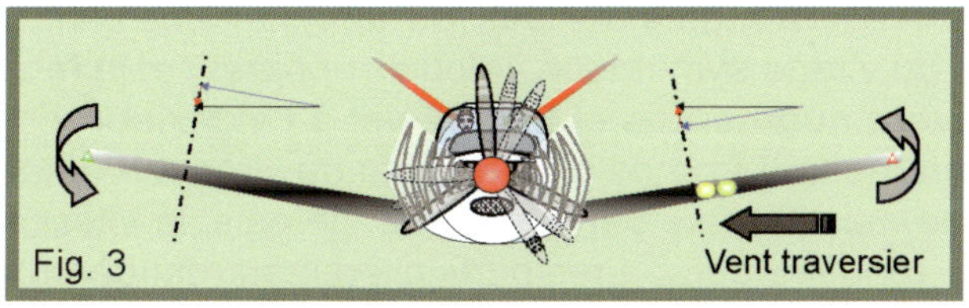

Fig. 3

Le dièdre (fig. 3) : c'est l'angle formé entre l'aile et l'horizontal. Il est dit « positif » lorsque l'aile « est orientée vers le haut ».
Prenons pour exemple un dérapage produit par une rafale venant de la gauche. Si on décompose la force de la rafale sur une droite normale à l'aile, on obtient deux composantes :

- une parallèle au plan de l'aile qui est donc sans effet : →
- une perpendiculaire au plan de l'aile qui est orientée : →

- Vers le haut sur l'aile côté dérapage qui va donc subir une augmentation d'incidence donc de portance.
- Vers le bas sur l'aile opposée au dérapage qui, elle, subit une diminution de portance donc d'incidence.

L'effet dièdre va donc se traduire par un **mouvement en roulis du côté opposé au dérapage** afin d'annuler celui-ci.
Le dièdre négatif, lorsque l'aile est orientée « vers le bas » est aussi appelé anhèdre.

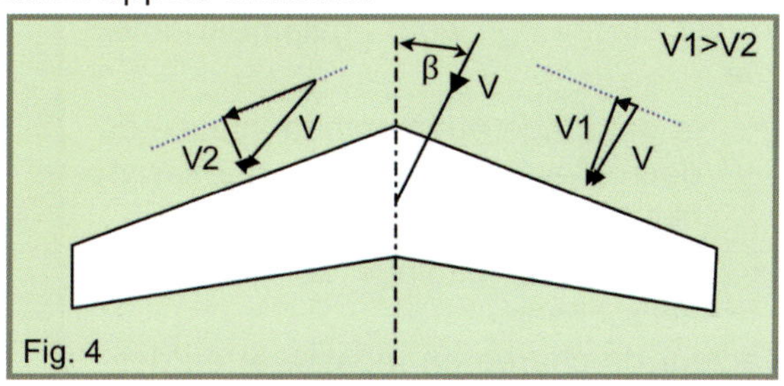

Fig. 4

La flèche (fig. 4) : lors d'un dérapage, on peut décomposer le vent relatif sur deux axes :

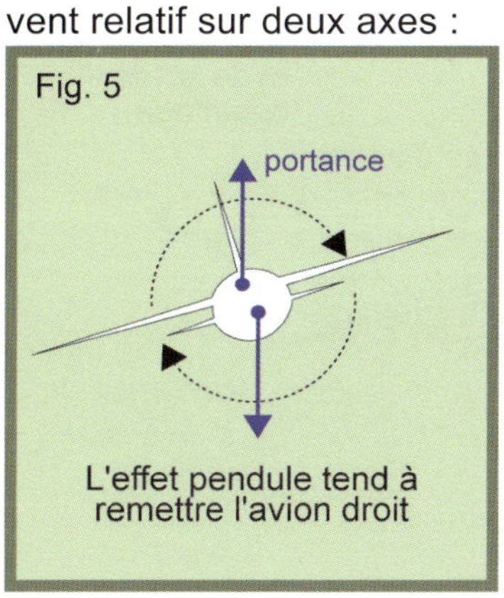

Fig. 5

- le premier parallèle au bord d'attaque qui est sans influence sur la vitesse de l'écoulement autour du profil,
- le second perpendiculaire au bord d'attaque qui va faire apparaître une différence de vitesse entre les ailes droite et gauche : l'aile du côté du dérapage gagne de la portance. **L'appareil s'incline donc du côté opposé au dérapage** comme dans le cas du dièdre.

Aile haute (fig. 5) : l'effet pendule dû au décalage entre le centre de gravité et la portance tend à créer un roulis opposé à l'inclinaison.

2. Le facteur de charge

Lors d'un changement de trajectoire sur le plan vertical (ressource), ou lors d'un virage serré, le pilote a la sensation d'être « écrasé » dans son siège sous l'effet de la force centrifuge. Il subit alors les effets du **facteur de charge exprimé en nombre de G** et **noté n** (1 G, soit 9,81 m/s/s, ou pour les calculs ≈ 10 ms^{-2}, 1 G étant l'accélération ressentie dans son canapé). Son corps semble plus lourd : c'est ce qu'on appelle le **poids apparent** qui est la somme vectorielle du poids réel du pilote et de la force centrifuge (fig. 1).

n= Fz évolution /Fz palier = Fz évolution /P = Pa/P

Fz : portance, P : poids, Pa : Poids apparent.

Lors d'une ressource, le facteur de charge est : **$n = 1 + v^2/Rg$**

1 : facteur de charge ressenti dans son canapé, V : vitesse en m/s, R : rayon de la ressource en m ; g : accélération de la pesanteur.

Il est donc d'autant plus important que la vitesse est élevée et que la ressource est serrée. Lors d'un **virage symétrique** (fig. 1), le poids apparent est sur l'axe de symétrie de l'appareil, la bille est donc au milieu.

Le facteur de charge subi est : **$n = 1/\cos\varphi$**

Il ne dépend donc que de l'inclinaison. Il est important de noter que **l'évolution du facteur de charge n'est pas linéaire** et que ce dernier augmente très rapidement pour des inclinaisons supérieures à 60°. En pratique, on évitera de dépasser cette inclinaison..

Les appareils légers doivent pouvoir supporter des facteurs de +3,8/-1,52 en lisse et +2/-0 volets sortis pour être certifiés.

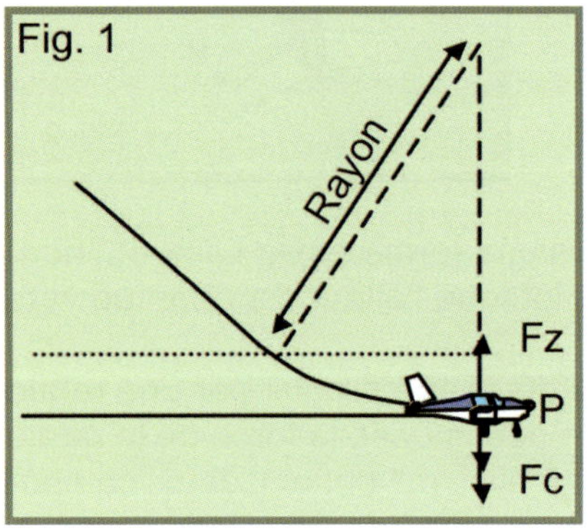

Lors **d'un virage en dérapage intérieur (glissé)**, la force centrifuge est inférieure à celle du virage symétrique, le poids apparent et le **facteur de charge s'en trouvent diminués** et **la bille est à l'intérieur**. On obtient ce type de virage en oubliant de mettre du pied ou en le mettant du côté opposé au virage. Lors d'un **virage en dérapage extérieur (dérapé)**, la force centrifuge est supérieure à celle du virage symétrique, le poids apparent et le **facteur de charge s'en trouvent augmentés** et **la bille est à l'extérieur**. On obtient ce type de virage en mettant trop de pied du côté du virage. A noter qu'en dérapage, le fuselage masque une partie de l'aile, de plus, la vitesse indiquée est faussée, cela rend les dérapages particulièrement dangereux près du sol. Lors des ressources et des virages, l'augmentation du facteur de charge, donc du poids apparent, nécessite une portance supérieure qui va conduire à une **augmentation de la vitesse de décrochage** (Velocity of stall-Vs) donnée par la relation : **$Vsn = Vs.\sqrt{n}$**

Exemple : à 60° d'inclinaison, n = 2, et $\sqrt{n}$ = 1,41. Pour un avion décrochant à 40 kt à inclinaison nulle, à 60° d'inclinaison il décrochera à $40.\sqrt{2}$ = 40x1,41 ≈ 56 kt.

Donc, plus l'inclinaison est forte, plus la Vs est élevée. On peut également noter que :

- le dérapage augmente la vitesse de décrochage (attention au dernier virage par vent de travers !),
- la glissade diminue la vitesse de décrochage.

Facteur de charge en montée et en descente : le facteur de charge est inférieur à 1 car la composante verticale (la portance) est inférieur au poids. n = cos de la pente

Exemple : en descente rectiligne stabilisée sur un plan de 3° → n = Cos 3° = 0,99.

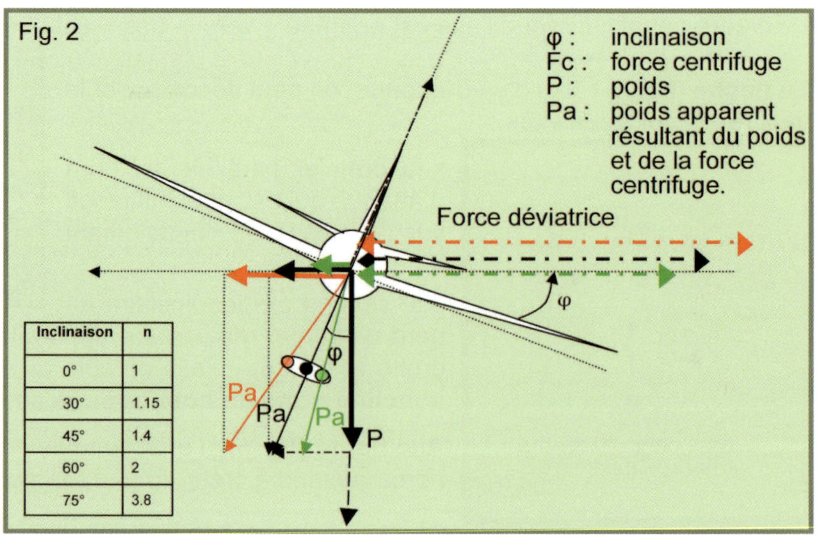

Inclinaison	n
0°	1
30°	1.15
45°	1.4
60°	2
75°	3.8

3. Le décrochage et la vrille

Fig. 1

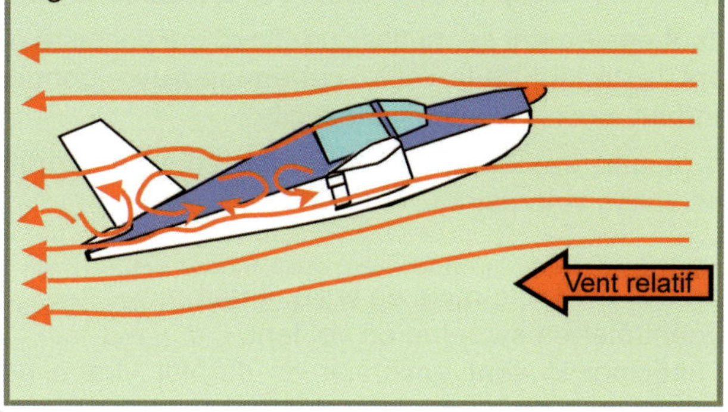

Le **décrochage** (fig. 1) est une perte de portance provoquée par la rupture de l'écoulement de l'air le long du profil de l'aile lorsque **l'incidence est trop forte** (incidence de décrochage : environ 18° sur la plupart des avions légers). Généralement, on approche de cette incidence pour compenser une diminution de vitesse tout en tentant de garder sa trajectoire (relation vitesse-incidence), par exemple en approche finale avant l'atterrissage.

Ne disposant d'aucun moyen pour mesurer l'incidence, mais chaque incidence correspondant à une vitesse sur une même trajectoire, nous allons utiliser des **vitesses de décrochage** pour chaque configuration de l'appareil. **Ces vitesses sont représentatives de l'incidence de décrochage de l'appareil sorti d'usine, lorsque ce dernier est en palier à inclinaison nulle (facteur de charge = 1).** Si le facteur de charge augmente (virage, ressource) la vitesse de décrochage augmente. De même, si la masse de l'appareil augmente, la vitesse de décrochage augmente.

Pour pallier cet inconvénient, les vitesses de décrochage indiquées dans les manuels de vol des appareils légers sont généralement celles calculées à la masse maximale qu'il peut supporter.

Enfin, une dégradation de la surface de l'aile (eau, givre, glace, déformation, orifice...) augmente aussi la vitesse de décrochage.

Mais rappelez-vous que **l'incidence moyenne de décrochage ne change pas**. Que vous soyez à 100, 300 ou 600 kt, lors d'une variation d'assiette brutale à cabrer, vous décrocherez vers 18° d'incidence. On parle alors de décrochage dynamique. Sur le Rallye, la vitesse de décrochage en lisse est de **46 kt** et de **41 kt** pleins volets.

Fig. 2

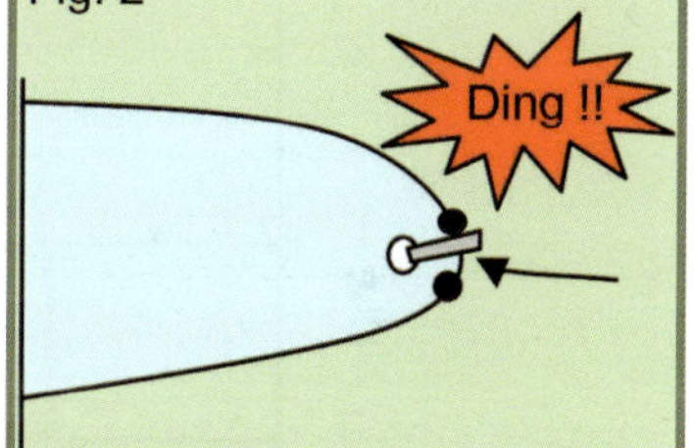

À incidence forte la palette fait contact et engendre une alarme sonore ou visuelle

Signes annonciateurs du décrochage : assiette importante, sortie des becs, mollesse des commandes, avertisseur de décrochage (fig. 2), buffeting (vibrations). L'avertisseur de décrochage (qui peut être sonore et/ou visuel) se déclenche 5 à 10 kt avant le décrochage. Certains appareils n'en sont pas munis. Dans ce cas ou lorsque l'avertisseur est hors service, le buffeting devient alors la seule source d'avertissement du décrochage.

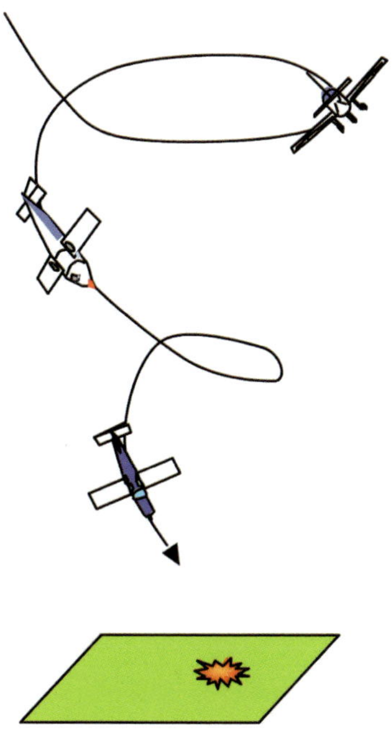

Procédure de sortie du décrochage :

- assiette à piquer ou de palier selon la hauteur d'évolution,
- puissance max avec contrôle de la symétrie (pied à droite pour une hélice tournant dans le sens horaire vu côté pilote),
- ressource souple après reprise de la vitesse.

Pour retarder l'apparition du décrochage, les constructeurs utilisent quelques astuces : une forme d'aile trapézoïdale avec une surface moindre à son extrémité qu'à son emplanture, ou le vrillage de l'aile, c'est-à-dire un angle d'incidence de son profil à l'extrémité inférieur à celui de l'emplanture.

Ces différences font que le décrochage de l'aile est progressif et donc plus rapidement rattrapable.

Ces astuces permettent aussi de limiter le départ en vrille.

La **vrille** (figure à gauche) est un décrochage **dissymétrique** : seule l'aile intérieure à la vrille est décrochée. L'appareil descend alors selon une trajectoire hélicoïdale rapide en rotation, avec une vitesse verticale très importante et une vitesse horizontale relativement faible.

Il est très important de connaître la manœuvre à exécuter pour sortir de la vrille. Cette manœuvre est donnée par le manuel de vol de l'appareil (exemple : page du Socata MS880 ci-contre).

Il faut également se méfier du réflexe qui consiste à mettre le manche vers l'extérieur de la vrille : cette manœuvre conduit à aplatir la vrille rendant ainsi la sortie plus difficile.

La plupart des appareils légers ne sont pas certifiés pour effectuer des vrilles volontaires.

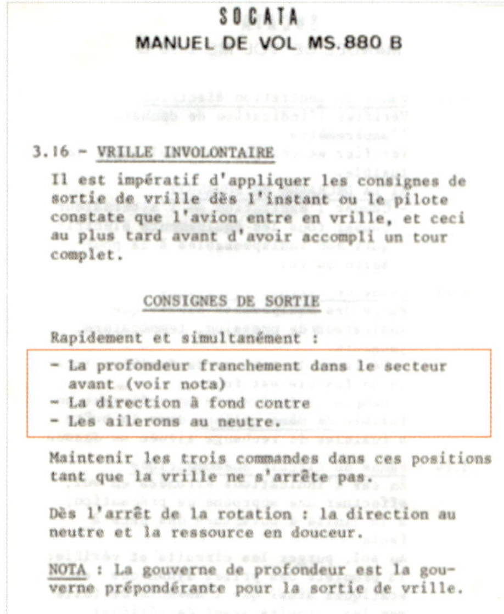
SOCATA
MANUEL DE VOL MS.880 B

3.16 - VRILLE INVOLONTAIRE

Il est impératif d'appliquer les consignes de sortie de vrille dès l'instant ou le pilote constate que l'avion entre en vrille, et ceci au plus tard avant d'avoir accompli un tour complet.

CONSIGNES DE SORTIE

Rapidement et simultanément :

- La profondeur franchement dans le secteur avant (voir nota)
- La direction à fond contre
- Les ailerons au neutre.

Maintenir les trois commandes dans ces positions tant que la vrille ne s'arrête pas.

Dès l'arrêt de la rotation : la direction au neutre et la ressource en douceur.

NOTA : La gouverne de profondeur est la gouverne prépondérante pour la sortie de vrille.

Afin d'éviter toute mise en vrille, il faut :

- contrôler sa symétrie en vol lent,
- anticiper le vent traversier en dernier virage pour ne pas devoir recourir à de fortes inclinaisons associées à un dérapage afin de rattraper l'axe de piste,
- pas d'IMC,
- contrôler son assiette en virage : regarder devant !

4. Le domaine de vol

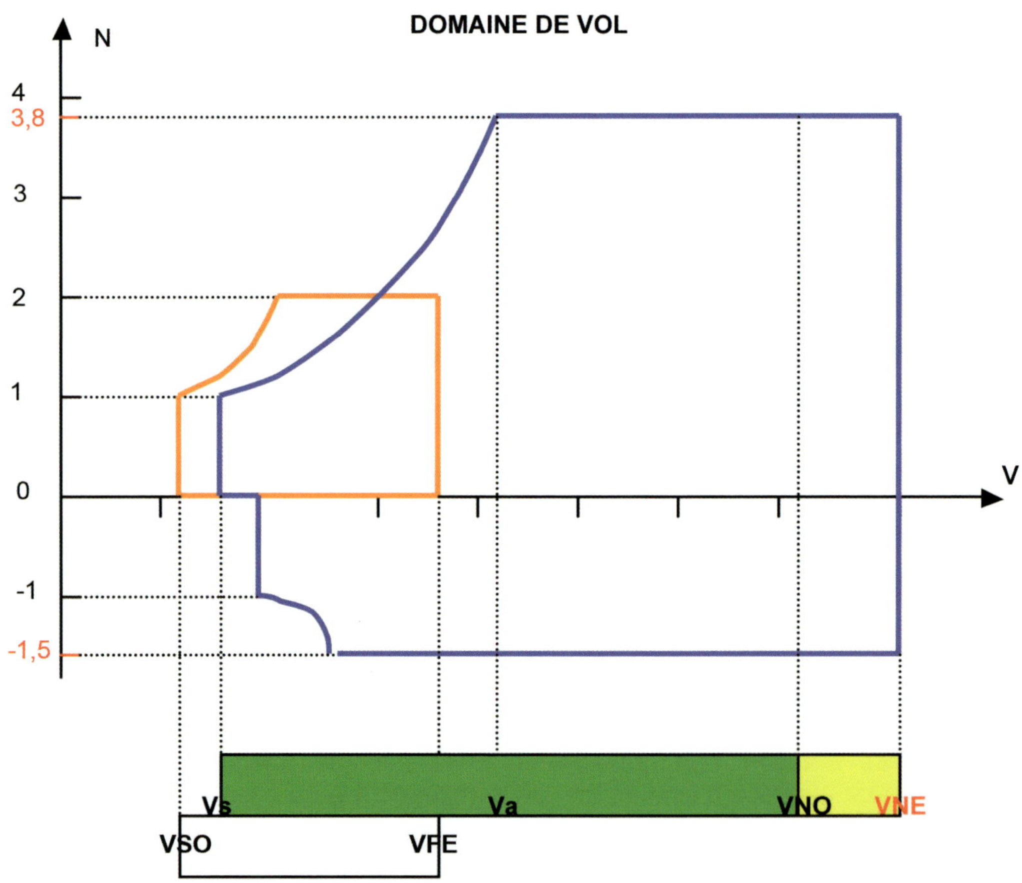

Arcs de l'anénomètre

Le domaine de vol limite l'ensemble des possibilités d'évolution de l'appareil et est défini par :

- des facteurs de charges maximaux,
- des vitesses de décrochage (qui varient en fonction du facteur de charge)

L'appareil comporte en fait deux domaines de vol :

	Ex. : Rallye
Volets rentrés, limité par :	
- le facteur de charge max : +3.8 / -1.5 G	+4.4 / -1.8
- la vitesse de décrochage en configuration spécifique (généralement lisse) (VS1)	46 kt
- l'évolution de la Vs avec le facteur de charge ($Vsn = VS1. \sqrt{n}$)	
- la vitesse maximale d'évolution (VNE)	145 kt
- la vitesse maximale d'évolution en atmosphère turbulente (VNO)	107 kt
- la vitesse de manœuvre (Va) à laquelle on peut braquer les gouvernes au maximum	104 kt
Volets position atterrissage, limité par :	
- le facteur de charge max volets sortis : +2 / 0	
- la vitesse de décrochage configuration atterrissage (VSO)	40 kt
- la vitesse max d'utilisation des volets en position atterrissage (VFE)	75 kt

Il ne faut jamais sortir du domaine de vol sous peine de perdre le contrôle ou de conduire à la rupture de la cellule !

Notons VS1 comme la vitesse de décrochage dans une configuration spécifique (généralement lisse), sous facteur de charge = 1.

Notons VSn la vitesse de décrochage dans la même configuration mais sous facteur de charge = n.
n= facteur de charge

Entraînement à l'examen théorique

1 - Le point d'application des variations de portance s'appelle :
- a) le foyer □
- b) le centre d'inertie □
- c) le centre de poussée □
- d) le centre de gravité □

2 - En vol en palier dans un appareil stable, une petite rafale de bas en haut produit une légère augmentation d'incidence :
- a) l'instabilité longitudinale doit être contrôlée immédiatement au compensateur □
- b) un moment cabreur entraîne une augmentation d'assiette □
- c) l'instabilité longitudinale devient impossible à contrôler □
- d) un léger moment piqueur ramène l'appareil à l'assiette initiale □

3 - La stabilité longitudinale (autour de l'axe de tangage) d'un aéronef :
- a) est dépendante du chargement □
- b) est indépendante du chargement □
- c) est d'autant meilleure que sa manœuvrabilité est bonne □
- d) est d'autant plus faible que sa manœuvrabilité est faible □

4 - La stabilité longitudinale (autour de l'axe de tangage) est généralement assurée par :
- a) l'empennage horizontal et dépend de la position du centre de gravité □
- b) un débattement suffisant des ailerons □
- c) la flèche de l'aile □
- d) l'empennage vertical et la position du centre de gravité □

5 - Si le centre de gravité de votre appareil se situe en arrière de la limite arrière de centrage, vous courez le risque :
- a) d'être incapable de le manœuvrer autour de l'axe de tangage □
- b) de ne pas disposer de la force physique nécessaire pour braquer la profondeur □
- c) d'être incapable de le manœuvrer autour de l'axe de roulis □
- d) de le trouver trop stable □

6 - Si le centre de gravité de votre appareil se situe en avant de la limite avant de centrage :
- a) le seul inconvénient est l'inconfort de pilotage que procure la dureté des commandes □
- b) le contrôle en tangage est insuffisant même avec un braquage maximal de la gouverne de profondeur □
- c) il est trop instable pour être piloté □
- d) un bon entraînement vous est nécessaire pour compenser son instabilité □

7 - Si, par rapport au vol précédent, le centrage de votre appareil est plus arrière, vous vous attendez à trouver ce dernier :
- a) plus maniable et moins stable □
- b) moins maniable et plus stable □
- c) moins maniable et moins stable □
- d) plus maniable et plus stable □

8 - Le centrage de l'aéronef est :

	Masse (kg)	Bras (m)	Moment (Nm)
À vide	1600	0,50	
Pilote + passager avant	150	1,00	
Passager arrière	100	1,50	
Carburant Réservoir principal	120	0,50	
Huile moteur	10	0,00	
Bagages	20	2,00	
Total			

- a) 50 cm □
- b) 80 cm □
- c) 60 cm □
- d) 70 cm □

9 - Les limites de centrage du F-GP sont :
1/ avant : 0,97 m
2/ arrière : 1,20 m
3/ vous trouvez un centrage de 1,22 m
Vous :
- a) décollez en vous attendant à trouver dure la commande de profondeur □
- b) chargez l'appareil de façon différente, pour reculer le centre de gravité □
- c) décollez en vous attendant à trouver très sensible la commande de profondeur □
- d) chargez l'appareil de façon différente, pour avancer le centre de gravité □

10 - Le constructeur est tenu de fournir un exemple de calcul de centrage. Cet exemple est présenté dans :
- a) le manuel de vol □
- b) le livret d'aéronef □
- c) le plan de vol □
- d) le carnet de route □

11 - Pour calculer la masse et le centrage de votre appareil, vous prenez les valeurs à vide :
- a) sur la fiche de pesée □
- b) dans le carnet de route □
- c) dans le manuel de vol □
- d) sur le livret d'aéronef □

12 - L'association d'une incidence forte et d'un dérapage important, peut entraîner :
- a) une autorotation (vrille) □
- b) un virage engagé □
- c) un décrochage □
- d) un décrochage dynamique □

13 - Lorsqu'à assiette constante vous abordez une ascendance, l'incidence :
- a) diminue puis augmente □
- b) ne change pas □
- c) diminue □
- d) augmente □

14 - Lorsque le facteur de charge augmente :
- a) l'incidence de décrochage augmente, mais la vitesse de décrochage ne change pas □
- b) la vitesse de décrochage augmente, mais l'incidence de décrochage ne change pas □
- c) l'incidence de décrochage augmente, mais la vitesse de décrochage diminue □
- d) l'incidence et la vitesse de décrochage augmentent □

15 - La distance entre le centre de gravité et le foyer est appelée :
- a) le bras de levier □
- b) l'allongement □
- c) la marge statique □
- d) la corde moyenne □

16 - Le dièdre est l'angle que forme le plan horizontal avec :
- a) la référence du fuselage □
- b) la corde moyenne de l'aile □
- c) l'axe longitudinal de l'aile □
- d) la corde du profil de l'aile □

17 - Un inconvénient de voler en dissymétrie est :
- a) d'augmenter la portance □
- b) d'augmenter la traînée □
- c) d'augmenter la résultante aérodynamique □
- d) de diminuer la résultante aérodynamique □

18 - Un appareil en virage stabilisé à 60° d'inclinaison subit un facteur de charge n de :
- a) n = -1 □
- b) n = 0 □
- c) n = 1 □
- d) n = 2 □

19 - On peut définir le facteur de charge «n» d'un avion comme étant le rapport :
- a) portance / poids □
- b) charge alaire / poids □
- c) charge alaire /envergure □
- d) poids / portance □

20 - Si le facteur de charge augmente, la vitesse de décrochage :
- a) ne change pas □
- b) est multiple ou sous-multiple de 1,414 suivant le sens de la charge □
- c) diminue □
- d) augmente □

EXAMEN BLANC DE L'ÉPREUVE THÉORIQUE

SECTION TECHNIQUE DU VOL - Corrections page 383

1 - Dans une soufflerie, si on multiplie par 3 la vitesse du vent relatif sur un profil :

a) sa portance est multipliée par 3 ☐
b) sa portance est multipliée par 6 ☐
c) sa portance ne varie pas puisqu'elle ne dépend que de l'angle d'incidence du profil par rapport au vent relatif ☐
d) sa portance est multipliée par 9 ☐

2 - Le risque majeur de la turbulence de sillage d'un hélicoptère qui vous précède est :

a) la perte de contrôle qui peut aller jusqu'à l'accident ☐
b) l'inconfort subi par les passagers ☐
c) de vous forcer à remettre les gaz ☐
d) l'imprécision du point d'atterrissage ☐

3 - Avec un avion ayant une finesse de 6, pour parcourir en vol plané une distance de 6 km en air calme, vous perdez :

a) 1000 m ☐
b) 600 m ☐
c) 1200 m ☐
d) 500 m ☐

4 - Toute chose étant égale par ailleurs, lorsque la température diminue :

a) portance et traînée augmentent ☐
b) portance et traînée diminuent ☐
c) portance augmente et traînée diminue ☐
d) traînée augmente et portance diminue ☐

5 - Un avion est un objet étudié pour offrir un bon rapport :

a) portance - poids ☐
b) portance - traînée ☐
c) traînée - traction ☐
d) poids - puissance ☐

6 - La pente avion est l'angle compris entre :

a) la trajectoire et l'axe longitudinal ☐
b) la trajectoire et l'horizontale ☐
c) la corde de profil et l'horizontale ☐
d) l'axe de l'avion et l'horizontale ☐

7 - Lorsque vous déplacez le manche vers la droite :

a) l'aileron droit se lève et l'aileron gauche s'abaisse ☐
b) l'aileron droit s'abaisse et l'aileron gauche se lève ☐
c) les deux ailerons se lèvent ☐
d) les deux ailerons s'abaissent ☐

8 - Pour incliner l'avion, la commande primaire que vous devez utiliser agit autour de l'axe de :

a) tangage ☐
b) symétrie ☐
c) roulis ☐
d) lacet ☐

9 - Le rôle du compensateur de profondeur est d'annuler :

a) les variations d'incidence subies ☐
b) l'effort permanent sur la commande de profondeur ☐
c) la traînée de l'avion en virage ☐
d) le braquage de la commande de profondeur ☐

10 - Lorsque vous déplacez le manche vers la droite, le bord de fuite de :

a) l'aileron droit se lève et celui de l'aileron gauche s'abaisse ☐
b) l'aileron gauche se lève et celui de l'aileron droit se baisse ☐
c) l'aileron gauche et droit se baissent ☐
d) l'aileron droit se lève et l'autre reste au neutre ☐

11 - Le rôle de la gouverne de direction est :

a) de modifier la trajectoire en vol, dans le plan vertical ☐
b) de modifier la trajectoire en vol, dans le plan horizontal ☐
c) de maintenir un écoulement de l'air symétrique autour de l'avion ☐
d) de maintenir l'avion sur son axe de tangage ☐

12 - Sur un avion en vol, le vent relatif :

a) dépend des conditions météorologiques ☐
b) est de valeur égale et de même sens que la vitesse air ☐
c) est de valeur égale, mais de sens opposé à la vitesse air ☐
d) est symétrique. ☐

13 - La stabilité de route (autour de l'axe de lacet), c'est la tendance naturelle de l'avion à conserver :

a) les ailes horizontales ☐
b) l'assiette ☐
c) la symétrie du vol ☐
d) l'altitude ☐

14 - La VNE est une limitation :

a) du régime moteur ☐
b) d'effort aérodynamique sur la cellule ☐
c) du vent traversier ☐
d) d'effort sur le train d'atterrissage ☐

15 - Pour vérifier que le centrage de votre avion est correct, vous utilisez :

a) le livret d'aéronef et la fiche de pesée ☐
b) le livret d'aéronef et le livret moteur ☐
c) le carnet de route et la fiche de pesée ☐
d) le manuel de vol et la fiche de pesée ☐

16 - Le facteur de charge en virage est fonction :

1/ de la vitesse de l'avion
2/ de la vitesse du vent
3/ du poids de l'avion
4/ de l'inclinaison de l'avion

a) 4 ☐
b) 2 et 4 ☐
c) 1 et 3 ☐
d) 3 ☐

17 - En vol rectiligne horizontal, le facteur de charge est égal à :

a) 0 ☐
b) 2 ☐
c) 1 ☐
d) -1 ☐

18 - Quels sont les facteurs qui vous permettent de détecter le vol aux grands angles

1/ le buffeting
2/ la mollesse des commandes
3/ la modification des bruits aérodynamiques
4/ la mise en fonctionnement de l'avertisseur de décrochage

a) 1 + 2 + 3 + 4 ☐
b) 2 + 4 ☐
c) 1 + 3 ☐
d) 2 + 3 ☐

19 - La vitesse de décrochage :

a) est une valeur constante pour chaque type d'avion ☐
b) varie en fonction du facteur de charge et de la masse de l'avion ☐
c) varie en fonction de la composante du vent effectif ☐
d) est constante pour chaque braquage de volet. ☐

Notes personnelles et conseils de votre pilote-instructeur – Technique du Vol :

Notes personnelles et conseils de votre pilote-instructeur – Technique du Vol :

Section 2

AÉROTECHNIQUE

Cette section, indispensable à la connaissance de votre appareil et de ses différentes parties, abordera la mécanique d'un appareil de tourisme monomoteur et les instruments de bord que vous utiliserez ensuite quotidiennement.
Ces différents points relèvent souvent du savoir commun et des notions que vous rencontrez dans la vie de tous les jours, notamment ce qui concerne la mécanique, commune avec celle d'une voiture en bien des aspects.

Module 1 « Cellule et commande de vol »

1. Terminologie

1.1. Les différentes parties de l'appareil

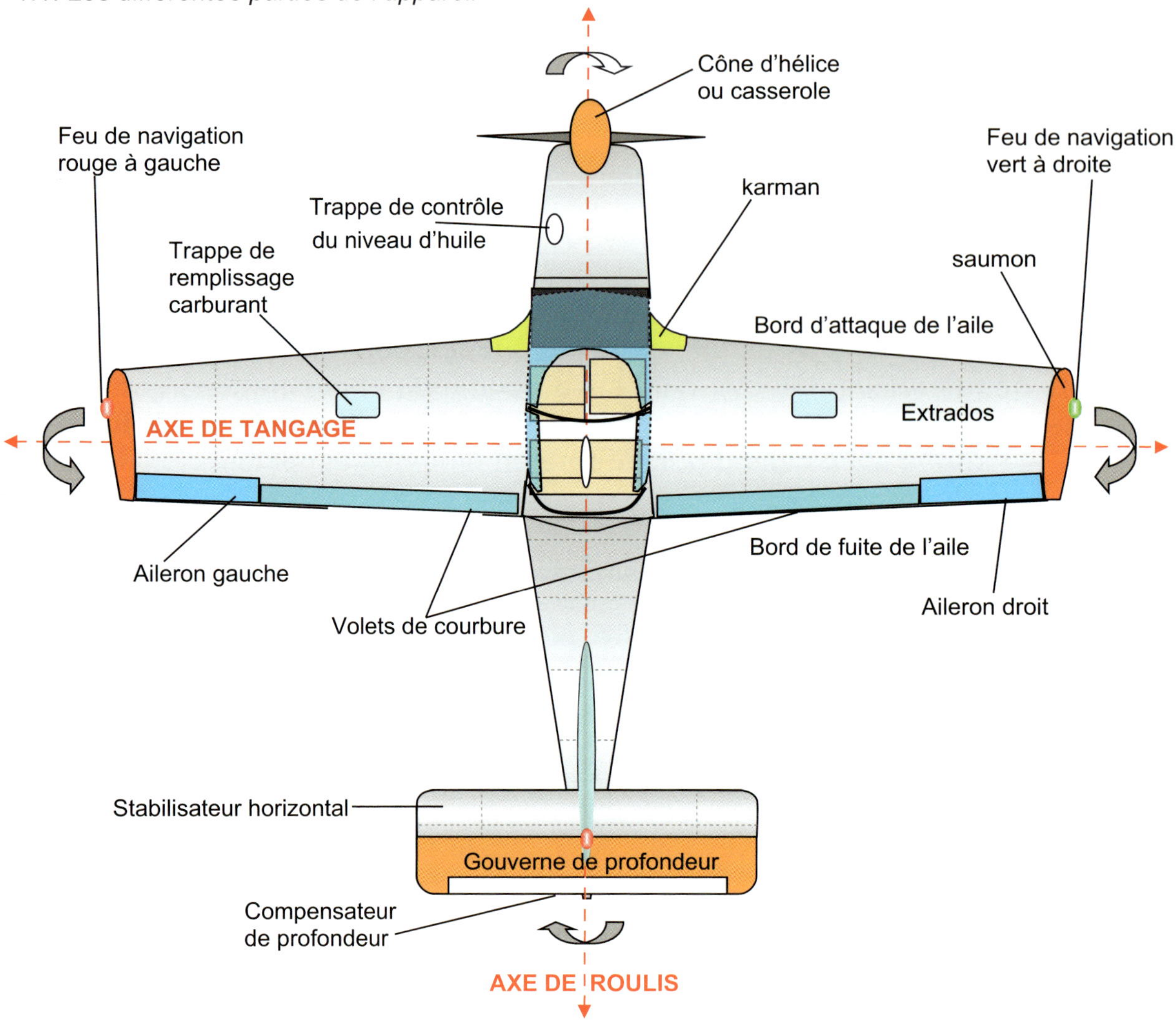

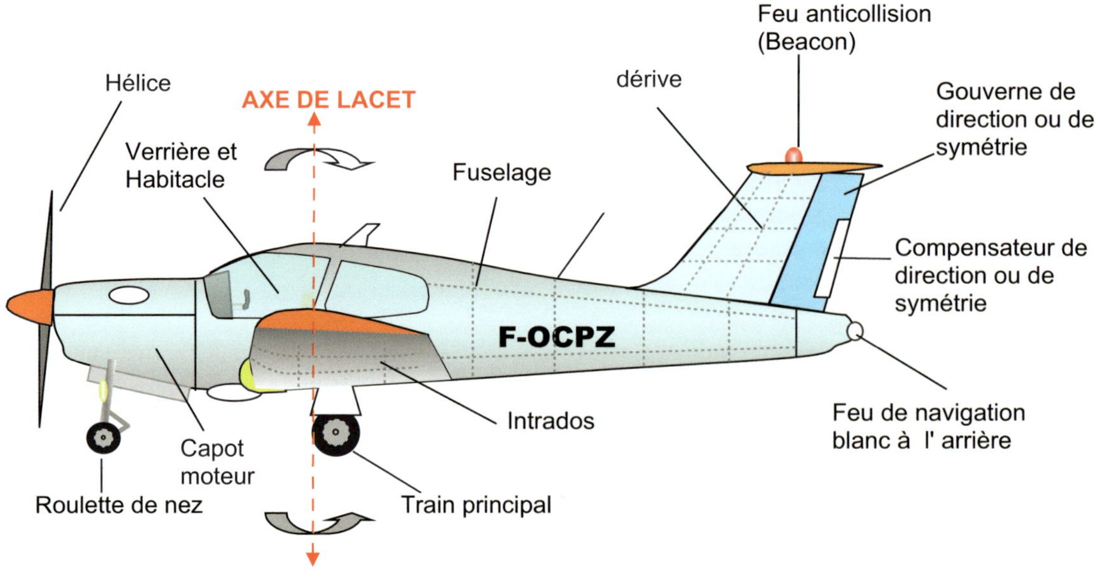

1.2. Les commandes et gouvernes

Les commandes de vol des avions sont composées, selon le cas, d'un manche, d'un volant ou d'un flight stick (control-stick). Ce dispositif relaie les efforts du pilote vers les gouvernes. Entre les deux, les efforts sont transmis soit directement, par l'intermédiaire de câbles en acier et poulies, ou par le truchement de biellettes en alliage d'aluminium et renvois d'angles. Sur les avions plus lourds, les efforts sur les gouvernes sont tels que les gouvernes sont mues par des vérins hydrauliques, dans ce cas, un ou plusieurs circuits hydrauliques produisent et transmettent la pression nécessaire aux vérins pour actionner les gouvernes. Un circuit hydraulique est composé de pompes à engrenages produisant la pression de liquide hydraulique, d'un réservoir appelé bâche, dont le rôle est d'absorber les à-coups dus aux variations de pression résultant de l'utilisation des servitudes, de filtres, de circuit by-pass anti colmatage, de tiroirs sélecteurs hydrauliques aiguillant la pression vers les vérins, ainsi que de clapets de surpressions.

Le **manche** (ou le volant), déplacé d'avant en arrière, commande la gouverne de profondeur. Il permet ainsi de faire varier l'assiette de l'appareil autour de l'axe de tangage.
Lorsque le pilote tire sur le manche, la gouverne de profondeur se braque vers le haut (le bord de fuite monte, le bord d'attaque descend dans le cas d'une gouverne monobloc), sa déportance augmente, et l'appareil se cabre. Si le pilote pousse sur le manche, l'appareil pique.
Le manche déplacé latéralement commande les ailerons et permet d'incliner l'appareil autour de l'axe de roulis.
Lorsque le pilote braque le manche à gauche, l'aileron gauche s'incline vers le haut, diminuant ainsi la courbure de la demie-aile gauche, tandis que celui de droite s'incline vers le bas, augmentant ainsi la courbure de la demie-aile droite. Dans ces conditions, la demie-aile dont la courbure a augmenté voit sa portance augmenter alors que la portance diminue du côté où la courbure a diminué et l'appareil s'incline sur la gauche. C'est le contraire si le pilote tourne le volant à droite.

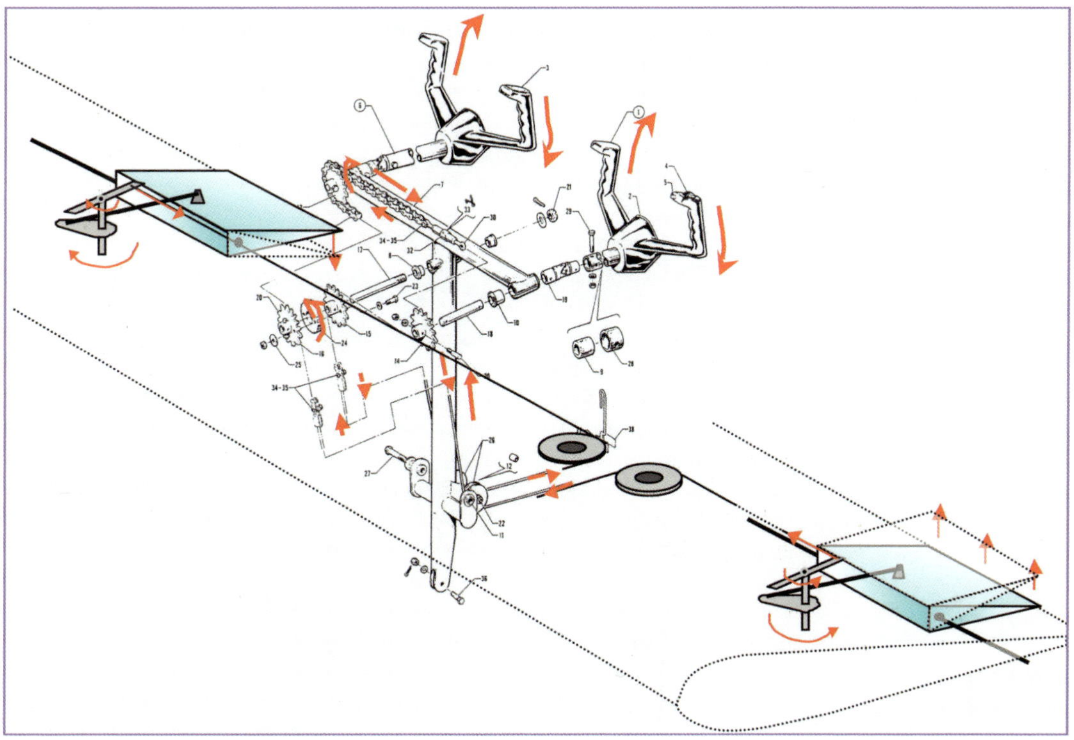

Les **palonniers** commandent la **gouverne de direction** afin de faire pivoter l'appareil autour de l'axe de lacet. L'intérêt et d'assurer la symétrie du vol, c'est à dire un écoulement aérodynamique symétrique de part et d'autre du fuselage. Ils sont en général couplés avec la roulette de nez pour le roulage au sol.

Quand le pilote pousse sur le palonnier droit, la gouverne de direction se braque vers la droite, si au contraire le pilote agit sur la pédale de gauche, alors la gouverne se braque vers la gauche et l'appareil se déplace autour de l'axe de lacet.

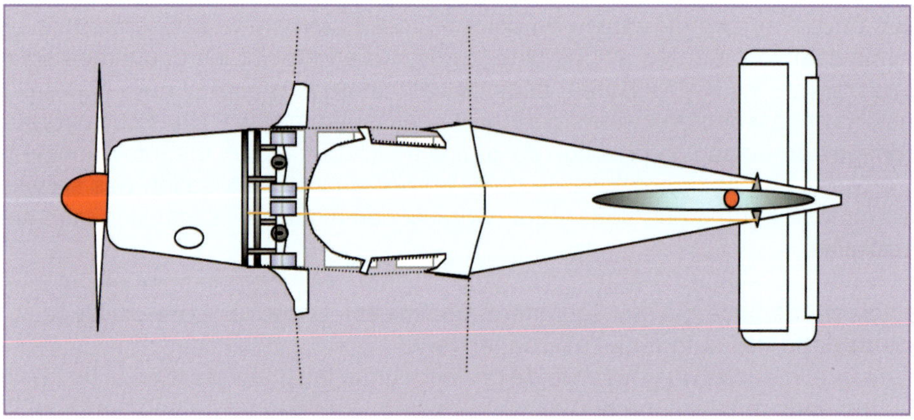

Figure ci-dessus : le palonnier

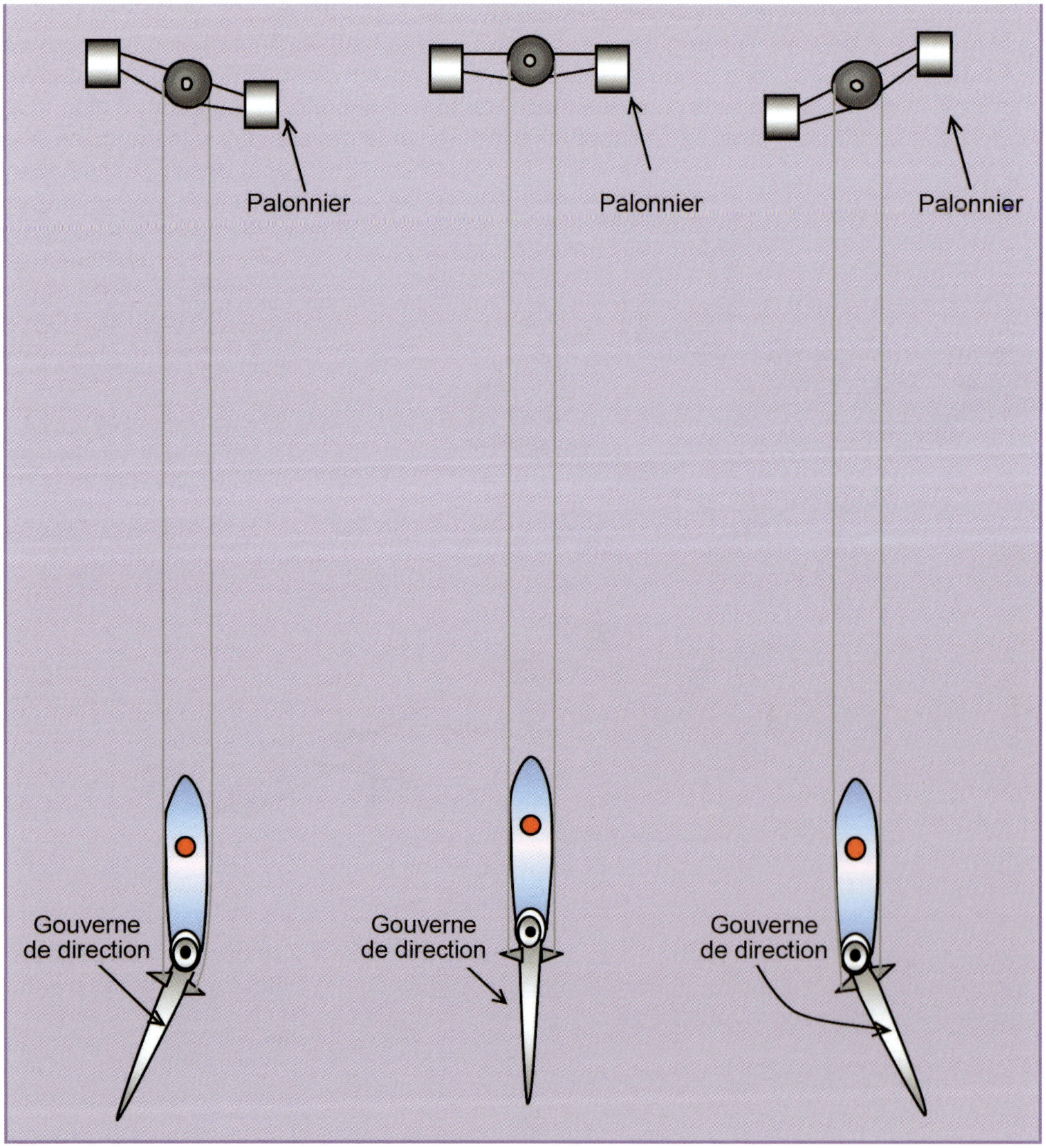

Figure ci-contre : position du pied sur le palonnier

Pieds à gauche, la gouverne se braque à gauche, pieds à droite, la gouverne se braque à droite.

2. Structure

Les avions sont majoritairement construits en alliages d'aluminium, bien que de nombreux métaux entrent dans la fabrication (acier, titane, etc.). Cependant, les avions anciens étaient construits en bois et toile, et certains constructeurs continuent à fabriquer des avions sur ce principe avec des matériaux améliorés (colles plus performantes, toile en polyester thermo-rétractable plutôt que le coton ou le lin, etc.). On trouve de plus en plus des avions et surtout des ULM construits en matériaux composites constitués de fibres de verre ou de carbone et de résines. Enfin, de nombreux ULM sont construit en tube et toile pour limiter au maximum leur masse à vide Les assemblages des différentes parties se font par l'intermédiaire de boulons pour les attaches d'ailes, et selon le cas par rivetage pour les appareils métalliques, et collage pour les appareils en bois ou composite.

2.1. Les ailes

La structure d'une aile est composée de longerons, de nervures et d'un revêtement. La liaison entre l'aile et le fuselage s'appelle l'**emplanture**.

- Un **longeron** est une sorte de poutre en forme de L pour les appareils métalliques, ou d'un caisson en bois pour les appareils bois et toile et qui court sur l'envergure de l'aile en une ou deux parties, et en assure la résistance en flexion. Un longeron est généralement constitué de trois parties rivetées entre elles, une âme plus épaisse près de l'emplanture qu'à l'extrémité de l'aile, et deux semelles. Les principaux matériaux utilisés sont l'alliage d'aluminium, la fibre de carbone, ou le bois sous forme de caisson.
- Les **nervures** donnent le profil de l'aile. Elles sont constituées de tôles embouties rivetées sur les semelles de longeron, comme sur le Rallye, ou de baguettes de bois collées entres elles et sur le caisson en bois comme sur les avions Pierre Robin. Sur des machines plus lourdes les éléments sont obtenus par usinage dans la masse.

  Les nervures sont évidées afin de gagner du poids, il arrive cependant que certaines nervures soient pleines, ce qui va créer un compartiment étanche utilisé comme réservoir à carburant.
- Le **revêtement** assure l'écoulement de l'air à la surface de l'aile. Des trappes de visites sont parfois faites afin d'assurer les contrôles et entretiens nécessaires. Il est constitué de tôles d'aluminium plus ou moins renforcées et d'épaisseurs variables, selon les performances de l'appareil et la charge alaire, et rivetées sur les semelles de longeron et les nervures. Il donne, conjointement avec les nervures, la forme du profil de l'aile et assure avec celles-ci la résistance en torsion (vrillage). Le revêtement peut aussi être constitué de panneaux de contre-plaqué (aviation) ou de toile cousue et tendue grâce à un enduit spécial. C'est la qualité de l'état de surface du revêtement de la voilure (tôles jointes ou superposées, rivets bombés ou fraisés…) qui conditionne une partie de la traînée de frottement.

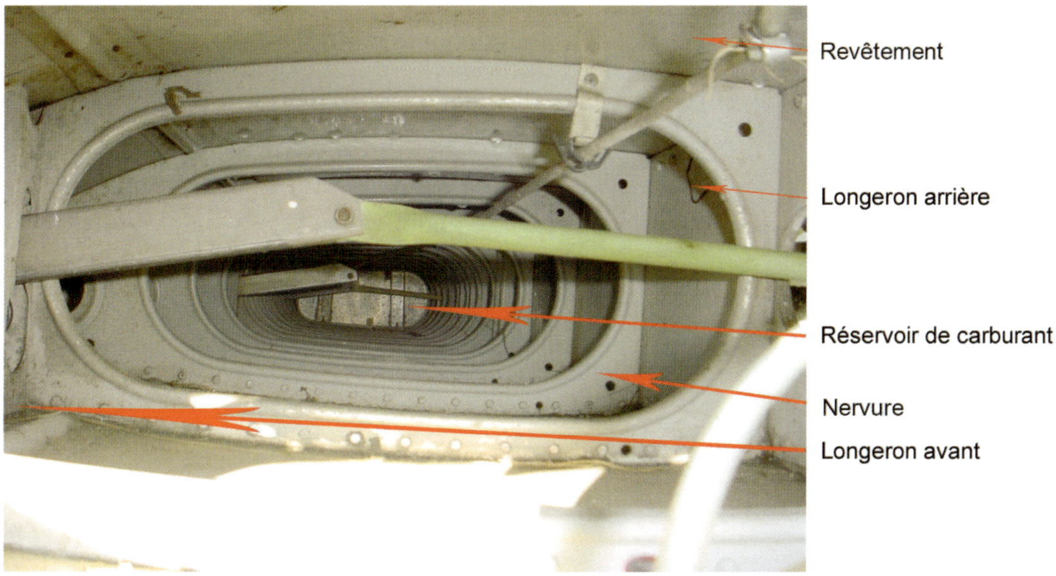

Intérieur d'une aile de Rallye MS 880

À l'intérieur des ailes se logent les réservoirs de carburant entre les nervures et le longeron. Ceux-ci peuvent être structuraux entres nervures pleines comme sur la famille des TB9, 10, 20 ou 21. Les réservoirs peuvent être aussi constitués de nourrices en caoutchouc ou aluminium, comme sur les Beechcraft Bonanza ou Rallye.

2.2. Le fuselage

Il est constitué de baguettes (lisses) et de cadres (couples) métalliques rivetés sur lesquels sont fixés par des rivets les panneaux de revêtement, ou d'une structure similaire mais en bois collé, ou encore de demies coquilles en fibres, assemblées entre elles par des résines.

2.3. L'empennage

Il assure la stabilité et le contrôle sur les axes de tangage et de lacet. Il peut présenter différentes formes : cruciforme (comme sur le dessin ci-dessous), en V, ou en T, chaque solution technique apportant son lot d'avantages et d'inconvénients. Citons, entre autre, une surface mouillée en moins pour l'empennage en V engendrant une

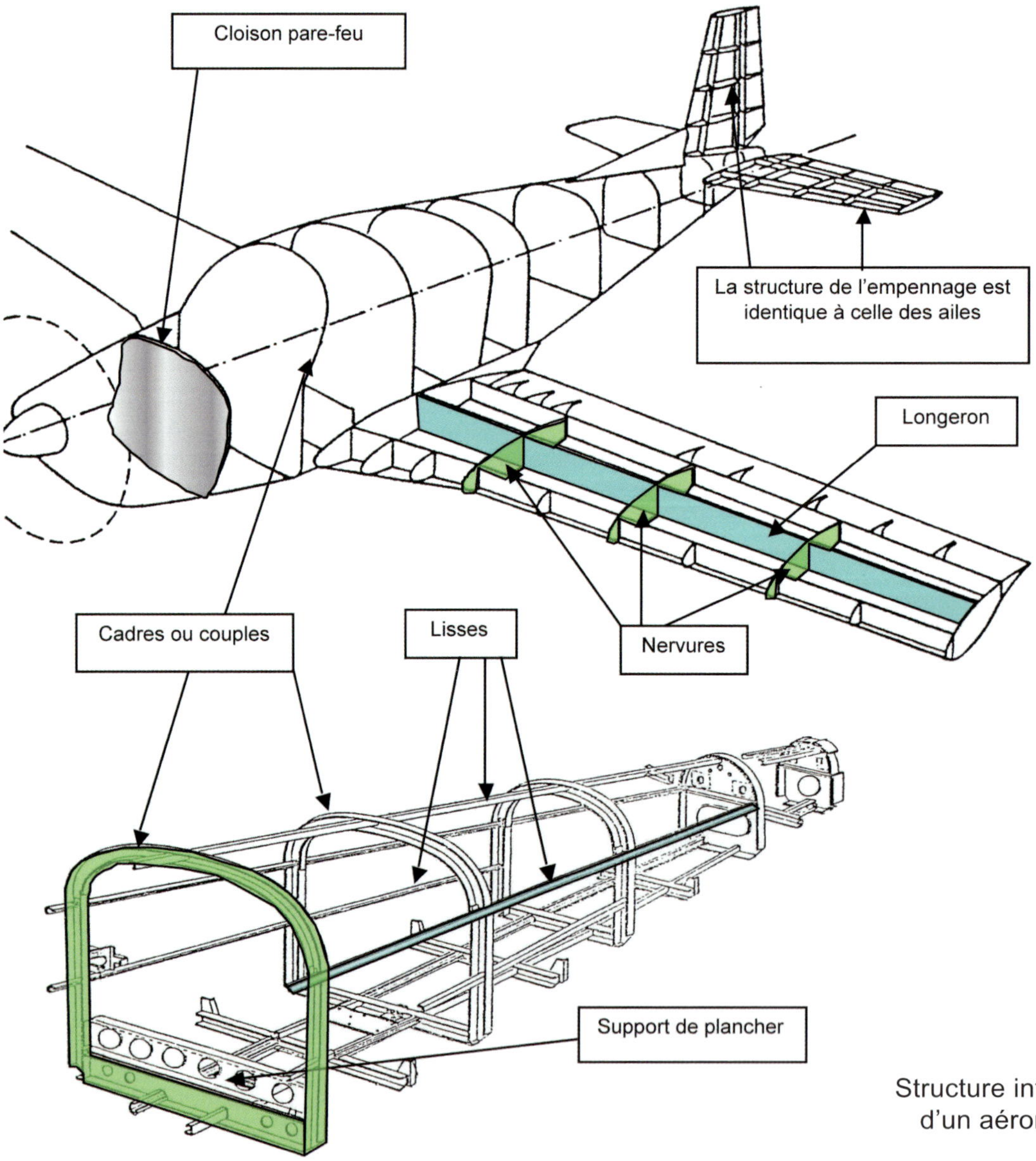

Structure interne d'un aéronef

traînée plus faible mais qui s'accompagne d'une stabilité plus faible, ou encore l'empennage en T qui, de par sa plus grande distance au centre de gravité, nécessite une déportance moindre, diminuant ainsi la consommation de carburant, mais peut, sous certaines conditions, entraîner des problèmes de contrôle. Par exemple, le flux d'air alimentant la gouverne de profondeur peut parfois être masqué par une aile trop proche de l'empennage

3. Les contraintes sur la cellule, les ailes et les gouvernes

Un appareil, quelle que soit sa construction, subit des efforts en vol, mais aussi au sol, à l'arrêt et lors des roulages ou lors des atterrissages et des freinages. De ces efforts résultent des déformations.

3.1. Les déformations

Un matériau se déforme sous l'effet d'une contrainte. Ces déformations sont dites élastiques ou plastiques et si la contrainte est trop forte la rupture intervient.
Par ailleurs, un métal soumis à des cycles répétés de contraintes perd progressivement ses qualités mécaniques. Ce phénomène est appelé **fatigue**. Lors de la conception d'une nouvelle machine, les constructeurs soumettent différentes pièces à des essais de fatigue en accélérant le rythme des contraintes et en déduisent une fréquence d'inspection de certaines parties de l'appareil ainsi qu'une durée de vie de la structure. Les retours d'expérience et le suivi de navigabilité des machines permettent de prolonger une durée de vie pour des appareils vieillissant mieux que prévu ou bien de procéder à des remplacements parfois lourds (remplacement complet de l'aile à *x* heures sur certains avions ou encore inspections des attaches d'ailes toutes les *x* heures sur un autre type).

Lors des essais de résistance sur les matériaux, on augmente progressivement la contrainte exercée sur ceux-ci et on note la déformation qui en résulte.

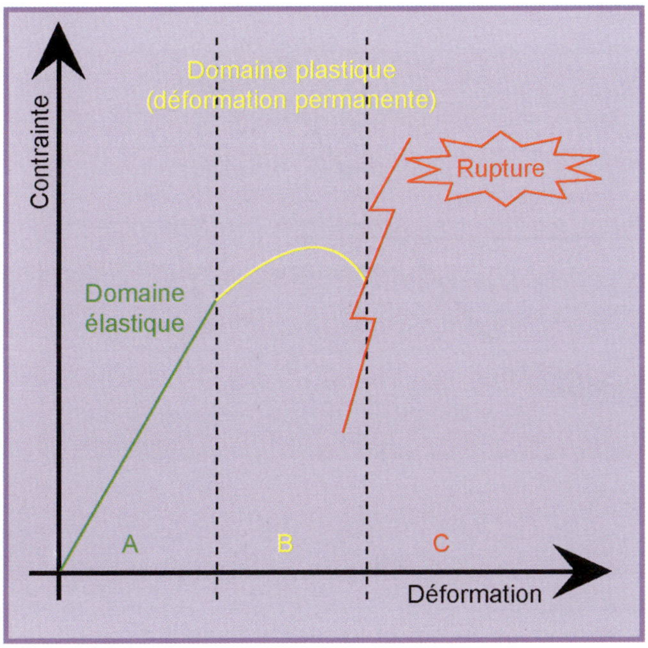

Figure ci-contre : déformation et rupture de la cellule.

On classifie 3 types de déformations :

- la **déformation élastique (A)** : à l'arrêt de la contrainte, le matériau reprend sa position initiale,
- la **déformation plastique (B)** : à l'arrêt de la contrainte, le matériau ne reprend pas sa position initiale,
- la **rupture (C)**.

Lors de l'utilisation de son aéronef, le pilote s'efforcera de limiter les contraintes sur son avion afin de ne pas quitter la phase de déformation élastique.

À cette fin, les constructeurs définissent **des limitations** qui sont de trois ordres :

- masses maximales,
- vitesses maximales,
- facteurs de charge maximaux.

3.2. Flutter et VNE

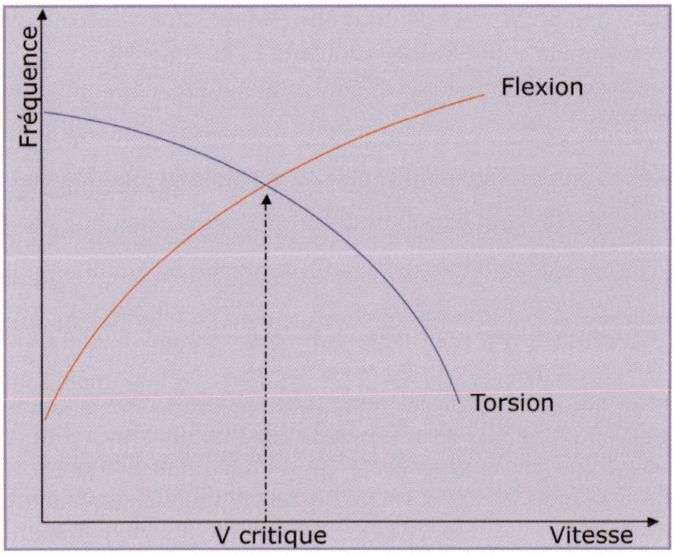

En vol, la voilure d'un appareil subit des contraintes et se déforme longitudinalement (flexion du longeron) et transversalement par torsion ou vrillage (nervures et revêtement).

On constate que lorsque la vitesse de l'écoulement de l'air augmente autour d'une aile, la fréquence des mouvements de torsion diminue mais celle des mouvements de flexion augmente.
Il en résulte une vitesse, appelée **vitesse critique**, pour laquelle ces deux fréquences sont en phase et provoquent des phénomènes de résonance.

La résonance, en mécanique, est un phénomène d'auto-amplification, conduisant à la rupture.

Figure ci-dessus : fréquences vibratoires

La résonance va provoquer l'amplification des mouvements de flexion et de torsion en un phénomène appelé **flutter**, qui, s'il se prolonge plus de quelques secondes à quelques dizaines de secondes, conduit à la destruction explosive de l'aile ou d'une partie aérodynamique de l'appareil.

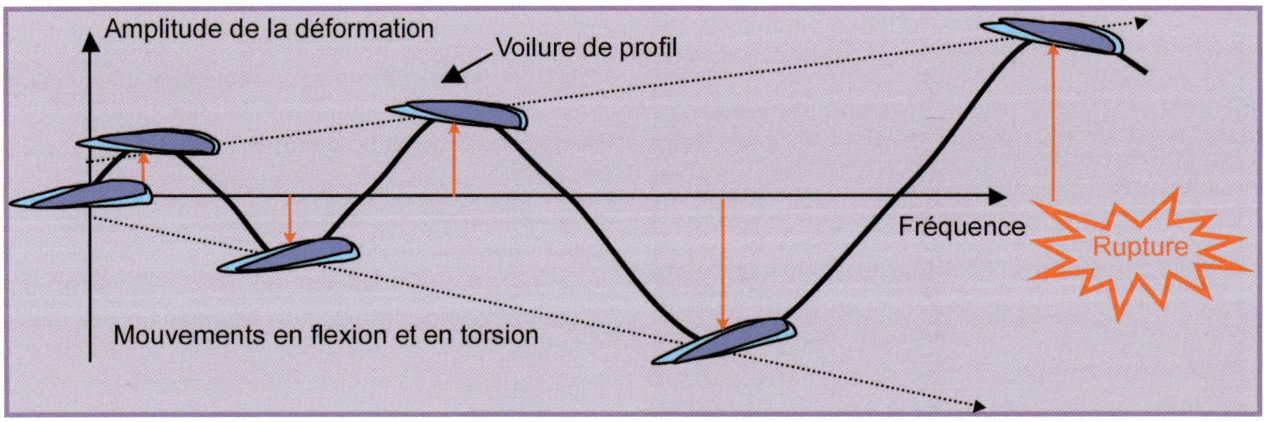

Figure ci-dessus : le flutter

Lors de la conception de l'appareil, les ingénieurs repoussent au maximum le flutter en augmentant la rigidité de certaines parties de celui-ci mais il existe toujours une vitesse critique.
Afin de rester en deçà de cette vitesse critique, le pilote ne doit jamais dépasser la vitesse indiquée par un trait rouge sur son anémomètre (indicateur de vitesse) : la **VNE** (Velocity Never Exceed).

La VNE n'a strictement rien à voir avec le moteur, les planeurs qui n'ont pas de moteur peuvent être sujet au flutter, et ont eux aussi, une vitesse limite de structure VNE.

4. Le compensateur

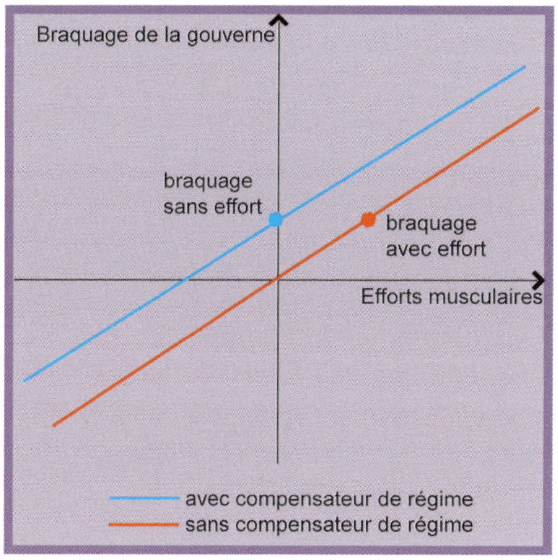

Le compensateur (appelé aussi trim) est un dispositif qui agit sur les efforts aux commandes.
On distingue le **compensateur de régime**, réglé par le pilote et qui permet de **supprimer les efforts** permanents.
Le **compensateur d'évolution** qui est transparent pour le pilote, permet de **diminuer les efforts** à la manière de la direction assistée d'une voiture.
Il peut y avoir un compensateur pour chacunes des gouvernes (profondeur, direction et/ou ailerons). Les appareils légers ne sont généralement équipés que d'un seul compensateur, celui pour la gouverne de profondeur et donc la rotation en tangage. Néanmoins, il n'est pas rare de rencontrer des appareils ayant aussi un compensateur sur leur gouverne de direction pour la rotation en lacet.

4.1. Compensateur de régime sur la gouverne de profondeur (classique)

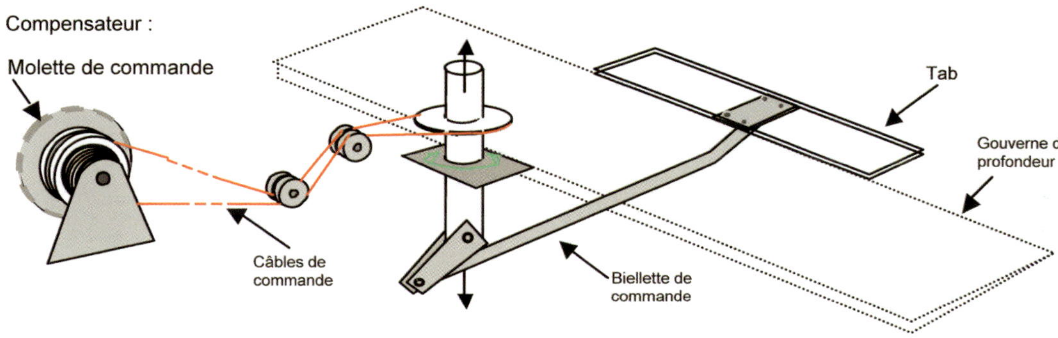

Le dispositif est constitué d'une molette de commande dans le poste et d'une liaison mécanique vers un volet de compensateur appelé le TAB. Il est situé au bord de fuite de la gouverne de profondeur.
À l'aide de la molette, le pilote règle le braquage relatif du TAB par rapport à la gouverne de profondeur.
Une action à cabrer ou à piquer sur le manche conduit au déplacement de l'ensemble de la gouverne de profondeur et TAB.
Le fonctionnement du compensateur est entièrement aérodynamique et s'explique en étudiant les moments des forces appliquées sur l'ensemble {gouverne + TAB}.

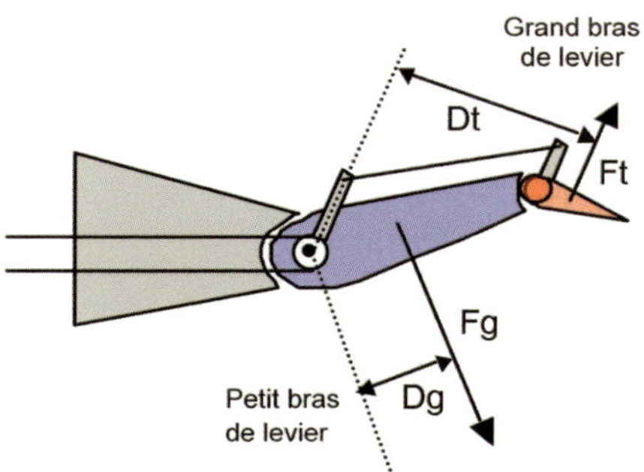

Le moment d'une force par rapport à un axe donné est une grandeur physique traduisant l'aptitude d'une force à faire tourner un système mécanique autour de cet axe. Il s'exprime en N.m (Newton.mètre).
Le moment d'une force par rapport à un point se calcule en faisant le produit de la norme (ou valeur) de cette force et du bras de levier correspondant (la distance entre le point et l'axe où s'applique la force).
Pour illustrer l'équilibre des moments, on peut se représenter deux personnes sur une balançoire :
- la balançoire est équilibrée quand les moments des poids correspondants aux 2 personnes, appliqués à l'axe de rotation, sont identiques ;
- si 2 personnes de même poids sont situées à égale distance de part et d'autre de l'axe de rotation, il y a équilibre. Si une personne pèse le double de l'autre, mais se situe 2 fois plus proche, il y a équilibre. L'équilibrage en rotation de l'ensemble {gouverne + TAB} est obtenu avec l'équilibre des moments de deux forces opposées.

Le moment Mg de la force Fg appliquée à la gouverne donc à une petite distance Dg de l'axe de rotation.
Le moment Mt de la force Ft appliquée au TAB donc à une grande distance Dt de l'axe de rotation.
La position d'équilibre de la profondeur est obtenue lorsque :

Mg = Mt soit Fg.Dg = Ft.Dt

Le réglage du trim n'est valable que pour une seule **vitesse**. En effet, si on modifie la vitesse, les valeurs de Fg et Ft changent et l'équilibre n'est plus réalisé. Il faut donc régler de nouveau le trim pour obtenir un équilibre.

4.2. Compensateurs d'évolution

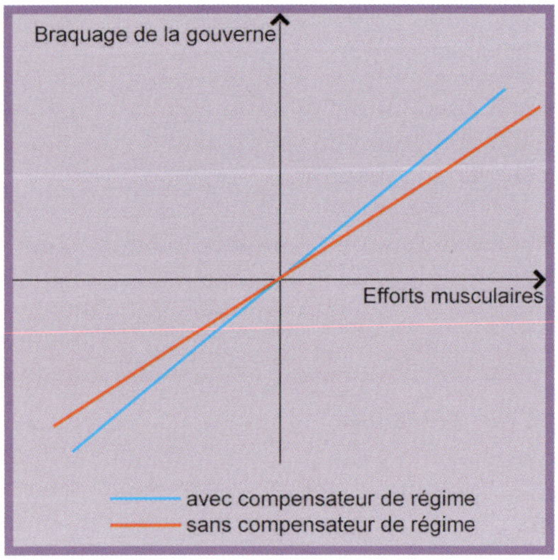

Ils permettent de diminuer les efforts nécessaires au pilote.

Le **TAB automatique**, est constitué d'une bielle reliée d'une part au plan fixe et d'autre part au TAB.

Le pilote agit sur la gouverne de profondeur, et le système est tel que le TAB se braque en sens inverse, ce qui a pour effet de diminuer l'effort. On trouve un tel système sur le Rallye 100SP, ce qui allège l'effort en profondeur lors des manœuvres de sortie de vrille.

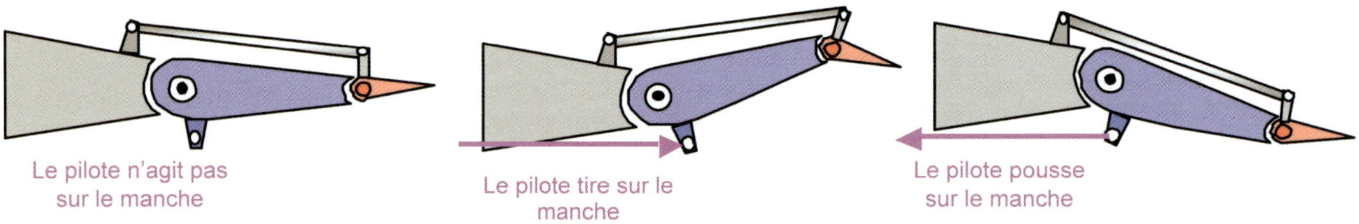

Avec le **servo TAB**, le pilote agit directement sur le TAB.

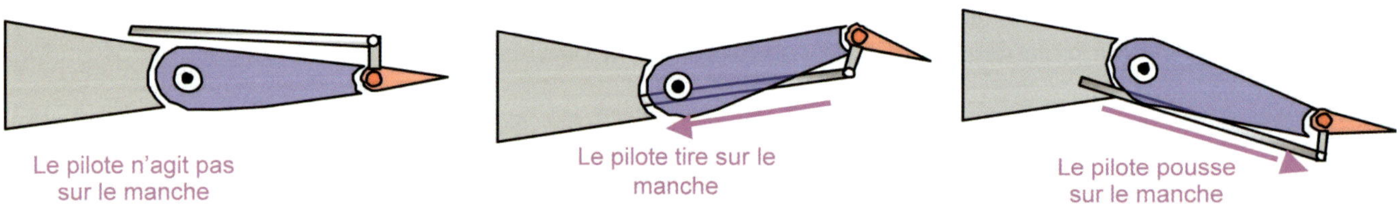

4.3. Cornes débordantes et équilibrage des gouvernes

Les **cornes débordantes** sont utilisées sur les gouvernes pour diminuer le moment de charnière et réduire les efforts du pilote principalement sur la gouverne de profondeur et de symétrie. Elles participent à l'équilibrage de la gouverne, indispensable afin d'éviter les vibrations critiques de l'ensemble gouverne-support.

Sur la photo ci-contre, les flèches pointent vers les cornes, dans lesquelles sont logés des contrepoids d'équilibrage.

L'équilibrage d'une gouverne en statique et en dynamique consiste statiquement à annuler le moment de charnière, lorsque l'appareil est au repos, et dynamiquement, à répartir des masses, afin d'assurer simultanément l'équilibre statique et dynamique.

5. Les dispositifs hypersustentateurs

L'aile d'un avion ou d'un ULM est étudiée pour offrir un maximum de rendement en croisière, c'est-à-dire à vitesse élevée. Ses performances moindres dans des phases de vol plus lent (décollage et atterrissage) ont conduit à la conception d'artifices aérodynamiques visant à les améliorer : les dispositifs hypersustentateurs. Pour expliquer le principe des dispositifs hypersustentateurs, il faut déjà comprendre ce que sont les forces aérodynamiques appliquées à l'appareil. Nous verrons ensuite les deux familles de dispositifs hypersustentateurs : les dispositifs de bord d'attaque (becs) et ceux de bord de fuite (volets).

5.1. Les forces aérodynamiques

La résultante aérodynamique R est la force créée par l'air sur l'appareil. Elle est le produit de :

- la pression dynamique P_d de l'air arrivant sur l'aile qui dépend de la vitesse de l'écoulement de l'air V, ainsi que de la masse volumique de l'air : $P_d = ½\rho V^2$
- la surface de l'aile S
- un coefficient C qui dépend du profil de l'aile et de l'incidence, l'angle entre la trajectoire de l'appareil et la corde de profil de son aile.

On décompose cette résultante en deux forces : la portance perpendiculaire à l'écoulement, et la traînée qui s'oppose à l'écoulement. On obtient ainsi la portance $Fz = ½\rho V^2 SC_z$ et la traînée $Fx = ½\rho V^2 SC_x$.

Avec :

ρ : masse volumique de l'air (qui dépend de la température et de la pression).

S : surface alaire. Résultante des surfaces portantes et déportantes de l'appareil.

V² : carré de la vitesse. Paramètre contrôlable par le pilote. Si la vitesse de l'appareil diminue de moitié, la portance et la traînée sont divisées par quatre.

C_x, C_z, : ces coefficients dépendent du profil de l'aile et varient avec l'incidence.

C_z : coefficient de portance. Cf figure $C_z = f(\alpha)$ incidence de l'aile

C_x : coefficient de traîné. Cf figure $C_x = f(\alpha)$ incidence de l'aile

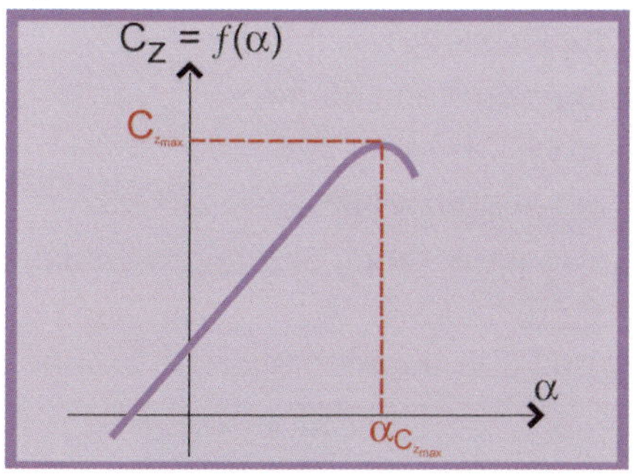

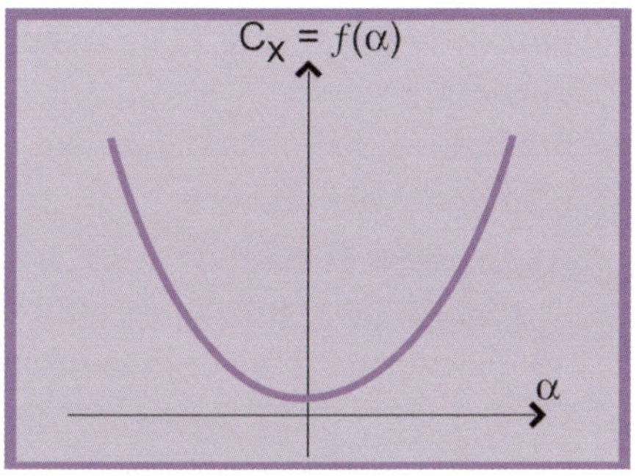

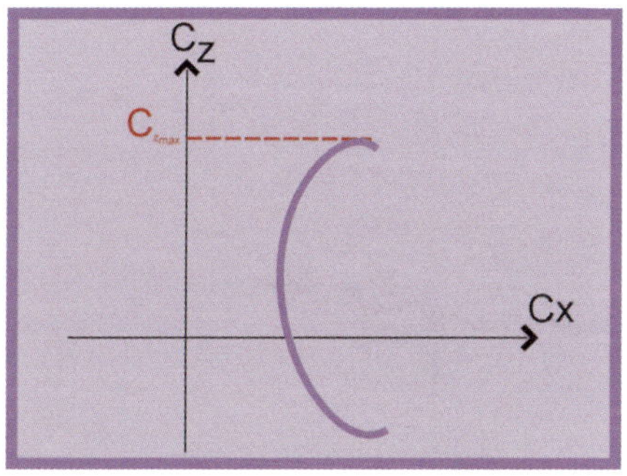

Le pilote dispose de deux paramètres pour faire varier la portance de son appareil : la vitesse et le coefficient de portance. Quand le pilote veut réduire la vitesse à portance constance, il doit augmenter le coefficient de portance par une augmentation d'incidence, donc d'assiette à l'aide de la gouverne de profondeur.

Or, l'incidence de l'aile est limitée par l'incidence de décrochage, à partir de laquelle la portance chute brusquement. Les filets d'air ne suivent plus le profil de l'aile et «décrochent» de l'aile. L'appareil ne vole plus.

Fig 1. Le **coefficient de portance augmente linéairement avec l'incidence jusqu'à l'incidence de décrochage**. À incidence nulle, le coefficient de portance est toujours positif.

Fig 2. Le **coefficient de traînée augmente avec l'incidence**.

Fig 3. Cette courbe caractéristique de l'aile est appelée la **polaire**. Pour tracer cette courbe, on mesure en soufflerie les coefficients de portance et de traînée à différentes incidences.

On remarque que lorsque l'incidence augmente au-delà de l'incidence de portance maximale, la portance décroît alors que la traînée continue d'augmenter. C'est **l'incidence de décrochage**.

5.2. Les becs

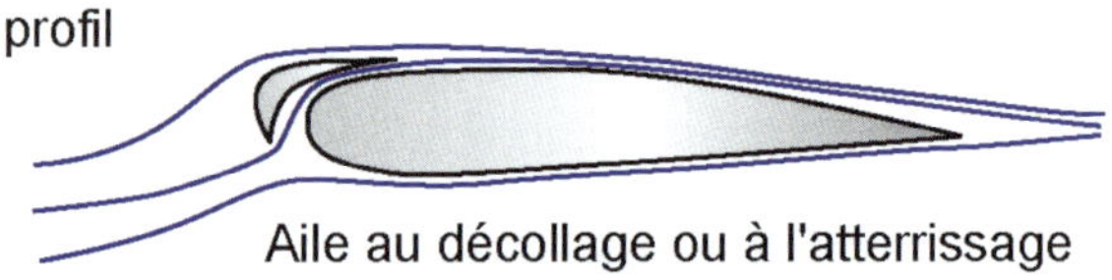

Aile en croisière

Aile au décollage ou à l'atterrissage

Le rôle des becs est de canaliser l'air le long du profil de l'aile afin d'augmenter l'incidence maximale, donc le Cz maximal.

Sur la courbe $C_z = f(\alpha)$ ci-contre, on peut constater que l'incidence maximale permise par les becs augmente, augmentant ainsi le Cz maximal.

Les becs seront sortis pour des incidences élevées (vitesse faible) et rentrés en croisière.

Sur le Rallye, le déplacement des becs est automatique.

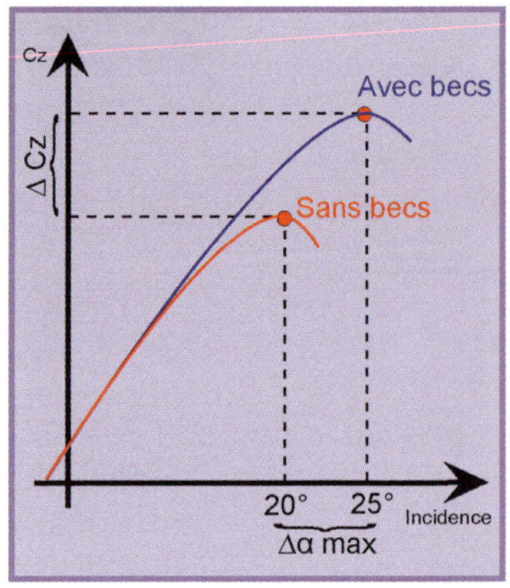

5.3. Les volets

Le rôle des volets est principalement d'augmenter la courbure de l'aile, et sa surface par effet de fente. Sur la courbe ci-contre, on peut constater que pour une même incidence, l'aile avec des volets braqués a une portance plus importante que volets rentrés.

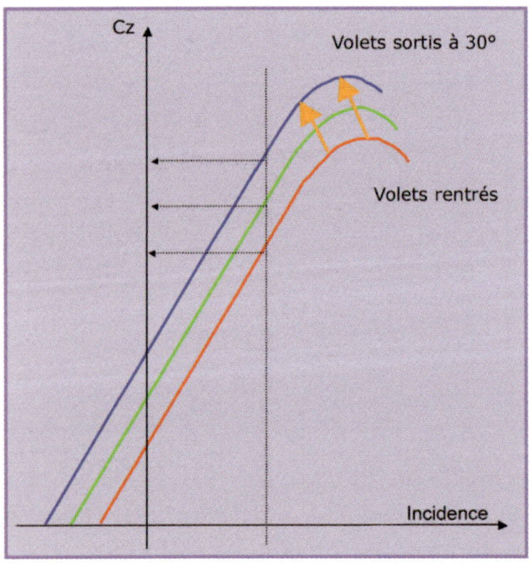

La sortie des volets se traduit par un couple piqueur puis cabreur, et une augmentation de portance. Il conviendra de contrer ces effets par une vigilance accrue et un maintien de l'assiette.

Les trois polaires représentent trois courbes d'une même aile avec trois braquages de volets différents.

L'augmentation du braquage des volets a deux effets :

- un déplacement de la polaire vers le haut traduit une augmentation de portance maximale pour une même incidence ;
- un déplacement vers la droite traduit une augmentation de traînée.

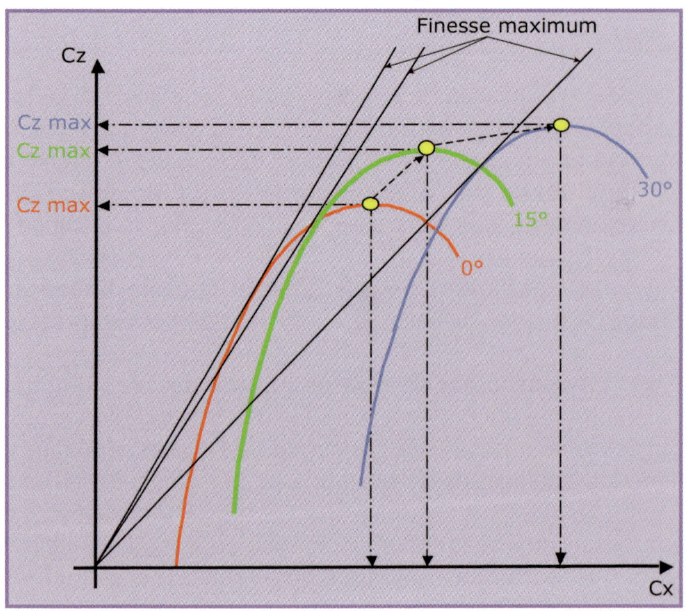

Notons également que le passage des volets de 15° à 30° s'accompagne d'un gain de portance faible, et d'une très forte augmentation de la traînée. Il conviendra donc, en cas de remise de gaz faisant suite à une approche, aussitôt que l'appareil cessera de descendre et que la vitesse le permettra, de repasser vers la position 15°, les volets ne seront complètement rentrés qu'à altitude de sécurité.

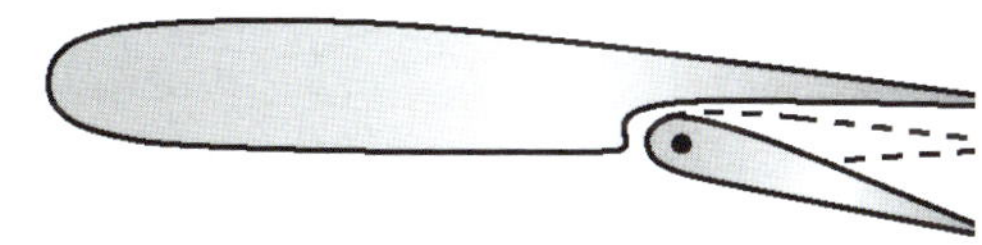		**Les volets d'intrados** Ils augmentent la portance grâce à l'augmentation de la courbure de l'aile. Leur inconvénient est de générer une forte traînée (deux bords de fuite).
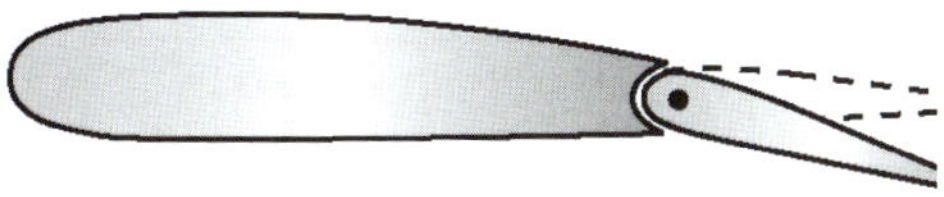		**Les volets de courbure** Très efficaces par l'augmentation de la courbure de l'intrados et de l'extrados. Leur braquage est limité sous peine de voir l'air décrocher sur l'extrados des volets.
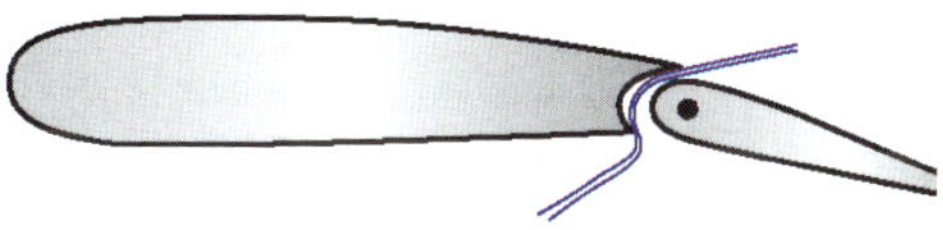	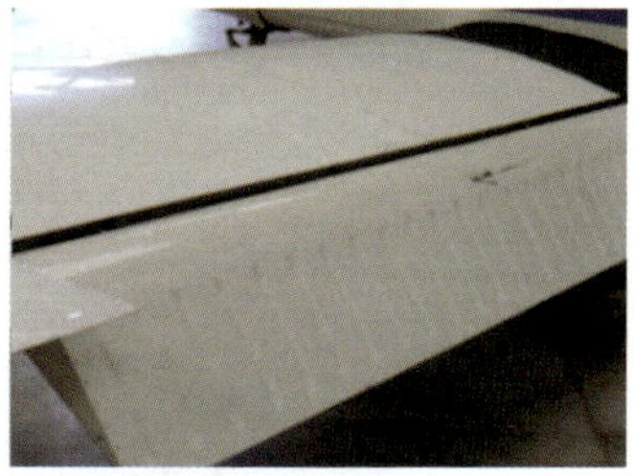	**Les volets de courbure à fente** Ils présentent les caractéristiques des volets de courbure améliorées par la présence de la fente qui permet de recoller les filets d'air sur l'extrados du volet afin de pouvoir augmenter le braquage.
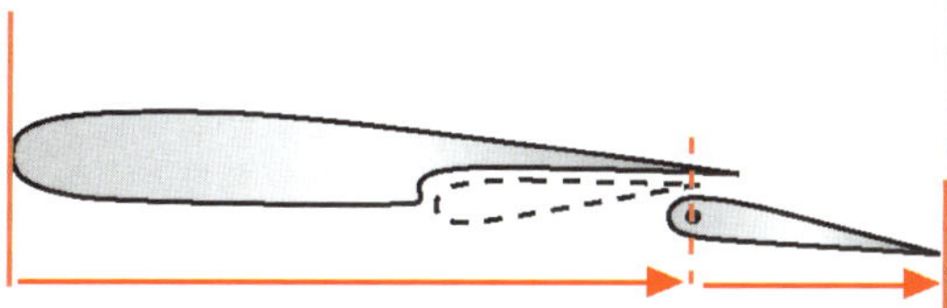	 	**Les volets Fowler** Les volet sont placés sur des glissières qui leur permettent de reculer lors de leur sortie. C'est le type de volet le plus efficace puisqu'il permet d'augmenter la portance comme un volet de courbure à fente avec, en supplément, une augmentation de la surface de l'aile. $\mathbf{Fz = 1/2.\rho.S.V^2.Cz}$

5.4. Les autres dispositifs

Il existe d'autres dispositifs spécifiques rares sur appareils légers :

- les aérofreins, dont le but est d'augmenter uniquement la traînée (présents sur tous les planeurs) ;
- les spoilers, dont le but est de détruire la portance conjuguée ou non avec les ailerons (présents sur les avions de lignes).

6. Les trains

6.1. Les pneumatiques

Les avions et ULM sont en général équipés d'un train principal dont le rôle est de supporter 95 % du poids de l'appareil et d'assurer le freinage, et d'une roulette de nez (5 % du poids) qui assure la directivité de l'appareil.

Les pneus de l'aviation légère sont munis de **chambres à air**. Lors des chocs provoqués par l'atterrissage, le pneu pourrait tourner autour de la jante et entraîner avec lui la chambre à air. La valve risquerait alors d'être sectionnée le long de la jante. Afin d'éviter ce risque, les mécaniciens tracent deux traits : un sur le flan du pneu et un sur la jante. Lors de la **visite pré-vol**, le pilote vérifiera que les deux traits sont bien l'un en face de l'autre.

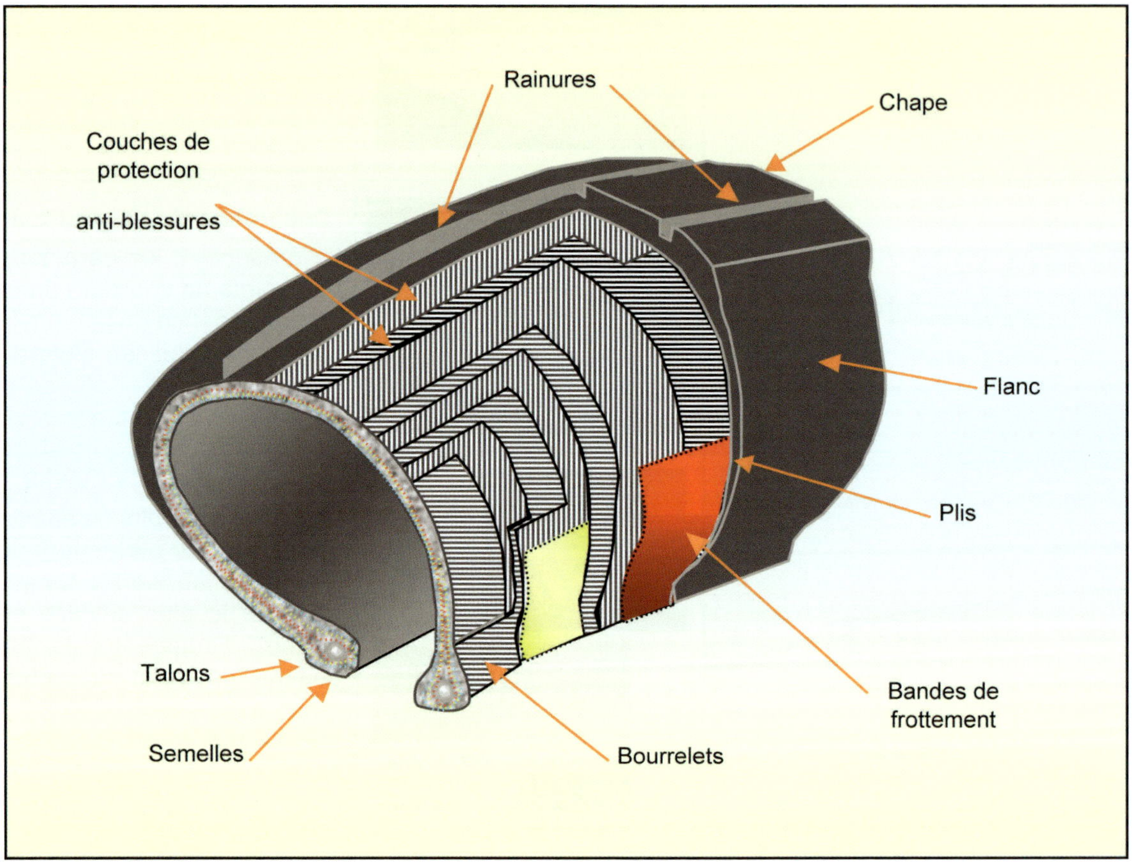

Les pneus sont composés d'une carcasse, qui leur confère leur forme et leur résistance, et d'une chape en caoutchouc qui assure l'adhérence et l'évacuation de l'eau grâce aux rainures.
On considère que le **pneu est usé** lorsque les rainures disparaissent.
Cependant, il arrive, lors de freinages trop brutaux (ou d'atterrissages pieds sur les freins), qu'un méplat (**escalope** en jargon) se forme sur le pneu. Pour éviter tout risque d'éclatement, le pneu doit être changé si des plis apparaissent.
Les pneus d'aviation ne sont pas conçus comme les pneus automobiles.
La gomme est tendre et les rainure évacuent beaucoup moins l'eau, en particulier en virage : il convient donc de **rouler lentement**, en particulier lors de virages au sol par temps de pluie.

Il peut également arriver, sur un appareil qui vole peu, que le pneu soit trop vieux et doive être changé malgré la présence de rainures encore marquées ; dans ce cas on voit apparaître des craquelures et un aspect « desséché » sur le flan du pneu.

6.2. Les freins

Les freins ont deux rôles : **ralentir** l'appareil et **modifier sa trajectoire** par freinage différentiel. Sur certains appareils, cette deuxième fonction est primordiale, la roulette de nez n'étant pas toujours directrice.

La commande des freins est à la pointe du **pied**, sur la partie haute de la pédale, la partie basse commandant la gouverne de direction. Sur certains appareils, le frein est manuel ❶.
Lorsque le pilote freine, il déplace le piston du maître cylindre faisant alors augmenter la **pression hydraulique** dans le circuit.
L'augmentation de pression est alors transmise par l'intermédiaire de la canalisation hydraulique au piston de l'étrier de frein solidaire de l'amortisseur ❷.
Le piston va alors se déplacer et venir appliquer les plaquettes (garnitures) contre le disque qui est fixé à la roue.
Les frottements plaquettes/disque vont provoquer un échauffement permettant de transformer l'énergie cinétique de l'appareil en chaleur qui sera dissipée.
Le **frein de parc** permet d'immobiliser l'appareil lors de **stationnements prolongés**. Il est constitué par une ou plusieurs tirettes en poste qui verrouillent la pression hydraulique.
Pour que le frein de parc soit efficace, il convient de **freiner d'abord et d'actionner la tirette ensuite**.

Lors de la **visite pré-vol** le pilote contrôlera l'absence de **fuite** sur l'étrier de frein (tâches au sol, suintements), en particulier sur les vis de purge et les raccords. Sur certains appareils, les plaquettes sont également visibles.
Utilisation des freins

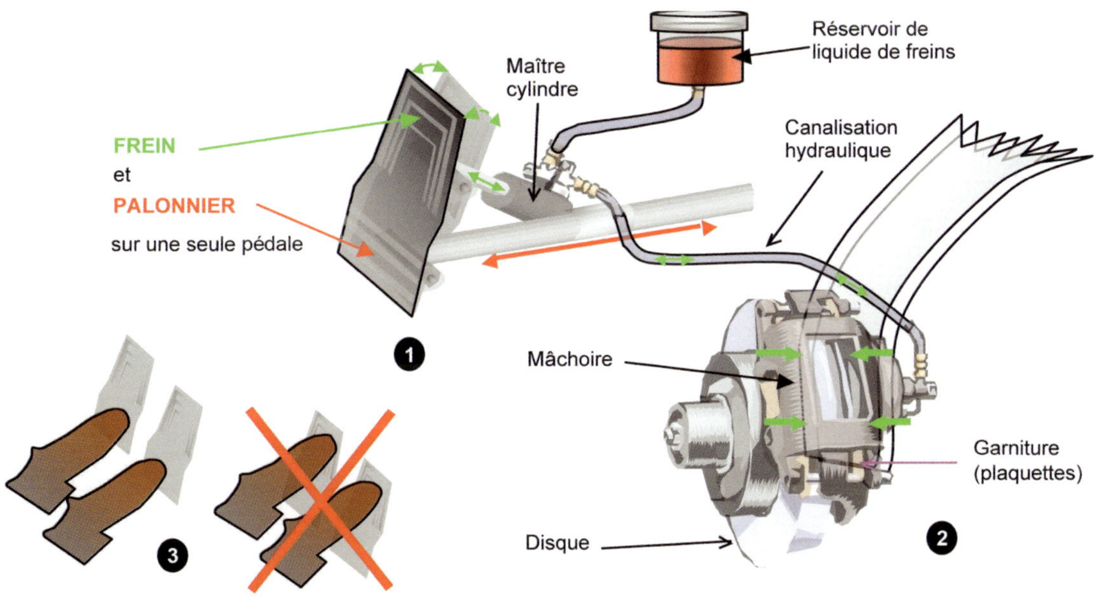

Pour ralentir l'appareil : freiner progressivement et symétriquement. Un avion ou un ULM n'est pas une voiture : ses freins sont beaucoup moins efficaces. Il faut donc rouler **plus lentement**. Lors du décollage et de l'atterrissage les pieds ne doivent pas être sur les freins afin d'éviter de bloquer les roues. Lorsque l'avion a suffisamment de vitesse, la gouverne de direction permet de diriger l'appareil au sol sans l'aide des freins. De plus, si on doit freiner à vitesse élevée, il faut savoir qu'alors l'appareil a une portance élevée : les roues seront donc faiblement appliquées au sol et se bloqueront plus facilement. Ne pas utiliser le frein de parc sur la piste afin d'éviter tout blocage.
Pour diriger un appareil sans roulette directrice : donner des petits coups de freins du côté où vous souhaitez tourner.
Position des pieds sur les pédales : ne pas garder les pieds sur les freins au roulage pour éviter de freiner inconsciemment ❸. Se diriger uniquement à l'aide de la roulette de nez. Cependant ce conseil n'est pas valable sur les appareils sans roulette directrice puisque les freins sont les seuls moyens de se diriger.

6.3. Les atterrisseurs

Les trains d'atterrissage permettent les évolutions de l'appareil au sol. On distingue deux familles d'appareils : ceux à train classique munis d'une roulette arrière, et ceux à train tricycle les plus répandus de nos jours.

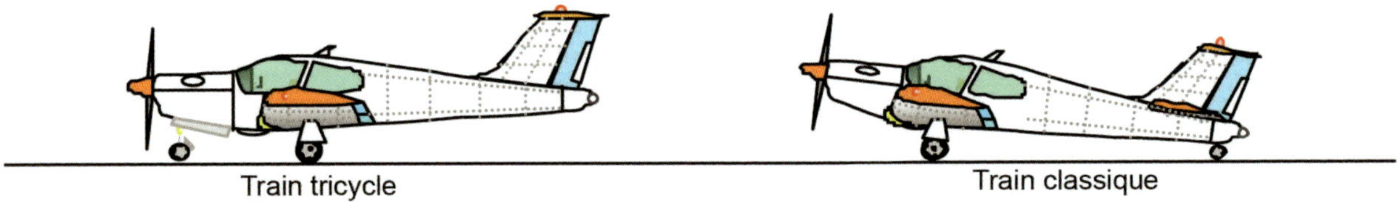

Le train tricycle présente une meilleure stabilité et facilite le roulage, mais est un peu plus lourd que le train classique.

L'orientation de la roulette peut être libre ou commandée par l'intermédiaire des palonniers, alors que sur les avions lourds l'orientation se fait de façon hydraulique par l'intermédiaire d'un petit volant appelé « steering ».
La roulette n'est jamais freinée.
Les trains d'atterrissage peuvent être fixes comme sur la plupart des appareils légers ou escamotables comme sur les avions de ligne, ou les avions légers performants. Le système de rétraction et de sortie du train dépend du constructeur mais on utilise généralement l'énergie hydraulique, dont la production est assurée soit par une pompe électrique, soit par une pompe entraînée par les moteurs, et générant une pression suffisante pour actionner des vérins. Le système de sortie en secours est obtenu par gravité par relâchement de la pression : le train descend alors sous son propre poids, il n'est pas possible de le rentrer. Le système peut aussi être totalement électrique, un moteur entraînant une vis déplaçant un écrou, auquel cas, le système de secours se fait par manivelle et fonctionne dans les deux sens. Des systèmes assurent le verrouillage en position haute et basse.

Le système de suspension dépend grandement du modèle d'avion ou d'ULM, mais parmi les solutions employées on trouve : des caoutchoucs, des lames de ressort, des éléments oléopneumatiques.

7. Les dimensions de l'appareil

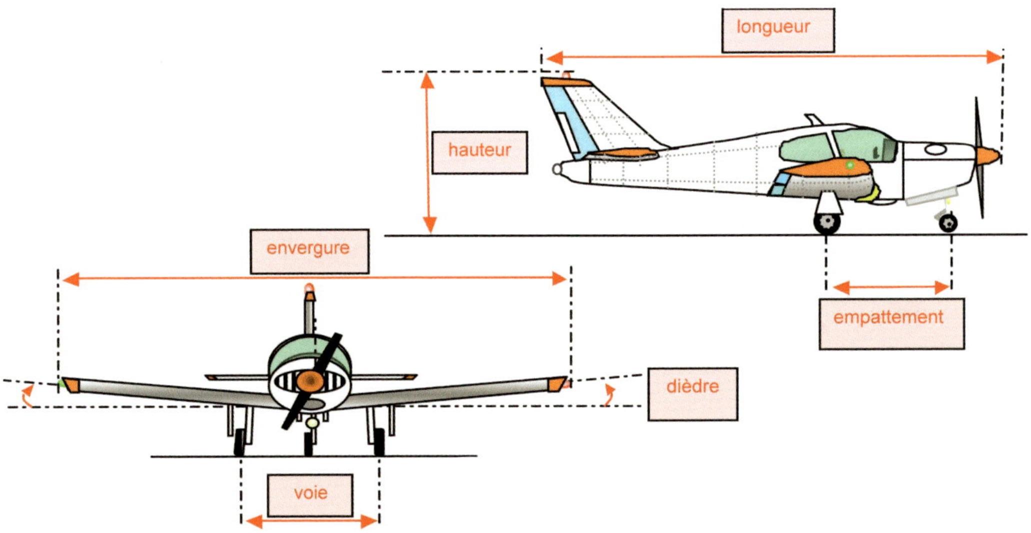

8. Définitions

Le blocage des commandes : certains avions équipés de volants possèdent un système empêchant aux gouvernes de battre lors d'un stationnement par vent fort. Il est en général constitué d'un axe métallique bloquant la colonne du volant. Il faut impérativement l'enlever avant le décollage.
Les masses maximales structurales : ce sont les masses limites au roulage, décollage ou atterrissage définies dans le manuel de vol. Elles sont imposées par la résistance de la cellule.

Entraînement à l'examen théorique

1 - Le bord d'attaque est :
- a) le saumon de l'aile ☐
- b) le bord avant de l'aile ☐
- c) l'aileron ☐
- d) le bord arrière de l'aile ☐

2 - Une action sur la commande de tangage, modifie directement :
- a) la puissance du moteur ☐
- b) le calage de l'aile ☐
- c) l'inclinaison ☐
- d) l'angle d'incidence sur la profondeur ☐

3 - Afin de soulager l'effort sur la commande de profondeur vous agissez sur le compensateur :
- a) à cabrer si l'appareil a tendance à prendre une inclinaison trop faible ☐
- b) à cabrer si l'appareil a tendance à prendre une assiette à piquer ☐
- c) à piquer si l'appareil a tendance à prendre une assiette à piquer ☐
- d) à piquer si l'appareil a tendance à prendre une inclinaison trop forte ☐

4 - Une sortie dissymétrique importante des volets de bord de fuite entraîne :
- a) une mise en montée ☐
- b) une augmentation de portance du côté le moins déployé ☐
- c) une portance différente sur chaque aile impliquant un roulis difficilement contrôlable ☐
- d) une diminution de portance du côté le plus déployé ☐

5 - Pour effectuer le calcul de masse et centrage de votre appareil, vous avez besoin :

1/ du manuel de vol
2/ de la fiche de pesée
3/ du carnet de route
4/ de connaître le poids des passagers et des bagages
5/ de connaître la quantité de carburant embarquée

- a) 2, 3 et 4 ☐
- b) 1, 2, 4 et 5 ☐
- c) 3, 4 et 5 ☐
- d) 1, 4 et 5 ☐

6 - Le braquage des volets :
- a) augmente l'inclinaison ☐
- b) diminue l'inclinaison ☐
- c) augmente la vitesse de décrochage ☐
- d) diminue la vitesse de décrochage ☐

7 - La gouverne primaire d'inclinaison est :
- a) la gouverne de direction ☐
- b) la gouverne de profondeur ☐
- c) les aérofreins ☐
- d) les ailerons (ou les spoilers) ☐

8 - La portance se traduit par l'expression :
- a) $Fx = \rho/2\ S\ V^2\ Cz$ ☐
- b) $Fz = \rho/2\ S\ V^2\ Cz$ ☐
- c) $Fz = \rho/2\ S\ V^2\ Cx$ ☐
- d) $Fx = \rho/2\ S\ V^2\ Cx$ ☐

9 - Un volet de courbure est une surface mobile :
- a) dont le rôle essentiel est de freiner l'appareil ☐
- b) située au bord de fuite de la gouverne de profondeur pour stabiliser l'appareil ☐
- c) dont le rôle essentiel est d'augmenter la portance aux grandes vitesses ☐
- d) située au bord de fuite de l'aile qui permet de faire varier son profil ☐

10 - Un dépassement de la masse autorisée :
- a) a pour seule conséquence d'augmenter la vitesse de finesse maxi ☐
- b) est à proscrire car il peut entraîner un dépassement de la résistance structurale ☐
- c) a pour seule conséquence de diminuer les performances de l'appareil ☐
- d) est sans conséquence sur les performances de l'appareil ☐

11 - Les volets qui augmentent à la fois la courbure et la surface de l'aile sont les volets :
- a) à fente ☐
- b) Fowler ☐
- c) d'intrados ☐
- d) à courbure simple ☐

12 - Les dispositifs hypersustentateurs de bord d'attaque ont comme effet principal une :
- a) diminution du coefficient de traînée (Cx) ☐
- b) diminution du coefficient de portance maximal (Cz max) ☐
- c) augmentation du coefficient de portance maximal (Cz max) ☐
- d) augmentation du coefficient de traînée (Cx) ☐

13 - En croisière, vous compensez parfaitement votre appareil en profondeur, puis vous ajoutez de la puissance pour voler plus vite. Lorsque la nouvelle vitesse sera stabilisée :

a) vous réglez de nouveau le compensateur, pour ne pas exercer un effort à piquer permanent □
b) ne réglez pas le compensateur, puisque vous n'avez pas changé que la vitesse □
c) vous réglez de nouveau le compensateur, pour ne pas exercer un effort à cabrer permanent □
d) ne réglez pas le compensateur, puisque vous n'avez pas changé la trajectoire □

14 - Les courbes 1, 2 et 3 correspondent à trois taux (en degrés) de sorties des volets. La bonne association est :

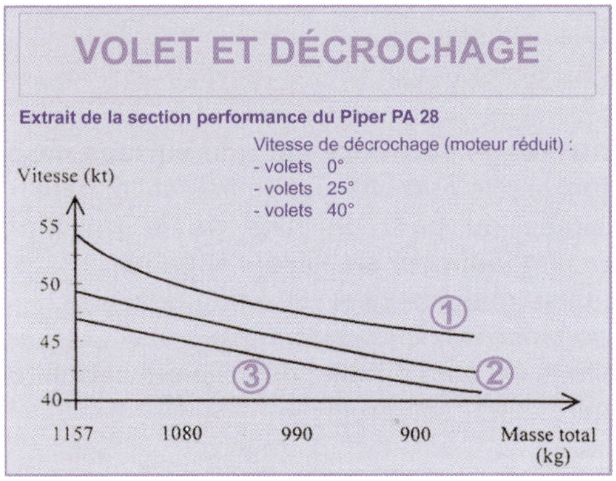

a) la courbe 1 correspond à 40°
la courbe 2 correspond à 25°
la courbe 3 correspond à 0° □
b) la courbe 1 correspond à 0°
la courbe 2 correspond à 25°
la courbe 3 correspond à 40° □
c) la courbe 1 correspond à 25°
la courbe 2 correspond à 40°
la courbe 3 correspond à 0° □
d) la courbe 1 correspond à 40°
la courbe 2 correspond à 0°
la courbe 3 correspond à 25° □

15 - Lorsque vous compensez l'appareil en vol stabilisé, vous recherchez la position de trim qui :

a) empêche les variations d'incidence subies dans une atmosphère agitée □
b) vous permet d'agir sur la commande dans votre sens préférentiel □
c) augmente l'effort permanent fourni à la commande, pour bien sentir celle-ci □
d) annule l'effort permanent fourni à la commande □

16 - Les composants de la cellule de l'appareil représentés qui assurent la rigidité du revêtement sont des :

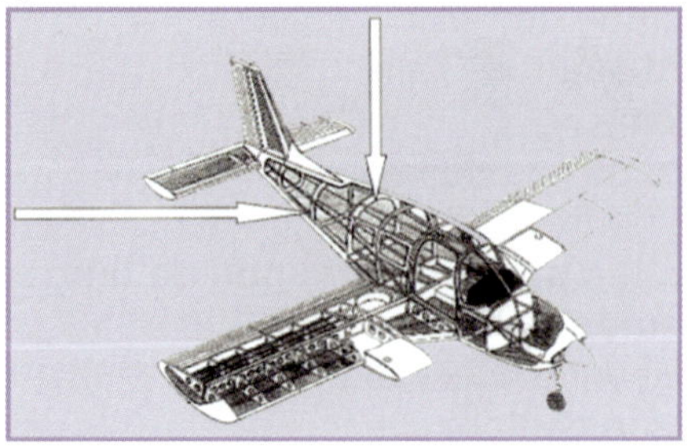

a) nervures □
b) nids d'abeille □
c) couples □
d) lisses □

17 - Les lettres a, b, c représentent respectivement :

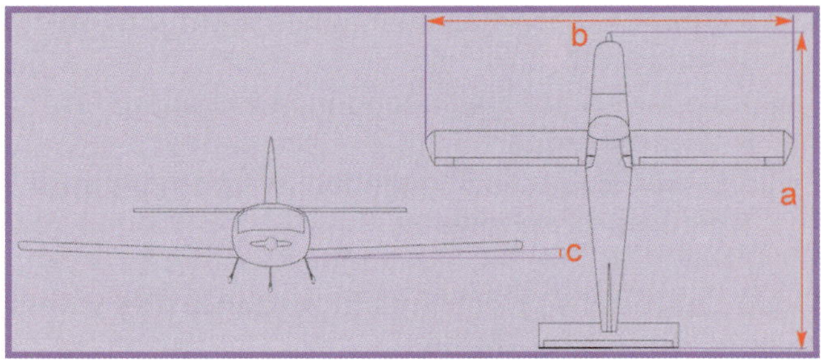

a) la longueur de la corde, l'envergure et le dièdre □
b) la longueur, l'envergure et le dièdre □
c) la longueur, la largeur et la hauteur □
d) la longueur, l'allongement et l'incidence □

18 - L'utilisation des dispositifs hypersustentateurs entraîne une augmentation :

a) de la traînée sans faire varier la portance □
b) de la vitesse de décrochage □
c) de la portance sans faire varier la traînée □
d) de la consommation de carburant □

19 - Un carénage de train d'atterrissage :

a) augmente la traînée et diminue la masse □
b) diminue la traînée et la masse □
c) diminue la traînée et augmente la masse □
d) augmente la traînée et la masse □

20 - Les becs sont des dispositifs d'hypersustentation qui sont situés sur :

a) le bord de fuite de la voilure □
b) la gouverne de profondeur □
c) l'intrados de la voilure □
d) le bord d'attaque de la voilure □

Section 2

AÉROTECHNIQUE

Module 2 « Le moteur à 4 temps »

Notes personnelles et conseils de votre pilote-instructeur – Aérotechnique :

1. Généralités

Nous allons décrire ici le fonctionnement du moteur 4 temps à combustion interne (dit à explosion) qui équipe la plupart des appareils légers.

1.1. Principe de fonctionnement

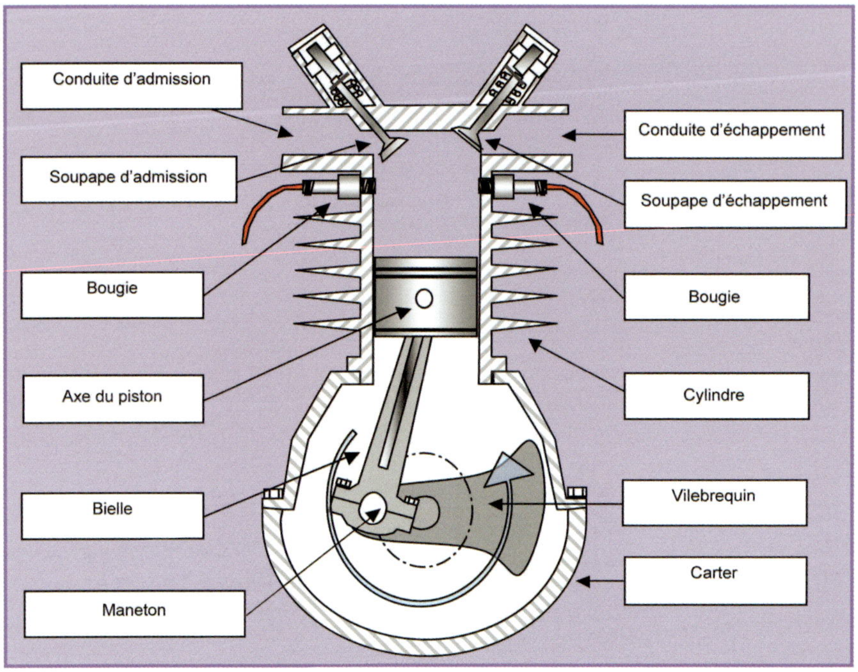

La partie haute du moteur est constituée d'un **piston** qui se déplace de haut en bas à l'intérieur du **cylindre**. Le sommet du piston est fermé par la chambre de combustion où se produit l'inflammation des gaz. Les gaz frais sont admis dans la chambre par le conduit d'admission lorsque la **soupape d'admission** est ouverte. Les gaz brûlés sont évacués par le conduit d'échappement lorsque la **soupape d'échappement** est ouverte. Le rôle des **bougies** est de provoquer l'étincelle qui enflamme ces gaz (deux bougies par cylindre). Le bas moteur contient le **vilebrequin** qui transforme le mouvement de translation du piston, transmis par la **bielle**, en un mouvement de rotation. On appelle **maneton** l'axe du vilebrequin sur lequel est fixée la bielle.

LE MOTEUR À QUATRE TEMPS

L'admission :
La soupape d'admission est ouverte et celle d'échappement fermée. Le piston descend sur son élan et aspire les gaz frais, mélangés au carburant vaporisé.

La compression :
Les deux soupapes sont fermées. Le piston remonte et comprime le mélange qui est alors enflammé grâce aux étincelles fournies par les bougies.

L'explosion et la détente :
Les deux soupapes sont fermées.
L'augmentation de pression due à la combustion propulse le piston vers le bas. C'est le temps moteur qui fournit l'énergie au vilebrequin pour faire tourner l'hélice.

L'échappement :
La soupape d'admission est fermée et celle d'échappement est ouverte.
Le piston remonte sur son élan et éjecte les gaz brûlés.
Le cycle reprend ensuite par une nouvelle phase d'admission.

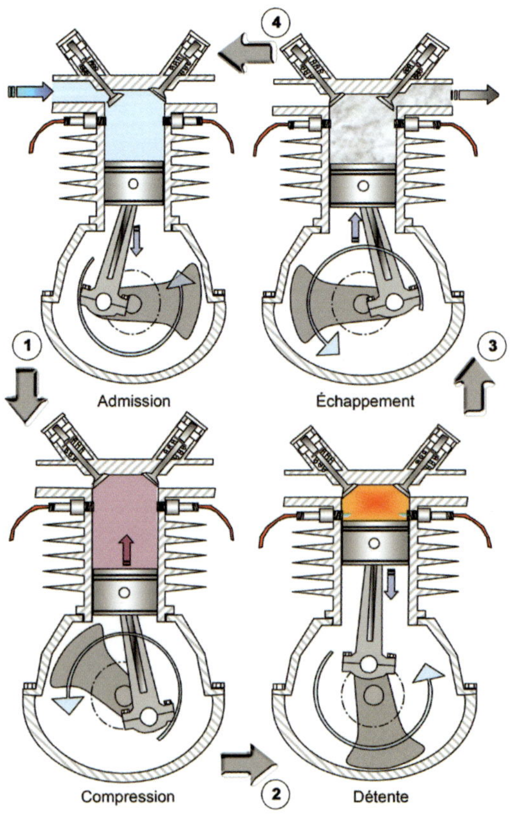

1.2. Puissance, auto-allumage et détonation

Cette courbe rend compte de la puissance délivrée par le moteur en fonction du régime (donné par le compte tours).

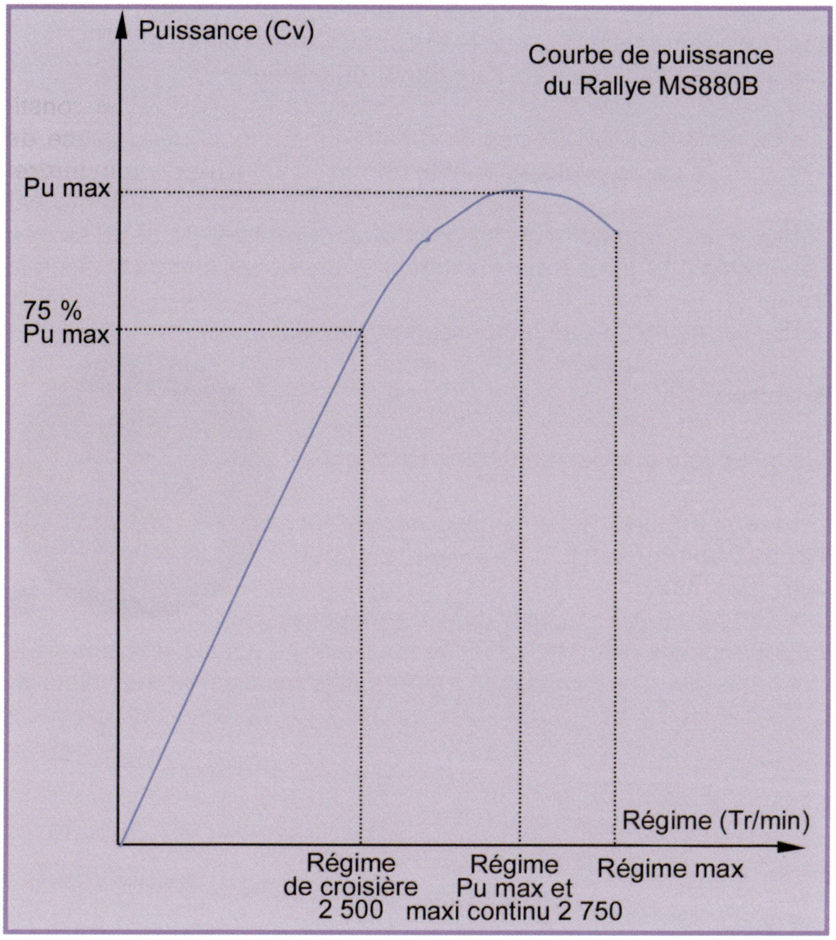

- **Le régime de puissance maximal :** régime auquel le moteur délivre toute sa puissance.
- **Le régime maximal continu :** limite de résistance définie par le constructeur.
- **Le régime de croisière :** sur un avion ou un ULM, la croisière est gérée par une puissance (et non par une vitesse). On utilise des puissances de croisière **rapide** (75 % de la puissance maximale) et de croisière **économique** (65 et 60 % de la puissance maximale).

Toutes ces particularités, propres à chaque appareil, sont décrites dans le manuel de vol de l'appareil (section performances).

Il existe deux dysfonctionnements propres au moteur à combustion : l'auto-allumage et la détonation.

L'auto-allumage : le moteur continue de tourner après que le pilote ait coupé l'allumage (circuit qui commande les bougies). Ce phénomène est dû à des résidus de calamine incandescents présents dans la chambre de combustion qui provoquent l'allumage à la place des bougies. Le risque d'endommager le moteur n'est pas négligeable puisque l'allumage est aléatoire (soupape ouverte par exemple). Un mélange trop riche favorise l'auto-allumage.

La détonation : l'inflammation des gaz ne conduit pas à une combustion mais à une détonation qui engendre des pressions extrêmes à l'intérieur du moteur et provoquent sa destruction. Ce phénomène est favorisé par un mélange trop pauvre ou un indice d'octane carburant trop faible.

2. Le refroidissement

Chaque moteur possède une température optimale de fonctionnement (environ **80 °C** pour les moteurs d'aviation). Afin de ne pas dépasser cette température, les moteurs doivent être munis d'un système de refroidissement. La plupart des appareils légers sont refroidis par **air**, solution la plus simple et la plus légère.
À cet effet les cylindres sont munis **d'ailettes** qui augmentent la surface de contact entre l'air et le métal.
Les **capots** sont également conçus afin d'améliorer l'écoulement de l'air autour du moteur.

Pour certains avions, notamment ceux munis de moteurs à 6 cylindres, le constructeur a monté des **volets de capot** (cowl flaps) qui peuvent être ouverts ou fermés par le pilote, et dont le rôle est d'améliorer le refroidissement des deux derniers cylindres.
Ces volets de capot doivent être ouverts lorsque les conditions de surchauffe sont réunies (forte puissance et faible vitesse : montée, en particulier à pente max. et température extérieure élevée) et fermés lorsque la température moteur risque de chuter (**descente**).
En croisière, la position intermédiaire permettra de maintenir une température optimale.

Les instruments de contrôle de la température :

1

Afin de contrôler la température de son moteur le pilote dispose de deux instruments :

- **la température d'huile** (fig. 1) : reflète la température de l'ensemble du moteur. Plage verte : fonctionnement normal. Ne pas entreprendre le décollage tant que cette plage n'est pas atteinte. Plage rouge : surchauffe.
- **la température cylindre** (**C**ylinder **H**ead **T**empérature) : température du métal à proximité de la chambre de combustion. La principale différence avec la température d'huile réside dans le fait que la variation de température est instantanée. Cette indication est très utile pour gérer des volets de capot.

En cas de surchauffe :

- contrôler la pression d'huile,
- ouvrir les volets de capot,
- stopper la montée,
- réduire la puissance,
- contrôler la richesse du mélange (trop pauvre ?).

L'instrument de la figure 2 comporte trois indications : température d'huile, pression d'huile et température cylindre.

Remarque : il ne faut jamais appliquer des puissances élevées avant que la température d'huile ne soit établie, et ceci pour plusieurs raisons :

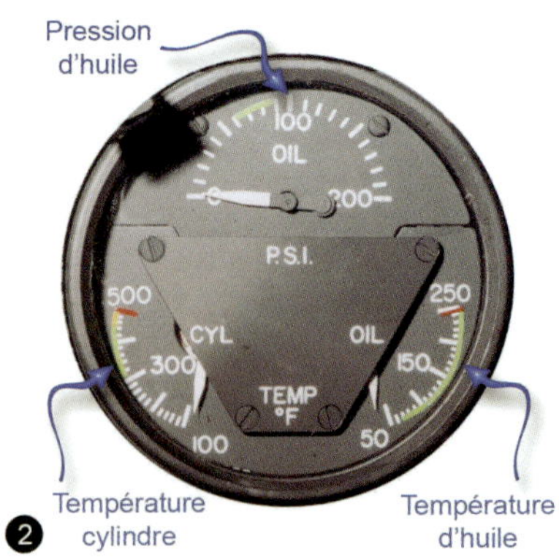

2

- les jeux de fonctionnement du moteur ne sont pas établis : **usure et perte de puissance**,
- l'huile froide n'a pas toutes ses propriétés. En particulier, par temps très froid, la viscosité de l'huile est supérieure et peut engendrer des **surpressions** dans le circuit.

Il existe un régime de meilleur refroidissement au sol (compromis puissance / souffle hélice) qui doit être appliqué dès que possible.

Chocs thermiques : on appelle choc thermique le fait de faire subir de violentes variations de température à un objet (ex. : plat en verre passant du four au congélateur) et pouvant conduire à sa destruction. Les moteurs refroidis par air sont plus sensibles aux chocs thermiques (inertie faible). Il faudra toujours en tenir compte dans la conduite de son moteur (ex. : éviter de passer d'une montée pente max. à une descente tout réduit).

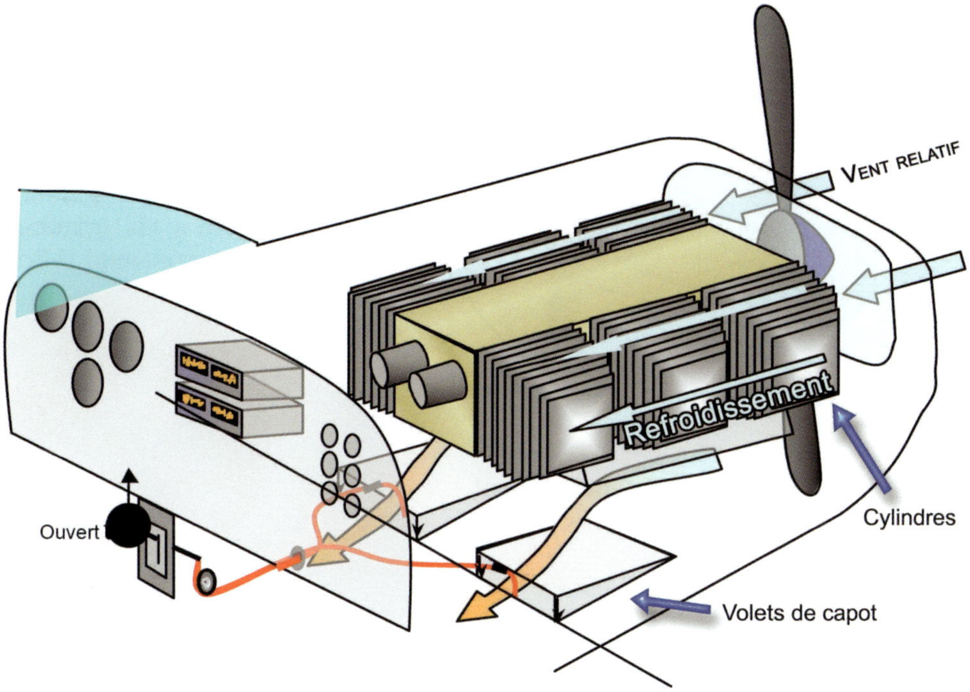

À forte puissance et faible vent relatif (ex. : montée), les volets de capot doivent être ouverts.

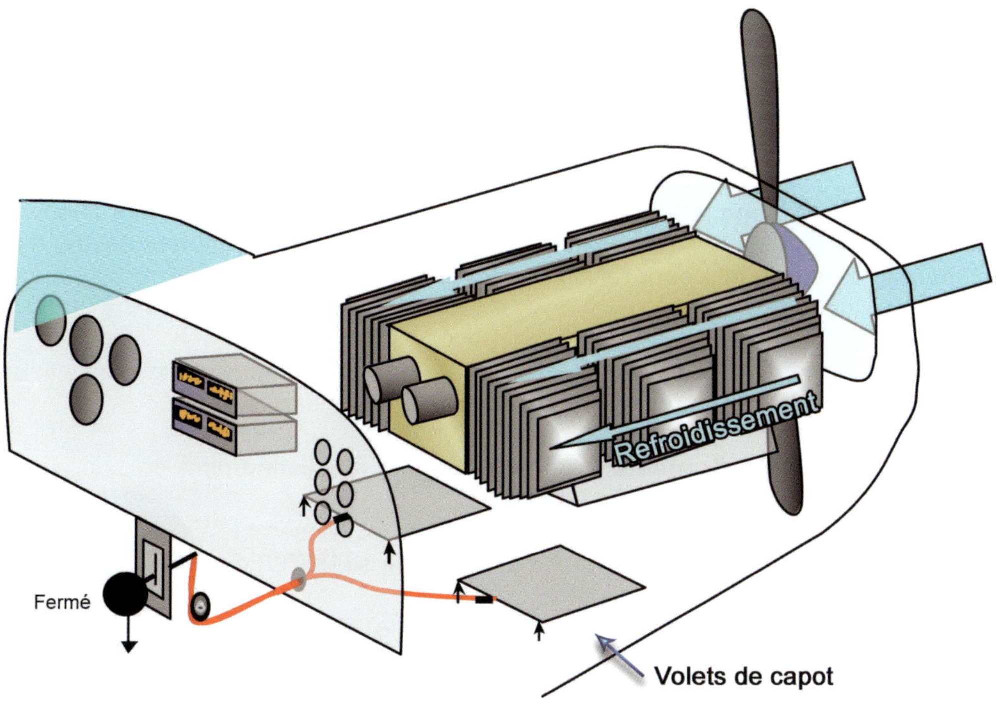

Avec un vent relatif fort, les volets de capot peuvent être fermés.

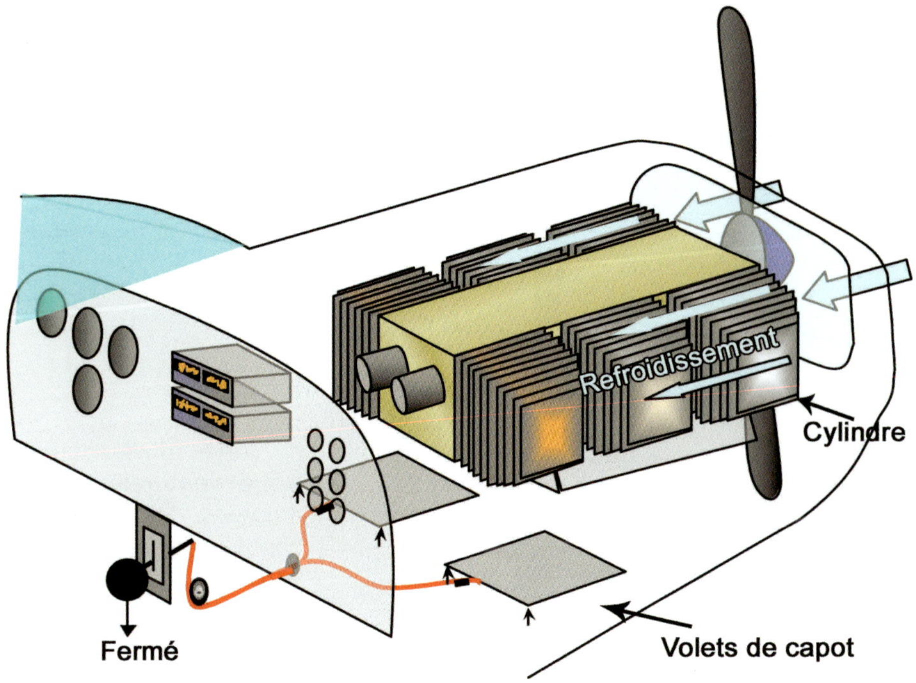

Si, avec une forte puissance et un faible vent relatif (ex. : montée), les volets de capot sont fermés, alors les cylindres du fond sont mal refroidis.

3. La lubrification

La lubrification des moteurs a trois **fonctions** :

- réduire au maximum les frottements entre les pièces en mouvement afin de limiter leur échauffement et leur usure (**fonction de lubrification**),
- participer au **refroidissement** du moteur puisque l'huile véhicule des calories qui sont évacuées par le radiateur d'huile,
- évacuer les impuretés qui sont filtrées par le filtre à huile.

Le réservoir contenant l'huile est généralement constitué par le carter du moteur. Cependant, il peut y avoir un réservoir d'huile séparé dans le cas de lubrification par carter sec, cas du moteur Rotax 912.

Le circuit de lubrification :
L'huile est prélevée dans le **carter** par la **pompe à huile** elle-même entraînée par le moteur. Elle chemine ensuite par le filtre à huile puis dans un réseau de canalisations qui la conduit aux points du moteur devant être lubrifiés. Elle est ensuite ramenée au carter où elle sera refroidie par l'écoulement de l'air. On trouve parfois un radiateur d'huile.

Lors de la visite pré-vol, le pilote doit vérifier le niveau d'huile à l'aide de la **jauge**. C'est une tige métallique graduée qui trempe dans le carter et permet de mesurer la hauteur d'huile dans ce dernier.

En vol, le pilote dispose de **deux instruments permettant de contrôler** le fonctionnement de son circuit d'huile :
- le **thermomètre** : mesure la **température** de l'huile et reflète la température de l'ensemble du moteur. La burette gravée sur l'instrument indique qu'il s'agit d'huile et le sigle (°C) de température,
- le **manomètre** : indique la pression (bar) d'huile (représentée par une burette) (fig. 1).

❶

Les valeurs de fonctionnement normal de pression et de température sont représentées par la plage verte. Si l'instrument est dépourvu de plages, l'aiguille doit être verticale. Des valeurs chiffrées sont données dans le manuel de vol.

Dysfonctionnement du circuit :
Pression d'huile trop faible : la lubrification du moteur s'effectue mal ou pas du tout. Le moteur risque de casser et peut prendre feu. Il convient de réduire la puissance et d'atterrir au plus tôt (à la puissance de croisière, un moteur non lubrifié tourne environ 30 secondes). Cependant la panne vient peut-être du manomètre. Pour différencier les deux pannes, il faut surveiller la température d'huile après avoir réduit le moteur : si elle monte, c'est un **problème de lubrification,** il faut se poser immédiatement. Si elle reste stable, le **problème vient du manomètre**, le vol peut se poursuivre et la panne doit être signalée dès l'arrivée.
Pression d'huile trop forte : le risque est la rupture d'une durite sous l'effet de la pression. Si l'anomalie est constatée au sol, ne pas décoller. En vol, réduire la puissance, envisager le déroutement et signaler le problème à l'arrivée.

Caractéristiques d'huiles :
Les huiles **minérales** : utilisées pour le rodage de moteurs neufs ou lorsqu'un cylindre a été changé.
Les huiles **dispersantes** : usage courant, elles sont utilisées pour des moteurs subissant de fortes variations de température.
Le **grade** des huiles caractérise leur **viscosité**. La viscosité de l'huile est définie par la température extérieure. Plus il fait chaud, plus la viscosité doit être élevée (l'huile semble plus «épaisse»). Exemple : hiver D80, été D100. On trouve maintenant des huiles multigrades pouvant être utilisées dans une plage de températures plus importante.
Lors d'un complément d'huile, il faut utiliser une huile ayant les mêmes caractéristiques (type et viscosité).

4. L'allumage

L'allumage est l'ensemble du circuit qui permet d'assurer l'inflammation du mélange. Il est constitué de **deux magnétos par moteur et de deux bougies par cylindre**

La **magnéto** est un organe totalement **autonome** : elle ne nécessite, en effet, aucune source d'électricité externe pour son fonctionnement. Elle est **entraînée mécaniquement** par le moteur afin de fabriquer le courant qu'elle va ensuite répartir entre les différentes bougies afin que l'allumage se produise juste avant le P.M.H (Point Mort Haut).

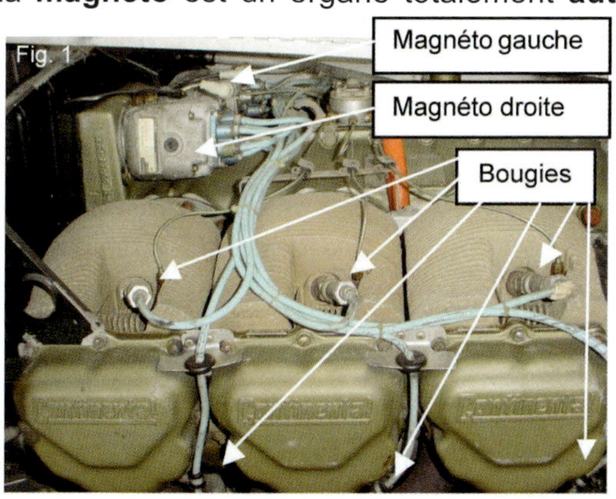

Cette conception confère un énorme avantage à la magnéto en termes de **sécurité** : même si toutes les ressources électriques de bord sont épuisées (alternateur HS et batterie déchargée), le moteur continue à fonctionner.

On trouve deux types de magnéto : la magnéto **normale** et la magnéto à **déclic** qui est munie d'un dispositif permettant de supprimer l'avance pour faciliter la mise en route du moteur. Une fois que le moteur tourne, ce dispositif se débraye.

L'avance à l'allumage permet d'avoir une étincelle, un peu avant que le piston n'atteigne le point mort haut, ce qui améliore le fonctionnement à haut régime. Cependant, cela rend le démarrage plus difficile.

Dans une magnéto à déclic, un ressort en spirale se tend et retarde l'allumage pendant la montée du piston. Une fois passé le point mort haut le ressort se relâche, et donne de la vitesse au rotor de magnéto, ce qui produit une étincelle puissante. À partir d'environ 600 RPM la force centrifuge désengage les masses du déclencheur, et la magnéto se comporte comme celle sans déclic.

Chaque magnéto alimente une bougie sur chaque cylindre. Les deux bougies d'un même cylindre sont donc alimentées par deux magnétos différentes (fig. ci-dessus). Cette disposition permet, en cas de **panne d'une magnéto**, de conserver tous les cylindres en fonctionnement.

Un contacteur à clef placé sur le tableau de bord permet de commander les magnétos. Il comporte généralement quatre positions : OFF, DROITE, GAUCHE et DROITE + GAUCHE. En fonctionnement normal le pilote utilise les deux magnétos.

Il est important de comprendre, pour des raisons de sécurité, que l'on commande la **mise à la masse d'une**

magnéto pour la couper. Cette conception présente un avantage : si le contacteur ou ses fils se dégradent, le moteur continuera à fonctionner ; par contre, lorsque le moteur est arrêté, la magnéto n'est pas à la masse lorsque les fils sont sectionnés et le moteur risque de se mettre en route lors d'une **manipulation de l'hélice**.

Avant chaque vol, on procède aux **essais magnéto** : on affiche une puissance de référence et on note la perte de puissance lorsque l'on sélectionne la magnéto gauche puis droite. Cette chute de puissance (propagation moins bonne de la flamme) ne doit pas excéder 100 Tr sur chaque circuit, le régime doit rester régulier et l'écart entre les deux chutes ne doit pas excéder 50 Tr.

Ces essais permettent de mettre en évidence des **dysfonctionnements** qui seraient passés inaperçus : une magnéto hors service, une ou plusieurs bougies sur des cylindres différents hors service. Si un problème était constaté, ne décoller en aucun cas. Les avions ont été conçus avec deux circuits afin de palier une déficience en vol et non au sol.

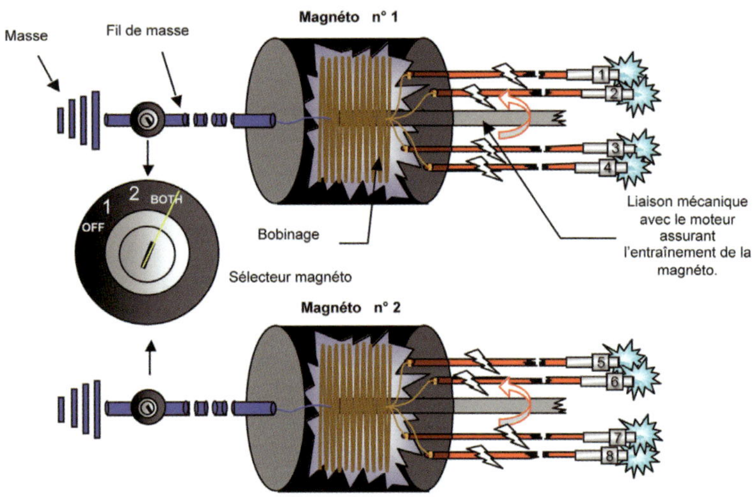

Au retour du vol, le pilote effectue les **essais coupures** pour contrôler la mise à la masse des magnétos. Ces essais doivent être effectués à faible puissance (< 1 000 Tr) pour éviter d'endommager l'échappement.

Avant chaque manipulation de l'hélice, vérifier que le contact est coupé et la manette de mixture essence sur étouffoir.

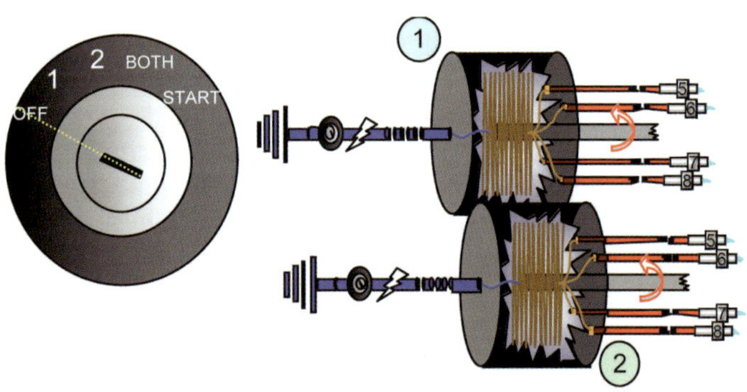

OFF :
magnétos 1 et 2 à la masse, pas d'allumage.

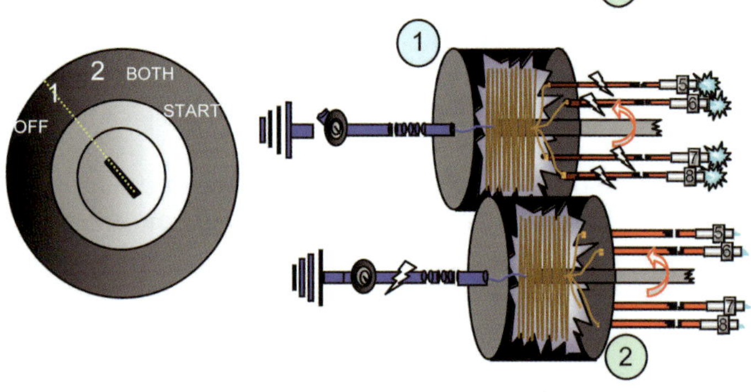

1 (ou RIGHT) :
la magnéto 2 est à la masse, elle est donc désactivée, la magnéto 1 assure l'allumage.

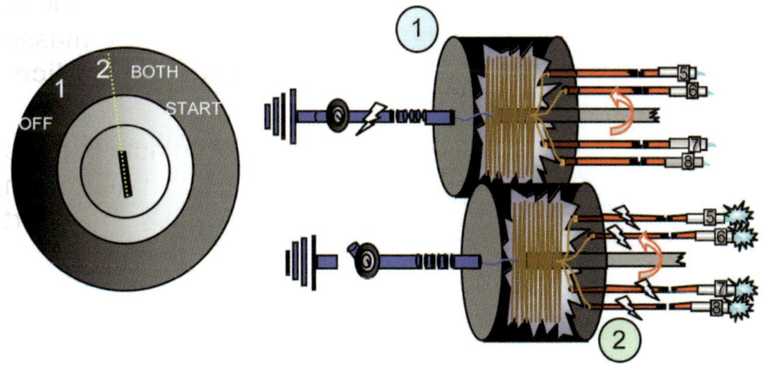

2 (ou LEFT) :
la magnéto 1 est à la masse, elle est donc désactivée, la magnéto 2 assure l'allumage.

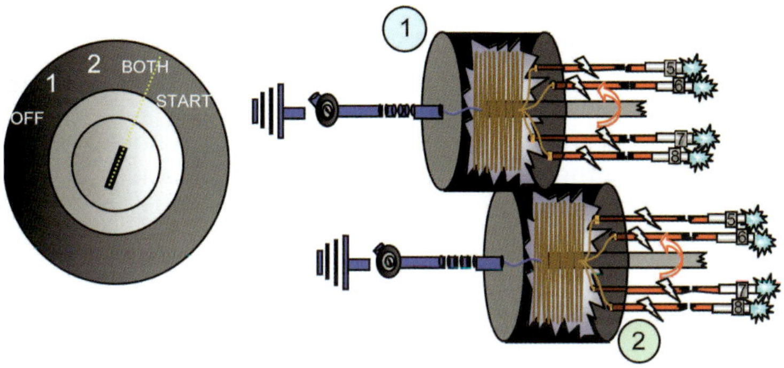

BOTH (ou 1+2) :
les deux magnétos fonctionnent et peuvent délivrer le courant aux 8 bougies (2 fois 4 bougies pour un moteur 4 cylindres) l'allumage est alors double.

5. La carburation

5.1. Le carburateur

Afin d'alimenter le moteur avec un mélange propre à la combustion, il faut mélanger dans des proportions précises, l'essence à l'air : c'est le rôle du **carburateur** (fig. ci-dessous).

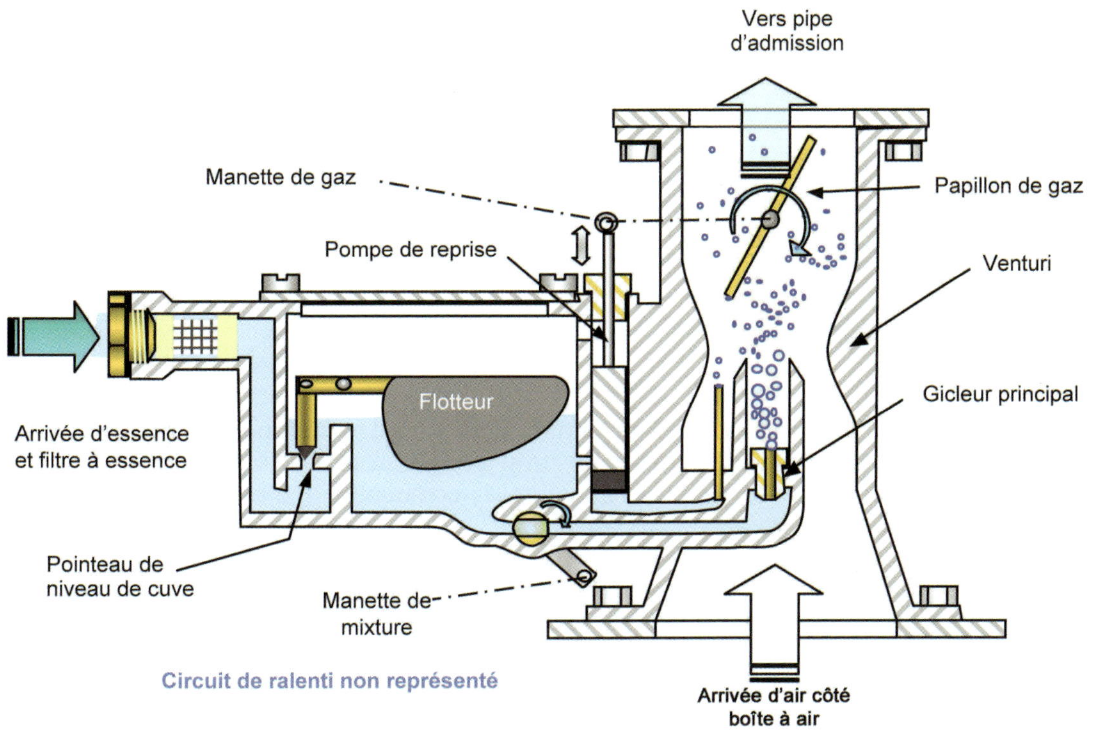

L'essence est amenée par la pompe à essence jusqu'à la **cuve** du carburateur. Le niveau est maintenu constant à l'intérieur de la cuve par un **flotteur** qui commande un pointeau. Cette cuve est un petit réservoir qui permet au carburateur de disposer instantanément de l'essence dont il a besoin.
L'essence chemine ensuite dans une canalisation interne au carburateur jusqu'au **gicleur**.
À l'intérieur du **corps** règne une **circulation d'air** créée par la descente du piston en admission (soupape d'admission ouverte). Cette succion va faire circuler l'air qui sera accéléré par le venturi dont le rôle est de créer une dépression qui pulvérise l'essence en fines gouttelettes à la sortie du gicleur afin d'obtenir un mélange homogène inflammable. L'effet venturi provoque une diminution de pression et une accélération de l'écoulement d'un gaz lors d'une réduction de la section d'écoulement de ce gaz.

5.2. La combustion

L'air et l'essence se mélangent dans le boisseau et alimentent le moteur.
Le pilote gère la puissance délivrée par son moteur à l'aide de sa **commande de gaz** (noire) qui est reliée au carburateur par un câble. Cette commande permet de modifier la position du **papillon** qui va obstruer plus ou moins le boisseau du carburateur et déterminer la quantité de mélange aspirée par le moteur.
On remarque également que la manette des gaz commande la **pompe de reprise**. Lorsque le pilote avance brutalement sa manette de gaz (à éviter), il peut arriver que l'augmentation brutale du débit d'air dans le carburateur appauvrisse le mélange et provoque un «trou» pouvant aller jusqu'à l'arrêt du moteur.

Le rôle de la pompe de reprise est d'injecter une quantité d'essence supplémentaire afin d'éviter ce trou.
C'est également pour éviter ce dysfonctionnement que la manette de puissance doit être poussée progressivement lors d'une **approche interrompue** ou au décollage.
Le pilote utilise également la pompe de reprise lors de la **mise en route du moteur** pour faire ses «injections».
Le carburateur reçoit également la commande de richesse ou mixture (rouge).

Afin de permettre au moteur de fonctionner avec un rendement optimal, le mélange air / essence doit avoir des proportions précises. C'est ce qui est appelé la **richesse** du mélange. Un mélange contenant trop d'essence est dit « trop riche ». S'il ne contient pas assez d'essence, il est « **trop pauvre »**.

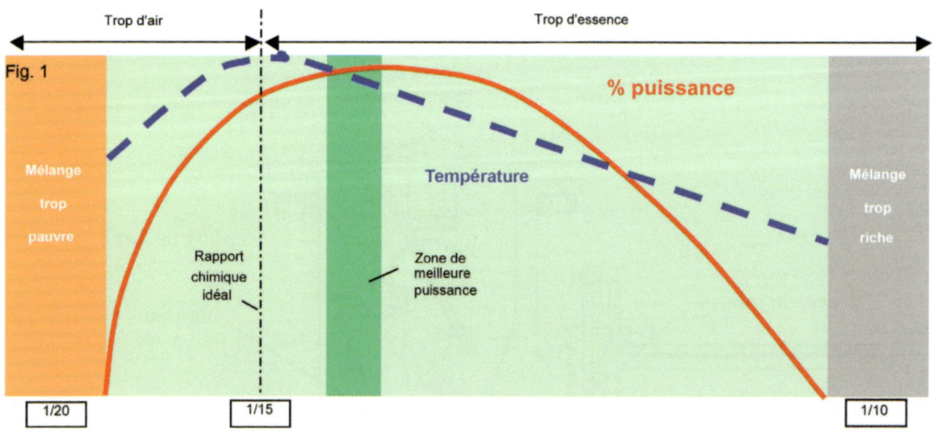

La figure ci-contre nous permet de constater qu'au delà d'un certain excès ou d'un certain manque d'essence la combustion ne peut se faire (zones orange et grise). La zone verte représente la plage où la combustion est possible et contient deux courbes légèrement décalées : la courbe de **température** qui atteint son maximum pour un mélange chimique idéal de **1 gramme d'essence pour 15 grammes d'air** : c'est le **mélange de meilleure économie**.
La courbe de puissance qui atteint son maximum pour un mélange un peu plus riche (cet excès d'essence améliore le rendement thermique en refroidissant la chambre de combustion) : **c'est le mélange de meilleure puissance.**
Lorsqu'un appareil prend de l'altitude, la quantité d'oxygène contenue dans un même volume d'air diminue provoquant un enrichissement du mélange. Afin d'optimiser le fonctionnement de son moteur, le pilote devra compenser cet enrichissement par une diminution de l'apport d'essence grâce à la **manette de mélange** (ou mixture) de couleur **rouge**.

La technique de **réglage de la mixture** (au-delà de 5 000 ft) s'effectuera selon le degré d'équipement de l'appareil. S'il est équipé d'un :

2

- **fuel flow** (débitmètre) : afficher le débit préconisé par le manuel de vol (Section 5 - performances en croisière) voir figure 2,
- **EGT** (**E**xhaust **G**as **T**emperature) : cet instrument mesure la température des gaz d'échappement. Le pilote devra diminuer l'apport d'essence jusqu'au pic de température. Il sera alors au mélange de meilleure économie. Selon les consignes du manuel de vol il enrichira le mélange pour diminuer l'EGT de *x* graduations (meilleure puissance),
- **compte-tours uniquement** : le pilote affichera la puissance de croisière à l'aide de la manette de puissance. Il diminuera ensuite progressivement la richesse et constatera une augmentation de puissance au compte-tours ; au pic, il sera au mélange de meilleure puissance. Il réglera alors sa puissance de croisière avec la manette de puissance et ré-enrichira éventuellement un peu le mélange pour éviter d'être trop pauvre.

Pour la bonne conduite de son moteur, le pilote doit être conscient des conséquences de l'utilisation de mélanges mal réglés :

Trop pauvre	Trop riche
Perte de puissance Surchauffe moteur Détonation	Perte de puissance Surconsommation Encrassement moteur et bougies Fumées noires

La manette de mélange permet également l'arrêt du moteur lorsqu'elle est sur « étouffoir » ou « plein pauvre » (tirée).

5.3. Le givrage carburateur

Comme nous l'avons vu précédemment, la détente dans le venturi et la vaporisation conduisent à un abaissement de **température** de l'ordre de **20 °C**.
En outre, lorsque l'atmosphère est suffisamment humide, l'effet venturi provoque une transformation de la vapeur d'eau atmosphérique, en gouttelettes d'eau liquides, qui givrent sur les parois du carburateur à température négative (dessin ci-dessous). En cas de givrage, le pilote remarquera dans un premier temps une **baisse du régime moteur** (baisse de la pression d'admission sur les appareils dotés d'hélice à calage variable). Ensuite, le régime moteur sera instable, provoquant des **vibrations**, pour finalement aboutir à **l'arrêt du moteur.**

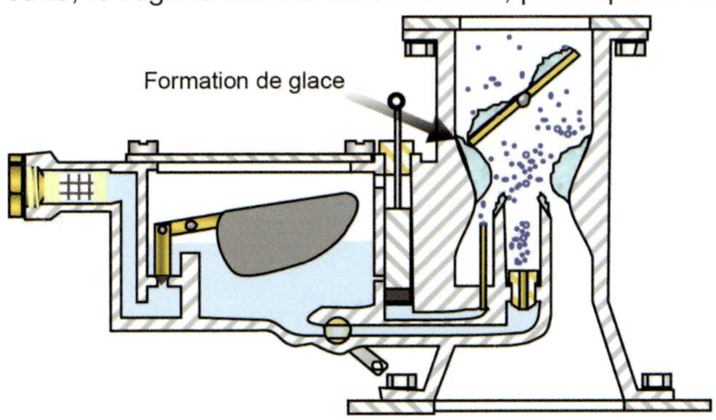

Les **conditions propices au givrage** sont :
- une température carburateur de 0 à -15 °C (possible avec une température ambiante de +20 °C),
- une forte humidité,
- une **puissance réduite** (le papillon réduit la section du boisseau),
- la **descente** (puissance réduite et écoulement d'air important),
- un type d'appareil plus sensible qu'un autre.

Lors de la prise des paramètres de départ (ATIS), une température proche de la **température du point de rosée** (température à laquelle il faut abaisser, à pression constante, une masse d'air pour provoquer sa saturation) doit amener le pilote à penser au problème de givrage.
Une température proche de celle du point de rosée (humidité relative 100 %) favorise le givrage sévère en particulier pour des **températures ambiantes de l'ordre de 10 °C.**
Une température de l'ordre de 20 °C peut provoquer du givrage si l'air est suffisamment humide.
Lorsque la température dépasse 30 °C, le givrage est pratiquement impossible sous nos latitudes.

Lorsque la différence entre la température et le point de rosée dépasse 20 °C, le givrage est pratiquement impossible.

5.4. Le réchauffage carburateur

Afin de prévenir les risques de givrage carburateur, le pilote dispose d'un dispositif appelé **réchauffage carburateur**, que le pilote peut commander à l'aide de la **manette jaune ou grise** (fig. 1).

Lorsque le dispositif n'est pas en fonctionnement (sur froid : manette poussée), l'air extérieur est admis dans le carburateur après passage dans le filtre à air.

Lorsque le réchauffage est en fonction (sur chaud : manette tirée), **l'air, qui n'est plus filtré** pour palier un éventuel givrage du filtre à air, chemine autour de l'**échappement** au contact duquel il se réchauffe puis est admis dans la boîte de mélange et le carburateur.

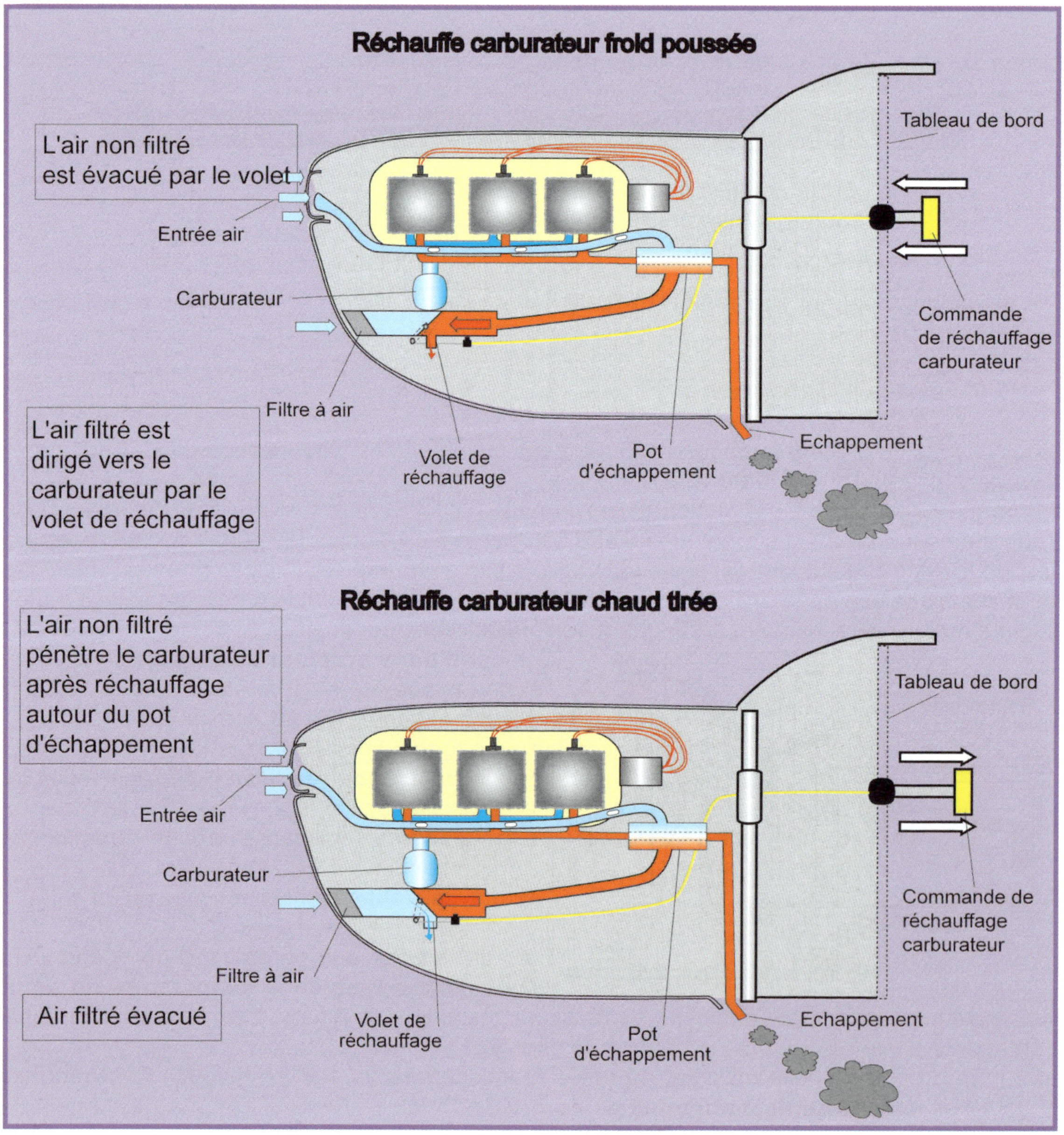

L'utilisation du réchauffage est donc **préventive** : si le moteur s'arrêtait, l'échappement serait très rapidement refroidi et ne pourrait dégivrer le carburateur.

Il convient donc **d'appliquer complètement la réchauffe** dès l'apparition des premiers symptômes de givrage en croisière, ou de façon préventive **avant une réduction de puissance (vent arrière) ou une descente**.

Lorsque la réchauffe est appliquée lors d'un givrage, la **perte de puissance** et les symptômes s'accentuent dans un premier temps : l'air réchauffé contient, en effet, moins de molécules d'oxygène dans un même volume. Le mélange sera donc **trop riche**, puis la glace fond, le régime moteur augmente et il y a ingestion d'eau. On peut alors couper la réchauffe en surveillant la puissance moteur si on est en croisière.

Si le givrage se reproduit, il faudra alors poursuivre le voyage avec la réchauffe en fonctionnement et tenir compte de la **sur-consommation** qui résultera de ce mélange trop riche.
De même, lors d'une **remise de gaz**, il faudra couper la réchauffe pour disposer de toute la puissance.

Lors des **essais moteur** le pilote teste la réchauffe : l'application de celle-ci doit provoquer une perte de puissance.
La puissance doit revenir à sa valeur initiale lorsque la réchauffe est coupée.
Si la puissance reste à sa valeur basse lorsque la réchauffe est coupée : ne pas décoller. Si la puissance remonte au-delà de sa valeur initiale, risque de givrage.
Au sol, il faut limiter au maximum l'utilisation de la réchauffe : air non filtré (risque d'ingestion de corps étrangers par le moteur) et mélange trop riche (encrassement des bougies).

6. L'injection

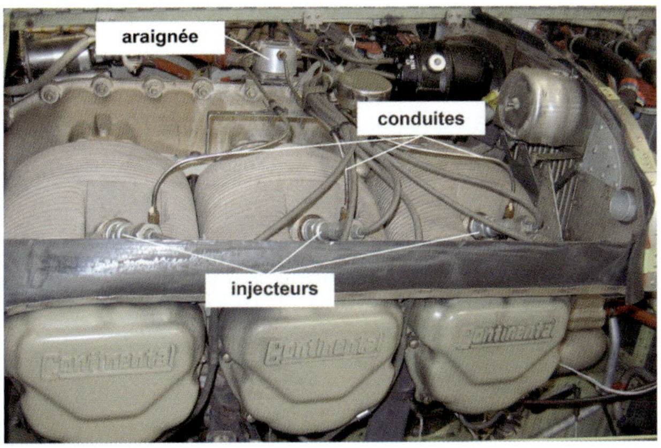

Certains avions et de plus en plus d'ULM sont dotés d'un système d'injection qui remplace le carburateur. Ce dispositif est constitué d'une pompe et d'un distributeur (araignée) qui envoient l'essence sous pression aux injecteurs. Le rôle des injecteurs est de pulvériser l'essence dans la chambre de combustion juste avant l'étincelle.

Un des avantages majeurs des moteurs à injection est la réduction des risques de givrage. Plus besoin de réchauffage carburateur sur les appareils à injection. À la place, on trouve une commande notée « **alternate air** » qui permet d'admettre de l'air réchauffé sans passer par le filtre à air, afin de palier au givrage de ce dernier.
L'inconvénient principal est la difficulté de mise en route moteur chaud, en particulier après une tentative manquée.

Utilisation de l'injection plutôt que du carburateur	
Avantages	Inconvénients
• Consommation réduite • Givrage réduit ou absent • Meilleur rendement • Pollution réduite • Souplesse d'utilisation	• Démarrage à chaud difficile

Il faut alors se conformer à la procédure « mise en route à chaud » du manuel de vol, mais, la plupart du temps, il faudra s'armer de patience et attendre que le moteur refroidisse.

7. Complément ULM, le moteur à deux temps

Le cycle à deux temps d'un moteur diffère de celui à quatre temps en ayant un cycle de seulement deux mouvements linéaires du piston au lieu de quatre, bien que les mêmes quatre opérations (admission, compression, combustion/détente et échappement) soient toujours effectuées.
On a ainsi un cycle moteur par tour au lieu d'un tous les deux tours pour le moteur à quatre temps, ce qui améliore le rendement.

Les différentes étapes du cycle d'un moteur à deux temps :

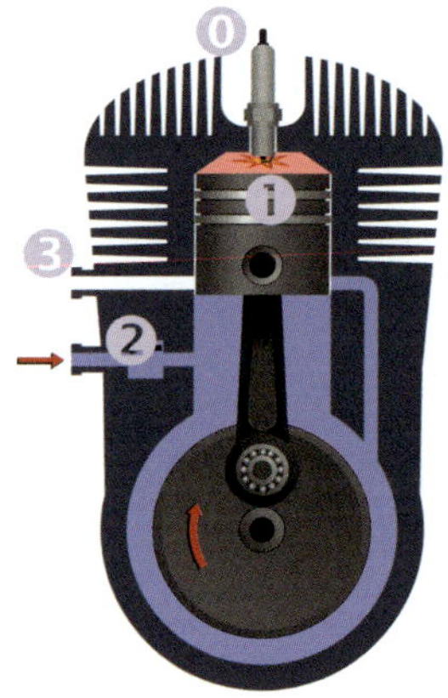

Nota : la pipe d'admission est dotée d'un clapet appelé «lumière» et le piston fait office de soupape dans son déplacement sur la pipe d'échappement.

- 1er temps : L'admission compression
  Le piston ❶ est au point mort haut après avoir compressé le **mélange carburé**. La lumière d'admission est ouverte ❷ pour laisser entrer par aspiration **une nouvelle dose de mélange carburé**, et le piston bloque la pipe d'échappement ❸.
  La bougie ⓿ déclenche alors l'explosion.

- 2ème temps : La détente échappement

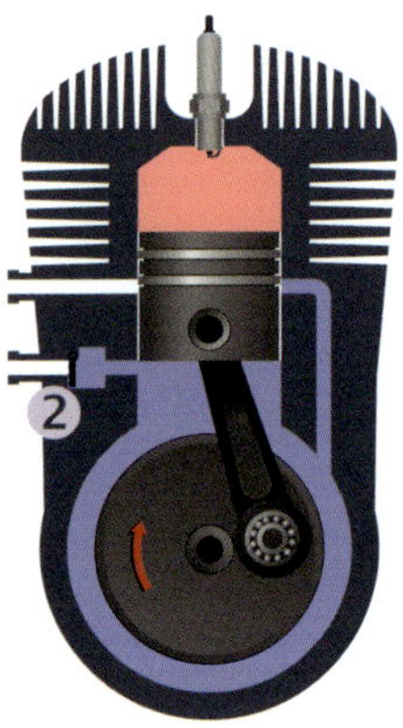

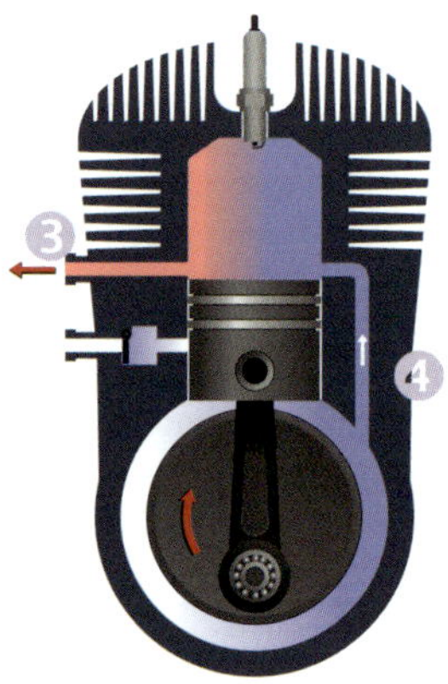

Le piston descend vers le point mort bas, la lumière d'admission ❷ se ferme, c'est la partie motrice du cycle, le reste du parcours du piston sera dû à l'inertie créée par l'explosion.
En descendant par inertie, le piston fait transvaser le nouveau mélange carburé vers le cylindre par le conduit ❹, participant ainsi à l'évacuation des gaz brûlés par la pipe d'échappement ❸ ouverte.

Toujours par inertie, après son passage au point mort bas, le piston remonte et le cycle peut recommencer à partir du premier temps, l'admission compression.

Avantages par rapport au moteur quatre temps :
- Entretien mécanique plus simple qu'un moteur à quatre temps.
- 40 % plus léger et 30 % moins encombrant qu'un moteur quatre temps de même cylindrée.
- Plus puissant à cylindrée égale (1,7 fois plus puissant environ sur les moteurs actuels).
- Utilisable dans toutes les positions sans modification particulière, donc vols acrobatiques possibles.
- Plage d'utilisations possibles très étendue (moteur d'ULM à fort couple et souple à bas régime de l'ordre de 3 000 à 8 000 tr/min pour l'utilisation normale, à haut régime de l'ordre de 18 000 tr/min pour la compétition).
- Rendement efficace sans turbo ni compresseur.

Inconvénients par rapport au moteur quatre temps :
Le moteur deux temps présente aussi des inconvénients :
- La distance parcourue par le piston avant la fermeture de la lumière d'échappement provoque une perte d'hydrocarbures imbrûlés pendant la phase d'admission/échappement, jusqu'à 30 % du mélange carburé.
- Pour lubrifier le cylindre, l'huile est mélangée au carburant, ce qui génère une émission très polluante

dans l'atmosphère. C'est cet inconvénient qui explique en grande partie son abandon progressif au profit du quatre temps.

- Du fait des résidus imbrûlés de l'huile contenue dans le carburant, les bougies peuvent subir un encrassement rapide.
- Le bruit plus strident qu'un moteur à quatre temps.
- Usure plus rapide de la segmentation (et donc du piston) qui contrairement à un moteur quatre temps, pénètre légèrement dans les différentes pipes d'admission(s) et d'échappement(s) lors du mouvement dans le cylindre. Cependant l'usure plus rapide est aussi due au fait que la plage d'utilisation d'un moteur deux temps est en général sur un régime moteur beaucoup plus élevé que sur les moteurs quatre temps.

Notes personnelles et conseils de votre pilote-instructeur – Aérotechnique :

Entraînement à l'examen théorique

1 - Le dosage air/essence idéal pour un moteur à pistons est de :
- a) 15 g d'essence pour 1 g d'air □
- b) 1 g d'essence pour 15 g d'air □
- c) 1 g d'air pour 10 g d'essence □
- d) 10 g d'air pour 1 g d'essence □

2 - Pour augmenter la sécurité de fonctionnement des moteurs d'appareil, on adopte généralement :
- a) le refroidissement par eau □
- b) des fréquences de rotation très élevées □
- c) quatre soupapes par cylindre □
- d) un double système d'allumage □

3 - Sur un appareil équipé de deux magnétos, lorsqu'une seule est sélectionnée, on constate une chute du régime moteur parce que :
- a) l'allumage ne fonctionne que dans la moitié des cylindres □
- b) la sélection magnéto entraîne un dysfonctionnement normal et passager du tachymètre □
- c) chaque cylindre ne reçoit qu'une étincelle au lieu de deux □
- d) le mélange air/essence est automatiquement appauvri □

4 - Le cycle à quatre temps d'un moteur à explosion est :
- a) compression - admission - explosion et détente - échappement □
- b) admission - explosion et détente - échappement - compression □
- c) admission - compression - échappement - explosion et détente □
- d) admission - compression - explosion et détente - échappement □

5 - De retour au parking, avant l'arrêt du moteur, l'essai coupure effectué sur les magnétos a pour but :
- a) de vérifier la bonne qualité de cette coupure □
- b) d'éviter l'encrassement des bougies □
- c) de vérifier la puissance moteur □
- d) de faciliter un démarrage ultérieur du moteur □

6 - Les conditions propices au givrage carburateur sont (choisir la combinaison exacte la plus complète) :
1/ température extérieure élevée
2/ température extérieure basse
3/ forte humidité relative
4/ faible humidité relative
5/ puissance moteur élevée
6/ puissance moteur réduite
- a) 2, 3 et 6 □
- b) 2, 4 et 6 □
- c) 2, 3 et 5 □
- d) 1, 3 et 6 □

7 - Pour vérifier le fonctionnement des magnétos avant de décoller, vous stabilisez le régime moteur conformément aux données du constructeur puis :
- a) vous vérifiez que l'ampèremètre indique une charge positive □
- b) vous constatez une chute de tours excessive sur une seule des magnétos. Vous décollez puisque le moteur tourne bien sur les deux magnétos □
- c) vous sélectionnez alternativement chaque magnéto pour vérifier le régime moteur indiqué □
- d) vous effectuez un essai coupure. Une détonation doit être entendue □

8 - Par temps chaud, le refroidissement des moteurs d'avion nécessite quelques précautions d'utilisation notamment :
- a) à l'atterrissage □
- b) au roulage et lors des montées prolongées à basse vitesse □
- c) en descente □
- d) en palier □

9 - Les moteurs d'appareil sont principalement refroidis par :
- a) de l'eau □
- b) du fréon □
- c) du glycol □
- d) de l'air □

10 - Au cours d'un vol, vous constatez la perte du cône d'hélice. Les actions à effectuer en priorité sont :
1/ surveiller attentivement la température des cylindres
2/ écourter le vol si possible
3/ procéder immédiatement à un atterrissage en campagne
4/ couper immédiatement le moteur pour éviter une surchauffe
5/ ouvrir les volets de capot s'ils existent

a) 1, 3 et 5 □
b) 3 et 4 □
c) 1 et 5 □
d) 1, 2 et 5 □

11 - On peut mélanger des huiles moteur :

a) de différents fabricants à condition qu'elles soient de même type □
b) minérales et dispersantes uniquement à l'issue du rodage □
c) minérales et dispersantes à tout moment □
d) minérales et dispersantes uniquement l ors du rodage □

12 - Les signes caractéristiques d'une fuite d'huile moteur sont :

a) faible pression et forte température □
b) faible pression et faible température □
c) forte pression et faible température □
d) forte pression et forte température □

13 - L'armature qui fixe le moteur à la cellule s'appelle :

a) le longeron □
b) le carter □
c) le bâti □
d) la nervure □

14 - Le temps d'échappement d'un moteur à pistons à 4 temps consiste :

a) en une inflammation du mélange air/essence et un déplacement du piston vers le bas du cylindre □
b) en une inflammation du mélange air/essence et un déplacement du piston vers le haut du cylindre □
c) en une ouverture de la soupape d'échappement et un déplacement du piston vers le bas du cylindre □
d) en une ouverture de la soupape d'échappement et un déplacement du piston vers le haut du cylindre □

15 - En hiver, lorsque vous vous trouvez dans des conditions anticycloniques, la puissance fournie par le moteur de votre aéronef est, par rapport à la puissance fournie dans des conditions dépressionnaires en plein été :

a) plus élevée □
b) sensiblement équivalente □
c) plus élevée à bas régime et plus faible à haut régime □
d) plus faible □

16 - Lors du temps de compression d'un moteur à pistons à 4 temps, les positions des soupapes sont :

a) soupape d'admission ouverte, soupape d'échappement fermée □
b) soupape d'admission fermée, soupape d'échappement fermée □
c) soupape d'admission fermée, soupape d'échappement ouverte □
d) soupape d'admission ouverte, soupape d'échappement ouverte □

17 - La phase de vol au cours de laquelle le moteur est susceptible de chauffer le plus est :

a) la montée à taux minimal □
b) le vol en croisière □
c) la montée à pente maximale □
d) la descente □

18 - Sur un moteur à injection les instruments utilisés pour le réglage de la richesse sont d'abord :

a) le débitmètre (fuel-flow) puis l'indicateur EGT pour affiner □
b) la pression d'admission puis le régime hélice pour affiner □
c) l'indicateur EGT puis le débitmètre pour affiner □
d) le régime hélice puis la pression d'admission pour affiner □

19 - En cas de panne électrique totale, les volets à commande électrique :

a) sortent en position atterrissage □
b) restent sur leur dernière position □
c) rentrent □
d) sortent si la Vi (IAS) est inférieure à la VF □

20 - Le cycle à 2 temps d'un moteurs à explosion est :

a) admission compression - détente échappement □
b) admission échappement - détente compression □
c) explosion admission - échappement compression □
d) admission détente - compression échappement □

Notes personnelles et conseils de votre pilote-instructeur – Aérotechnique :

Section 2

AÉROTECHNIQUE

Module 3 « Carburant, hélice et système »

Notes personnelles et conseils de votre pilote-instructeur – Aérotechnique :

1. Le carburant aéronautique

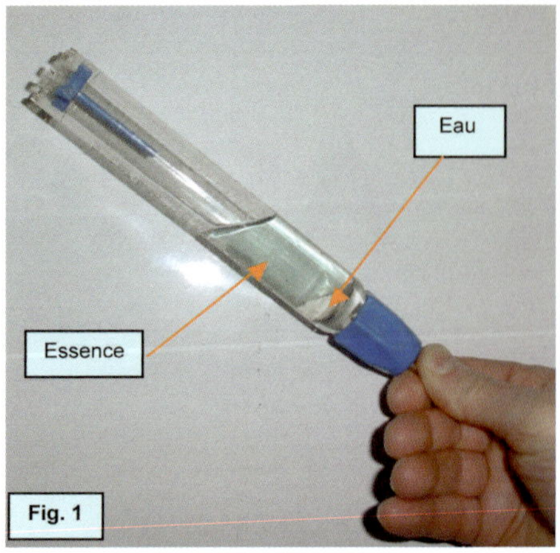

Fig. 1

Le carburant généralement utilisé en aéronautique légère, pour les moteurs à pistons, est de type **100 LL** (Low Leaded, c'est-à-dire faible teneur en plomb).
Sa couleur est **bleue** et sa densité est de **0.72** (1 litre pèse 720 g).
La connaissance de la densité est utile lors du calcul de la masse de l'appareil.
On trouve également du kérosène (Jet A1), de densité 0,8 et translucide, qui était au départ réservé aux réacteurs et aux turbines. Les motoristes ont depuis développé des moteurs à pistons turbo diesel qui fonctionnent au kérosène.

Lors de la **visite pré-vol**, le pilote contrôlera que l'essence contenue dans les réservoirs n'est pas **polluée**.

À cette fin, il effectuera la **purge** de chaque réservoir à l'aide d'une éprouvette spécifique (fig. 1).
Les purges sont des orifices situés au point bas des réservoirs et du circuit essence. Par exemple, sur le Rallye, on trouve une purge sous chaque aile, au niveau de l'emplanture.

Lorsque l'appareil est resté immobile toute la nuit dans le hangar, l'eau, plus lourde que l'essence, descend dans le fond du réservoir.
Les purges doivent donc êtres effectuées lors du premier vol **avant de déplacer l'appareil** afin de ne pas mélanger les deux liquides.

Le pilote observe alors le liquide présent dans l'éprouvette :

- essence : bleue
- eau : blanc
- essence + eau : **les deux liquides ne se mélangent pas** et on note la présence de bulles d'eau dans l'essence.

Après avoir effectué les purges, le pilote contrôlera la bonne fermeture de celle-ci (**absence de fuite**). Si le pilote note la présence d'eau, il purgera à nouveau jusqu'à constater sa disparition.

Lors de **l'avitaillement** (opération consistant à ajouter de l'essence dans les réservoirs), plusieurs précautions doivent être prises :

- dans un premier temps, aucun **passager** ne devra se trouver à bord,
- ensuite, il faudra relier une partie métallique de l'appareil (l'échappement sur la figure ci-contre) à la **terre**. Cette opération permet de décharger l'appareil de toute son **électricité statique** avant que le pistolet ne soit en contact avec la goulotte du réservoir qui est métallique. Si l'appareil n'a pas été déchargé, l'étincelle se produira entre le pistolet et la goulotte et provoquera l'inflammation des vapeurs d'essence contenues dans cette dernière,
- enfin, en cas de fuite de carburant lors du remplissage, et avant de remettre son appareil en marche, le pilote prendra la précaution de le **tirer à la main** afin d'éviter qu'une flamme, produite à l'échappement lors de la mise en route, n'enflamme d'éventuelles traces de carburant pouvant se trouver au sol.

Photo ci-contre : pince de masse reliée à l'échappement.

2. Le circuit carburant

2.1. Description

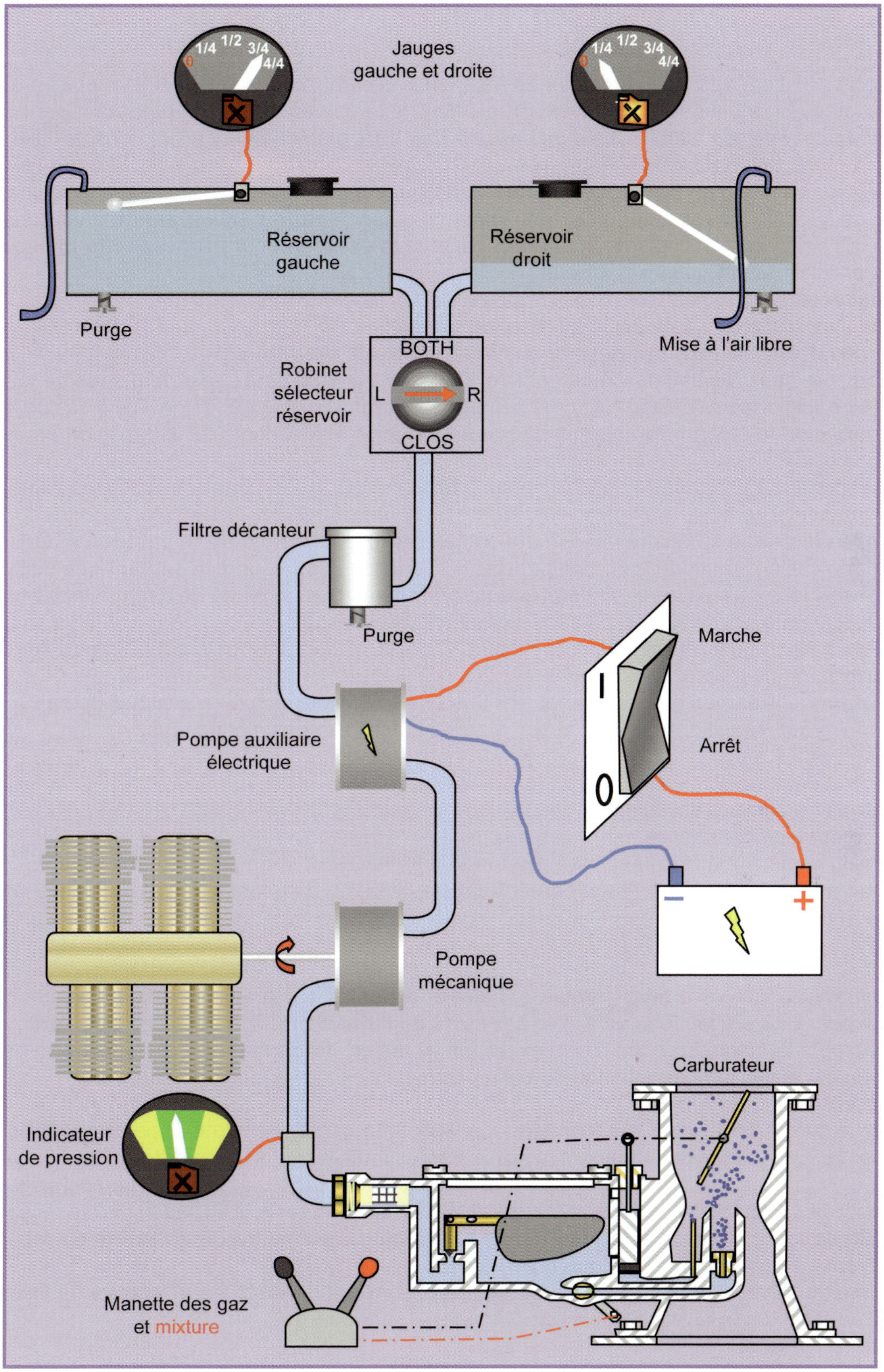

2.2. Fonctionnement

Le circuit carburant représenté page précédente correspond à celui de la plupart des appareils légers à quelques variantes près (nombre de réservoirs, présence ou absence de pompe...).

Il est constitué :

- de **réservoirs** : ce sont des poches destinées à contenir le carburant. Ils peuvent être placés dans les ailes ou le fuselage. Leur bouchon est **étanche** afin d'éviter toute contamination du carburant par l'eau de pluie, ce qui impose au réservoir d'être muni d'une **mise à l'air libre** généralement à l'intrados de l'aile, afin de permettre l'écoulement du carburant.
  La **jauge** est constituée d'un flotteur qui donne les informations de niveau d'essence à l'indicateur placé sur la planche de bord. Un circuit autonome de la jauge commande parfois un **voyant de niveau bas.**
  Le manuel de vol donne la **capacité totale** des réservoirs et en particulier la **capacité utilisable pendant toutes les phases de vol** (montée, virages...).
- d'un **robinet sélecteur** comportant plusieurs positions :
  - **fermé** : les réservoirs sont isolés du reste du circuit,
  - **gauche / droite** : le réservoir gauche ou droit alimente le circuit,
  - **ouvert** : les deux réservoirs alimentent le circuit. Cette position est également appelée « intercom ».

  Un **voyant** signale parfois la position fermée. Le réservoir peut être changé en vol. Dans ce cas, il faut utiliser la pompe auxiliaire de façon transitoire au cours de la manœuvre et contrôler la pression après le changement ;
- d'un **filtre décanteur** qui permet la purge au point bas du moteur. Il n'est pas accessible au pilote sur certains appareils ;
- d'une **pompe électrique auxiliaire** qui est une pompe de secours que le pilote peut commander grâce à un interrupteur en cas de panne de la pompe principale. Cependant, cette pompe sera utilisée de façon préventive dans toutes les phases de vol où **l'altitude** ne permettrait pas au pilote de diagnostiquer une panne de la pompe mécanique, en particulier au décollage et à l'atterrissage ;
- d'une **pompe mécanique**, entraînée par le moteur. C'est la pompe principale qui permet le transfert du carburant du réservoir au moteur ;
- d'un **indicateur de pression** rendant compte de la pression dans le circuit en aval des pompes. Il est parfois doublé d'un **voyant**. Une chute de la pression à zéro pourrait avoir plusieurs causes :
  - le réservoir est vide,
  - le robinet est fermé,
  - la pompe mécanique est cassée,
  - l'indicateur est hors service.

  La réaction du pilote doit être immédiate : **pompe auxiliaire ON et changement de réservoir**.
  Pour répondre au principe général **action/vérification**, le pilote doit consulter cet indicateur à chaque fois qu'il coupe la pompe.

2.3. Particularités

La particularité des appareils à **ailes hautes** est d'être alimentés par gravité. Ils ne disposent donc pas de pompe à essence. Une précaution devra être prise lors de l'avitaillement : le robinet carburant ne devra pas être en position d'intercommunication afin d'éviter tout transfert de carburant d'un réservoir à l'autre (vases communicants) qui empêcherait d'effectuer le plein complet.
Gestion du carburant.
Avant le vol : le pilote vérifiera son autonomie en consultant le **carnet de route** et par **inspection visuelle** du niveau d'essence. Les jauges ne servent qu'à confirmer les indications du carnet de route. Les avitaillements en carburant doivent être consignés dans le carnet de route. **Un grand nombre de pannes sont encore des pannes d'essence !** **Pendant le vol** : le pilote devra **changer de réservoir** toutes les 30 minutes environ, de façon à équilibrer son appareil et tenir une **comptabilité** qui lui permettra de connaître de façon précise la quantité d'essence disponible dans chaque réservoir.
Si l'avion comporte des réservoirs d'aile et de fuselage, il convient de vider les réservoirs de fuselage en premier lieu afin de diminuer les contraintes à l'emplanture.

3. L'hélice

3.1. Description

L'hélice est l'organe dont le rôle est d'assurer la traction de l'appareil. Elle est constituée d'un **moyeu** sur lequel sont fixées deux ou plusieurs **pales**. Les pales comportent un **bord d'attaque et un bord de fuite**. La droite passant par les bords d'attaque et de fuite est la **corde de profil**.

Pour expliquer le fonctionnement de l'hélice, il faut définir deux angles et trois vitesses :

- **l'angle de calage** : entre le plan de rotation de l'hélice et la corde du profil,
- **l'angle d'incidence** : entre la vitesse résultante de la pale et la corde,
- la **vitesse résultante de la pale** est la somme de deux vitesses : la **vitesse tangentielle** de l'hélice et la **vitesse de déplacement** de l'appareil.

La vitesse tangentielle est la vitesse **linéaire** d'un point de la pale. Elle dépend donc de la vitesse de rotation de l'hélice (nombre de tours / minute) et de la distance qui sépare ce point du moyeu.

Plus le point s'éloigne du moyeu, plus la vitesse tangentielle est élevée pour une même vitesse de rotation. Par exemple, à 2 400 tours/min et à 40 cm du moyeu, la vitesse tangentielle sera d'environ 360 km/h. Elle sera d'environ 720 km/h à 80 cm.

Cette augmentation de la vitesse tangentielle va conduire à une modification de l'orientation de la vitesse résultante, donc de **l'incidence**. Or, la pale a un rendement maximal pour une incidence précise, et, à la manière d'une aile, pourrait décrocher si l'incidence devenait trop forte.
Afin de remédier à ce problème, la corde de la pale a une orientation différente au moyeu et à l'extrémité de la pale. Plus on s'éloigne du moyeu, plus la corde se « referme » : c'est ce que l'on appelle **le pas de l'hélice**.

Le pas de l'hélice est donc une grandeur fixée par la construction et que le pilote ne peut modifier. Nous verrons par la suite une technologie d'hélices dites à « calage variable » et parfois appelées, par abus de langage, « pas variable ».

La figure 1 illustre ce principe du pas : les quatre sections de pale sont prises à quatre distances différentes du moyeu. Le pas de l'hélice, par la diminution graduelle du calage (34° puis 19°, 13° et 8°) va permettre de maintenir l'incidence constante.

Fig. 1

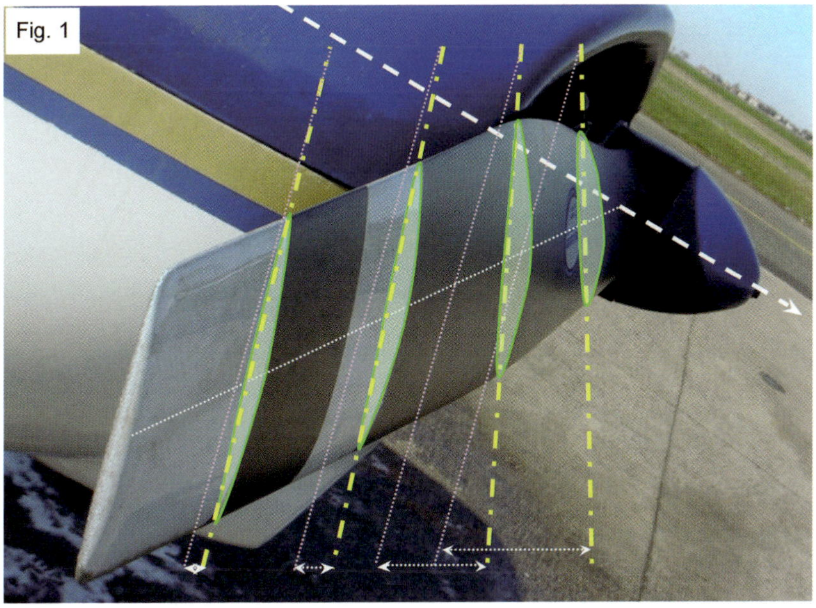

Section de pale à 30 cm du moyeu

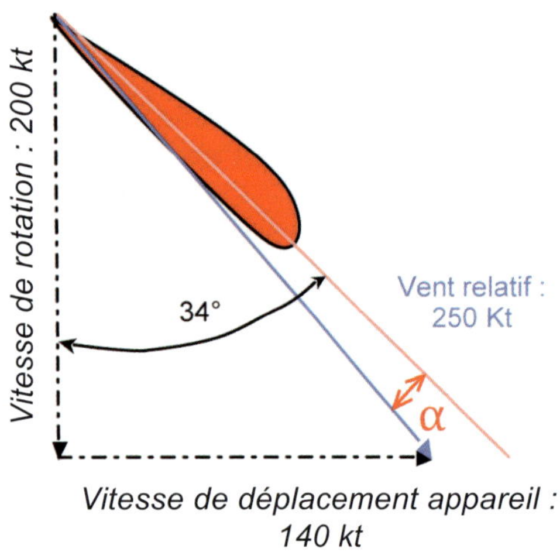

Section de pale à 110 cm du moyeu

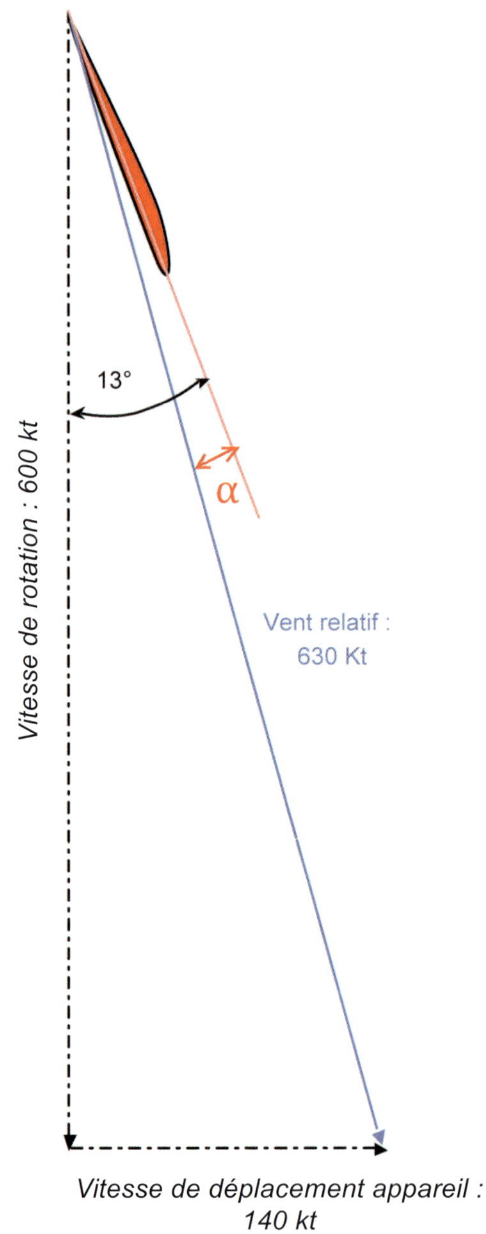

Section de pale à 80 cm du moyeu

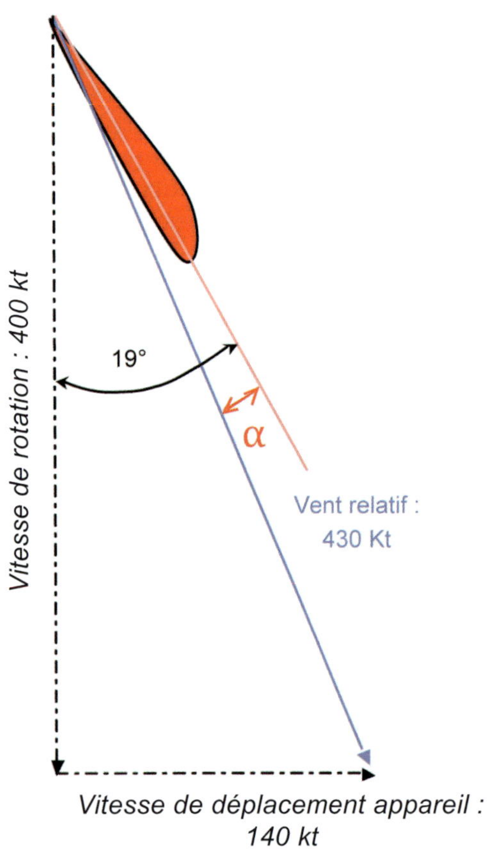

3.2. Fonctionnement de l'hélice

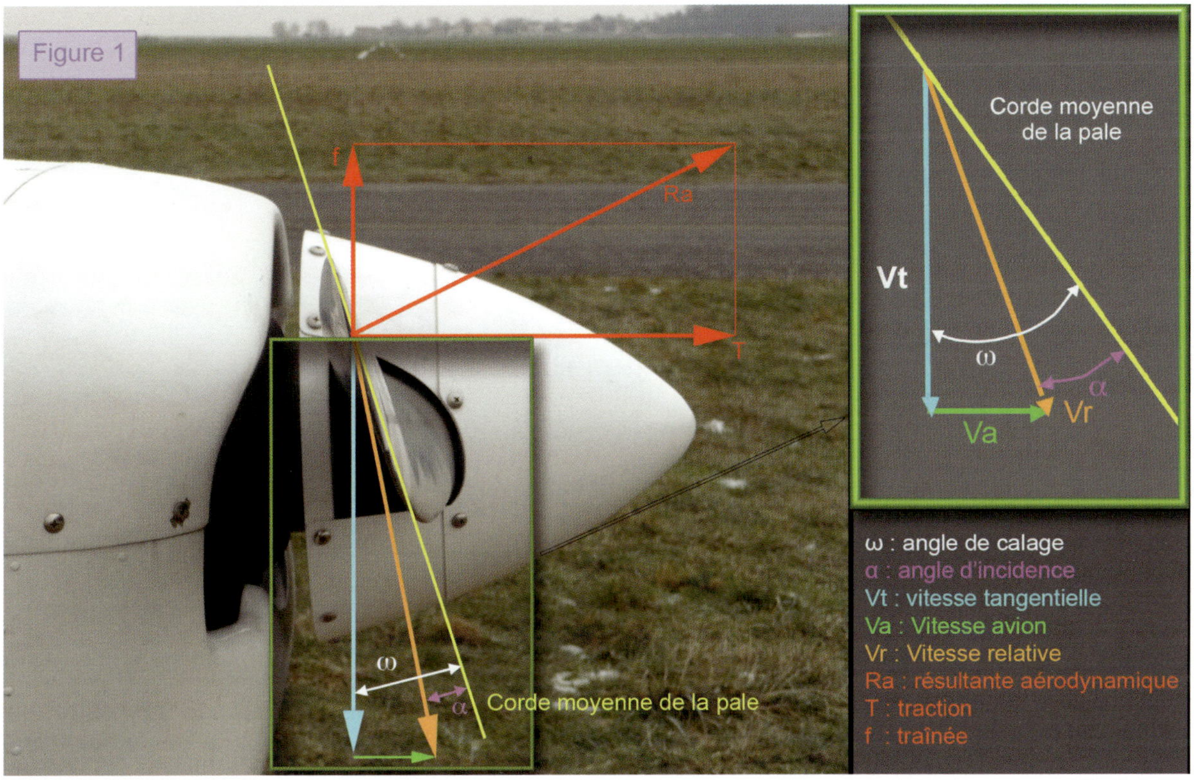

Le fonctionnement de l'hélice est analogue à celui de l'aile : le déplacement de l'air autour de la pale va engendrer une force, la **résultante aérodynamique**.

Cette résultante peut être décomposée en deux forces : la **traction** qui va « tirer » l'appareil et la **traînée** de l'hélice qui doit être compensée par le couple moteur.

Or, l'importance de ces forces est directement liée à la vitesse relative de l'hélice et à son incidence.

Si l'on observe la figure 1, on remarque qu'à vitesse tangentielle constante (régime moteur constant), l'incidence de la pale va varier en fonction de la vitesse de l'appareil. Or, il n'existe qu'une seule incidence pouvant fournir le rendement maximum, donc une seule vitesse de déplacement de l'appareil. Le rendement de l'hélice sera donc conforme à la figure 2.

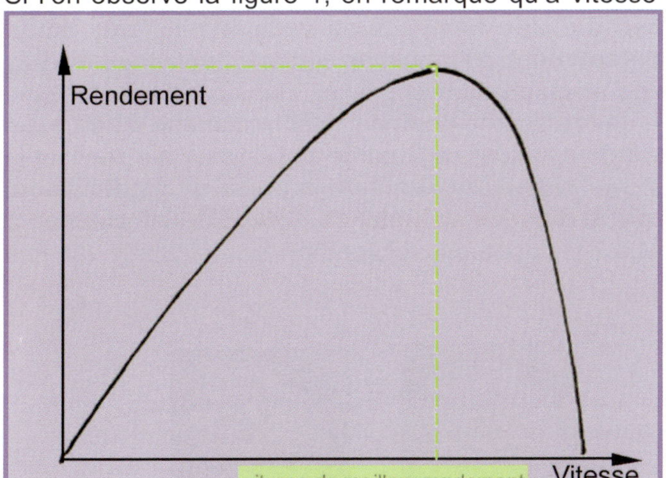

Fig.2

Le fabricant devra alors choisir entre une hélice à **petit calage** (« petit pas » par abus de langage) qui aura de bonnes performances à **faible vitesse** (décollage), mais de faibles performances à haute vitesse et une hélice à **grand calage** (« grand pas ») qui aura de bonnes performances à **haute vitesse** (croisière) mais de faibles performances au décollage.

On pourrait assimiler ces deux appareils à une voiture qui ne serait munie que d'une première ou d'une cinquième vitesse.

Pour pallier cet inconvénient, les fabricants ont mis au point des hélices à **calage variable**, appelées **hélices à vitesse constante** par opposition aux hélices dont nous venons de parler, appelées hélices à **calage fixe**.

Ce deuxième type d'hélice va permettre d'adapter le calage de l'hélice, par rotation du pied de la pale, aux différentes vitesses de déplacement de l'appareil (fig. 3, page suivante).

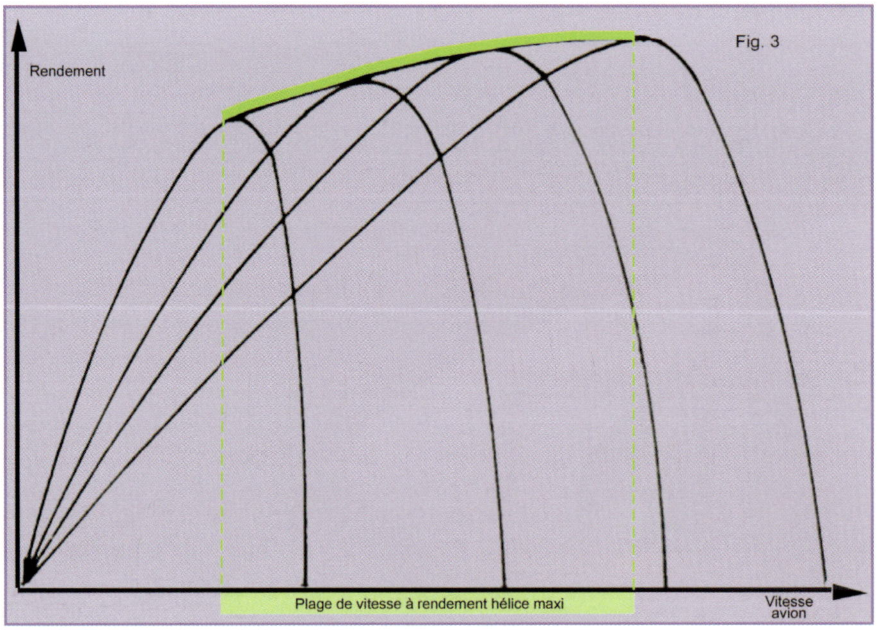

3.3. Utilisation de l'hélice

Le pilotage d'une hélice à calage fixe est facile (fig. 4) : à l'aide de la manette de **puissance (noire)** qui commande le papillon du carburateur, le pilote fixe le **nombre de tours moteur** en se référant au compte-tours. Le régime de rotation de l'hélice est fixé par l'équilibre de deux couples opposés : le couple résistant de l'hélice et le couple moteur.
Avec ce type d'hélice, si le pilote se met en descente à partir d'un palier stabilisé, sans changer le réglage de sa manette de puissance, la vitesse de l'appareil va augmenter, modifier l'incidence de l'hélice, diminuer son couple résistant, provoquant ainsi une augmentation du régime de l'hélice. On peut donc dire que sur **une hélice à calage fixe**, **le régime dépend de la vitesse** ; c'est également un indicateur pour le pilotage. Le phénomène inverse se produit lors d'une mise en montée.
Pour **piloter une hélice à calage variable**, le pilote dispose d'une manette supplémentaire, la **manette de régime hélice (bleue)**. Cette manette va agir sur le **régulateur**, dont le rôle est de commander l'orientation du pied de pale, donc le **calage initial de l'hélice**, par le biais d'un dispositif hydraulique. Dans ce cas, le pilote va déterminer le couple résistant de l'hélice, donc le régime de rotation de l'hélice : c'est la manette d'hélice qui commande le compte-tours. La manette de puissance (noire) va toujours agir sur le carburateur afin de fixer la puissance délivrée par le moteur, mais cette fois-ci, l'indicateur de puissance sera la **pression d'admission**.
Dans les deux cas, la richesse du mélange est contrôlée par la **manette de mélange (rouge).** L'indicateur pour régler la richesse est en général le **fuel-flow** (débitmètre) sur les appareils équipés d'hélice à calage variable et l'**EGT** lorsque l'hélice est à calage fixe.

Fig. 4

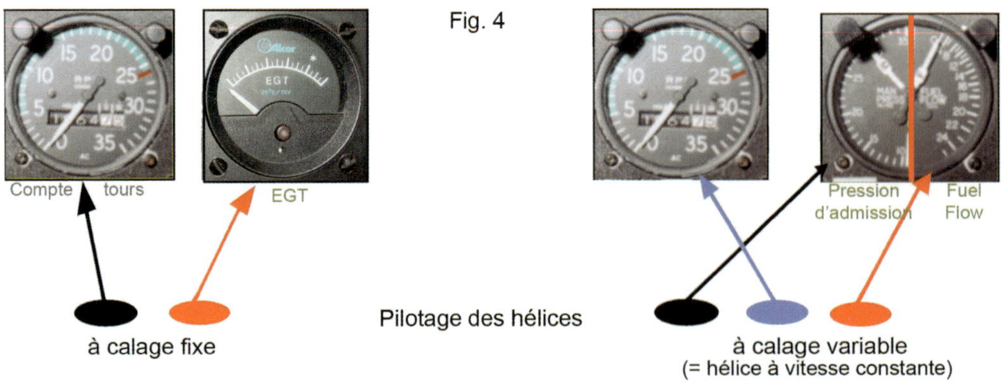

Pilotage des hélices

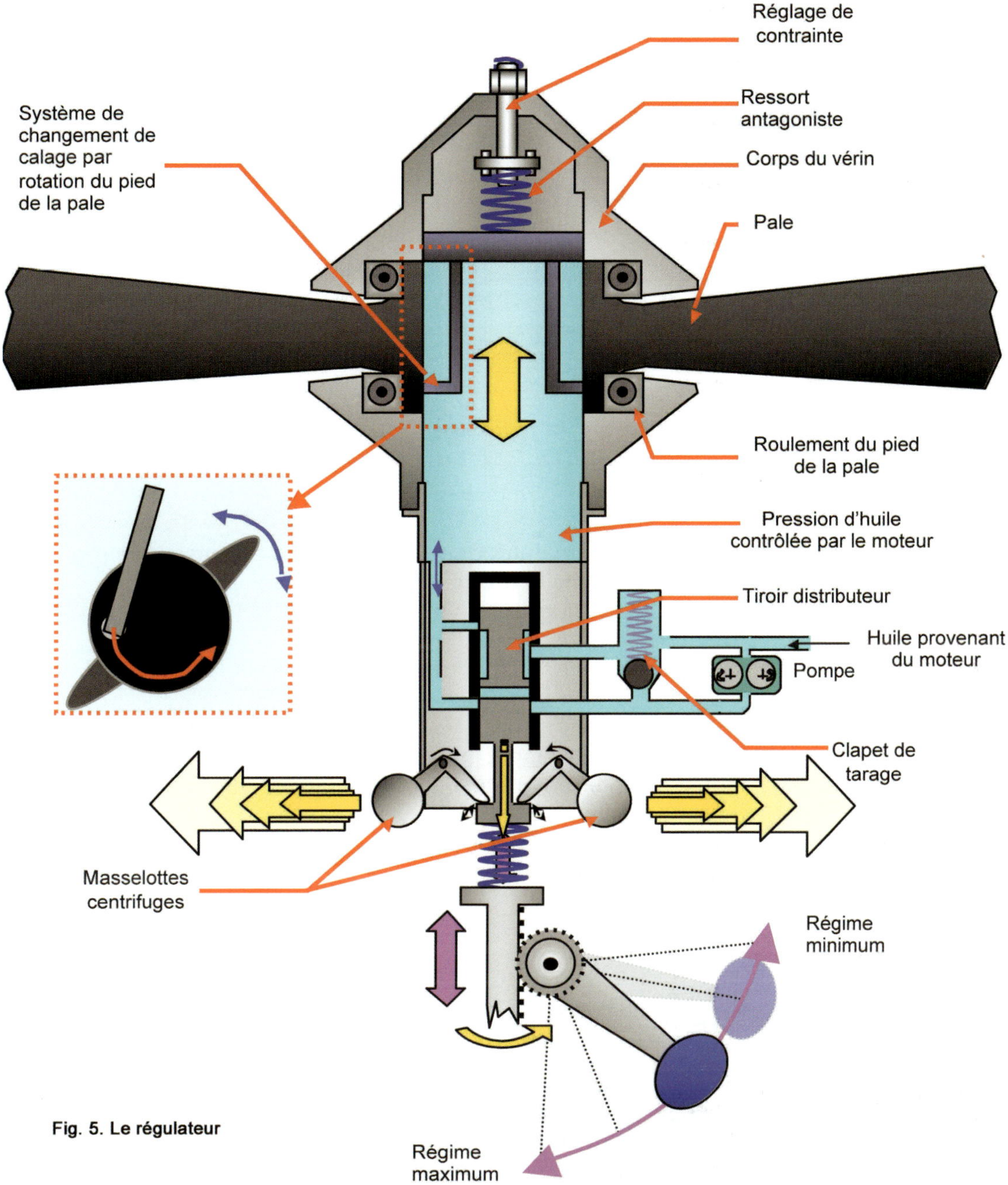

Fig. 5. Le régulateur

Le **régulateur** (figure ci-dessus) est au cœur du fonctionnement de l'hélice à calage variable. Lorsque le pilote actionne sa manette hélice, il règle la précontrainte du ressort du régulateur, qui va déplacer le tiroir distributeur afin de permettre à l'huile sous pression d'orienter le pied de pale et de fixer ainsi le calage de l'hélice. Le calage de l'hélice va définir son couple résistant, qui va équilibrer le couple moteur et définir le régime hélice. Un autre élément important du régulateur est le système de **masselottes centrifuges** qui permet de maintenir constant le régime hélice lorsque l'appareil subit une variation de vitesse.

Prenons l'exemple d'un appareil stabilisé en palier à vitesse constante : le régime hélice est défini. À partir de cette position, le pilote met l'appareil en descente sans modifier la puissance.

De façon transitoire, le régime hélice va augmenter. La force centrifuge exercée sur les masselottes va également augmenter et provoquer leur écartement. Les masselottes vont alors déplacer, de façon antagoniste au ressort, le tiroir hydraulique et provoquer une augmentation du calage de l'hélice. Le couple résistant va alors augmenter et ramener le régime de rotation de l'hélice à la valeur fixée par le pilote.

C'est pourquoi les hélices à calage variable sont également appelées **hélices à vitesse constante (constant speed).**
En cas de rupture d'une canalisation d'huile, l'hélice passe automatiquement en petit calage.
Figure 6 :

Altitude pression ft	Pression d'admission In.Hg	TAS kt
SL	25.3	155
1 000	25.0	157
2 000	24.8	158
3 000	24.5	160
4 000	24.3	161
5 000	24.1	163
6 000	23.9	164

L'utilisation d'une hélice à calage variable est simple : le pilote se contente **d'afficher les paramètres** propres à son appareil qui se trouvent dans le **manuel de vol**.
Pour chaque phase du vol (montée, croisière, attente, descente), le pilote pourra y trouver les valeurs de Pression d'admission (Pa), de régime hélice (RPM) et de débit d'essence (FF). La **figure 6** donne en exemple les paramètres de croisière aux différentes altitudes.
In.Hg : pouce de mercure
TAS : True Air Speed

La précaution que le pilote devra prendre est l'ordre dans lequel il manipulera ses manettes **(fig. 7) :**

- **lors d'une augmentation de puissance, de la droite vers la gauche ;**
- **lors d'une diminution de puissance, de la gauche vers la droite.**

Cette précaution a pour but d'éviter les **surcouples**, qui pourraient intervenir sur l'arbre hélice avec un grand calage et une forte puissance.

En réduction de puissance, le pilote réduit respectivement les gaz, le pas d'hélice, le mélange.
En augmentation de puissance, il faut augmenter en premier lieu le mélange, puis le pas d'hélice et enfin les gaz.

Fig. 7, photo ci-dessous : manettes d'un Socata TB20
- manette de puissance, GAZ (noire),
- manette de pas d'hélice/PROP RPM (bleue),
- manette de mélange/richesse/MIXTURE (rouge).

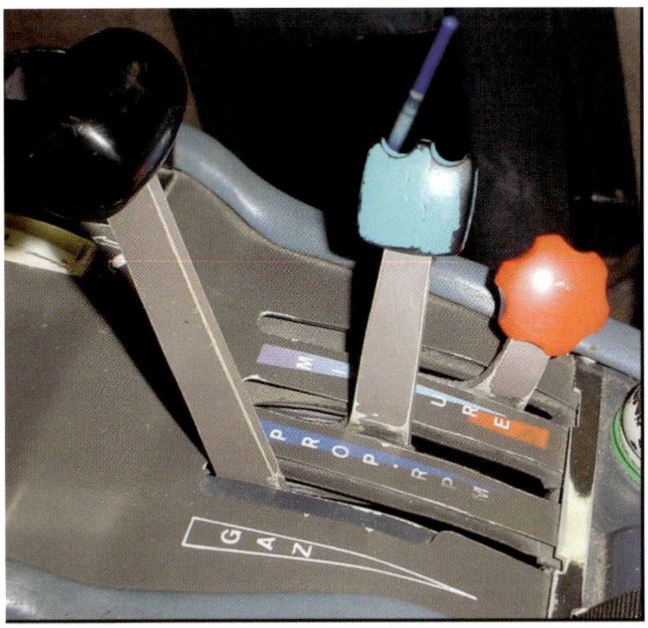

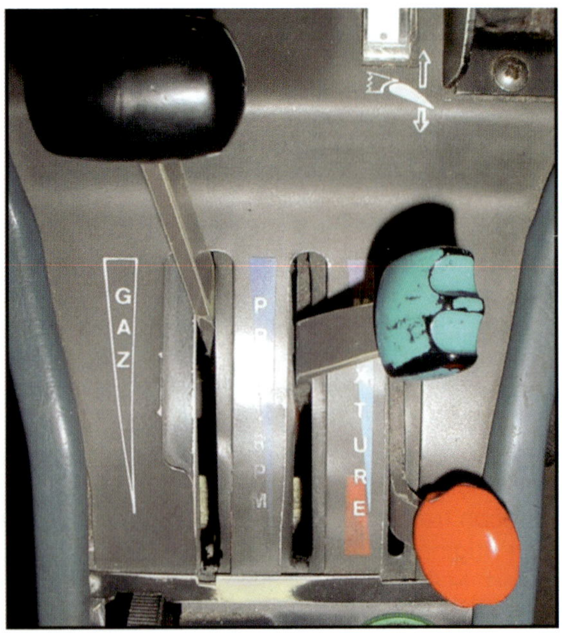

4. Le circuit électrique

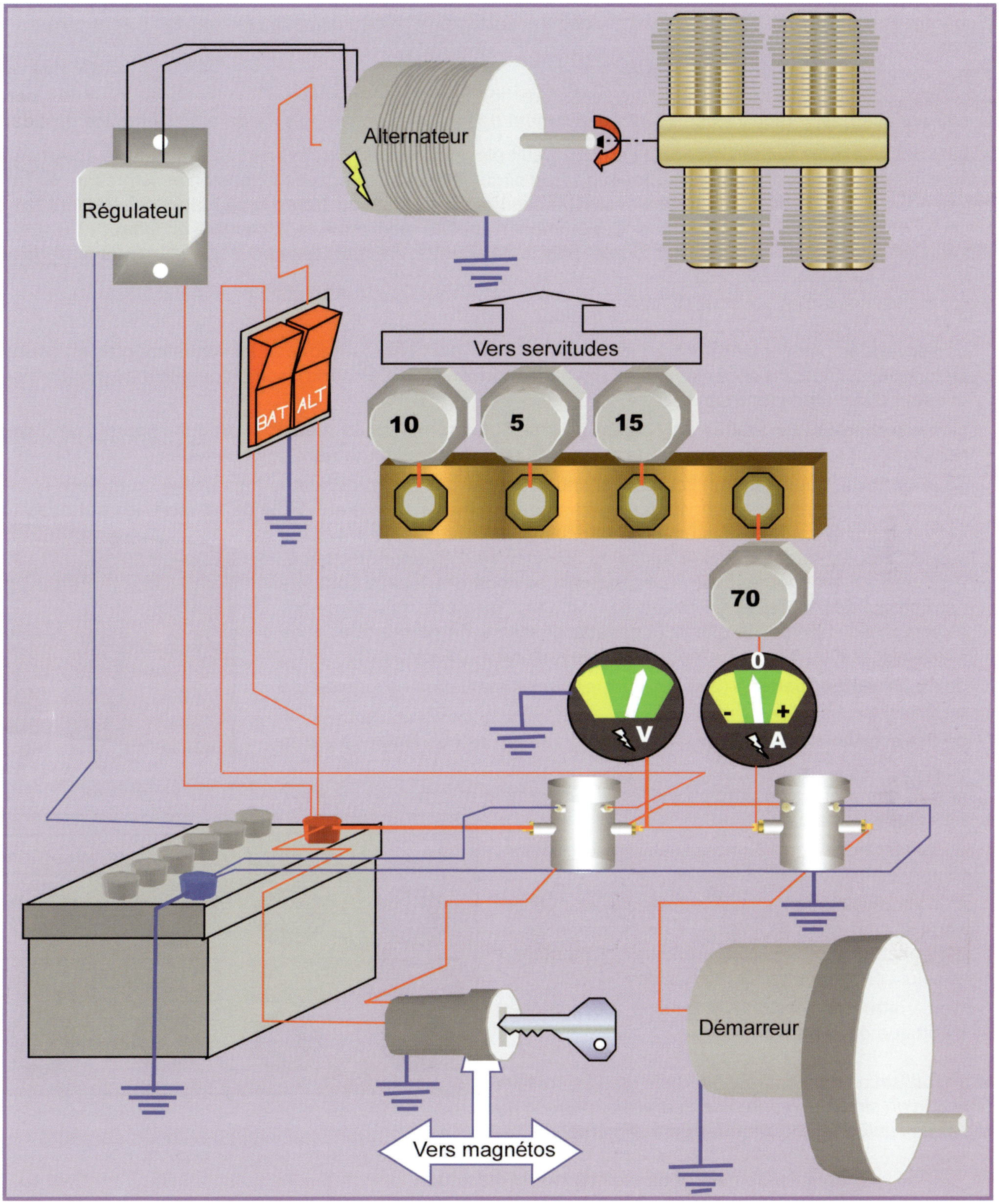

4.1. Description

Le courant électrique est le déplacement d'électrons entre deux pôles magnétiques : le pôle + et le pôle -.

Il existe deux types de courant électrique :
- le courant continu, s'il s'écoule dans une seule direction : du pôle - au pôle +,
- le courant alternatif lorsqu'il s'écoule alternativement dans une direction puis dans l'autre entre les pôles.

Le débit des électrons qui se déplacent dans le circuit électrique s'appelle l'intensité et se mesure en Ampère. La force qui permet aux électrons de bouger dans le circuit électrique s'appelle la tension et se mesure en Volt. Maintenant, imaginons que cette force (tension) rencontre un élément qui freîne le passage, cet élément ralentit donc le débit (intensité) des électrons. Cet élément s'appelle résistance et se mesure en Ohm.
Evidemment, plus cette résistance est forte et plus le débit (intensité) est faible pour une même force (tension)

Le circuit électrique d'un appareil est composé :

- de **servitudes** : se sont les consommateurs d'énergie (ex. : phares, radio...). Ils sont alimentés en courant électrique, soit les uns après les autres (on parle alors de circuit en série), soit en parallèle au moyen d'une centrale distributrice (barre bus) ;
- d'un **alternateur**, qui produit un courant alternatif : entraîné par le moteur, il produit l'énergie électrique nécessaire à l'alimentation électrique des servitudes et au rechargement de la batterie ;
- de la **batterie**, qui produit un courant continu : réserve d'énergie, permet le démarrage du moteur et l'alimentation temporaire des servitudes en cas de panne de l'alternateur. Rôle de tampon, les batteries (ou accumulateurs) sont des systèmes électrochimiques réversibles servant à stocker de l'énergie. Ceux-ci la restituent sous forme d'énergie électrique, exprimée en Wattheures (Wh). Les batteries d'appareils légers sont généralement des batteries au plomb constituées d'éléments mis en séries et composés d'oxyde de plomb (électrode positive), de plomb (électrode négative), et d'un mélange d'eau et d'acide sulfurique (électrolyte) ;
- de **l'interrupteur batterie** (BAT, fig. 2) : permet l'alimentation de l'ensemble du circuit ;
- de **l'interrupteur alternateur** (ALT, fig. 2) : permet de connecter l'alternateur au circuit ;
- parfois d'une **prise de parc** permettant l'alimentation externe du circuit par un groupe de parc ;
- de **protections** (fig. 3) : fusibles ou disjoncteurs (enfoncés en position normale) ;
- d'un **ampèremètre** (unité Ampères, fig. 4) : en général à zéro central, il indique en permanence la différence entre le courant produit par l'alternateur et celui consommé par les servitudes ;
- d'un **voltmètre** : indique la tension (ou potentiel) électrique de la batterie.

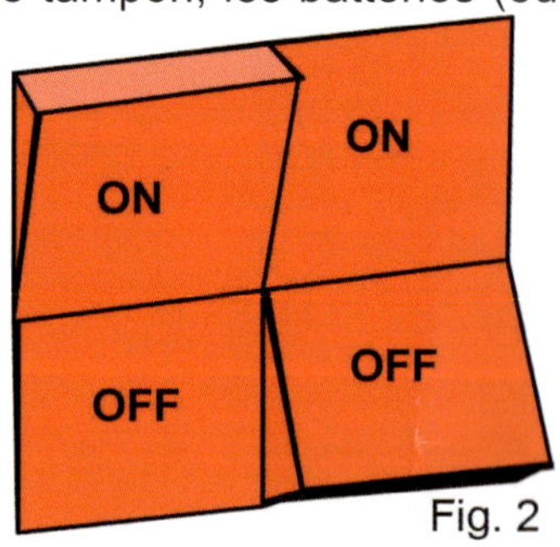

Fig. 2
BAT ALT

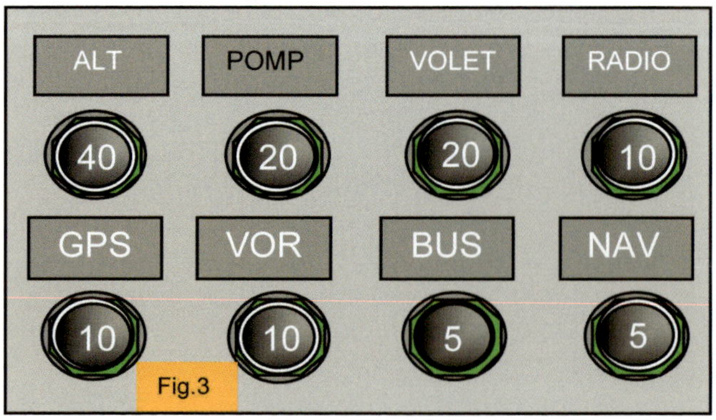

Fig.3

Nota : l'utilisation d'un courant alternatif ou d'un courant continu, d'un circuit en série ou en parallèle, dépend du type et de l'utilisation de la servitude à alimenter.

4.2. Fonctionnement et pannes du circuit électrique

En **fonctionnement normal**, les interrupteurs BAT et ALT, ainsi que les servitudes en fonction sont sur ON. L'alternateur est entraîné par le moteur et sa production électrique doit égaler la consommation des servitudes. Pour permettre cet équilibre, le régulateur va contrôler l'excitation de l'alternateur afin de moduler sa produc-

tion. L'ampèremètre doit indiquer **zéro ou légèrement positif** (aiguille quasi verticale).
On peut noter qu'après la mise en route du moteur, la charge indiquée est positive : le démarreur a déchargé la batterie qui doit être rechargée par l'alternateur.
Les **dysfonctionnements** du circuit électrique peuvent être de plusieurs ordres et doivent être traités de façon **méthodique en suivant la séquence C.A.P.S.**

a) Panne d'une servitude :
- **C** : la **Commande** de la servitude est-elle sur ON ?
- **A** : **Alimentation** : Bat sur ON ?
- **P** : **Protection** : le fusible est-il en état ou le disjoncteur enfoncé ?
- **S** : utilisation du circuit de **Secours** ?

Si le pilote constate qu'un disjoncteur ou un fusible a fonctionné, il doit procéder de la façon suivante :
- couper les servitudes alimentées par le fusible,
- changer le fusible ou ré-enclencher le disjoncteur,
- allumer une à une toutes les servitudes alimentées par le fusible. Si une d'elle fait à nouveau sauter la protection, elle doit être considérée en court circuit et isolée définitivement du circuit pour le reste du vol (OFF),
- ré-enclencher le disjoncteur.
-

Il ne faut **jamais forcer une protection** : maintenir un disjoncteur enfoncé ou remplacer un fusible par un autre de plus fort calibre risquerait de provoquer un incendie. On applique une règle simple : on ne ré-enclenche **qu'une seule fois** un disjoncteur ou on ne remplace qu'une fois un fusible (par un fusible de même calibre).

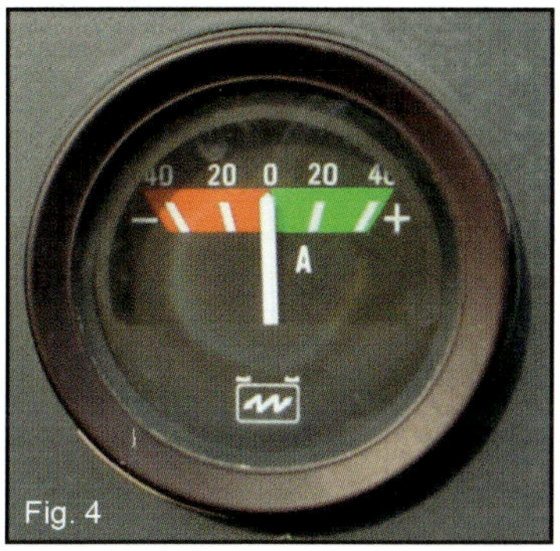

Fig. 4

b) **Sous-charge** : intensité (en ampères) indiquée négative. ALT sur ON, si oui, vérifier le fusible ou le disjoncteur fusible ALT.

c) **Sur-charge** : charge indiquée positive. C'est généralement dû à un problème de régulateur, il faut donc couper l'alternateur pour éviter tout risque d'incendie.

Si **l'alternateur est en panne**, ou si il a été coupé volontairement, seule la batterie fournit de l'énergie. Il convient alors de **délester** (couper le maximum de servitudes) afin de l'économiser.

Lorsque la panne est traitée, séquence **B.A.D.** :
Bilan : liste des servitudes inopérantes
Analyse : conséquences sur le vol (vol de nuit, volets, radio…)
Décision : poursuite ou interruption du vol.

Nous venons d'étudier une électricité utile. Mais le déplacement de l'appareil dans l'air engendre un frottement qui crée une charge électrique nuisible : l'électricité statique.

Celle-ci pourrait surcharger le circuit normal et certaines servitudes très sensibles en seraient perturbées (tous les moyens radio...).

Pour décharger cette électricité statique dans l'air, des déperditeurs sont positionnés aux bords de fuite des ailes et/ou des gouvernes de l'empennage arrière de certains appareils (plus particulièrement ceux à structure métallique).

La vérification du bon état de ceux-ci est primordiale lors de la visite pré-vol.

5. Le circuit pneumatique

5.1. Description et fonctionnement

Le circuit pneumatique permet d'alimenter les **gyroscopes de type pneumatique** (on trouve également des gyroscopes électriques). On trouve deux types de circuits :

- ceux alimentés par une pompe à vide, les plus courants (fig. 1),
- ceux alimentés par un venturi, pour les modèles d'avion ou d'ULM plus anciens (fig. 2).

5.1.1. La pompe à vide

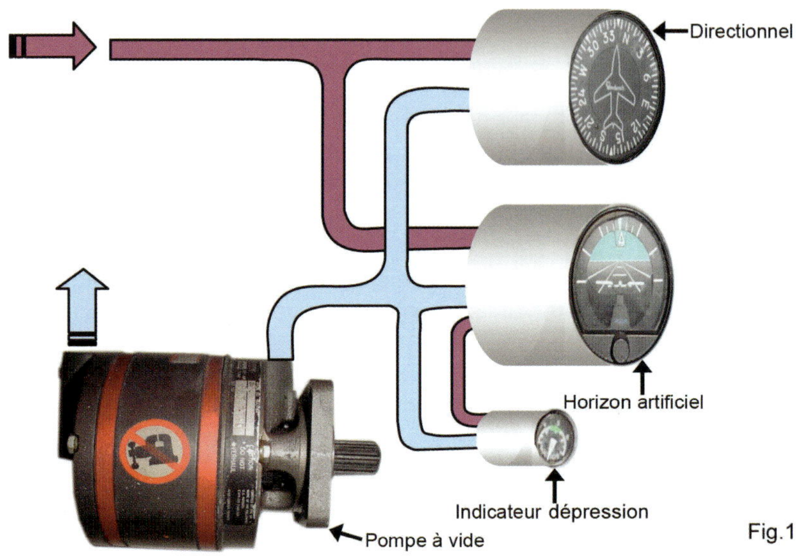

Fig.1

Figure 1 : l'entrée du circuit est prélevée sur l'air cabine, la sortie se fait dans le capot moteur.
L'indicateur de virage est généralement électrique.

L'air, aspiré par une **pompe à vide** entraînée par le **moteur**, circule à l'intérieur des gyroscopes après avoir été filtré et provoque leur rotation.

Un régulateur permet aux mécaniciens de régler la dépression dans le circuit.
Afin de contrôler le fonctionnement du circuit, le pilote dispose d'un **indicateur de dépression (gyro succion)** qui doit être dans la plage verte lorsque le moteur est en fonctionnement (parfois un peu bas au ralenti).

5.1.2. Le venturi

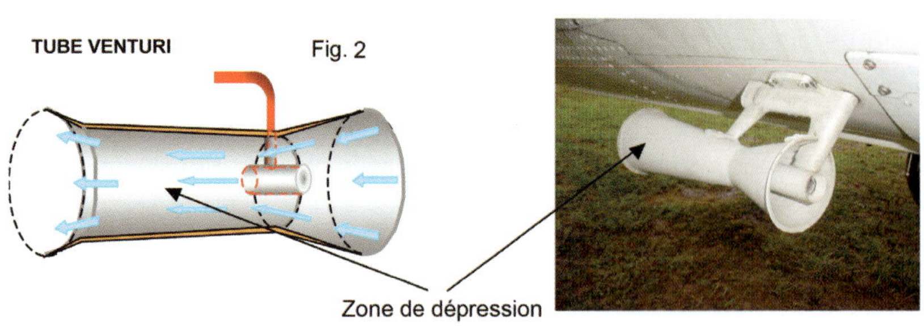

Fig. 2

Le **venturi** (fig. 2) remplace la pompe à vide : il a le même rôle, mais son fonctionnement est différent. Lorsque l'appareil se déplace avec une certaine vitesse, l'air capté par le venturi est accéléré au niveau du col, créant ainsi une zone de dépression. Cette dépression va aspirer l'air dans le conduit central et engendrer la dépres-

sion dans le circuit. Un manomètre mesure la dépression.
Des **vannes gyro** permettent d'isoler chaque instrument du circuit. Elles doivent être ouvertes pour permettre le fonctionnement de l'instrument.

Ce type de circuit à venturi possède deux inconvénients :

- il ne fonctionne pas correctement au roulage (vitesse trop faible),
- il est très sensible au givrage cellule.

5.2. Pannes du circuit pneumatique

La panne du circuit pneumatique est essentiellement due à une panne de la pompe à vide (ou au givrage du venturi). Dans ce cas, l'indicateur de dépression gyro sera à zéro.

La différentiation entre une panne de l'indicateur de dépression et une panne de la pompe est évidente : la panne de la pompe entraîne une attitude étrange de l'horizon artificiel et un défilement irrégulier du conservateur de cap. Dans l'exemple ci-dessous (fig. 3) le fonctionnement est normal : assiette négative → vitesse augmente, variomètre négatif.

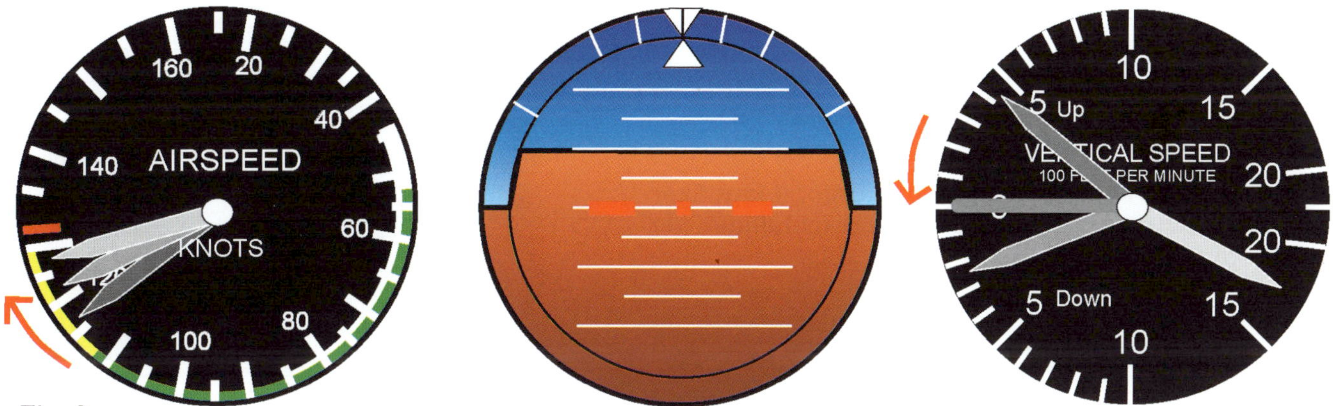

Fig. 3

La poursuite en vol à vue ne pose en général pas de problème par bonnes conditions météo.

Il faudra cependant plus que jamais éviter les conditions IMC (conditions météorologiques de vol aux instruments).
Il est également souhaitable d'éviter tout vol en conditions VMC (conditions météorologiques de vol à vue) marginales ainsi que les traversées maritimes, par contre le vol de nuit sera interdit.

Si le pilote dispose d'un cache, il pourra cacher le conservateur de cap afin d'éviter de le regarder par habitude.

C'est dans ce type de panne que la check-list au roulage prend tout son intérêt : il est préférable de connaître le dysfonctionnement de ses instruments gyroscopiques avant d'en avoir besoin.

Entraînement à l'examen théorique

1 - La densité de l'essence est d'environ :
a) 0,9 ☐
b) 1 ☐
c) 0,8 ☐
d) 0,7 ☐

2 - L'obstruction accidentelle de la mise à l'air libre du réservoir de carburant (par du givre ou des saletés) peut aboutir :
a) au givrage du moteur ☐
b) au refoulement du carburant par le bouchon de remplissage ☐
c) à l'explosion du réservoir par éclatement ☐
d) à l'arrêt du moteur par désamorçage du circuit carburant ☐

3 - La position du sélecteur des réservoirs carburant sur «off» entraîne :
a) l'alimentation simultanée par les 2 réservoirs ☐
b) le transfert de carburant de l'un vers l'autre des réservoirs ☐
c) l'arrêt moteur ☐
d) la mise en œuvre automatique de la pompe à carburant mécanique ☐

4 - Lors de l'avitaillement en carburant il faut fixer une prise de terre sur une partie métallique de l'aéronef :
a) uniquement par temps humide ☐
b) pour empêcher le fonctionnement intempestif du démarreur ☐
c) pour le décharger de son électricité statique ☐
d) pour mettre l'installation électrique de l'aéronef hors circuit ☐

5 - L'angle d'incidence entre la pale d'une hélice à calage fixe et le vent relatif dépend :
a) de la vitesse de l'avion et de la vitesse du vent météorologique ☐
b) de la seule vitesse de l'avion ☐
c) du régime de rotation de l'hélice et de la vitesse de l'avion ☐
d) du régime de rotation de l'hélice et de la vitesse du vent météorologique ☐

6 - Le cône d'hélice a pour fonction :
a) d'éviter le givrage de l'hélice ☐
b) de réguler le régime moteur ☐
c) de renforcer la fixation de l'hélice ☐
d) de refroidir le moteur par déflexion des filets d'air ☐

7 - Les deux Robin de votre aéro-club sont identiques en tout point, sauf l'hélice. Aujourd'hui vous volerez sur celui qui est équipé d'une hélice «grand pas», (c'est-à-dire à fort calage). Vous vous attendez à :
a) de bonnes performances au décollage au détriment des performances en croisière ☐
b) de bonnes performances au décollage et en croisière ☐
c) de bonnes performances en croisière au détriment des performances au décollage ☐
d) de bonnes performances au décollage sans conséquence sur les performances en croisière ☐

8 - L'indicateur permettant de connaître la quantité de carburant consommée par heure est le :

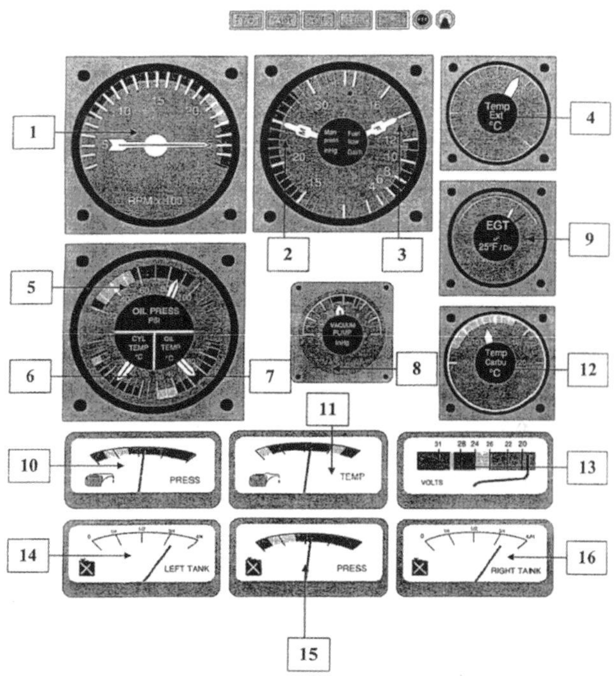

a) 8 ☐
b) 14 ☐
c) 3 ☐
d) 15 ☐

9 - Une hélice à calage variable est utilisée de la façon suivante :
a) grand calage au décollage, petit calage en croisière ☐
b) petit calage au décollage, grand calage à l'atterrissage ☐
c) petit calage au décollage, grand calage en croisière ☐
d) petit calage au décollage, calage en drapeau pour la croisière ☐

10 - Sur un appareil muni d'une hélice à vitesse constante, on tire la manette d'hélice vers le grand pas :

a) pour décoller sur terrain court □
b) pour atterrir □
c) pour décoller □
d) pour passer de la montée à la croisière □

11 - Le régime de rotation d'une hélice à calage fixe :

a) est constant □
b) dépend de la puissance appliquée affichée et de la vitesse de l'avion □
c) ne dépend que de la pression d'admission affichée, car le régulateur compense l'effet des variations de vitesse □
d) ne dépend que de la pression d'admission affichée □

12 - Une caractéristique importante de l'hélice à calage fixe est :

a) sa simplicité de construction □
b) son rendement constant lorsque la vitesse de l'avion varie □
c) le maintien automatique d'un régime de rotation constant □
d) sa meilleure lubrification grâce à la présence du régulateur □

13 - Le passage de la commande de richesse sur « plein pauvre » entraîne sur un aéronef à hélice à calage fixe ou variable :

a) une forte augmentation du nombre de tours hélice (RPM) □
b) un sur-régime hélice □
c) l'arrêt moteur □
d) une légère diminution du nombre de tours hélice (RPM) □

14 - La pompe à vide tombe en panne. Le pilote perd les indications des instruments suivants :
1/ anémomètre
2/ variomètre
3/ altimètre
4/ horizon artificiel électrique
5/ conservateur de cap pneumatique

a) 4, 5 □
b) 1, 2, 3 □
c) 1, 3, 4 □
d) 5 □

15 - L'indication de puissance d'un appareil à hélice à calage fixe est donnée par :

a) l'indicateur de la température des gaz d'échappement □
b) le tachymètre □
c) le débitmètre □
d) l'indicateur de la pression d'admission □

16 - Les avions ayant un certificat de navigabilité postérieur au 1er décembre 1988, ont la commande de pas d'hélice de couleur :

a) noire □
b) rouge □
c) jaune □
d) bleue □

17 - L'obstruction accidentelle de la mise à l'air libre du réservoir de carburant (par du givre ou des saletés) peut aboutir :

a) au givrage du moteur □
b) au refoulement du carburant par le bouchon de remplissage □
c) à l'arrêt du moteur par désamorçage du circuit carburant □
d) à l'explosion du réservoir par éclatement □

18 - Dans le circuit électrique d'un appareil léger, les servitudes sont normalement alimentées par (choisir la combinaison exacte la plus complète) :
1/ la batterie au roulage
2/ la batterie en cas de panne d'alternateur
3/ les magnétos en vol
4/ la batterie, moteur arrêté au parking
5/ l'alternateur quand le moteur tourne
6/ la batterie avant la mise en route du moteur

a) 2, 4, 5 □
b) 3, 5, 6 □
c) 1, 2, 3, 4 □
d) 2, 4, 5, 6 □

19 - En vol, l'alternateur tombe en panne. Les actions à effectuer sont :
1/ couper les alimentations électriques de l'alternateur et de la batterie pour éviter tout risque d'incendie
2/ couper l'alimentation des moyens de radionavigation non nécessaires
3/ couper les phares si leur utilisation n'est pas nécessaire
4/ limiter au maximum les échanges radio
5/ interrompre le vol (atterrissage en campagne)

a) 2, 3 □
b) 3, 4, 5 □
c) 2, 3, 4 □
d) 1, 5 □

20 - La pompe à dépression, parfois appelée «pompe à vide», génère un flux d'air qui entraîne :

a) le circuit de réchauffage du carburateur □
b) l'entrée d'air du circuit d'admission du moteur □
c) le circuit de ventilation de la cabine □
d) les gyroscopes pneumatiques □

Notes personnelles et conseils de votre pilote-instructeur – Aérotechnique :

Section 2

AÉROTECHNIQUE

Module 4 « Instruments anémométriques »

Notes personnelles et conseils de votre pilote-instructeur – Aérotechnique :

AÉROTECHNIQUE Module 4 « Instruments anémométriques »

1. Le circuit anémométrique

Le circuit anémométrique de l'appareil permet de fournir aux instruments qui le nécessitent des informations de pressions extérieures. Ce circuit permet de mesurer deux types de pressions :

- la **pression totale** est mesurée par le **tube Pitot**, en général situé à l'intrados de l'aile. Cette pression est proportionnelle à la vitesse et est nécessaire à **l'anémomètre** ;

- la **pression statique** est mesurée par les **prises statiques**. Ces prises sont généralement situées de part et d'autre du fuselage, perpendiculairement à l'écoulement de l'air afin de ne pas subir l'influence de la vitesse de l'appareil. Elle sont souvent au nombre de **deux** de façon à éviter toute erreur de mesure en cas de vol dérapé (l'une d'elle surestime la pression, l'autre la sous-estime, la moyenne reste juste). Sur certains appareils, la prise statique peut être située sur le tube Pitot à l'abri du vent relatif.

On peut considérer que ces prises mesurent la pression atmosphérique autour de l'appareil. Elles alimentent le **variomètre, l'altimètre et l'anémomètre**.

Ce circuit fournit donc des informations très importantes au pilote. Lors d'un vol en conditions défavorables, les prises peuvent givrer, provoquant alors la perte de toutes ces informations.

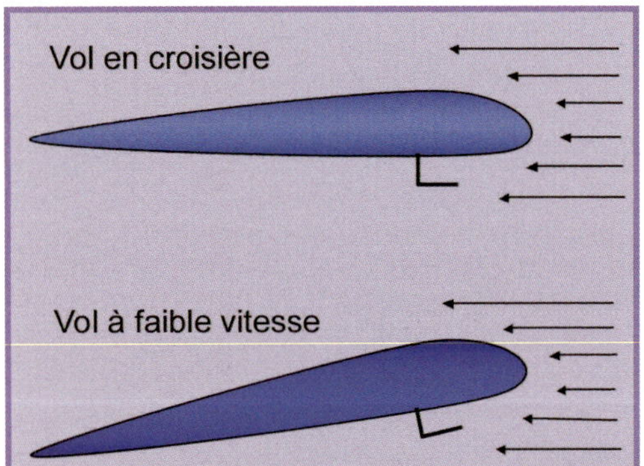

Table de correction des vitesses :

IAS	40	50	60	70	80	90	100
CAS	51	57	65	73	82	91	100

Pour lutter contre ce phénomène, les tubes Pitot sont parfois munis d'une résistance chauffante commandée par le pilote (**Pitot heat**).

On peut trouver également une prise **statique de secours**, à l'intérieur de la cabine, qui peut être commandée par un robinet.

Lorsque l'appareil est au sol, les prises sont protégées par des caches pour éviter toute intrusion d'insecte.
Lors de la **visite pré-vol**, le pilote devra prendre soin de les ôter afin d'éviter tout dysfonctionnement.

On trouve également des erreurs de mesure inhérentes au Pitot ou **erreur d'installation**.
Par exemple, lors d'un vol à forte incidence (en général à faible vitesse), l'axe du Pitot n'est plus parallèle au vent relatif, faisant ainsi diminuer la pression mesurée : plus l'incidence augmente, plus la vitesse est sous estimée. Certains manuels de vol fournissent une table de correction au pilote (ci-contre).

D'autres sources d'erreurs existent, c'est pourquoi l'on distingue plusieurs types de vitesse :

IAS (Indicated Airspeed) ou VI (vitesse indiquée) : c'est la vitesse lue sur l'instrument.

CAS (Calibrated Airspeed) ou Vc (vitesse corrigée) : c'est la vitesse corrigée de l'erreur de la chaîne instrumentale. On utilise pour cela une table de correction spécifique à chaque appareil. Cette erreur peut être importante à vitesse faible et avec des volets, c'est l'exemple décrit ci-dessus.

EAS (Equivalent Airspeed) ou Ve (vitesse équivalente) : c'est la vitesse corrigée des phénomènes de compressibilité de l'air. Cette correction est négligeable pour les appareils ne dépassant pas 200 nœuds (200 kt soit 370 Km/h).

TAS (True AirSpeed) ou Vp (vitesse propre) : c'est la vitesse vraie de l'appareil dans la masse d'air, corrigée de la densité de l'air. Cette erreur est d'autant plus grande que l'appareil vole haut et que la température présente un écart par rapport à la température standard.

GS (Ground Speed) ou Vs (Vitesse sol) : c'est la vitesse par rapport au sol, elle est corrigée de l'effet du vent. L'écart entre la vitesse vraie et la vitesse sol est d'autant plus grand que le vent est fort.

2. L'anémomètre

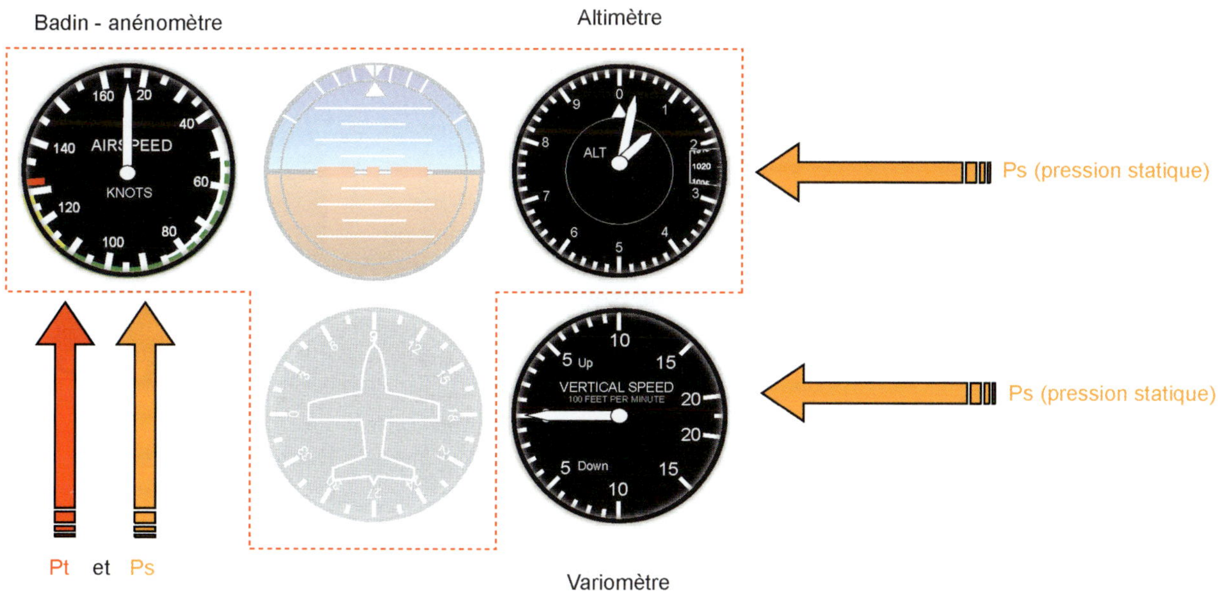

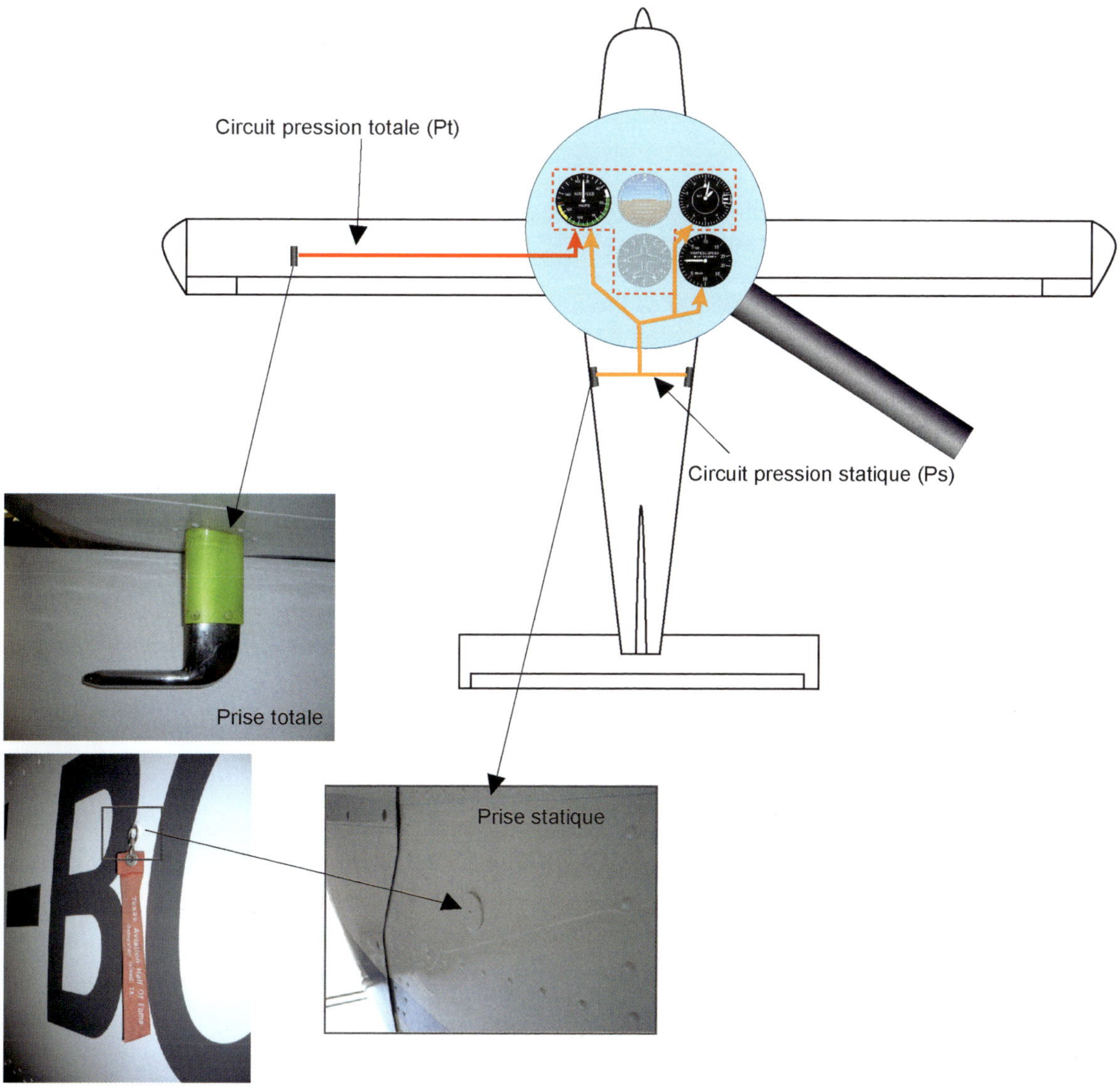

2.1. Description et fonctionnement

Fig. 1

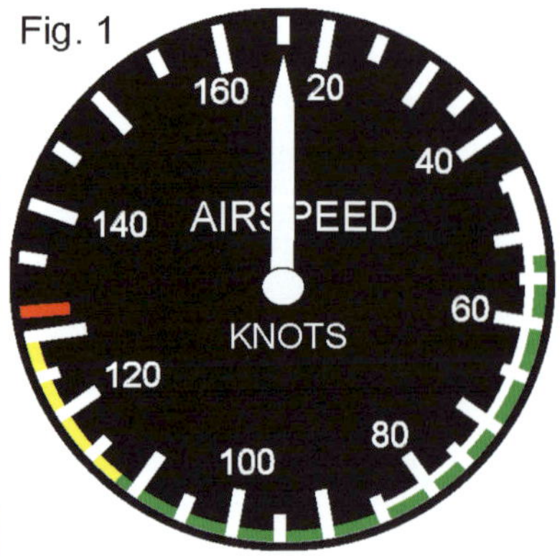

L'anémomètre (fig.1) est le seul instrument à utiliser à la fois la pression statique et totale. Ces deux informations lui permettent de déduire la **pression dynamique qui est proportionnelle à la vitesse et à la densité de l'air :**

Ptotale = Pdynamique + Pstatique donc Pd = Pt – Ps

L'anémomètre est constitué d'une capsule à l'intérieur de laquelle règne la pression totale. Cette capsule est contenue dans une enceinte close où règne la pression statique. La pression totale tend à dilater la capsule et la pression statique à l'écraser. Cette variation d'épaisseur de la capsule permet donc la soustraction :

Pt – Ps

Les déformations de la capsule sont transmises à l'aiguille de l'anémomètre qui indique la vitesse au pilote. La vitesse lue sur l'anémomètre est appelée **Vitesse indiquée (Vi)**. Cet instrument est également appelé **Badin** ou indicateur de vitesse.

La vitesse indiquée ne correspond presque jamais à la **vitesse propre (Vp)** de l'avion (vitesse par rapport à la masse d'air aussi appelée TAS). Les erreurs de mesures sont de deux ordres sur les avions légers et nécessitent deux corrections :

- **l'erreur d'installation** : vu au chapitre précédent (passage de IAS à CAS),
- **l'erreur de densité** : lorsque l'appareil gagne de l'altitude, la densité, donc la pression totale de l'air mesurée par le Pitot, diminue. La vitesse indiquée est donc inférieure à la vitesse propre.

Vi —Correction installation→ **Vc** —Correction densité→ **Vp**

Vi : vitesse indiquée (IAS) Ve : vitesse équivalente (EAS), en appareil de tourisme on considère Vc≈Ve
Vc : vitesse corrigée (CAS) Vp : vitesse propre (TAS)

- la **correction d'installation** : donnée par le tableau. Rarement utilisée puisque très faible en croisière,
- la **correction de densité** : doit être calculée par le pilote en croisière. **Vp = Vi + 1 % de Vi / 600 ft (par tranche de 600 ft)**, elle varie aussi avec le D ISA **Vp = Vi + 1 % . Vi/600 ft ± 1 % . VI /5 °C Δ ISA**

Ex : Vi = 100 kt ; Z = 6000 ft : Vp = 100 + 10% de 100 = 100 + 10 = 110 kt
Z : altitude

Lors d'un **atterrissage sur un terrain en altitude**, l'air moins dense porte mal l'appareil. Le pilote devrait donc majorer la Vp qui est la vitesse représentative des performances de l'appareil. Or, la diminution de la densité va également conduire à diminuer la Vi. Il suffit donc au pilote **d'utiliser sa Vi habituelle** pour augmenter la Vp dans les bonnes proportions !

Figure 1 : schéma de principe d'un anémomètre.
La capsule anéroïde est reliée à la pression totale (rouge), l'enceinte étanche est reliée à la pression statique (bleu).
Un tube de pression totale (généralement situé sous l'aile), et une ou deux prises de pression statiques situées sur le coté du fuselage perpendiculairement au vent relatif, sont connec-

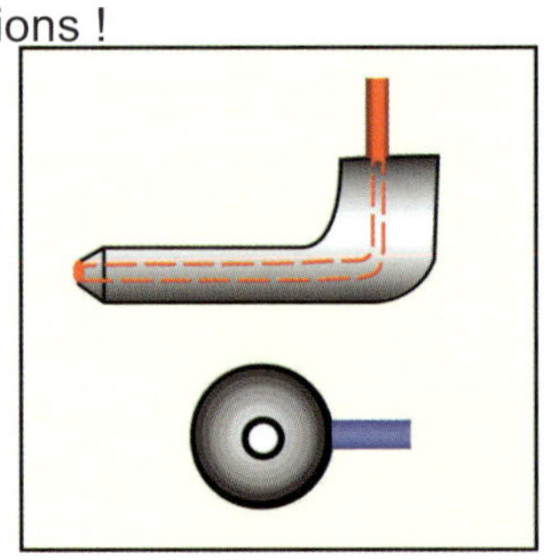

Ou bien :

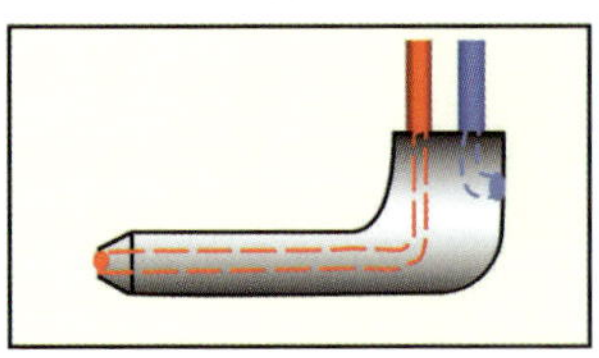

Figure 1

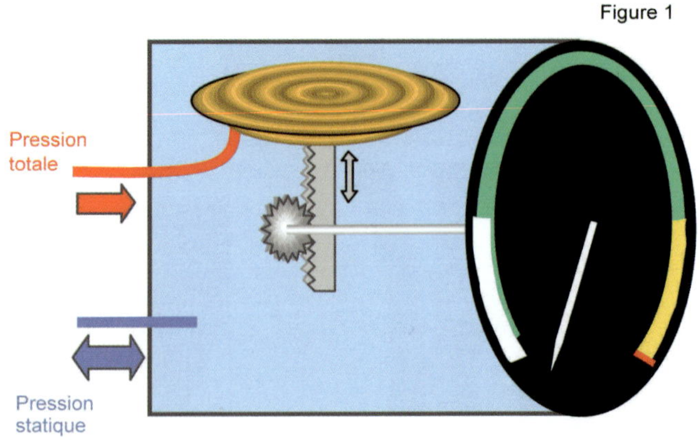

tés à l'instrument. Un tube Pitot peut comprendre une prise totale et statique.
En cas d'obturation des statiques, la vitesse indiquée sera surestimée en descente et sous-estimée en montée. En cas d'obturation du Pitot, aucune indication cohérente de vitesse ne sera obtenue. Ne pas oublier d'enlever les caches avant le vol et de vérifier la présence de givre ou d'insectes.
Il ne faut jamais souffler dans une prise sous peine de faire éclater les capsules !

2.2. Les arcs

Fig. 1

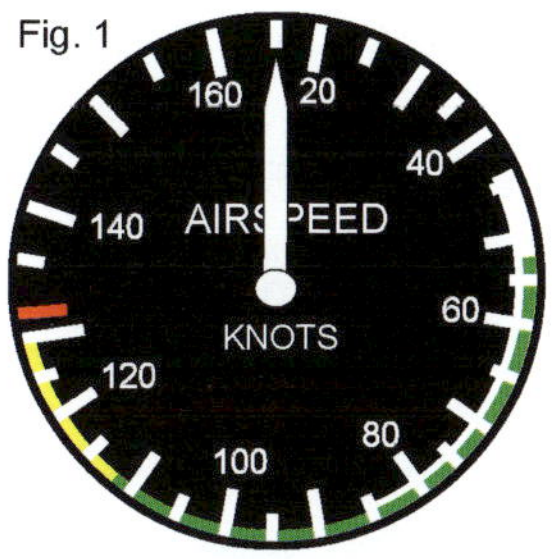

L'anémomètre (fig. 1) fournit au pilote la vitesse indiquée de l'appareil. La couronne de l'anémomètre représentée ici est graduée en nœuds.
Pour des raisons de résistance structurelle ou d'aérodynamique, les avions et ULM comportent des **vitesses d'utilisation maximales ou minimales**. Ces vitesses, ou plages de vitesses, sont représentées par des **arcs colorés** pour une interprétation rapide par le pilote.

- **Arc blanc** : plage d'utilisation des volets braquage maximal (configuration atterrissage).
- **Arc vert** : plage d'utilisation normale en lisse.
- **Arc jaune** (ou orange) : ne pas utiliser en atmosphère turbulente.

La limite haute et basse de ces arcs représente des vitesses caractéristiques que **le pilote doit impérativement connaître et respecter.**

	Limite basse	Limite haute
Arc blanc	**VS0** : Velocity Stall Vitesse de décrochage en configuration atterrissage avec n=1 Limitation aérodynamique	**VFE** : Velocity Flaps Extended Vitesse maximale volets position atterrissage Limitation structurale
Arc vert	**VS1** : Velocity stall Vitesse de décrochage en lisse Limitation aérodynamique	**VNO** : Velocity Normal Operating Vitesse maximale en opération normale. À ne pas dépasser en atmosphère turbulent. Limitation structurale
Arc jaune	**VNO** : Velocity Normal Operating	**VNE** : Velocity Never Exceed - Trait rouge Vitesse à ne jamais dépasser (rupture cellule) Limitation structurale

D'autres vitesses sont à connaître, même si vous en aurez rarement l'utilité : pour le train d'atterrissage, la VLO (vitesse maximale pour le manœuvrer), et la VLE (vitesse maximale train sorti), sans oublier la Va (vitesse de manœuvre), vitesse maximum à laquelle les commandes de l'appareil peuvent être actionnées à fond.

2.3. Exemple du Rallye MS 880B

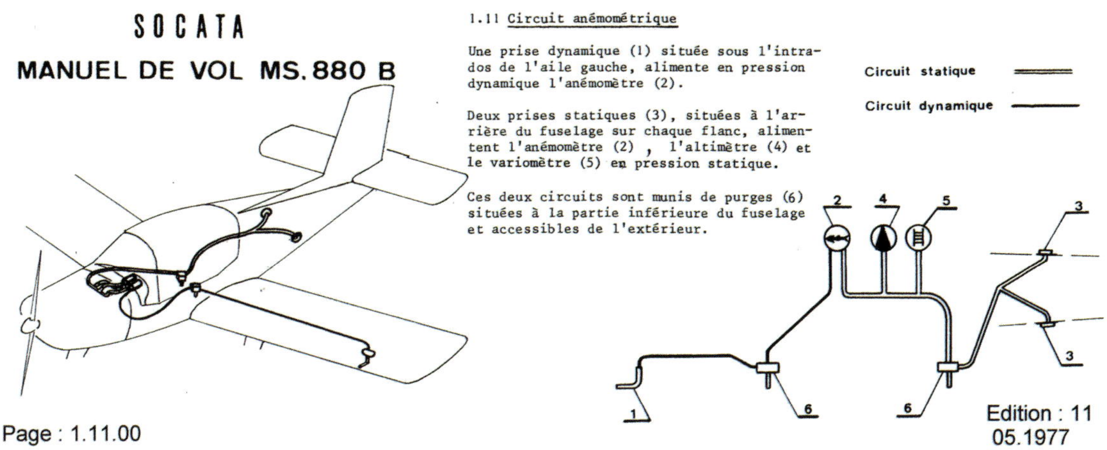
SOCATA

MANUEL DE VOL MS.880 B

1.11 Circuit anémométrique

Une prise dynamique (1) située sous l'intrados de l'aile gauche, alimente en pression dynamique l'anémomètre (2).

Deux prises statiques (3), situées à l'arrière du fuselage sur chaque flanc, alimentent l'anémomètre (2) , l'altimètre (4) et le variomètre (5) en pression statique.

Ces deux circuits sont munis de purges (6) situées à la partie inférieure du fuselage et accessibles de l'extérieur.

Page : 1.11.00

Edition : 11
05.1977

3. L'altimètre

3.1. Fonctionnement

L'altimètre est l'instrument qui fournit les indications d'altitude au pilote. Cet instrument se comporte comme un **baromètre** : il est constitué d'une capsule qui se déforme lors des **variations de pression** (capsule de Vidi) et transmet ses variations d'épaisseur aux aiguilles (fig. 1).
Or, lorsque l'altitude augmente, la pression atmosphérique diminue permettant le fonctionnement de l'instrument : l'altimètre, raccordé aux **prises statiques**, capte une variation de pression et la traduit en variation d'altitude.
Cependant, l'altitude n'est pas la seule source de variation de la pression atmosphérique. Cette dernière subit constamment des variations d'ordre météorologique.
Il faudra donc régler notre altimètre aux conditions du jour en lui fournissant une pression de référence appelée **pression de calage**. Cette pression sera affichée par le pilote, à l'aide d'une molette, dans la fenêtre de calage.
L'altitude (ou la hauteur) est indiquée par deux aiguilles (fig. 2) :

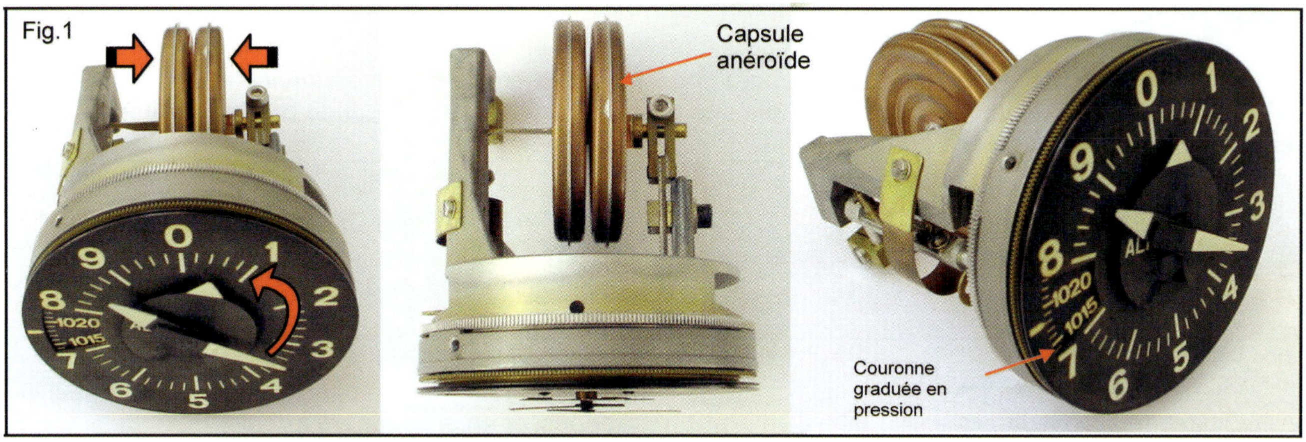

Fig.1

Fig. 2

- la petite indique les milliers de pieds,
- la grande les centaines.

Parfois une troisième indique les dizaines de milliers de pieds.

Il existe 3 calages altimétriques :

- QFE : pression atmosphérique au niveau de l'aérodrome. Ce calage permet de se poser les aiguilles à zéro mais ne peut être affiché sur les terrains en altitude. Par ailleurs, ce calage doit être ajusté à chaque aérodrome et n'est utilisable qu'en circuit de piste,
- QNH : pression atmosphérique calculée au niveau de la mer en partant du QFE. Ce calage est le plus utilisé, car le plus pratique, il permet de ne pas changer de calage à chaque aérodrome et de connaître son altitude par rapport aux reliefs, donc limite les risques d'erreurs et d'accidents,
- 1013.25 hPa, dit calage standard, au-dessus d'une altitude définie réglementairement, tous les aéronefs adoptent ce calage pour voler en niveau de vol et limiter les risques d'abordages.

Le pilote choisit le calage en fonction de son altitude et de l'espace dans lequel il évolue.
On appelle **surface isobare** la surface imaginaire contenant tous les points de même pression de l'atmosphère. L'atmosphère est donc constituée d'un « empilement de surfaces isobares ».

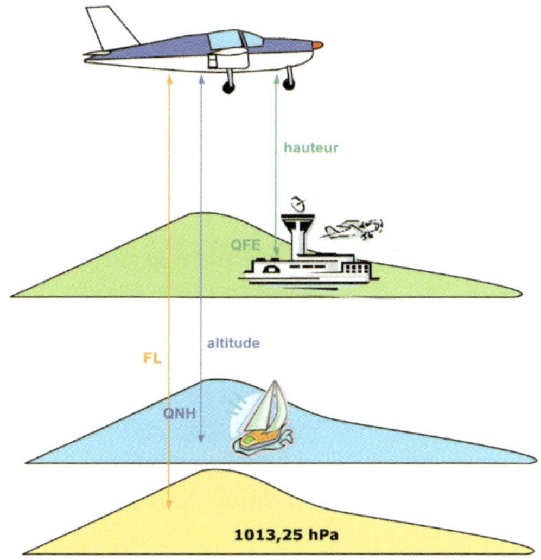

3.2. Le QFE et la hauteur

Calé au QFE, l'altimètre indique une hauteur par rapport à l'aérodrome.

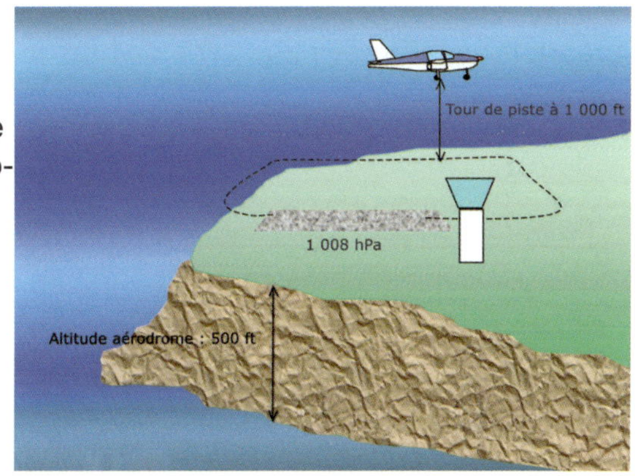

3.3. Le QNH et l'altitude

Calé au QNH, l'altimètre indique une altitude par rapport au niveau moyen de la mer.

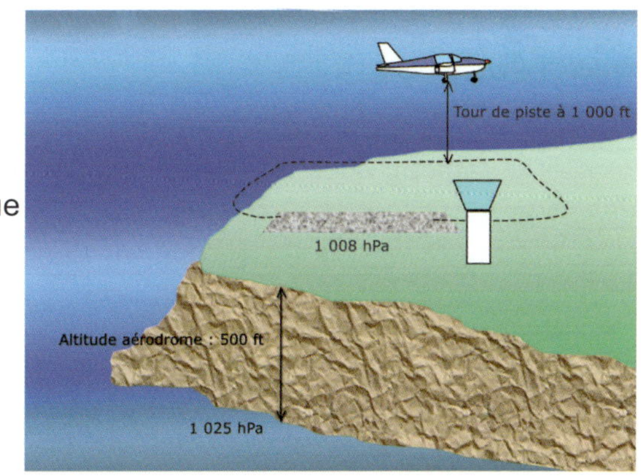

3.4. Altitude vraie et altitude indiquée, erreurs instrumentales

L'altitude indiquée par l'altimètre calé au QNH (référence au niveau de la mer) suppose que l'atmosphère réelle réponde aux lois de l'atmosphère standard (1013,25 hPa et 15 °C au niveau de la mer - 2 °C/1 000 ft, cf. section Météorologie <u>module 1</u> **« L'atmosphère »**). Or ce n'est pratiquement jamais le cas.
On peut obtenir l'altitude vraie en effectuant une correction de la température en appliquant la correction suivante : **4 ft par tranche de 1 000 ft et par degré d'écart par rapport à la température standard, sachant**

qu'en basse couche (de 0 à environ 10 000 pieds) 1 hPa correspond à 28 ft.

Il faut donc prendre en compte le fait que les isobares ne sont pas plans. En particulier, lorsque le pilote (et l'appareil) vole vers une une masse d'air froide, donc plus dense, les isobares se rapprochent du sol. Par conséquent, l'appareil, qui suit les isobares, se rapproche également du sol.
Dans ce type de situation, le pilote doit recaler le plus fréquemment possible son altimètre en **actualisant le QNH.**

Il est donc souhaitable de connaître la température qui règne à l'extérieur de l'appareil.
Pour ce faire, certains possèdent une sonde de température, graduée en degrés Fahrenheit et/ou Celsius.
Cette température directement mesurée sur l'extérieur est légèrement différente de la température réelle du fait du déplacement de l'appareil, mais cette différence est minime pour les vitesses inférieures à 200 Kt.
Plus rarement et pour pallier cet inconvénient, sur d'autres appareils, la sonde est protégée du flux d'air et se situe à l'écart de toutes sources de chaleur (habitacle, moteur...).

3.5. Exemples de calculs altimétriques

Exemple : vous volez en région montagneuse à 9 500 ft au QNH 1 003 hPa et vous souhaitez survoler un sommet de 7 495 ft avec une marge de 2 000 ft. L'indication de votre thermomètre extérieur vous permet de déterminer une température de -15 °C.

Question : quelle est votre altitude vraie, et l'altitude indiquée de 9 500 ft est elle suffisante ?

Réponse : Zv=Zi +-(4x(Zi/1000)xdeltaISA).

Commençons par déterminer les tranches de 1000 ft : il y en a 9,5.

Calculons à présent la température standard à 9 500 ft : 15 – 2 x (9,5) = - 4 °C.

Calculons à présent le delta ISA : delta ISA = -15 - (-4) = -11, on est donc -11°C en-dessous de la température standard, on sera donc plus bas.

L'altitude vraie est 9500 + (4 x 9,5 x (-11)) = 9 082 ft.

La marge de franchissement actuelle est donc de 9 082 – 7 495 = 1 587 ft, il faut donc remonter de 500 ft et prendre une altitude de 10 000 ft.

Exercice : supposons que le QNH du jour est 1 020 hPa et que l'altitude topographique du terrain est de 300 ft. Remplir le tableau avec les indications d'altitude ou de hauteur fournies par un altimètre calé au QNH ou au QFE ainsi que les pressions pour les différentes positions de l'avion (voir correction page 382).

	QNH	QFE	Pression au niveau de l'appareil
Appareil posé au niveau de la mer			
Appareil posé sur le terrain			
Appareil volant à une hauteur de 900 ft au-dessus du terrain			

4. Le variomètre

Le variomètre est l'instrument qui permet au pilote de connaître la vitesse verticale (Vz) de son appareil. Il est gradué en ft /min ou en m/s. (**200 ft/min ≈ 1 m/s**).
Le variomètre est alimenté uniquement par les **prises statiques**.
Il est constitué d'une capsule soumise à deux pressions antagonistes : la pression statique qui règne dans l'enceinte étanche et celle qui règne dans la capacité.

La capacité et l'enceinte sont mises en communication par un **capillaire** (tube ayant un très faible diamètre interne) qui permet l'équilibrage des pressions avec un temps de retard ou hystérésis.
La pression contenue dans l'enceinte est donc la pression atmosphérique régnant autour de l'appareil à l'instant T, et celle contenue dans la capacité, la pression qui régnait autour de l'appareil à l'instant T-1.

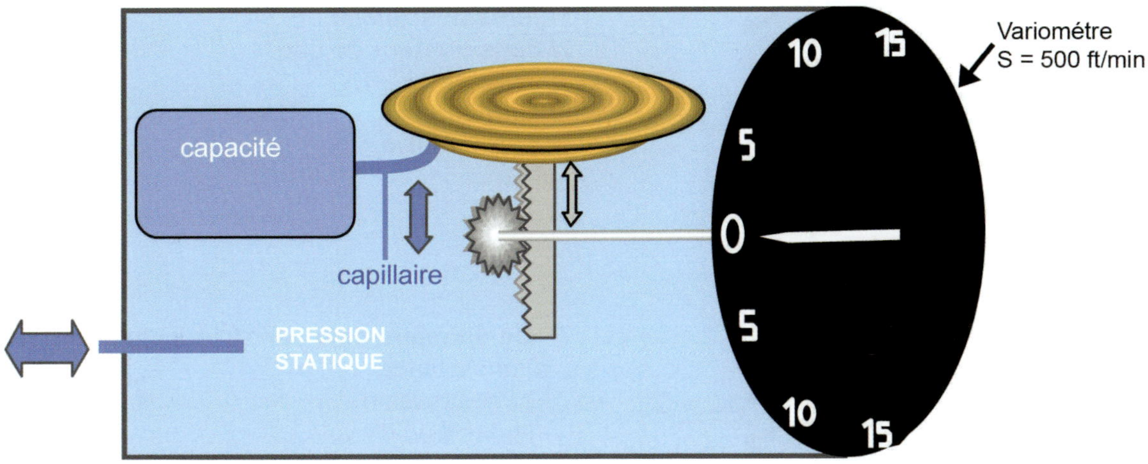

La **comparaison de ces deux pressions** permet donc au variomètre d'indiquer la vitesse verticale.
Cette conception explique le défaut majeur du variomètre : **le retard ou hystérésis.**

Le pilote ne doit donc en aucun cas piloter en suivant instamment les indications du variomètre. Il doit au contraire fixer son assiette en se guidant avec l'horizon naturel, stabiliser son appareil, et attendre quelques secondes avant de consulter le variomètre pour confirmer cette assiette. Les éventuelles corrections d'assiette seront faites en regardant l'horizon.
Il existe une formule de calcul mental permettant au pilote de calculer rapidement son vario, afin de suivre un plan (sol ou air) défini à une vitesse (sol ou air) définie :

Vz (ft/min)= γ (%). Vs (kt)

Exemple :	1.3 Vso = 60 kt	Vs = 60-30 = 30 kt
	Vent : face 30 kt	donc
	Plan 5 %	Vz = 5.30 = 150 ft/min
	Vz = ?	

Entraînement à l'examen théorique

1 - Le schéma de principe du circuit anémo-barométrique est le :

1

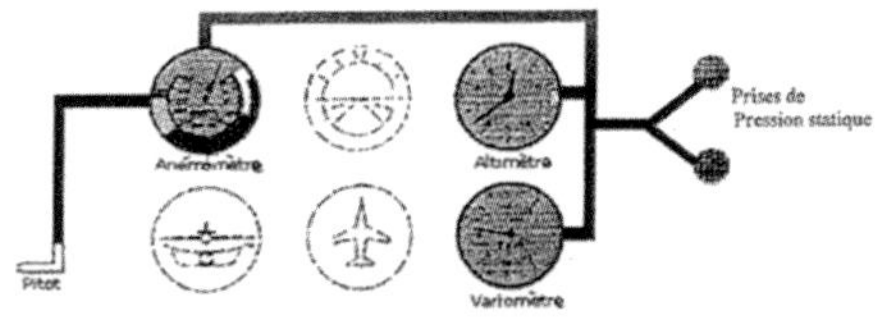

2

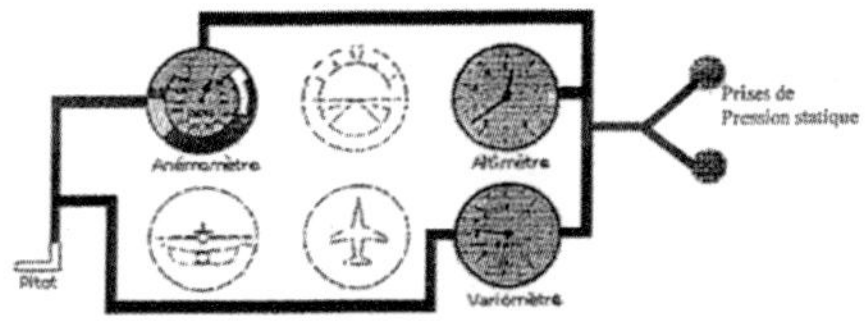

3

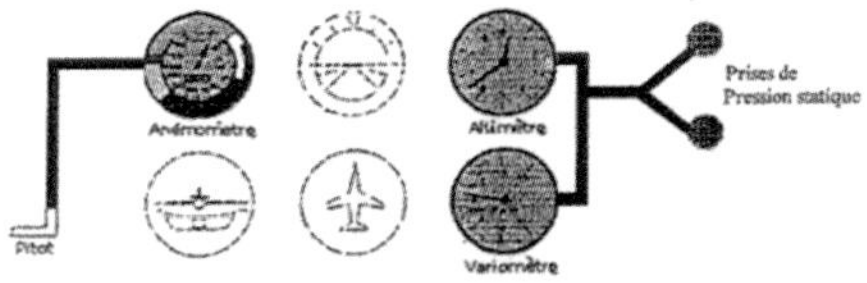

4

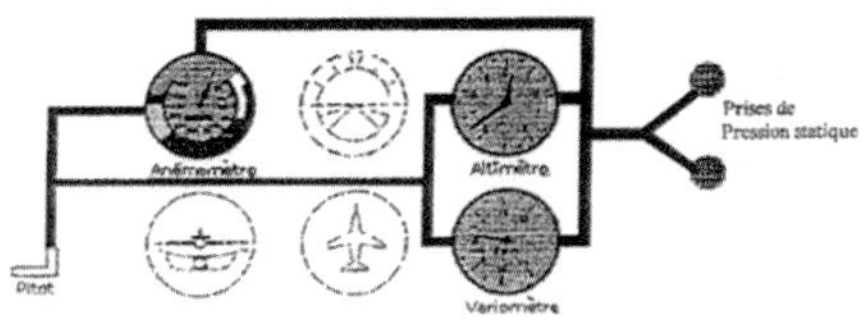

a) 1 □
b) 4 □
c) 2 □
d) 3 □

2 - Pour fonctionner, l'anémomètre type Badin compare :

a) la vitesse air et le vent □
b) la pression totale et la pression partielle □
c) la vitesse air et la vitesse sol □
d) la pression totale et la pression statique □

3 - Sur l'anémomètre, l'arc jaune représente la plage des vitesses :

a) à éviter en atmosphère turbulente □
b) recommandées en atmosphère turbulente □
c) d'utilisation des volets □
d) à éviter à la masse maxi □

4 - Vous êtes en palier à puissance constante. En cas de fuite entre la prise de pression totale et l'anémomètre, votre vitesse indiquée :

a) s'annulera instantanément □
b) augmentera □
c) restera constante □
d) diminuera □

5 - Au cours d'une descente stabilisée, la ou les prises de pression statique se bouchent. En supposant les paramètres Vp et Vz maintenus, l'anémomètre :

a) indique rapidement une vitesse nulle □
b) n'est pas influencé □
c) sous-estime la vitesse □
d) surestime la vitesse □

6 - Citez les instruments qui fonctionnent à l'aide d'un circuit anémo-barométrique :
1/ horizon artificiel
2/ conservateur de cap
3/ variomètre
4/ altimètre
5/ anémomètre

a) 1, 3, 5 □
b) 2, 3, 4 □
c) 1, 2, 3 □
d) 3, 4, 5 □

7 - Un altimètre calé sur 1013,25 hPa indique :

a) une altitude □
b) une pression □
c) un niveau de vol □
d) une hauteur □

8 - Sur un aérodrome d'altitude 420 ft, où vous ne disposez pas des paramètres, vous voulez évaluer le QNH. Votre altimètre, aiguilles à 0, fait apparaître 1008 hPa dans la fenêtre des pressions. Le QNH (ainsi approché) est de :

a) 1023 hPa □
b) 993 hPa □
c) 1058 hPa □
d) 958 hPa □

9 - L'altimètre élabore ses informations en mesurant :

a) la distance verticale par rapport au niveau de la mer □
b) la distance verticale par rapport au sol □
c) la pression atmosphérique □
d) la vitesse verticale par rapport au niveau de la mer □

10 - Suite à l'obstruction des prises statiques l'appareil étant en montée, l'anémomètre :
- a) sous-estime la vitesse □
- b) surestime la vitesse □
- c) n'est pas influencé □
- d) indique rapidement une vitesse nulle □

11 - L'altimètre est calé à une pression :
- a) de 1013 hPa □
- b) de référence, choisie par le pilote □
- c) de référence, dite QNH □
- d) standard, imposée par le constructeur de l'instrument □

12 - Vous êtes à la verticale d'un terrain dont l'altitude topographique est de 1 200 ft. Calé au QNH, votre altimètre indique 2 000 ft. Vous pouvez dire que :
- a) votre hauteur exacte est 2 000 ft □
- b) votre altitude est d'environ 2 000 ft □
- c) votre altitude exacte est 2 000 ft □
- d) votre hauteur est d'environ 2 000 ft □

13 - Au sol sur un aérodrome, votre altimètre indique l'altitude topographique de celui-ci. Le calage affiché est :
- a) le QNH □
- b) le QFE □
- c) le QNE □
- d) 1013,25 hPa □

14 - Le calage de l'altimètre consiste à :
- a) amener les aiguilles de l'altimètre en face de la graduation zéro □
- b) étalonner l'altimètre en atelier □
- c) installer l'altimètre sur le tableau de bord □
- d) afficher une pression de référence dans la fenêtre □

15 - Pour voler à un niveau de vol, vous devez afficher dans la fenêtre de l'altimètre :
- a) 1 031,25 □
- b) 1 025,13 □
- c) 1 013,25 □
- d) 1 023,25 □

16 - Un variomètre mesure :
- a) la variation de vitesse propre □
- b) la vitesse verticale □
- c) la vitesse propre □
- d) l'altitude □

17 - Le tube capillaire associé à la capsule anéroïde d'un variomètre permet :
- a) de retarder l'équilibre entre la pression statique à l'intérieur de la capsule et la pression statique à l'extérieur de la capsule □
- b) de freiner l'équilibre de la pression statique dans la capsule et de la pression totale hors de la capsule □
- c) d'opposer la pression statique à la pression totale □
- d) d'accélérer l'équilibre des pressions statiques dans la capsule et hors de la capsule □

18 - Lors du passage du vol en palier au vol en montée, le variomètre donne une indication qui, par rapport à la réalité, est en :
- a) retard □
- b) avance □
- c) concordance □
- d) concordance uniquement en atmosphère standard □

19 - Sur un plan de descente à 5 %, avec une vitesse de 80 kt le variomètre indique :
- a) 400 ft/min □
- b) 500 ft/min □
- c) 16 m/s □
- d) 40 ft/min □

20 - Si le pilote n'enlève pas les protections des prises statiques lors de la visite pré-vol, il constatera en montée initiale stabilisée que l'aiguille du variomètre :
- a) est bloquée à Vz maximale négative □
- b) réagit comme celle d'un altimètre □
- c) est bloquée à Vz maximale positive □
- d) indique zéro en permanence □

Notes personnelles et conseils de votre pilote-instructeur – Aérotechnique :

Section 2

AÉROTECHNIQUE

Module 5 « Instruments gyroscopiques »

Notes personnelles et conseils de votre pilote-instructeur – Aérotechnique :

1. Les gyroscopes

Ils exploitent le principe de la conservation d'axe d'un mobile en rotation rapide sur lui-même qui tend à résister aux changements d'orientation.
Les gyroscopes sont les éléments de base constituant l'horizon artificiel, le conservateur de cap et l'indicateur de virage.
Le gyroscope est constitué d'une toupie entraînée dans une rotation très rapide (entre 10 000 et 20 000 Tr / min) soit par un moteur électrique soit par un jet d'air sous pression. Cette rotation très rapide va conférer à la toupie une position fixe dans l'espace qui servira de référence aux indications instrumentales.

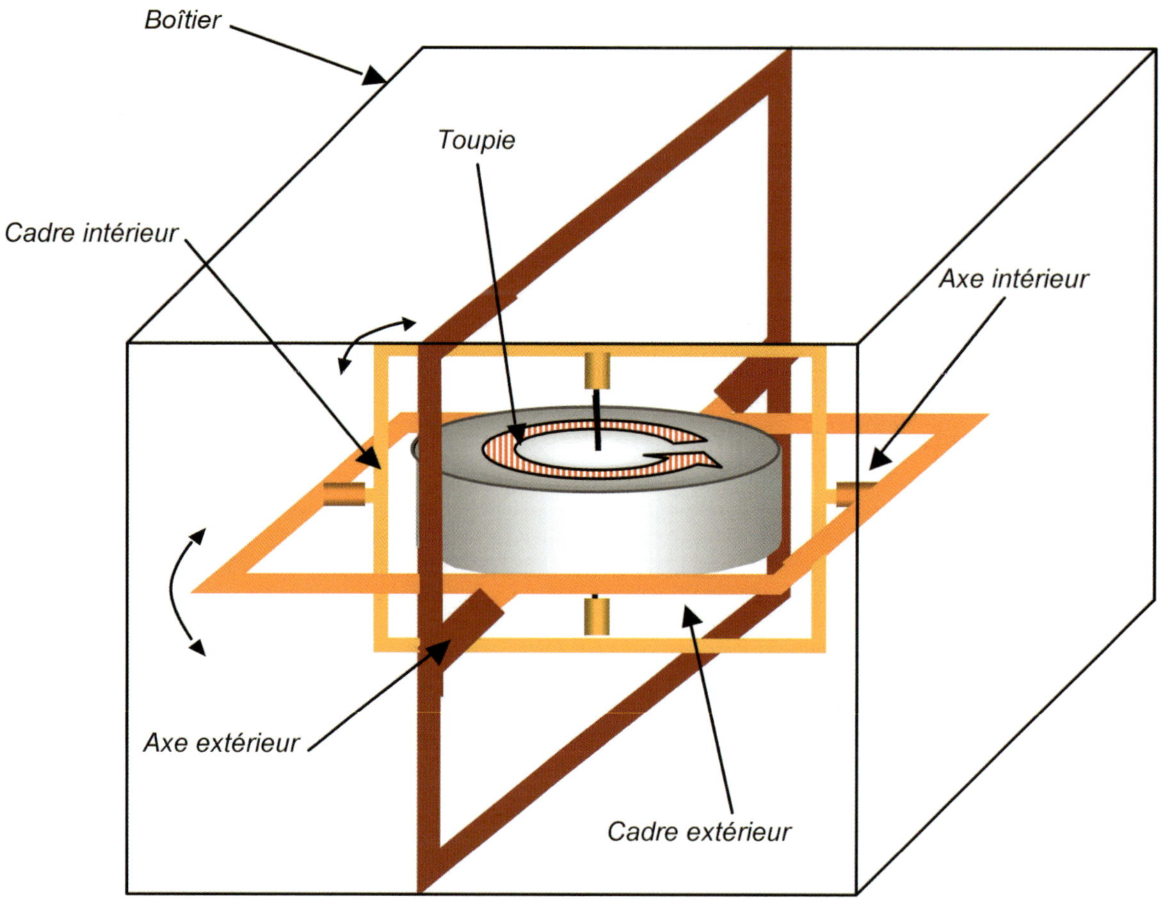

La toupie est fixée sur des cadres qui vont **permettre à l'appareil de tourner autour d'elle**.
Cependant la fixité du gyroscope n'est pas absolue, il subit une dérive appelée précession ayant plusieurs origines :

- la précession **mécanique**, due au frottement des axes, notamment lorsque l'appareil est soumis à des accélérations (virages à forte inclinaison par exemple),
- la précession **astronomique**, créée par la rotation de la Terre sur elle-même (12°/h aux latitudes moyennes) et sa course autour du Soleil.

Cette précession va nécessiter un **recalage périodique de l'instrument**.

Ce recalage est automatique sur l'horizon artificiel et l'indicateur de virage, mais il est manuel sur le conservateur de cap.
Le circuit d'alimentation en air des « gyros » est traité dans la section Aérotechnique, module 3 **« Carburant, hélice et système »**.

2. L'horizon artificiel

Le secteur bleu définit un angle appelé **assiette** (notée θ dans les manuels)

Le secteur jaune définit un angle appelé **inclinaison** (notée φ dans les manuels)

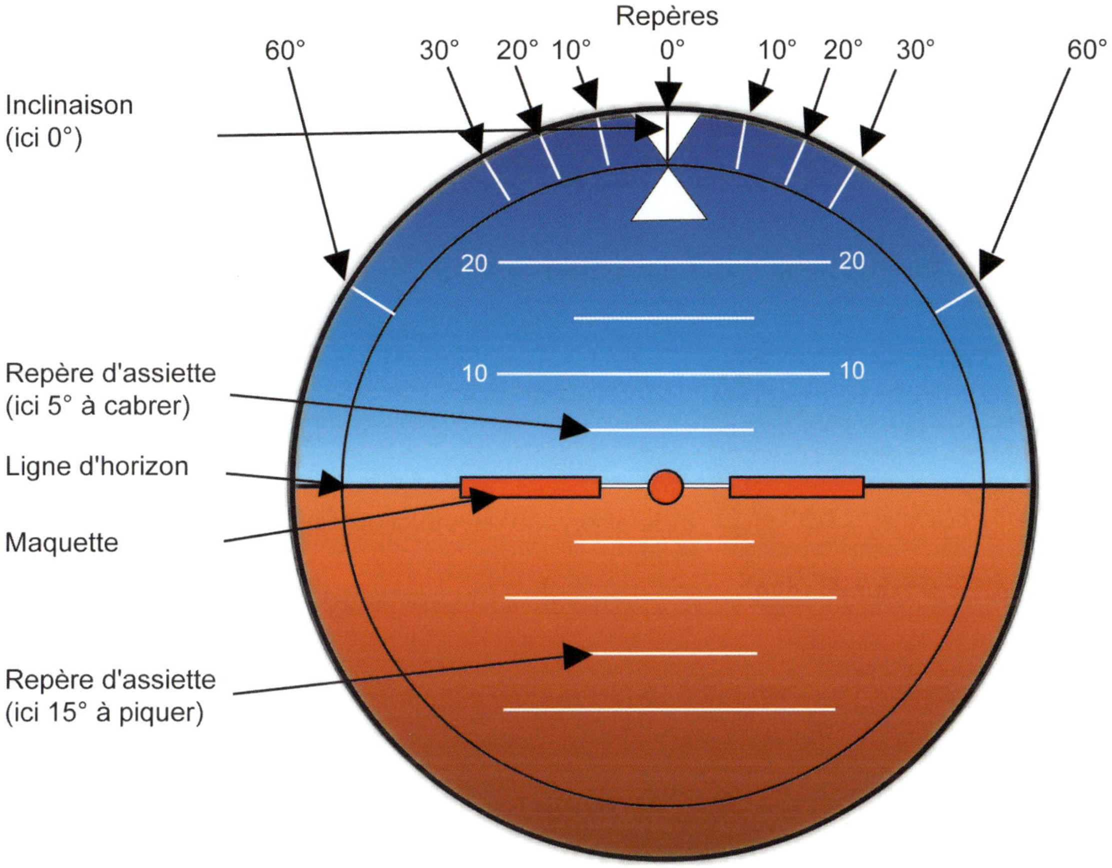

L'horizon artificiel indique **l'attitude** de l'appareil, à savoir son assiette et son inclinaison. L'appareil est représenté par une **maquette** dont on peut régler la position pour afficher l'assiette de croisière (≈ 0°) en fonction des paramètres du jour, notamment le centrage de l'appareil.

Le fond de l'instrument représente la ligne d'horizon qui sépare le ciel (bleu) et la terre (marron). Les **assiettes** y sont graduées en degré.
La mesure de **l'inclinaison** se fait par des traits de deux tailles : les gros indiquent 0, 30, 60 et 90° d'inclinaison et les petits 10 et 20°.

Cet instrument est rarement utilisé lors des vols VFR (vols à vue) par beau temps, l'horizon naturel étant utilisé de façon préférentielle. Il devient cependant **vital pour un pilote qui se retrouverait en vol sans visibilité** et viendrait prendre la place de l'horizon naturel dans son circuit visuel. Il peut également se révéler utile lors de vols en conditions **brumeuses**, en particulier au-dessus de la mer, le ciel et l'eau pouvant se confondre. Il est également utilisé en VFR de nuit. Son utilisation demande un entraînement spécifique.

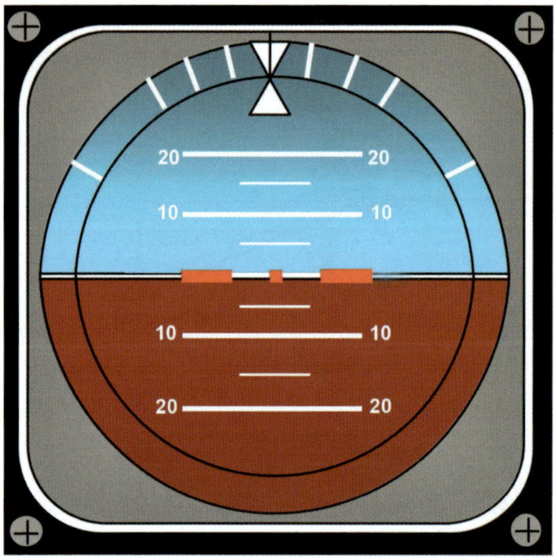

Assiette : 0°

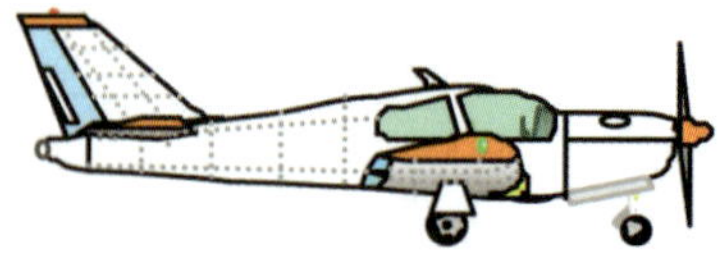

Inclinaison : 0°

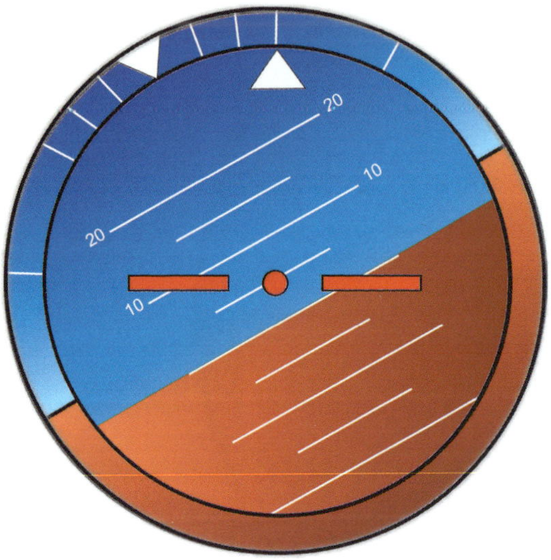

Assiette : +5° ou 5° à cabrer

Inclinaison : 30° en virage à droite

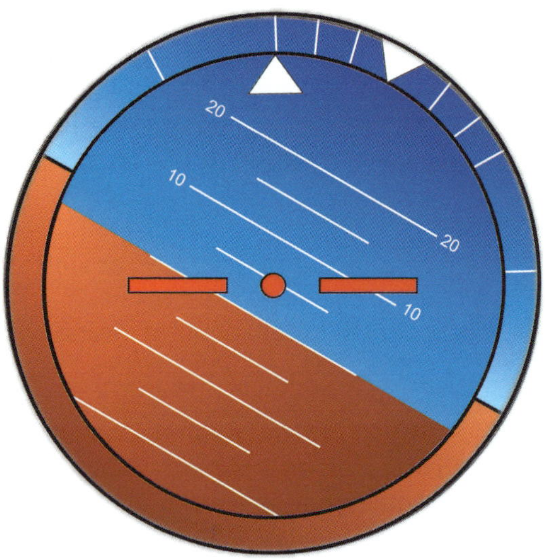

Assiette : +5° ou 5° à cabrer

Inclinaison : 30° en virage à gauche

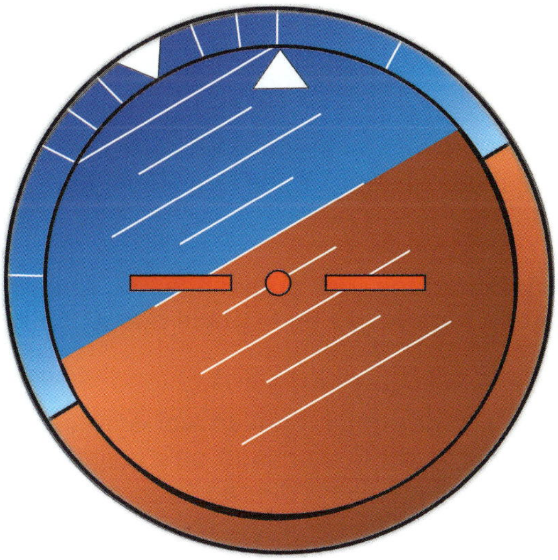

Assiette : -5° ou 5° à piquer

Inclinaison : 30° en virage à droite

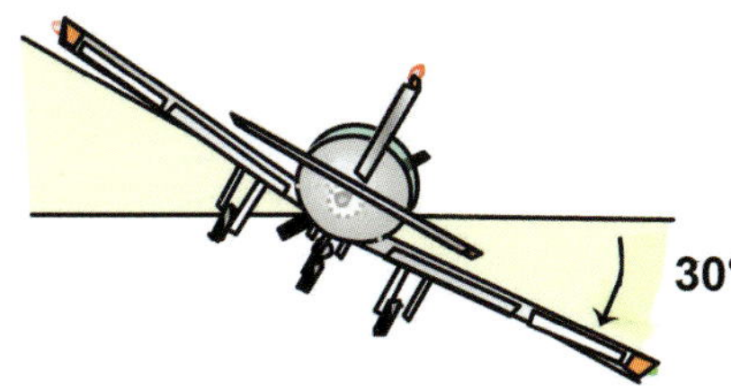

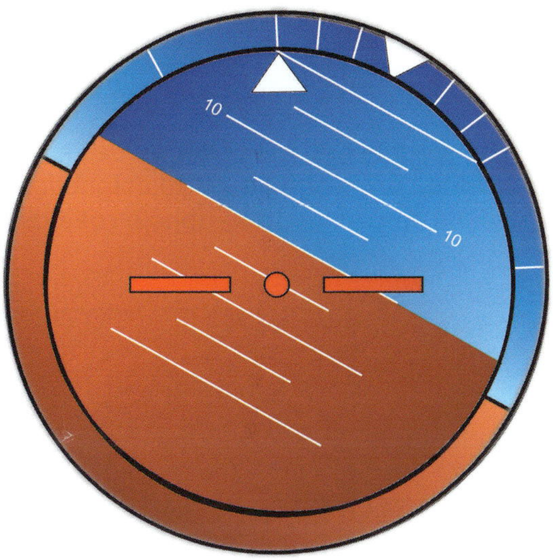

Assiette : -5° ou 5° à piquer

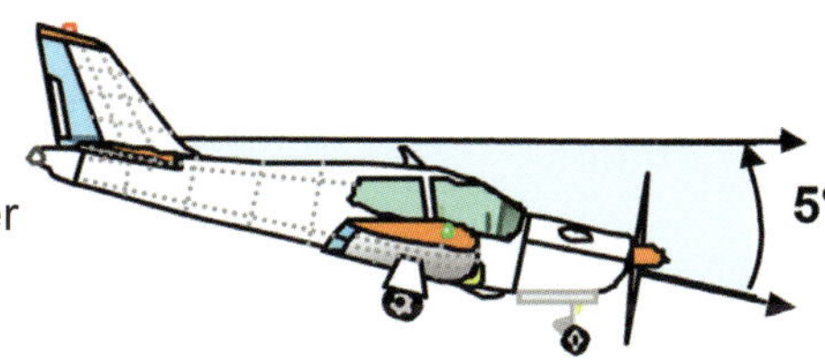

Inclinaison : 30° en virage à gauche

3. L'indicateur de virage et la bille

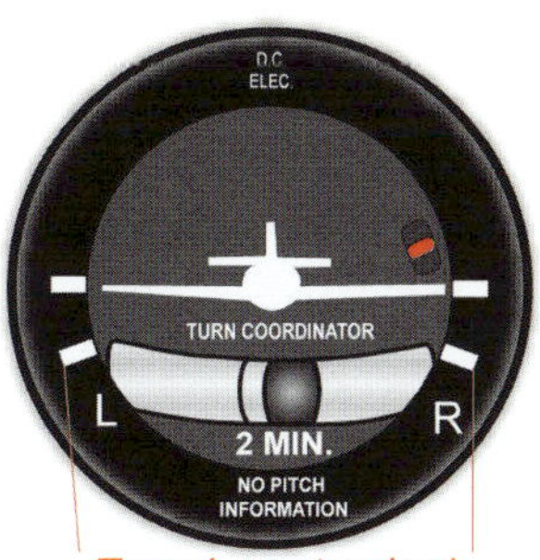

Taux 1 ou standard

L'indicateur de virage (ou aiguille) ne mesure pas une inclinaison, contrairement à l'horizon artificiel, mais un **taux de virage** exprimé en degrés par seconde.

Ces graduations sont basées sur le **« taux standard » ou « taux 1 » qui est de 360° en deux minutes** soit 180° en une minute. Cet instrument présente peu d'intérêt pour le pilotage en VFR.

La **bille**, qui est fréquemment située sur le même instrument, rend compte de la **symétrie du vol** (écoulement **symétrique** de l'air autour du fuselage).

Ce n'est pas un instrument gyroscopique mais simplement un balourd traduisant les accélérations latérales que subirait l'appareil lors d'un vol non symétrique (dérapage ou glissade).
Le sens de correction est donné par cette phrase : **le pied chasse la bille** (moyen mnémotechnique : bille à droite, pied à droite ; bille à gauche, pied à gauche).

Sur le schéma ci-dessous, l'avion effectue un virage symétrique : le **poids apparent**, somme de la force centrifuge et du poids, est dans l'axe de la portance.

La bille, qui se comporte comme un pendule, est maintenue entre les deux traits par le poids apparent.

Le pilote doit maintenir le vol symétrique afin de conserver les performances de son appareil en particulier lors de la montée (effets moteur) et en virage (voir Technique du vol, module 2) :

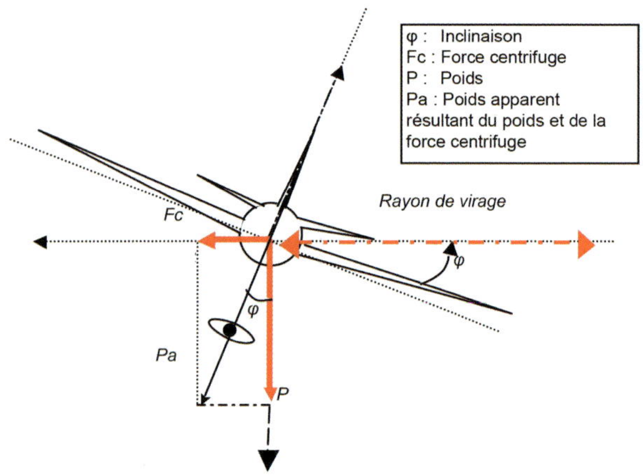

- **montée (et augmentations de puissance, si l'hélice tourne dans le sens horaire, vu de la place pilote) : pied à droite**
- **virage : pied et manche conjugués.**

Lorsque l'appareil n'est pas maintenu en vol symétrique (bille au milieu), la vitesse de décrochage peut augmenter et les performances en montée sont dégradées.

Le plus souvent l'horizon artificiel et le conservateur de cap sont pneumatiques et l'indicateur de virage électrique. Il y a d'ailleurs, sur certains appareils, un manomètre mesurant la dépression.

4. Le compas

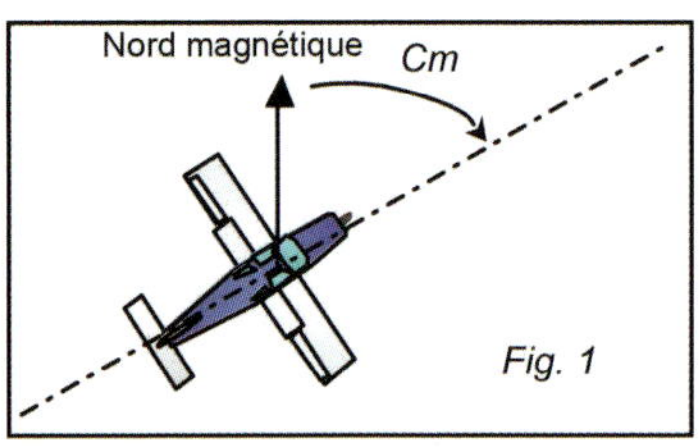

Fig. 1

Le compas est l'instrument qui permet de mesurer le **cap magnétique** de l'appareil, c'est-à-dire l'orientation de l'axe du fuselage par rapport au nord magnétique (fig. 1). L'ensemble des caps est contenu dans un cercle (360°) appelé **rose des caps** (fig. 2).

Le compas (fig. 3) est constitué d'un aimant fixé sur une rose mobile montée sur un pivot. La vitre du compas comporte un trait représentant la **ligne de foi de l'appareil** face auquel il faut lire le cap.

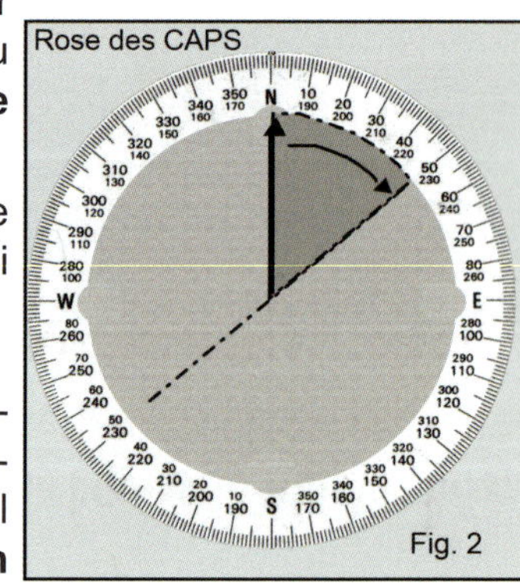

Fig. 2

Pour des raisons d'encombrement, les graduations de la rose ne comportent que deux chiffres alors que **les caps s'énoncent toujours avec trois chiffres** ; ainsi le cap 030 est noté 3 et le cap 300 est noté 30.

Afin de compenser **l'inclinaison magnétique** (fig. 4), la rose des compas comporte un **balourd** (fig. 5) à l'opposé du nord de l'aimant. Cette conception va donner au compas ses deux caractéristiques principales : il est **anti directionnel** (il faut tourner à droite pour rejoindre un cap que l'on lit à gauche) et **illisible en virage** (le balourd est sensible aux accélérations).

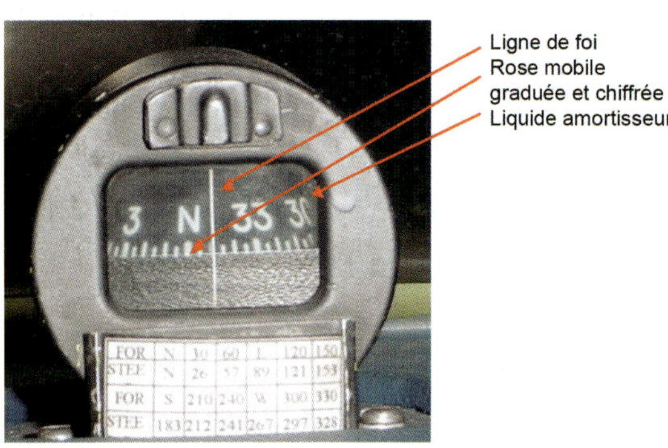

Le compas Fig. 3

L'utilisation du compas doit donc se faire selon une **procédure particulière** :

- lire le cap actuel,
- déterminer le sens du virage,
- calculer la variation de cap à effectuer,
- choisir un repère de sortie,
- virer.

C'est également un instrument **sensible aux champs magnétiques** créés par les masses métalliques (avion, verrière) et aux champs électromagnétiques (servitudes électriques). Il doit donc être périodiquement **compensé** par les mécaniciens. Cependant, la compensation ne peut être parfaite à tous les caps et certains **caps compas** (cap lu sur le compas) sont légèrement faux : c'est la **déviation compas**. Pour compenser cette déviation, on trouve à bord de l'appareil une **table de déviation** (fig. 6) donnant la valeur de la déviation aux différents caps : **Cm = Cc + d**

Une déviation négative est représentée vers l'ouest et un déviation positive est représentée vers l'est.
Lors de l'alignement de l'appareil sur la piste, on pensera à **vérifier** la cohérence des indications du compas.

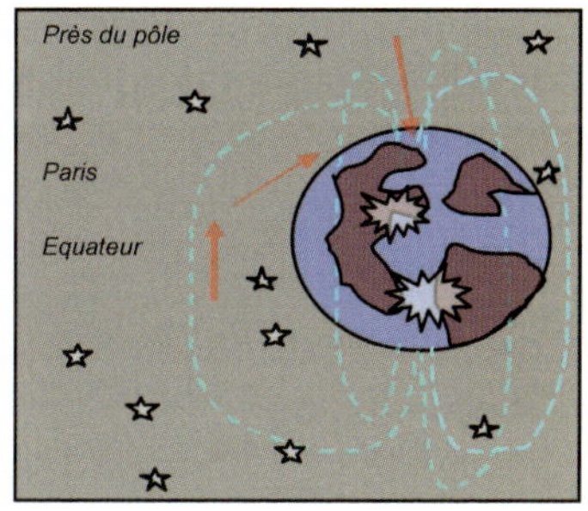

Fig. 4 : inclinaison magnétique

Le compas, malgré sa fiabilité, comporte beaucoup de défauts qui ont conduit à la conception des **conservateurs de cap.**

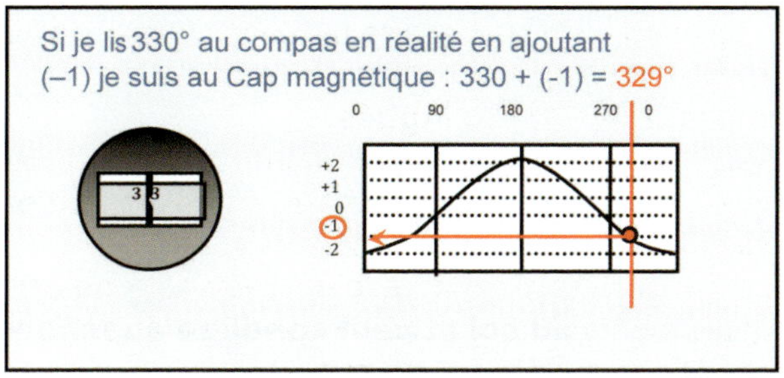

Courbe de déviation compas *Fig. 6*

L'inclinaison magnétique est l'angle qui existe entre les lignes du champs magnétique et la surface terrestre.
Pour compenser l'inclinaison magnétique, le balourd est fixé à l'opposé du pôle Nord, c'est à dire sur le pôle sud de l'aimant de la boussole. En effet, la conception du compas aéronautique fait que le N de nord est inscrit sur la position sud de la rose des caps car il doit faire face au pilote, d'un appareil volant vers le nord.

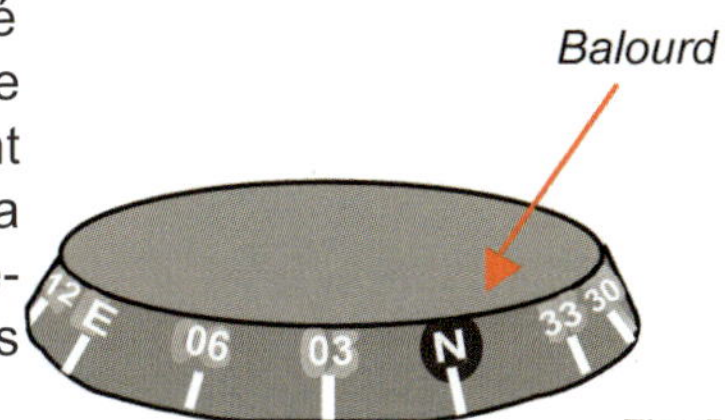

Fig. 5

5. Le conservateur de cap

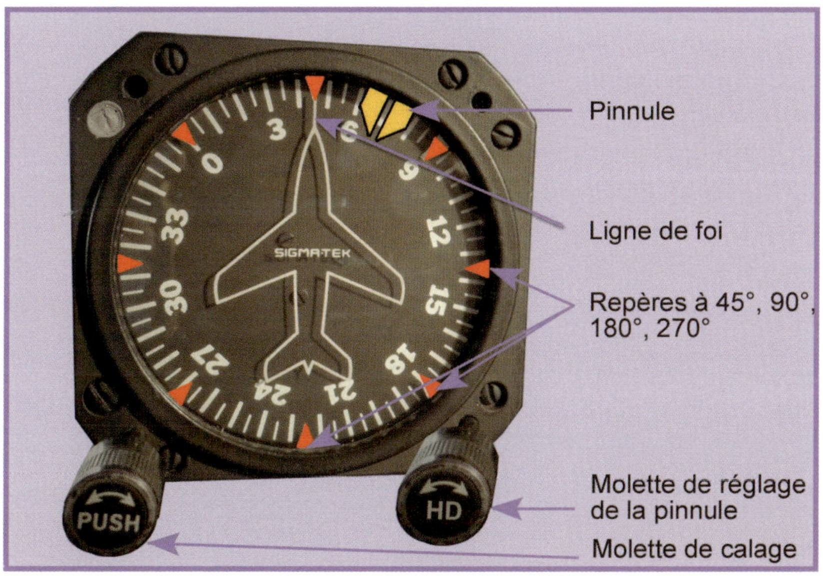

Le conservateur de cap, également appelé **directionnel** ou « **gyro** », permet un contrôle plus facile de la trajectoire en évitant les deux défauts principaux du compas. Cet instrument est **exploitable en virage** et présente une rose des caps complètement lisible par le pilote, facilitant ainsi l'orientation.

Son composant de base, le gyroscope, n'est pas en mesure de mesurer le cap. Il ne peut que mesurer des **variations du cap**. Le pilote doit donc, au début du vol, initialiser son conservateur de cap en le recalant sur le compas et sur le **QFU** de la piste (le QFU est l'orientation de la piste par rapport au nord magnétique). Exemple : le QFU de la piste 25 à Toussus-le-Noble est 254°.
Au cours du vol, le pilote devra régulièrement recaler le conservateur de cap par rapport au compas afin de compenser la dégradation de la fixité de son gyroscope. La terre tournant sur elle-même en 24 heures, soit 15° par heure, cette dégradation sera maximal à l'équateur. En un autre lieu quelconque, la dégradation par heure sera de 15° multiplié par le Cosinus de la latitude (par exemple en France métropolitaine : 15° x Cos 45° = 10° de dégradation par heure). Il convient donc de penser à recaler le conservateur de cap toutes les 20 minutes.
La molette de calage se pousse et puis se tourne. Un ressort de rappel la remet en position lorsque le pilote cesse sa pression. Si le ressort est défectueux, la molette reste engrainée dans la rose des caps et bloque le conservateur !
La **pinnule**, présente sur certains conservateurs, est solidaire de la rose. C'est le repère visuel du cap à suivre.

AÉROTECHNIQUE Module 5 « Instruments gyroscopiques »

Le HSI (Horizontal Situation Indicator) est un appareil regroupant un conservateur de cap automatique avec un indicateur de navigation horizontale et un indicateur de plan de descente.
Sur les HSI, le recalage du conservateur est automatique et assuré par une vanne de flux placée en bout d'aile.

Essai des instruments gyroscopiques :
Lors du roulage, on contrôle le fonctionnement des instruments :

Virage à droite : les caps augmentent (conservateur + compas),
aiguille à droite,
bille à gauche,
horizon stable.

Virage à gauche : les caps diminuent (conservateur + compas),
aiguille à gauche,
bille à droite,
horizon stable.

Cette check-list permet de détecter le dysfonctionnement des instruments **au sol et peut conduire au renoncement du vol** dans des conditions particulières (mauvaises conditions météo, vol de nuit...).

Elle n'est pas faisable sur les appareils dont la génération pneumatique est assurée par venturi (pression insuffisante à faible vitesse pour permettre la rotation des gyroscopes).

Notes personnelles et conseils de votre pilote-instructeur – Aérotechnique :

....

....

....

....

....

....

....

....

....

....

....

....

....

....

Entraînement à l'examen théorique

1 - Parmi les instruments proposés, celui qui comporte un gyroscope est :
a) l'anémomètre □
b) le compas magnétique □
c) l'horizon artificiel □
d) le variomètre □

2 - Le rotor d'un gyroscope est entraîné par :
a) le flux d'air du tube de Pitot □
b) surpression □
c) dépression □
d) le flux d'air des prises statiques □

3 - Tout gyroscope subit une dérive qui se nomme :
a) précession □
b) dérive □
c) déviation □
d) déclinaison □

4 - L'horizon artificiel fournit des indications sur :
a) les variations d'altitude □
b) l'assiette de l'avion et son inclinaison □
c) la visibilité horizontale □
d) la symétrie du vol □

5 - Citez les instruments qui fonctionnent à l'aide d'un gyroscope :
1/ horizon artificiel
2/ conservateur de cap
3/ indicateur de virage
4/ altimètre
5/ anémomètre
a) 2, 3, 4 □
b) 1, 3, 5 □
c) 3, 4, 5 □
d) 1, 2, 3 □

6 - L'horizon artificiel donne les mêmes informations que :
a) l'ensemble variomètre-indicateur de virage-bille □
b) l'horizon naturel □
c) l'ensemble altimètre-variomètre-indicateur de virage □
d) l'ensemble altimètre-variomètre □

7 - La pompe à vide tombe en panne. Le pilote perd les indications des instruments suivants :
1/ anémomètre
2/ variomètre
3/ altimètre
4/ horizon artificiel électrique
5/ conservateur de cap pneumatique
a) 1, 2, 3 □
b) 4, 5 □
c) 1, 3, 4 □
d) 5 □

8 - À la seule lecture de cet horizon artificiel, la seule interprétation que l'on peut déduire est que l'aéronef :

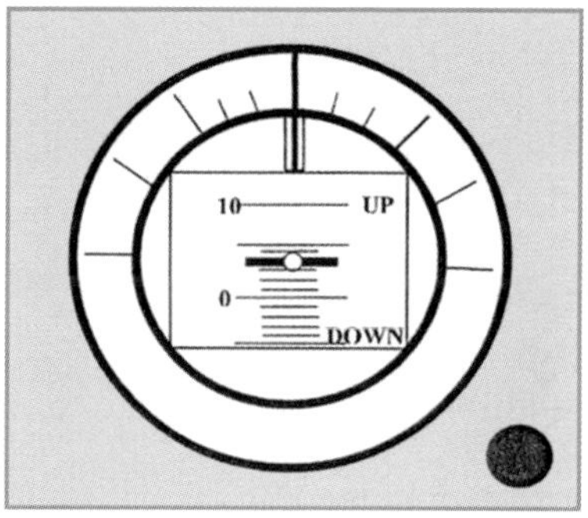

a) est en descente □
b) a une assiette à cabrer □
c) est en montée □
d) a une assiette à piquer □

9 - La bille renseigne sur :
a) la symétrie du vol □
b) le sens du virage □
c) l'inclinaison en virage □
d) le taux du virage □

10 - Vous volez en croisière avec une dérive de 10°. Le vol est symétrique. La bille est :
a) dans une position indéterminée, car elle est inutilisable en croisière □
b) centrée □
c) à gauche □
d) à droite □

11 - La déviation est nulle. Aligné sur la piste, vous constatez une différence de 20° entre l'indication du compas et l'orientation magnétique de la piste, vous :

a) décollez, sachant qu'il suffira de corriger de 200 les caps lus en vol □
b) décollez, sachant que le directionnel (conservateur de cap) suffit pour connaître le cap □
c) décollez, sachant que cette erreur ne se produit qu'au sol □
d) annulez votre vol, le compas étant inutilisable □

12 - L'indication du compas est perturbée (choisir la combinaison exacte la plus complète) :
1/ dans la turbulence
2/ en virage
3/ par la déclinaison magnétique
4/ pendant une accélération

a) 2, 3 et 4 □
b) 1, 3 et 4 □
c) 1, 2 et 4 □
d) 1, 2 et 3 □

13 - Le compas indique :

a) le cap vrai □
b) le cap magnétique □
c) le cap compas □
d) la route magnétique □

14 - Les indications fournies par le compas, à l'erreur instrumentale près, ont pour référence le nord :

a) polaire □
b) vrai □
c) magnétique □
d) géographique □

15 - Le tableau de compensation, souvent situé sous le compas magnétique, indique :

a) la déclinaison □
b) la déviation □
c) la dérive □
d) le cap compas □

16 - En vol, le conservateur de cap (directionnel) doit être recalé régulièrement du fait de :

a) la précession du gyroscope due à la variation de la pression atmosphérique en fonction de l'altitude □
b) la variation de l'erreur du compas selon le cap □
c) la variation de la déclinaison magnétique □
d) la précession du gyroscope due aux frottements du mécanisme, aux accélérations de l'aéronef et à la rotation terrestre □

17 - Au sol, les indications de cap d'un conservateur de cap :

a) augmentent en virage à gauche □
b) augmentent en virage à droite □
c) diminuent en virage à droite □
d) restent constantes □

18 - Un inconvénient de voler en dissymétrie est :

a) d'augmenter la traînée □
b) d'augmenter la résultante aérodynamique □
c) de diminuer la résultante aérodynamique □
d) d'augmenter la portance □

19 - La déviation est l'angle entre les directions respectives :

a) du nord vrai et du nord magnétique □
b) du nord carte et du nord vrai □
c) du nord vrai et du nord compas □
d) du nord magnétique et du nord compas □

20 - En vol, l'indication du manomètre de dépression décroît fortement. Ceci aura pour conséquence le dysfonctionnement des instruments de bord suivants :

a) l'horizon artificiel, l'indicateur de virage et le conservateur de cap □
b) l'horizon artificiel et la bille □
c) l'horizon artificiel et le variomètre □
d) le conservateur de cap et l'anémomètre □

Section 2

AÉROTECHNIQUE

<u>Module 6</u> « Documents et performances »

Notes personnelles et conseils de votre pilote-instructeur – Aérotechnique :

.....

.....

.....

.....

.....

.....

.....

1. Documents avion (et certains ULM, selon le constructeur et leur classe)

1.1. Le carnet de route

Chaque avion et certains ULM possèdent un carnet de route dans lequel toutes **les étapes** effectuées par l'appareil doivent être notées. Ce carnet se présente sous forme d'un tableau comportant plusieurs cases :

64 **Page de gauche**

Date Date	Equipage - Crew Noms Names	Fonctions Duties	Lieu - Place Départ Departure	Arrivée Arrival	Heure - Times Départ Departure	Arrivée Arrival	Heures de Vol Hour of flight	Nature du Vol Nature of flight
							Report Brought forward	
24/03/76	Martin/Roger	EP/I	LFPT	LFPT	10:08	11:03	0h55	Ecole
24/03/76	Jacques/Roger	EP/I	LFPT	LFMN	12h33	15h56	3h23	Ecole
24/03/76	Lecomte	P	LFMN	LFKC	16h31	17h36	1h05	Ecole
25/03/76	Lecomte/Roger	P/I	LFKC	LFKC	8h52	9h52	1h00	Ecole

Page de droite 64

Carburant - Fuel Quantité avitaillée Départ Departure	Arrivée Arrival	Huile - Oil Quantité Départ Departure	Arrivée Arrival	Incidents - Observations éventuelles Incidents - Observations, if any	Signature du commandant de bord Signature of person in charge	Visa - Visa Douanes et Autorités Aéronautiques Customs and Aeronautical Authorities
/	/	/	/	RAS		
/	/	/	/	RAS		
+43L	/	/	/	RAS		
/	/	+2L	/	Phare de roulage HS		

- Date : date du vol
- Nom : nom du **commandant de bord** (et de l'élève)
- Fonction : P = pilote, EP = élève pilote, I : instructeur
- Départ : indicatif OACI du terrain (LFPT = Pontoise)
- Arrivée : indicatif terrain arrivée
- Heure de départ : heure **UTC** du **début du roulage**
- Heure arrivée : heure **UTC fin de roulage**
- Temps de vol : heure arrivée – heure départ
- Carburant avitaillé au départ
- Carburant avitaillé à l'arrivée
- Huile avitaillée au départ
- Huile avitaillée à l'arrivée
- Pas d'incident : mention **RAS obligatoire.**

Nota : la nature du vol est soit TPP (Transport Public de Passagers), TA (Travail Aérien), VP (Vol Privé) ou Ecole (vol d'instruction ou en solo supervisé).

Le carnet de route est rempli sous la responsabilité du commandant de bord **après chaque vol**, au plus tard en **fin de journée** et en tout cas à chaque **changement de commandant de bord ou lors de la détection d'une anomalie.**

Avant chaque vol le commandant de bord doit vérifier l'absence d'annotation dans la case « incidents ».

Le carnet doit également comporter une **APRS** (Approbation Pour Remise en Service) délivrée par l'unité d'entretien après les réparations et visites d'entretien.
Si une anomalie a été signalée lors du vol précédent, un nouveau vol ne pourra être entrepris qu'après apposition de l'APRS.

Ce document doit être emporté pour tout vol où le terrain d'arrivée est différent du terrain de départ.

1.2. Les documents de navigabilité avion (et certains ULM selon le constructeur et leur classe)

Liberté • Égalité • Fraternité
RÉPUBLIQUE FRANÇAISE

Etat membre de l'Union Européenne
A Member of the European Union

CERTIFICAT D'EXAMEN DE NAVIGABILITÉ
AIRWORTHINESS REVIEW CERTIFICATE

REFERENCE CEN : 123456789100
ARC REFERENCE:

Conformément au règlement (CE) n°216/2008 du Parlement européen et du Conseil actuellement en vigueur, l'autorité compétente de l'Etat membre certifie que l'aéronef suivant :
Pursuant to Regulation (EC) No 216/2008 of the European Parliament and of the Council for the time being into force, the Competent Authority of the Member State hereby certifies that the following aircraft:

Constructeur de l'aéronef :
Aircraft manufacturer:

Désignation de l'aéronef par le constructeur : F 152
Manufacturer's designation:

Immatriculation de l'aéronef : F- ABCD
Aircraft registration:

Numéro de série de l'aéronef : 0123
Aircraft serial number:

est considéré en état de navigabilité au moment de l'examen/ *is considered airworthy at the time of the review.*

Date de délivrance : 05/03/2010 *Date of issue:* — **Date d'expiration : 08/03/2011** *Date of expiry:*

Signature : *Signed:* — **N° d'autorisation : N/A** *Authorisation No:*

1ère prolongation/ *1st Extension:*
L'aéronef est resté dans un environnement contrôlé conformément aux dispositions du point M.A. 901 de l'annexe I du règlement (CE) n° 2042/2003 au cours de l'année écoulée. L'aéronef est considéré en état de navigabilité au moment où le certificat est délivré.
The aircraft has remained in a controlled environment in accordance with point M.A.901 of Annex I to Commission Regulation (EC) No 2042/2003 for the last year. The aircraft is considered to be airworthy at the time of the issue.

Date de délivrance : *Date of issue:* — **Date d'expiration :** *Date of expiry:*

Signature : *Signed:* — **N° d'autorisation :** *Authorisation No:*

Nom de l'organisme : *Company name:* — **N° d'agrément :** *Approval reference:*

2ème prolongation/ *2nd Extension:*
L'aéronef est resté dans un environnement contrôlé conformément aux dispositions du point M.A. 901 de l'annexe I du règlement (CE) n° 2042/2003 au cours de l'année écoulée. L'aéronef est considéré en état de navigabilité au moment où le certificat est délivré.
The aircraft has remained in a controlled environment in accordance with point M.A.901 of Annex I to Commission Regulation (EC) No 2042/2003 for the last year. The aircraft is considered to be airworthy at the time of the issue.

Date de délivrance : *Date of issue:* — **Date d'expiration :** *Date of expiry:*

Signature : *Signed:* — **N° d'autorisation :** *Authorisation No:*

Nom de l'organisme : *Company name:* — **N° d'agrément :** *Approval reference:*

Formulaire 15a de l'AESA version 3/ *EASA Form 15a issue 3*

Liberté • Égalité • Fraternité
RÉPUBLIQUE FRANÇAISE

CERTIFICAT DE NAVIGABILITE N°123456
CERTIFICATE OF AIRWORTHINESS
DIRECTION GENERALE DE L'AVIATION CIVILE

1. Marques de nationalité et d'immatriculation *Nationality and registration marks*	2. Constructeur et désignation du type de l'aéronef *Manufacturer and manufacturer's designation of aircraft*	3. Numéro de série de l'aéronef *Aircraft serial number*
F- ABCD	constructeur avion F 152	1234

4. Catégories : Avion de catégorie Utilitaire
Categories : Utility Category Aeroplane

5. Le présent certificat de navigabilité est délivré à l'aéronef ci-dessus désigné, conformément à la convention relative à l'Aviation Civile Internationale en date du 7 décembre 1944 et au règlement européen 1592/2002, article 5(2)(c) ; cet aéronef est jugé en état de navigabilité lorsqu'il est entretenu et utilisé conformément aux textes précités et aux limites d'emploi applicables.
This Certificate of Airworthiness is issued pursuant to the Convention on International Civil Aviation dated 7 December 1944 and Regulation (EC) No 1592/2002, Article 5(2)(c) in respect of the abovementioned aircraft which is considered to be airworthy when maintained and operated in accordance with the foregoing and the pertinent operating limitations.

Le chef de pôle certification, suivi de navigabilité et aviation générale

Délivré le : *Date of issue:* 8 décembre 2009 — **Signature :** *Signature:*

Duplicata délivré le : *Duplicate issued on:* N/A

Limitations/Remarques : *Limitations/Remarks:* Néant/*None*

6. Le présent certificat de navigabilité est valide tant qu'il n'est pas retiré par l'Autorité compétente de l'Etat membre d'immatriculation.
This Certificate of Airworthiness is valid unless revoked by the competent authority of the Member State of registry.
Un certificat d'examen de navigabilité en cours de validité doit être joint au présent certificat.
A current Airworthiness Review Certificate shall be attached to this Certificate.

Formulaire 25 de l'AESA
Cette autorisation doit être présente à bord de l'aéronef à chaque vol.
This permit shall be carried on board during all flights

Les documents de navigabilité se présentent sous la forme de deux certificats. Un certificat de navigabilité (CDN), et un certificat d'examen de navigabilité (CEN) de durée variable.

Le CDN a une validité qui dépend du CEN associé.
Le recto indique l'identité de l'avion, le verso est vierge.

Le CEN est renouvelé périodiquement sous la supervision de l'OSAC (Organisme pour la Sécurité de l'Aviation Civile) après le contrôle du respect du programme d'entretien de l'avion par un atelier agréé. Sa durée de validité varie mais ne peut être que de trois ans au maximum.

Un appareil ne doit voler que si les documents de navigabilité sont en état de validité.

Ces documents doivent être emportés pour tout vol où le terrain d'arrivée est différent du terrain de départ.

1.3. Le certificat d'immatriculation

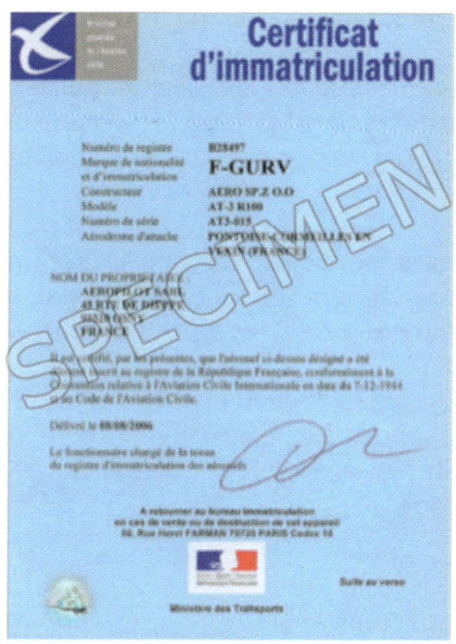

C'est la « carte grise » de l'appareil, il comporte le constructeur, le type et l'immatriculation de l'appareil, le nom et l'adresse du propriétaire et l'aérodrome d'attache de l'appareil. Il est modifié à chaque changement de propriétaire.
Pour les ULM le certificat d'immatriculation est associé à une carte d'identification.
La carte d'indentification précise les marques d'identification de l'ULM, qui sont constituées du numéro de département du premier lieu d'attache de l'ULM suivi de deux ou trois lettres.
Elles sont valides indéfiniment, même en cas de changement de département.
Ces marques doivent être apposées sous la voilure, ou sur la structure en cas d'impossibilité, et doivent être sans ornement

Ce document doit être emporté pour tout vol où le terrain d'arrivée est différent du terrain de départ.

1.4. La licence de station d'aéronef (LSA)

RÉPUBLIQUE FRANÇAISE
DIRECTION GÉNÉRALE DE L'AVIATION CIVILE

AIRCRAFT STATION LICENCE
LICENCE DE STATION D'AERONEF
N° LA003509

Conformément au Règlement des radiocommunications annexé à la Convention internationale des télécommunications actuellement en vigueur et au Code de l'Aviation Civile notamment ses articles D 133-19 à D 133-19-10, la présente autorisation est délivrée pour l'installation et pour l'utilisation de l'équipement radioélectrique décrit ci-dessous.

AERONEF	IMMATRICULATION	INDICATIF D'APPEL	TYPE	PROPRIETAIRE
	F-GURV		RT3-R 100	Voir Certificat d'immatriculation

APPAREILS	Marque et type	Puissance	Classes d'émission	Bandes de fréquence
EMETTEURS	1 KX125 ALLIED SIGNAL 1 KT76A ALLIED SIGNAL	5W 275W	A3E PON	118 à 136.990MHz 1090MHZ
EMETTEURS D'ENGINS DE SAUVETAGE	1 E01 ACK	60mW	3K20A3N	121.5MHz, 243MHz

Le présent document doit être conservé à bord de l'aéronef. Il a la même validité que le document de navigabilité de l'aéronef. Son titulaire doit se prêter à la vérification des installations par les fonctionnaires des Administrations Françaises et Etrangères compétentes.

Date	Cachet	Signature
Fait à Paris Le 26 JUIN 2006		IESAC B. AURADE

SPECIMEN

Certifie la conformité des équipements radioélectriques de l'appareil.
La liste de l'ensemble des équipements figure au verso de cette fiche et doit concorder avec les équipements se trouvant effectivement à bord.
La validité de la LSA est du ressort de l'atelier qui a la charge de la gestion de l'avion, et du propriétaire. La validité est permanente s'il n'y a pas de changement d'équipement.

Ce document doit être emporté pour tout vol où le terrain d'arrivée est différent du terrain de départ.

1.5. La fiche de pesée

C'est le document qui permet au pilote de calculer le **centrage** de son appareil. Une nouvelle pesée doit être effectuée tous les cinq ans ou chaque fois que des modifications opérées sur l'appareil le nécessitent. Il est préférable d'utiliser cette fiche, qui est actualisée, plutôt que le manuel de vol pour les calculs de centrage.

Ce document doit être emporté pour tout vol.

Vous ne devez entreprendre un vol qu'après vous être assuré que l'appareil est dans l'enveloppe de masse et centrage pour tout le vol.

Être dans l'enveloppe de centrage signifie que l'appareil respecte les limites de masses et que son centre de gravité est à l'intérieur des limites avant et arrière de centrage.

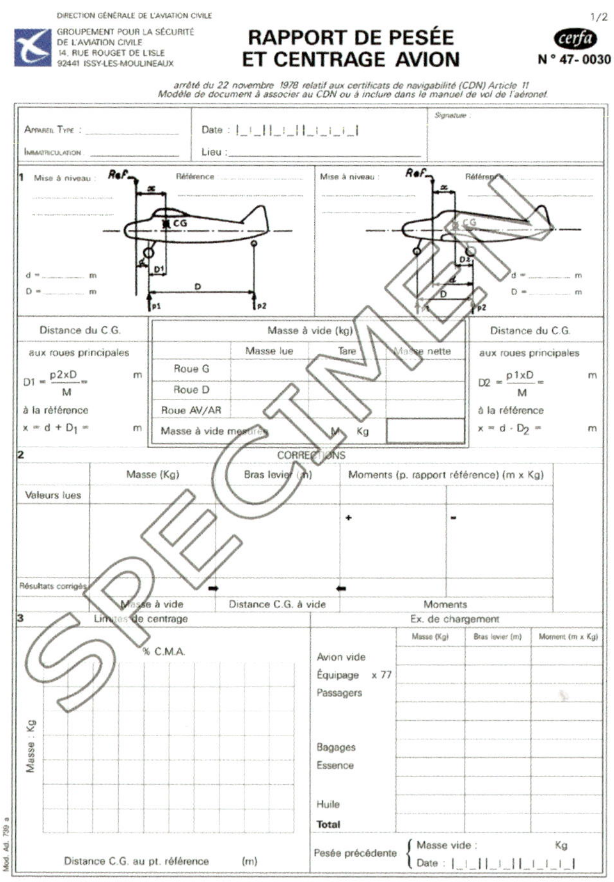

DIRECTION GÉNÉRALE DE L'AVIATION CIVILE
GROUPEMENT POUR LA SÉCURITÉ DE L'AVIATION CIVILE
14, RUE ROUGET DE L'ISLE
92441 ISSY-LES-MOULINEAUX

1/2

RAPPORT DE PESÉE ET CENTRAGE AVION

cerfa N° 47-0030

arrêté du 22 novembre 1978 relatif aux certificats de navigabilité (CDN) Article 11
Modèle de document à associer au CDN ou à inclure dans le manuel de vol de l'aéronef.

Appareil Type :
Immatriculation :
Date : |_|_||_|_||_|_|_|_|
Lieu :
Signature :

1 Mise à niveau : Ref. Référence
CG — x — D1 — D — p1 — p2
d = m
D = m

Mise à niveau : Ref. Référence
CG — x — D2 — D — p1 — p2
d = m
D = m

Distance du C.G. aux roues principales	Masse à vide (kg)				Distance du C.G. aux roues principales
$D1 = \frac{p2 \times D}{M} =$ m		Masse lue	Tare	Masse nette	$D2 = \frac{p1 \times D}{M} =$ m
	Roue G				
	Roue D				
à la référence $x = d + D_1 =$ m	Roue AV/AR				à la référence $x = d - D_2 =$ m
	Masse à vide mesurée			M Kg	

2 CORRECTIONS

	Masse (Kg)	Bras levier (m)	Moments (p. rapport référence) (m x Kg)	
Valeurs lues			+	−
Résultats corrigés				
	Masse à vide	Distance C.G. à vide	Moments	

3 Limites de centrage — % C.M.A. — Masse : Kg — Distance C.G. au pt. référence (m)

Ex. de chargement	Masse (Kg)	Bras levier (m)	Moment (m x Kg)
Avion vide			
Équipage x 77			
Passagers			
Bagages			
Essence			
Huile			
Total			

Pesée précédente { Masse vide : Kg ; Date : |_|_||_|_||_|_|_|_|

Mod. Ad. 799 a

SPECIMEN

1.6. Le manuel de vol

C'est le mode d'emploi de l'appareil édité par le constructeur et validé par la DGAC. Chaque pilote se doit de connaître le manuel de vol. Des copies sont disponibles dans votre école ou aéro-club. Il est organisé en sections :

- Section 0 : table des matières, liste des mises à jour…
- Section 1 : **généralités**
  Descriptions du moteur, de l'hélice, des circuits (carburant, huile…)
  Masses maximales, dimensions …
  Liste des symboles, abréviations et terminologies utilisées, conversion des unités.
  Définition de l'atmosphère standard.
- Section 2 : **limitations**
  De vitesses, du groupe motopropulseur, de masses, de centrage, de manœuvre, de facteur de charge, de carburant, …
- Section 3 : **procédures d'urgences « Index rouge »**
  Panne moteur, chute pression huile ou carburant, vibrations, feux, atterrissage forcé, pannes électriques, panne du circuit anémométrique, …
- Section 4 : **procédures normales**
  Pré vol, avant mise en route, mise en route, après mise en route, roulage, essais moteur avant décollage, après décollage, montée, croisière, descente, approche atterrissage et remise des gaz, après atterrissage, arrêt moteur et stationnement, décrochages, vent de travers, terrain court, turbulence…
- Section 5 : **performances**
  De décollage, de montée, de croisière, d'atterrissage, consommation, autonomies, vitesse de décrochage…
- Section 6 : **masse et centrage**
  Méthode de pesée, chargement, méthode de détermination du centrage…
- Section 7 : **description**
  Cellule, commandes de vol, tableau de bord, volets, train, compartiment bagages, sièges, ceintures et harnais, postes et issues, blocages des commandes, moteur (commandes, instruments de contrôle…), hélice, circuit carburant, hydraulique, huile, frein, anémométriques, électriques, dépression, éclairages, désembuage, avertisseur de décrochage, radios, extincteur…
- Section 8, 9, 10… : **VFR de nuit, entretien, suppléments …**

L'emport du manuel de vol est OBLIGATOIRE pour tout vol.

C'est l'ouvrage de référence pour le pilote, il doit être suffisamment connu et consulté régulièrement.
Beaucoup d'accidents ont pour origine une mauvaise connaissance de l'appareil et de son manuel de vol, plongez-y sans retenue.

Chaque aéronef a **son propre manuel de vol** et beaucoup d'appareils ont des différences importantes (niveau carburant, consommation, niveau d'huile…) mais ont la même dénomination. Le DR400, par exemple, existe avec des motorisations allant de 120 cv à 200 cv, son circuit carburant comporte de 1 à 3 réservoirs, et consomme de 24 l/h à 40 l/h selon les versions.

1.7. La Liste Minimale d'Équipement (LME), document optionnel

La LME prévoit l'exploitation de l'aéronef dans des conditions spécifiées lorsque certains instruments, équipements ou fonctions ne fonctionnent pas en début de vol.

La LME est établie pour chaque aéronef, compte tenu des conditions d'exploitation et de maintenance propre à l'exploitant, et doit être approuvée par l'autorité.

L'emport de la LME, si elle existe, est obligatoire pour tout vol.

2. Documents pilote

2.1. Licence, aptitude médicale et carnet de vol

La **licence LAPL ou PPL** est le document sur lequel sont apposées les **qualifications** du pilote avion (ex : SEP Single Engine Piston). **La licence ULM** est le document sur lequel sont apposées les classes d'ULM sur lesquelles le pilote est habilité à voler (pendulaire, muti-axes, gyravion...) et ses autorisations complémentaires (emport passager...).
Les qualifications avion doivent être à jour (le SEP est valide deux ans) ainsi que la **visite médicale** (classe 2 pour un pilote privé : valide cinq ans avant quarante ans, deux ans après 40 ans et un an après 50 ans pour une licence PPL). La licence ULM est valide à vie et ne nécessite aucune aptitude médicale.

Selon la réglementation concernant la sûreté des aérodromes, ces deux documents doivent être emportés pour tout vol, accompagnés d'une pièce d'identité.

Le carnet de vol **contient la chronologie des vols réalisés par un pilote. Les renseignements portés sur le carnet doivent correspondre à ceux portés sur les carnets de route des avions sur lou ceux des ULM esquels les vols ont étés effectués. Le pilote certifie l'exactitude des renseignements. Ce carnet justifie l'expérience du pilote pour la prorogation des qualifications avion et l'emport de passagers dans le cadre du LAPL-PPL et du BB.**

Attention : les heures de vol ULM ne sont pas considérées comme valables pour une expérience avion, et inversement. Il faut donc, si vous volez sur les deux types d'appareils, posséder deux carnets de vol, un pour l'avion et un pour l'ULM.

Nota : contrairement à l'avion, il n'existe pas de réglementation définissant un carnet de vol normalisé pour l'ULM. Chacun est libre d'inscrire, ou non, ses vols sur un document. C'est exclusivement à l'appréciation du pilote.

Ce document doit être emporté pour tout vol avion qui nécessite une mention exclusivement avalisée sur le carnet de vol (variante de classe SEPt pour les PPL, autorisation additionnelle non permanente pour les BB...).

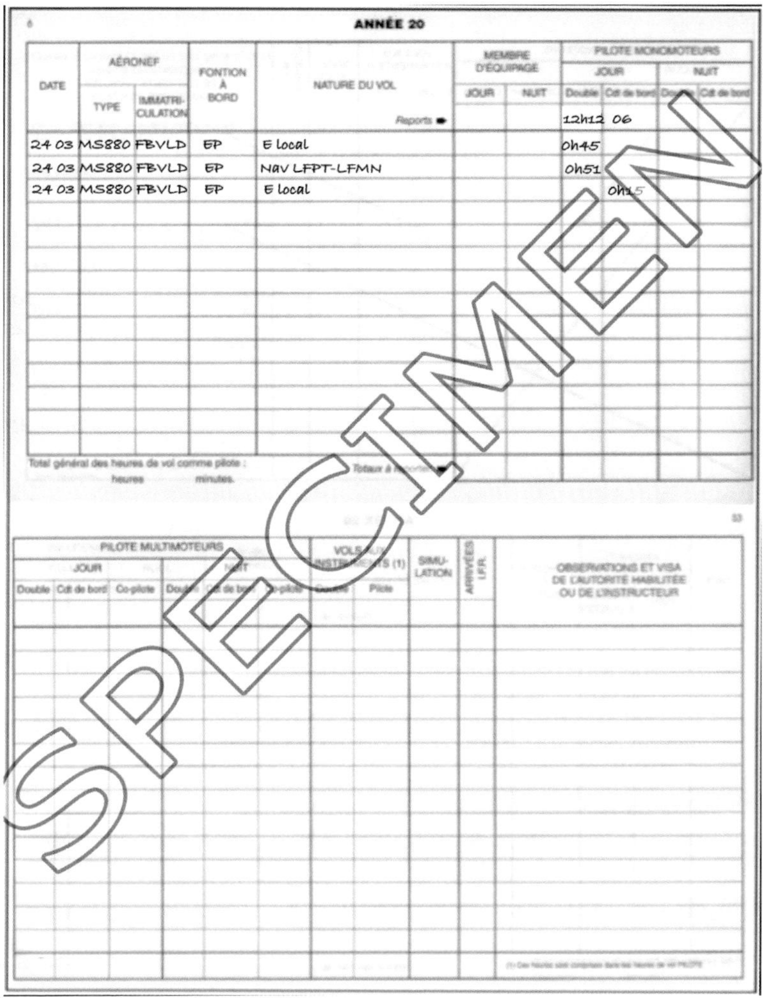

ANNÉE 20

DATE	AÉRONEF TYPE	AÉRONEF IMMATRICULATION	FONTION À BORD	NATURE DU VOL	MEMBRE D'ÉQUIPAGE JOUR	MEMBRE D'ÉQUIPAGE NUIT	PILOTE MONOMOTEURS JOUR Double	PILOTE MONOMOTEURS JOUR Cdt de bord	PILOTE MONOMOTEURS NUIT Double	PILOTE MONOMOTEURS NUIT Cdt de bord
				Reports ➡			12h12	06		
24 03	MS880	FBVLD	EP	E local			0h45			
24 03	MS880	FBVLD	EP	Nav LFPT-LFMN			0h51			
24 03	MS880	FBVLD	EP	E local				0h15		

Total général des heures de vol comme pilote : heures minutes. Totaux à reporter ➡

PILOTE MULTIMOTEURS JOUR Double	JOUR Cdt de bord	JOUR Co-pilote	NUIT Double	NUIT Cdt de bord	NUIT Co-pilote	VOLS AUX INSTRUMENTS (1) Contrôle	VOLS AUX INSTRUMENTS (1) Pilote	SIMULATION	ARRIVÉES I.F.R.	OBSERVATIONS ET VISA DE L'AUTORITÉ HABILITÉE OU DE L'INSTRUCTEUR

- Date : JJ / MM
- Type : ex. MS880
- Immat. : ex. F.BVLD

Fonction :
- EP : Élève Pilote
- P : Pilote
- I : Instructeur

Nature du vol :
- Local
- TDP
- Nav.

À ces trois cas, il est recommandé de rajouter les codes OACI des aérodromes utilisés.

Jour / Nuit :
- Double : temps de vol en double commande. (**heures cales à cales**)
- Cdt de Bord : temps de vol en solo.
- Visa de l'instructeur : chaque vol d'instruction, ainsi que les autorisations de vol en solo, doivent être visés par l'instructeur.
- La case du bas permet d'additionner les heures de chaque colonne à la fin de la page et de les reporter en début de page suivante.
- Total général comme pilote : somme des temps de vol en double et en solo.

3. Emport de documents

3.1. Avion

Pour tout vol en navigation solo, **l'élève pilote avion doit avoir en sa possession** :
- l'ensemble des documents associés à l'avion,
- son carnet de vol visé par un instructeur le jour du vol,
- son certificat médical à jour,
- une autorisation de vol solo délivrée par l'instructeur responsable de la formation,
- une autorisation parentale pour les mineurs,
- une paire de lunettes de rechange si mention « port de verres correcteurs » sur la visite médicale.

Les documents devant se trouver à bord de l'avion sont :

Pour tout vol :
- manuel de vol,
- licences, qualifications et visites médicales des pilotes, ainsi qu'une pièce d'identité,
- fiche de pesée,
- consignes relatives aux utilisations particulières et aux équipements de secours,
- plan de vol, lorsqu'il est établi,
- cartes appropriées, météo et notams

- les procédures et informations relatives aux signaux visuels à utiliser par un aéronef d'interception et un aéronef intercepté,
- la Liste Minimale d'Equipement (LME), si elle existe..

Pour tout vol pour lequel le terrain de départ et d'arrivée sont différents :
- Certificat d'immatriculation,
- Documents de navigabilité,
- Certificat acoustique,
- Licence de Station d'Aéronef,
- Carnet de route,
- Le ou les certificats d'assurances de responsabilité civile.

Pour tout vol hors du territoire français :
- Le plan de vol déposé (FPL),
- Le carnet de route,
- Les procédures et signaux visuels d'un aéronef intercepté.

3.2. ULM

Pour tout vol solo en ULM, **l'élève pilote ULM doit avoir en sa possession** :
- la déclaration de début de formation,
- une autorisation de vol solo délivrée par l'instructeur responsable de la formation.

Les documents devant se trouver à bord de l'ULM sont :

Pour tout vol :
-Certificat d'immatriculation associé à la carte d'identification ULM
-Licence de station d'aéronef si une radio est installée à bord
-Cartes et documents appropriés en cas de navigation
-Le ou les certificats d'assurances de responsabilité civile.
-Licence de pilote et éventuellement la Déclaration de Niveau de Compétence (DNC) pour autorisation de travail aérien.
-Le plan de vol si exigé pour la navigation (transit vers Corse....)

Pour tout vol hors du territoire français
-Le plan de vol déposé (FPL)
-Le carnet de route
-Les procédures et signaux visuels d'un aéronef intercepté.

4. Les performances

4.1. Performances au décollage et à l'atterrissage

Il convient tout d'abord de définir deux termes :
- la **Distance de Roulement au Décollage (DRD)** : de l'arrêt au moment où l'appareil quitte le sol,
- la **distance de décollage** (TODA : distance de franchissement du passage des 15 m) : de l'arrêt au moment où l'appareil passe 15 m au-dessus du sol (DF 15).

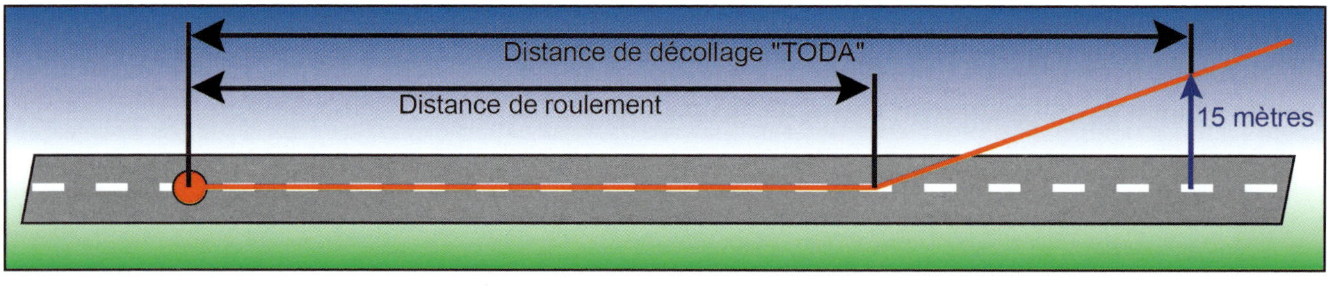

Ces deux distances représentent les performances de l'appareil au décollage et sont soumises à de multiples

facteurs de variation :

Facteurs augmentant la distance de décollage	Corrections à apporter à la distance de décollage	Causes
Augmentation de la température ambiante	Consulter le manuel de vol	Diminution de la densité de l'air conduisant à une perte de portance et de puissance
Augmentation de l'altitude pression	Consulter le manuel de vol	Diminution de la densité de l'air conduisant à une perte de portance et de puissance
Pente de la piste montante	Consulter le manuel de vol	Une composante du poids s'ajoute à la traînée
Vent arrière	Consulter le manuel de vol	Diminution de la vitesse air pour une même vitesse sol
Pas de braquage des volets*	Consulter le manuel de vol	Augmentation de la DRD et augmentation de la pente de montée
Masse de l'appareil au décollage	Consulter le manuel de vol	Accélération plus faible
Piste en herbe	Consulter le manuel de vol : variations très importantes sur herbe haute mouillée	Traînée au niveau des roues
Piste mouillée	Consulter le manuel de vol	Traînée au niveau des roues

Une variation inverse de ces facteurs conduit à une modification inverse de la distance de décollage.
Pour chaque vol, le pilote doit déterminer les performances de son appareil au décollage (manuel de vol) en prenant en compte tous ces facteurs. Il doit ensuite comparer les performances de son appareil aux caractéristiques du terrain (carte VAC).
Pour la prise en compte du vent lors de l'établissement des performances au décollage et à l'atterrissage, on considère 50 % du vent de face et 150% du vent arrière, afin de se protéger des petites variations du vent réel.
Les **performances à l'atterrissage** varient selon les mêmes facteurs que les performances au décollage.
Le manuel de vol fournit la **distance d'atterrissage** qui est la distance entre le passage des 15 mètres au-dessus du seuil de la piste et l'arrêt de l'appareil. Il est à noter que les performances indiquées dans le manuel de vol sont réalisées par un **pilote d'essai avec un appareil neuf !**
* Sur certains avions, le décollage court se fait avec volets, sur d'autres en lisse. Les volets permettent de diminuer la DRD, mais pénalisent la pente de montée jusqu'au passage des 15 m et au-delà. Parfois l'amélioration est supérieure à la pénalisation, parfois non.

4.2. Caractéristiques des pistes

Les caractéristiques des pistes sont données ci-dessous.
Pour chaque piste sont indiqués :

- le numéro de piste : QFU arrondi à la dizaine la plus proche,
- le QFU : orientation magnétique exacte de la piste,
- les dimensions de la piste,
- TODA : Take Off Distance available (longueur utilisable pour le décollage),
- TORA : Take Off Run Available (longueur de roulage utilisable),
- ASDA : Acceleration Stop Distance Available (distance « accélération-arrêt » utilisable)
- LDA : Landing Distance Available (distance d'atterrissage utilisable)

Pour la piste 20, on peut remarquer que la distance de décollage est supérieure à la longueur de la piste !
Cela est dû à la présence d'un Prolongement Dégagé d'Obstacle (PDO) en bout de piste (------).
Ce PDO peut être pris en compte et utilisé par le pilote pour franchir les 15 mètres.
Sur ce type de piste, le pilote doit s'assurer que, aux conditions du jour :

DRD < longueur de piste

DF 15 < TODA

En cas **d'accélération-arrêt**, la distance disponible sur la piste 20 est supérieure à la longueur de la piste. Ceci est dû à la présence d'un **prolongement d'arrêt** en bout de piste et qui peut être utilisé uniquement à cet effet.

AIP
FRANCE

AD2 LFKJ ADC 01
12 MAR 09

CARTE D'AERODROME
Aerodrome chart
ALT AD : 17 (1 hPa)

Ouvert à la CAP
Public air traffic

AJACCIO NAPOLEON BONAPARTE
41 55 26 N - 008 48 09 E

ATIS AJACCIO 126.925 - GND (SOL) 121.7
ATS : H24 - AD AJACCIO NAPOLEON BONAPARTE ☎ 04 95 23 59 80
BRIA - H24 ☎ 04 95 22 61 85
AVT : 100LL - JET A1 - TRO

Lubrifiants /*Lubricants* : MOBILJET 2
0400 - 1800 (HIV / *WIN* + 1HR) HN : O/R PN 24 HR
Péril animalier / *Wildlife strike hazard* : Occasionnel /*Random*

VAR
1°E
(05)

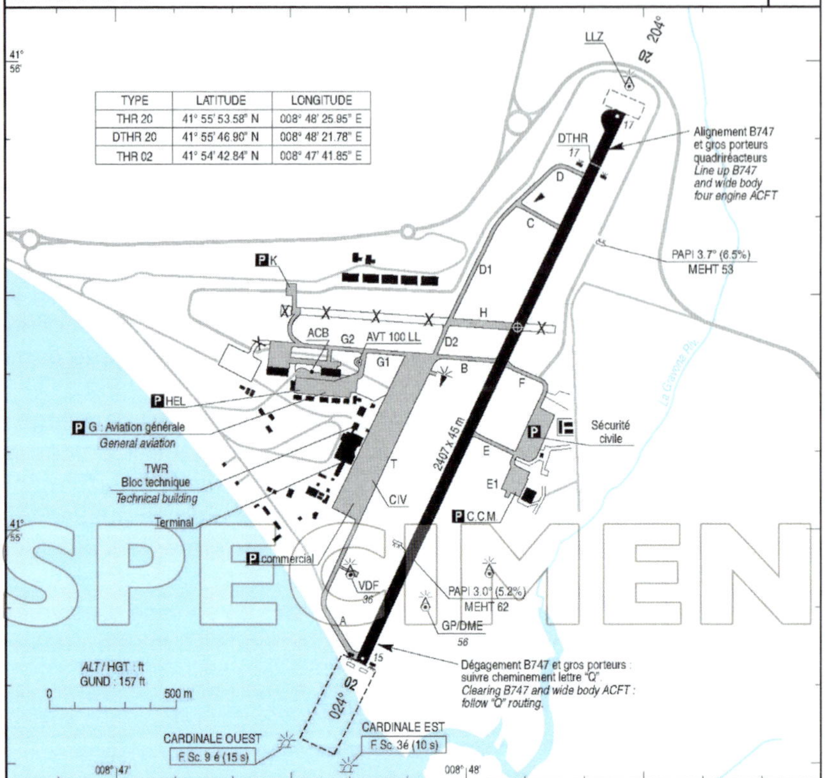

TYPE	LATITUDE	LONGITUDE
THR 20	41° 55' 53.58" N	008° 48' 25.95" E
DTHR 20	41° 55' 46.90" N	008° 48' 21.78" E
THR 02	41° 54' 42.84" N	008° 47' 41.85" E

RWY	BALISAGE/*Lighting*		TORA	TODA	ASDA	LDA	NATURE *Surface*	RESIST. *Strength*	MINIMUM TKOF (RVR : m)			
	APCH	RWY							CAT A	CAT B	CAT C	CAT D
02	NIL	LIH/LIL	2407	2477	2407	2407	Revêtue *Paved*	32 F/C/W/T	400	400	400	400
20	NIL	LIH/LIL	2407 2315*	2772 2680*	2407 2315*	2180			250	250	250	300

BALISAGE /*Lighting* :
RWY 02 : Seuil et extrémité HI/BI
RWY 20 : Seuil et extrémité HI/BI
PAPI 02 : calibré B. 747 et O/R.

RWY 02 : THR and RWY end LIH/LIL
RWY 20 : THR and RWY end LIH/LIL
PAPI 02 : rated B. 747 and O/R.

OBSERVATIONS/*Remarks* :
L'attention des équipages est spécialement attirée sur le relief important aux environs immédiats de l'AD (voir IAC 07).
*RWY 20 : gros porteurs, distances déclarées réduites de 92 m.
Exploitants transports aérien, voir consignes d'utilisation.
Limitation à 20 kt de vent traversier sur piste mouillée.

Crews attention is especially drawn to important high ground in the vicinity of AD (see IAC 07).
**RWY 20 : wide body ACFT, declared distances reduced of 92 m.*
Air transport operators, see special instructions.
Crosswind is limited at 20 kt if RWY is wet.

SERVICE DE L'INFORMATION AERONAUTIQUE
AMDT 04/09 **CHG** : NIL.

Cette caractéristique est utile aux gros porteurs.
En ce qui concerne l'atterrissage, la distance **d'atterrissage** piste 20 est rendue inférieure à la longueur de piste par la présence d'un **seuil décalé (DTHR)**. Ce seuil décalé permet à un appareil arrivant sur le plan de franchir les obstacles en finale avec une marge réglementaire.
Ce seuil est marqué sur la piste par une bande blanche suivie des peignes (« passage clouté »). On peut remonter la piste au-delà de ce seuil pour le décollage, mais il faut atterrir après ce seuil.
Lors de la **préparation du vol**, le pilote doit contrôler qu'aux conditions du jour :

Distance d'atterrissage < LDA

Remarque : les distances d'atterrissage sont données avec un freinage maximum.

4.3. Exemples d'abaques et de tableaux

5.2.1 - Atterrissage à la masse de 770 kg 1695 lb
Volets sortis à 30°
Vitesse d'approche VI=100km/h-55kt-64MPH

Distance d'atterrissage du passage de l'obstacle de 15 m à l'arrêt (en mètres)

Zp ft \ θ°C / °F	-20 / -4	0 / +32	+15 / +59	+30 / +86	+40 / +104
0	250	265	275	285	290
2000	265	280	290	300	305
4000	280	295	305	315	325
6000	295	310	325	335	340
8000	310	330	340	-	-

Longueur de roulement (en mètres)

Zp ft \ θ°C / °F	-20 / -4	0 / +32	+15 / +59	+30 / +86	+40 / +104
0	100	110	115	120	125
2000	110	115	125	130	135
4000	115	125	135	140	145
6000	125	135	145	150	155
8000	135	145	155	-	-

5.1.2 - Décollage à la masse de 610kg - 1345 lb
Volets rentrés
Vitesse de décollage VI=75km/h-40kt-47MPH

Longueur de roulement en mètres

Zp ft \ θ°C / °F	-20 / -4	0 / +32	+15 / +59	+30 / +86	+40 / +104
0	85	100	110	120	130
2000	105	120	130	145	155
4000	125	145	160	175	190
6000	150	175	195	215	230
8000	190	220	240	265	285

Vitesse de montée VI=90km/h-49kt-56MPH

Distance de franchissement de l'obstacle de 15 m (en mètres)

Zp ft \ θ°C / °F	-20 / -4	0 / +32	+15 / +59	+30 / +86	+40 / +104
0	225	255	280	305	325
2000	270	310	335	370	395
4000	330	375	415	460	490
6000	405	470	525	585	630
8000	525	620	700	785	865

Source : SOCATA
Manuel de VOl MS.880 B

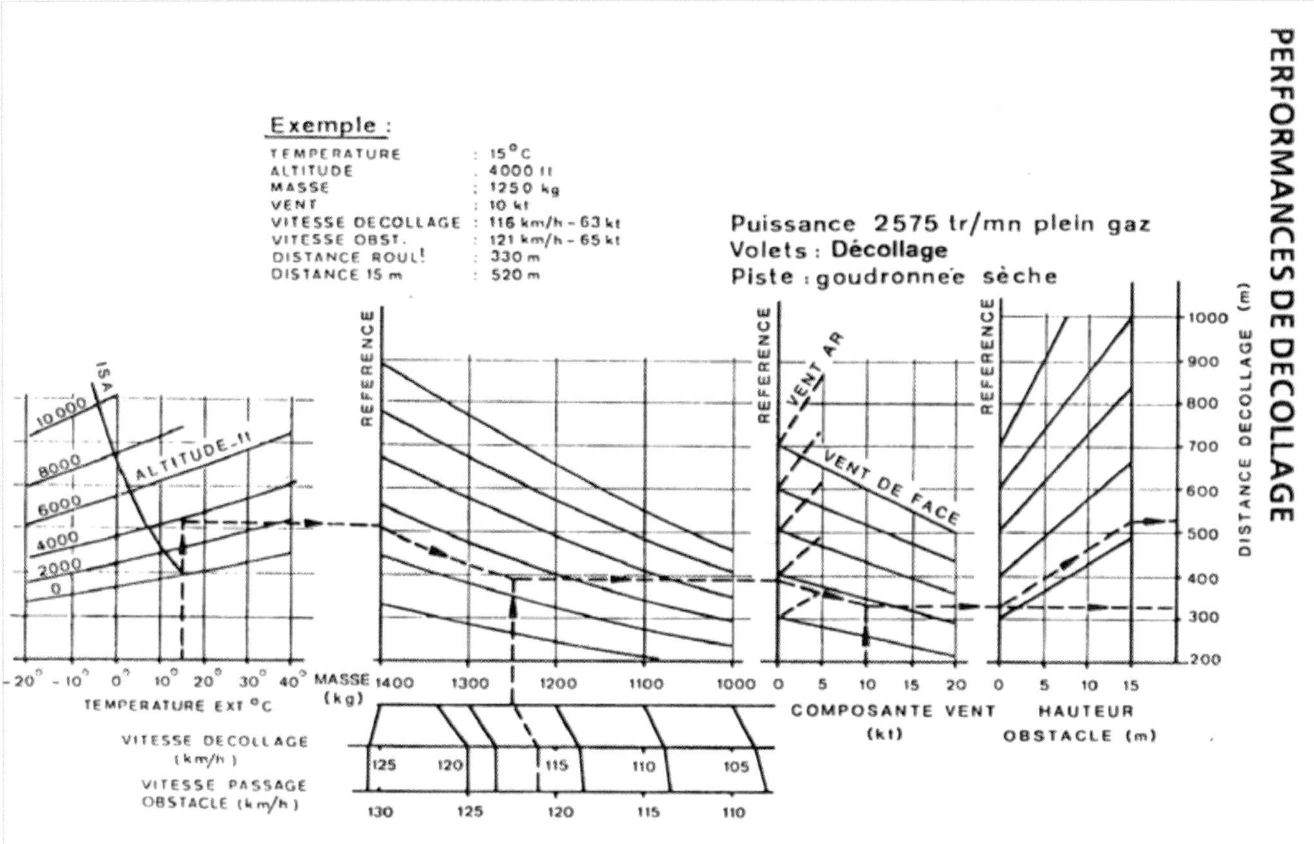
PERFORMANCES DE DECOLLAGE
Exemple :
TEMPERATURE : 15°C
ALTITUDE : 4000 ft
MASSE : 1250 kg
VENT : 10 kt
VITESSE DECOLLAGE : 116 km/h - 63 kt
VITESSE OBST. : 121 km/h - 65 kt
DISTANCE ROUL! : 330 m
DISTANCE 15 m : 520 m
Puissance 2575 tr/mn plein gaz
Volets : Décollage
Piste : goudronnée sèche
ISA
ALTITUDE ft
REFERENCE
VENT AR
VENT DE FACE
TEMPERATURE EXT °C
MASSE (kg)
COMPOSANTE VENT (kt)
HAUTEUR OBSTACLE (m)
DISTANCE DECOLLAGE (m)
VITESSE DECOLLAGE (km/h)
VITESSE PASSAGE OBSTACLE (km/h)

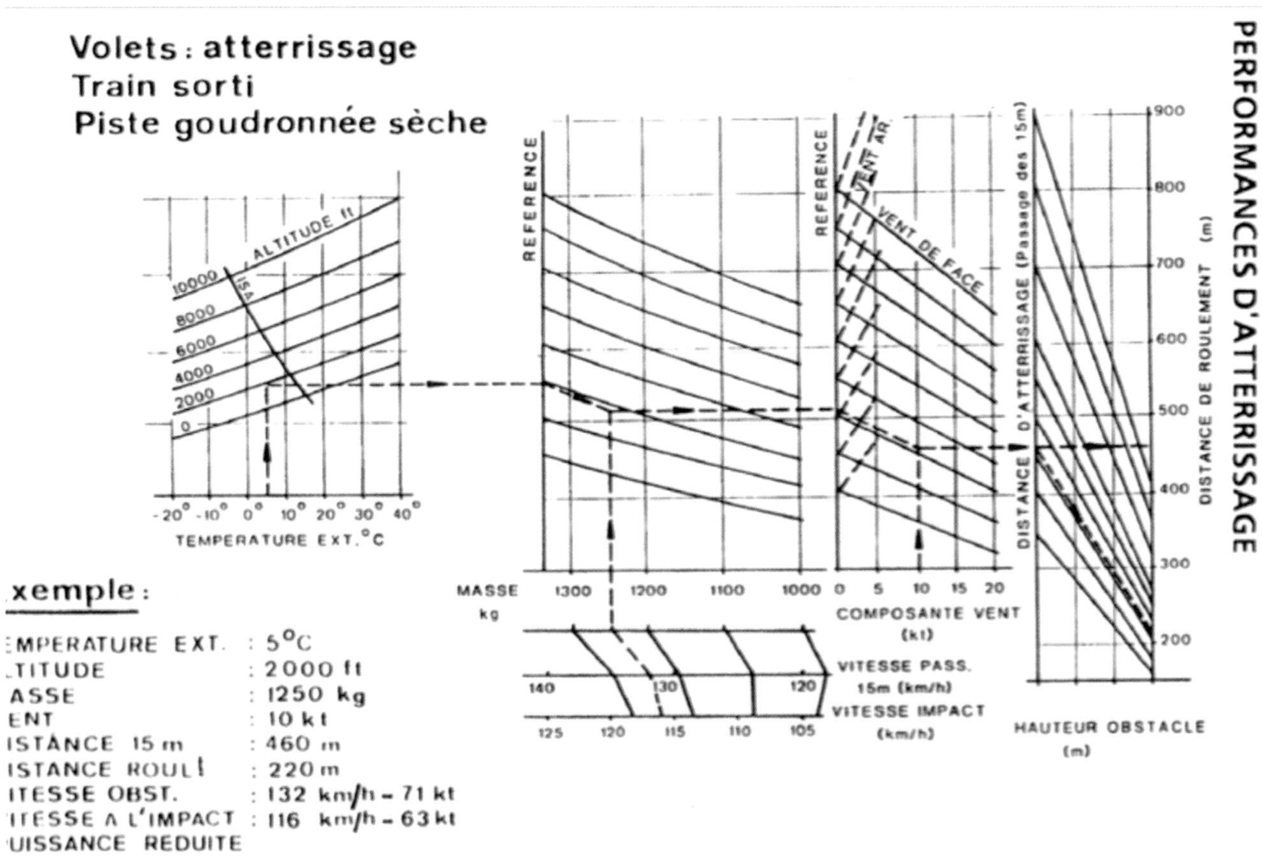
PERFORMANCES D'ATTERRISSAGE
Volets : atterrissage
Train sorti
Piste goudronnée sèche
ALTITUDE ft
ISA
REFERENCE
VENT AR
VENT DE FACE
TEMPERATURE EXT. °C
MASSE kg
COMPOSANTE VENT (kt)
VITESSE PASS. 15m (km/h)
VITESSE IMPACT (km/h)
DISTANCE D'ATTERRISSAGE (Passage des 15m)
DISTANCE DE ROULEMENT (m)
HAUTEUR OBSTACLE (m)
xemple :
EMPERATURE EXT. : 5°C
LTITUDE : 2000 ft
ASSE : 1250 kg
ENT : 10 kt
ISTANCE 15 m : 460 m
ISTANCE ROUL! : 220 m
ITESSE OBST. : 132 km/h - 71 kt
ITESSE A L'IMPACT : 116 km/h - 63 kt
UISSANCE REDUITE

4.4. Relation Pu/Pn

Les performances d'un appareil en palier sont définies par la relation entre deux données : la puissance nécessaire au vol (caractéristique cellule « courbe planeur ») et la puissance utile (caractéristique moteur « courbe GMP »).

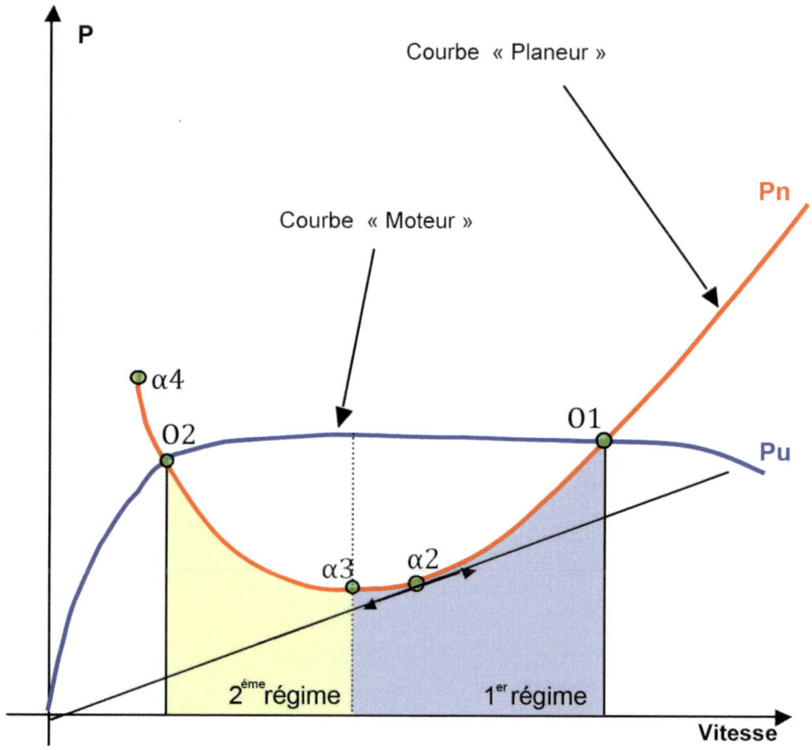

- **O1** : vitesse maximale en palier.
- **O2** : vitesse mini en palier.
- **α4** : incidence de décrochage.
- **α3** : incidence de puissance nécessaire mini. Correspond également à l'incidence de vario et d'autonomie maximale.
- **α2** : incidence présentant le meilleur rapport V/Pn. Distance franchissable maximale.

À partir de ces deux courbes, on définit également une notion très importante : **les deux régimes de vol**.

Entre α3 et O1 s'étend le **premier régime**. Cette plage correspond aux vols aux **faibles incidences**.

C'est le régime « normal » de vol : pour voler plus rapidement, l'appareil a besoin de plus de puissance.

Entre α3 et O2 s'étend le **second régime**. Il correspond au vol à **grande incidence** (faible vitesse). Si un pilote se trouve à ce régime et désire décélérer en palier, **l'augmentation d'incidence nécessaire** au maintien du palier va engendrer une **augmentation très importante de la traînée** et imposer une augmentation de puissance !

Au second régime, on a donc besoin de plus de puissance pour voler plus lentement. C'est un régime instable.

Si le pilote poursuit sa décélération au-delà de O2, **la puissance utile ne permet plus le maintien du palier**. La seule façon de sortir de la partie basse du second régime est de diminuer l'incidence, donc de **mettre**

l'appareil en descente.

C'est pour cela qu'il faut absolument **éviter le second régime à proximité du sol**, en particulier :

- **décollage avant la Vr, prise d'assiette trop importante, masse et température élevée : majorer plutôt Vr ou faire un palier d'accélération,**
- **approche basse à faible vitesse suivie d'une variation d'assiette importante et d'une augmentation de puissance trop « timide » pour rattraper le plan, en particulier par fort vent. Ne pas hésiter à mettre toute la puissance et à ne la réduire que lorsque la vitesse est acquise.**

N.B. : **l'autonomie** d'un appareil **(α3)** est le **temps de vol possible** compte tenu de ses réserves d'essence, du type de croisière, de l'altitude et des conditions du jour. C'est une valeur constante (pour des paramètres constants).

α3 correspond à l'incidence d'autonomie maximale.

La **distance franchissable (α2)** est définie en fonction des mêmes paramètres, mais dépend également du vent et varie donc de façon très importante. C'est pourquoi le pilote raisonne en temps et non en distance. Le **rayon d'action** est la distance aller-retour franchissable maximum de l'appareil (notion plus militaire que civile).

α2 correspond à l'incidence de meilleure distance franchissable.

4.5. Les pentes de montée

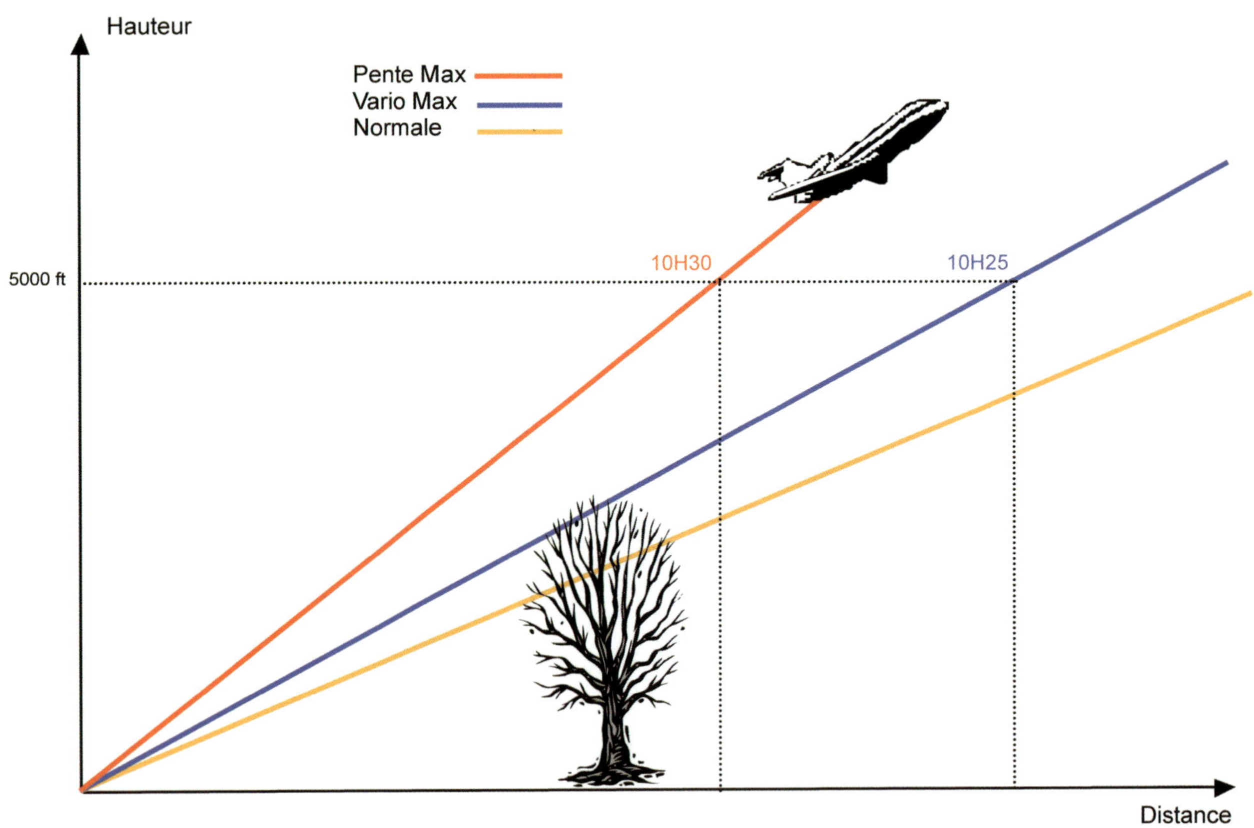

On utilise trois types de montées sur appareil. Les paramètres de ces montées (vitesse, puissance et position des volets) sont définis dans le manuel de vol.

PERFORMANCES DE MONTEE

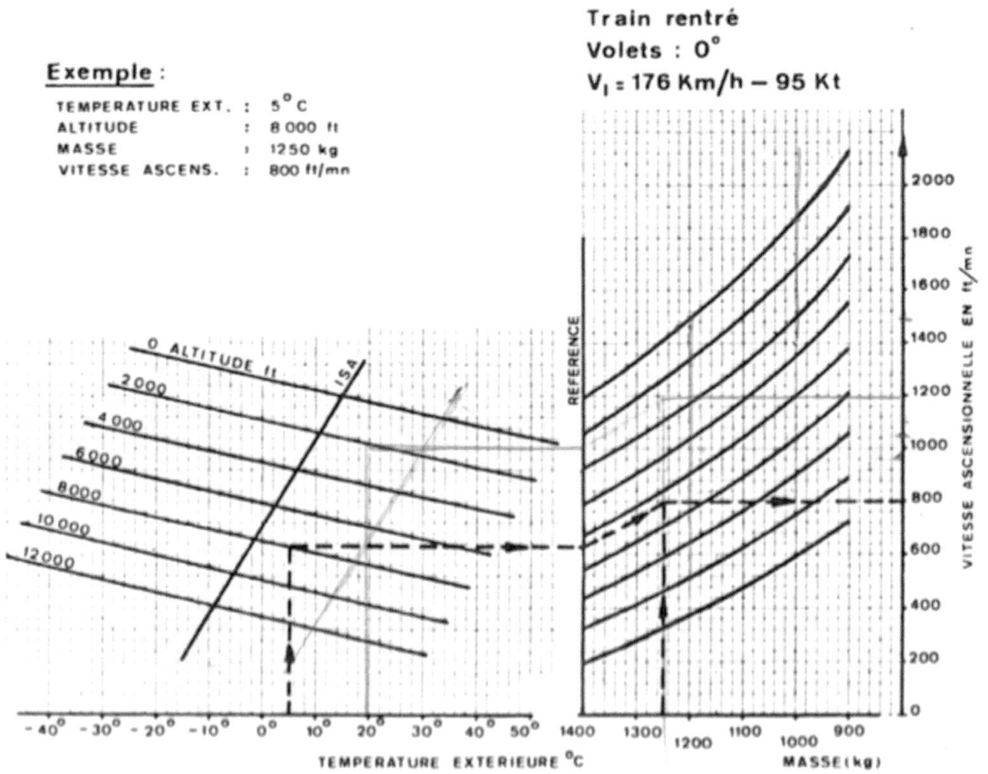

PERFORMANCES DE MONTEE - Distance parcourue - Temps - Consommation

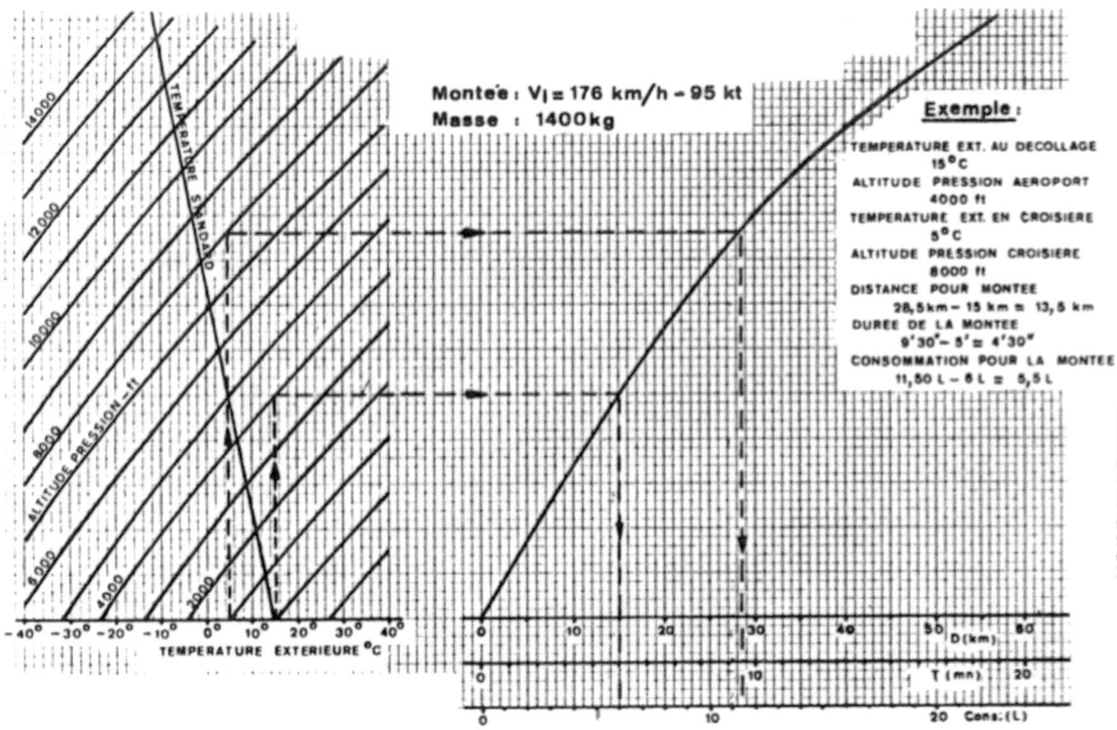

- **La montée à pente maximale (Vy)** : elle est utilisée pour franchir les **obstacles** ou pour des procédures antibruit. L'appareil gagne le maximum de **hauteur** sur la **distance** la plus courte. Si, pour monter davantage, le pilote augmentait l'assiette à cabrer, l'augmentation de traînée engendrée provoquerait une diminution de la pente. Par température extérieure élevée, surveiller la température moteur lors de montées prolongées.
  Exemple : Rallye MS 880 : volets 0° / Pu Max / Vi = 55 kt

- **La montée à variomètre maximale (Vz max)** : elle est utilisée pour atteindre une **altitude** en un **temps** minimum. La pente est plus faible que lors d'une montée à pente max, mais la vitesse sur trajectoire est plus élevée. Par température extérieure élevée, surveiller la température moteur lors de montées prolongées.
  Exemple : Rallye MS 880 : volets 0° / Pu max / Vi = 60 kt

- **La montée normale** : utilisée lorsque les circonstances ne nécessitent pas l'utilisation d'une pente particulière. Permet un meilleur **refroidissement** du moteur.
  Exemple : Rallye MS 880 : volets 0° / Pu max / Vi = 70 kt

4.6. Performances en palier

Sur un appareil léger, la croisière est définie par des **paramètres** à afficher. Ces paramètres se trouvent dans le **manuel de vol**, section performances. Les paramètres sont :
- pour un appareil équipé d'une hélice à calage fixe : le nombre de tours/minute de l'hélice,
- pour un appareil équipé d'une hélice à calage variable : la pression d'admission, le régime hélice, le fuel flow.

Les paramètres sont soumis à des facteurs de variations qui sont pris en compte dans les tableaux du manuel de vol (altitude pression, température extérieure).

Le pilote devra tout d'abord déterminer le **type de croisière** qu'il voudra effectuer : croisière rapide ou économique.
Ensuite en fonction de son **altitude** (et de la température extérieure) il déterminera les paramètres.
Le tableau lui donnera également sa Vp, sa consommation et son autonomie dans ces conditions.

Exemple :

Pour une croisière rapide (75 %) à 4 000 ft, le pilote devra afficher 2 680 Tr / in.

Il aura alors :
Une vitesse indiquée de 161 km/h
Une vitesse propre de 171 km/h
Une consommation de 23,5 l/h
Une autonomie de 4H05

5.4 - Performances en palier
A la masse de 770 kg - 1695 lb

5.4.1 - Performances avec capacité carburant 96 L.

PUISSANCE 75 %			75 HP				
Zp ft	N tr/mn	PA m.bar	VI Km/h	VP km/h	Cons. l/h	Autonomie h.mn	km
0	2550	825	166	166	22,5	4.15	700
2000	2610	805	164	169	23	4.10	700
4000	2680	785	161	171	23,5	4.05	700
6000	2740	760	158	173	24	4	690
PUISSANCE 70 %			70 HP				
0	2490	795	160	160	21,5	4.27	710
2000	2540	775	158	162	21,5	4.27	720
4000	2600	755	155	164	22	4.27	715
6000	2670	735	152	166	22,5	4.15	705
8000	2740	715	149	168	23	4.10	700
PUISSANCE 65 %			65 HP				
0	2430	765	154	154	20,5	4.40	720
2000	2470	750	151	155	20,5	4.40	725
4000	2520	730	148	157	21	4.33	715
6000	2580	710	145	158	21	4.33	720
8000	2660	695	141	159	21,5	4.27	710

Source : SOCATA
Manuel de Vol MS 880 B

Remarque 1 : la distance franchissable indiquée en kilomètres ne sera franchie que par vent nul (ou arrière). Sur le Rallye, les différences de performances entre les différents types de croisières sont très peu significatives, ce qui n'est pas le cas sur des appareils plus performants.

Remarque 2 : on remarque que les tableaux de la croisière à 75 % de la puissance maximale s'arrêtent à 6 000 ft. Au-dessus de cette altitude, la diminution de la quantité d'oxygène ne permet plus au moteur de délivrer une puissance égale à 75 % (manette au tableau de bord).
L'altitude maximale à laquelle peut voler un appareil est appelée son plafond. Sur le Rallye, le plafond est de 10 000 ft.

Remarque 3 : l'altitude pression (Zp) est l'altitude de l'appareil au calage 1013.

PERFORMANCES DE CROISIERE - Consommation minimale

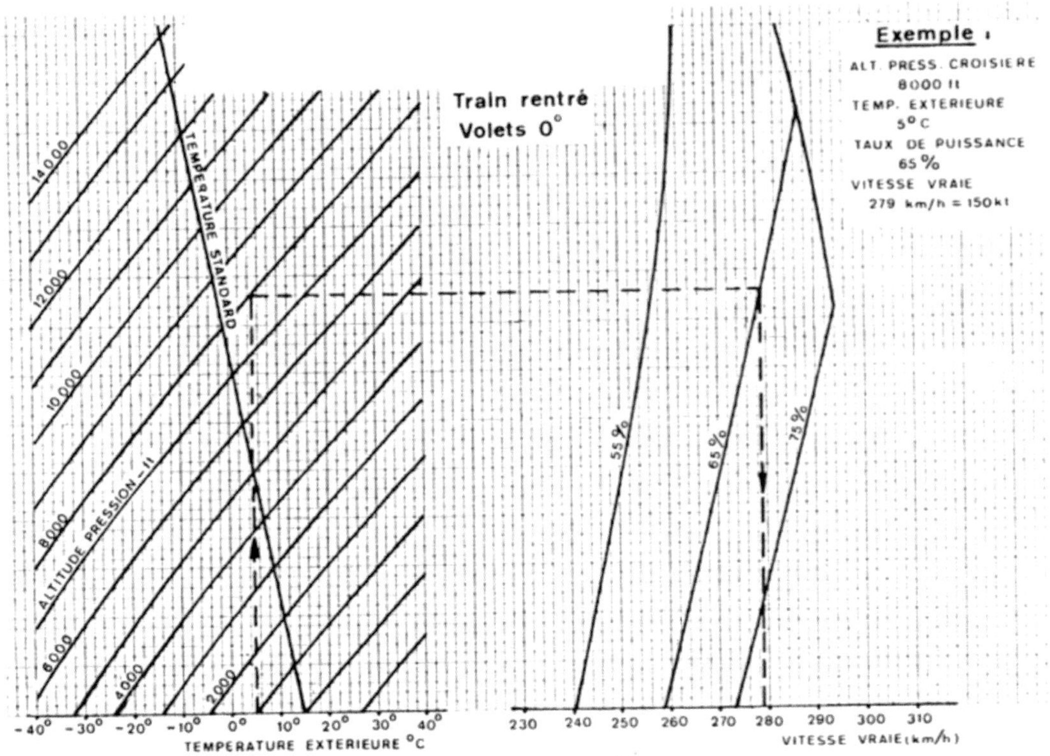

DISTANCES FRANCHISSABLES - Consommation minimale

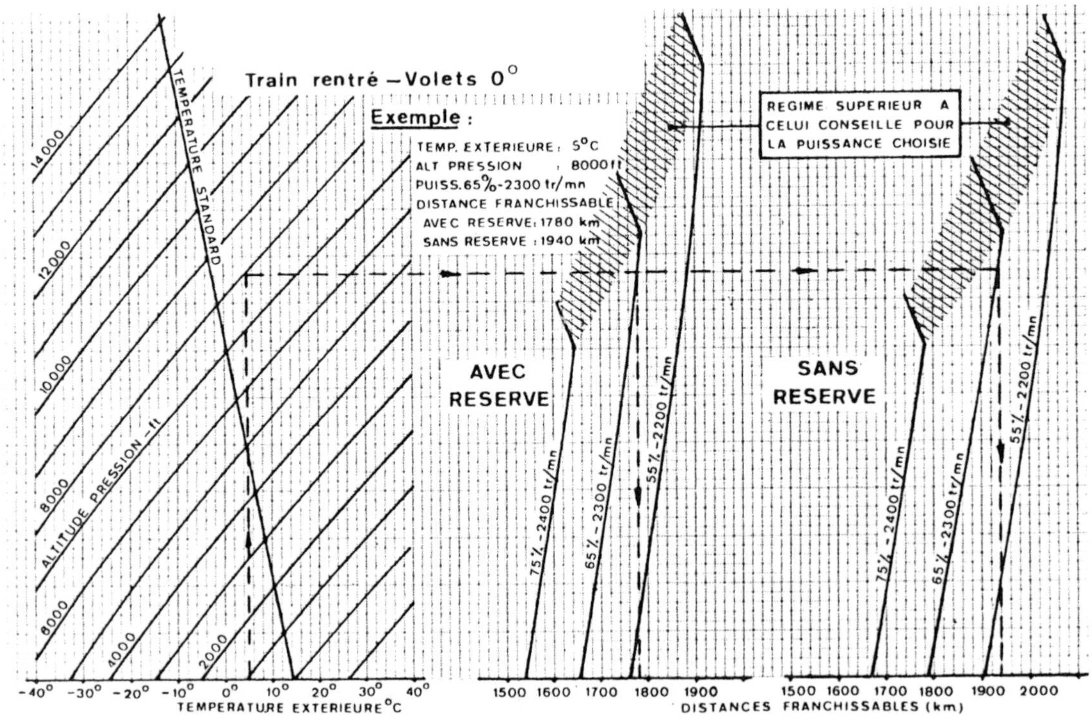

Entraînement à l'examen théorique

1 - Le manuel de vol et le certificat de navigabilité d'un aéronef indiquent un certain nombre de restrictions relatives à la résistance de la cellule. Ces restrictions portent sur :
1/ le facteur de charge
2/ la masse maximale autorisée au décollage
3/ la masse maximale autorisée à l'atterrissage
4/ les limites de la plage de centrage
5/ une vitesse maximale à ne pas dépasser
6/ une vitesse maximale à ne pas dépasser en-dessous du niveau de vol 100
7/ une vitesse à ne pas dépasser en air turbulent

a) 1, 2, 3, 4, 5 □
b) 1, 2, 4, 5, 6 □
c) 1, 2, 5, 6, 7 □
d) 1, 2, 3, 5, 7 □

2 - Le carnet de route (choisir la combinaison exacte la plus complète) :
1/ est rempli sous la responsabilité du commandant de bord
2/ doit être emporté pour tout vol
3/ doit indiquer les anomalies remarquées au cours des vols (ou une mention explicite d'absence d'anomalie)
4/ doit indiquer l'approbation pour remise en service (APRS) après toute opération d'entretien

a) 1, 2, 4 □
b) 1, 2, 3, 4 □
c) 1, 3, 4 □
d) 1, 2, 3 □

3 - En vol local, est obligatoire l'emport :

a) du manuel de vol et de la fiche de pesée □
b) du document de navigabilité □
c) de votre carnet de vol □
d) de votre licence □

4 - Le manuel de vol et le certificat de navigabilité d'un aéronef indiquent un certain nombre de restrictions relatives à la résistance de la cellule. Ces restrictions portent sur :
1/ le facteur de charge
2/ la masse maximale autorisée au décollage
3/ la masse maximale autorisée à l'atterrissage
4/ les limites de la plage de centrage
5/ une vitesse maximale à ne pas dépasser
6/ une vitesse maximale à ne pas dépasser en dessous du niveau de vol 100
7/ une vitesse à ne pas dépasser en air turbulent

a) 1, 2, 5, 6, 7 □
b) 1, 2, 3, 5, 7 □
c) 1, 2, 3, 4, 5 □
d) 1, 2, 4, 5, 6 □

5 - Si vous constatez que la date d'échéance de votre CEN est dépassée, l'avion :

a) est inapte au vol □
b) n'est utilisable qu'en VFR □
c) est certifié pour le vol à voile □
d) est apte au vol □

6 - Sur le certificat d'immatriculation, vous lisez :
1/ le type de l'aéronef
2/ le nom du propriétaire
3/ la date de délivrance du document
4/ l'immatriculation de l'aéronef
5/ l'aérodrome de rattachement de l'aéronef
6/ la date de fin de validation du document

a) 1, 2, 3, 4, 5, 6 □
b) 1, 2, 3, 4, 5 □
c) 1, 2, 3, 4 □
d) 1, 2, 4 □

7 - Le certificat d'immatriculation d'un aéronef est délivré par :

a) les JAA □
b) l'OACI □
c) EUROCONTROL □
d) le pays dont il porte la marque de nationalité □

8 - Le manuel de vol de l'avion et la fiche de pesée doivent être à bord :

a) uniquement pour les vols VFR de nuit □
b) uniquement pour les vols pour lesquels un atterrissage est prévu sur un aérodrome différent de l'aérodrome de décollage □
c) uniquement pour les vols locaux □
d) pour tout vol □

9 - La licence FCL de pilote privé (PPL) est valide :

a) tant qu'est valide le certificat médical □
b) 2 ans pour pilotes de moins de 40 ans, 1 an pour les pilotes de plus de 40 ans □
c) tant que sont valides une qualification de classe et le certificat médical □
d) tant qu'est valide une qualification de classe □

10 - La distance de décollage est la distance parcourue par l'appareil depuis le lâcher des freins jusqu'au point où :

a) il atteint l'extrémité de la piste □
b) il atteint une hauteur de 15 m au-dessus de la piste □
c) les roues quittent le sol □
d) il peut être cabré (rotation) □

11 - La distance d'atterrissage est la distance parcourue par l'appareil depuis le franchissement du seuil de piste à une hauteur de 15 mètres :

a) jusqu'au point de sortie de la piste □
b) jusqu'au point de toucher des roues □
c) jusqu'à l'obtention d'une vitesse contrôlée □
d) jusqu'à l'arrêt complet de l'appareil □

12 - La distance d'atterrissage dépend (choisir la combinaison exacte la plus complète) :

1/ de l'altitude de l'aérodrome
2/ du vent en force et en direction
3/ de l'état de surface du sol
4/ de la température
5/ de la masse de l'avion
6/ de la pente de la piste

a) 2, 3, 5, 6 □
b) 1, 2, 3, 4, 5, 6 □
c) 2, 3, 4, 6 □
d) 1, 2, 4, 5, 6 □

13 - La distance de décollage dépend (choisir la combinaison exacte la plus complète) :

1/ de l'altitude de l'aérodrome
2/ du vent en force et en direction
3/ de l'état de surface du sol
4/ de la température
5/ de la masse de l'avion
6/ de la pente de la piste

a) 1, 2, 4, 5, 6 □
b) 1, 2, 3, 4, 6 □
c) 1, 2, 3, 4, 5, 6 □
d) 2, 3, 5, 6 □

14 - La condition la plus pénalisante sur la distance de décollage est :

a) une masse réduite, vent de face □
b) une masse réduite, vent nul □
c) une masse élevée, vent nul □
d) une masse élevée, vent de face □

15 - La condition la plus favorable à une distance de décollage réduite est une piste :

a) descendante, en dur □
b) descendante, en herbe □
c) montante, en dur □
d) montante, en herbe □

16 - (TORA = take-off run available, TODA = take-off distance available) La longueur de la piste de votre aérodrome est 1 700 m. Chaque extrémité est pourvue d'un prolongement dégagé de 200 m. Vous concluez :

a) TORA = 1 700 m et TODA = 2 100 m □
b) TORA = 1 500 m et TODA = 1 700 m □
c) TORA = 1 700 m et TODA = 1 900 m □
d) TORA = 1 900 m et TODA = 1 700 m □

17 - Sur la piste 30, la distance de décollage disponible est :

DEAUVILLE SAINT GATIEN
AD2 LFRG ATT 01
12 MAY 05
ATTERRISSAGE A VUE
Visual landing

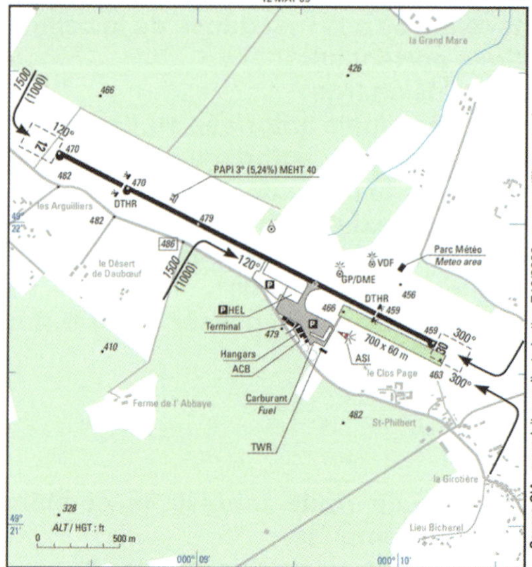

Source SIA - reproduit avec l'autorisation E10/2009 - ne pas utiliser en vol

RWY	QFU	Dimensions *Dimension*	Nature *Surface*	Résistance *Strength*	TODA	ASDA	LDA
12 30	120 300	2550 x 45	Revêtue *Paved*	39 F/C/W/T	2750 2750	2550 2550	2100 2130

Aides lumineuses :
RWY 12/30 : HI extrémités BI
RWY 12 : DTHR BI
RWY 30 : DTHR HI

Lighting aids :
RWY 12/30 : LIH . End of RWY : LIL
RWY 12 : LIL DTHR
RWY 30 : LIH DTHR

a) 2 130 m □
b) 2 550 m □
c) 2 100 m □
d) 2 750 m □

18 - La montée à vitesse ascensionnelle maximale (Vz max) :

a) permet d'atteindre une altitude donnée sur une distance minimale □
b) permet d'atteindre une altitude donnée en un temps minimal □
c) correspond au meilleur angle de montée □
d) est utilisée systématiquement pour franchir les obstacles pénalisant □

19 - La distance que l'on peut parcourir avec une quantité de carburant donnée s'appelle :

a) autonomie □
b) distance franchissable □
c) rayon d'action □
d) délestage □

20 - Un inconvénient majeur de la montée à pente maximale est :

a) le refroidissement moteur moins efficace □
b) la vitesse trop grande pour manœuvrer □
c) l'incidence proche de 0° □
d) le risque accru de givrage du carburateur □

EXAMEN BLANC DE L'ÉPREUVE THÉORIQUE

SECTION AÉROTECHNIQUE - Corrections pages 384

1- Le rôle du compensateur de profondeur est d'annuler :
- a) les variations d'incidence subies ☐
- b) l'effort permanent sur la commande de profondeur ☐
- c) la traînée de l'avion en virage ☐
- d) le braquage de la commande de profondeur ☐

2 - La VNE est une limitation :
- a) du régime moteur ☐
- b) d'effort aérodynamique sur la cellule ☐
- c) du vent traversier ☐
- d) d'effort sur le train d'atterrissage ☐

3 - Les volets de type fowler augmentent la portance par :
1/ augmentation de l'incidence maximum de l'aile
2/ augmentation de la surface de l'aile
3/ augmentation du coefficient de portance
4/ augmentation de la courbure de l'aile
- a) 1 + 2 + 4 ☐
- b) 2 + 3 + 4 ☐
- c) 2 + 4 ☐
- d) 1 ☐

4 - La gouverne de profondeur est une surface :
- a) mobile horizontale située à l'arrière de l'avion ☐
- b) fixe et horizontale située à l'arrière de l'avion ☐
- c) mobile fixée au bord de fuite de l'aile ☐
- d) commandée par une action latérale sur le manche ☐

5- Les ailerons sont deux surfaces mobiles :
- a) fixées au bord de fuite de l'aile à proximité immédiate du fuselage ☐
- b) verticales à l'arrière de l'avion ☐
- c) fixées au bord de fuite de l'aile à son extrémité ☐
- d) qui permettent les changements d'assiette de l'avion ☐

6- Le grade des huiles d'aviation caractérise :
- a) leur viscosité ☐
- b) leur point d'éclair (température d'inflammation spontanée) ☐
- c) leur niveau de compression maximal ☐
- d) leur taux de dilution dans le carburant ☐

7 - Le flotteur du carburateur :
- a) pulvérise l'essence en fines gouttelettes ☐
- b) provoque la dépression qui aspire le mélange carburateur ☐
- c) régule le débit de mélange admis dans les cylindres ☐
- d) maintient un niveau d'essence constant dans la cuve ☐

8 - Lorsque le mélange essence/air est trop pauvre :
- a) la température de la culasse est trop basse, entraînant une mauvaise homogénéité thermique du moteur ☐
- b) la consommation de carburant est trop élevée ☐
- c) aucune conséquence importante n'est à craindre ☐
- d) il y a risque de surchauffe du moteur ☐

9 - L'EGT mesure :
- a) la température de la culasse ☐
- b) la température des gaz d'échappement ☐
- c) la température extérieure ☐
- d) la pression d'admission ☐

10 - Les magnétos :
1/ font partie du circuit d'allumage
2/ sont entraînées par le moteur
3/ nécessitent une alimentation électrique externe : batterie ou alternateur
4/ sont au nombre de 2 par moteur
- a) 1 + 4 ☐
- b) 1 + 2 + 3 + 4 ☐
- c) 1 + 2 + 4 ☐
- d) 2 + 4 ☐

11 - Le givrage carburateur :
1/ ne peut arriver pour des températures extérieures positives
2/ peut entraîner l'arrêt du moteur
3/ dépend de l'humidité de l'air et de la température
4/ forme une couche de glace sur l'aile
- a) 1 + 4 ☐
- b) 1 + 2 + 3 + 4 ☐
- c) 1 + 3 + 4 ☐
- d) 2 + 3 ☐

12 - Lors des essais magnéto vous relevez 3 mesures de régime :
La chute magnéto 1, la chute magnéto 2, l'écart entre les 2 mesures
Vous pouvez décoller si :
- a) l'écart est anormal, pourvu que chaque magnéto donne une chute satisfaisante ☐
- b) Les trois comparaisons sont satisfaisantes ☐
- c) une seule magnéto donne une chute anormale ☐
- d) chaque magnéto donne une chute anormale, pourvu que l'écart soit satisfaisant ☐

13 - Le rôle de la manette de mélange est :
- a) de faciliter le démarrage en augmentant le débit d'essence ☐
- b) de régler le rapport air / essence en fonction de l'altitude ☐
- c) d'éviter le givrage ☐
- d) de faire varier la puissance ☐

14 - Lorsque l'avion s'élève, la diminution de la densité de l'air aura tendance à :
- a) appauvrir le mélange ☐
- b) enrichir le mélange ☐
- c) provoquer un givrage carburateur ☐
- d) faire augmenter la portance ☐

15 - L'essence 100LL est de couleur :
- a) bleue ☐
- b) verte ☐
- c) rose ☐
- d) violette ☐

16 - Les deux Robin de votre école sont identiques en tous points, sauf l'hélice. Aujourd'hui, vous volerez sur celui équipé d'une hélice «petit pas» (c'est-à-dire à faible calage). Vous vous attendez à :

a) de bonnes performances au décollage sans conséquence sur les performances en montée ☐
b) de bonnes performances en croisière au détriment des performances au décollage ☐
c) de bonnes performances au décollage au détriment des performances en croisière ☐
d) de bonnes performances au décollage et en croisière ☐

17 - En cas de panne de l'alternateur :
1/ Seule la batterie fournit du courant électrique
2/ La charge indiquée est négative
3/ Il faut se poser d'urgence car le moteur va s'arrêter lorsque la batterie sera déchargée
4/ Il faut couper toute les servitudes électriques non indispensables

a) 1 ☐
b) 1 + 2 + 4 ☐
c) 1 + 2 + 3 ☐
d) 1 + 3 ☐

18 - La manette de pas d'hélice permet d'afficher :

a) une pression d'admission ☐
b) un débit carburant ☐
c) un nombre de tours ☐
d) la vitesse de l'avion ☐

19 - Sur un avion équipé d'une hélice à vitesse constante, la manette de puissance permet d'afficher :

a) un nombre de tours moteur ☐
b) un nombre de tours hélice ☐
c) une pression d'admission ☐
d) la température d'huile ☐

20 - Sur un avion équipé d'une hélice à vitesse constante, l'affichage des paramètres moteur s'effectue à l'aide des commandes :

a) de puissance, de pas d'hélice et de mélange ☐
b) de pas d'hélice et de mélange ☐
c) de puissance et de mélange ☐
d) de vol ☐

21 - Sur une hélice à calage fixe, la vitesse de rotation de l'hélice est commandée par la manette de :

a) puissance ☐
b) richesse ☐
c) pas d'hélice ☐
d) mixture ☐

22- Sur un avion muni d'une hélice à vitesse constante le grand pas sera utilisé pour :

a) le vol en croisière ou à vitesse élevée ☐
b) les phases d'atterrissage et de décollage ☐
c) les décollages sur terrains en altitude ☐
d) par grand vent ☐

23 - L'anémomètre indique :

a) la vitesse indiquée ☐
b) la vitesse sol ☐
c) la vitesse propre ☐
d) la vitesse vraie (vitesse air) ☐

24 - A propos de la vitesse indiquée et de la vitesse propre :
1/ lorsque l'altitude augmente la Vi diminue pour une Vp identique
2/ lorsque l'altitude augmente la Vi augmente pour une Vp identique
3/ Vp = Vi + 1% de Vi par tranche de 600 Ft
4/ Vp = Vi - 1% de Vi par tranche de 600 Ft

a) 1 + 3 ☐
b) 1 + 4 ☐
c) 2 + 3 ☐
d) 2 + 4 ☐

25 - Sur l'anémomètre ou badin :
1/ les limites de l'arc blanc sont Vso et Vfe
2/ la limite supérieure de l'arc orange est VNE, vitesse à ne jamais dépasser
3/ on peut évoluer dans l'arc orange en atmosphère turbulente
4/ la petite aiguille indique les milliers de pieds et la grande les centaines

a) 1 + 3 ☐
b) 1 + 2 ☐
c) 1 + 2 + 3 ☐
d) 1 + 2 + 3 + 4 ☐

26 - L'altimètre :
1/ calé à 1013 indique un niveau de vol
2/ calé au QNH indique une altitude
3/ calé au QFE indique une hauteur
4/ doit être fermement calé au tableau de bord par le pilote

a) 1 + 3 ☐
b) 1 + 2 + 3 +4 ☐
c) 1 + 2 +3 ☐
d) 2 ☐

27 - La pression dynamique est mesurée :

a) à l'aide de prises statiques de part et d'autre du fuselage ☐
b) par la différence des mesures de pression totale et statique ☐
c) à l'aide de la chaîne altimétrique ☐
d) par le GPS ☐

28 - Sur un anémomètre, le secteur blanc indique la plage :

a) de vitesses recommandées en approche ☐
b) de vitesses où il ne faut pas incliner l'avion à plus de 30° ☐
c) d'utilisation des volets ☐
d) de décrochage ☐

29 - Sur l'anémomètre, le trait rouge représente la vitesse :

a) de décrochage ☐
b) recommandée en air turbulent ☐
c) à ne jamais dépasser (VNE.) ☐
d) de croisière ☐

30 - La VNO est la vitesse :

a) maximale de structure en croisière ☐
b) maximale à ne jamais dépasser en atmosphère turbulente ☐
c) de sortie du train d'atterrissage ☐
d) la plus rapide que l'avion peut utiliser ☐

31 - La pression affichée dans la fenêtre de l'altimètre est une pression :
- a) de référence choisie par le pilote ☐
- b) fixe à partir de laquelle est étalonné l'altimètre ☐
- c) fixe dite pression standard ☐
- d) de 1013 hPa ☐

32 - L'instrument qui permet de détecter un dérapage est :
- a) le conservateur de cap ☐
- b) la bille ☐
- c) l'horizon artificiel ☐
- d) l'indicateur de virage ☐

33 - Le directionnel :
- a) est la référence de cap et sert à recaler le compas périodiquement ☐
- b) indique le cap déduit de la mesure de dérapage ☐
- c) maintient le cap sans intervention du pilote ☐
- d) peut donner un cap erroné s'il est mal réglé ☐

34 - L'assiette, qui est la mesure de la position de l'avion en tangage sur l'horizon artificiel, est l'angle compris entre :
- a) la trajectoire et l'axe longitudinal de l'avion ☐
- b) la trajectoire et la corde de profil ☐
- c) l'horizontale et la trajectoire ☐
- d) l'axe longitudinal et l'horizontale ☐

35 - Le cap lu sur le compas est :

1/ le cap compas
2/ le cap magnétique
3/ stable en virage
4/ inexploitable en virage

- a) 2 + 4 ☐
- b) 1 + 4 ☐
- c) 1 + 3 ☐
- d) 2 + 3 ☐

36 - Donnez la bonne réponse :
- a) Assiette = pente + incidence ☐
- b) Assiette = pente - incidence ☐
- c) Pente = assiette + incidence ☐
- d) Assiette = incidence ☐

37 - Le pilote dispose de deux moyens pour contrôler l'assiette qui sont :
- a) l'horizon artificiel et la bille aiguille ☐
- b) les références extérieures et l'horizon artificiel ☐
- c) le conservateur de cap et l'altimètre ☐
- d) l'anémomètre et l'altimètre ☐

38 - L'anémomètre indique :
- a) la vitesse de l'avion par rapport au sol ☐
- b) la vitesse ascensionnelle de l'avion ☐
- c) la vitesse sur trajectoire air de l'avion ☐
- d) la vitesse vraie de l'avion ☐

39 - Les indications du compas présentent des erreurs lorsque l'avion est en virage :
- a) vrai pour tous les compas ☐
- b) vrai pour les compas à succion ☐
- c) faux pour tous les compas ☐
- d) faux pour les compas à succion ☐

40 - Un horizon artificiel alimenté par dépression fonctionne :
- a) lorsque le contact général est branché et moteur arrêté ☐
- b) lorsque le moteur est en marche ☐
- c) lorsque les contacts magnétos sont sur marche et moteur arrêté ☐
- d) uniquement par source électrique ☐

41 - Le cap magnétique (Cm) est l'orientation de l'axe longitudinal de l'avion par rapport :
- a) à la route magnétique ☐
- b) au nord magnétique ☐
- c) au nord vrai ☐
- d) au nord grille ☐

Notes personnelles et conseils de votre pilote-instructeur – Aérotechnique :

Section 3

MÉTÉOROLOGIE

La nature est capricieuse, c'est elle qui, avant tout, vous donnera le top départ pour partir vous évader avec votre appareil. Mais plus que capricieuse, elle est aussi lunatique et versatile. Voici, en quatre modules, les notions élémentaires pour pouvoir déchiffrer la météorologie, et appréhender la multitude de facettes qu'elle peut avoir, et qui influeront avant votre départ et pendant votre vol.
Beaucoup de notions font déjà partie de la connaissance populaire (comme la formation de nuages ou les phénomènes de brouillard), mais vous côtoierez aussi des notions plus poussées qui vous permettront d'utiliser les différents outils mis en place par les services météorologiques : les cartes des vents et les bulletins météorologiques, indispensables pour préparer votre départ et pour une utilisation sûre de l'appareil en voyage.

Module 1 « L'atmosphère »

1. L'atmosphère, généralités

1.1. Composition

Gaz	Symbole	Pourcentage en volume
Azote	N_2	78 %
Oxygène	O_2	21 %
Argon	A	1 %
Dioxyde de carbone	CO_2	0,03 %
Néon	Ne	Traces
Hélium	He	Traces
Krypton	Kr	Traces
Xénon	Xe	Traces
Hydrogène	H_2	Traces
Méthane	CH_4	Traces
Oxyde Nitreux	N_2O	Traces

1.2. Les différentes couches de l'atmosphère

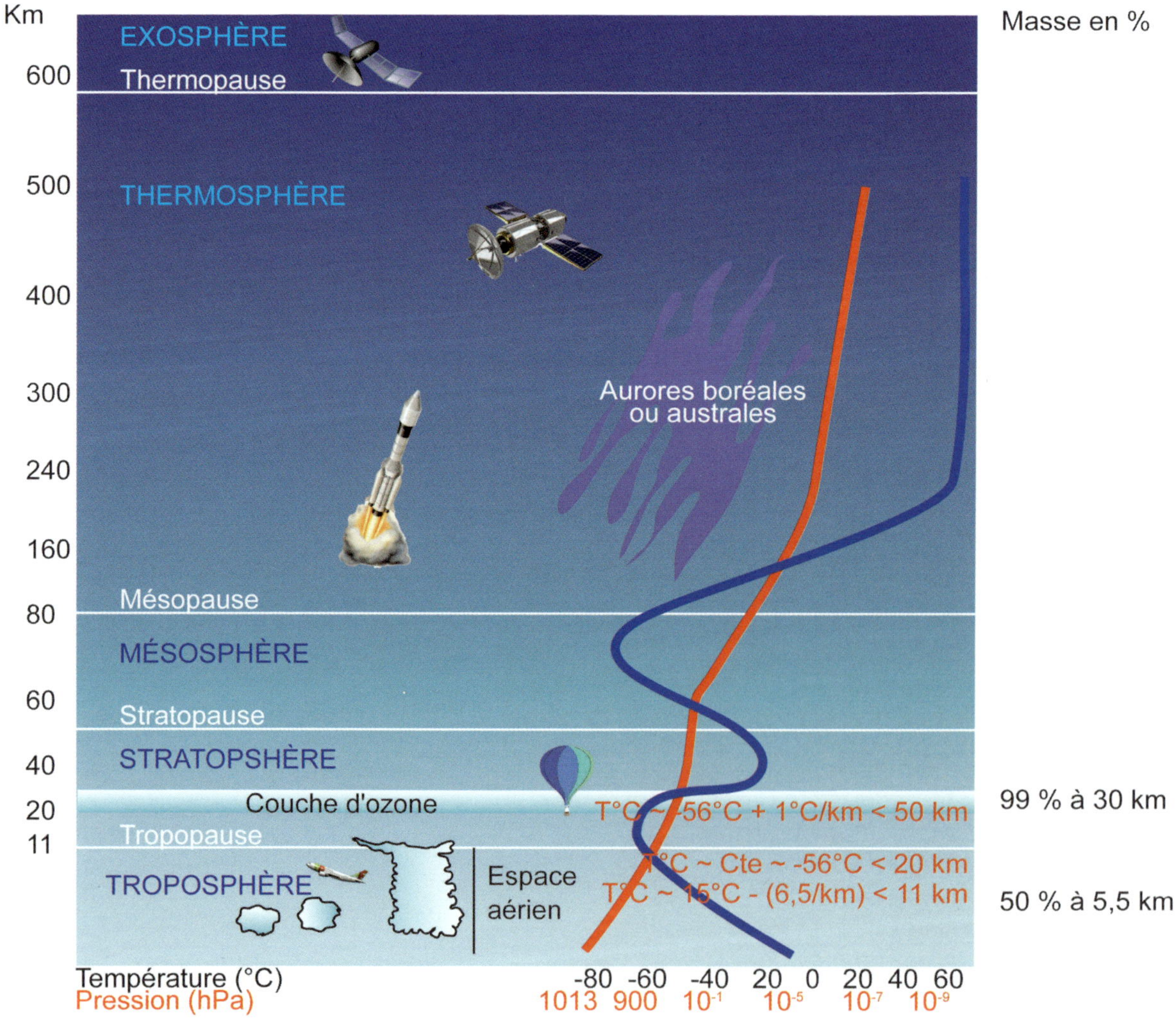

1.3. Épaisseur de la troposphère

L'épaisseur de la troposphère dépend de la température, et n'est donc pas constante. Elle varie d'un minimum de 6 km aux pôles, à un maximum de 20 km à l'équateur, en passant par environ 11 km sous nos latitudes.

De plus, elle subit une variation saisonnière, son épaisseur est ainsi plus élevée l'été pour une région donnée.

La troposphère est définie comme étant la couche dans laquelle s'effectuent les phénomènes météorologiques.

1.4. L'atmosphère standard

Pour les besoins de prévision, il a été établi un modèle d'atmosphère standard. Cette atmosphère suppose une pression au niveau de la mer de 1 013,25 hPa et une température de 15 °C, qui décroît d'environ 2 °C par 1 000 ft soit 6,5 °C par 1 000 m, et ce jusqu'à l'altitude de la tropopause située à 11 000 m.

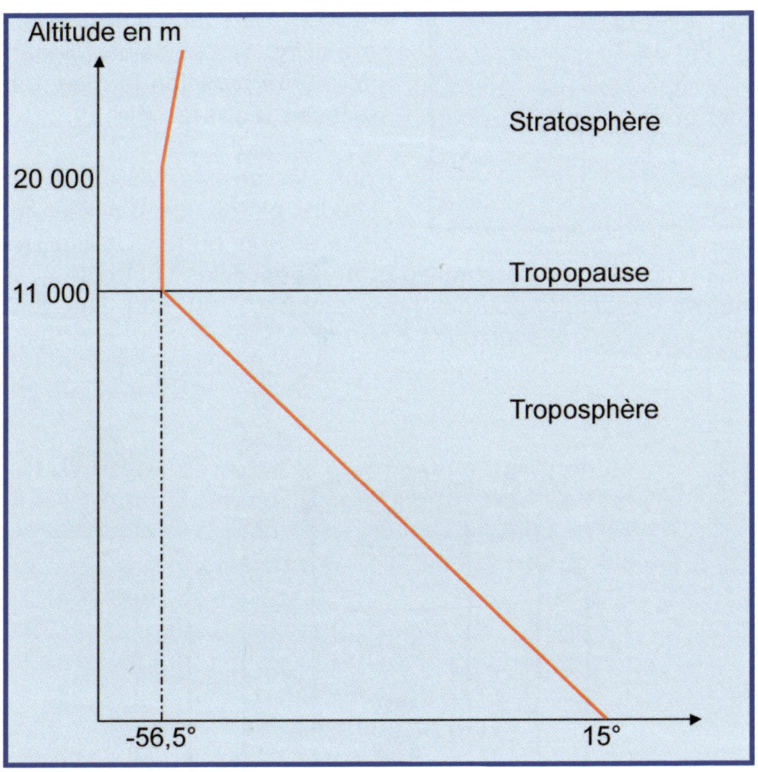

Altitude		Pression	Température
ft	M	hPa	°C
45 000	13 716	148, 2	- 56,5
44 000	13 411	155, 4	- 56,5
43 000	13 106	163, 0	- 56,5
42 000	12 802	171, 0	- 56,5
41 000	12 497	179, 4	- 56,5
40 000	12 192	188, 2	- 56,5
39 000	11 887	197, 5	- 56,5
38 000	11 582	207, 1	- 56,5
37 000	11 278	217, 3	- 56,5
36 000	10 973	228, 0	- 56,2
35 000	10 668	239, 1	- 54,2
34 000	10 363	250, 6	- 52,3
33 000	10 058	262, 6	- 50,3
32 000	9 754	275, 1	- 48,3
31 000	9 449	288, 1	- 46,3
30 000	9 144	301, 5	- 44,4
29 000	8 839	315, 4	- 42,4
28 000	8 534	329, 9	- 40,4
27 000	8 230	344, 9	- 38,4
26 000	7 925	360, 4	- 36,5
25 000	7 620	376, 5	- 34,5
24 000	7 315	393, 2	- 32,5
23 000	7 010	410, 5	- 30,5
22 000	6 706	428, 3	- 28,5
21 000	6 401	446, 8	- 26,6
20 000	6 096	466, 0	- 24,6
19 000	5 791	485, 8	- 22,6
18 000	5 486	506, 3	- 20,6
17 000	5 182	527, 5	- 18,7
16 000	4 877	549, 4	- 16,7
15 000	4 572	572, 1	- 14,7
14 000	4 267	595, 5	- 12,7
13 000	3 962	619, 6	- 10,7
12 000	3 658	644, 6	- 8,8
11 000	3 353	670, 4	- 6,8
10 000	3 048	696, 9	- 4,8
9 000	2 743	724, 4	- 2,8
8 000	2 438	752, 7	- 0,8
7 000	2 134	781, 9	+ 1,1
6 000	1 829	812, 0	+ 3, 1
5 000	1 524	843, 1	+ 5, 1
4 000	1 219	875, 1	+ 7,1
3 000	914	908, 1	+ 9, 1
2 000	610	942, 1	+ 11,0
1 000	305	977, 2	+ 13,0
0	0	1013, 2	+ 15,0
1 000	- 305	1050, 4	+ 17,0
2 000	- 610	1088, 7	+ 19,0

Tableau de l'atmosphère standard simplifié

2. Pression, température et densité

Les pressions atmosphériques sont généralement mesurées en hecto Pascal (unité qui se rapproche de l'ancien millibar). Les anglosaxons utilisent encore le pouce de mercure et certains baromètres domestiques le millimètre de mercure.
La température est généralement mesurée en degré Celsius (appelé autrefois Centigrade). Les anglosaxons utilisent encore le degré Fahrenheit et l'unité de base internationale est le Kelvin.

2.1. Pression atmosphérique, lignes et surfaces isobares

Les stations météorologiques mesurant la pression n'étant pas toutes situées à la même altitude, on ramène (par utilisation des gradients de pression de l'atmosphère standard) les pressions au niveau de la mer. Afin que cette référence soit précise, on tient compte des effets de marées, et on établit comme référence le niveau moyen de la mer (Mean Sea Level ou MSL).

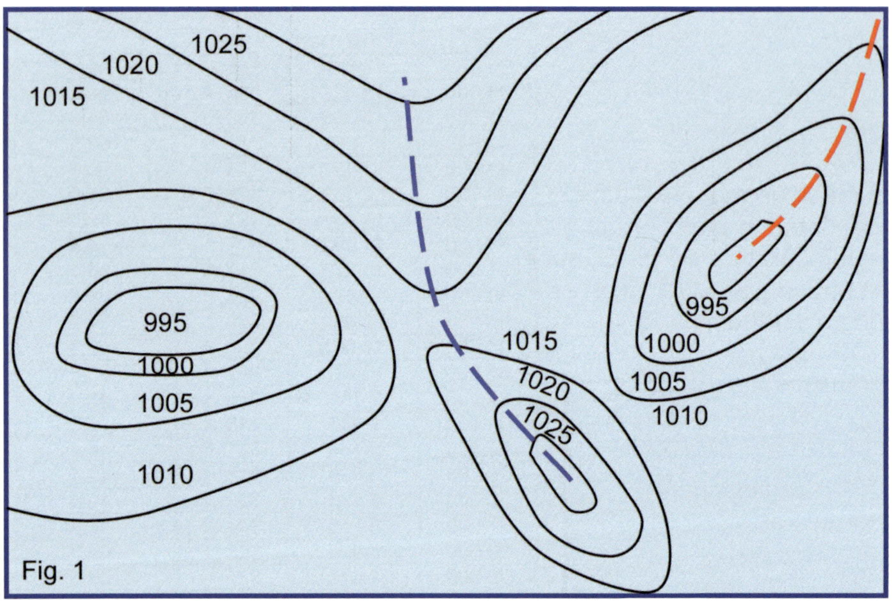

Fig. 1

Les stations relèvent les pressions dans le monde, les transmettent aux centres météorologiques qui les communiquent sous forme de cartes formant des lignes reliant les points de même pression. Ce sont **les lignes isobares (fig. 1)**. Les points joignant une même pression forment des **surfaces isobares (fig. 2)**.

Pour décrire les variations en altitude, plutôt que d'utiliser les isobares, on préfère utiliser les lignes joignant les points d'égale altitude à pression constante. Ce sont les **isohypses**. Elles sont cotées en mètres géopotentiels, et forment les cartes d'analyse en altitude pour les pressions 850, 700, 500, 300, 250, 200 et 100 hPa. À partir des relevés de pressions, on calcule les altitudes d'une pression de référence (dans le cas ci-dessous 500 hPa).

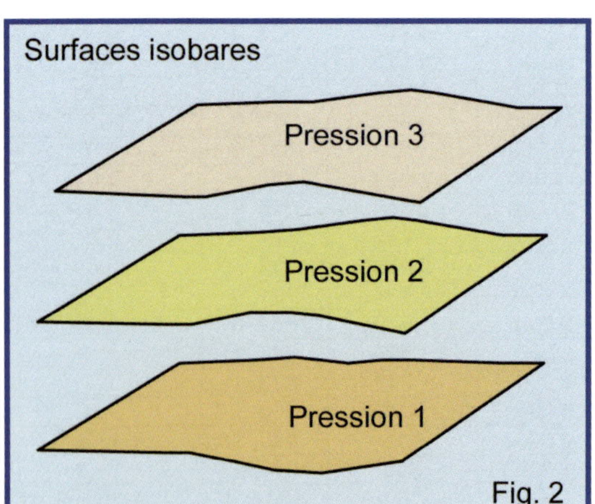

Fig. 2

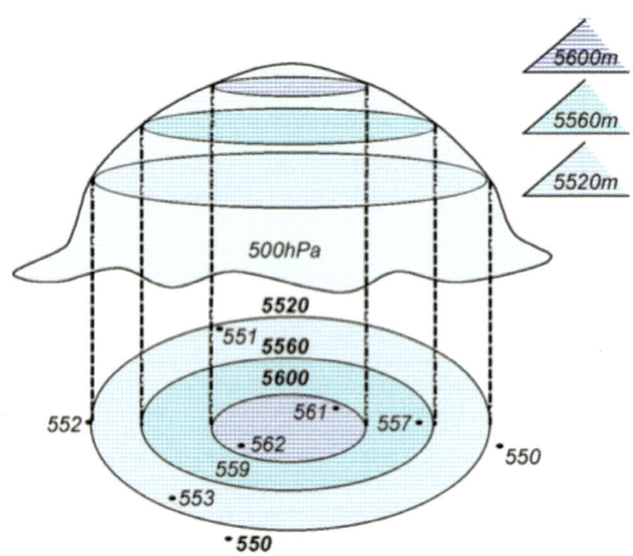

2.2. Terminologie : anticyclone, dorsale, col, dépression, talweg, marais

Anticyclone : région où la pression atmosphérique est plus forte qu'en atmosphère standard à la même altitude, la pression maximale est au centre, le temps est généralement beau, mais il peut se produire de la grisaille en hiver.

Dorsale : axe de hautes pressions. Ce sont les mêmes conditions météorologiques qu'en présence d'un anticyclone mais à caractère plus temporaire.

Col : c'est le point de plus basse pression d'un axe de hautes pressions joignant deux anticyclones et deux dépressions.

Dépression : région où la pression atmosphérique est plus faible qu'en atmosphère standard à la même altitude, la pession minimale est au centre, le temps est généralement mauvais, voire tempétueux.

Talweg (ou thalweg) : axe de basses pressions. Similaire à la dépression mais à caractère encore plus temporaire.

Marais barométrique : zone neutre entre dépression et anticyclone et où la pression est stable sur une vaste étendue, le temps est variable et parfois orageux.

2.3. Variations de pression et température avec l'altitude en standard

Dans l'atmosphère, la variation de pression avec l'altitude n'est pas linéaire (fig. 1).

La pression diminue lorsque l'on s'élève.

La décroissance diminue d'autant plus que l'altitude est importante.

Cependant, on peut considérer que pour les vols en basses couches (de 0 à 10 000 pieds), ce qui est généralement le cas en aviation légère, 1 hecto Pascal (hPa) correspond à 28 pieds (ft).

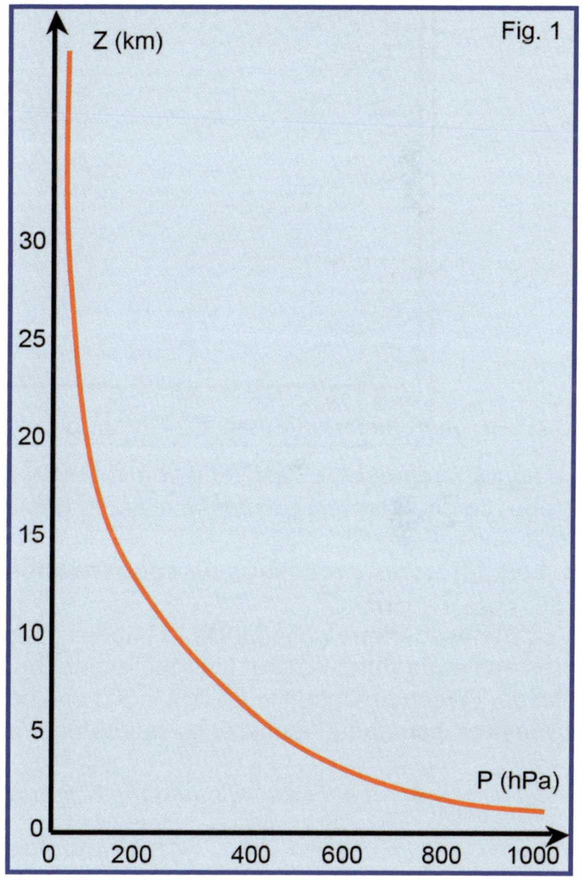

Fig. 1

2.4. Variation nycthémérale de pression et température

C'est la variation sur 24 heures, soit la variation sur une période diurne et nocturne (fig. 2).

L'amplitude de la variation de température (mini/maxi) dépend du rapport de quantité de vapeur d'eau par rapport à l'air sec.

Cette amplitude diminue lorsque l'air est plus humide (plus grande inertie thermique).

L'amplitude :

- dépend de la nature du sol, elle augmente avec l'aridité du sol ;
- dépend de la convergence nuageuse, elle est plus forte quand le ciel est dégagé ;
- est très faible sur les surfaces maritimes et aquatiques ;
- dépend de la hauteur du Soleil sur l'horizon, elle est plus importante en été qu'en hiver ;
- dépend de la latitude, elle est plus forte quand la latitude diminue (maxi à l'équateur).

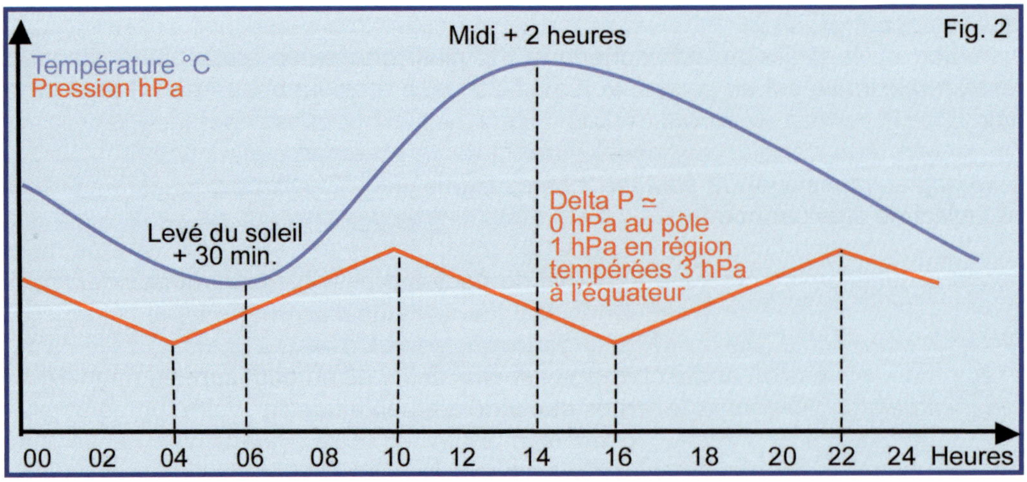

2.5. Variations accidentelles de température

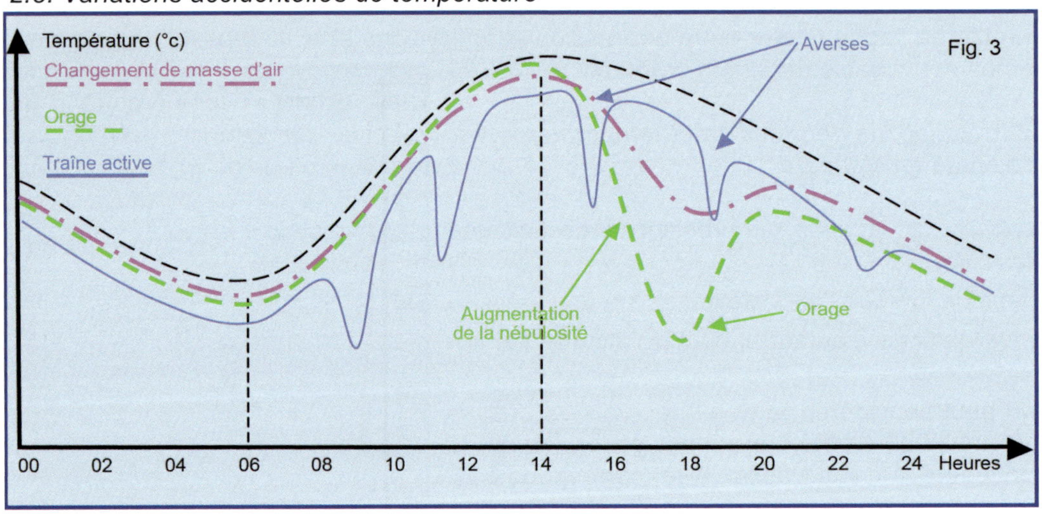

La figure 3 représente l'aspect d'une variation nycthémérale, perturbée par différents phénomènes, tels qu'un orage, un changement de masse d'air, ou des averses.

3. Les différents processus de condensation

L'air atmosphérique contient de la vapeur d'eau. Ce gaz est contenu dans l'air sous certaines conditions de pression et de température. L'air atmosphérique peut contenir d'autant plus de vapeur que la température est élevée. La condensation intervient lors d'une baisse de température, celle-ci peut résulter d'un refroidissement à pression constante (isobare) ou par détente adiabatique (sans échange avec le milieu extérieur).

3.1. La vapeur d'eau dans l'atmosphère

Air humide = Air sec + Vapeur d'eau

Pression atmosphérique = Pression air sec + Pression vapeur d'eau

La saturation intervient lorsque la quantité maximale de vapeur d'eau que peut contenir de l'air sec est atteinte, soit **e = ew** (tension de vapeur = tension de vapeur saturante). Au-delà, il y a condensation et la vapeur se transforme en gouttelettes d'eau entraînant l'apparition de nuages.
Le processus de condensation prend naissance en de multiples points de l'atmosphère où se trouvent de minuscules particules de matière (poussières) appelées noyaux de condensation.

La sursaturation intervient quand, en l'absence de noyau de condensation, la teneur en vapeur d'eau excède 100 % avant que la condensation ne se réalise.

La condensation intervient après que soit atteinte la quantité maximale de vapeur dans l'air, que la température de l'air baisse, ou que la quantité de vapeur d'eau augmente. L'air étant déjà à son maximum de contenance, il rejette l'excédent vers le milieu extérieur sous forme de gouttelettes d'eau.

Le rapport de mélange (r) est le rapport de la masse de vapeur d'eau à la masse d'air sec :

r = mv / ma — mv : masse de vapeur d'eau en Kg, ma : masse d'air sec en Kg

r = 0,62 e / (P – e) — e : tension de vapeur d'eau, P : pression partielle de l'air sec

Le rapport de mélange saturant (rw) est le rapport de la masse maximale de vapeur d'eau à la masse d'air sec :

rw = mv / ma — mv : masse maximale de vapeur d'eau en Kg

rw = 0,62 ew / (Pw – ew) — ma : masse d'air sec en Kg

ew : tension de vapeur d'eau saturante,

P : pression partielle de l'air sec en milieu saturé.

3.2. Le point de rosée

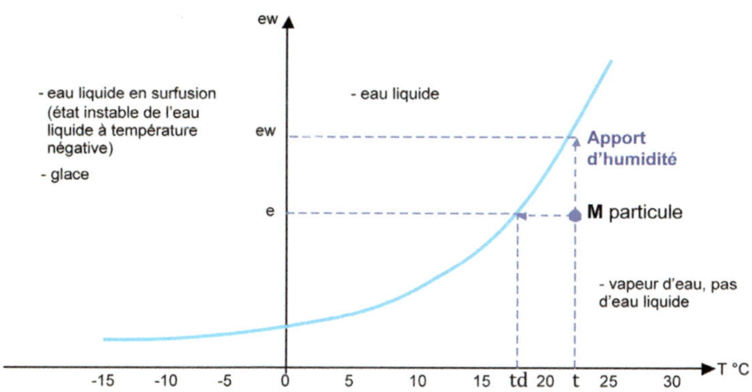

On appelle **température du point de rosée (dew point)** la température à laquelle il faut refroidir à pression constante une particule d'air atmosphérique pour qu'elle soit juste saturée (e = ew).

3.3. Refroidissement isobare

Le refroidissement isobare est un phénomène de basse couche. Les nuages formés par refroidissement isobare sont des nuages stables. Il existe deux types de saturation isobare :
- le rayonnement nocturne du sol : lors des nuits claires, la terre rayonne son énergie et se refroidie rapidement. Ce rayonnement nocturne abaisse la température du sol sec et froid au contact duquel la température de l'air atteint celle du point de rosé provoquant la saturation ;
- l'advection sur sol froid : l'arrivée sur un sol froid d'une masse d'air relativement chaude et humide se refroidit et se condense.

3.4. Refroidissement adiabatique

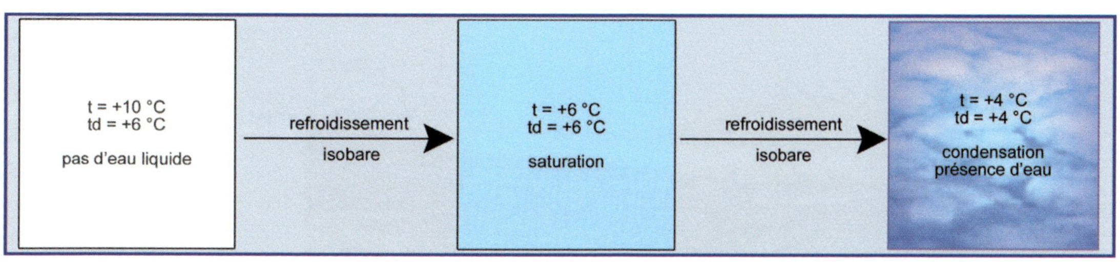

Détente adiabatique : dans une masse d'air, si les variations de températures ne sont liées qu'à des mouvements ascendants et descendants, et non par échange de chaleur avec les masses d'air adjacentes, on dit que ces variations sont adiabatiques, donc internes à la masse d'air.

Sous l'effet d'un soulèvement, il se produit une détente adiabatique sèche (absence de saturation) qui refroidit la masse d'air entraînant sa saturation puis sa condensation au point de condensation, la détente est alors dite adiabatique saturée. Sous l'effet de la compression, l'air se réchauffe et les gouttelettes d'eau formant le nuage se vaporisent au point de décondensation.
Variation adiabatique sèche : environ 10 °C / 1 000 m soit 3 °C / 1 000 ft
Variation adiabatique saturée : environ 5 °C / 1 000 m soit 1,5 °C / 1 000 ft.

3.4.1. Ascendance

Plusieurs phénomènes naturels peuvent engendrer une saturation par détente adiabatique.
L'air poussé par le vent sur le flan d'un relief peut arriver à saturation par détente adiabatique, la convection (cf. 3.4.2. Convection, ci-dessous), un phénomène ondulatoire ou un phénomène de rotor (voir. Météorologie, module 2, *2.6. Le vent et le relief*) peuvent engendrer la saturation d'une partie de l'air en mouvement.
Il pourra en résulter selon la force du vent et la turbulence mécanique qui en résulte, du brouillard, des nuages stables ou particulièrement instables si le phénomène est très actif.

3.4.2. Convection

Au contact du sol, l'air s'échauffe par conduction et voit sa densité diminuer, devenant plus léger que l'air ambiant, il s'élève et se détend.

Selon la nature des surfaces composant le sol, les rayons du soleil sont plus ou moins absorbés et ces surfaces réémettent une quantité de chaleur variable. Dans la pierre, la chaleur reste concentrée en surface, alors que l'eau et la forêt absorbent une grande quantité de chaleur, et restent donc plus fraîches.

Ce phénomène de circulation verticale de l'air s'appelle convection et porte le nom de thermique (ascendance ou pompe chez les vélivoles).

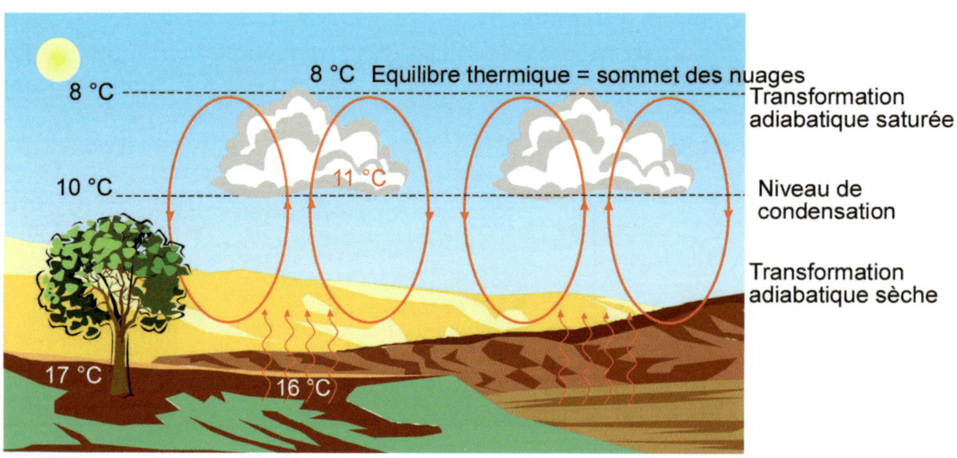

3.5. Condensation par humidification

Le matin, particulièrement au printemps ou en automne, les rivières ou les petits lacs semblent fumer, parce que l'eau est plus chaude que l'air. La vapeur d'eau dégagée sature l'air froid et produit un brouillard en traînées de fumée. Ces traînées sont causées par les courants verticaux provoqués par le réchauffement.

Si le réchauffement est assez prononcé pour créer de l'instabilité en altitude, des nuages de type cumulus se formeront.

Au fur et à mesure que l'air froid progresse au-dessus de l'eau, il y a brouillard d'évaporation suivi de nuages cumuliformes. Dans ce cas, c'est le point de rosée qui s'est élevé à la température de l'air, à la suite de l'enrichissement en vapeur d'eau causé par l'évaporation.

3.6. Condensation par mélange

Deux masses d'air non saturées à température et humidité différentes peuvent arriver à saturation lors de leur rencontre et leur mélange.

4. Stabilité et instabilité

Dans l'atmosphère standard, la décroissance de température est d'environ 2 °C/1 000 ft. Dans la réalité, cela se réalise rarement ; aussi on définit ce qu'on appelle le gradient thermique vertical de l'air ambiant, mesuré plusieurs fois par jour par des avions et des ballons. Il existe un autre gradient vertical de l'air forcé à s'élever : le gradient adiabatique. Dans le cas d'un profil stable, l'air, forcé à s'élever, se trouve très rapidement plus dense que l'air ambiant et tend à redescendre ; dans le cas d'un profil instable, il continue à monter tant que sa température n'égale pas celle de l'air ambiant.

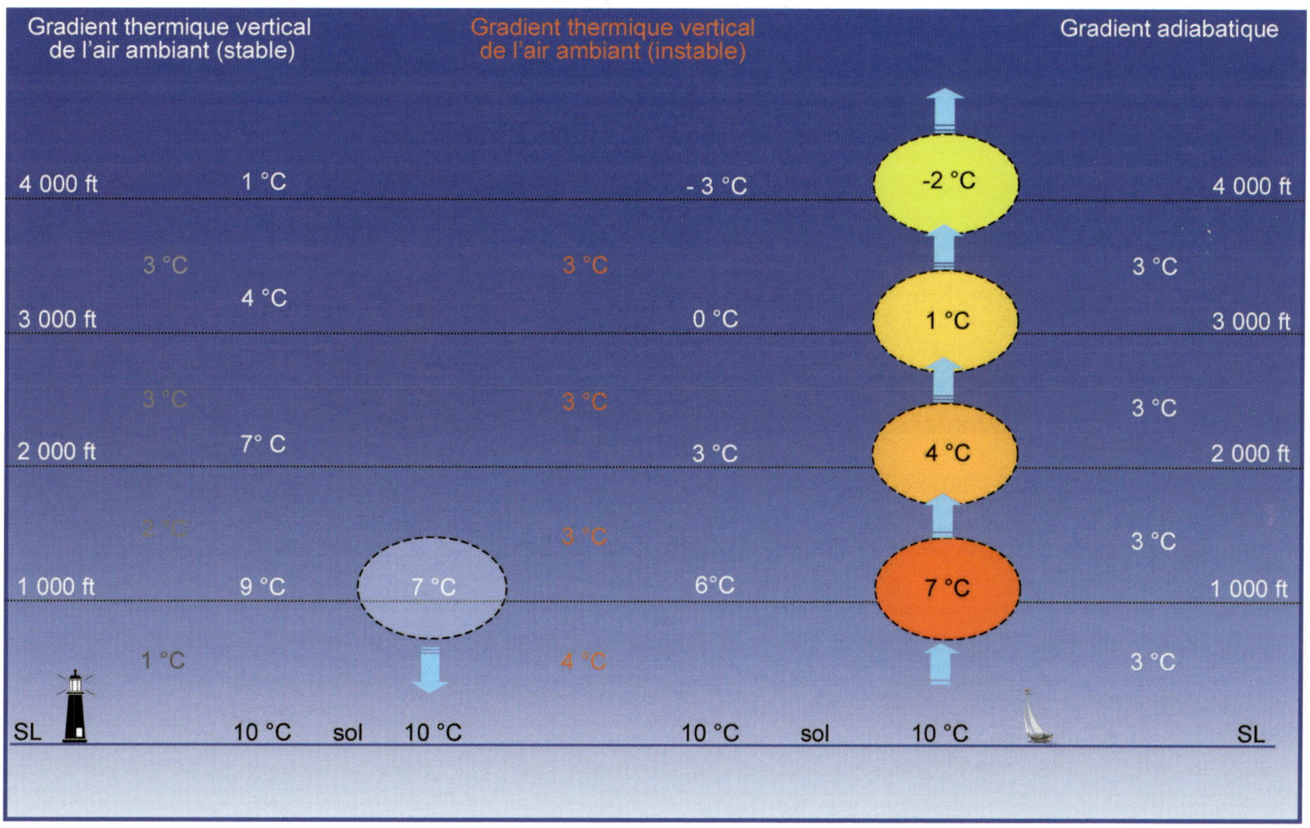

5. Brouillard : les différents types de formation

Le brouillard est caractérisé par la présence de très petites gouttelettes d'eau en suspension dans l'atmosphère réduisant la visibilité horizontale à moins d'un kilomètre.

5.1. Brouillard de rayonnement

La nuit, le refroidissement est plus important lorsque le ciel est dégagé qu'en présence d'une couche nuageuse où l'effet de serre renvoie une partie du rayonnement vers le sol.

Lors de nuits claires, l'hiver, la température de l'air au contact du sol froid et sec atteint celle du point de rosée provoquant la saturation. Une fois saturée en vapeur d'eau, la diminution de la température provoque l'apparition d'un brouillard de rayonnement qui peut se transformer en stratus si le vent est suffisamment important pour générer de la turbulence. Ces nuages peuvent ensuite se dissiper avec l'échauffement solaire. L'épaisseur d'un tel brouillard est généralement comprise entre 50 et 100 mètres.

5.2. Brouillard d'advection

Advection : passage d'une masse d'air chaud et humide sur un sol froid

L'arrivée, sur un sol froid, d'une masse d'air relativement chaude et humide entraîne, au contact de ce dernier, un refroidissement et de la condensation, formant ainsi le brouillard d'advection.
Si le vent est fort (supérieur à 12 kt) la turbulence générée soulève le brouillard, qui se transforme généralement en stratus, et on parle d'entrées maritimes.
Le brouillard d'advection se dissipe généralement si le vent se renforce, ou si l'apport d'humidité cesse.

5.3. Brouillard de pente

Le brouillard de pente se forme à la suite du refroidissement et de l'expansion de l'air poussé par le vent en ascension sur une pente. Il se forme souvent par vents modérés.

Par vent fort, on aura plutôt des stratus ou des strato-cumulus causés par de la turbulence mécanique.

Dans le cas de soulèvement à grande échelle d'une masse d'air par une autre, on parle de front (cf. Météorologie, module 3, **4. Frontologie**).

5.4. Brouillard d'évaporation

Ce type de brouillard procède par ajout d'humidité (voir *3.5. Condensation par humidification*), et celle-ci devient visible lorsque l'eau est vraiment plus chaude que l'air ambiant.

Le même phénomène peut être constaté lorsque vous expirer votre souffle en hiver.

La vapeur d'eau chaude corporelle dégagée par l'expiration sature dans l'air froid plus dense.
Le brouillard d'évaporation se produit plus particulièrement en saison fraîche, printemps et automne, au dessus des zones très humide tels les lacs, les marécages, les landes, voire certaines zones maritimes..

5.5. Brouillard de mélange

Les deux masses d'air M1 à température T1 et M2 à température T2 sont non saturées. Lorsqu'elles se rencontrent, elles se mélangent formant ainsi une masse d'air M3 saturée.

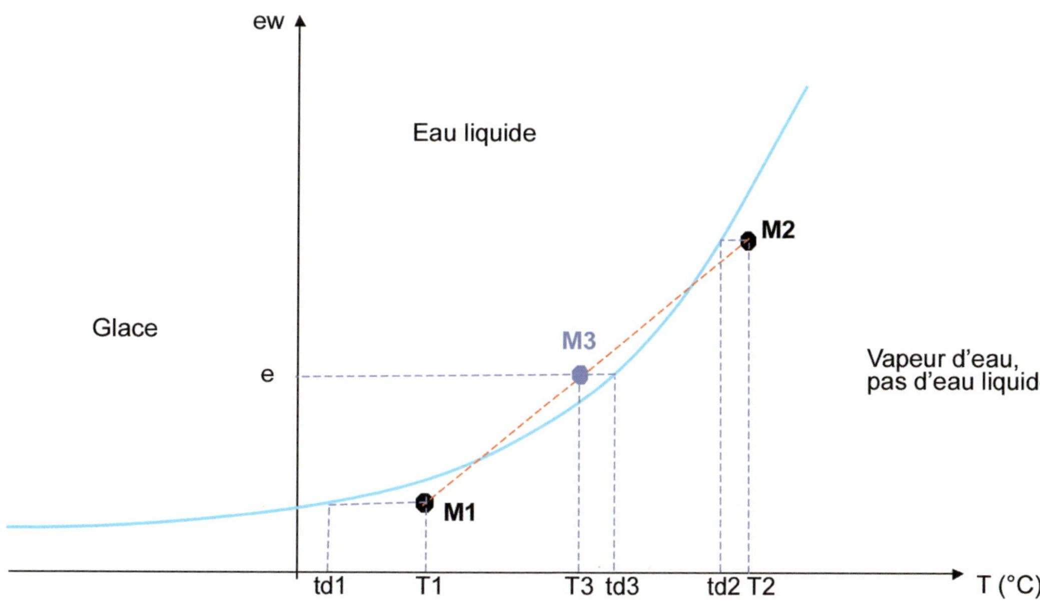

5.6. Dissipation

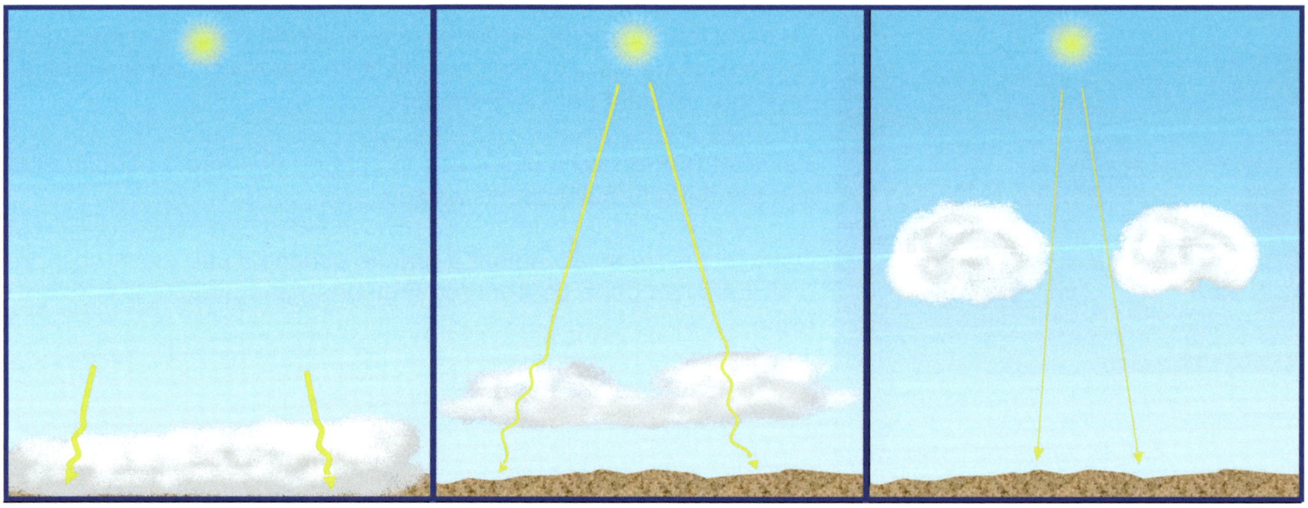

Le Soleil échauffe la masse d'air et la température au sol devient supérieure au point de rosée. L'air se décondense, et le brouillard se transforme par détente adiabatique en stratus, qui, avec l'échauffement croissant, se fragmentent. Dans la journée, si l'échauffement est suffisant, la convection va transformer les stratus en cumulus.

Notes personnelles et conseils de votre pilote-instructeur – Météorologie :

....

....

....

....

....

....

....

....

....

....

....

....

....

....

....

....

....

....

Entraînement à l'examen théorique

1 - L'ozone entre dans la composition de l'atmosphère et :

a) nous protège de certains rayons nocifs □
b) n'est pas toxique □
c) peut remplacer l'oxygène à haute altitude □
d) est utile à l'organisme lors de la respiration □

2 - Dans l'atmosphère, le gaz présent en plus grande quantité est :

a) l'ozone □
b) l'azote □
c) le gaz carbonique □
d) l'oxygène □

3 - À 4 000 ft, en atmosphère standard +20 °C, la température est :

a) 20 °C □
b) 27 °C □
c) 35 °C □
d) 43 °C □

4 - Dans les basses couches de l'atmosphère, on peut considérer que la décroissance moyenne de pression avec l'altitude est de :

a) 6,5 hPa par 28 ft □
b) 1 hPa par 28 ft □
c) 1 hPa par 100 m □
d) 1 hPa par 1 000 ft □

5 - En atmosphère type, la température à 5 000 ft est :

a) +15 °C □
b) +10 °C □
c) +5 °C □
d) +12,5 °C □

6 - Le soleil échauffe la Terre par rayonnement, la Terre échauffe les basses couches de l'atmosphère principalement par :

a) convection □
b) inversion de température □
c) isothermie □
d) conduction □

7 - En règle générale, lorsqu'on s'élève dans l'atmosphère, la densité de l'air :

a) augmente, comme la pression et la température □
b) diminue, à l'inverse de la pression et de la température □
c) augmente, à l'inverse de la pression et de la température □
d) diminue, comme la pression et la température □

8 - Lorsqu'il y a isothermie, la température : :

a) reste constante lorsque l'altitude varie □
b) reste égale à 0°C lorsque l'altitude varie □
c) croit avec l'altitude □
d) décroit avec l'altitude □

9 - En atmosphère type, la température au niveau de la mer est :

a) +15 °C □
b) +25 °C □
c) 0 °C □
d) +20 °C □

10 - La tropopause est le niveau qui sépare la troposphère de la stratosphère, à partir duquel la température ne décroît plus avec l'altitude. Aux latitudes tempérées, elle peut se situer à une altitude de :

a) 1 100 ft □
b) 10 000 ft □
c) 11 000 m □
d) 1 000 m □

11 - À une altitude de 2 000 pieds la pression est :

a) supérieure ou inférieure à celle relevée au niveau de la mer selon la température □
b) supérieure à celle relevée au niveau de la mer □
c) inférieure à celle relevée au niveau de la mer □
d) la même que celle relevée au niveau de la mer □

12 - La présence d'une couche nuageuse :

a) n'agit pas sur l'amplitude thermique diurne, puisqu'elle est sans influence sur la convection □
b) diminue l'amplitude thermique diurne □
c) augmente l'amplitude thermique diurne □
d) n'agit pas sur l'amplitude thermique diurne, puisqu'elle est sans influence sur le rayonnement □

13 - Une particule est dite stable si :

a) sa température est négative □
b) au cours d'un soulèvement elle se refroidit moins vite que l'air ambiant □
c) au cours d'un soulèvement elle se refroidit plus vite que l'air ambiant □
d) sa température est positive □

14 - La quantité maximale de vapeur d'eau que peut contenir une masse d'air :
a) diminue quand la température augmente □
b) augmente quand la température augmente □
c) est une constante □
d) ne dépend pas de la température □

15 - Une dorsale est :
a) un axe de hautes pressions □
b) une région de basses pressions atmosphériques □
c) une vaste étendue où la pression atmosphérique varie peu □
d) un axe de basses pressions □

16 - Une surface dont tous les points sont à la même pression atmosphérique est une surface :
a) isochrone □
b) isobare □
c) isotherme □
d) standard □

17 - Au cours d'une journée (24 h), avec un ciel toujours dégagé, la température minimale près du sol devrait être relevée :
a) à minuit □
b) peu après le lever du soleil □
c) au coucher du soleil □
d) peu avant le lever du soleil □

18 - On peut considérer que la pression moyenne :
a) décroît avec l'altitude, de 1 hPa tous les 28 ft, dans les basses couches de l'atmosphère □
b) décroît avec l'altitude, de 1 hPa tous les 28 ft, du sol à 11 000 m □
c) croît avec l'altitude, de 1 hPa tous les 28 ft, dans les basses couches de l'atmosphère □
d) croît avec l'altitude, de 1 hPa tous les 28 ft, du sol à 11 000 m □

19 - Dans la troposphère, la décroissance moyenne de température avec l'altitude est de :
a) 6,5 °C par 1 000 ft □
b) 0,65 °C par 1 000 ft □
c) 2 °C par 1 000 m □
d) 6.5 °C par 1000 m □

20 - Il y a inversion de température lorsque la température :
a) croît avec l'altitude □
b) décroît avec l'altitude □
c) diminue lorsque la pression diminue □
d) reste constante lorsque l'altitude varie □

Section 3

MÉTÉOROLOGIE

Module 2
« Le vent, les nuages et les précipitations »

Notes personnelles et conseils de votre pilote-instructeur – Météorologie :

....

....

....

....

....

....

....

1. Humidité et précipitation

1.1. Les changements de phases ; réactions endothermiques et exothermiques

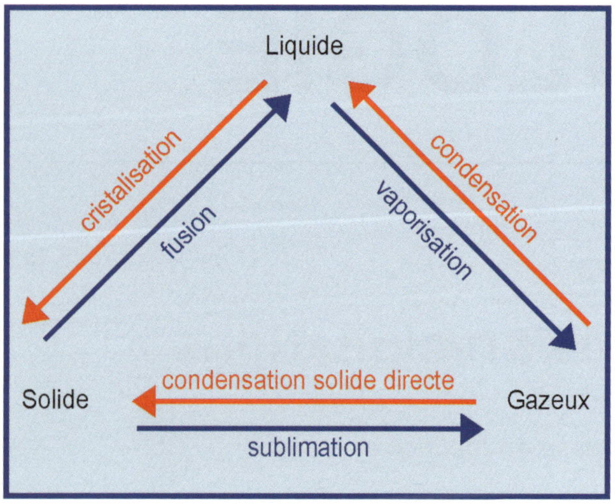

Une transformation d'état endothermique absorbe de la chaleur, donc refroidit le milieu.
Une transformation d'état exothermique dégage de la chaleur, donc réchauffe le milieu.

Sursaturation : persistance de l'état gazeux dans les conditions normales de l'état liquide.

Surfusion : persistance de l'état liquide dans les conditions normales de l'état solide.

1.2. Les précipitations : définition

Une précipitation est un **hydrométéore** : des particules aqueuses liquides ou solides tombent d'un nuage et atteignent le sol.

1.3. Les principales précipitations

Pour précipiter un nuage doit :

- être constitué d'eau liquide à température positive ou négative (surfusion). Les nuages de type cirrus à très haute altitude et formés de glace ne précipitent pas,
- avoir une épaisseur supérieure à 500 m pour un stratus et 1 500 m pour les nuages cumuliformes.

Gouttelette dans un nuage : diamètre 20 µm (micromètre)
Goutte de pluie : diamètre 1 mm
Goutte de bruine : diamètre 300 µm
Goutte d'averse : diamètre 4 mm

1.4. La formation des précipitations : le transfert et la coalescence

La quantité d'eau liquide contenue dans un nuage dépend de son type.
Elle va de **0,5 g/m³** pour un nuage de type **stratus** (stable) à **5 g/m³** pour un nuage de type **cumulus** (instable), et varie de moins de **0,1 g/m³ à 0,2 g/m³ pour le brouillard**.
Les principaux phénomènes qui interviennent conjointement sont décris dans l'illustration ci-contre.

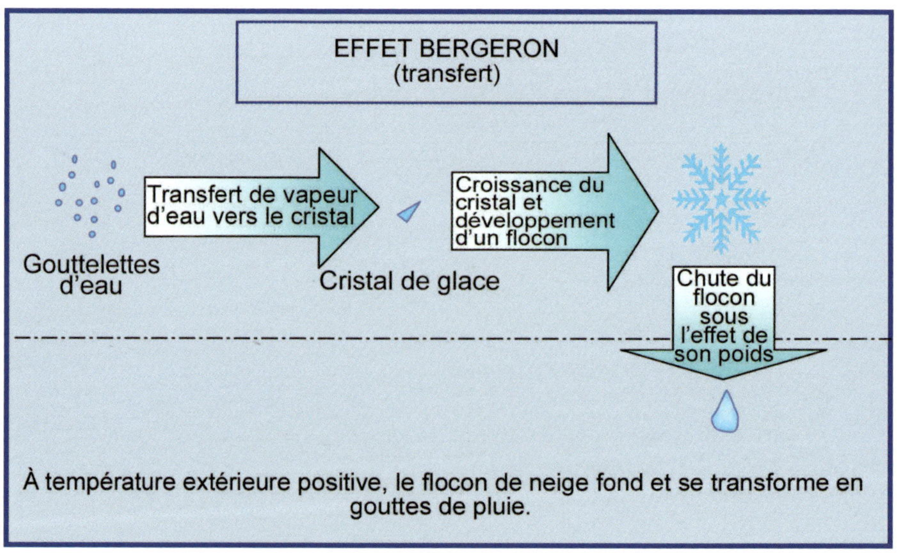

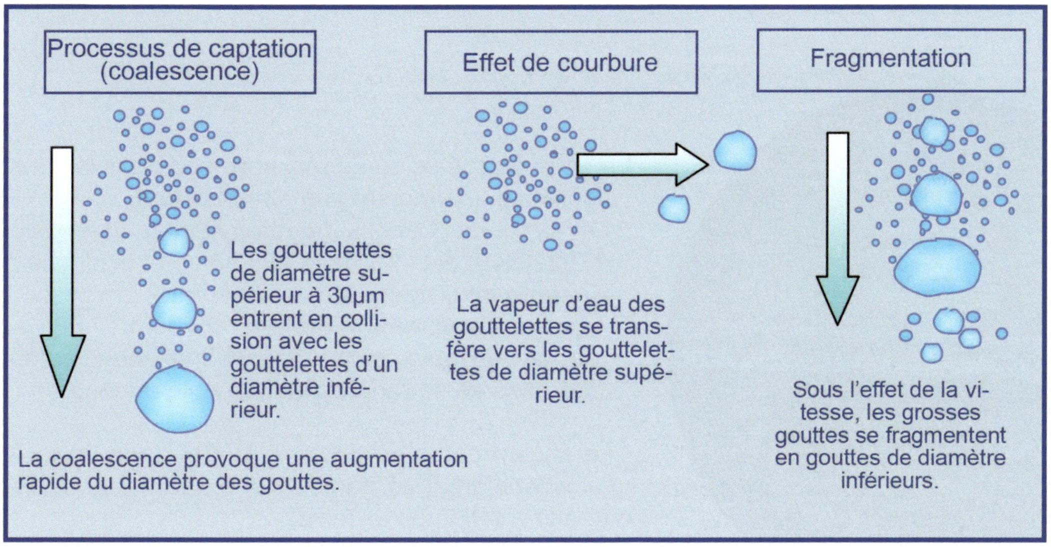

2. Le vent

Le vent est le déplacement d'une masse d'air selon une trajectoire et avec une vitesse. Nous allons étudier les causes de ce déplacement.

2.1. Les zones de haute et basse pression

Lorsqu'une masse d'air séjourne sur une surface chaude, elle se réchauffe et se dilate, ce qui entraîne une baisse de la pression au sol.
Les masses d'air voisines, dont la pression est plus forte, se dirigent vers la basse pression et se chargent en vapeur d'eau. En s'élevant, cette vapeur d'eau se condense, entraînant la formation de nuages.

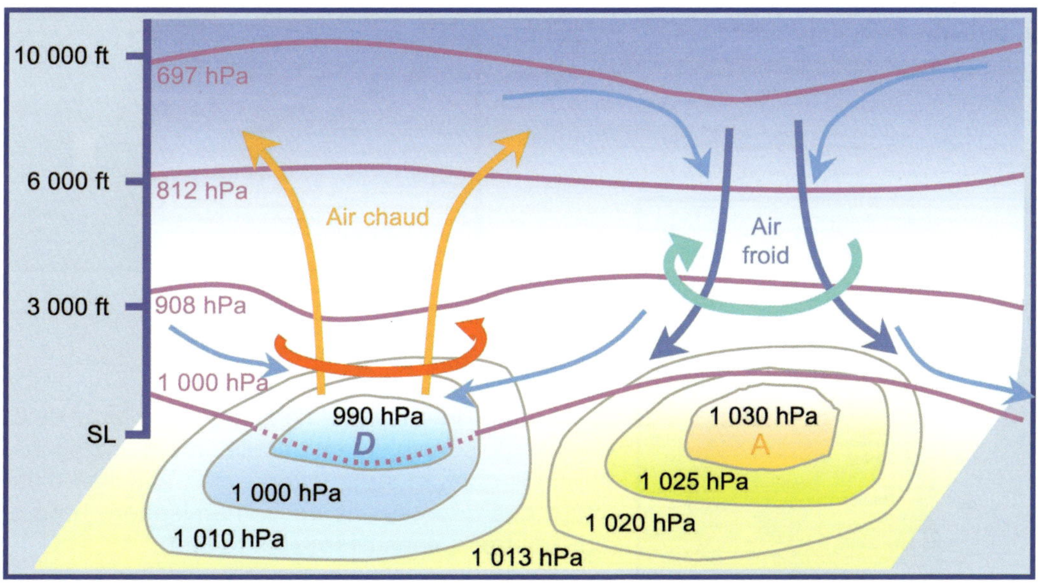

Si, au contraire, une masse d'air séjourne sur un sol froid, sa température diminue et sa pression au niveau du sol augmente.
Parallèlement à cette circulation vers le bas (subsidence), il se crée une dépression en altitude. L'air en s'engouffrant dans cette dépression se dirige vers le sol et au fur et à mesure que sa pression augmente, son humidité relative diminue. C'est cette circulation entre basses et hautes pressions qui génère le vent.

2.2. La force de Coriolis

La Terre tourne selon un axe nord-sud dans le sens inverse des aiguilles d'une montre vue du pôle Nord.

La force de Coriolis (mathématicien et physicien français 1792-1843) est maximale aux pôles et minimale à l'équateur.

Compte-tenu de sa forme sphérique, la vitesse linéaire d'un point à sa surface n'est pas constante. Elle augmente en partant du pôle, passe par un maximum à l'équateur, puis régresse en se rapprochant du pôle opposé.

Lorsqu'un corps se déplace à la surface de la Terre, le long d'un méridien, il ne parcourt pas une droite, mais une courbe due à la rotation de la Terre.

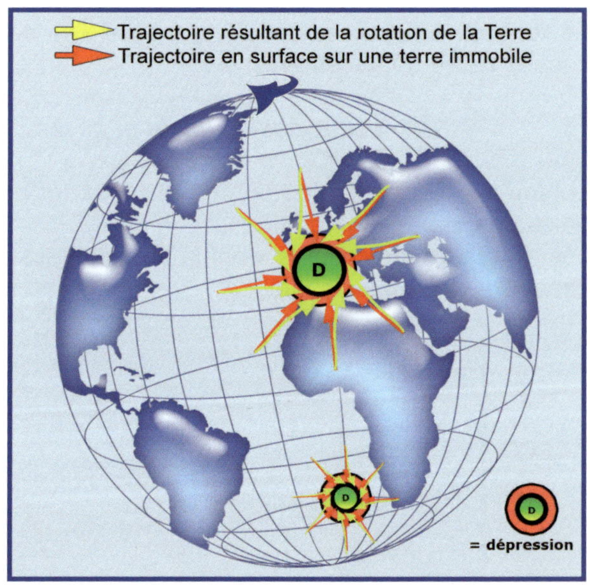

Ce phénomène concerne plus particulièrement les grandes masses d'air, et moins les petites masses d'air soumises à la nature du relief local.

En l'absence de rotation de la Terre, les vents ne seraient soumis qu'à la force de pression et à la nature du sol.
La direction du vent serait donc une droite reliant les zones de hautes pressions aux zones de basses pressions.

Or, du fait de la rotation du globe et de la force de Coriolis, le vent circule sensiblement parallèlement aux lignes isobares et tourne dans le sens inverse des aiguilles d'une montre autour des dépressions dans l'hémisphère nord et dans le sens contraire dans l'hémisphère sud.

2.3. Relation entre gradient de pression et force du vent

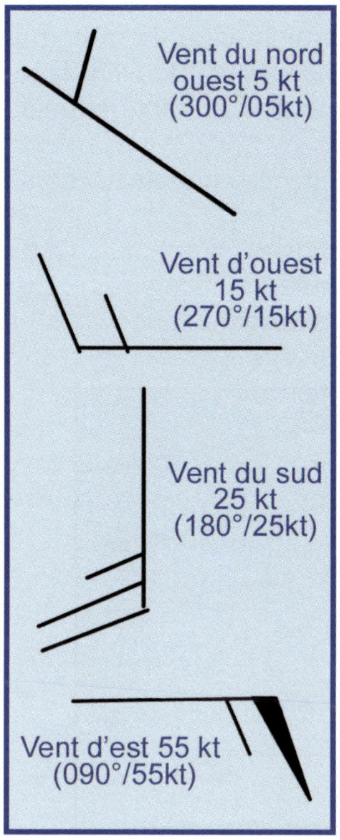

Le vent circule en direction du gradient barrique, c'est-à-dire la différence entre deux points de pression et la distance qui les sépare des hautes pressions vers les basses pressions, en suivant les lignes isobares. Il sera d'autant plus fort que celles-ci sont serrées.

Sa vitesse s'exprime en nœuds.

Sa direction est déterminée par la direction d'où il souffle et qui s'exprime par rapport au nord vrai.

Nota : le vent donné par un contrôleur lors du message radio de clairance d'atterrissage est exprimé par rapport au nord magnétique.

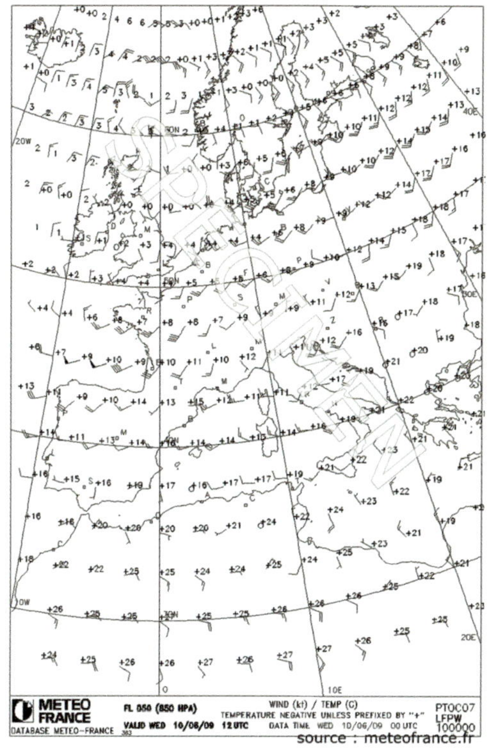

source : meteofrance.fr

2.4. La convergence et la divergence

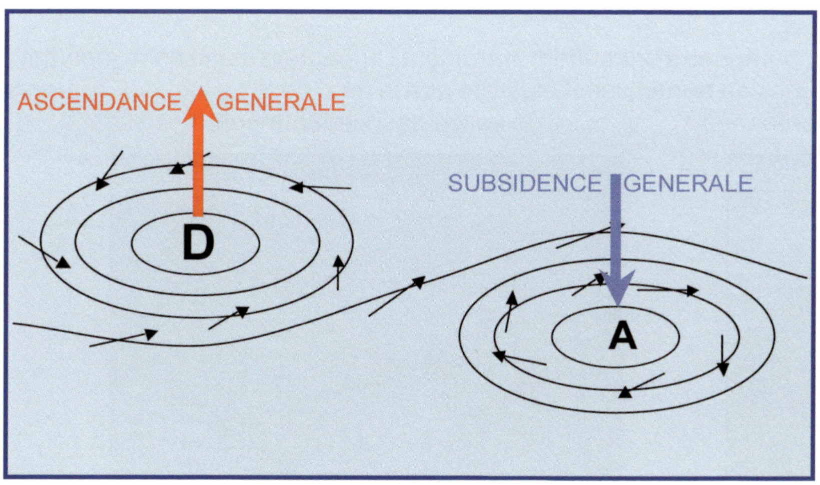

Lorsqu'une dépression en surface se comble créant une convergence, il en résulte un mouvement d'ascendance généralisé en altitude qui favorise l'apparition de nuages. Au contraire, autour des anticyclones, la circulation de l'air tend à évacuer la zone de hautes pressions vers les basses pressions générant une divergence, on assiste à un mouvement de descendance généralisé appelé **subsidence**. Cette subsidence tend à empêcher la formation de nuages, mais favorise en hiver la formation de brumes et de nuages bas.

2.5. Rotation des vents avec altitude

Le vent est soumis au gradient de pression, à la force de Coriolis et aux frottements du sol.

À proximité du sol, les frottements sont importants et tendent à réduire la force de Coriolis. De ce fait, en altitude les frottements du sol ne contrarient plus la force de Coriolis et la force du vent n'est plus influencée par le sol. **On assiste ainsi, sauf effet orographique local, à une rotation de la direction d'où vient le vent d'environ 30° vers la droite et à une intensité sensiblement doublée par rapport au vent au sol. En mer, les frottements étant moins importants, la rotation des vents est moindre et l'augmentation d'intensité en altitude est réduite par rapport au vent au sol.**

2.6. Le vent et le relief

Lors du passage du vent sur un relief, celui-ci crée un effet venturi et on assiste généralement à un renforcement de la force du vent sur la crête. Sur le flanc au vent, il se crée des courants ascendants qui peuvent favoriser le franchissement ; en revanche, du côté sous le vent apparaissent des courants descendants appelés aussi rabattants.
Ces rabattants peuvent être violents si le vent est fort et peuvent s'accompagner de turbulences parfois sévères.

En présence de vent fort, un relief peut engendrer un phénomène ondulatoire appelé onde orographique. Cette onde se matérialise généralement par la présence de nuages lenticulaires (altocumulus lenticulaires). L'air humide remonte sur l'onde, se condense, puis s'évapore de nouveau en descendant le long de l'onde.

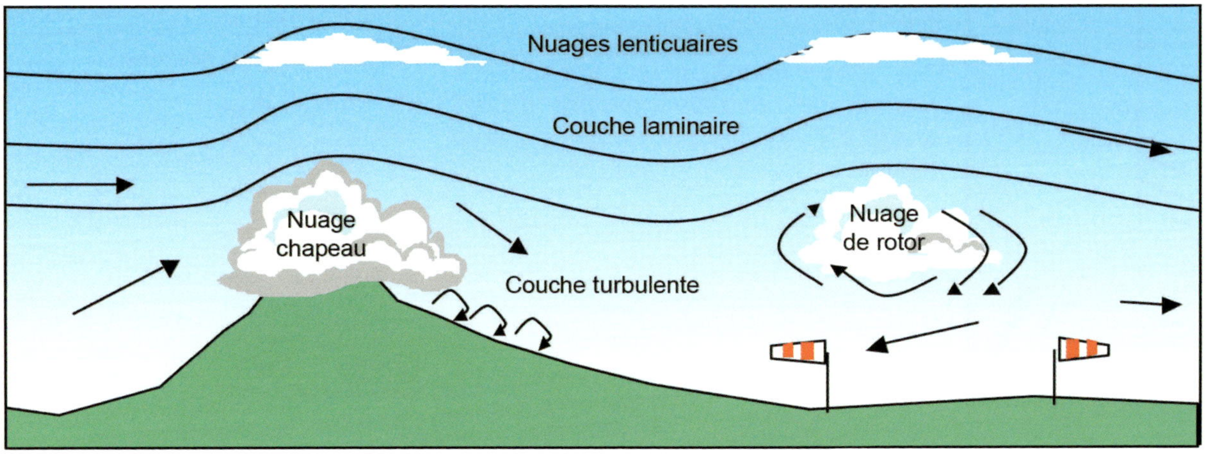

2.7. Les brises de vallée, de mer et de terre

La brise de vallée montante et ascendante
Dans la journée l'après-midi, les flancs des montagnes s'échauffent entraînant l'apparition d'une brise montante dans la vallée. La nuit, les flancs des montagnes se refroidissent plus vite que le fond de la vallée, des courants froids descendent le long des parois des montagnes et une brise de vallée descendante prend naissance.

La brise de mer et la brise de terre
Le jour, la terre se réchauffe plus vite que la mer, l'air sur le sol devient moins dense et il se crée une brise soufflant de la mer vers la terre, c'est la brise de mer.
La nuit, la mer garde une partie de sa chaleur, alors que la terre se refroidit plus vite, il apparaît alors une brise soufflant de la terre vers la mer, c'est la brise de terre.

2.8. Le gradient de vent

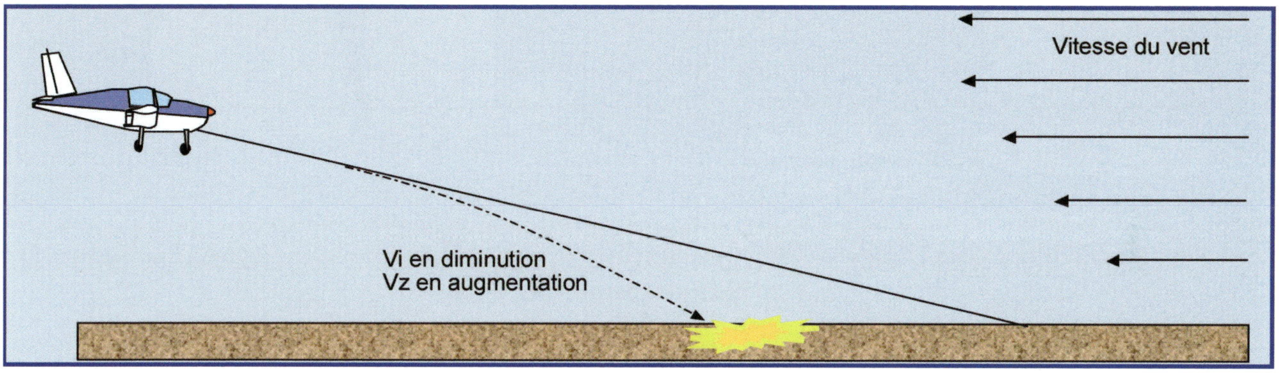

La vitesse du vent participe à la portance de l'appareil, c'est pourquoi les décollages et atterrissages s'effectuent face au vent. Le sol exerce une force de frottement sur la masse d'air en mouvement. Lors de la phase finale d'un appareil à l'atterrissage, avec un fort vent de face, la vitesse du vent chute rapidement. Or, la vitesse du vent diminuant, la vitesse relative de l'appareil par rapport à l'air diminue près du sol généralement plus vite que les capacités d'accélération plein gaz. Il en résulte un enfoncement de la trajectoire qui peut aller jusqu'à un atterrissage involontaire avant la piste ou à un décrochage.

Par fort vent, on adopte une vitesse en finale majorée : **(Vent effectif – 10) / 2 limité à 20 kt**

2.9. La manche à air

La manche à air permet de déterminer la direction et la force du vent au sol.

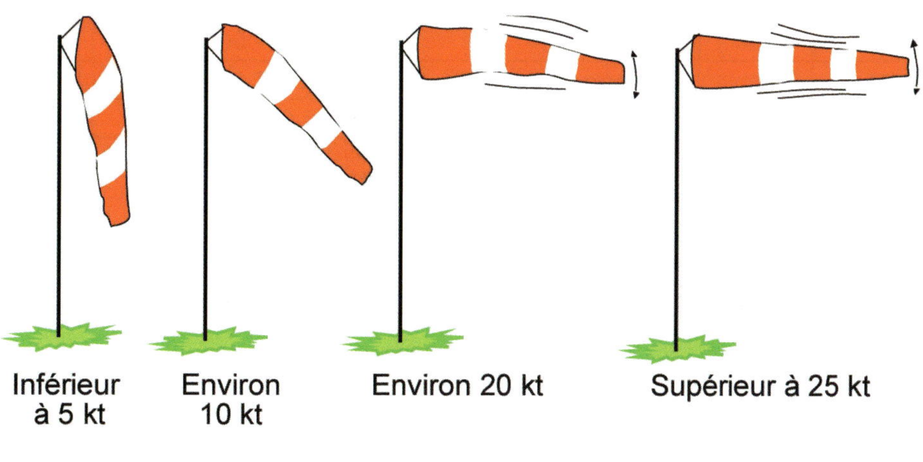

3. Les nuages

3.1. Les différents types et les précipitations associées

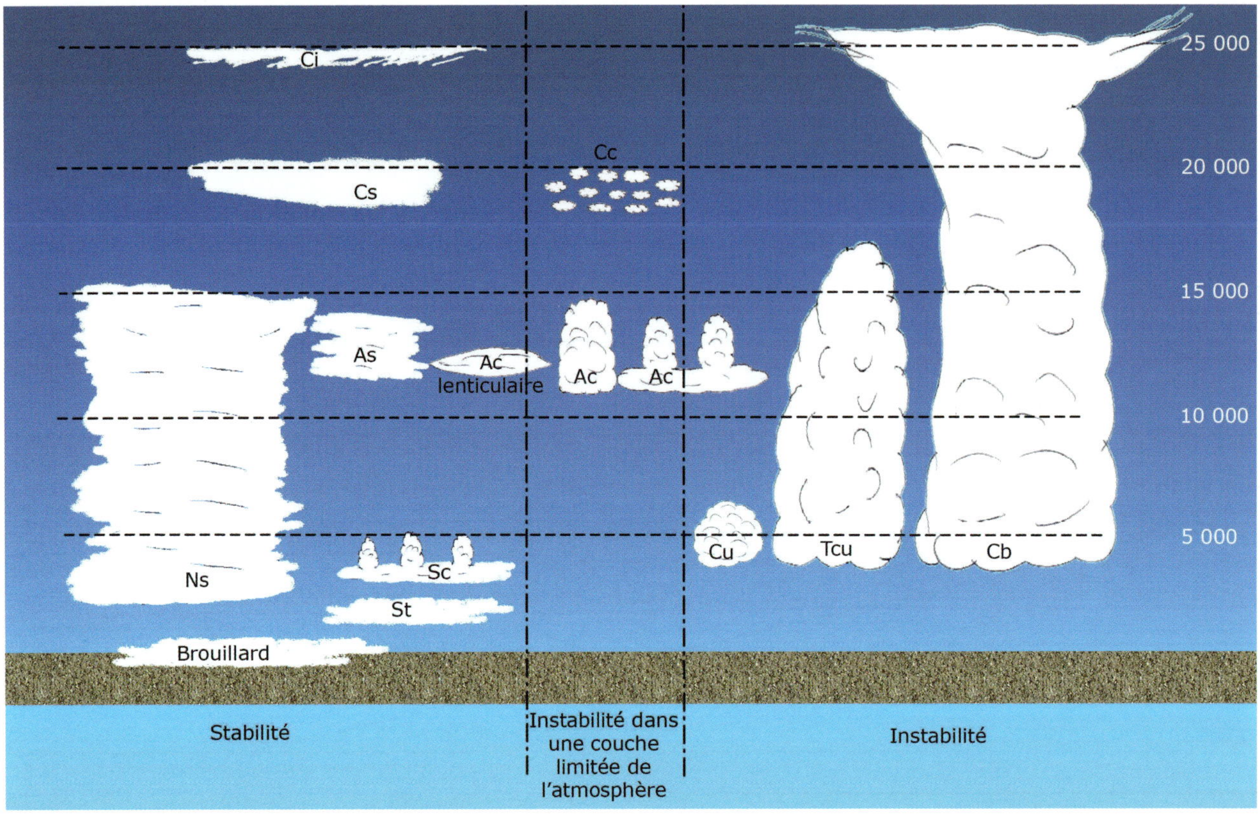

Type	Symbole	Stabilité	Précipitation	Base (m)/épaisseur (m)	Etage	Constitution
Brouillard	Fg	Stable	Aucune	Au sol / 100	Inférieur	Eau ou glace
Stratus	St	Stable	Bruine neige en grains (c)	0-500 / 300	Inférieur	Eau ou glace
Stratocumulus	SC	Partielle	Pluie neige bruine (c)	600-2 000 / 600	Inférieur	Eau ou glace
Nimbostratus	NS	Stable	Pluie neige (c)	400-1 800 / 3 000	Inf / sup	Eau et glace
Altostratus	AS	Stable	Pluie neige (c)	2 000-4 500 / 2 000	Moyen	Eau ou glace
Cirrostratus	CS	Stable	Aucune	5 000-11 000 / 500	Supérieur	Glace
Cirrus	Ci	Stable	Aucune	6 000-12 500 / 300	Supérieur	Glace
Altocumulus	AC	Partielle	Pluie neige (c) (av)	2 000-6 000 / 1 500	Moyen	Eau ou glace
Lenticulaire	AC	Stable	Aucune	2 000-6 000 / 1 000	Moy / sup	Eau et glace
Cirrocumulus	CC	Instable	Aucune	5 000-10 000 / 500	Supérieur	Glace
Cumulus	Cu	Instable	Pluie neige grésil (av)	150-2 000 / 2 000	Inf / moy	Eau ou glace
Congestus*	Tcu*	Instable	Pluie neige grésil (av)	150-2 000 / 4 000	Inf / moy	Eau et glace
Cumulonimbus	Cb	instable	Pluie neige grésil grêle (av)	400-2 000 / 7 000	Inf / sup	Eau et glace

(av) : averse (c) : continue *Cumulus congestus ou cumulus en forme de tour (tower cumulus) stade intermédiaire entre le cumulus mediocris et le cumulonimbus.

Étage supérieur (cirro…) : à plus de 6 km, 20 000 ft.

Étage moyen (alto…) : entre 2 et 6 km, 6 500 et 20 000 ft.

Étage inférieur (pas de préfixe) : entre la surface et 2 km, 6 500 ft.

Nimbo… ou …nimbus : nuage ayant un fort développement vertical.

Strato… ou …stratus : nuage stable.

Cumulo… ou …cumulus : nuages instables.

3.2. Conditions de vol associées

Le brouillard rend réglementairement le vol à vue impossible du fait de la visibilité réduite à moins d'un kilomètre.
Les nuages de type nimbostratus se caractérisent par une visibilité souvent réduite et des pluies ou neige continues rendant le vol à vue pratiquement impossible.

Les stratus sont particulièrement dangereux du fait de leurs contours diffus, les rendant difficiles à repérer en vol par les conditions de visibilité faible et leur proximité du sol.

Les cumulonimbus sont très dangereux et il faut impérativement les contourner largement (10 Nm minimum).

Ils peuvent être le siège de turbulences sévères et de vents violents dont la direction peut s'inverser en quelques dizaines de secondes et dont la force peut décupler dans le même laps de temps (cisaillement de vent).

St		Ns, As			Cu, Cb, Ac		Cu, Cb	Cb
Bruine	Neige en grains	Pluie se congelant	Neige	Pluie	Averse de pluie	Averse de neige	Averse de grésil	Averse de grêle
DZ	SG	FZRA	SN	RA	SHRA	SHSN	GS	GR
Drizzle	Snow Grain	Freezing rain	Snow	Rain	Shower rain	Shower snow	Grésil	Grêle
Visibilité fortement réduite	Visibilité fortement réduite	Givrage sévère	Givrage Visibilité quasi nulle	Visibilité réduite	Turbulences Visibilité quasi nulle	Turbulences Givrage Visibilité quasi nulle	Turbulences Visibilité réduite	Turbulences Impacts violents

3.3. L'effet de Foehn

Le gradient adiabatique sec est d'environ 3 °C/1 000 ft alors que le gradient adiabatique saturé (pseudo adiabatique) n'est que d'environ 1,5 °C/1 000 ft du fait de l'échauffement résultant de la condensation.

Une masse d'air humide soulevée au vent d'une montagne se détend et se condense, puis précipite sous forme de pluie ou de neige.
Les précipitations assèchent la masse d'air et le point de condensation sous le vent est à une altitude supérieure, les nuages sont moins nombreux car l'air est plus sec, et la base de ces derniers est plus élevée.
Parallèlement, l'épaisseur d'air où se produit une transformation adiabatique sèche est plus importante du côté sous le vent, il en résulte une température au sol plus importante.

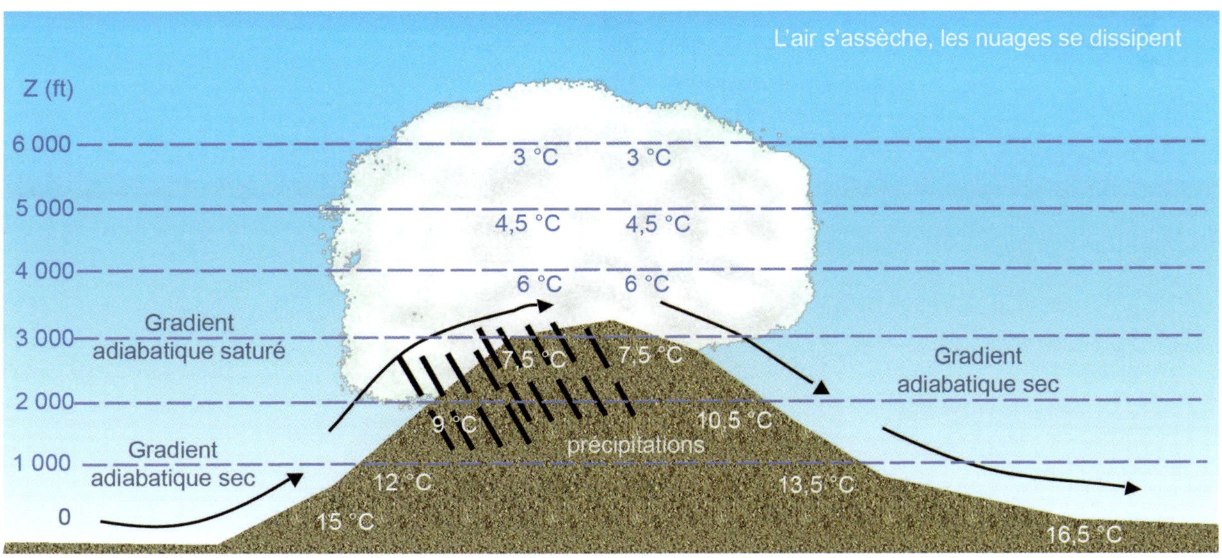

Gradient adiabatique : variation de température pour une tranche d'altitude.
Sec (en ciel clair) : - 3°/1 000 ft Saturée (dans un nuage) : -1,5°/1 000 ft

4. Brume et chasse sable, poussière ou neige

4.1. Définitions

La brume est constituée de minuscules particules en suspension dans l'air qui réduisent la visibilité entre 1 km et 5 km. S'il y a moins d'un kilomètre de visibilité, on parle alors de brouillard.

La brume peut être **humide** (*mist* en anglais) lorsqu'elle est constituée de particules d'eau hydrométéore. L'humidité est comprise entre 60 % et 100 %.

La brume peut être **sèche** (*haze* en anglais), lorsqu'elle est constituée de lithométéores en suspension dans l'air.

Les lithométéores sont des particules solides (autres que la glace) en suspension dans l'air : sable, poussières, produits de combustion, cendres volcaniques…

Un chasse neige, chasse-poussière ou chasse-sable est constitué d'hydrométéores (neige) ou de lithométéores (poussières et sable), soulevés par un vent suffisamment fort et turbulent réduisant la visibilité au sol sur une épaisseur de quelques mètres (chasse-sable basse), ou en vol jusqu'à plusieurs dizaines de mètres (chasse sable élevé, mur de sable). Si le phénomène est de grande étendue, on parle de tempête de sable ou de poussière. Ces phénomènes sont rares en France mais fréquents en Afrique du nord.

4.2. Le vol en condition brumeuse : visibilité verticale, horizontale et oblique

La brume réduit la visibilité autour de l'appareil de façon variable selon la position de l'appareil, l'axe du regard et l'incidence des rayons du soleil.

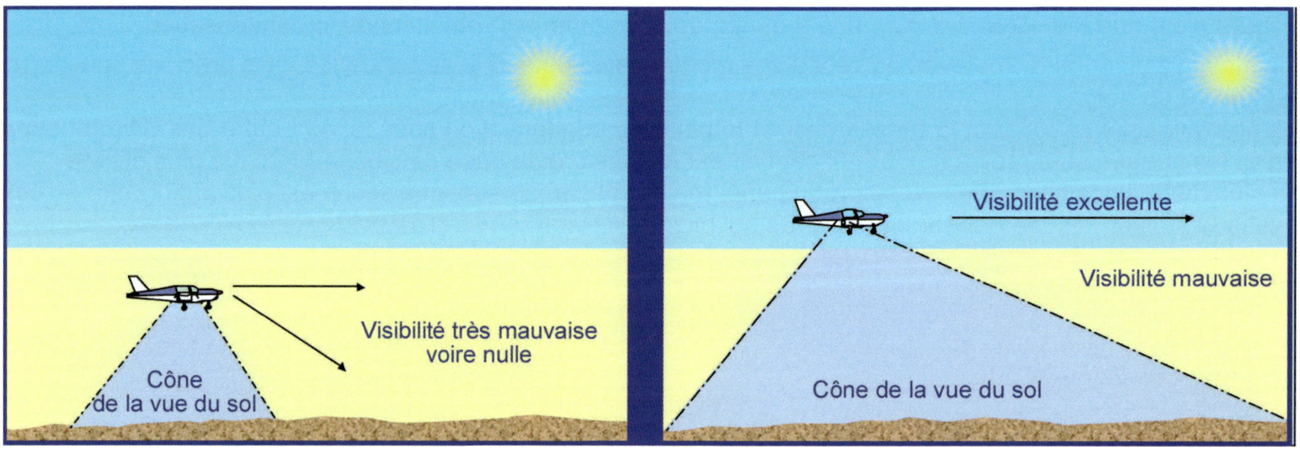

Entraînement à l'examen théorique

1 - La brise de vallée montante s'établit lorsque les versants montagneux :

a) la nuit, se refroidissent plus vite que la vallée □
b) le jour, s'échauffent moins vite que la vallée □
c) la nuit, se refroidissent moins vite que la vallée □
d) le jour, s'échauffent plus vite que la vallée □

2 - Un nuage d'atmosphère stable :

a) ne se rencontre qu'à des altitudes élevées □
b) est caractérisé par des contours nets, et peut présenter de nombreuses protubérances □
c) est caractérisé par une grande extension verticale □
d) est de forme aplatie avec des contours imprécis □

3 - Les phénomènes dangereux associés au cumulonimbus (Cb) sont (choisir la combinaison exacte la plus complète) :
1/ la grêle
2/ la turbulence
3/ le cisaillement de vent
4/ la foudre
5/ le brouillard

a) 1, 2, 3 □
b) 1, 2, 3, 4 □
c) 4 □
d) 5 □

4 - La circulation verticale de l'air due à l'échauffement des couches en contact avec le sol est le phénomène de :

a) concentration □
b) conduction □
c) convection □
d) rayonnement □

5 - La brise de mer s'établit :

a) le jour, parce que les terres s'échauffent plus vite que la mer □
b) le jour, parce que les terres s'échauffent moins vite que la mer □
c) la nuit, parce que les terres se refroidissent moins vite que la mer □
d) la nuit, parce que les terres se refroidissent plus vite que la mer □

6 - La force du vent est d'autant plus grande que :

a) la cote des lignes isobares est haute □
b) la cote des lignes isobares est basse □
c) les lignes isobares sont serrées □
d) les lignes isobares sont espacées □

7 - Sous un ciel de nuages stables vous pouvez rencontrer :
1/ un fort cisaillement de vent
2/ une averse
3/ de la turbulence
4/ de la pluie continue

a) 1, 2, 3 et 4 □
b) 2, 3 □
c) 1, 3 □
d) 4 □

8 - L'orage d'origine thermique :

a) forme toujours une barrière orageuse continue et infranchissable □
b) et formé par le soulèvement d'une masse d'air chaud convectivement instable le long d'un front □
c) est provoqué par le soulèvement d'une masse d'air instable arrivant sur un relief □
d) est entretenu par la convection, il est fréquent l'été en fin d'après-midi □

9 - Pour schématiser la circulation du vent, on peut dire qu'elle est :

a) parallèle aux lignes isobares □
b) dirigée des basses pressions vers les hautes pressions □
c) perpendiculaire aux lignes isobares □
d) dirigée des hautes pressions vers les basses pressions □

10 - Les conditions favorables à l'établissement d'une brise de terre sont :

a) de jour, ciel clair à peu nuageux □
b) de jour, ciel couvert □
c) de nuit, ciel clair à peu nuageux □
d) de nuit, ciel couvert □

11 - Dans une couche atmosphérique présentant une inversion de température, lors d'une montée :

a) la température est négative □
b) la température reste constante □
c) la température s'élève □
d) la température diminue □

12 - Un nuage orographique est causé par :

a) le soulèvement d'une masse d'air humide sur un relief montagneux □
b) le soulèvement d'une masse d'air sur une surface frontale chaude □
c) une masse d'air instable réchauffée par la base □
d) le soulèvement de l'air chaud sur le front froid □

13 - La température du point de rosée est la température :

a) mesurée au lever du jour □
b) en dessous de laquelle de la vapeur d'eau pourrait se condenser en rosée ou en brouillard □
c) la plus basse atteinte au cours de la nuit □
d) au-dessus de laquelle de la vapeur d'eau pourrait se condenser en rosée ou en brouillard □

14 - Sur une carte de vents et températures prévus, à une altitude supérieure à 1 500 m, la direction du vent est :

a) perpendiculaire aux isohypses □
b) tangentes aux isogones □
c) perpendiculaire aux isogones □
d) tangente aux isohypses □

15 - Le brouillard de rayonnement est particulièrement probable :

a) dans un anticyclone ou une dorsale □
b) dans une traîne ou dans une dépression □
c) dans un anticyclone ou une dépression □
d) dans le secteur chaud d'une perturbation □

16 - Il y a une bonne probabilité de formation de brouillards matinaux en situation :

a) anticyclonique, avec une forte humidité, un vent faible et un ciel nocturne clair □
b) anticyclonique, avec une faible humidité, un vent nul et une température élevée □
c) dépressionnaire, avec une faible humidité, un vent nul et une température basse □
d) dépressionnaire, avec une forte humidité, un vent fort et un ciel nocturne couvert □

17 - La convection est un phénomène déclenché par :

a) un mouvement horizontal de l'air sous l'effet d'une isothermie □
b) un mouvement vertical de l'air sous l'effet d'un réchauffement diurne du sol □
c) un mouvement horizontal de l'air sous l'effet d'un réchauffement nocturne du sol □
d) un mouvement vertical de l'air sous l'effet d'une inversion de température □

18 - Vous êtes en courte finale pour la piste 09. La Tour vous annonce « vent du 090° 15 kt rafales 30 kt ». Vous devez :

a) vous attendre à contrer une forte composante latérale □
b) diminuer votre vitesse d'approche □
c) vous attendre à voir votre vitesse sol augmenter □
d) majorer votre vitesse d'approche □

19 - Un vent soufflant perpendiculairement à un relief génèrera des courants :

a) rabattants au vent et sous le vent □
b) rabattants au vent et des ascendants sous le vent □
c) ascendants au vent et des rabattants sous le vent □
d) ascendants au vent et sous le vent □

20 - Une masse d'air est dite instable si :

a) les particules qui la composent ont une température négative □
b) au cours d'un soulèvement, les particules qui la composent se refroidissent plus vite que l'air ambiant □
c) au cours d'un soulèvement, les particules qui la composent se refroidissent moins vite que l'air ambiant □
d) les particules qui la composent ont une température positive □

Section 3

MÉTÉOROLOGIE

Module 3 « Frontologie, givrage et orages »

1. Frontologie

1.1. Frontogenèse

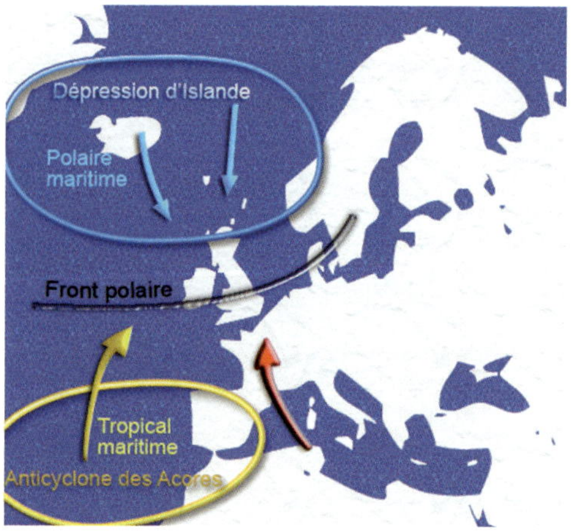

Dans l'Atlantique nord, l'air polaire maritime vient heurter l'air tropical maritime. On appelle cette surface de contact : **front polaire**. En l'absence d'activité à l'interface entre les masses d'air, on parle de front quasi stationnaire. Lorsqu'une dépression polaire se forme le long de ce front, celle-ci donne naissance à une ondulation, qui pousse l'air chaud dans l'air froid et réciproquement.

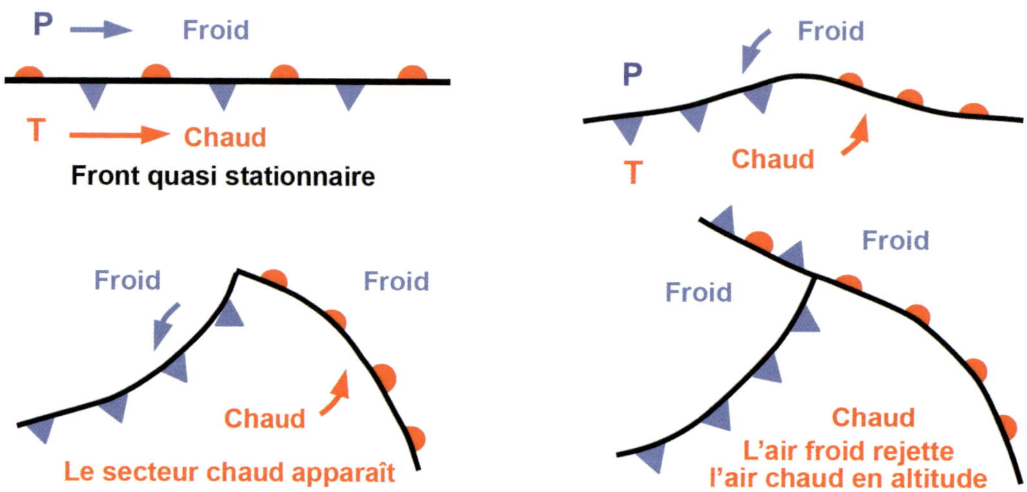

1.2. Évolution et occlusion

Dans un système frontal, l'air chaud se déplace plus vite que l'air froid antérieur plus dense, le rattrape et passe au-dessus. Parallèlement, l'air froid postérieur rattrape l'air chaud et le soulève.

Dans la plupart des systèmes frontaux, l'air froid postérieur rejoint le point où l'air chaud est en contact avec le sol, le secteur chaud est ainsi rejeté en altitude. On parle alors d'occlusion représentée par le symbole alterné du front froid et du front chaud. L'occlusion, constituant la phase de diminution d'activité d'une perturbation, les cumulonimbus formés ont une activité orageuse le plus souvent réduite.

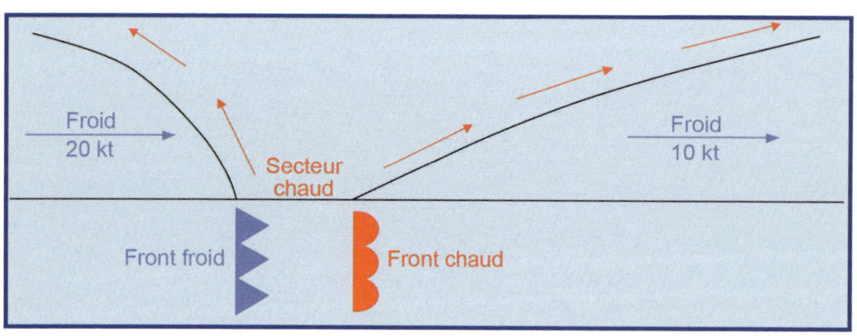

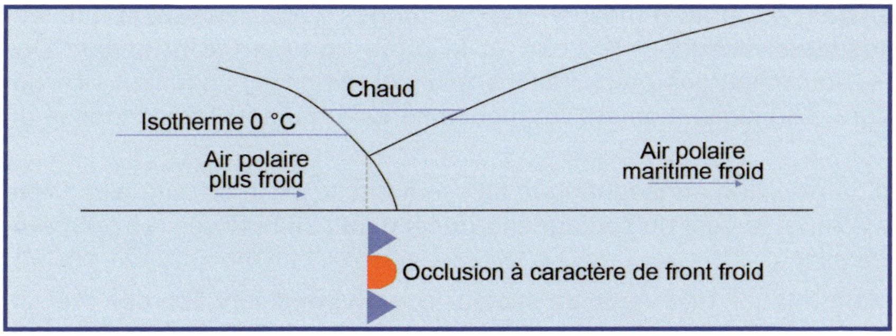

Lorsque l'air froid postérieur est plus froid que l'air froid antérieur, il le soulève et on parle alors d'une occlusion à caractère de front froid.

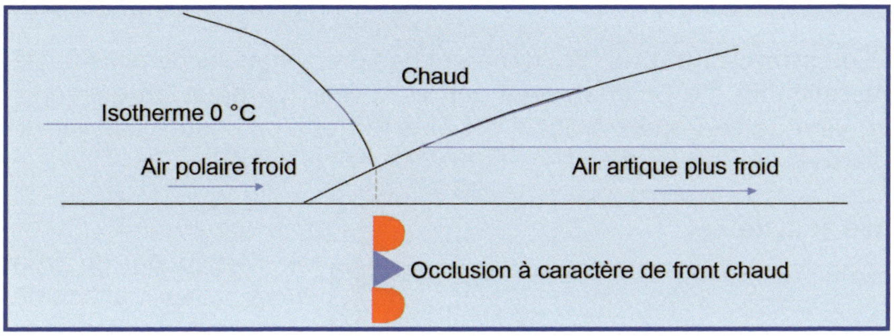

Lorsque l'air froid postérieur est plus chaud que l'air froid antérieur, l'air chaud est soulevé, mais l'air froid postérieur passe au-dessus de l'air froid antérieur.

1.3. Les fronts chauds, les fronts froids et les occlusions

1.3.1. Les fronts chauds et les secteurs chauds

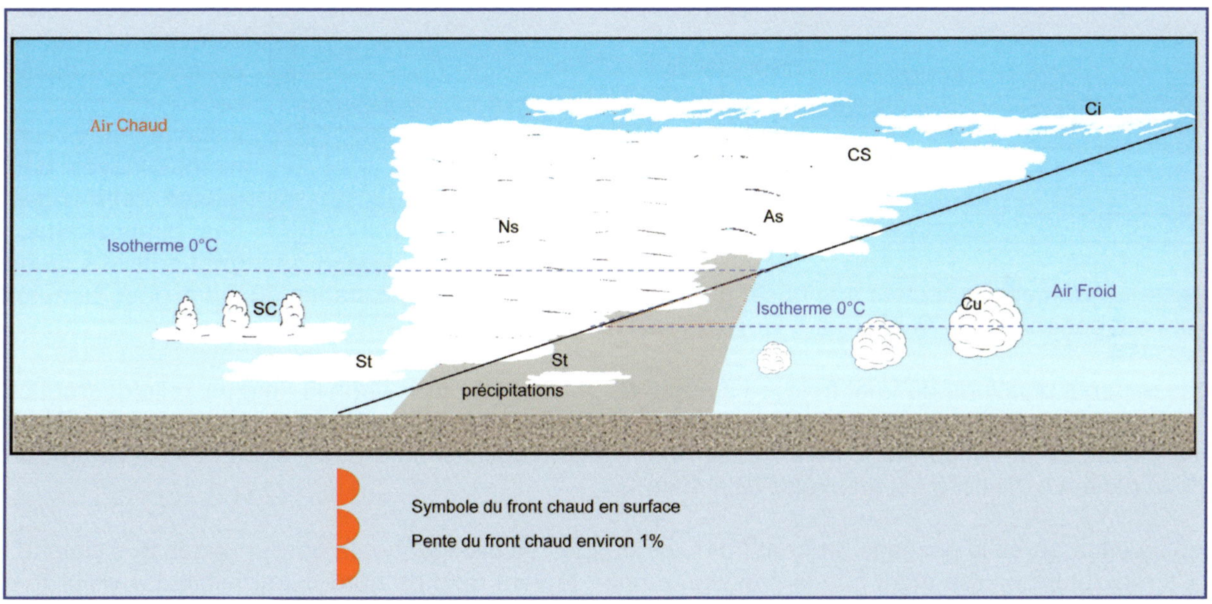

L'aspect des fronts peut varier en fonction des mouvements horizontaux mais aussi verticaux, toutefois peu marqués. Lorsque l'air monte le long de la surface frontale, il se refroidit par détente adiabatique et se condense, formant des nuages dont la hauteur varie de l'étage inférieur lorsque la surface frontale touche le sol, au niveau supérieur. Les fronts soumis à une ascendance d'air sont dits anabatiques.

L'arrivée d'un front chaud anabatique se traduit par l'apparition de nuages élevés de type **cirrus** (Ci), qui s'épaississent en **cirrostratus** (CS). Des **cumulus** (Cu) en **phase de dissipation subsistent en altitude**. L'avancement du front se poursuivant, les **cumulus** cèdent la place à des **cirrostratus**, bientôt masqués par des **altostratus** (As). Le Soleil devient opaque, au fur et à mesure que les nuages s'épaississent et que leur base descend. D'épaisses couches d'altostratus masquent le Soleil et **la pluie commence** à tomber. Des **nimbostratus** (Ns) aux contours informes, entraînent des précipitations (pluie ou neige) qui peuvent être violentes et durer plusieurs heures. L'air, saturé d'humidité, soulevé en mouvements turbulents, se condense en stratus (St).

Tout au long de l'approche du front chaud, la pression atmosphérique baisse à cause de la densité plus faible de l'air chaud qui pèse moins sur le baromètre, et le vent du secteur sud-ouest à sud se renforce. La température est en hausse, alors que la visibilité baisse.

Le passage du front chaud se traduit par une rotation des vents de secteur ouest, une diminution des précipitations, et un éclaircissement du ciel, les contours des nuages sont à nouveau visibles mais l'atmosphère reste souvent humide et brumeuse.

Le secteur chaud se traduit par l'apparition de **strato-cumulus** (Sc) générant des précipitations de pluie faible, et des stratus provoquant de la bruine intermittente. Le Soleil devient parfois visible. La pression est sensiblement constante mais baisse parfois. Le vent de sud-ouest à ouest est plus fort et plus chaud. La visibilité devient progressivement meilleure avant l'arrivée du front froid.

1.3.2. Le front froid et la traîne

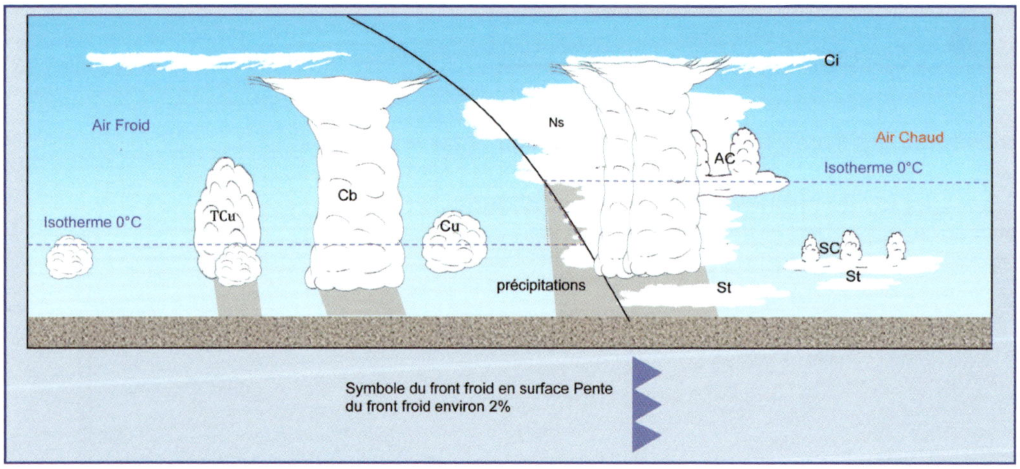

À l'approche du front froid, les altocumulus (Ac), stratocumulus (Sc) et les stratus s'épaississent, la pression baisse, l'air chaud soulevé produit des nimbostratus (Ns) accompagnés de pluies continues, dans le cas d'une masse d'air instable, des cumulonimbus noyés dans la masse (*embedded*) et des nimbostratus sont fréquents et engendrent des orages. Le vent est de secteur sud-ouest à ouest, et la température est stable, du fait de la forte humidité, la visibilité est généralement faible (3 à 5 km).

Du fait de la pente plus forte du front froid, sa surface au sol représente environ le tiers de celle du front chaud et son passage dure moins longtemps. Le passage se manifeste par une hausse parfois brusque de la pression, une baisse de la température, et la rotation des vents d'ouest à nord-ouest avec des rafales ainsi qu'à l'arrêt de la pluie. La visibilité est mauvaise (2 à 4 km).

La traîne se situe après le passage du front froid, les nuages se dissipent et la barre nuageuse s'éloigne vers l'est. La température baisse alors que la pression monte, le vent froid de nord-ouest faiblit. La visibilité dans la traîne est très bonne sauf sous les averses qui résultent de la présence de cumulus congestus et/ou de cumulonimbus.

1.3.3. Les fronts froids secondaires

Il arrive qu'une goutte froide (air très froid en provenance du pôle) soulève l'air froid postérieur de la perturbation, et forme ainsi un deuxième front froid, appelé front froid secondaire. Le soulèvement ainsi généré augmente l'instabilité. Il se forme alors une ligne discontinue de cumulonimbus (*squall line* ou ligne de grain) qui est infranchissable en vol à vue. Il convient alors d'attendre au sol le passage du front froid secondaire.

1.3.4. L'occlusion

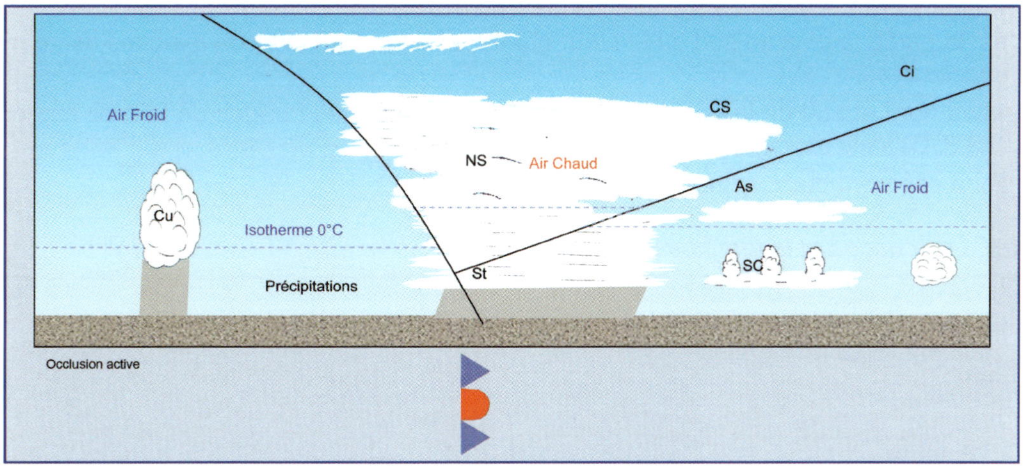

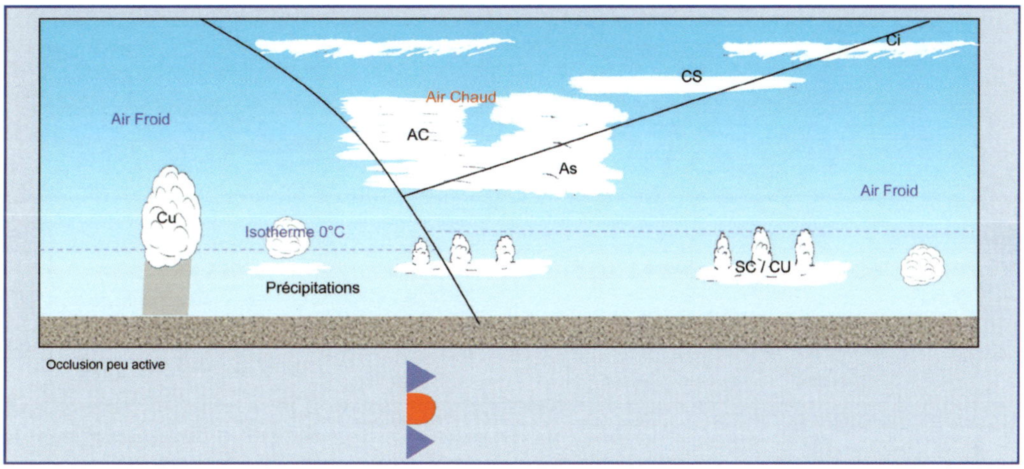

Lorsque le front froid rattrape le front chaud, on parle d'occlusion.

Bien que le système frontal soit en train de se dissiper, l'occlusion peut s'incurver vers l'arrière du système frontal et apporter un très mauvais temps. Lorsqu'un front occlus est rejeté en altitude, on n'a plus de front froid ou de front chaud distincts, mais une courte période de mauvais temps, avec des nuages bas et de la pluie peu propice au VFR. Cependant, au dernier stade de la perturbation, les nuages de type stratocumulus sont peu gênants pour le vol à vue .

1.4. Les différents secteurs de la perturbation

La **tête** : elle précède la perturbation, et se caractérise par des nuages de l'étage supérieur (cirrus) ne gênant pas le vol.

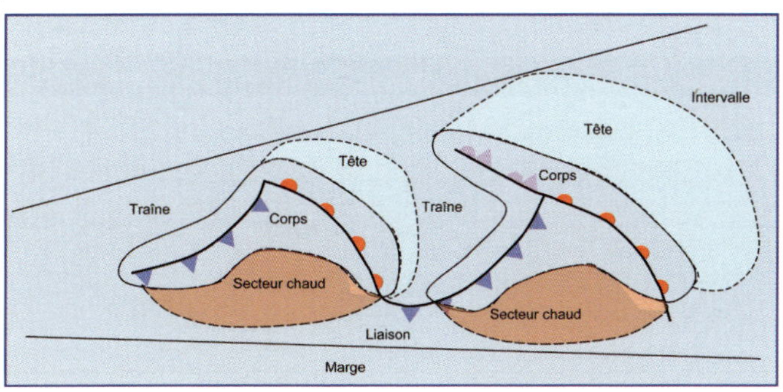

Le **corps** : partie principale de la perturbation. Cette zone est caractérisée par d'importantes masses nuageuses de tous étages pouvant rendre le vol à vue impossible.

Le **secteur chaud** : il se caractérise par une visibilité dégradée, la présence de stratocumulus et de stratus générant des pluies faibles, le vol à vue peut être possible.

La **traîne** : elle est caractérisée par des visibilités excellentes, et des nuages de type cumuliformes engendrant des averses et les orages y sont plus ou moins fréquents.

La **liaison** : c'est la partie la plus au sud du secteur chaud, elle assure la liaison avec les secteurs chauds des perturbations successives.

La **marge** : parties nord et sud de la perturbation, avec la présence de nuages de l'étage moyen (AS, AC) et supérieur (Ci, CS, CC) sans incidence pour le vol à vue.

L'intervalle : zone séparant deux systèmes de perturbations.

1.5. Les nuages et le temps associé

Secteur	Traîne	Corps	Secteur chaud	Corps	Tête
Nuages	SC Cu Cb	NS AS AC Ci	St SC	NS AS CS Ci	Ci Cs
Tendance pression	en hausse	en baisse à l'avant du front puis hausse	en faible baisse ou stable	en baisse et forte baisse juste avant le front	en faible baisse
Vent (secteur)	NW irrégulier	variable	SW à W	S et variable au passage du front	S ou SW
Visibilité	excellente	mauvaise	médiocre	mauvaise à moyenne	bonne
Précipitations	averses et orages	pluie ou neige	bruine	pluie ou neige	

Secteur	Traîne	Corps	Secteur chaud	Corps	Tête
Nuages	SC Cu Cb	Cb CS NS AC	SC Cu	Cb NS AC Ci	Ci CC
Tendance pression	en hausse	en baisse à l'avant du front puis hausse rapide	en faible baisse	baisse irrégulière	en baisse irrégulière
Vent	NW irrégulier rafales	coups de vent	irrégulier	coups de vent	S irrégulier
Visibilité	excellente sauf sous les averses	médiocre	assez bonne sauf sous les averses	bonne sauf sous la pluie	bonne
Précipitations	averses et orages	orages	averse	orages	

1.6. Le vent

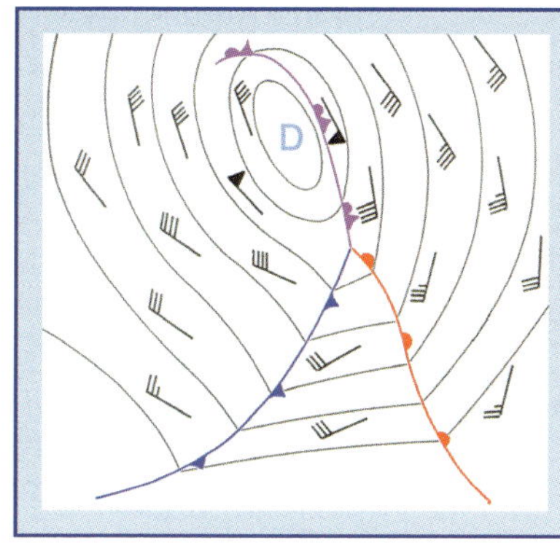

Il s'oriente des hautes pressions vers les basses pressions, de façon sensiblement parallèle aux lignes isobares, et s'enroule autour de la dépression, dans le sens inverse des aiguilles d'une montre dans l'hémisphère nord. Dans l'hémisphère sud, il s'enroule dans le sens des aiguilles d'une montre. Voir Météorologie, module 2, *2.2. La force de Coriolis*.

1.7. L'information météorologique de préparation de vol

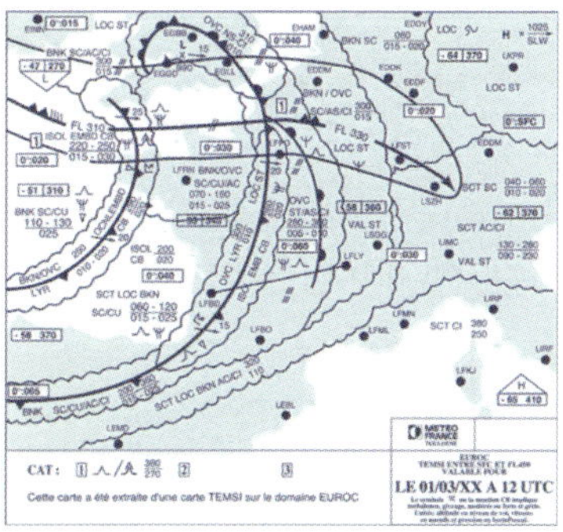

La carte TEMSI est une carte schématique du **TEM**ps **SI**gnificatif prévu à heure fixe, où ne sont portés que les phénomènes importants et les masses nuageuses.

La carte des vents donne la force et la direction des vents prévues à certains niveaux.
Les messages codés TAF et METAR donnent respectivement les prévisions et observations sur certains aérodromes. Voir Météorologie, module 4, chap. *1.1. Carte TEMSI*.

2. Les masses d'air

On appelle masse d'air une vaste étendue d'air où règnent les mêmes caractéristiques en ce qui concerne la température et l'humidité. Une masse d'air acquiert ses propriétés en séjournant très longtemps sur une région climatique du globe.
Une masse d'air séjournant sur un océan devient humide, alors qu'une masse d'air séjournant sur un désert s'assèche et se réchauffe.

2.1. Origines et propriétés

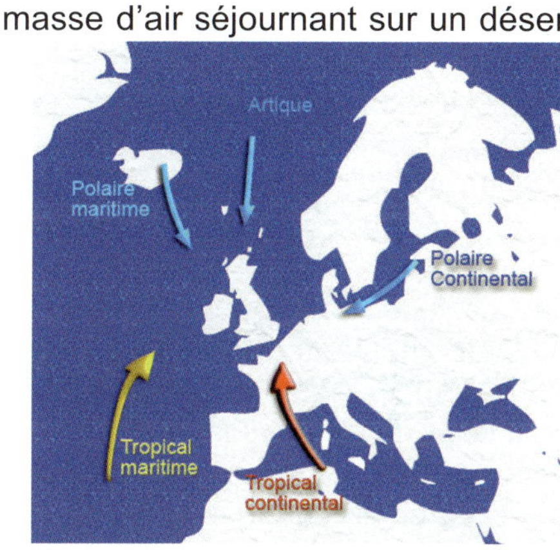

Arctique en provenance de l'océan gelé arctique, très froide et sèche.
Polaire continentale venant de Sibérie froide et sèche.
Polaire maritime venant de l'océan Atlantique nord, froide et humide.
Tropical continental venant d'Afrique chaude et sèche.
Tropical maritime venant des Açores chaude et humide.

2.2. Modification lors du déplacement

Lorsque les masses d'air se déplacent, on parle de courants atmosphériques nommés d'après leur origine.
Lorsqu'une masse d'air circule, elle prend les caractéristiques de la région sur laquelle elle passe. Ces modifications sont plus sensibles dans les basses couches, mais il faut compter plus d'une semaine pour qu'une masse d'air perde ses caractéristiques initiales.

3. Le givrage cellule

Le givrage de la cellule des appareils est causé par des gouttes d'eau surfondues (eau encore liquide à température négative) qui se congèlent instantanément sur les parties les plus exposées au vent relatif. Ce phénomène est particulièrement présent à des températures comprises entre 0 °C et -15 °C. Compte-tenu de leur faible dimension (de 10 à 40 µm) les gouttes d'eau présentes dans les nuages restent liquides jusqu'à des températures atteignant -30 °C. En-dessous de -30 °C il n'y a plus d'eau surfondue mais des cristaux de glace qui ne collent plus sur la carlingue des avions et ne présentent donc aucun danger. Le givrage est d'autant plus sévère que les gouttes ont un diamètre important.

3.1. Les différents types de givrage

Le **verglas** : lorsque l'appareil traverse une zone de pluie surfondue, le givrage est très intense et se propage au-delà des systèmes dégivreurs des avions qui en sont équipés. C'est le givrage le plus dangereux, même pour les avions de transport. Lorsque des grosses gouttes s'étalent, elle couvrent une surface importante et engendrent :

- la déformation des profils,
- une traînée importante,
- une augmentation du poids,
- une glace difficile à briser,
- un possible blocage de gouvernes.

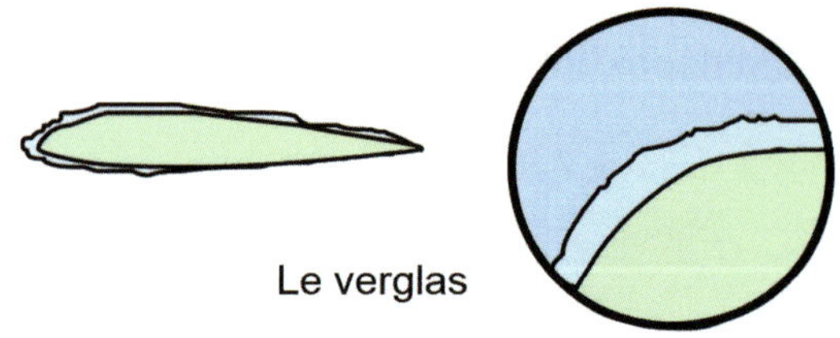
Le verglas

Le **givre opaque** : congélation rapide de petites gouttes qui se figent sans se déformer. **Cela provoque une surface granuleuse qui se limite généralement aux bords d'attaque et s'accroît par l'avant**. Par la suite, il se forme des « cornes » sur le profil qui en dégradent les performances

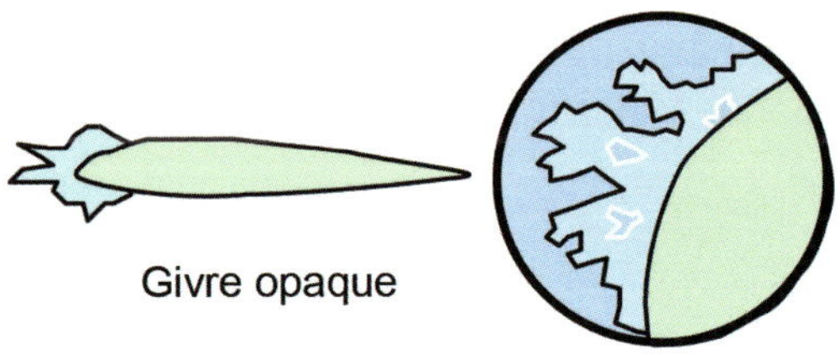
Givre opaque

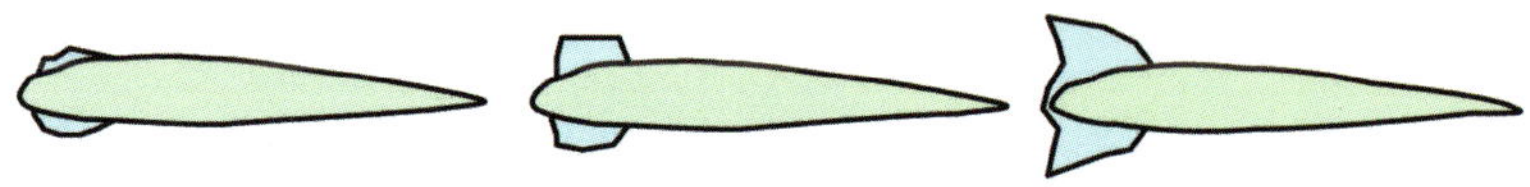
Processus de formation des cornes

La **gelée blanche** : lorsque l'appareil séjourne dans une atmosphère à température négative, et qu'il traverse une couche d'air humide, il y a condensation solide de la vapeur d'eau, et cela entraîne une faible couche de givre blanc d'aspect cristallin sans danger et de faible épaisseur. Par contre, en vol à vue, cela peut entraîner une opacification de la verrière.

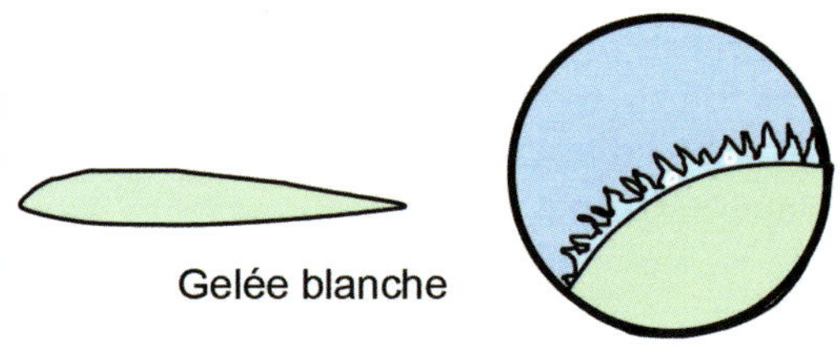
Gelée blanche

3.2. Les parties les plus sensibles de l'appareil

Les avions de transports sont équipés de systèmes leur permettant de lutter contre les effets du givrage. Ces systèmes peuvent être dégivreurs lorsqu'ils sont destinés à enlever la glace formée, ou anti-givrage lorsqu'ils empêchent la glace de se former.

En cas de givrage faible ou modéré, les dégivreurs, généralement constitués de boudins gonflables, brisent la glace formée sur les bords d'attaque des ailes, alors que les anti-givrages empêchent la formation de celle-ci, grâce à de l'air chaud à haute température circulant à l'intérieur des bords d'attaque, et prélevé sur les compresseurs haute pression des réacteurs, ou diffusion de liquide antigel (glycol) par capillarité pour les appareils ne disposant pas de compresseurs (moteurs à pistons). Les pare-brise sont dégivrés généralement par des résistances électriques noyées dans le verre et qui assurent, en plus de ce rôle, une protection contre les impacts d'oiseaux en augmentant la flexibilité du verre (très fragile à basse température). Le tube Pitot, quant à lui, est généralement doté de résistances électriques.

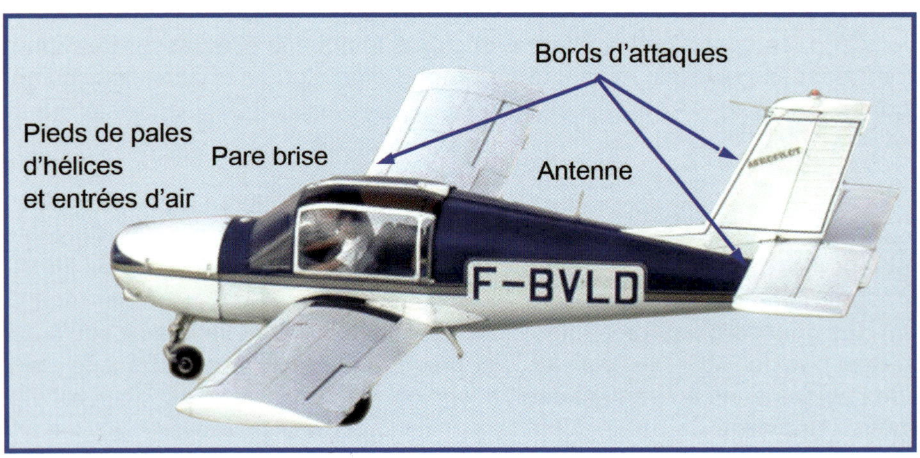

3.3. Les zones à risque

À l'approche des surfaces frontales, la pluie tombe puis traverse une couche à température négative où elle se refroidit en-dessous de 0°, sans solidification des gouttes. Le passage d'un appareil peut générer le choc qui rompt cet équilibre instable, entraînant un givrage sévère.

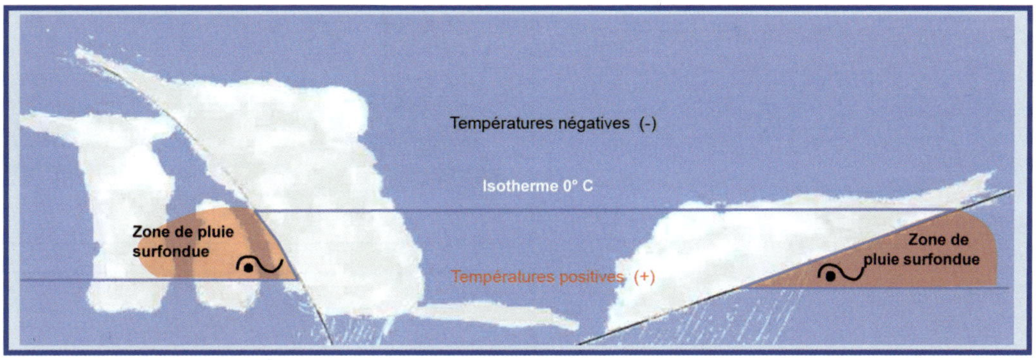

3.4. Le vol en hiver

Les **appareils de tourisme** ne sont généralement pas **équipés de dispositifs anti-givrage, ou dégivreurs** et il convient de ne pas **voler en conditions givrantes** car ils n'ont pas la possibilité d'affronter de telles conditions. Cependant, même lorsqu'ils en sont équipés, cela ne signifie pas que le vol en condition givrante soit automatiquement permis.

Pour être autorisé à voler en conditions givrantes, un aéronef doit :

- être pourvu d'un système de protection minimisant les effets du givre lui permettant de poursuivre son vol,
- être capable, en cas de panne des systèmes de protection, de conserver des qualités de vol suffisantes pour pouvoir se dérouter et rejoindre l'aérodrome le plus proche, sans que la sécurité des personnes ne soit menacée.

La démonstration de vol en conditions givrantes doit être faite par les constructeurs par des essais en vol, et en soufflerie ainsi que par simulation numérique.
On distingue deux intensités de givrages : modéré et sévère ().
En règle générale, seuls les avions à turbo réacteur dotés d'anti-givrage à air chaud peuvent affronter du givrage sévère.

Afin d'éviter les zones de givrage, il faut :

- connaître le niveau de l'isotherme 0 °C afin de rester en-dessous de cette altitude pour éviter le givrage,
- connaître par ailleurs les différents types de nuages, ainsi que leurs épaisseurs,
- changer de trajectoire pour éviter des zones potentiellement dangereuses,
- changer de niveau de vol permet en fonction des performances de l'appareil de rester à des températures moins propices. En vol à vue, il n'est pas possible de monter au-dessus de la couche nuageuse, car il faut rester en dehors des nuages, la seule alternative est de descendre à une altitude où la température est positive, se pose alors le problème de la marge de franchissement des obstacles.

4. Les orages

4.1. Le cumulonimbus : formation, maturation et dissipation

Le cumulonimbus est le plus imposant des nuages. Formé par des courants d'air convectifs, il se développe en présence d'air instable, sa base s'installe parfois à quelques centaines de pieds et culmine au niveau de la tropopause. Dans certains cas, la masse nuageuse peut atteindre un diamètre de plusieurs dizaines de kilomètres

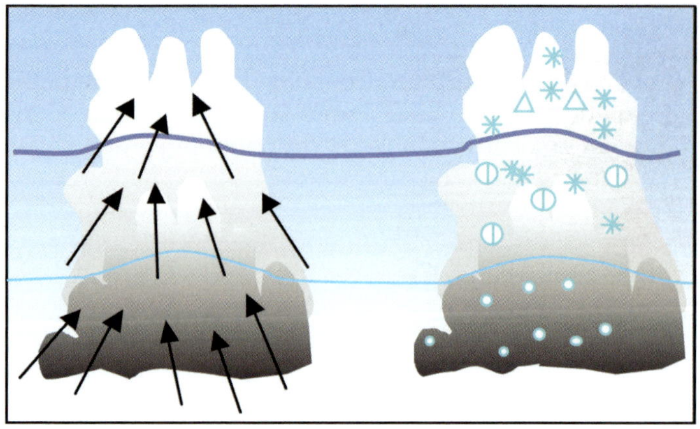

et une altitude supérieure à 15 km : on parle alors de super cellule et sa puissance peut être considérable. Au premier stade, un cumulus humilis, se transforme en cumulus médiocris puis en cumulus congestus (TCU) pour évoluer en cumulonimbus (CB). Ce nuage, siège de violents courants verticaux, peut engendrer les principaux phénomènes météorologiques (pluie, neige, grésil, grêle, foudre, trombes, rafales).

- Grelon
- Goutelette d'eau
- Goutelette d'eau surfondue
- Cristal de glace
- Flocon de neige
- Isotherme 0 °C
- Isotherme - 20 °C

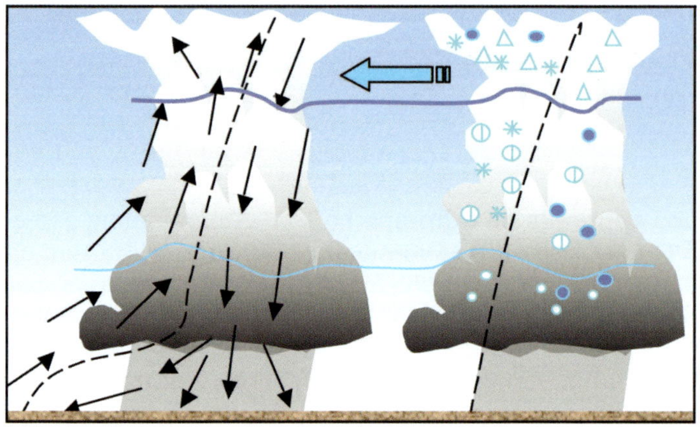

Au stade de la maturité, les précipitations apparaissent quand les courants ascendants se font moins puissants. On assiste à la cohabitation de courants ascendants et descendants.

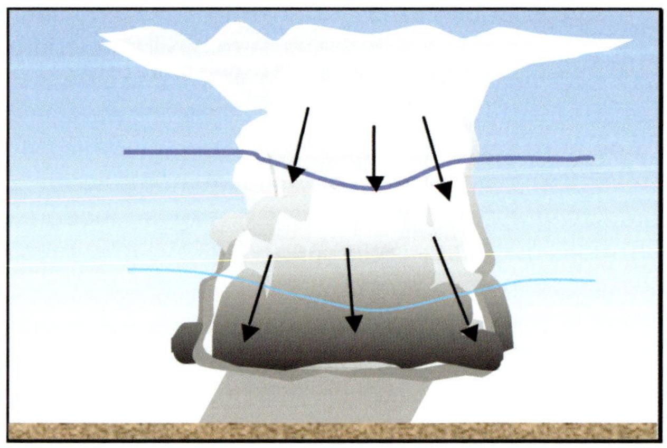

Au stade de la dissipation, il n'y a plus de courant ascendant, et le nuage s'effiloche. À la fin, il ne reste plus que l'enclume constituée de cristaux de glace qui subsiste.

4.2. Les différents types d'orages : de masse d'air, frontal et orographique

Le soulèvement dont résulte le cumulonimbus peut être d'origine convective, mais peut aussi résulter d'un soulèvement sur une surface frontale ou sur le flanc d'une montagne.

Ci- à gauche : orages isolés d'origine convective, observés généralement l'après-midi.

Orages provoqués par soulèvement sur une surface frontale, dans ce cas ils peuvent se prolonger la nuit.

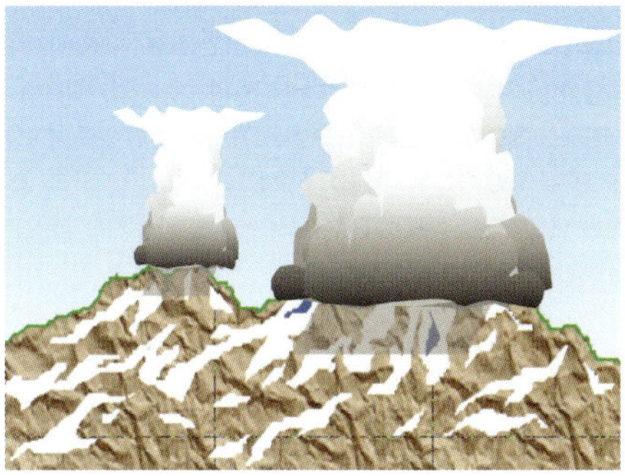

Orages orographiques par soulèvement sur le flanc d'une montagne, ils sont souvent plus violents qu'en plaine.

4.3. Le temps associé au cumulonimbus

En plus des averses violentes de pluie, de grésil, de grêle et d'orage, on assiste parfois à l'apparition de micro-rafales ou front de rafale.
Des courants froids descendent du nuage au moment où des courants ascendants mettent en rotation la basse couche : on assiste à l'apparition d'un front de rafale, sorte de vague d'air froid qui coule du nuage. Ce courant peut être d'autant plus violent que l'orage se déplace.

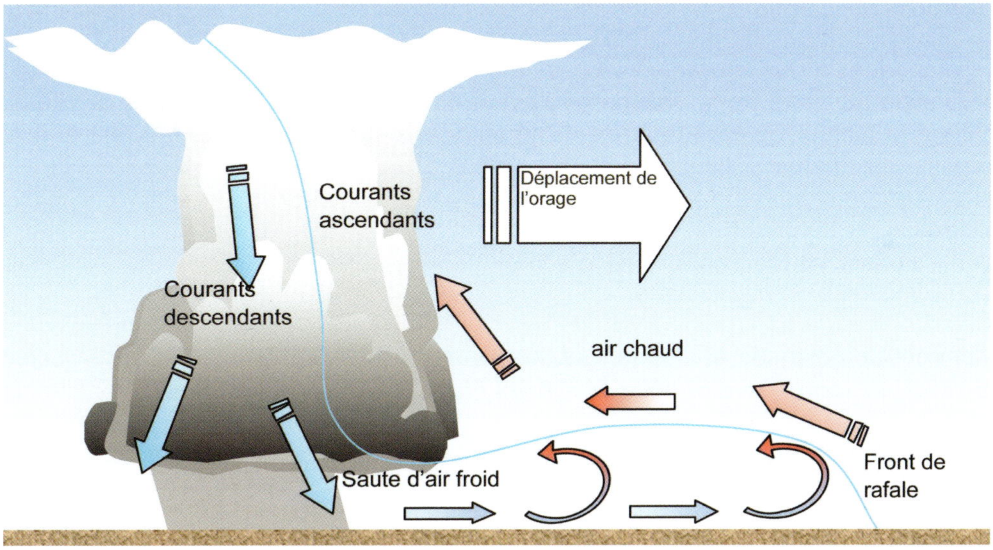

4.4. Conduite à tenir en présence de cumulonimbus

Il est impératif de contourner les cumulonimbus, qui peuvent s'accompagner de vents soudains très violents ainsi que de fortes précipitations sous lesquelles la visibilité peut être nulle. Par ailleurs, les fortes turbulences et les rafales peuvent conduire à une perte de contrôle de l'avion à l'atterrissage. La grêle, quant à elle, peut endommager la cellule de l'appareil, et du givrage intense peut se produire à l'intérieur du nuage lorsque la température est négative. Une distance de 10 Nm n'est pas de trop pour contourner un orage, car la taille de ces nuages peut être considérable.

Dans certains cas, le déroutement doit être envisagé si un orage stationne sur le terrain de destination.

5. Turbulences

5.1. Les différents types : cumulonimbus, convection et orographique

Les turbulences sont engendrées par la convection, mais aussi les accidents de terrain, lorsqu'un vent fort est orienté perpendiculairement à une chaîne de montagne, cela peut produire un phénomène ondulatoire. En pareil cas, la couche sous-ondulatoire est très turbulente et on assiste parfois, sous le vent du relief, à la présence de cumulus de rotor. Ces cumulus sont fixes malgré le vent fort et sont le siège de violentes turbulences. Il y a des cisaillements de vent avec des variations de 180° dans la direction du vent.

L'été, lorsque le ciel est parsemé de cumulus, l'air est turbulent sous ceux-ci qui sont la manifestation visible de la convection. Le vol, dans ces conditions, est inconfortable. Par contre, si leur couverture et l'altitude de leurs sommets ne sont pas trop importantes, il est possible de voler au-dessus de la couche nuageuse, car le sommet des nuages matérialise le niveau d'équilibre des températures entre celles dans le nuage et celles hors du nuage (appelé aussi couche d'inversion). Le vol est ainsi beaucoup plus confortable du fait de l'absence de turbulences.

Dans le cas de cumulonimbus, les turbulences peuvent être sévères bien au-dessus des têtes de nuages situées à plus de 10 km d'altitude. **Il est bien entendu hors de question d'envisager de passer au-dessus avec un appareil de tourisme.** Seuls les avions de ligne ou militaire peuvent le faire.

On distingue 2 intensités de turbulences :
- faibles à modérées : le vol est ponctué de secousses plus ou moins prononcées, le pilotage peut être difficile ;
- sévères : le pilotage est très difficile pour garder le contrôle de l'avion, les secousses sont violentes.

5.2. Le vol en conditions turbulentes

Les turbulences étant dues à des courants verticaux et horizontaux, elles engendrent des facteurs de charges qui sont proportionnels au carré de la vitesse de l'avion. Il convient donc de réduire la vitesse pour ne pas risquer de dépasser le facteur de charge limite. Il ne faut surtout pas dépasser la VNO et la vitesse de manœuvre (Va : vitesse maximale d'utilisation des gouvernes).

6. Les vents locaux

6.1. Le mistral et la tramontane

Le mistral est un vent du nord sec et violent, qui, au passage de la vallée du Rhône, s'accélère. Il apparaît lorsqu'une dépression se forme dans le golfe de Gênes (Italie) et qu'un anticyclone s'installe sur l'Espagne.

La tramontane est un vent de secteur nord à nord-ouest dans la vallée de l'Aude, qui s'accélère entre le Massif Central et les Pyrénées.

6.2. L'autan

C'est un vent qui souffle du sud-est dans la vallée de l'Aude et de la Garonne. L'autan noir est chaud et humide, il souffle quand une dépression s'installe dans le golfe de Gascogne, il annonce la pluie mais ne dure pas plus de deux jours. Au contraire, l'autan blanc est beaucoup plus violent mais amène le beau temps. Il s'installe en présence d'un anticyclone sur l'Europe centrale, et peut durer une semaine.

Entraînement à l'examen théorique

1 - Une masse d'air est dite instable si :

a) les particules qui la composent ont une température négative □
b) au cours d'un soulèvement, les particules qui la composent se refroidissent plus vite que l'air ambiant □
c) au cours d'un soulèvement, les particules qui la composent se refroidissent moins vite que l'air ambiant □
d) les particules qui la composent ont une température positive □

2 - Les vents générés par les cumulonimbus associés aux orages sont dangereux pour l'aviation car ils sont :
1/ très irréguliers en direction
2/ très irréguliers en vitesse
3/ laminaires
4/ responsables de cisaillement
5/ générateurs de fortes rafales
6/ très réguliers en vitesse

a) 2, 3, 4 et 5 □
b) 1, 2, 4 et 5 □
c) 3, 4, 5 et 6 □
d) 1, 4, 5 et 6 □

3 - Les cumulonimbus d'origine purement convective sont :

a) noyés dans un front froid □
b) isolés et bien discernables □
c) alignés dans un front chaud □
d) visibles exclusivement en mer □

4 - Une surface frontale est :

a) une zone d'air instable □
b) une zone d'air stable □
c) le contour d'une zone de pluie □
d) une surface de contact entre deux masses d'air différentes □

5 - Sous un front froid instable vous rencontrerez :
1/ de la bruine
2/ des orages
3/ des averses de pluie ou de grêle
4/ du brouillard

a) 2 et 3 □
b) 3 et 4 □
c) 1 et 4 □
d) 1 et 2 □

6 - Lors du passage d'un front froid :

a) la température et la pression montent □
b) la température monte, la pression baisse □
c) la température et la pression baissent □
d) la température baisse, la pression monte □

7 - D'après les éléments suivants observés au sol : averses de pluie et de grêle, vent du sud-ouest passant au nord-ouest, présence d'orages dans la masse nuageuse ; vous en déduisez le passage d'un front :

a) chaud stable □
b) froid instable □
c) chaud instable □
d) froid stable □

8 - Il y a occlusion lorsque :

a) deux fronts froids se rencontrent □
b) deux fronts chauds se rencontrent □
b) une perturbation est bloquée sur un massif montagneux □
d) l'air froid postérieur d'une perturbation rattrape l'air froid antérieur □

9 - Lors du passage d'une perturbation le secteur chaud est situé :

a) entre le front chaud et le front froid □
b) derrière le front froid □
c) sous le front chaud □
d) sous le front froid □

10 - La zone appelée «traîne» est toujours située :

a) entre un front froid et un front chaud d'une même perturbation □
b) à l'arrière d'un front froid □
c) à l'avant d'un font froid □
d) à l'arrière d'un front chaud □

11 - La traîne est caractérisée par :

a) des visibilités médiocres, de la bruine ou du crachin □
b) des températures élevées □
c) des nuages stratiformes élevés, des visibilités moyennes, des turbulences fortes □
d) des bonnes visibilités, des nuages cumuliformes, de la turbulence □

12 - Les situations météorologiques propices à la présence de cumulonimbus sont :
1/ une traîne active
2/ un front froid secondaire
3/ une couche frontale, de jour
4/ une rentrée maritime avec stratus

a) 2 et 3 □
b) 3 et 4 □
c) 1, 2 et 3 □
d) 1, 2 et 4 □

13 - La présence d'un cumulonimbus entraîne un risque :

a) de brouillard □
b) d'effet de Foëhn □
c) de chute de neige □
d) de cisaillement de vent □

14 - Le système de dégivrage du tube Pitot est constitué :

a) d'une prise d'air du réchauffage carburateur □
b) d'une circulation d'huile moteur □
c) d'une résistance électrique □
d) d'un venturi qui sous l'effet du vent relatif décolle la glace □

15 - Un système de dégivrage de l'hélice est :

a) inutile car d'importantes variations de régime suffisent à détacher tout dépôt de glace □
b) utile uniquement sur les bimoteurs pour éviter toute projection de glace sur la cellule de l'avion □
c) utile car le givrage partiel d'une pale peut générer de fortes vibrations □
d) inutile car la forte vitesse de rotation des pales empêche tout givrage □

16 - Les phénomènes dangereux associés au cumulonimbus (Cb) sont (choisir la combinaison exacte la plus complète) :
1/ la turbulence sous le nuage
2/ la turbulence à proximité du nuage
3/ le givrage
4/ la grêle
5/ la foudre

a) 2, 3, 4 et 5 □
b) 1, 3, 4 et 5 □
c) 1, 2, 3, 4 et 5 □
d) 1, 4 et 5 □

17 - On appelle «isotherme», une courbe qui joint tous les points où règne une même :

a) humidité □
b) vitesse de vent □
c) pression □
d) température □

18 - Vous observez un cumulonimbus (Cb) à la verticale du terrain de destination :

a) vous atterrissez à contre QFU, la composante de vent arrière étant inférieure aux limites fixées par le manuel de vo □
b) vous vous mettez en attente le temps de laisser le cumulo-nimbus s'éloigner □
c) vous approchez avec précaution en majorant votre vitesse pour vous protéger d'un éventuel cisaillement de vent □
d) vous approchez avec précaution en minorant votre vitesse pour vous protéger d'un éventuel cisaillement de vent □

19 - La durée de vie d'une perturbation océanique aux latitudes tempérées est d'environ :

a) 3 à 6 heures □
b) 6 semaines □
c) 1 à 2 semaines □
d) 3 à 6 jours □

20 - Lorsque le vent au sol est fort, il est recommandé de majorer la vitesse d'approche pour :

a) maintenir un refroidissement correct du moteur □
b) maintenir un taux de chute constant en finale □
c) améliorer la visibilité vers l'avant □
d) anticiper l'effet du gradient de vent □

Section 3

MÉTÉOROLOGIE

<u>Module 4</u> « Services de la météo »

Notes personnelles et conseils de votre pilote-instructeur – Météorologie :

1. Les cartes et codes météo

1.1. Carte TEMSI (carte de TEMps SIgnificatif)

La carte de prévisions **TEMSI** est une carte schématique du **tem**ps **si**gnificatif prévu à heure fixe, où ne sont portés que les phénomènes importants et les masses nuageuses.

Émise toutes les trois heures et tracée six heures avant l'heure de validité (0600, 0900, 1200...), elle indique la situation générale, les types de nuages, la fourchette de visibilité ainsi que l'altitude ou niveau de l'isotherme 0 °C.

Météo France édite deux cartes distinctes :

- la carte TEMSI sur le domaine EUROC (**EUR**ope **OC**cidentale) pour les vols à niveau moyen, prolongée vers les basses couches pour les phases de montée et de descente. Sur cette carte les indications verticales sont des niveaux de vol (de 0 au FL 450),
- la carte TEMSI France, élaborée pour les vols à basse altitude. Sur cette carte, les indications verticales sont en altitude (QNH) au-dessus du niveau moyen de la mer (AMSL), et limitées à 15 000 ft. Outre les phénomènes présentés sur la TEMSI EUROC, la TEMSI France représente les types de nuages, l'altitude de l'isotherme 0 °C et les visibilités horizontales.

Carte TEMSI EUROC

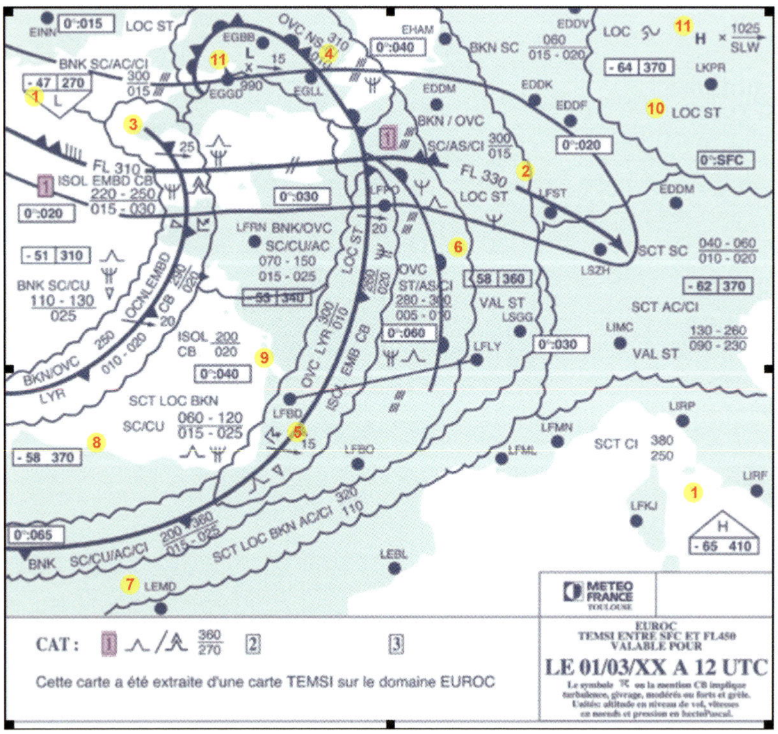

Valide pour le 1er mars à 12 heures UTC

1) niveau le plus bas (L), le plus haut (H), et température de la tropopause

2) direction, vitesse et niveau du courant jet

3) trace sol et vitesse de déplacement du front froid secondaire

4) occlusion à caractère de front chaud

5) trace sol et vitesse de déplacement du front froid

6) trace sol du front chaud

7) nuages fragmentés strato-cumulus, cumulus, alto-cumulus, cirrus dont la base est comprise entre 1 500 ft et 2 500 ft / 1013 hPa et le sommet compris entre 20 000 ft et 36 000 ft / 1013 hPa

8) température et niveau de la tropopause

9) niveau de l'isotherme O°

10) indicateur d'emplacement, EDDM – code OACI du terrain de Munich

11) position, pression d'un centre de basse pression (L) ou de haute pression (H), et vitesse de déplacement

Carte TEMSI France, ou Low Level Significant Weather Chart

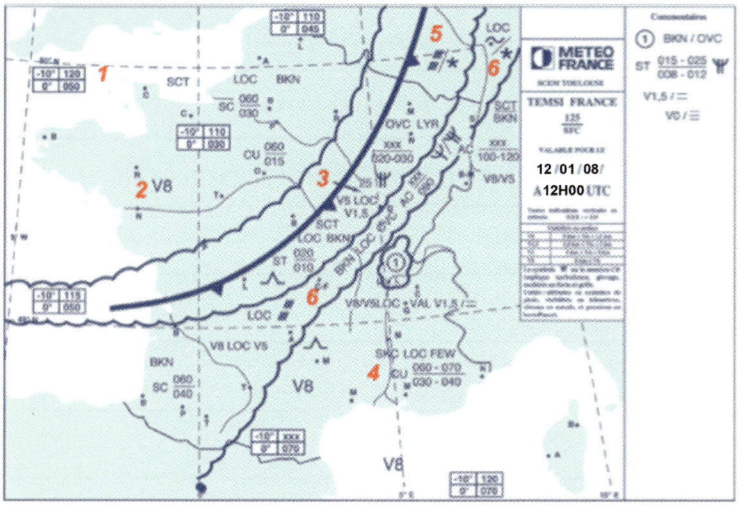

Valide pour le 12 janvier 2008 à 12 heures UTC

1) altitude de l'isotherme zéro degré, ainsi que de l'isotherme -10° C (températures les plus propices au givrage)

2) visibilité supérieure à 8 km (se reporter au cartouche)

3) trace au sol, flèche de direction et vitesse de déplacement du front froid (25 kt)

4) cumulus épars, localement peu de cumulus, dont les bases sont comprises entre 3 000 ft et 4 000 ft AMSL (au-dessus du niveau moyen de la mer, «QNH»), et des sommets allant de 6 000 ft à 7 000 ft AMSL,

5) dans cette zone festonnée, il pleut et il neige

6) dans cette zone festonnée, il y a localement de la pluie surfondue et de la neige, la couverture nuageuse de strato-cumulus est fragmentée et va de 4 000 ft AMSL à 6 000 ft AMSL, il pleut localement, par ailleurs des alto-cumulus fragmentés à couvert vont de 9 000 ft AMSL à une altitude supérieure au maxi de la carte (15 000 ft AMSL), le givrage est faible à modéré, et la visibilité va de 5 km à plus de 8 km.

Symboles du temps significatif et indicateurs de la localisation

Symboles				Localisation	
	Pluie (*Rain*)		Forte brume de sable ou de poussière (*Severe sand or dust haze*)	COT :	sur la côte
	Bruine (*Drizzle*)		Tempête de sable ou de poussière de grande étendue (*Widespread sandstorm ou duststorm*)	LAN :	à l'intérieur des terres
	Pluie se congelant (*Freezing rain*)		Brume sèche de grande étendue (*Widespread haze*)	LOC :	localement
	Neige* (*Snow*)		Turbulence modérée (*Moderate turbulence*)	MAR :	en mer
	Averse* (*Shower*)		Turbulence forte (*Severe turbulence*)	MON :	au-dessus des montagnes
	Grêle (*Hail*)	CAT	Turbulence en atmosphère claire (*Clear air turbulence*)	SFC :	en surface
	Givrage modéré (*Moderate icing*)		Ligne de grains forts (*Severe squall line*)	VAL :	dans les vallées
	Givrage fort (*Severe icing*)		Orage (*Thunderstorm*)	CIT :	à proximité ou au-dessus des villes importantes
	Brume de grande étendue (*Widespread mist*)		Ondes orographiques (*Mountain waves* - MTW)		
	Brouillard étendu* (*Widespread fog*)		Cyclone tropical (*Tropical cyclone*)		
	Fumée de grande étendue (*Widespread smoke*)		Chasse-neige élevée de grande étendue (*Widespread blowing snow*)		
	Matières radioactives dans l'atmosphère		Obscurcissement des montagnes		
			Eruption volcanique		

* ces symboles ne sont pas utilisés pour les cartes destinées aux vols à haute altitude.

Représentation des fronts, des zones de convergence et des systèmes isobariques			
	front froid (en surface)		front quasi stationnaire (en surface)
	front chaud (en surface)		ligne de convergence
	projection en surface du front occlus	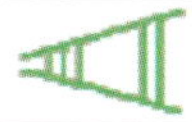	zone de convergence intertropicale
25	le chiffre donne la vitesse prévue du déplacement (en noeuds)		
	la flèche indique la direction prévue du déplacement		
SLW	déplacement lent		
STNR	stationnaire		
L	centre de basse pression		
H	centre de haute pression avec indication de la pression au centre en hectopascals (hPa)		

Délimitation des zones	
	Ligne festonnée : limite des zones de temps significatif
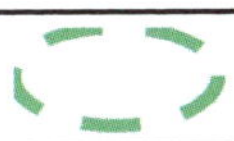	Ligne épaisse discontinue : limite des zones de turbulence en air clair
2	NB : un chiffre entouré d'un carré peut renvoyer à une légende indiquant les caractéristiques de la zone de CAT (turbulence en air clair).

Abréviations de temps significatif dans les codes METAR, SPECI et TAF				
Intensité ou proximité	Descripteur	Précipitations	Obscurcissement	Autres phénomènes
- : faible + : fort VC : au voisinage de Pas de symbole : modéré	MI : mince PR : partiel BC : bancs DR : chasse-poussière sable neige basse BL : chasse-poussière sable neige élevée SH : averse(s) TS : orage FZ : se congelant	DZ : bruine RA : pluie SN : neige SG : neige en grains PL : granules de glace GR : grêle GS : grésil et/ou neige roulée	BR : brume FG : brouillard FU : fumée VA : cendres volcaniques DU : poussière généralisée SA : sable HZ : brume sèche	PO : tourbillons de poussière-sable SQ : grains FC : nuages en entonnoir (trombe terrestre ou trombe marine, tornades) SS : tempête de sable DS : tempête de poussière

Axes des courants jets	
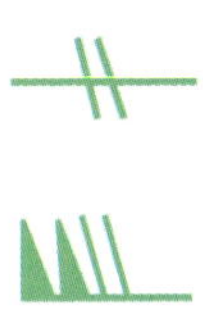 FL 350 +40/-50	Axe d'un courant jet avec indication du vent maximal (kt) la double barre indique des changements de niveau de 3 000 ft maximum et/ou des changements de vitesse de 20 kt minimum. La mention en-dessous de la valeur maximale d'un jet représente la hauteur entre le noyau du jet et l'isotache 80 kt (associée à la limite de l'enveloppe du jet). Dans l'exemple l'axe se situe au niveau de vol 350 et l'isotache 80 kt se situe du niveau de vol 300 au niveau de vol 390. Sur la production française TEMSI, l'extension verticale des jets n'est mentionnée que si la valeur maximale est au moins égale à 120 kt, et l'épaisseur vers le haut est limitée à la différence entre l'axe du jet et la limite supérieure de la carte (par exemple : FL 450 pour la TEMSI EUROC).

Isotherme 0°, tropopause	
0° | 130	Altitude en FL de l'isotherme 0 °C
320	Altitude en FL de la tropopause, sur certaines cartes françaises, on peut voir température et niveau -50 | 350
H 450	Altitude maximale de la tropopause
250 L	Altitude minimale de la tropopause
40	Vent de surface fort de grande étendue (pour des vitesses supérieures à 30 kt)

Isothermes 0 °C et -10 °C sur la TEMSI France en centaines de pieds AMSL

-10	110
0	050

Visibilité au sol sur la TEMSI France

V0: 0 km < visibilité < 1,5 km
V1,5 : 1,5 km < visibilité < 5 km
V5 : 5 km < visibilité < 8 km
V8 : visibilité > 8 km

Quantité de nuages :

Cumulonimbus (CB) :

ISOL : CB isolés bien séparés couvrant moins de 50 % de la zone concernée
OCNL : CB occasionnels couvrant de 50 % à 75 % de la zone concernée
FRQ : CB fréquents couvrant plus de 75 % de la zone concernée
EMBD : CB noyés (embedded) dans la couche nuageuse

Autres nuages :

FEW : (quelques) peu de nuages, 1 à 2 octas (1 octa = 1/8 du ciel)
SCT : (scattered) épars, 3 à 4 octas
BKN : (broken) fragmentés, 5 à 7 octas
OVC : (overcast) couvert, 8 octas
LYR : (layer) en couches

1.2. METAR, SPECI, TAF

Le **METAR** (**MET**eorologycal **A**irport **R**eport) est un message d'observation régulière pour un aérodrome.
Le **METAR AUTO** est un message établi automatiquement à partir de différents capteurs.
Le **SPECI** est un message spécial (France) édité lorsque survient un changement significatif dans un METAR.
Le **TAF** (Terminal Area Forecast) est un message de prévision pour un aérodrome.

METAR et SPECI :

Groupe	Exemples	Signification	Remarques
1. Nom du message	METAR SPECI	Observation régulière. Observation spéciale.	SPECI : établi en cas de changement important du vent, de la visibilité, de la hauteur de la base des nuages, et des phénomènes significatifs.
2. Indicateur	LFPB	Paris Le Bourget	Indicateur OACI à 4 caractères.
3. Jour et heure de l'observation	121300Z	Le 12 du mois à 13 h 00 UTC.	Pour un SPECI, c'est l'heure du ou des changements ayant justifiés l'émission du message.
4. Optionnel	AUTO	Observation régulière entièrement automatique.	

Groupe	Exemples	Signification	Remarques
5. Vent	27010G20KT VRB02KT 35020KT 310V150 WS R	Vent du 270° pour 10 kt, rafales à 20 nœuds. Direction variable force 2kt Vent du 350° pour 20 kt, la direction varie dans le sens des aiguilles d'une montre entre 310° et 150°	Le vent est moyenné sur 10 min. 00000KT = vent calme Vent max si (vent instantané – vent moyen) ≥ 10 kt. VRB si vent < 3 kt ou pour des forces supérieures si la direction varie de 180° ou plus. Les directions extrêmes sont indiquées pour un vent variable < 3 kt et une variation ≥ 60°. G si présence de rafales. Cisaillement du vent.
6. Visibilité	8000 3000E	8 000 m 3 000 m vers l'est	Visibilité dominante du tour d'horizon exprimée en mètres. 9999 ≥ 10 Km. Une deuxième valeur minimale est indiquée avec sa direction si celle-ci est différente de la visibilité dominante et < 1 500 m ou 50 % de la visibilité dominante < 5 000 m.
7. Portée visuelle de piste (Runway Visual Range "RVR")	R31R/0150 R31L/0300 R18/1000D R27/0150V 0300U R13/M0050 R13/P1500	La RVR est de 150 m sur la piste 31 droite et 300 m sur la piste 31 gauche. La RVR de la piste 18 est de 1 000 m en baisse. La RVR de la piste 27 est comprise entre 150 m et 300 m et la RVR moyenne est en hausse. La RVR de la piste 13 est inférieure à 50 m. La RVR de la piste 13 est supérieure à 1 500 m	L (left) = gauche, C (center) = centre, R (right) = droite Tendance signalée si l'écart entre les RVR moyennes des 5 premières et des 5 dernières minutes ≥ 100 m. D (down) = en baisse, N (no change) = sans changement, U (up) = en hausse. Les RVR mini et maxi sont signalées si les extrêmes s'écartent de la moyenne (sur 10 min) de plus de 50 m ou de plus de 20 %.
8. Temps présent	+SHRA	Averse de pluie forte	On chiffre un temps présent ayant pour critère la visibilité, lorsque les conditions sont requises pour que cette visibilité soit codée dans le message. Dans le METAR auto français, seuls DZ, FG, BR, SN, FZFG, FZRA, FZDZ, VCTS sont codés.
9. Nuages	SCT005 BKN015 CAVOK	Au-dessus du sol, épars à 500 ft, fragmentés à 1 500 ft Ceiling And Visibility OK ; Visibilité supérieure ou égale à 10 km, pas de nuage en-dessous de l'altitude de secteur la plus élevée ou 1 500 m (5 000 ft), pas de temps significatif, pas de CB ou TCU.	Le genre n'est précisé que s'il s'agit de CB ou TCU. NSC (No Significant Cloud) = pas de nuage significatif (pas de nuages < hauteur du CAVOK, ni de CB et ni CAVOK). Ciel invisible = /// CAVOK remplace la visibilité, le temps présent et les nuages lorsque les conditions requises sont présentes lors de l'observation. Dans le METAR AUTO : - SCT005/// = épars à 500 ft, le type de nuage n'est pas observable par le système automatique ; - NCD (No Cloud Detected) = aucun nuage n'est détecté par le système automatique ou lorsque le système n'est pas capable de détecter le CB ou le TCU ; - /// devant CB (ou TCU) lorsque le sytème automatique a détecté un CB (ou un TCU) et que la nébulosité (ou la hauteur) de ces nuages n'a pas pu être observée.
10. Temp. de l'air et temp. du point de rosée	04/M03	Température de 4 °C et température du point de rosée de - 3 °C	Précédées de M si elles sont négatives.
11. Pression	Q0995	QNH = 995 hPa	Valeur arrondie à l'hectopascal inférieur.

Groupe	Exemples	Signification	Remarques
12. Phénomènes récents codés	REFZDZ REFZRA REDZ RERA RESN RESG REPL RESHRA RESHSN RESHGR RESHGS REBLSN REDS RESS RETS RETSRA RETSSN RETSGR RETSPL RETSGS REFC REVA	Bruine se congelant Pluie se congelant Bruine Pluie Neige Neige en grain Copeaux de glace Averse de pluie Averse de neige Averse de grêle Averse de grésil Chasse neige Tempête de poussière Tempête de sable Orage Orage avec pluie Orage avec neige Orage avec grêle Orage avec copeaux de glace Orage avec grésil Nuage en entonnoir Cendres volcaniques	FZDZ : freezing drizzle FZRA : freezing rain DZ : drizzle RA : rain SN : snow SG : snow grain PL : ice pellets SHRA : shower rain SHSN : shower snow SHGR : shower snow grain SHGS : shower gresil BLSN : blown snow DS : dust storm SS : sand storm TS : thunderstorm TSRA : thunderstorm rain TSSN : thunderstorm snow TSGR : thunderstorm hail TSPL : thunderstorm pellets TSGS : thunderstorm gresil FC : funnel cloud VA : volcanic ash RE : Recent TEND : tendance
13. État des pistes			

13. État des pistes :

Numéro de la piste	Nature du dépôt	Étendue de la contamination	Épaisseur du dépôt	Coefficient de frottement ou efficacité de freinage
15 : RWY15 ou RWY15 gauche 65 : RWY15 droite 88 : toutes les pistes	0 : piste sèche et dégagée 1 : humide 2 : mouillée (ou flaques d'eau) 3 : givre ou gelée blanche (épaisseur normalement < 1 mm) 4 : neige sèche 5 : neige mouillée 6 : neige fondante 7 : glace 8 : neige compactée 9 : ornières ou sillons gelés / : type non signalé (par suite de déblaiement en cours).	1 : piste couverte à moins de 10 % 2 : piste couverte à 11 – 25 % 5 : piste couverte à 26 – 50 % 9 : piste couverte à 51 – 100 % / : étendue non signalée (par suite de déblaiement en cours)	00 : < 1 mm 01 : 1 mm 02 : 2 mm 03 : 3 mm etc. jusqu'à 90 : 90 mm 92 : 10 cm 93 : 15 cm 94 : 20 cm 95 : 25 cm 96 : 30 cm 97 : 35 cm 98 : 40 cm et plus 99 : piste hors service pour cause de neige fondante, de glace, de congères importantes ou de déblaiement en cours. // : épaisseur du dépôt non mesurable ou sans signification pour l'exploitation.	Coefficient de frottement : les deux chiffres signalés correspondent aux deux décimales du coefficient de frottement mesuré. À défaut, efficacité de freinage : 95 : bon 94 : moyen/bon 93 : moyen 92 : moyen/médiocre 91 : médiocre 99 : douteux/peu fiable // : conditions de freinage non signalées, piste hors service.

Lorsque les conditions de contamination ont cessé d'exister, un groupe codé composé de l'identification de la piste et du groupe CLRD// est adressé à la place des huit caractères prévus. Le code SNOCLO remplace le groupe « état des pistes » lorsque l'aérodrome est fermé par suite d'enneigement.

Groupe	Exemples	Signification	Remarques
14. Prévision de tendance	BECMG AT1200 33010KT BECMG FM1130 TL1230 0350 TEMPO FM1130 TL1230 OVC006 TEMPO TL1230 6000 NSW NOSIG	Évolution du vent, devenant à 12 h UTC du 330° force 10 kt . Évolution de la visibilité de 11h30 à 12h30, devenant à partir de 12h30 de 350 m. Fluctuations temporaires de la couche nuageuse entre 11h30 et 12h30, on notera temporairement un ciel couvert avec base des nuages à 600 ft Fluctuations temporaires de la visibilité et du temps significatif entre l'heure de l'observation et 12h30, on notera temporairement une visibilité de 6 000 m. Pas de changement significatif dans les 2 heures suivant l'heure de l'observation.	La tendance est transmise via : TEMPO = TEMPOrarily ou BECMG = BECoMinG. BECMG : indicateur d'évolution régulière ou irrégulière des conditions météo ; est utilisé seul lorsque l'évolution débute et se termine aux heures de début et fin de la tendance ou se produit à une heure incertaine durant la validité de la tendance. TEMPO : indicateur de fluctuations temporaires d'un ou plusieurs paramètres météo durant moins d'une heure et couvrant au total moins de la moitié de la période ; est utilisé seul lorsque le début et la fin de la période de fluctuations temporaires correspondent au début et à la fin de validité de la tendance. FM = FroM : indicateur de début d'un changement prévu ; AT = indicateur de l'heure à laquelle une (des) condition(s) prévue(s) est (sont) attendue(s) ; TL = unTiL : indicateur de fin d'un changement prévu. Une tendance autre que NOSIG = NO SIGnifiant change sera transmise pour certains changements de valeurs des paramètres vent, visibilité, temps significatif et nébulosité

Exemples :

METAR LFRB 221300Z 27009KT 230V300 9999 BKN010 13/12 Q0999 NOSIG =
BREST GUIPAVAS le 22 à 13 h 00 UTC, vent 270° 9 kt variable de 230° à 300°, visibilité dominante supérieure à 10 km, nuages fragmentés à 1 000 ft, température 13 °C, température du point de rosée 12 °C, QNH=999 hPa, pas de changement dans les 2 prochaines heures, fin du message.

METAR LFRN 221300Z 21007KT 7000 SCT005 SCT017 BKN090 13/12 Q0999 NOSIG =
RENNES SAINT JACQUES le 22 à 13 h 00 UTC, vent 210° 7 kt, visibilité dominante 7 km nuages épars à 500 ft, épars à 1 700 ft, fragmentés à 9 000 ft, température 13 °C, température du point de rosée 12 °C, QNH=999 hPa, pas de changement dans les 2 prochaines heures fin du message.

METAR LFBD 221330Z 26016KT 4000 BKN006 BKN013 BKN023 15/15 Q1006 TEMPO FM1400 –DZ BKN003 RMK M2 =
BORDEAUX MERIGNAC le 22 à 13 h 30 UTC, vent 260° 16 kt, visibilité dominante 4 km, nuages fragmentés à 600 ft, fragmentés à 1 300 ft, fragmentés à 2 300 ft, température 15 °C, température du point de rosée 15 °C, QNH=1006 hPa, temporairement, à partir de 14 h 00 faible bruine, nuages fragmentés à 300 ft et dégradation de la visibilité fin du message. (RMK = remarque)

METAR LFPO 221330Z 19011G25KT 8000 - RA BKN025 OVC082 08/M01 Q1012 BECMG BKN008 =
PARIS ORLY le 22 à 13 h 30 UTC, vent 190° 11 kt rafale 25 kt, visibilité dominante 8 km, faible pluie, nuages fragmentés à 2 500 ft, couvert à 8 200 ft, température 8 °C, température du point de rosée -1 °C, QNH=1012 hPa, devenant nuages fragmentés à 800 ft, fin du message.

La tendance est annoncée par un des codes suivants :

NOSIG : pas de changement significatif prévu dans les deux heures à venir,
BECMG : changements prévus qui se produiront progressivement,
BECMG AT : changements qui auront lieu dans moins d'une demie heure (X : début de la période en UTC),
TEMPO : changements temporaires qui dureront moins d'une heure,
FM …TL : à partir de … jusqu'à (codes précédés de TEMPO ou de BECMG),
TEND : est utilisé quand les termes précédents ne sont pas applicables à l'évolution.

SPECI et conditions météorologiques nécessitant la transmission du SPECI :

Aggravation (M en France uniquement)	Amélioration (B en France uniquement)
0 (vitesse maximale du vent)	
Lorsque la vitesse moyenne du vent étant supérieure ou égale à 15 kt avant et/ou après le changement : - la différence entre la vitesse maximale et la vitesse moyenne du vent actuel, - la différence entre la vitesse maximale et la vitesse moyenne du vent du dernier message (METAR ou SPECI), deviennent supérieures ou égales à 10 kt.	Lorsque la différence entre la vitesse maximale et la vitesse moyenne du vent est devenue inférieure à 10 kt depuis 30 minutes.
1 (direction et /ou vitesse moyenne du vent)	
Lorsque la vitesse moyenne du vent étant supérieure ou égale à 10 kt avant et/ou après le changement, la direction moyenne s'écarte de 60° ou plus de la valeur signalée dans le dernier METAR ou SPECI transmis. Pas de déclenchement de METAR semi-horaires. Lorsque la vitesse moyenne du vent a augmenté d'au moins 10 kt par rapport à la valeur figurant dans le dernier METAR ou SPECI transmis. Pas de déclenchement de METAR semi-horaires.	Il n'est pas diffusé de message d'amélioration.
2 (visibilité dominante)	
Dès que la visibilité dominante primitivement supérieure ou égale à 5 000 m devient inférieure à 5 000 m.	Lorsque, depuis 10 min, la visibilité dominante primitivement inférieure à 5 000 m est égale ou supérieure à 5 000 m.
9999 : pour les aérodromes non équipés en télémesures de RVR, le seuil est fixé à 5 000 m. Pour les aérodromes disposants de RVR, le seuil est fixé à 800 m.	
3 (nuages bas)	
1) lorsque la hauteur de la couche des nuages dits BKN ou OVC primitivement supérieure ou égale à 450 m devient inférieure à 450 m. 2) lorsque la nébulosité d'une couche de nuages en-dessous de 450 m passe de FEW ou SCT ou SKC à BKN ou OVC (de 4 octas ou moins à plus de 4 octas).	1) lorsque, depuis 10 min, la hauteur de la couche de nuages dits BKN ou OVC primitivement inférieure à 450 m devient égale ou supérieure à 450 m. 2) lorsque depuis 10 min, la nébulosité d'une couche de nuages en-dessous de 450 m passe de BKN ou OVC à FEW ou SCT ou SKC (de plus de 4 octas à 4 octas ou moins).
4 (précipitations)	
Précipitations se congelant – Chute de neige modérée ou forte, granules de glace, grêle, grésil et/ou neige roulée, pluie et neige mêlées.	Fin depuis 10 min du phénomène.
7 (tempête de poussière ou de sable ; chasse poussière, chasse sable, chasse neige)	
Chasse-poussière, chasse-sable, chasse-neige Tempête de poussière ; Tempête de sable ; Tempête de neige.	Fin depuis 10 min du phénomène.
8 (orage avec ou sans précipitation)	
Orage avec ou sans précipitation	Orage terminé depuis 10 min
9 (grain ou trombe)	
1 – grain 2 – trombe terrestre ou marine	1 – il n'est pas diffusé de message d'amélioration 2 – fin depuis 10 min

Exemple :

SPECI LFBO 041414Z 17020G36KT 1200 R15R/1000D +TSRA BKN015 BKN020CB 10/06 Q1011 RMK M8 =
TOULOUSE BLAGNAC le 4 à 14h14 UTC, vent 170° 20 kt rafale 36 kt, visibilité dominante 1 200 m, portée visuelle de piste en piste 15 droite 1 000 m en baisse, orage forte pluie, nuages fragmentés à 2 000 ft cumulonimbus, température 10 °C, température du point de rosée 6 °C, QNH 1011 hPa, remarque aggravation pour cause d'orage.

0 : Vitesse maximale du vent	**3** : Nuages bas	**7** : Tempête de poussière, chasse-neige
1 : Direction et/ou vitesse moyenne du vent	**4** : Précipitation	**8** : Orage
2 : visibilité	**5 et 6** : non utilisés	**9** : Grain ou trombe

TAF :

Groupe	Exemples	Signification	Remarques
1. Nom du message	TAF	Prévision d'aérodrome.	« TAF AMD » = TAF amendé. « TAT COR » = TAF corrigé. En nœuds les erreurs sont transmises via « TAF AMD ».
2. Indicateur	LFPO	Paris Orly	Indicateur OACI à 4 caractères.
3. Jour, heure et minute	150800Z	Le 15 du mois à 08h00 UTC	Heure de rédaction du TAF.
4. Jour, période de validité du TAF	150918	Le 15 du mois, de 9h UTC à 18h UTC	Un seul type de TAF par aérodrome : court (validité 9 h) ou long (validité 24 ou 30 h).
5. Vent	25015G33KT	Vent moyen sur 10 min venant du 250° pour 15 kt ; vent instantané de 33 kt.	KT = nœuds ; vitesse max si vent instantané – vent moyen ≥ 10 kt ; vent calme = 00000 kt ; VRB si vent moyen < 3 kt ou lorsqu'il n'est pas possible de prévoir une direction (ex : orage).
6. Visibilité	3000	3 000 mètres	Visibilité dominante prévue. 9999 = > 10 km.
7. Temps significatif	SHRA NSW (No Sig Weather)	Averse de pluie. Pas de temps significatif.	L'inclusion du temps prévu est limitée à : précipitation se congelant, précipitation modérée ou forte, FZFG, DRxx, BLxx, SS, DS, TS, IC, dont il est prévu que les phénomènes seront liés à une visibilité dominante inférieure ou égale à 5 000 m.
8. Nuages	FEW005 SCT010 CAVOK	Peu de nuages à 500 ft, épars à 1 000 ft. Ceiling And Visibility OK ; visibilité au moins 10 km ou plus ; pas de nuages.	Le genre n'est précisé que s'il s'agit de CB ; SKC = ciel clair si CAVOK non applicable ; NSC = pas de nuage significatif (pas de nuages < hauteur du CAVOK, ni de CB et ni CAVOK ni SKC) ; ciel invisible = VV///. Remplace visibilité, nuages et temps présents lorsque les conditions requises sont prévues sur une hauteur au-dessus de l'aérodrome correspondant à la différence entre l'altitude minimale de secteur la plus élevée et l'altitude de l'aérodrome si cette hauteur > 1 500 m ; pas de temps significatif.
9. Groupes d'évolution et de probabilité	FM 1500 27015 KT 9000 NSC TEMPO 1114 SMRA BECMG 1719 NSW PROB30 1618 TSRA PROB40 TEMPO 0507 0500 FZFG	À partir de 15 h 00 la situation est : 27015KT 9000 NSC. On notera temporairement, entre 11 et 14 h UTC des averses de pluie. Évolution du temps significatif de 17 h à 19 h UTC devenant NSW. Modification probable (30 %) du temps significatif entre 16 h et 18 h UTC : TSRA. Fluctuations temporaires probables (40 %) de la visibilité et du temps significatif entre 05 h et 07 h : 0500 FZFG.	FM (FroM) est employé lorsqu'on prévoit un changement des paramètres à partir de l'heure indiquée. TEMPO (TEMPOraly) : fluctuations temporaires d'un ou des paramètres durant moins d'une heure et couvrant moins de la moitié de la période. BECMG (BECoMinG) signifie que les paramètres évolueront, de façon soit régulière soit irrégulière, entre les heures indiquées et prendront à une heure non précisée durant cette période les valeurs indiquées dans le ou les groupes suivants. La période d'évolution ne dure normalement pas plus de 2 heures et dans tous les cas ≤ 4 heures. PROB (PROBability) : indicateur de probabilité d'occurrence des phénomènes décrits, suivi de 30 ou 40 = respectivement 30 % et 40 % PROB ne peut être placé que devant TEMPO et non devant FM ou BECMG. Seuls les changements des conditions météorologiques jugés importants du point de vue de l'exploitation aéronautique régissent l'inclusion des groupes d'évolution (et/ou d'un amendement).

Groupe	Exemples	Signification	Remarques
10. Températures	TX10/13Z TNM01/06Z	Maximale prévue de 10 °C à 13 h UTC, minimale de -1 °C à 6 h UTC.	Températures extrêmes sur la période du TAF (facultatif). Précédées de M si elles sont négatives.

Exemples de TAF :
TAF LFBD 221100Z 2212/2221 25012KT 8000 SCT007 BKN015 TEMPO 1221 3000 - DZ BKN003 BKN010 TX15/13Z TN06/07Z = BORDEAUX MÉRIGNAC, prévision émise le 22 à 11 h UTC pour la période du 22 de 12 h UTC à 21 h UTC, vent 250° pour 12 kt, visibilité dominante 8 km, nuages épars à 700 ft, fragmentés à 1 500 ft, temporairement, entre 12 h UTC et 21 h UTC, visibilité dominante 3 km, faible bruine, nuages fragmentés à 300 ft, fragmentés à 1 000 ft, température maximale 15 °C à 13 h UTC, température minimum 6 °C à 7 h UTC, fin du message.

TAF LFBD 221100Z 2218/2318 24010KT 6000 - RA SCT007 BKN020 BKN050 TEMPO 1809 27015KT 2000 RADZ BKN003 OVC015 TEMPO 0915 9999 NSW SCT020 BKN040 BECMG 1518 18015G25KT 6000 +RA SCT010 BKN020 = BORDEAUX MÉRIGNAC, prévision émise le 22 à 11 h UTC pour la période du 22 de 18 h UTC au 23 à 18 h UTC, vent 240° pour 10 kt, visibilité dominante 6 km, pluie faible, nuages épars à 700 ft, fragmentés à 2 000 ft, fragmentés à 5 000 ft, temporairement, entre 18 h UTC et 9 h UTC, vent 270° pour 15 kt, visibilité dominante 2 km pluie et bruine, nuages fragmentés à 300 ft, couvert à 1 500 ft, temporairement entre 9 h UTC et 15 h UTC visibilité dominante supérieure à 10 km, pas de temps significatif, nuages épars à 2 000 ft, fragmentés à 4 000 ft, devenant, entre 15 h UTC et 18 h UTC, vent 180° 15 kt, rafales à 25 kt, visibilité dominante 6 km, pluie forte, nuages épars à 1 000 ft, fragmentés à 2 000 ft, fin du message.

1.3. SIGMET

Le SIGMET est un message destiné aux aéronefs, signalant des phénomènes météorologiques significatifs tels que les orages, turbulences, givrage, tempêtes…

Liste des principaux codes SIGMET :

Aux niveaux de croisière subsonique (SIGMET)	
OBSC TS : orages obscurcis **OBSC TSGR** : orages obscurcis avec grêle **EMBD TS** : orages noyés dans la couche nuageuse **EMBD TSGR** : orages noyés dans la couche nuageuse avec grêle **FRQ TS** : orages fréquents avec couverture spatiale > 75 % de la zone concernée **SQL TS** : orages organisés en lignes de grain **SQLGR** : orages organisés en lignes de grain avec grêle	**SEV TURB** : turbulence forte **SEV ICE** : givrage fort **SEV ICE (FZRA)** : givrage fort par pluie se congelant **SEV MTW** : onde orographique forte **HVY SS** : tempête de sable forte **HVY DS** : tempête de poussière forte **VA+ nom du volcan** : cendres volcaniques **TC+ nom du cyclone** : cyclone tropical

Groupe	Exemples	Signification	Remarques
1. Indicateur	LFRR	CRNA de Brest à Plougastel-Daoulas.	Indicateur d'emplacement OACI du service de la circulation aérienne desservant la FIR de Brest.
2. Type et numéro	SIGMET 2	SIGMET n° 2 diffusé par le centre émetteur pour cette journée.	
3. Période de validité	VALID 101200/101600	Valable le 10 de 12 h à 16 h UTC.	La période de validité est < à 6 heures, de préférence = à 4 heures.
4. Émetteur	LFRN	CVM Ouest à Rennes Saint-Jacques.	Indicateur d'emplacement du Centre de Veille Météo (CVM) émetteur.
5. FIR ou FIR/UIR	LFRR BREST FIR/UIR	Espace borné par les limites latérales de la FIR Brest.	FIR/UIR = FIR + partie de UIR France au-dessus de la FIR Brest.
6. Description du phénomène	SEV TURB	Turbulences fortes.	Voir abréviations ci-dessus.
7. Type de renseignement	FCST OBS	Prévu Observé.	OBS peut être suivi de l'heure d'observation..

Groupe	Exemples	Signification	Remarques
8. Localisation	FL200/280 N OF N45	Du niveau de vol 200 au 280 au nord du 45ᵉ nord.	Localisation via des coordonnées géographiques ou des repères connus : villes, montagnes…
9. Déplacement	MOV E 15KT	Se déplaçant vers l'est à 15 kt.	STNR : stationnaire
10. Évolution	WKN INTSF NC	Diminuant d'intensité S'intensifiant Sans changement d'intensité.	

Exemples :

LFMM SIGMET 1 VLID 160800/161200LFML- FIR MARSEILLE SEV URB FCST BTN GND AND FL160 STNR WKN =

Premier message SIGMET de la journée établi pour la région d'information de vol de Marseille, le message est valable le 16 du mois en cours 8 h UTC à 12 h UTC et est communiqué par le centre de veille météorologique de Marseille. Turbulences sévères prévues dans la FIR de Marseille, entre le sol et le niveau de vol 160, stationnaire et en diminution.

LFMM SIGMET 2 VALID 190330/190730 LFML- LFMM MARSEILLE FIR/UIR : EMBD TS OBS AND FCST ON LFMM FIR, BTN N4340 AND N4100, AND BTN E00430 AND E00940, TOP CB FL380, MOVE ESE, NC.=

Deuxième message SIGMET de la journée établi pour le FIR de Marseille et la partie de l'UIR au-dessus de la FIR de Marseille, le message est valable du 19 du mois en cours de 3 h 30 UTC à 17 h 30 UTC et est communiqué par le centre de veille météorologique de Marseille.

Orages noyés dans la couche nuageuse observés et prévus dans la FIR de Marseille entre les parallèles 43°40'N et 41°00'N et entre les méridiens 004°30'E et 009°40'E, le sommet des cumulonimbus est au niveau de vol 380, se déplaçant en direction est - sud-est, pas de changement de l'activité prévu.

1.4. Carte des vents

Météo France établit aussi des cartes de prévision des vents et températures en altitude associées aux cartes TEMSI France et EUROC. On trouve aussi sur ces cartes en lignes continues les isohypses cotées en mètres géopotentiels, ainsi que les centres de hautes et basses pressions.

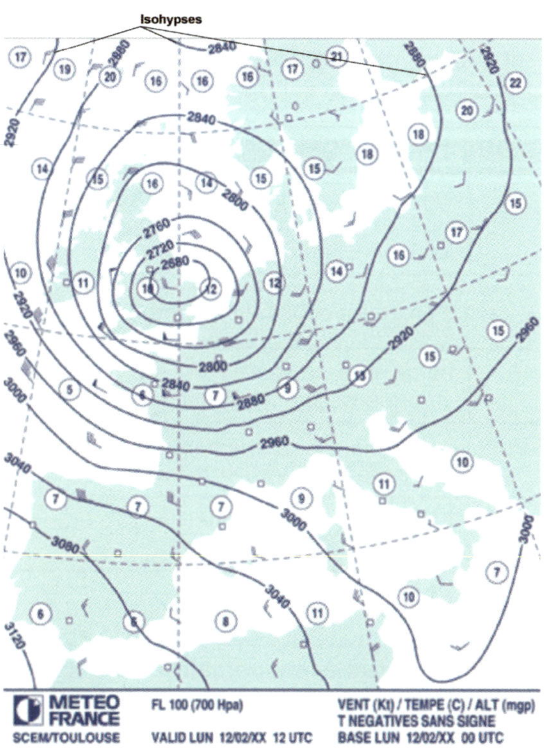

Sur certaines cartes, le vent est représenté par un système de flèches, barbules et fanions. Les flèches indiquent la direction du vent, et le nombre de barbules donne la vitesse.

Les températures en °C sans signe sont négatives, le signe + signifie qu'elles sont positives.

Isohypse : ligne reliant des points d'égale altitude à laquelle on mesure une même pression.

Ce sont ces lignes qui sont tracées sur les cartes de vents pour des pressions de 850, 700, 500 hPa…

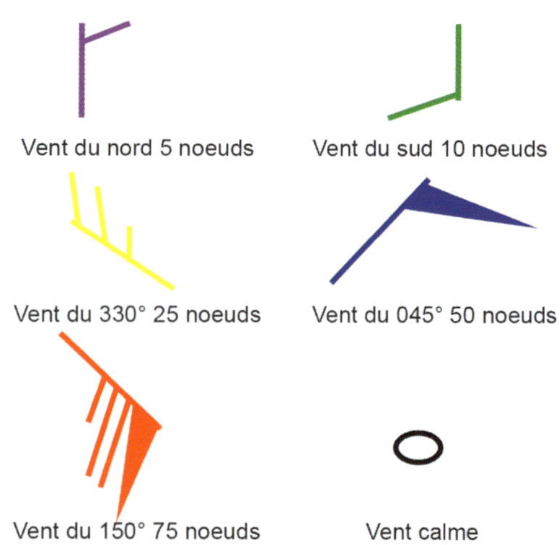

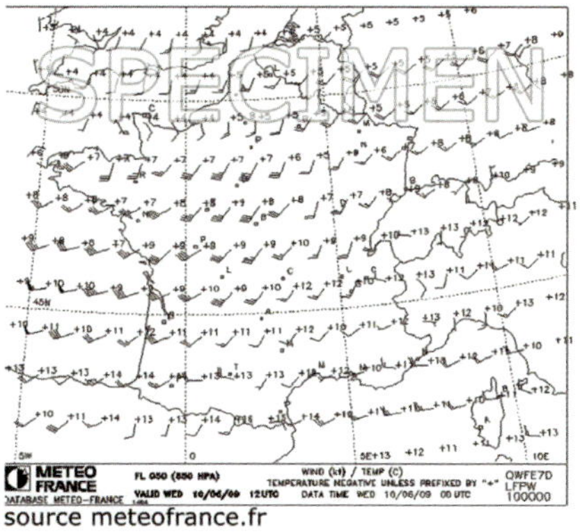

source meteofrance.fr

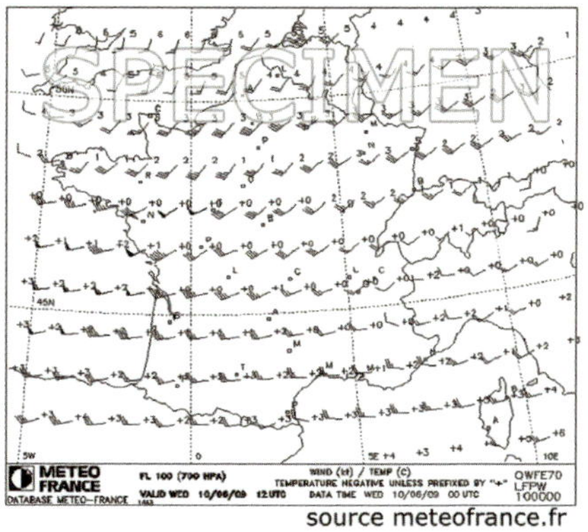

source meteofrance.fr

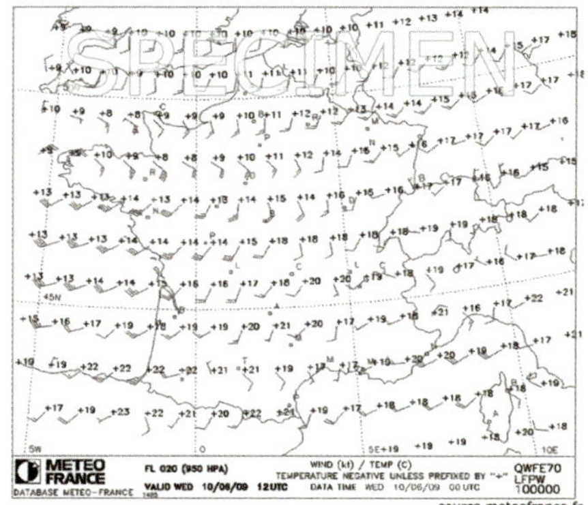

source meteofrance.fr

Récapitulatif des validités et périodicité des différents messages :

Cartes / Message	TEMSI	Carte des vents	METAR	TAF
Émission	Toutes les 3 heures, tracées 6 heures avant.	Toutes les 3 heures établies à minuit pour la journée entière.	Toutes les heures, parfois 30 minutes.	Toutes les 6 heures.
Validité	Heure donnée 0000 0600 0900 1200 1500 1800 2100 UTC.	Heure donnée 0000, 0600, 0900, 1200 1500 1800 2100 UTC.	Heure donnée.	9 h – TAF court 24 ou 30 h – TAF long.
Type d'information	Situation générale, types de nuages, Euroc FL, France QNH fourchette de visibilité ainsi que iso 0 °C.	Vents en altitude pour les niveaux 20, 50, 100 par rapport au nord géographique.	Observation visibilité, hauteur de la base des nuages, temps significatif.	Prévision visibilité hauteur de la base des nuages, temps significatif.

2. Les services de l'information météo

Plusieurs services spécialisés dépendent de Météo France (pour tous renseignements complémentaires, se référer au Guide aviation édité par Météo France).

Il est aussi possible d'obtenir les prévisions pour l'activité VFR, en consultant directement un prévisionniste spécialisé en aéronautique par l'intermédiaire d'un service téléphonique de Météo France, et dans le monde entier par Internet ou sur un smart-phone.

Allemagne : http://www.knmi.nl

Espagne : http://www.aemet.es/es/eltiempo/prediccion/aeronautica

Italie : http://www.enav.it

Pays-Bas : http://www.knmi.nl

Suisse : http://www.meteosuisse.admin.ch/web/fr/meteo.html

Belgique : http://www.belgocontrol.be

Luxembourg : http://www.ana.public.lu/fr/meteo/index.html

France : https://aviation.meteo.fr

Royaume-Uni : http://www.metoffice.gov.uk/aviation

En plus de Météo France, il est possible d'obtenir les informations par :

- le SIA, Service d'Information Aéronautique : www.sia.aviation-civile.gouv.fr (pour les NOTAMs, SUP AIP, etc.) rubrique « préparation du vol » ;
- OLIVIA, Outil en Ligne Intégré de Visualisation d'Informations Aéronautiques, http://olivia.aviation-civile.gouv.fr est un service de la DGAC qui permet d'obtenir toutes les informations nécessaires à la préparation du vol.

En vol, il est possible de contacter un SIV, dont les fréquences se trouvent sur les cartouches des cartes de navigation, ou de contacter un aérodrome proche de la route, ou encore d'écouter les émissions VOLMET VHF qui diffusent des éléments de METAR, (éventuellement SPECI), parfois complétés d'une tendance, et de certains SIGMET.

Ne pas négliger non plus d'appeler l'aérodrome de destination quelques dizaines de minutes avant l'atterrissage, pour s'assurer de son accessibilité.

3. Annexe : le guide Météo France

Ce guide contient l'essentiel des codes météo nécessaires au pilote privé, c'est un complément indispensable pour interpréter les dossiers de vols recueillis auprès des différents services.

Notion de visibilité en aéronautique : la visibilité pour l'exploitation aéronautique correspond à la plus grande des deux valeurs suivantes :

- la plus grande distance à laquelle on peut voir et reconnaître un objet noir, de dimensions appropriées, situé près du sol lorsqu'il est observé sur un fond lumineux (Portée Optique Météorologique : POM),
- la plus grande distance à laquelle on peut voir et identifier des feux d'une intensité voisine de 1 000 candelas lorsqu'ils sont observés sur un fond non éclairé.

Nota : les deux distances sont différentes pour un coefficient d'atténuation donné de l'atmosphère, et la distance (b) varie selon la luminance du fond. La distance (a) est représentée par la POM.

Remarque : en France, la visibilité aéronautique utilisée est la POM. Cette différence par rapport à la définition OACI ci-dessus a été notifiée à l'OACI.

Jusqu'au 1er novembre 2005, la visibilité incluse dans les messages METAR, SPECI et TAF était la valeur minimale mesurée ou prévue sur l'aérodrome.

L'amendement 73 de l'annexe 3 de l'OACI en vigueur en France depuis le 2 novembre 2005 introduit la notion de « visibilité dominante ». L'objectif recherché est de diffuser une information « plus représentative au sens de l'exploitation aéronautique » des conditions rencontrées sur un aérodrome (formellement représenté par un rayon approximativement de 8 km autour de l'Aerodrome Reference Point (ARP). Ce point est défini par les autorités de la navigation aérienne – cartes IAC – et est déterminé indépendamment du lieu où se trouve l'observateur). La visibilité dominante permet d'optimiser l'exploitation de l'aérodrome, sans mise en cause de la sécurité, grâce aux enseignements conjoints de la visibilité minimale lorsque nécessaire. C'est la réponse retenue par l'OACI, et approuvée par le régulateur français, pour répondre à un besoin clairement exprimé par les usagers aéronautiques, en ce sens, la visibilité dominante est avant tout un « produit » météorologique élaboré et non un paramètre proprement météorologique. La visibilité dominante correspond à la valeur de la visibilité (maximale) qui est atteinte ou dépassée dans, au moins, la moitié du cercle d'horizon ou, au moins, la moitié de la surface de l'aérodrome. Elle peut être mesurée en prenant en compte des secteurs contigus ou non contigus. Elle peut être évaluée par un observateur humain et/ou par des systèmes d'instruments (correspondant à la valeur atteinte par au moins la moitié des capteurs).

Introduction de la visibilité dominante dans le METAR et le SPECI :

La visibilité dominante est prioritairement incluse dans le METAR et le SPECI conformément à la forme symbolique ci-après :

[METAR/SPECI] (COR) CCCC YYGGggZ (AUTO/NIL) ddd(P)ff(G(P)fmfm)KT VVVV(NDV) (VnVnVnVnDv)....= [A/B] A ou B () facultatif VVVV = visibilité dominante NDV = la visibilité minimale est également transmise si elle diffère de la visibilité dominante lorsqu'elle est inférieure à 1 500 m ou inférieure à 50 % de la visibilité dominante et inférieure à 5 000 m. La visibilité minimale est alors indiquée avec sa direction. Dans le METAR auto, la notion de NDV (No Direction Visibility) n'existe pas et la visibilité minimale est codée sans direction.

Attention : la visibilité à considérer dans l'établissement du CAVOK dans le METAR/SPECI est la visibilité minimale telle qu'elle doit être chiffrée ou non chiffrée dans le METAR/SPECI. À défaut, on tient compte de la visibilité dominante.

Exemples :

LFBN le 24 à 1500Z visibilité dominante ≥ 10 km et visibilité minimale = 6 km secteur NE BKN060 (hauteur du CAVOK a 5 000 ft).

METAR LFBN 241500Z 18005KT CAVOK
LFBN le 31 à 1000Z visibilité dominante ≥ 10 km et visibilité minimale = 4 km secteur SE BKN055 (hauteur du CAVOK à 5 000 ft).
METAR LFBN 311000Z 18005KT 9999 4000SE BR BKN055.

Lorsque, pour signaler un phénomène du temps présent, on doit appliquer un critère sur la visibilité horizontale, ce critère est évalué sur la visibilité minimale, si elle remplit les conditions pour être incluse dans le METAR. Sinon, le critère est appliqué sur la visibilité dominante dans le cas où elle est inférieure ou égale à 5 000 m.
Lorsqu'un observateur est chargé de chiffrer la visibilité sur un aérodrome, la référence à prendre en compte lors de l'évaluation de la visibilité est l'ensemble des éléments disponibles considérés valides par l'observateur permettant d'obtenir la meilleure observation possible représentative de l'aérodrome :

Exemple 1 :

- S'il y a un instrument qui permet d'évaluer la visibilité à l'intérieur d'un phénomène, c'est le référant à utiliser pour déterminer la visibilité minimale.

Exemple 2 :

- Si un observateur est situé dans le phénomène réduisant la visibilité et s'il dispose d'un ou plusieurs instruments de visibilité, la visibilité dominante est la valeur la plus grande donnée par plus de la moitié des capteurs (s'il y a un seul capteur, c'est la valeur du capteur) et le référent pour la visibilité minimale est l'observateur.

Exemple 3 :

- Si un observateur est situé dans le phénomène et qu'il n'a pas de moyen de connaître les conditions de visibilité en dehors de ces phénomènes pouvant conduire à une visibilité dominante plus représentative, le référent pour la visibilité à transmettre est l'observateur.

Introduction de la visibilité dominante dans le TAF :

C'est la visibilité dominante prévue qui sera incluse dans le message TAF.
Seule la visibilité dominante prévue sera considérée dans la prévision des conditions CAVOK.

Exemple 4 :

- Si l'observateur identifie un phénomène à distance réduisant la visibilité et qu'il n'a pas de moyens de déterminer, au moins approximativement, la visibilité associée à ce phénomène, l'éventuelle visibilité minimale à transmettre est la distance séparant l'observateur du phénomène.

Introduction de la visibilité dominante dans le TEND :

Ce sont les variations significatives de la visibilité dominante prévue inférieure à 5 000 m qui seront incluses dans le message TEND.

Entraînement à l'examen théorique

1 - Sur un aérodrome d'altitude 420 ft, où vous ne disposez pas des paramètres, vous voulez évaluer le QNH. Votre altimètre, aiguilles à 0, fait apparaître 1008 hPa dans la fenêtre des pressions. Le QNH (ainsi approché) est de :

a) 958 hPa □
b) 1058 hPa □
c) 1023 hPa □
d) 993 hPa □

2 - Vous êtes à la verticale d'un terrain dont l'altitude topographique est de 800 ft, calé au QFE, votre altimètre indique 1 200 ft, vous pouvez affirmer que :

a) votre hauteur est d'environ 1 200 ft □
b) votre altitude est d'environ 1 200 ft □
c) votre hauteur exacte est 1 200 ft □
d) votre altitude exacte est 1 200 ft □

3 - Pour voler à un niveau de vol, vous devez afficher dans la fenêtre de l'altimètre :

a) 1023,25 □
b) 1025,13 □
c) 1031,25 □
d) 1013,25 □

4 - Aligné au seuil de piste de Toulouse, vous amenez les aiguilles de votre altimètre sur zéro : la pression qui apparaît alors dans la fenêtre de votre altimètre est le :

a) QGO □
b) QFE □
c) QFU □
d) QNH □

5 - En montée, dans une TMA, vous passez l'altitude de transition. Vous devez alors caler votre altimètre :

a) au QNH régional □
b) à 1013,2 hPa □
c) au QFE du terrain de départ □
d) au QNH du terrain de destination □

6 - Vous prenez connaissance du TAF de Lyon Bron : LFLY 140800Z 1409180 VRB04KT 6000 RA SCT010 BKN030 BECMG 0911 30008KT 9999 NSW SCT20 BKN040 BECMG 1517 SCT040=
Il est prévu qu'entre 9 h et 11 h.UTC le vent, la visibilité et la nébulosité changeront :

a) mais il est impossible de prévoir les précipitations □
b) et que la pluie s'arrêtera □
c) et que la pluie fera place à la neige □
d) et que la pluie commencera à tomber en averses □

7 - La visibilité sur un aérodrome est de 3 000 m. On dit qu'il y a :

a) du brouillard □
b) une bonne visibilité □
c) de la brume □
d) des précipitations □

8 - Vous prenez connaissance du METAR de Biarritz-Parme : LFBZ 140900Z 23009KT 3000 - DZRA BR BKN006 BKN013 10/09 Q1019=
Parmi les éléments observés, vous relevez la présence :

a) de neige □
b) d'orages □
c) de pluie □
d) de brouillard □

9 - Hors espaces aériens contrôlés, les vols en VFR en croisière au-dessus de 3 000 ft ASFC adoptent un niveau de croisière en fonction de leur :

a) route vraie □
b) cap vrai □
c) cap magnétique □
d) route magnétique □

10 - En vol dans une TMA de classe E au-dessus de 3 000 ft AMSL et en-dessous de l'altitude de transition, sans clairance de niveau, le pilote affiche comme calage altimétrique :

a) le QFU □
b) le QFE □
c) le QNH □
d) 1013 hPa □

11 - Lors d'un vol de croisière en-dessous de 3 000 ft AGL, le calage altimétrique de référence est :

a) le QNH ☐
b) 1013 hPa ☐
c) le QFE du terrain de départ ☐
d) le QFE du terrain d'arrivée ☐

12 - La présence, actuelle et future, d'orages peut être détectée à l'aide des messages suivants :
1/ METAR
2/ CAVOK
3/ AIRPROX
4/ TAF
5/ NOTAM
6/ TEMSI

a) 4, 5, 6 ☐
b) 2, 3, 5 ☐
c) 1, 2, 3 ☐
d) 1, 4, 6 ☐

13 - Le symbole qui est entouré d'un cercle sur l'annexe 1 (page suivante) est utilisé sur les cartes TEMSI. Il indique une prévision de :

a) neige ☐
b) brume ☐
c) brouillard ☐
d) ligne de grains forts ☐

14 - Une nouvelle carte TEMSI Euroc (France et Europe occidentale) est publiée toutes les :

a) heures ☐
b) 24 heures ☐
c) 3 heures ☐
d) 9 heures ☐

15 - Quelle est la définition de CAVOK ?:

a) visibilité = 10 km, plafond > 4 000 ft, vent < 10 kt ☐
b) visibilité ≥10 km, pas de nuage significatif en-dessous du plus élevé des niveaux suivants : l'altitude minimale de secteur la plus élevée ou 1 500 m, pas de temps significatif, pas de Cb ou TCU ☐
c) visibilité > 10 km, pas de nuage significatif en-dessous du plus élevé des niveaux suivants : l'altitude minimale de secteur la plus élevée ou 1 800 m, pas de temps significatif, pas de Cb ☐
d) visibilité > 10 km, pas de nuage significatif en-dessous du plus élevé des niveaux suivants : l'altitude minimale de secteur la plus élevée ou 1 000 m, pas de temps significatif, pas de Cb ou TCU ☐

16 - Au niveau de vol 100, au voisinage de Paris (région cerclée), le vent prévu vient de l'ouest (voir annexe 2 page suivante) :

a) sa vitesse est de 10 kt et la température ISA+2 ☐
b) et sa vitesse est de 10 kt à 12 kt ☐
c) sa vitesse est de 10 kt, et la température de 2°C ☐
d) et sa vitesse est de 2 kt ☐

17 - Vous prenez connaissance du METAR de Chambéry Aix-les-Bains : LFLB 010900Z 19011KT 5000 -SN FEW005 BKN040 OVC070 01/M00 Q1017= Parmi les éléments observés, vous relevez la présence :

a) d'averses de pluie ☐
b) de pluie ☐
c) de neige ☐
d) d'averses de neige ☐

18 - Dans un message, le code «CAVOK» est rassurant car il indique l'absence (observée ou prévue) d'éléments météo défavorables. Toutefois, il n'exclut pas la présence :

a) de nuages élevés ☐
b) de chasse-neige basse ☐
c) de brouillard mince ☐
d) de bruine ☐

19 - Le SIGMET rédigé par les services météorologiques est :

a) un message de prévision météorologique régulière, comme le METAR ☐
b) un message de prévision météorologique régulière, comme le TAF ☐
c) un message météorologique ne concernant pas l'aviation légère ☐
d) un avis de phénomène dangereux observé ou prévu (cumulo-nimbus, orage, etc.) ☐

20 - LFBB SIGMET 2 VALID 130530/140930 LFBD BORDEAUX FIR/UIR EMBD TS OBS OF N45 MAINLY OVER MAR MOV E NC=
Ce message est un :

a) TAF court prévoyant des orages ☐
b) SIGMET prévoyant des vents de 45 kt en mer au large de Bordeaux ☐
c) bulletin de situation météo observé au large des côtes de Bordeaux ☐
d) avis de phénomènes météorologiques dangereux prévus ☐

Annexe 1 :

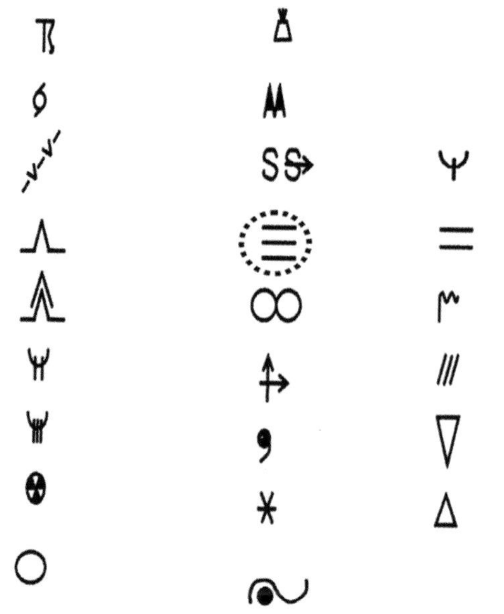

Annexe 2 :

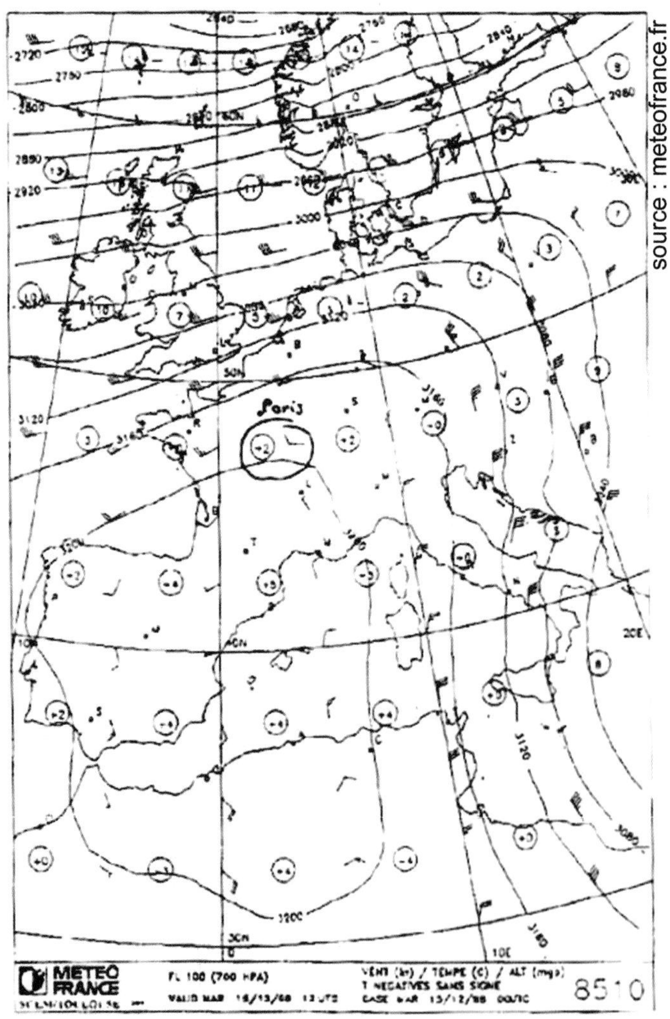

source : meteofrance.fr

EXAMEN BLANC DE L'ÉPREUVE THÉORIQUE

SECTION MÉTÉOROLOGIE - Corrections page 384

1 - La plus basse couche de l'atmosphère est :
a) la tropopause ☐
b) la stratosphère ☐
c) l'écorce terrestre ☐
d) la troposphère ☐

2 - Lors d'un refroidissement isobare :
a) la pression diminue et la température reste constante ☐
b) la diminution de pression fait chuter la température de la particule ☐
c) la pression reste constante et la température diminue ☐
d) la température est positive ☐

3 - Lors d'un refroidissement adiabatique :
a) la pression diminue et la température reste constante ☐
b) la diminution de pression fait chuter la température de la particule ☐
c) la pression reste constante et la température diminue ☐
d) sa température est négative ☐

4 - A propos de la stabilité :
a) une particule d'air instable descend très rapidement ☐
b) la diminution de pression fait chuter la température ☐
c) une particule d'air instable s'élève car elle est entourée d'air plus froid ☐
d) c'est mieux quand c'est instable ☐

5 - Une surface isobare est :
a) une surface joignant les points de même température ☐
b) n'est jamais rencontrée dans la réalité car elle n'est jamais plane ☐
c) une surface joignant les points de même pression ☐
d) une couche de protection ☐

6 - À 3 000 ft, règne une température de + 5° C :
a) la température est dite standard ☐
b) la température est dite standard - 10 ☐
c) la température est dite standard - 4 ☐
d) la température est dite standard +2 ☐

7 - En atmosphère standard, la température décroît de :
a) 1° C par 1000 ft ☐
b) 3° C par 1000 ft ☐
c) 2° C par 1000 ft ☐
d) 1,7° par 1000 ft. ☐

8 - Vous volez à 3 000 ft en atmosphère standard, la température extérieure sera de :
a) + 6°C ☐
b) +21°C ☐
c) + 9°C ☐
d) – 6° ☐

9 - La force du vent est grande quand :
a) les isobares sont serrées ☐
b) les isobares sont espacées ☐
c) la cote des isobares est haute ☐
d) la cote des isobares est basse ☐

10 - La brise de vallée descendante s'établit lorsque les versants montagneux :
a) le jour, se réchauffent moins vite que les fonds de vallée ☐
b) le jour, se réchauffent plus vite que les fonds de vallée ☐
c) la nuit, se refroidissent plus vite que les fonds de vallée ☐
d) la nuit, se refroidissent moins vite que les fonds de vallée ☐

11 - La température du point de rosée est :
a) La température à laquelle il faut abaisser la masse d'air, à pression constante pour obtenir la condensation ☐
b) La température la plus froide de la journée ☐
c) La température régnant à l'altitude où il faut élever la masse d'air pour obtenir la condensation ☐
d) La température du givrage carburateur ☐

12 - Dans l'hémisphère nord, le vent tourne :
a) à droite autour des dépressions et des anticyclones ☐
b) à gauche autour des dépressions et à droite autour des anticyclones ☐
c) à gauche autour des anticyclones et à droite autour des dépressions ☐
d) vers la gauche lorsque l'altitude augmente ☐

13 - « L'effet de foehn » désigne :
a) l'inversion de température nocturne ☐
b) l'assèchement d'une masse d'air humide sur un relief montagneux ☐
c) la turbulence associée aux rotors dans un système ondulatoire ☐
d) l'inversion brise de mer – brise de terre ☐

14 - En cas de vent fort sur votre terrain d'atterrissage, vous :
a) majorez votre vitesse en finale pour assurer la précision du point de toucher ☐
b) minorez votre vitesse en finale pour anticiper le gradient de vent ☐
c) minorez votre vitesse en finale pour assurer la précision du point de toucher ☐
d) majorez votre vitesse en finale pour anticiper le gradient de vent. ☐

15 - Le brouillard d'advection est généralement caractérisé par :
1/ l'arrivée sur un sol froid d'une masse d'air humide proche de la saturation
2/ le refroidissement par la base, la nuit, d'une masse d'air proche de la saturation
3/ un vent faible favorisant le maintien en suspension des gouttelettes d'eau
4/ un vent fort favorisant le maintien en suspension des gouttelettes d'eau
5/ un vent nul favorisant le maintien en suspension des gouttelettes d'eau
a) 2 + 3 + 4 ☐
b) 1 + 3 ☐
c) 2 + 3 ☐
d) 2 + 5 ☐

16 - Lorsqu'une masse d'air se condense cela entraîne :
- a) une formation nuageuse ☐
- b) une augmentation de la température ☐
- c) une rotation des vents ☐
- d) une baisse de la température ☐

17 - Le brouillard de rayonnement est généralement caractérisé par :

1/ l'arrivée sur un sol froid d'une masse d'air humide proche de la saturation
2/ le refroidissement par la base, la nuit, d'une masse d'air proche de la saturation
3/ un vent faible favorisant le maintien en suspension des gouttelettes d'eau
4/ un vent fort favorisant le maintien en suspension des gouttelettes d'eau
5/ un vent nul favorisant le maintien en suspension des gouttelettes d'eau

- a) 2 + 3 + 4 ☐
- b) 1 + 3 ☐
- c) 2 + 3 ☐
- d) 2 + 5 ☐

18 - Le givrage cellule :
- a) est un phénomène dangereux ☐
- b) se produit uniquement en hiver ☐
- c) se produit toujours en atmosphère à température négative ☐
- d) ne concerne pas les basses couches de l'atmosphère ☐

19 - La traîne :

1/ est située derrière le front froid
2/ procure une bonne visibilité
3/ peut être active et comporter la présence de nombreux CB
4/ est située devant le front froid

- a) 3 + 4 ☐
- b) 1 + 2 + 3 ☐
- c) 2 + 3 + 4 ☐
- d) 3 ☐

20 - Les vents locaux :

1/ le Mistral souffle dans la vallée du Rhône du sud vers le nord
2/ la Tramontane souffle entre les Pyrénées et le massif central du nord ouest au sud est
3/ le Mistral et la Tramontane apparaissent lors de la présence d'un anticyclone sur l'Espagne et d'une dépression sur le golfe de Gènes
4/ le Mistral et la Tramontane sont des vents de sud

- a) 1 + 2 + 3 ☐
- b) 2 + 3 ☐
- c) 3 ☐
- d) 4 ☐

21 - Une occlusion est caractérisée par :
- a) une nébulosité importante accompagnée de précipitations ☐
- b) des températures négatives ☐
- c) des orages fréquents, des visibilités exceptionnellement élevées ☐
- d) des brouillards de rayonnement particulièrement denses ☐

22 - Le nimbostratus est :

1/ un nuage stable
2/ un nuage instable
3 / un nuage épais générateur d'averses de pluie ou de neige
4 / un nuage épais générateur de pluie ou de neige continue
5/ un nuage de l'étage moyen
6/ un nuage de l'étage inférieur
7/ un nuage dont la base se situe à l'étage inférieur et le sommet à l'étage moyen ou supérieur

- a) 2 + 3 + 7 ☐
- b) 2 + 6 ☐
- c) 1 + 4 + 7 ☐
- d) 2 + 5 ☐

23 - Sur la carte TEMSI France, l'indication «V8» indique une visibilité en surface :
- a) de 8 sur l'échelle OACI des visibilités ☐
- b) de 8 Km ☐
- c) de 8 NM ☐
- d) de 800 m ☐

24 - Dans un message, le terme CAVOK indique une visibilité minimum de :
- a) 10 Km ☐
- b) 5 Km ☐
- c) 8 Km ☐
- d) 15 Km ☐

25 - Vous prenez connaissance du METAR de Bordeaux-Mérignac :
LFBD 051300Z 32012KT 9999 FEW016CB SCT030 BKN100 19/13 Q1013 TEMPO 28020G30KT 4000 TSRA SCT015CB=
Parmi les éléments observés, vous relevez la présence :
- a) de stratus ☐
- b) de cumulonimbus ☐
- c) de cumulus en tour (towering cumulus) ☐
- d) d'averses de neige ☐

26 - Vous prenez connaissance du TAF de Nice Côte d'Azur :
LFMN 051100Z 051221 09020KT 9999 FEW045 BECMG 1517 09015KT 9999 FEW026 BECMG 2021 34010KT CAVOK=
Il est prévu que le vent faiblira à partir de :
- a) 20 h UTC ☐
- b) 17 h UTC ☐
- c) 21 h UTC ☐
- d) 15 h UTC ☐

Section 4

RÉGLEMENTATION

Cette section, composée de quatre modules, relève principalement de l'apprentissage « par cœur » de tout ce qui concerne l'application des règles de l'air, de la circulation aérienne et des règles et usages de l'aéronautique. Vous reviendrez très souvent à ces chapitres pour préparer votre vol, rafraîchir vos connaissances sur les règles d'emport de carburant, et ce qui concerne tous les équipements et matériels obligatoires à l'exécution d'un vol. Il faudra penser à consulter régulièrement les différents services d'informations aéronautiques (AIP, AIC, AIRAC, NOTAM) afin de mettre à jour votre préparation de vol, mais aussi vos acquis, la réglementation étant toujours en évolution.

Module 1 « Licences et règles de l'air »

1. Les organismes nationaux et internationaux

1.1. OACI (Organisation de l'aviation civile internationale)

Elle fut créée en 1944 et regroupe 192 pays en 2017. Elle siège à Montréal et dépend des Nations-Unies.

1.1.1. Son rôle

Son rôle est la coordination et l'harmonisation de l'aviation internationale à des fins de sécurité, elle a permis de définir **des normes** et des **pratiques recommandées**, regroupées dans des annexes reprises par les états membres qui les introduisent dans leur réglementation.

Art. 37 et 38 de la Convention de Chicago :

• les États doivent obligatoirement se conformer aux normes, sauf notification solennelle et immédiate des différences,

• les États doivent s'efforcer de se conformer aux pratiques recommandées.

Les AIP (Aeronautical information publication) signalent les différences entre les réglementations des états et les normes et pratiques de l'OACI.

1.1.2. La convention de l'OACI, extraits principaux articles (Chicago)

Article 1 - Souveraineté :
« Les États contractants reconnaissent que chaque État a la souveraineté complète et exclusive sur l'espace aérien au-dessus de son territoire. »

Article 2 - Territoire :
« Aux fins de la présente convention, il faut entendre par territoire d'un État, les régions terrestres et les eaux territoriales adjacentes qui se trouvent sous la souveraineté, la suzeraineté, la protection ou le mandat dudit État. »

Article 11 - Application des règlements de l'air :
« ... les lois et règlement d'un état contractant (... /...) à l'intérieur de son territoire s'appliquent, sans distinction de nationalité, aux aéronefs de tous les États membres... »

Article 12 - Règles de l'air :
« Chaque État contractant s'engage à adopter des mesures afin de s'assurer que tout aéronef survolant son territoire ou y manœuvrant, ainsi que tout aéronef portant la marque de sa nationalité, en quelque lieu qu'il se trouve, se conforme aux règles en vigueur en ce lieu, pour le vol et la manœuvre des aéronefs... »

1.2. Les JAA (Joint Aviation Authorities) et les JAR (Joint Airworthiness Requirements)

L'AESA : l'Agence européenne de la Sécurité Aérienne est une agence de la Communauté européenne basée à Cologne (Allemagne).
Elle comprend les membres de la Communauté européenne ainsi que la Norvège, l'Islande et la Suisse.
L'AESA dispose d'une autorité juridique et réglementaire au sein de l'Union européenne et ses règlements sont adoptés par la Commission européenne, le Conseil de l'Europe et le Parlement européen.
L'AESA a entre autre pour missions :
- de promouvoir au plus haut niveau possible la sécurité aérienne,
- d'aider les États membres à remplir, sur une base commune, les recommandations de l'OACI.

Pour ce faire, elle réglemente au niveau européen tout ce qui touche à l'aviation commerciale et générale, et plus particulièrement ce qui concerne l'entretien, la certification et l'exploitation des aéronefs ainsi que les licences du personnel navigant.
Pour les licences des navigants, une réglementation commune a été établie et nommée PART-FCL (Part Flight Crew Licensing - Partie licence des membres d'équipage aérien). Ses règlements s'appliquent à tous les états membres.
Pour l'exploitation des aéronefs en aviation générale, et concernant plus particulièrement les avions que vous utiliserez pour votre formation, nous nous attarderons exclusivement sur la réglementation commune AIR OPS (AIR OPerationS-Partie exploitation aérienne) PART NCO (Part Non Commercial Opérations-partie exploitation non commerciale), applicable à partir du 25 août 2016.

L'AESA délègue la gestion et le contrôle de l'application de ses règlements à des autorités compétentes sous sa surveillance.
En France, cette autorité compétente est la Direction générale de l'aviation civile.
Néanmoins, concernant la gestion de tout ce qui entoure les appareils Ultra Légers Motorisés (ULM), celle-ci reste sous la tutelle directe de chaque état membre de l'AESA.
La France garde donc toute prérogative et décision pour la réglementation spécifique aux ULM.

1.3. La DGAC, les 7 DAC et les 23 districts aéronautiques

La Direction de l'Aviation Civile (DGAC) exerce la tutelle de l'Aviation civile sous l'autorité du Secrétaire d'état aux transports.

Ses missions :

Par délégation de l'AESA, la DGAC est garante de la sécurité et de la sûreté du transport aérien en France, ainsi que des équilibres entre son développement et la protection de l'environnement. Elle est à la fois une autorité réglementaire, un pôle de surveillance de la sécurité, un prestataire de services de navigation aérienne et de formation, un partenaire des acteurs aéronautiques. Elle a en charge les aides à la recherche en construction aéronautique et les politiques industrielles de l'État dans ce secteur. Missions donc qui sont diverses et sont remplies au travers de ses différents services :

DTA : la Direction du transport aérien, chargée de la supervision des compagnies aériennes, des aéroports, de la construction aéronautique, de la navigation aérienne, de la sûreté, des droits des passagers, du droit du travail, et des relations internationales ;

DSNA : la Direction de services de la navigation aérienne, compétence nationale chargée de rendre les services de gestion du trafic aérien ;

DSAC : la Direction de la sécurité de l'aviation civile, service dont la compétence est nationale et qui est chargé de la certification et de la supervision de tous les acteurs du transport aérien en matière de sécurité et de sûreté ;

le Secrétariat général, chargé de la gestion diverse (personnel, affaires financières, juridiques et médicales, systèmes d'information de la DGAC).

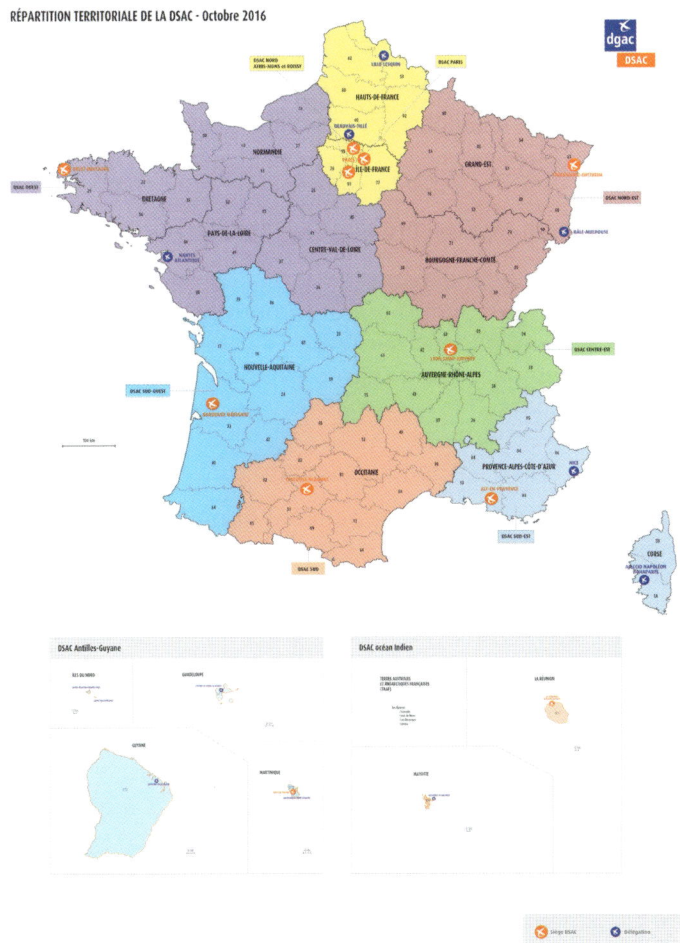

Certains services à compétence nationale sont rattachés au secrétariat général dont :

L'ENAC : Ecole nationale de l'aviation civile
Le SNIA : Service national d'ingénierie aéroportuaire
La DSI : Direction des systèmes d'information et de la modernisation
Le SGTA : Service de gestion des taxes aéroportuaires.

Son autorité :

- elle produit la réglementation aéronautique et s'assure du respect des règles,
- en cas d'accident, le Ministre des transports prend les dispositions nécessaires,
- en cas d'infraction, c'est le Directeur de l'aviation civile de la région concernée qui demande l'application d'une sanction éventuelle sur proposition de la Commission de discipline.

1.4. Les textes réglementaires

Ils sont diffusés par la voie du :

- JORF : Journal officiel de la République française (première source d'information réglementaire),

- CAC : Code de l'aviation civile,
- SERA : règles de l'air communes européennes,
- FCL : qui traite des licences et des qualifications des membres d'équipage,
- OPS : qui définit les conditions techniques d'exploitation aérienne et d'utilisation des avions par leurs exploitants (entreprises de transport ou de travail aérien, aéro-clubs, pilotes privés propriétaires).

2. L'autorisation de base LAPL (ABL)

2.1. L'élève pilote et le vol solo

Contrairement aux PPL ou LAPL, l'ABL n'est pas une licence de pilote mais une autorisation de vol intégrée dans la formation en vue d'obtenir une licence LAPL.

Cette possibilité, qui remplace l'ancien Brevet de Base, n'est disponible qu'en France sur des avions immatriculés en France.

C'est le responsable pédagogique de l'organisme de formation (ou un instructeur délégataire qu'il aura désigné) qui délivre à l'élève-pilote une ABL.

2.2. Les conditions de délivrance

Il faut avoir :

- 16 ans révolus,
- une visite médicale classe 2 à jour,
- l'examen théorique du LAPL-PPL de moins de 2 ans, ou un Brevet d'Initiation Aéronautique (BIA) de moins de 3 ans
- l'expérience minimum : en doubles commandes : 6 heures de vol, en double commande et 20 atterrissages.

2.3. Les privilèges associés

- Voler seul à bord dans un rayon de 46 km (25 Nm) autour de son aérodrome de départ, sans rémunération,
- sur le type d'avion sur lequel il a obtenu son ABL.

2.4. Les autorisations additionnelles

Elles peuvent être délivrées à titre définitif ou ponctuel par un instructeur ou un pilote-inspecteur et concernent :

- un nouveau type d'avion ;
- un atterrissage sur un autre aérodrome, situés dans un rayon de 46 km (25 Nm) centré sur l'aérodrome de référence mentionné sur l'ABL ;
- l'emport de passagers (après avoir effectué dix heures en solo) et suivi une sensibilisation dédiée à l'emport de passagers.

2.5. Le renouvellement

Les privilèges de l'ABL ne peuvent être exercés que lorsque son titulaire a accompli au cours des 24 derniers mois au moins 12 heures de vol en tant que Commandant de bord, incluant 12 décollages et atterrissages, et un vol de maintien de compétences avec un instructeur de vol FI(A).

Si ces conditions ne sont pas satisfaites, le titulaire de l'ABL démontre, avant d'en exercer les privilèges, qu'il possède l'ensemble des compétences lors d'un vol d'au moins une heure avec un instructeur de vol FI(A).

Les privilèges de l'autorisation additionnelle d'emport de passagers ne pourront être exercés que si son titulaire a effectué, au cours des 90 jours qui précèdent, au moins 3 décollages, approches et atterrissages sur avion.

2.6. La visite médicale

Elle est valable cinq ans avant quarante ans et deux ans dans les autres cas (quarante ans et plus) et doit être repassée après un arrêt médical de plus de trente jours.

Le responsable pédagogique de l'organisme de formation ou son délégataire suspend ou retire l'ABL et/ou ses autorisations additionnelles s'il constate, de la part de son titulaire, une non-conformité aux exigences applicables ou des manquements à la sécurité.

Les heures de vol effectuées sous le statut de l'ABL sont intégralement portées au crédit pour la formation LAPL.

3. Le Brevet et la Licence de pilote privé (PPL)

3.1. L'élève pilote et le vol solo

- Âge minimum réglementaire : 16 ans,
- aptitude médicale valide,
- les autorisations de vol solo doivent être validées par un instructeur présent sur le terrain,
- papiers avion en règle et à bord,
- carnet de vol à jour et à bord.

3.2. Les conditions de délivrance

Il faut avoir :
- 17 ans révolus,
- une aptitude médicale à jour,
- l'examen théorique PPL de moins de deux ans,
- une expérience minimum de :
    - **totale** : 45 heures de vol (on peut tenir compte de 10 % des heures, pour un maximum de 10, effectuées sur planeur ou un hélicoptère),
    - **doubles commandes** : 25 heures de vol,
    - **solo** : 10 heures de vol dont 5 heures de vol en campagne et un vol en campagne de 150 Nm minimum comportant 1 atterrissage complet sur 2 terrains différents de celui de départ.

3.3. Les privilèges associés

La licence de la PPL permet d'exercer **la fonction de commandant de bord**, dans la limite des qualifications, sans rémunération, sur tout avion exploité à titre non onéreux.

Emport de passagers : il vous faut avoir fait **au moins trois décollages et trois atterrissages dans les trois derniers mois sur un avion de même type.**

3.4. Les qualifications de la licence PPL

- SEP (Single Engine Piston) : qualification avion monomoteur,
- MEP (Multi Engine Piston) : qualification avion multimoteurs,
- qualification hydravion monomoteur à pistons,
- qualification hydravion multimoteurs à pistons,
- IR (Instrument Rating) : qualification de vol aux instruments (IFR),
- vol de nuit,
- montagne,
- remorquage planeurs,
- largage de parachutistes,
- voltige.

3.5. La validité, la prorogation, le renouvellement des qualifications de la licence PPL

Une licence n'est valable qu'en fonction des qualifications associées et accompagnée d'un certificat médical à jour. Ces qualifications ont une validité limitée dans le temps, et pour les revalider on considère deux cas : le renouvellement ou la prorogation. Il y a renouvellement de qualification lorsque celle-ci est périmée. Dans les autres cas, il y a prorogation. La validité d'une qualification SEP est de deux ans.

Pour proroger une qualification SEP il faut, dans les douze mois précédant l'expiration, avoir effectué douze heures de vol, dont six heures en tant que commandant de bord, ainsi que douze décollages et douze atterrissages, dont une heure de doubles commandes avec un Flight instructor. Dans le cas où le pilote n'a pas effectué les pré-requis d'heures de vol, il faut effectuer un vol de contrôle avec un Flight examinator dans les trois mois précédant l'expiration. Dans le cas où la qualification a expiré, il faut repasser l'épreuve pratique de la qualification SEP avec un Flight examinator.

3.6. La visite médicale

Il existe deux types de certificats médicaux : le certificat « classe 1 » réservé aux professionnels et le certificat « classe 2 » pour les privés.
La validité du certificat « classe 2 » est de 5 ans si vous avez moins de 40 ans, 2 ans entre 40 et 50 ans, 1 an pour les plus de 50 ans.
La visite médicale doit être repassée si vous avez un arrêt médical de plus de 30 jours.

4. Le Brevet et la Licence de pilote d'aéronef léger (LAPL)

Le règlement UE 1178/2011 du 3 novembre 2011 met en œuvre les exigences techniques et les procédures administratives concernant le personnel navigant de l'aviation civile et remplace l'arrêté du 29 mars 1999 (FCL1).

Il porte sur l'ensemble des licences (avions, hélicoptères, planeurs, ballons, montgolfières, dirigeables), et crée certaines qualifications additionnelles (vol acrobatique, vol en montagne, vol de nuit, ou encore remorquage planeurs, tractation de banderole, essais en vol...).

Il est composé d'un règlement proprement dit et de quatre annexes. L'annexe I dite PART FCL concerne directement les licences et qualifications des pilotes.

L'une des grandes nouveautés du PART FCL, qui est entré en application au niveau européen le 8 avril 2012, est la création d'une nouvelle licence de pilote d'aéronef léger, la LAPL (Light Aircraft Pilot Licence), en plus de l'actuelle PPL.

De plus, pour pouvoir exercer l'instruction de la LAPL et de la PPL, toute école de pilotage doit déposer un programme de formation auprès de l'Autorité afin d'être approuvée par celle-ci et devenir ATO (Approved Training Organisation).

Néanmoins, la France a utilisé la possibilité de reporter cette condition d'approbation ATO jusqu'au 8 avril 2018, pour les écoles de pilotage actuellement déclarées, et donc non encore approuvées ATO.

Depuis le 8 avril 2018, une solution d'organisme simplement déclaré (DTO) est possible pour les petites structures qui n'envisagent que la formation pour les licences LAPL et PPL sur avion monomoteur à pistons (SEP), ils bénéficient toutefois d'une période de transition qui se termine le 7 avril 2019 pour déposer leurs formulaires déclaratifs

4.1. La LAPL

Les pilotes avion LAPL seront limités aux vols sans rémunération sur appareils monomoteurs à pistons de masse maximale certifiés au décollage de 2 000 kg, sans limitation de distance.

Ils doivent suivre un cursus théorique au sein d'un organisme approuvé (ATO) et doivent suivre une formation pratique au sein d'une école approuvée (ATO) qui peut être différente de l'organisme choisi pour le cursus théorique.

Le théorique est, dans la forme et le fond, celui de la PPL.

Le test en vol ressemble dans la forme à l'actuelle PPL.

<u>Âge minimum</u> : lâché à partir de seize ans et examen pratique à partir de dix-sept ans.

<u>Certificat médical</u> : obligatoire par un médecin agréé, avec une validité de cinq ans pour les moins de quarante ans et deux ans pour les autres.

<u>Privilèges</u> : vol avec trois passagers maximum, mais après expérience de dix heures de vol en temps que commandant de bord.

<u>Expérience minimum requise</u> : trente heures d'instruction sur la classe d'appareil qui sera utilisée lors du test en vol, dont quinze heures en double, six heures en solo supervisé dont au moins trois heures en navigation en campagne avec au moins une navigation de 150 km comportant au moins un atterrissage complet sur un aérodrome différent de l'aérodrome de départ.

Il n'y a pas de renouvellement ou de prorogation pour la LAPL, mais des exigences d'expérience récente pour pouvoir exercer les privilèges de sa licence.

Pour ce faire, il faudra dans les derniers vingt-quatre mois avoir effectué comme pilote au moins douze heures en qualité commandant de bord avec douze décollages et douze atterrissages, et un vol d'entraînement d'au moins une heure avec un instructeur.
Si ces conditions ne sont pas remplies, il faudra :
- soit un contrôle de compétence avec un examinateur,
- soit compléter les heures et/ou les décollages et atterrissages manquants en volant en double commande ou en solo sous la supervision d'un instructeur.

À noter que cette LAPL n'est pas reconnue par l'OACI, et ne peut donc s'exercer que sur le « territoire » européen. Une passerelle de formation vers la PPL est mise en place. Elle consiste principalement en un complément d'heures de vol manquantes entre LAPL et PPL.

5. Le brevet et la licence de pilote d'ULM

5.1. Le stagiaire ULM

Un élève pilote ne peut entreprendre de vol seul à bord pour se préparer à la délivrance du brevet et de la licence de pilote d'ULM que s'il remplit les conditions suivantes :

- être âgé de 15 ans révolus ;

- détenir une attestation de début de formation délivrée par un instructeur habilité, dont un double est transmis au service territorialement compétent pour la délivrance des titres aéronautiques de navigants privés accompagné des renseignements d'identité concernant l'élève pilote. Lors des vols d'entraînement seul à bord, le stagiaire ULM doit détenir, à bord de l'aéronef, l'autorisation écrite de l'instructeur habilité.

5.2. Brevet et licence de pilote d'ULM

Pour obtenir le brevet et la licence de pilote d'ULM, le candidat doit remplir les conditions suivantes :

1. être âgé de quinze ans révolus ;

2. être titulaire du certificat d'aptitude théorique commun à toutes les classes d'ULM ;

3. avoir satisfait, auprès d'un instructeur de pilote d'ULM de la classe correspondante

   - à une épreuve théorique au sol spécifique à la classe d'ULM correspondante.

   - à une épreuve en vol sur la classe d'ULM correspondante.

5.3. Privilèges

- La licence de pilote d'ULM permet à son titulaire de piloter seul à bord des ULM de la classe dont il possède la qualification.

- Il emporte un passager s'il détient, pour la classe considérée, l'autorisation correspondante délivrée par un instructeur. Elle sera apposée sur sa licence de pilote d'ULM.

5.4. Validité de la licence et certificat médical

La licence de pilote d'ULM n'est pas limitée dans le temps, et aucun certificat médical n'est obligatoire.

5.5. Les classes d'ULM

Pour prétendre à être classé ULM, un aéronef doit remplir certaines conditions que voici :

- c'est un appareil monoplace ou maximum biplace ;

- il doit avoir une masse maximale au décollage qui varie suivant sa classe d'appartenance. Pour les ULM de classe 3, 4 et 6, elle est de 330 kg pour un monoplace ou 500 kg pour un biplace. Pour les ULM de classe 1 et 2, elle est de 300 kg pour un monoplace et de 450 kg pour un biplace Un dépassement de cette masse maximale est autorisé pour l'emport de certains équipements définis réglementairement (+ 15 kg monoplace, + 25 kg biplace pour un parachute machine de secours, + 30 kg monoplace, + 45 kg biplace pour des flotteurs) ;

- sa vitesse minimum de vol doit être de 65 km/h pour la classe 1 (pendulaire) et 70 km/h pour la classe 3 (multiaxe). ;

- la puissance maximale du moteur ne dépasse pas :
  - 60 kW monoplace, 75 kW biplace, pour les classes 1 et 2,
  - 65 kW monoplace, 80 kW biplace, pour la classe 3,
  - 85 kW monoplace, 105 kW biplace pour les classes 4 et 6,
  - 75 kW monoplace, 90 kW biplace, pour la classe 5 ;

- le constructeur doit respecter certaines règles de conception et vérifier que son appareil est conforme à un programme d'essais défini par la réglementation. Il doit pour cela déposer un dossier technique ;

- liste des classes d'ULM :

Classe 1 : Le paramoteur
Classe 2 : L'ULM pendulaire
Classe 3 : L'ULM multi axes
Classe 4 : L'autogire
Classe 5 : L'aérostat ultra léger
Classe 6 : L'hélicoptère ultra léger

6. Les règles de l'air

6.1. La CAG et la CAM (Circulation aérienne générale et militaire)

La CAG relève de la compétence du Ministre de l'aviation civile, soit le Ministre des transports.

La CAM comprend la COM (Circulation opérationnelle militaire) et la CER (Circulation d'éssais et de réception) qui relèvent du Ministre des armées, soit le Ministre de la défense.

6.2. Le VFR/IFR et les conditions VMC/IMC

VFR : règles de vol à vue **(voir et être vu).**
IFR : règles de vol aux instruments.
VMC : conditions de vol à vue (R2).
IMC : conditions de vol aux instruments.
VFR spécial : vol autorisé par un organisme de la circulation aérienne dans des conditions météorologiques inférieures aux conditions météorologiques de vol à vue : visibilité < 5 km ou plafond < 1 500'.

Une clairance VFR peut être demandée par le pilote dans les **CTR** de classe B, C et D, E (*Nota : les CTR de classe B, C et E n'existent pas en France*). Donc, en France, le VFR spécial n'existe qu'en classe D.

6.3. Le commandant de bord est responsable :

- De la préparation et de la conduite du vol,
- De la tenue à jour des documents,
- De la prévention des abordages,
- Du respect des règles de l'air,
- Du droit de dérogation aux règles de l'air,
- De l'application des clairances,
- Des consignes aux passagers.

6.4. Les hauteurs minimales de survol

Règle 1 :
Sauf pour les besoins du décollage et de l'atterrissage, ou sauf autorisation des autorités compétentes, aucun vol VFR n'est effectué :

a) au-dessus des zones à forte densité des villes ou autres agglomérations, ou de rassemblement de personnes en plein air à moins de 300 m (1 000 pieds) au-dessus de l'obstacle le plus élevé situé dans un rayon de 600 m autour de l'aéronef ;
b) ailleurs qu'aux endroits spécifiés ci-dessus, à une hauteur inférieure à 150 m (500 ft) au-dessus du sol ou de l'eau,

Toutefois :
- les planeurs effectuant des vols de pente ainsi que les ballons et les PUL (Planeur ultra léger) peuvent faire exception à cette règle sous réserve de n'entraîner aucun risque pour les personnes ou les biens à la surface ;
- dans le cadre d'un vol d'instruction en avion ou ULM, cette hauteur est ramenée à 50 m (150 ft) pour les entraînements aux atterrissages forcés ; d'autre part, une distance de 150 m par rapport à toute personne, tout véhicule, tout navire à la surface et tout obstacle artificiel est respectée en permanence.

c) pour cheminer le long d'une autoroute, la hauteur minimale est de 1 000 ft AGL (Above Ground Level)

Règle 2 :
Outre le respect de la règle 1, une hauteur minimum de 1 000 ft dans un rayon de 600 m autour de l'appareil doit être respectée pour tout vol au-dessus des zones à forte densité, des villes ou autres agglomérations ou de tout rassemblement de personnes en plein air ou en cheminement le long d'une autoroute.

La plupart des avions d'arme qui volent à plus de 450 kt le font à une altitude inférieure à 1 500 ft, il est recommandé aux vols VFR de voler à une hauteur supérieure à 1 500 ft.

Règle 3 :
Arrêté du 10/10/57

<table>
<tr><td colspan="2">Agglomérations, installations diverses, réserves et parcs naturels dont le survol est réglementé</td><td colspan="3">Hauteurs (Above Ground Level) minimales de survol (en)</td></tr>
<tr><td colspan="2">Les règles de survol d'agglomérations résultent de la réglementation nationale et ne s'appliquent pas aux pays limitrophes</td><td>Hélicoptères</td><td>Aéronefs monomoteurs à moteur à piston</td><td>Autres aéronefs moto propulsés</td></tr>
<tr><td>Parc ou réserve naturelle
Étendue très petite</td><td></td><td colspan="3">Sauf indication contraire sur la carte 1 000 ft (300 m)</td></tr>
<tr><td>Installations portant une marque distinctive (usine, hôpital, autoroute...)</td><td></td><td colspan="2">Sauf indication contraire sur la carte (ZIT) 1 000 ft</td><td rowspan="2">3 300 ft
(1 000 m)</td></tr>
<tr><td>Agglomération de largeur moyenne inférieure à 1 200 m ou plages, stade, rassemblement de personnes</td><td></td><td colspan="2">1 700 ft (500 m)</td></tr>
<tr><td>Agglomération de largeur moyenne comprise entre 1 200 m et 3 600 m ou rassemblement supérieur à 10 000 personnes</td><td></td><td colspan="3">3 300 ft (1 000 m)</td></tr>
<tr><td>Agglomération de largeur moyenne supérieure à 3 600 m ou rassemblement supérieur à 100 000 personnes</td><td>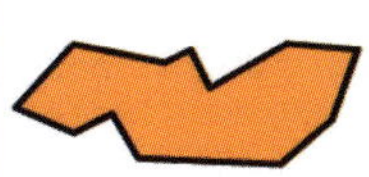</td><td colspan="3">5 000 ft (1 500 m)</td></tr>
<tr><td>Ville de Paris</td><td>(Zone P23)</td><td colspan="3">6 600 ft AMSL (2000 m)</td></tr>
<tr><td colspan="5">Aéronefs non moto propulsés : voir règle 1</td></tr>
</table>

ZIT (Zone d'interdiction temporaire) : vol interdit dans un rayon de 5 km autour de l'obstacle et altitude variable spécifié sur les cartes.

6.5. Les priorités

- Un aéronef en finale est prioritaire ; lorsque deux aéronefs se préparent à atterrir, le plus bas est prioritaire.
- Un aéronef en finale ne peut atterrir avant que la piste ne soit dégagée à moins d'avoir reçu une clairance « d'atterrissage derrière ».

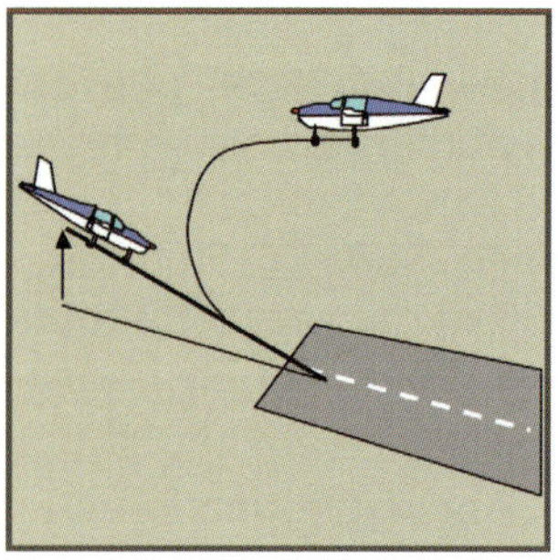

- Priorité en fonction du type, du plus prioritaire au moins prioritaire (par ordre de maniabilité) :
- montgolfières et/ou ballons,
- planeurs,
- dirigeables,
- aéronefs remorquants,
- aéronefs moto-propulsés.

6.6. La prévention des collisions

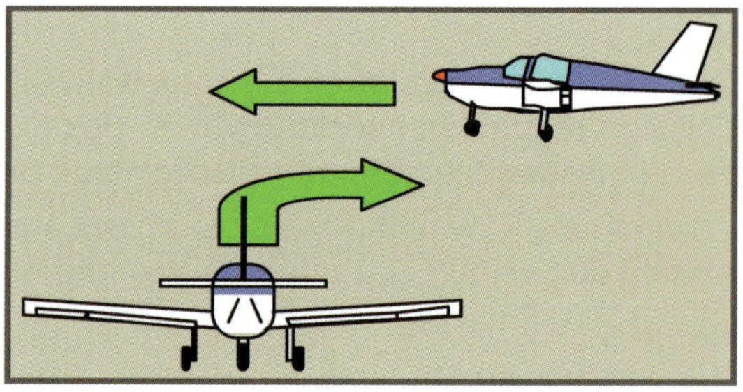

Figure 1 : Dans le cas d'une **route conflictuelle**, il faut céder la priorité à l'appareil qui est à **droite**.

6.7. Les textes officiels

Domaine d'application des règles de l'air :

6.7.1. Application territoriale des règles de l'air

Les règles de l'air s'appliquent :

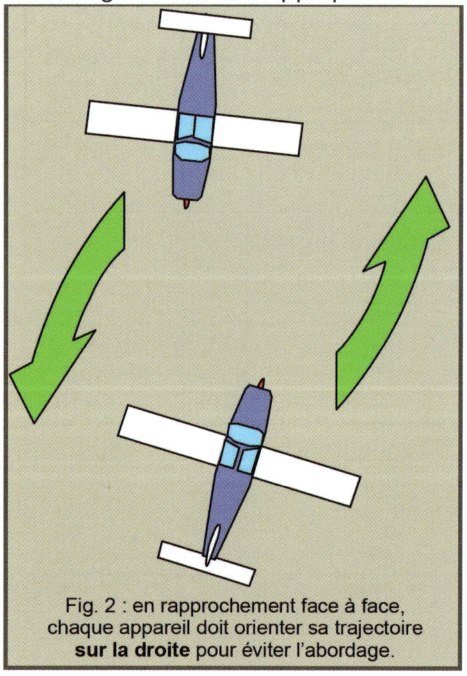

Fig. 2 : en rapprochement face à face, chaque appareil doit orienter sa trajectoire **sur la droite** pour éviter l'abordage.

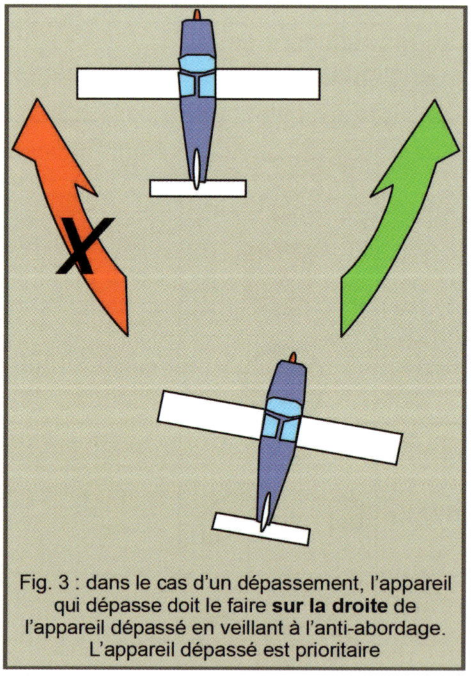

Fig. 3 : dans le cas d'un dépassement, l'appareil qui dépasse doit le faire **sur la droite** de l'appareil dépassé en veillant à l'anti-abordage. L'appareil dépassé est prioritaire

a) à tous les aéronefs civils évoluant dans les espaces aériens exploités par l'administration française et à tous les aéronefs d'État, évoluant dans les mêmes espaces, dont les conditions d'exécution de la mission sont compatibles avec ces règles générales ;
b) aux aéronefs portant les marques de nationalité et d'immatriculation françaises, où qu'ils se trouvent, dans la mesure où ces règles ne contreviennent pas aux règles édictées par l'État sous l'autorité duquel le territoire survolé se trouve placé.

6.7.2. Responsabilité pour l'application des règles de l'air

Le pilote commandant de bord, **qu'il tienne ou non les commandes**, est responsable de l'application des règles de l'air lors de la conduite de son aéronef. Il ne peut déroger à ces règles que s'il le juge absolument nécessaire pour des motifs de sécurité.

Pour les aéronefs non habités (drones), cette responsabilité est exercée par la personne mettant en œuvre l'appareil. Des règles particulières concernant les aéronefs non habités peuvent être établies par arrêté du Ministre de l'aviation civile.

6.7.3. Le pilote commandant de bord est responsable du respect des mesures de régulation de débit prescrites

6.8. Autorité du pilote commandant de bord

Le **pilote commandant de bord est responsable de la conduite de l'aéronef** et décide en dernier ressort de son utilisation tant qu'il en a le commandement.

Le pilote commandant de bord est responsable de l'application des clairances émanant d'un organisme de la circulation aérienne.

Si une clairance n'est pas jugée satisfaisante par le pilote commandant de bord, celui-ci peut demander une modification de cette clairance, demande à laquelle il saura, dans la mesure du possible, donner suite.

Les clairances ne peuvent servir de prétexte à un pilote commandant de bord pour enfreindre un règlement quelconque établi.
Un pilote commandant de bord peut demander une priorité spéciale :
a) **pour des raisons intéressant la sécurité** du vol ou celle d'une personne se trouvant à bord ;
b) **pour participer à une opération concernant la sauvegarde** des personnes et des biens.

Lorsque le pilote commandant de bord demande une clairance comportant une priorité, il peut être tenu de fournir un rapport exposant les motifs de cette demande.
Le pilote commandant de bord est responsable du respect des mesures de régulation de débit prescrites.

6.9. Prévention des collisions

6.9.1. Règles concernant la circulation d'aérodrome

Pénétration dans la circulation d'aérodrome : sauf clairance contraire, un aéronef n'utilisant pas un aérodrome doit se tenir à l'écart des circuits d'aérodrome de l'aérodrome considéré.

Cette règle ne s'applique qu'aux aérodromes mentionnés sur les cartes aéronautiques de navigation, toutefois le pilote doit se tenir à l'écart de la circulation d'aérodrome ou emplacements où l'atterrissage et le décollage sont permis, et dont il pourrait avoir connaissance.

7. SAR (Search and rescue)

En France, les opérations de secours dépendent des Centres de coordination et de sauvetage.

7.1. Le Centre de coordination et de sauvetage (RCC)

Organisme chargé de l'organisation du service de recherches et de sauvetage (SAR) et de coordonner les opérations à l'intérieur d'une région.
Lorsque le service d'alerte est rendu et en cas de nécessité, l'organisme assurant ce service prévient le RCC.
Le service d'alerte est rendu à chaque fois qu'un contact radio est possible avec un organisme de la circulation aérienne, ou qu'un contact radar est obtenu.

En fonction des informations reçues, le RCC peut déclencher trois phases :

7.1.1. Phase d'incertitude

L'INCERFA est une phase de recherche. À ce stade, la recherche est uniquement téléphonique, aucun moyen n'est déployé. Une INCERFA est déclenchée lorsque :

- aucune communication n'a été reçue d'un aéronef, après 30 min qui suivent l'heure à laquelle une communication aurait dû être reçue ou l'heure à laquelle a été effectuée la première tentative infructueuse de communication avec cet aéronef, si cette dernière heure est antérieure à la première ;

- un aéronef n'arrive pas, après 30 min qui suivent la dernière heure d'arrivée prévue notifiée aux organismes de la circulation aérienne ou la dernière heure d'arrivée calculée par ces organismes si cette dernière heure est postérieure à la première, à moins qu'il n'existe aucun doute quant à la sécurité de l'aéronef et de ses occupants.

7.1.2. Phase d'alerte

Une ALERFA est déclenchée lorsque :

- après la phase d'incertitude, les tentatives pour entrer en communication avec l'aéronef ou les demandes de renseignements à d'autres sources appropriées n'ont apporté aucune information sur l'aéronef ;
- un aéronef qui a reçu l'autorisation d'atterrir n'atterrit pas dans les cinq minutes qui suivent l'heure prévue d'atterrissage et qu'il n'a pas été établi de nouvelle communication avec l'aéronef ;
- les renseignements reçus indiquent que le fonctionnement de l'aéronef est compromis, sans que, toutefois, l'éventualité d'un atterrissage forcé soit probable, à moins que des indices concluants apaisent toute appréhension quant à la sécurité de l'aéronef et de ses occupants ;
- l'on sait ou l'on croit qu'un aéronef est l'objet d'une intervention illicite.

7.1.3. Phase de détresse

Une DETRESFA est lancée lorsque :

- après la phase d'alerte, l'échec de nouvelles tentatives pour entrer en communication avec l'aéronef et de nouvelles demandes de renseignements plus largement diffusées indique que l'aéronef est probablement en détresse ;
- l'on estime que l'aéronef doit avoir épuisé son combustible ou que la quantité qui lui reste est insuffisante pour lui permettre de se poser en lieu sûr ;
- les renseignements reçus indiquent que le fonctionnement de l'aéronef est compromis au point qu'un atterrissage forcé est probable ;
- l'on a été informé ou qu'il est à peu près certain que l'aéronef a effectué un atterrissage forcé ou est sur le point de le faire, à moins qu'il ne soit à peu près certain que l'aéronef et ses occupants ne sont pas menacés d'un danger grave et imminent et n'ont pas besoin d'une aide immédiate.

Notes personnelles et conseils de votre pilote-instructeur – Réglementation :

....

....

....

....

....

....

....

....

....

....

....

....

Entraînement à l'examen théorique

1 - Aux commandes d'un avion immatriculé en France, vous devez appliquer les règles de l'air :

a) sur le territoire métropolitain seulement ☐
b) partout, si elles ne sont pas en contradiction avec les règles de l'Etat survolé ☐
c) partout, quelles que soient les règles locales ☐
d) seulement dans les espaces sous administration française ☐

2 - Le responsable de la tenue à jour du carnet de route est :

a) le chef pilote ☐
b) le président de l'aéroclub ☐
c) le mécanicien ☐
d) le commandant de bord ☐

3 - Pour être commandant de bord d'un avion transportant des passagers, vous devez avoir effectué aux commandes sur un aéronef de même classe (ou de même type, si une qualification de type est exigée) :

a) 3 décollages et 3 atterrissages dans les 3 mois précédant le vol ☐
b) 3 décollages et 3 atterrissages dans l'année précédant le vol ☐
c) 6 décollages et 6 atterrissages dans les 30 jours précédant le vol ☐
d) 3 décollages et 3 atterrissages dans les 6 mois précédant le vol ☐

4 - Dans le cadre de la PPL, pour proroger votre qualification de classe monopilote-monomoteur (SP-SE), si vous avez effectué dans l'année précédant l'expiration 12 heures de vol dont 6 heures comme commandant de bord ainsi que 12 décollages et atterrissages, il vous suffit de faire, avec un instructeur, un vol d'une durée minimale de :

a) 30 minutes ☐
b) 2 h ☐
c) 45 minutes ☐
d) 1 h ☐

5 - L'âge minimal pour voler en solo (dans le cadre de la LAPL ou de la PPL) est :

a) 17 ans ☐
b) 15 ans ☐
c) 16 ans ☐
d) 18 ans ☐

6 - Titulaire d'une licence FCL de pilote privé (PPL), vous pouvez transporter des passagers et :

a) effectuer tout vol commercial, à condition de n'en tirer aucun profit ☐
b) vous faire rémunérer pour votre travail de pilote ☐
c) vous faire rémunérer pour votre travail de pilote, à condition que celui-ci soit limité aux baptêmes de l'air ☐
d) partager avec eux les dépenses de fonctionnement du vol ☐

7 - La validité de la licence FCL de pilote privé (PPL) :

a) est de 24 mois (12 mois pour les pilotes de plus de 40 ans) ☐
b) dépend de la validité du certificat médical et des qualifications détenues ☐
c) est de 5 ans ☐
d) est permanente ☐

8 - Pour obtenir la licence FCL de pilote privé (PPLA), vous devez avoir suivi un minimum de formation en double commande (on considère que vous n'avez aucune expérience antérieure à faire valoir) :

a) 15 heures ☐
b) 25 heures ☐
c) 10 heures ☐
d) 45 heures ☐

9 - Si vous avez laissé expirer votre qualification de classe monopilote-monomoteur (SP-SE) vous devez :

a) effectuer un vol d'une heure avec un instructeur ☐
b) effectuer un vol de 45 minutes avec un instructeur ☐
c) repasser l'épreuve pratique d'aptitude avec un instructeur ☐
d) repasser l'épreuve pratique d'aptitude avec un examinateur ☐

10 - La licence FCL de pilote privé (PPL) est valide : ☐

a) tant qu'est valide le certificat médical
b) tant que sont valides une qualification de ☐ classe et le certificat médical ☐
c) tant qu'est valide une qualification de classe
d) 2 ans pour les pilotes de moins de 40 ans, 1 an ☐ pour les pilotes de plus de 40 ans

11 - La nationalité d'un aéronef est déterminée par :
- a) celle du propriétaire □
- b) le pays où il est basé □
- c) celle du pilote □
- d) le pays qui lui délivre son certificat d'immatriculation □

12 - Pour obtenir la licence FCL de pilote privé avion (PPL/A), vous devez avoir suivi un minimum de formation en solo supervisé de :
- a) 10 heures □
- b) 5 heures □
- c) 15 heures □
- d) 25 heures □

13 - La hauteur minimale de survol d'une ville dont la largeur moyenne est comprise entre 1 200 et 3 600 mètres est fixée à :
- a) 300 m (1 000 ft) □
- b) 1 000 m (3 300 ft) □
- c) 1 500 m (5 000 ft) □
- d) 500 m (1 700 ft) □

14 - En vol, un avion plus rapide vous dépasse. Vous :
- a) virez du côté opposé au dépassement □
- b) maintenez votre cap et votre altitude □
- c) montez pour lui céder le passage □
- d) réduisez votre vitesse pour faciliter le dépassement □

15 - Vous survolez un rassemblement de personnes en plein air (stade), hors cheminement, à une hauteur minimale de :
- a) 1 000 ft □
- b) 500 ft □
- c) 1000 m □
- d) 500 m □

16 - En croisière, la hauteur minimale de survol d'une petite agglomération d'une zone à faible densité de population est de :
- a) 1 000 m (3 300 ft) □
- b) 150 m (500 ft) □
- c) 50 m (170 ft) □
- d) 300 m (1 000 ft) □

17 - Votre passager désire effectuer des photographies d'un plan d'eau, vous vérifiez qu'il n'y a pas de véhicule, d'obstacle artificiel, de navire ou de personne. Vous pouvez descendre jusqu'à une hauteur minimale de :
- a) 500 pieds □
- b) 300 m □
- c) 500 m □
- d) 150 pieds □

18 - Un avion vient sur votre droite, au même niveau que vous, avec une route convergente :
- a) vous devez lui céder la priorité s'il est plus rapide □
- b) vous avez la priorité □
- c) vous devez lui céder la priorité □
- d) vous devez lui céder la priorité s'il est moins rapide □

19 - L'âge minimal pour un vol en double commande, dans le cadre de l'Autorisation de Base LAPL (ABL) : □
- a) est de 16 ans □
- b) n'est pas défini par la réglementation □
- c) est de 15 ans □
- d) est de 17 ans

20 - En croisière, hors agglomération, autoroute ou rassemblement de personnes, la hauteur minimale de vol est de : □
- a) 1 000 m (3 300 ft) □
- b) 50 m (170 ft) □
- c) 300 m (1 000 ft) □
- d) 150 m (500 ft)

Section 4

RÉGLEMENTATION

Module 2

« La circulation aérienne et les classes d'espace »

1. La circulation aérienne

1.1. Le service de contrôle

Le but du service de contrôle est de **prévenir les collisions en vol**, **accélérer et ordonner** la circulation aérienne par le biais de **clairances**, **pour assurer l'espacement des aéronefs ou l'information de trafic.**

1.2. Le service d'information de vol

Le **Service** ou **Centre d'information de vol (SIV ou CIV)** a pour rôle de donner toute information nécessaire au bon déroulement d'un vol (conditions météorologiques, état des aides radios, information sur les terrains et parfois des informations de trafic). La France est divisée en FIR, elles-mêmes découpées en CIV et SIV, accessibles par appel radio (fréquence sur les cartes aéronautiques 1/500 000 et 1/1 000 000).

1.3. Le service d'alerte

CCS : Centre de coordination et sauvetage
Nous bénéficions du service d'alerte chaque fois qu'un contact radio est possible même en Espace aérien non contrôlé (Classe G). Les militaires mettent leurs moyens humains et techniques à disposition des civils pour organiser et coordonner la recherche et le sauvetage des aéronefs en détresse.

1.4. Division de l'espace aérien

Zone d'interdiction temporaire	ZIT 	Zone de faible superficie		ATZ	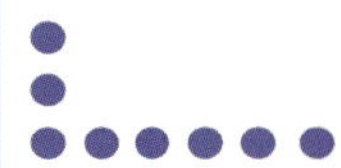
Zone interdite	 P	RMZ : zone à radio obligatoire TMZ : zone à transpondeur obligatoire	RMZ, TMZ, RMZ-TMZ	Réglementée, Dangereuse. CBA : zone transfrontalière	 R D CBA
Zone où le pilote n'assure pas la prévention des abordages		Zone où le pilote d'assure pas, de nuit, la prévention des abordages	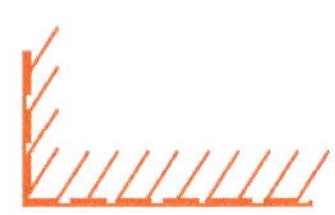	Altitude max de la zone. Type et n° de zone plandond-plancher	ALT MAX : 4900 R 152 2800 ASFC / 800 ASFC

1.4.1. L'espace aérien

Les Espaces aériens contrôlés (EAC) :
Un espace aérien contrôlé est destiné à protéger les trajectoires des aéronefs évoluant en IFR au départ et à l'arrivée de ces aérodromes. Un espace aérien n'est contrôlé que pendant les horaires de fonctionnement de l'organisme chargé d'y assurer le service du contrôle. En dehors de ces horaires, l'espace aérien est dit non contrôlé.
Y sont assurés, en fonction de la classe d'espace de l'EAC considéré :
- l'espacement ou l'information de trafic,
- l'information de vol,
- le service d'alerte.

Les Espaces aériens non contrôlés (EANC) :
Les agents AFIS sont des agents d'information sur certains aérodromes et ne fournissent pas le service du contrôle de la circulation aérienne.
Ils permettent de bénéficier de :
- l'information de vol (si elle existe),
- du service d'alerte (si un contact radio est possible).

En France, les espaces aériens non contrôlés sont de classe G.

1.4.2. L'espace aérien supérieur (Upper Terminal Area, UTA)

Il commence au niveau de vol 195. Il existe une région supérieure de contrôle (UTA) de classe C jusqu'au niveau 660, et au-delà une région supérieure d'information de vol de classe G illimitée en altitude.

1.4.3. L'espace aérien inférieur (niveau < FL 195)

- Il est divisé en 5 **FIR** (Flight Information Regions) qui sont : Bordeaux, Brest, Reims, Marseille, Paris.
- Les FIR sont divisées en CIV et SIV (Centres et Services d'Information de Vol).
- La **LTA** (Low Traffic Area) commence au plus haut des deux niveaux : FL 115 ou 3 000 ASFC, elle est classée D sauf au-dessus des Alpes et des Pyrénées .
- Les **AIRWAYS** sont de largeur 10 Nm et sont définis par un plancher; ils sont classe D au-dessus du FL 115 ou de 3 000 ASFC et de classe E en-dessous.
- Les **CTA** (Control Traffic Area) et les TMA (Terminal control Area) pour les avions en transit, en montée vers les AIRWAYS ou en descente vers les CTR.
- Les **CTR** (Control Traffic Region) zone de protection et d'organisation des avions aux abords des aéroports.
- Les zones à statut particulier : **P, R et D** (voir dans le même module, **4. annexes**).

P : Interdite 24h/24h («**P**rohibited» , exemple la P 23 , Paris intra-muros).
R : Restreinte, entrée soumise à conditions (ex : R 149 A).
D : Dangereuse, autorisée mais… à vos risques et périls (ex : D 588).

Cf. compléments aux cartes aéronautiques

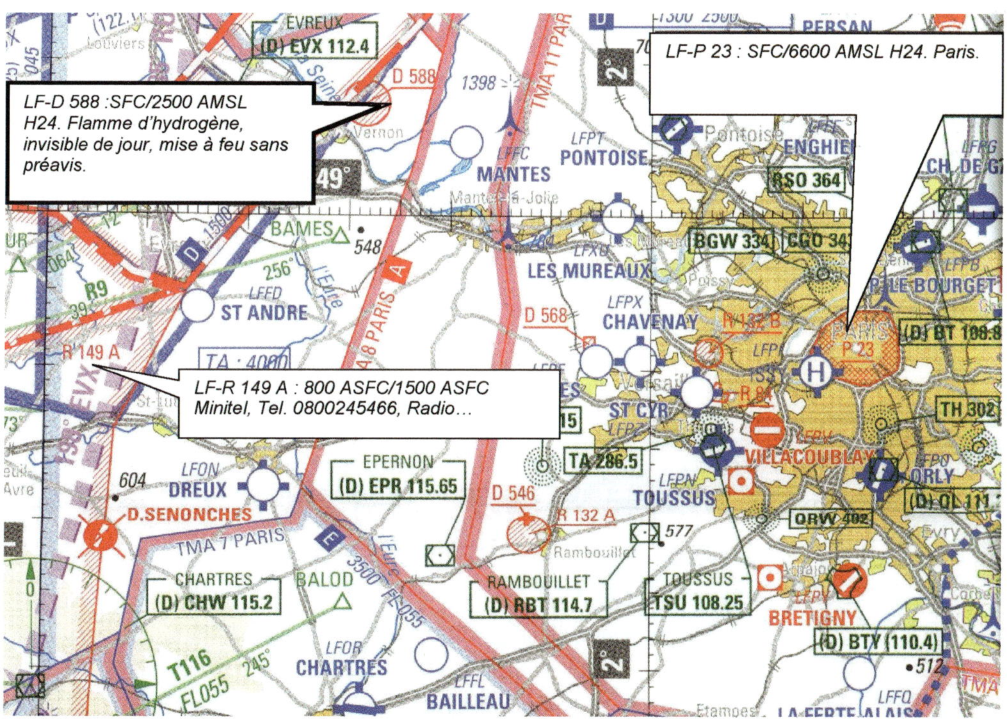

1.5. Les classes d'espace

Pour assurer la sécurité des aéronefs (en VFR ou IFR), différents volumes de l'espace aérien sont qualifiés d'une lettre (de A à G) qui va définir des conditions de vol à respecter dans le volume considéré et définir les différents services rendus dans l'espace (espacements ou informations de trafic).

Les services associés aux classes d'espaces :

EAC					EANC	
A	B	C	D	E	F	G
Radio/Clairance obligatoire				Radio non obligatoire sauf vol de nuit et RMZ	Radio non obligatoire sauf RMZ	
Vitesse libre		Vitesse limitée à 250 kt en-dessous du FL 100				

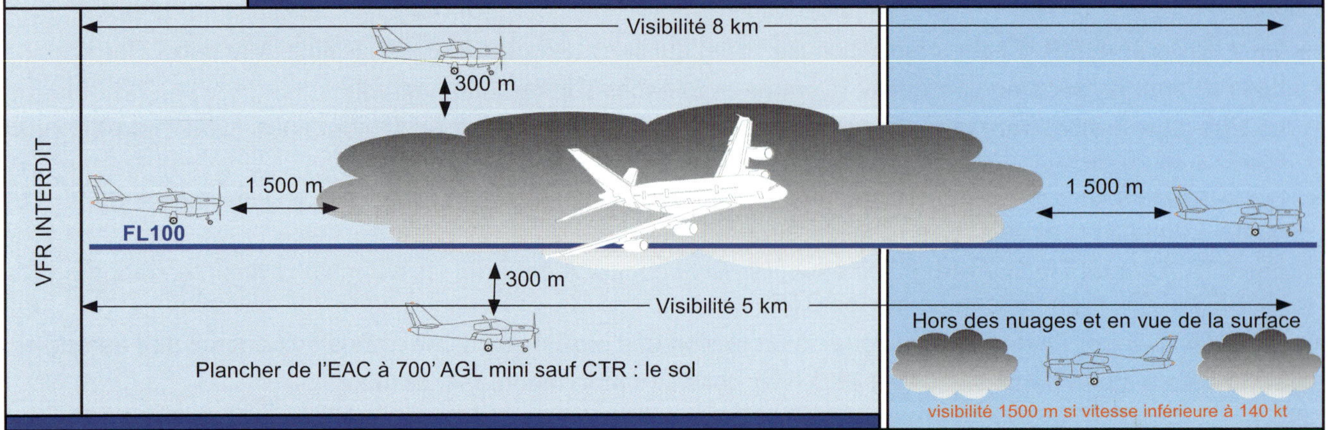

IFR/ IFR	IFR/IFR IFR/VFR VFR/VFR	IFR/IFR VFR/IFR	IFR/IFR VFR Spé/IFR	IFR/IFR	Non	
Non	Non	VFR/VFR VFR nuit/VFR nuit VFR nuit/IFR	VFR/IFR VFR/VFR VFR Spé/VFR Spé VFR nuit/VFR nuit VFR nuit/IFR	VFR nuit/VFR nuit VFR nuit/IFR	Non	
Oui	Oui	Oui	Oui	Oui	Oui	
Oui	Oui	Oui	Oui	Oui	Oui	
VFR Interdit	N'existe pas en France	Pénétration soumise à autorisations	Pénétration soumise à autorisations	Pénétration soumise à autorisations en VFR nuit	Espace aérien non contrôlé	

VFR spécial Visi mini1 500 m si Vi inférieure à 140 kt

Espacement	Info de Trafic	Info de vol	Alerte	Particularité

2. Les conditions VMC

2.1. En espace aérien non contrôlé

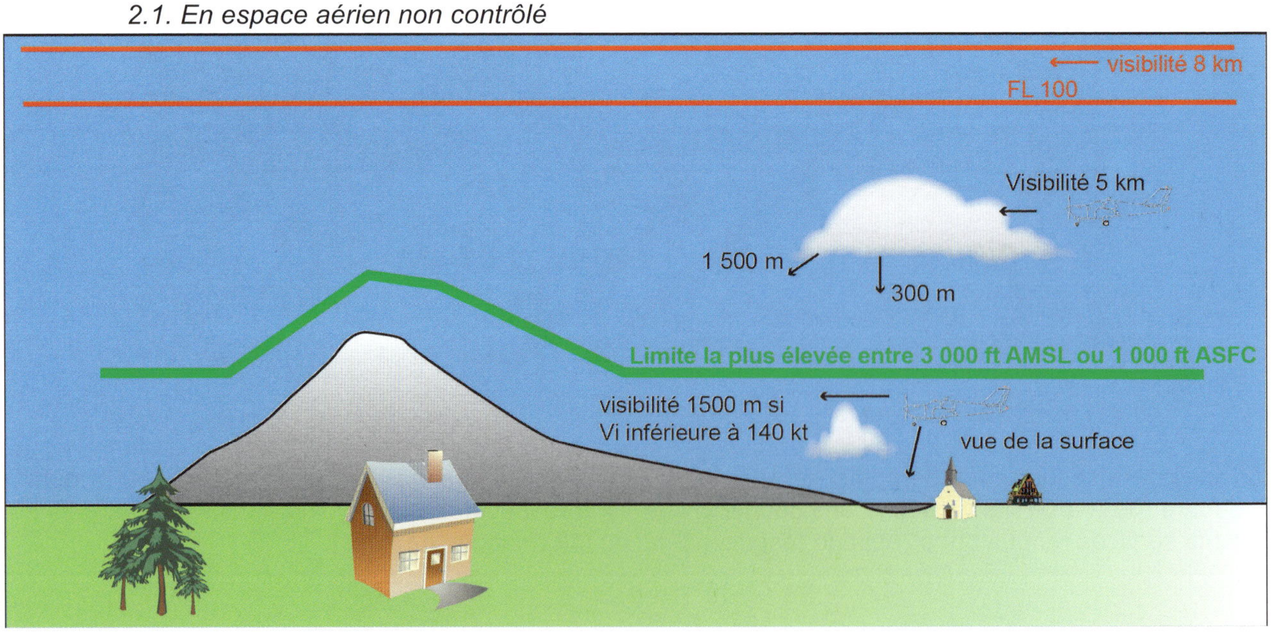

2.2. Les conditions minimales pour le vol en VMC résumé

(voir dans le même module, *1.5. Classes d'espace*)

•► en EANC : sous le plus haut, de 1 000 ft ASFC ou 3 000 ft AMSL :
- Visibilité 1 500 m si Vi inférieure à 140 kt. *Nota : en France, il est recommandé de garder le maintien d'une visibilité équivalente à la distance parcourue en 30 secondes de vol.*
- Hors des nuages et en vue de la surface.

•► en EAC et en EANC : sous le FL100 et au-dessus du FL100 :
au-dessus du plus haut, de 1 000 ft ASFC ou 3 000 ft AMSL : visibilité 5 km
au-dessus du FL100 : visibilité 8 km

Séparation avec les nuages :
- verticale : 300 m
- horizontale : 1 500 m

2.3. Le VFR spécial

- **Définition** : vol VFR autorisé par un organisme de contrôle de la circulation aérienne dans des conditions inférieures aux conditions de vol à vue. Le pilote demande alors au contrôle une clairance VFR spécial.
- **Minima** VFR spécial : on parle de VFR spécial lorsque la visibilité est inférieure à 5 km ou le plafond inférieur à 1 500 ft en espace aérien contrôlé.

Le VFR spécial n'est applicable qu'aux CTR et celles-ci sont toutes de classe D en France.

Limite basse : il faut être hors des nuages et en vue de la surface et avoir une visibilité supérieure à 1 500 m si la Vi est inférieure à 140 kt, ou la visibilité publiée sur les cartes de terrain. Le VFR spécial devient impossible si le plafond est inférieur à 600 ft sol.

2.4. La règle semi-circulaire

Elle est fonction de la route magnétique (Rm).

Elle permet l'organisation des avions en vol de croisière en répartissant les niveaux disponibles en fonction de la **route magnétique** suivie par l'avion.

Pour une route magnétique entre le 000° et le 179° le niveau sera impair (chiffre des dizaines) et pair pour une route magnétique entre 180° et 359°.

Les niveaux de vol utilisables en VFR se terminent tous par le chiffre 5 (*ex. : FL55, FL115, FL185…*) et par 0 pour les vols en IFR (*ex. : FL70, FL120…*).

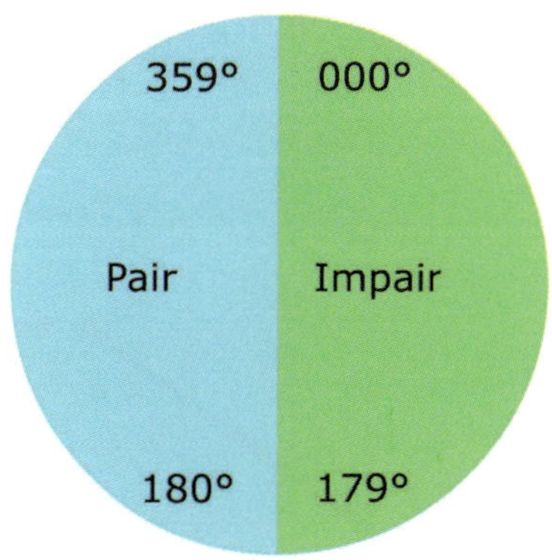

Pour une route magnétique comprise entre 000° et 179° on adopte une altitude ou niveau impair plus 5 soit : 3 500 ft, 5 500 ft, 7 500 ft, 9 500 ft, 11 500 ft, etc, ou FL035, FL055, FL075, etc.

Pour une route magnétique comprise entre 180° et 359° on adopte une altitude ou niveau pair plus 5 soit : 4 500 ft, 6 500 ft, 8 500 ft, 10 500 ft, 12 500 ft, etc, ou FL045, FL065, FL085, etc.

3. Expression de la position verticale : le choix du calage

3.1. Définitions

- La hauteur : le calage est dit **QFE** et noté AGL (Above Ground Level), ASFC (Above Surface) ou AAL (Above Airport Level), on parle de **hauteur** au-dessus du sol. Sur l'aérodrome l'altimètre indiquera 0 ft lorsque calé au QFE.
- L'altitude : le calage est dit **QNH** et noté AMSL (Above Mean Sea Level), on parle **d'altitude** au-dessus du niveau de la mer. C'est la pression atmosphérique ramenée au niveau de la mer. Au sol, un altimètre réglé au QNH indique l'altitude de l'aérodrome.
- Le niveau de vol : le calage est dit **standard** ou 1013 et noté FL (Flight Level), c'est ce qu'on lit sur un altimètre calé à **1 013.25 hPa**.

En VFR, les niveaux de vol finissent par 5, ex. : *FL45*. En IFR les niveaux de vol finissent par 0, *ex. : FL 50.*

3.2. Quel calage utiliser et quand ?

Le QFE : n'est plus utilisé, mais il faut savoir que certains pilotes volent encore au QFE.
Le QNH : en-dessous de 3 000 ft ASFC.
Le FL : toutes les fois où l'on n'utilise pas le QNH.

Niveau et altitude de transition, couche de transition :

3 000 ft au-dessus de la surface (ASFC) est la limite de changement de calage en espace aérien non contrôlé. En-dessous de 3 000 ft ASFC, le calage altimétrique est le QNH, et le choix de l'altitude de croisière est libre. Au-dessus de 3 000 ft ASFC, le calage altimétrique sera 1013 hPa et il est obligatoire de voler en niveau de vol (FL) selon la règle semi-circulaire.

3.3. Expression de la positive verticale dans une CTR et dans une TMA

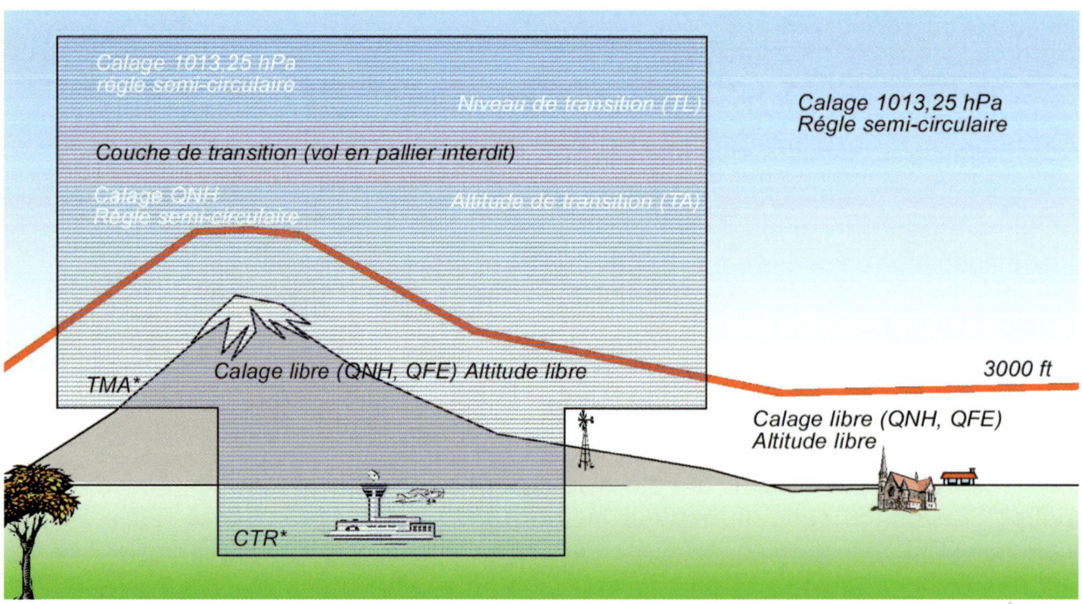

- **L'altitude de transition** est de 5 000 ft ou précisée sur les cartes.
- Le **niveau de transition** varie en fonction des conditions du jour, il est donné par les services de contrôle.
- On ne navigue pas dans la **couche de transition**, on la traverse en montée ou en descente.

Au-dessus de 3 000 ft ASFC et sous l'altitude de transition, le pilote adopte la règle semi-circulaire mais applique le calage QNH. Au-dessus du niveau de transition, la règle semi-circulaire sur le calage 1013.25 hPa s'applique.

3.4. Altitude de transition, niveau de transition et couche de transition

En espace aérien contrôlé, il est défini une altitude de transition (calage altimètre) en-dessous de laquelle le calage de l'altimètre ainsi que le choix de l'altitude de vol est libre (sauf instruction du contrôle).
Cette altitude est par défaut de 5 000 ft AMSL, et dans ce cas elle n'est pas indiquée sur les cartes.
Dans le cas où elle diffère de 5 000 ft, l'altitude de transition est précisée sur la carte au 1/1 000 000.
Le niveau de transition est le premier niveau IFR utilisable au-dessus de l'altitude de transition.

La couche de transition est un volume d'épaisseur variable destinée au changement de calage altimétrique, et à l'intérieur duquel le vol en palier est interdit.

4. Annexe

Réseau très basse altitude (RTBA) : il est recommandé aux VFR une altitude de 1 500' ASFC minimum.

Zones P : zones interdites. Le vol des aéronefs dans ces zones est interdit (Sol/FL 195).

Zones R : zones réglementées. Pénétration subordonnée à certaines conditions spécifiées (contact radio par exemple).

Zones D : zones dangereuses. Pénétration non soumise à restriction. Des activités dangereuses pour les aéronefs peuvent s'y dérouler pendant des périodes spécifiées. Les pilotes y pénètrent à leur risque et péril.

Zones Interdites Temporaires (ZIT) : ont été créées pour des raisons de sûreté aérienne (protection de sites sensibles). Ces zones sont publiées par la voie de l'information aéronautique et figurent sur les cartes aéronautiques.

Zones Réglementées Temporaires (ZRT) : ont été créées pour des raisons de sûreté aérienne (protection de certaines agglomérations) ou pour instaurer le contact radio obligatoire autour de certains aérodromes. Ces zones sont publiées par la voie de l'information aéronautique et figurent sur les cartes aéronautiques.

Zones de Ségrégation Temporaire (TSA) : zones réservées à l'usage exclusif d'usagers spécifiques pendant une durée déterminée. Zones réputées imperméables aux vols IFR et aux vols VFR pendant leur activité.

Zones transfrontalières (CBA) : zones de ségrégation temporaire établies au-dessus de frontières internationales. Zones réputées imperméables aux vols IFR et aux vols VFR pendant leur activité.

Zones à utilisation obligatoire de radio (RMZ) : c'est un espace aérien, de dimensions définies, à l'intérieur duquel l'emport et l'utilisation d'équipements radio sont obligatoires.
Les vols VFR qui sont effectués dans des parties d'espace aérien de classe E ou G et les vols IFR qui sont effectués dans des parties d'espace aérien de classe G publiées comme étant une RMZ gardent une écoute permanente des communications vocales air-sol et établissent des communications bilatérales, le cas échéant, sur le canal de communication approprié, sauf application d'autres dispositions prescrites par l'organisme de la circulation aérienne pour cet espace aérien spécifique.
Avant qu'un aéronef ne pénètre dans une RMZ, un appel initial contenant la désignation de la station appelée, l'indicatif d'appel, le type d'aéronef, la position, le niveau et les intentions de vol, est émis par les pilotes sur le canal de communication approprié.

Zones à utilisation obligatoire de transpondeur (TMZ) : c'est un espace aérien, de dimensions définies, à l'intérieur duquel l'emport et l'utilisation de transpondeurs transmettant l'altitude-pression sont obligatoires.

Tous les vols effectués dans un espace aérien publié comme étant une TMZ utilisent des transpondeurs capables de fonctionner en mode C (avec alticodeur) ou en mode S, sauf application d'autres dispositions prescrites par l'organisme de la circulation aérienne pour cet espace aérien spécifique.

Zones à utilisation obligatoire de radio et de transpondeur (RMZ-TMZ) : c'est une zone qui répond aux définitions à la fois d'une RMZ et d'une TMZ.

ATIS : Fréquence de radiocommunication spécifique d'un aérodrome, où une bande enregistrée donne les informations essentielles (piste en service, niveau de transition, vent, nébulosité, visibilité, QNH...) pour les porter à la connaissance des pilotes arrivant sur le terrain. Les informations de l'ATIS changent toutes les heures ou lorsque un phénomène soudain et inattendu apparaît.»

Note : lorsque plusieurs zones portant restriction à l'espace aérien se trouvent imbriquées, les usagers doivent tenir compte des restrictions spécifiques à chaque zone.

Notes personnelles et conseils de votre pilote-instructeur – Réglementation :

Entraînement à l'examen théorique

1 - L'espace aérien français est divisé en régions d'information de vol, dites « FIR » (Flight Information Region). En métropole, il y en a :

a) 3 □
b) 11 □
c) une seule □
d) 5 □

2 - L'abréviation FIR correspond à :

a) une région supérieure d'information de vol □
b) une région supérieure de contrôle □
c) une région de contrôle □
d) une région d'information de vol □

3 - Les zones dites « à statut particulier » sont :

a) les zones dangereuses, les zones interdites, les zones réglementées, les CTR □
b) les zones dangereuses, les zones interdites, les zones réglementées, les TMA, les CTR □
c) les zones dangereuses, les zones interdites, les zones réglementées □
d) les TMA et les CTR □

4 - Le service en charge de la recherche et du sauvetage des équipages est appelé :

a) CCR □
b) ATC □
c) SAR □
d) ATS □

5 - Dans un espace aérien de classe B, le service de contrôle qui vous est rendu est (choisir la combinaison la plus exacte possible) :
1/ l'espacement par rapport aux vols IFR
2/ l'espacement par rapport aux autres vols VFR
3/ l'information de trafic par rapport aux vols IFR
4/ l'information de trafic par rapport aux autres vols VFR

a) 3, 4 □
b) 2, 3 □
c) 1, 2 □
d) 1, 4 □

6 - Le contact avec un service d'information de vol :

a) vous permet d'entrer dans les espaces de classe D □
b) est réservé aux avions de transport □
c) vous permet d'obtenir en vol des renseignements météorologiques ou sur l'état des aérodromes □
d) est réservé aux avions en régime de vol IFR □

7 - Dans un espace aérien de classe D, les services rendus à un aéronef en VFR sont (choisir la combinaison exacte la plus complète)
1/ le contrôle par la méthode de l'espacement par rapport aux autres aéronefs
2/ le contrôle par la méthode de l'information de trafic
3/ l'information de vol
4/ l'alerte

a) 1, 2, 3 et 4 □
b) 3 et 4 □
c) 1, 3 et 4 □
d) 2, 3 et 4 □

8 - Un organisme AFIS assure les services :

a) de contrôle seulement □
b) d'information de vol seulement □
c) de contrôle, d'information de vol et d'alerte □
d) d'information de vol et d'alerte seulement □

9 - La tour de contrôle (TWR) rend les services :

a) de contrôle seulement □
b) de contrôle et d'alerte seulement □
c) de contrôle, d'information de vol et d'alerte □
d) de contrôle et d'information de vol seulement □

10 - Dans un espace aérien de classe D, lorsque vous êtes en vol VFR spécial, le service de contrôle qui vous est rendu est :
1/ l'espacement par rapport aux vols IFR
2/ l'espacement par rapport aux autres vols VFR spécial
3/ l'information de trafic par rapport aux vols IFR
4/ l'information de trafic par rapport aux autres vols VFR spécial

a) 2 □
b) 1, 2 □
c) 1, 4 □
d) 3, 4 □

11 - Le service d'alerte est seulement assuré aux aéronefs :

a) dont la présence est connue des services de la circulation aérienne □
b) en vol dans les espaces aériens contrôlés □
c) en vol □
d) pour lesquels un FPL a été déposé □

12 - En montée, dans une TMA, vous passez l'altitude de transition. Vous devez alors caler votre altimètre :

a) à 1013,2 hPa ☐
b) au QFE du terrain de départ ☐
c) au QNH régional ☐
d) au QNH du terrain de destination ☐

13 - En vol dans une TMA de classe E au-dessus de 3 000 ft AMSL et en-dessous de l'altitude de transition, sans clairance de niveau, le pilote affiche comme calage altimétrique :

a) le QNH ☐
b) le QFU ☐
c) 1013 hPa ☐
d) le QFE ☐

14 - Vous volez à bord d'un aéronef en suivant une route magnétique 270°. Un niveau de vol utilisable est le FL :

a) 040 ☐
b) 35 ☐
c) 045 ☐
d) 450 ☐

15 - Pour suivre la route magnétique 359°, en appliquant la règle semi-circulaire, vous devez choisir un niveau de vol :

a) pair ☐
b) pair + 5 ☐
c) impair + 5 ☐
d) impair ☐

16 - À, ou en-dessous du plus haut des 2 niveaux 3 000 ft AMSL ou 1 000 ft AGL, hors espace aérien contrôlé, les conditions météorologiques de vol à vue sont :

a) visibilité en vol 1 500 m si vitesse inférieure à 140 k, hors des nuages et en vue de la surface ☐
b) espacement horizontal 1 500 m et vertical 300 m par rapport aux nuages ☐
c) visibilité en vol 5 km et en vue de la surface ☐
d) visibilité en vol 1 000 m et hors des nuages ☐

17 - En vol, en classe d'espace G, au-dessus de 3000 ft ASFC, le pilote affiche comme calage altimétrique :

a) le QNH ☐
b) le QFE ☐
c) le 1013 hPa ☐
d) le QFU ☐

18 - Hormis le cas du VFR spécial, les organismes de contrôle de la circulation aérienne assurent l'espacement entre les vols VFR et les vols IFR dans les espaces aériens de classe :

a) A, B, C, D, E ☐
b) B, C ☐
c) B, C, D ☐
d) A, B,C ☐

19 - Hors espaces aériens contrôlés, les vols en VFR en croisière au-dessus de 3 000 ft ASFC adoptent un niveau de croisière en fonction de leur :

a) cap magnétique ☐
b) route magnétique ☐
c) cap vrai ☐
d) route vraie ☐

20 - Le service du contrôle de la circulation aérienne est assuré au bénéfice :

1/ des vols IFR dans tous les espaces aériens contrôlés
2/ des vols VFR dans tous les espaces aériens contrôlés de classe B, C et D
3/ des vols VFR dans tous les espaces aériens contrôlés de classe A, B et C
4/ des vols VFR dans tous les espaces aériens contrôlés de classe E, F et G
5/ des vols VFR spéciaux
6/ de l'ensemble des vols dans la circulation d'aérodrome des aérodromes contrôlés

a) 1, 2, 4 et 5 ☐
b) 1, 3 et 5 ☐
c) 1, 2, 5 et 6 ☐
d) 3, 4 et 6 ☐

Section 4

RÉGLEMENTATION

Module 3 « Les règles d'emport et d'équipement »

RÉGLEMENTATION Module 3 « Le règles d'emport et d'équipement »

Préambule : « action préliminaire au vol ».

Avant d'entreprendre un vol, le pilote commandant de bord doit prendre connaissance de tous les renseignements disponibles utiles à la bonne exécution du vol projeté. Il doit s'assurer du fonctionnement satisfaisant de son appareil et des équipements nécessaires à la bonne exécution de ce vol.

Pour les vols hors circuit d'aérodrome, l'action préliminaire au vol doit comprendre l'étude attentive des bulletins et prévisions météorologiques disponibles les plus récents, en tenant compte des besoins en carburant et d'un plan de diversion, au cas où le vol ne pourrait pas se dérouler comme prévu (peut s'interpréter comme la prise en compte d'un terrain de dégagement).

1. Les règles d'emport

1.1. De carburant

1.1.1. À la préparation du vol

Il existe une quantité minimum de carburant réglementaire à embarquer avant d'entreprendre un vol :
le délestage (c'est-à-dire la quantité de carburant pour aller du point A au point B) + les réserves.

Délestage	Réserves	
Qté (Tv) compte tenu des conditions météorologiques prévues	Q pour terrain de dégagement (sauf vol au départ et à l'arrivée du même aérodrome et restant au voisinage)	30 min de vol à l'altitude de croisière normale (vol de nuit 45 min) (Vol de jour au départ et à l'arrivée du même aérodrome, en le gardant toujours en vue : 10 min)

Qté (Tv) calculée : quantité de carburant nécessaire pour aller de A à B en tenant compte du vent et des conditions météorologiques prévus sur la route.
Attention ne pas prendre en compte la quantité de carburant inutilisable des réservoirs spécifiée par le manuel de vol !

Emport recommandé pour entreprendre un vol local : 30 minutes de vol (de nuit : 45 minutes).

1.1.2. En vol

C'est l'intégralité du carburant disponible à bord qui est pris en compte pour les calculs. Le pilote commandant de bord vérifie à intervalles réguliers que la quantité de carburant utilisable n'est pas inférieur au carburant nécessaire pour poursuivre le vol, le carburant de réserve prévu restant stable pour atteindre un aérodrome accessible selon le temps. Néanmoins, il est recommandé de ne pas poursuivre un vol au voisinage d'un site d'atterrissage si ne subsistent à bord les quantités de carburant nécessaires pour voler pendant **15 minutes**.
Ces 15 minutes constituent le temps disponible pour une interruption volontaire du vol, afin de pouvoir se poser sur un terrain se prêtant à l'atterrissage.
Si le plein de carburant n'est pas envisageable, afin de garantir une sécurité maximale, il est très fortement recommandé d'ajouter au départ de chaque vol la réserve du commandant de bord.

La réserve du commandant de bord n'est pas un calcul réglementaire, il s'agit d'une quantité de carburant supplémentaire embarquée par le commandant de bord dans le but de s'assurer une tranquillité de vol. Si la masse de carburant embarqué n'est pas limitée pour des questions de respect des masses maximales de l'avion, il est recommandé d'emporter le plein complet de l'appareil.

Attention à ne pas dépasser la masse maximale structure décollage !

1.2. D'huile

La règle d'emport minimum pour l'huile est la même que pour le carburant.

Le bon sens recommande de refaire le plein d'huile avant d'entreprendre une longue navigation. Une réserve d'huile en bidons (la réserve du commandant de bord) doit également être envisagée.

1.3. D'oxygène (appareil non pressurisé)

À partir du FL 100 : chaque membre de l'équipage de conduite doit disposer d'un système d'inhalation et d'une réserve d'oxygène suffisante pour l'alimenter pendant la durée du vol supérieure à 30 minutes à ce niveau et aux niveaux supérieurs jusqu'au FL 130.

Au-dessus du FL 130 : chaque personne à bord doit disposer d'un système d'inhalation et d'une réserve d'oxygène suffisante pour l'alimenter pendant la durée du vol à ce niveau et aux niveaux supérieurs.

En VFR, le niveau de vol maximal est le FL 195.

2. Les équipements supplémentaires

Un vol ne peut être entamé lorsque l'un quelconque des équipements nécessaires pour le vol est en panne ou manquant, sauf si l'appareil est exploité conformément à la LME.

Les appareils sont équipés de fusibles de rechange ainsi que d'une trousse de premier secours tenue à jour et facilement accessible pour utilisation.

2.1. Pour le survol maritime

2.1.1. Pour les appareils monomoteurs, lors d'un éloignement à :

- une distance supérieure au plané par rapport à la terre ferme ou

- selon l'avis du commandant de bord, lorsque la trajectoire de décollage ou d'atterrissage sur un aérodrome se présente telle qu'en cas de problème la probabilité d'un amerrissage n'est pas à écarter,

- et pour tout appareil à une distance de la terre ferme où un atterrissage d'urgence est possible, distance correspondant à 30 minutes de vol à la vitesse de croisière normale ou à 50 NM, la valeur la moins élevée étant retenue,

Il faut des **gilets de sauvetage** ou des dispositifs de flottaison pour tout les bébés de moins de 2 ans : un par personne, rangés de telle manière qu'ils soient accessibles facilement.

2.1.2. Le pilote commandant de bord d'un appareil volant à une distance de la terre ferme où un atterrissage d'urgence est possible, distance correspondant à 30 minutes de vol à la vitesse de croisière normale ou à 50 NM, la valeur la moins élevée étant retenue, détermine les chances de survie des occupants de l'appareil en cas d'amerrissage et transporte dans ce cas :

•► des **canots** en nombre suffisant pour transporter toutes les personnes à bord. Ils doivent être munis de :
  - 1 miroir,
  - 2 fusées rouges,
  - 1 lampe électrique,
  - 1 litre d'eau par personne,
  - 300 g de fluorescéine (puissant colorant),
  - 1 trousse médicale de secours ;

•► équipement permettant d'envoyer des **signaux de détresse**.

2.2. Pour le survol des régions terrestres désignées

Lorsqu'il est utilisé pour survoler une région désignée où, d'après les accords régionaux de navigation aérienne, les opérations de recherche et de sauvetage seraient particulièrement difficiles et où les rescapés d'un éventuel atterrissage forcé seraient en danger du fait des conditions climatiques, de l'environnement et du manque de subsistance, tout aéronef doit être équipé d'un dispositif de signalisation et d'un équipement de survie et de secours approprié (ex. : Forêt amazonienne).

Le dispositif de signalisation doit comprendre **au moins** :
  - 1 miroir de signalisation normalisé grand modèle,
  - 1 lampe électrique à piles activables,
  - 3 bandes pour signaux sol-air (rouge d'un côté, blanche de l'autre) de 3 m sur 0,3 m avec le code interna-

tional imprimé sur chaque bande :
V - demandons assistance
X - demandons assistance médicale
N - non
Y - oui
Flèche - nous nous dirigeons dans cette direction,
- 1 balise de survivance (balise de détresse).

L'équipement de survie et de secours doit être adapté aux itinéraires et comprendre **au moins** :

- ▶ des vivres et de l'eau potable calculés sur une alimentation de secours d'au moins un jour par occupant,
- ▶ une trousse médicale individuelle de premier secours comprenant des médicaments antalgiques, tonicardiaques, antipaludéens, du collyre, des produits antiseptiques et un nécessaire à pansements.

3. Équipement minimum pour le VFR

Nota : la notion d'équipement minimum est relative à la présence dans l'appareil d'une instrumentation minimum obligatoire pour chaque type de vol (VFR, VFR de nuit, IFR...). Néanmoins, de nombreux aéronefs disposent d'une instrumentation supplémentaire non obligatoire (par exemple : variomètre, conservateur de cap, horizon artificiel non obligatoire pour le VFR de jour). L'attention du pilote est porté sur le fait qu'un vol ne peut être effectué lorsque l'un quelconque des instruments présent dans l'appareil est en panne, sauf si l'appareil est exploité conformément à une LME approuvée par l'autorité qui prévoit cette situation (exemple d'inscription sur la LME : vol en VFR de jour possible avec variomètre, horizon artificiel et/ou conservateur de cap en panne ou manquant).

Nota : la mise en place d'une LME n'est pas obligatoire pour l'utilisation d'un aéronef de manière non lucrative (Vol privé ou en aéro-club).

3.1. Pour le VFR de jour

3.1.1. En vol et en navigation

- ▶ 1 anémomètre,
- ▶ 1 compas magnétique compensable,
- ▶ 1 RBDA (Radio Balise de Détresse Automatique), néanmoins, son emport n'est pas obligatoire en espace aérien contrôlé lorsque l'aéronef évolue dans la circulation d'aérodrome, ou lorsqu'il reste en contact radio à une distance inférieure à 25 Nm de l'aérodrome,
- ▶ 1 montre indiquant heures, minutes et secondes,
- ▶ 1 émetteur récepteur VHF si exigé par les services de circulation aérienne (pas exigé en espace aérien non contrôlé),
- ▶ 1 altimètre. Si l'aéronef vole en espace aérien contrôlé, celui-ci doit être sensible et ajustable.

3.1.2. En VFR « on top »

« On top » : vol au-dessus d'une couche nuageuse sans contact visuel du sol.
Ajouter :

- ▶ 1 récepteur VOR ou 1 radiocompas ADF adapté à la route prévue ou un GPS homologué.

3.2. Pour le VFR de nuit

Équipement minimum de nuit = équipement minimum du VFR jour + ajouter :

- ▶ 1 variomètre,
- ▶ 1 horizon artificiel,
- ▶ 1 altimètre, sensible et ajustable, d'une graduation de 1 000 ft par tour et avec un indicateur de pression barométrique en hectopascal,
- ▶ 1 bille-aiguille,

•▶ 1 conservateur de cap,
•▶ 1 récepteur VOR ou 1 radiocompas ADF en fonction de la route ou un GPS homologué,
•▶ 1 lampe électrique autonome,
•▶ 1 jeu de fusibles de rechange,
•▶ 1 système de feux de navigation et de feux anticollision,
•▶ 1 phare d'atterrissage,
•▶ 1 dispositif d'éclairage des instruments de bord et des appareils indispensables à la sécurité,
•▶ 1 VHF,
•▶ un dispositif indiquant si l'alimentation électrique des instruments gyroscopiques n'est pas adéquate,
•▶ un Tube de Pitot avec système de réchauffage.

4. Les passagers

Définitions des types de passagers :

- adulte = âge supérieur à 12 ans,
- enfant = âge entre 2 et 12 ans,
- bébé = âge inférieur à 2 ans.

- Le nombre de passagers (pax) de 2 ans et plus ne peut dépasser le nombre de pax du CDN (Certificat De Navigabilité),
- Les bébés de moins de 2 ans doivent disposer de dispositif de retenue approprié,
- Chaque passager doit disposer d'une ceinture de sécurité avec en plus un système de retenue de la partie supérieure du torse à point de détachement unique pour chaque siège de l'équipage de conduite,
- Un enfant doit être sur un siège individuel à côté d'un adulte s'il ne peut se détacher seul.

Le transport d'animaux n'est pas envisagé dans les textes officiels.

5. Le plan de vol

5.1. Les formes de plan de vol

Le plan de vol peut être communiqué :

- sous la forme d'un **plan de vol déposé** (FPL) avant ou pendant un vol. Un FPL ne peut être communiqué pendant le vol que si le commandant de bord se trouve placé dans des circonstances imprévues qui le conduisent à prendre cette décision,
- sous forme de **plan de vol réduit**, pendant le vol, en communiquant les éléments de vol appropriés à l'organisme de la circulation aérienne intéressé.

5.2. Les obligations du plan de vol déposé (FPL)

Obligation de communiquer un plan de vol déposé (FPL) pour :

•▶ tout vol IFR,

•▶ tout survol maritime dans le cas suivant : survol maritime au-delà de la plus faible des deux distances suivantes :

  - distance égale à 15 fois l'altitude de l'aéronef,
  - distance permettant, en cas de panne d'un moteur, d'atteindre une terre se prêtant à un atterrissage d'urgence ;

•▶ tout franchissement de frontière,

•▶ vol VFR de nuit (sauf vol local).

5.3. Les délais de dépôt du plan de vol

5.3.1. Le service du contrôle

Dans le cas où un FPL n'est pas requis, un plan de vol réduit doit être communiqué dès que possible et :

- avant de pénétrer dans un espace aérien de classe B, C ou D,
- avant d'évoluer dans la circulation d'un aérodrome contrôlé,
- avant d'évoluer en VFR spécial,
- avant tout survol maritime autre que ceux nécessitant un FPL.

5.3.2. Les plans de vol déposés (FPL)

- au moins 60 minutes avant l'heure estimée de départ du poste de stationnement,

Nota : en France, pour un vol VFR à l'intérieur du territoire national, le FPL peut être déposé seulement 30 minutes avant le départ.

- en aucun cas le FPL ne peut être communiqué pendant le vol.

5.3.3. Plan de vol non obligatoire

Si un plan de vol n'est pas obligatoire pour un vol VFR, le pilote peut décider d'en communiquer un pour sa sécurité. Dans ce cas, aucun délai n'est requis.

Voir aussi : rédaction d'un plan de vol en Navigation, module 3, **2. Le plan de vo**l.

Notes personnelles et conseils de votre pilote-instructeur – Réglementation :

....

....

....

....

....

....

....

....

....

....

....

Entraînement à l'examen théorique

1 - Le carburant à emporter lors d'une navigation est calculé à partir de la distance à parcourir et de :

a) la vitesse sol prévue sur le parcours ☐
b) la vitesse sol prévue sur le parcours et une réserve réglementaire ☐
c) la vitesse propre prévue sur le parcours ☐
d) la vitesse propre prévue sur le parcours et une réserve réglementaire ☐

2 - Nul ne peut poursuivre son vol au voisinage d'un site d'atterrissage approprié si ne subsiste à bord le carburant pour voler pendant :

a) 20 minutes ☐
b) 45 minutes ☐
c) 30 minutes ☐
d) 15 minutes ☐

3 - La quantité de carburant et de lubrifiant embarquée doit permettre d'atteindre la destination prévue compte tenu des conditions météorologiques et de poursuivre le vol en navigation VFR de jour :

a) 30 minutes ☐
b) 15 minutes ☐
c) 45 minutes ☐
d) 20 minutes ☐

4 - La quantité minimale de carburant qui doit se trouver à bord pour entreprendre un vol local doit être suffisante pour voler pendant :

a) Le délestage prévu plus 10 minutes ☐
b) 45 minutes ☐
c) 20 minutes ☐
d) 15 minutes ☐

5 - La distance que l'on peut parcourir avec une quantité de carburant donnée s'appelle :

a) rayon d'action ☐
b) distance franchissable ☐
c) délestage ☐
d) autonomie ☐

6 - La durée de vol permise avec une quantité de carburant donnée s'appelle :

a) délestage ☐
b) distance franchissable ☐
c) autonomie ☐
d) rayon d'action ☐

7 - Votre avion n'étant pas équipé de réserve d'oxygène, le niveau de vol maximal que vous pouvez utiliser est le :

a) FL195 ☐
b) FL135 ☐
c) FL130 ☐
d) FL140 ☐

8 - Vous consommez 24 litres de carburant à l'heure. Au franchissement du seuil de piste de l'aérodrome de destination, la quantité minimale utilisable doit être au moins égale à :

a) il n'y a pas de quantité minimale en vol privé ☐
b) 6 litres ☐
c) 12 litres ☐
d) 8 litres ☐

9 - Les vols en VFR effectués au-dessus des étendues maritimes doivent faire l'objet :

a) d'une autorisation préalable délivrée par le préfet maritime de la zone survolée ☐
b) d'une formation spécifique du pilote et des passagers ☐
c) d'un plan de vol ☐
d) d'une formation spécifique du pilote ☐

10 - Vous envisagez de traverser, sans gilets de sauvetage, un estuaire dont la largeur est de 6 km. Le vent est nul. Vous considérez une finesse de 6 pour déterminer la hauteur minimale de vol qui vous permettrait de rejoindre la côte en cas de panne moteur et vous trouvez :

a) 250 m ☐
b) 1 000 m ☐
c) 1 650 m ☐
d) 500 m ☐

11 - Pour survoler l'eau avec un avion monomoteur sans gilet de sauvetage, la distance maximale à laquelle vous pouvez vous éloigner de la côte est : ☐

a) de 50 milles nautiques dans tous les cas ☐
b) nulle
c) celle vous permettant, le moteur en panne, de ☐ rejoindre en vol plané une terre ferme
d) de 100 milles nautiques dans tous les cas ☐

12 - Vous devez emporter un canot de sauvetage pour survoler l'eau à partir d'une distance de :

a) 100 km ☐
b) 50 Nm ☐
c) 100 Nm ☐
d) 50 km ☐

13 - Un plan de vol déposé (FPL) est obligatoire pour :
1/ voler sans garder la vue du sol ou de l'eau (« on top »)
2/ franchir une frontière d'État
3/ effectuer un survol maritime au-delà d'une certaine distance réglementairement définie
4/ entrer dans un espace contrôlé de classe B, C ou D

a) 1, 2, 4 ☐
b) 1, 3 ☐
c) 1, 2, 3 ☐
d) 2, 3 ☐

14 - Un vol VFR « on top » est un vol réglementé, en VFR :

a) en espace aérien supérieur ☐
b) au-dessus d'une couche nuageuse, sans la vue du sol ☐
c) au-dessus du FL115 ☐
d) par faible visibilité ☐

15 - Un plan de vol déposé (FPL) est obligatoire pour (choisir la combinaison exacte la plus complète) :
1/ voler sans garder la vue du sol ou de l'eau (« on top »)
2/ franchir une frontière d'Etat
3/ tout vol en VFR de nuit
4/ partir à destination d'un altiport

a) 3 ☐
b) 1, 3 ☐
c) 2 ☐
d) 2, 4 ☐

16 - À la rubrique 9 du plan de vol, dans la case « catégorie de turbulence de sillage », pour votre avion de moins de 7 tonnes, vous inscrivez :

a) L ☐
b) H ☐
c) M ☐
d) X ☐

17 - À la rubrique 10 du plan de vol, dans la case « équipement », pour spécifier que votre avion n'est équipé d'aucun moyen radio (ni de communication, ni de navigation), vous inscrivez :

a) HS ☐
b) NO ☐
c) S ☐
d) N ☐

18 - À la rubrique 15 du plan de vol, dans la case « vitesse de croisière », pour votre avion qui vole à 100 kt, considérant un vent de face de 20 kt, vous inscrivez :

a) N0100 ☐
b) N0080 ☐
c) N0120 ☐
d) N080 ☐

19 - À la rubrique 15 du plan de vol, dans la case « niveau », pour un vol prévu au niveau de vol FL65, vous inscrivez :

a) A0065 ☐
b) F065 ☐
c) NV65 ☐
d) FL065 ☐

20 - Vous arrivez sur un terrain géré par un agent AFIS, le plan de vol sera clôturé en priorité par :

a) vous-même, car l'agent AFIS n'est pas habilité ☐
b) vous-même, par téléphone, une fois l'aéronef au parking ☐
c) cet agent AFIS ☐
d) par l'organisme de contrôle avec lequel vous êtes en contact juste avant votre atterrissage ☐

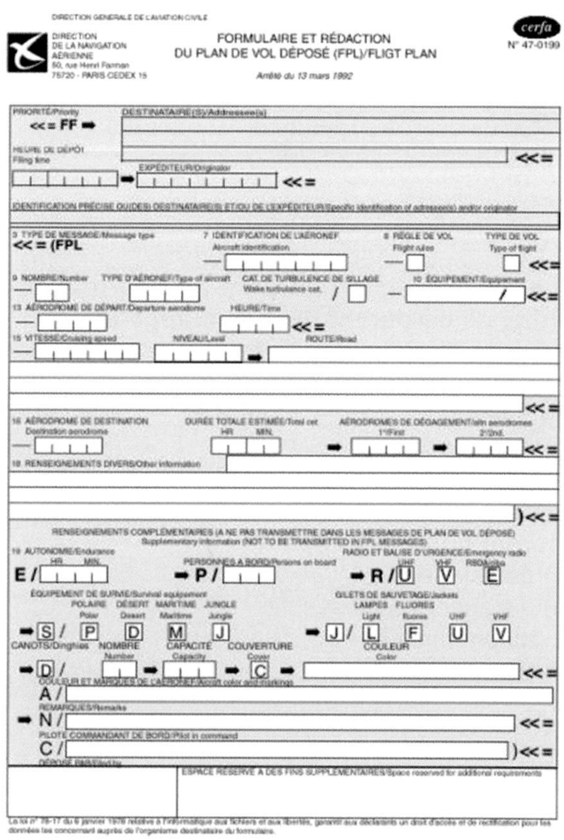
DIRECTION GENERALE DE L'AVIATION CIVILE
DIRECTION DE LA NAVIGATION AÉRIENNE
50, rue Henri Farman
75720 - PARIS CEDEX 15

FORMULAIRE ET RÉDACTION
DU PLAN DE VOL DÉPOSÉ (FPL)/FLIGT PLAN
Arrêté du 13 mars 1992

cerfa
N° 47-0199

PRIORITÉ/Priority <<= FF ➡ DESTINATAIRE(S)/Addressee(s) <<=
HEURE DE DÉPÔT/Filing time ➡ EXPÉDITEUR/Originator <<=
IDENTIFICATION PRÉCISE DU(DES) DESTINATAIRE(S) ET/OU DE L'EXPÉDITEUR/Specific identification of addressee(s) and/or originator
3 TYPE DE MESSAGE/Message type <<= (FPL — 7 IDENTIFICATION DE L'AÉRONEF/Aircraft identification — 8 RÈGLE DE VOL/Flight rules — TYPE DE VOL/Type of flight <<=
9 NOMBRE/Number — TYPE D'AÉRONEF/Type of aircraft — CAT. DE TURBULENCE DE SILLAGE/Wake turbulence cat. / — 10 ÉQUIPEMENT/Equipment / <<=
13 AÉRODROME DE DÉPART/Departure aerodrome — HEURE/Time <<=
15 VITESSE/Cruising speed — NIVEAU/Level ➡ ROUTE/Road
<<=
16 AÉRODROME DE DESTINATION/Destination aerodrome — DURÉE TOTALE ESTIMÉE/Total eet HR MN. ➡ AÉRODROMES DE DÉGAGEMENT/altn aerodromes 1°/First ➡ 2°/2nd. <<=
18 RENSEIGNEMENTS DIVERS/Other information
)<<=
RENSEIGNEMENTS COMPLÉMENTAIRES (A NE PAS TRANSMETTRE DANS LES MESSAGES DE PLAN DE VOL DÉPOSÉ)
Supplementary information (NOT TO BE TRANSMITTED IN FPL MESSAGES)
19 AUTONOMIE/Endurance HR MIN. E/ ➡ PERSONNES A BORD/Persons on board P/ ➡ RADIO ET BALISE D'URGENCE/Emergency radio UHF VHF RSD R/ U V E
ÉQUIPEMENT DE SURVIE/Survival equipement POLAIRE/Polar DÉSERT/Desert MARITIME/Maritime JUNGLE/Jungle ➡ S/ P D M J
GILETS DE SAUVETAGE/Jackets LAMPES/Light FLUORES/fluores UHF VHF ➡ J/ L F U V
CANOTS/Dinghies NOMBRE/Number CAPACITÉ/Capacity COUVERTURE/Cover COULEUR/Color ➡ D/ ➡ ➡ C ➡ <<=
COULEUR ET MARQUES DE L'AÉRONEF/Aircraft color and markings A/
REMARQUES/Remarks ➡ N/ <<=
PILOTE COMMANDANT DE BORD/Pilot in command C/)<<=
DÉPOSÉ PAR/Filed by
ESPACE RESERVE A DES FINS SUPPLEMENTAIRES/Space reserved for additional requirements

La loi n° 78-17 du 6 janvier 1978 relative à l'informatique aux fichiers et aux libertés, garantit aux déclarants un droit d'accès et de rectification pour les données les concernant auprès de l'organisme destinataire du formulaire.

Section 4

RÉGLEMENTATION

Module 4 « Circulation d'aérodrome »

1. Les aérodromes

1.1. L'aire à signaux

L'aire à signaux d'un aérodrome donne des informations concernant l'utilisation de l'aérodrome.
Ces informations peuvent être lues lors du passage vertical du terrain afin de connaître le vent, le sens d'intégration et d'éventuelles informations complémentaires s'il n'y a pas de service du contrôle.

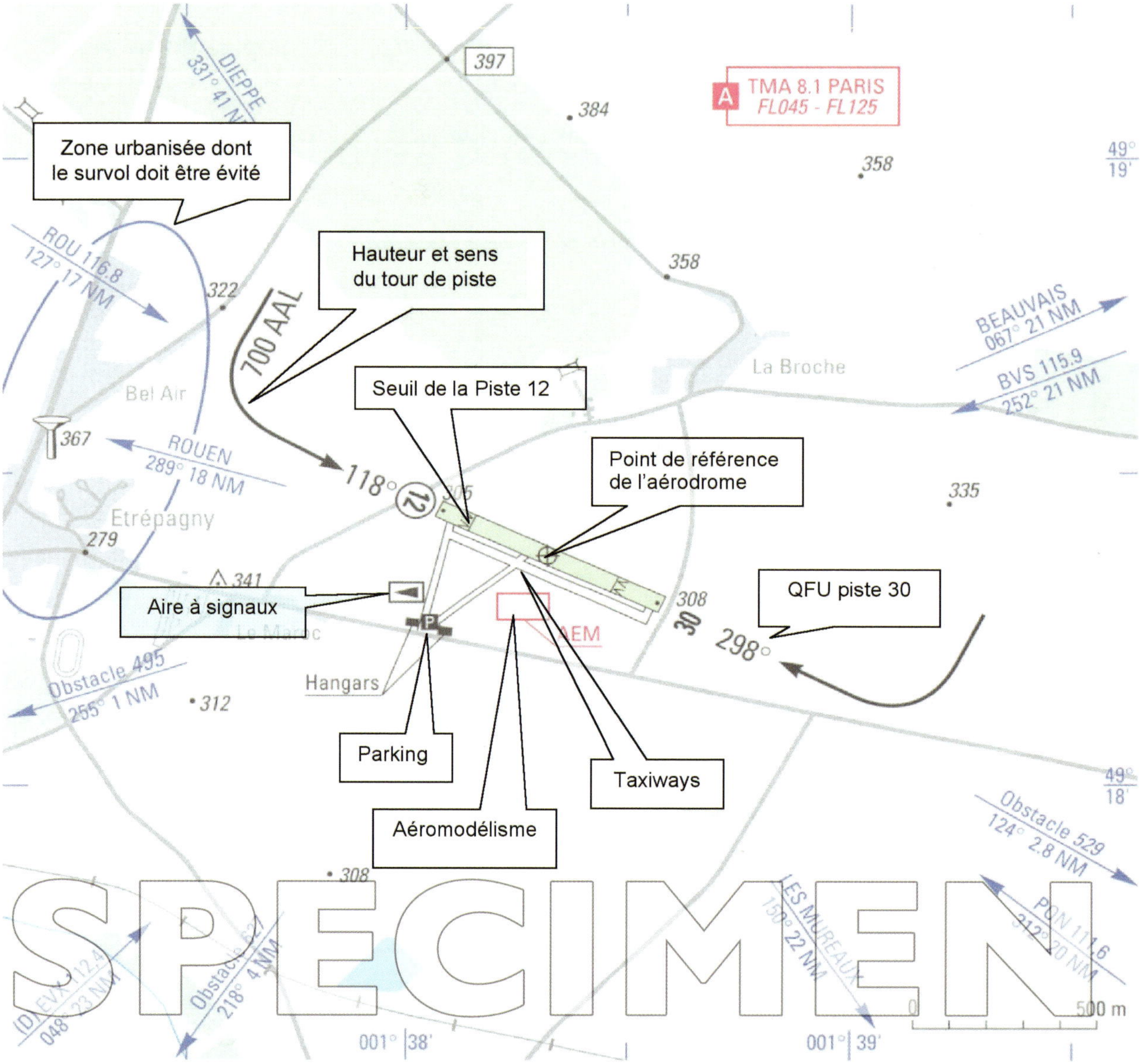

Afin de pouvoir lire les informations dans de bonnes conditions, il est fortement recommandé de faire un passage à la vitesse d'approche et de garder l'aire à signaux sur sa gauche (côté pilote).
La position de l'aire à signaux doit être repérée sur la fiche d'aérodrome avant l'arrivée (à la préparation du vol).
Lorsque les points d'attente n'ont pas été établis ou que leurs marques ne sont pas visibles, et sauf consignes particulières d'utilisation de l'aérodrome, tout aéronef maintient sa position à une distance raisonnable du bord de la piste de manière à ne pas gêner les mouvements des autres aéronefs.
Note: le Doc.4444 OACI préconise une distance du bord de piste au moins égale à 30 m pour une piste revêtue d'une longueur inférieure à 900 m ou une piste non revêtu, et 50 m pour une piste revêtue d'une longueur égale ou supérieure à 900 m.
Le balisage des obstacles situés à proximité ou sur l'aire de manœuvre est de couleur rouge.

1.2. La piste et son balisage

Aire de mouvement = aire de trafic + aire de manoeuvre

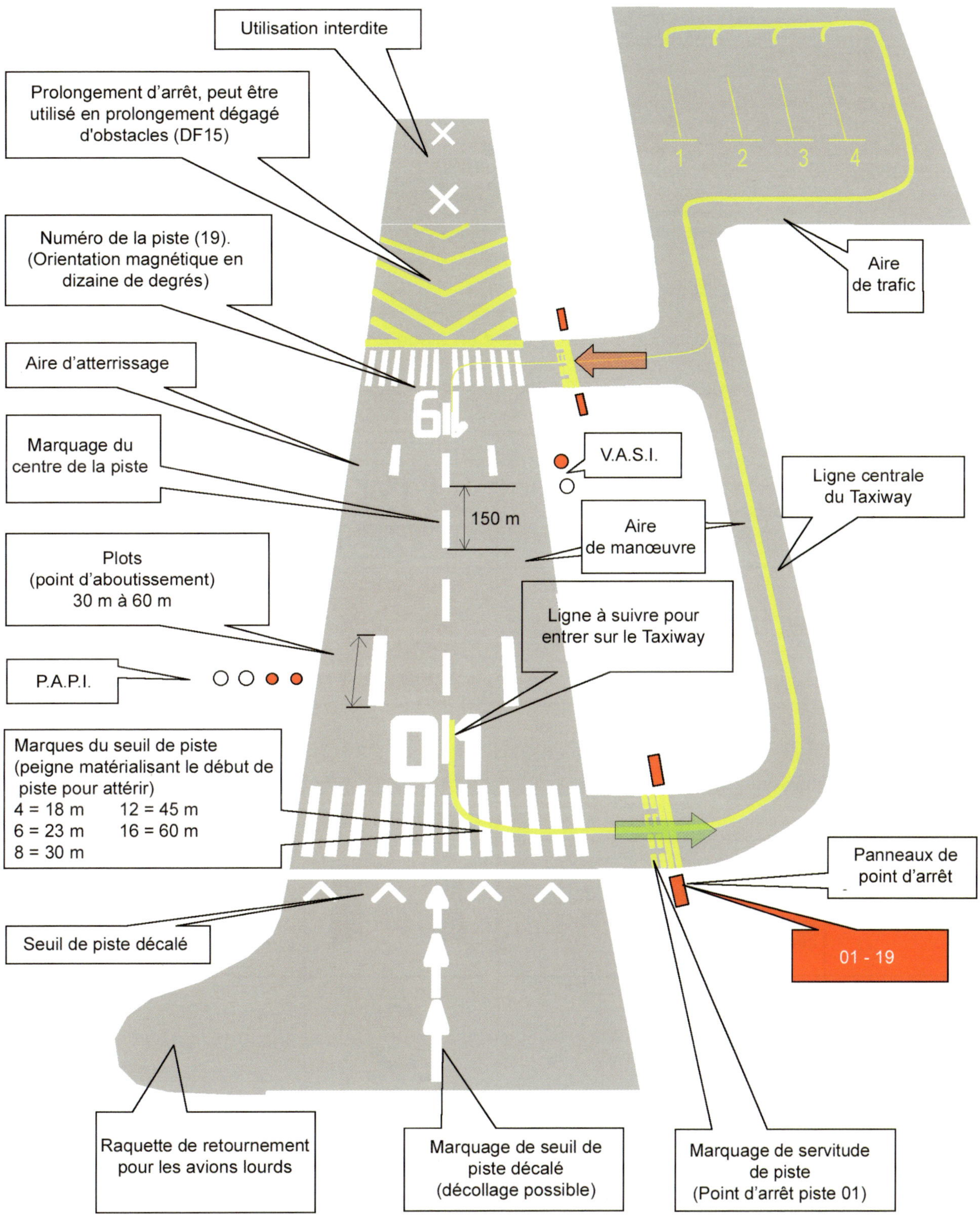

PAPI : Precision approched path indicator - VASI : Visual approch slope indicators

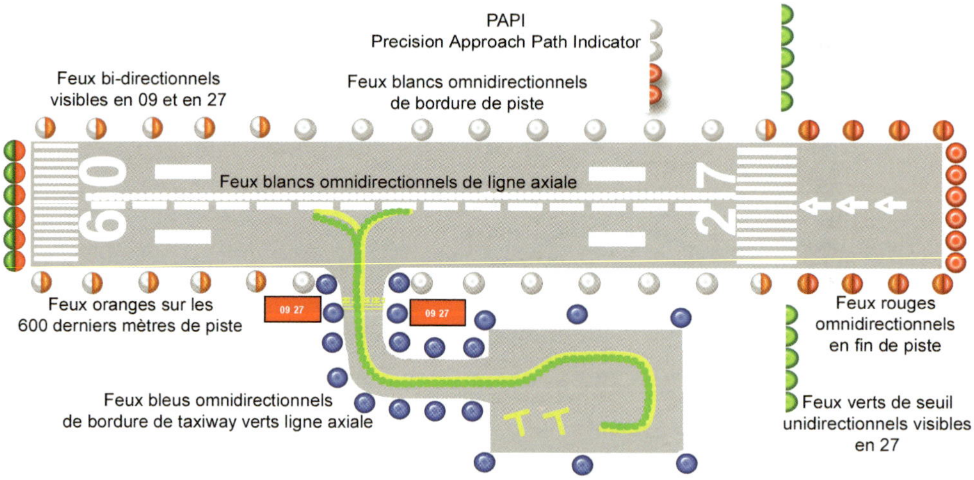

1.3. Les panneaux d'aérodrome

Sur l'aire à signaux sont disposés, de façon à être vus d'un avion en vol, un certain nombre de panneaux renseignant sur l'utilisation de l'aérodrome.
Il est nécessaire de faire une verticale à une altitude supérieure à celle du plus haut des circuits de piste, afin de prendre connaissance des indications, avant d'intégrer le début de vent arrière de la piste en service.

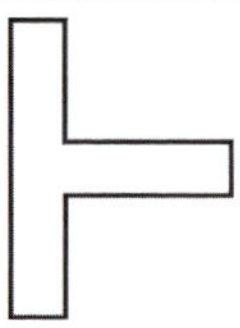	Indique le sens des décollages et atterrissages.		Direction du décollage exprimé en dizaine de degrés du compas magnétique arrondi à la dizaine la plus proche.
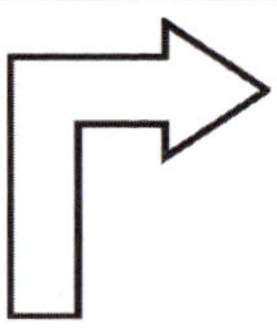	Tour de piste à droite (main droite).		Interdit d'atterrir.
	« Attention » ; prendre des précautions spéciales à l'atterrissage.	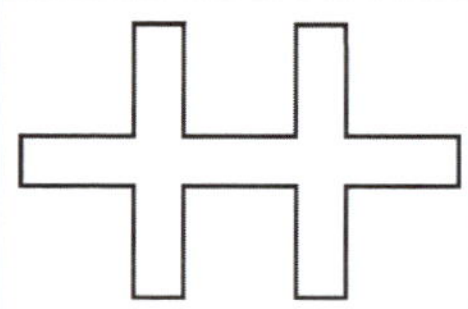	Vols de planeurs en cours au-dessus de l'aérodrome.
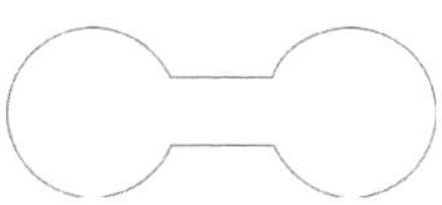	Atterrissages et décollages interdits en dehors des pistes. Roulage interdit en dehors des voies de circulation.	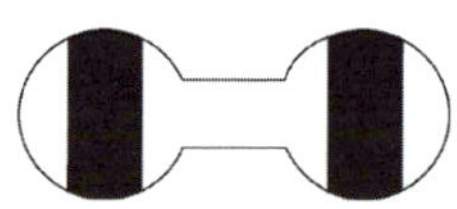	Atterrissages et décollages interdits en dehors des pistes. Roulage autorisé en dehors des voies de circulation.
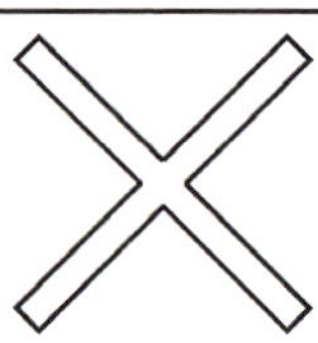	Indique les zones impropres aux manoeuvres des aéronefs.	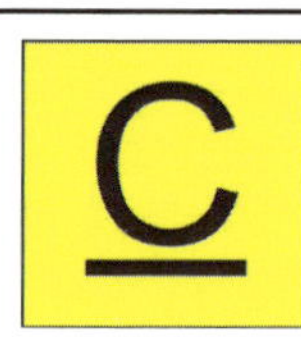	Bureau de piste.

1.4. Le guidage au sol

Sur les aérodromes importants ou lors de manifestations aériennes, il est possible de devoir se conformer aux signes d'un parqueur (marshaler), dont le rôle est de guider les avions au parking. Les moteurs sont numérotés de la droite vers la gauche vue du placeur, cela signifie que le moteur numéro un est le moteur extérieur gauche.

	*Avancez.*		*À gauche.*
	*À droite.*		*Halte.*
	*Cales en place.*	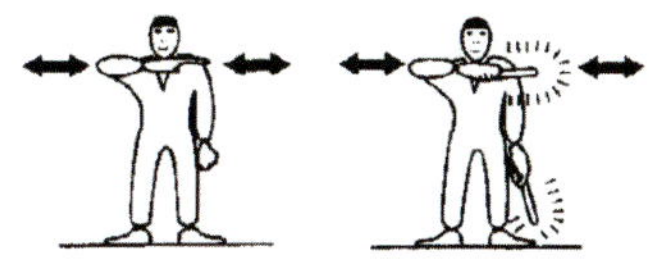	*Coupez le(s) moteur(s).*
	*Démarrez le(s) moteur(s) (exemple : moteur n°2).*		*Cales enlevées.*
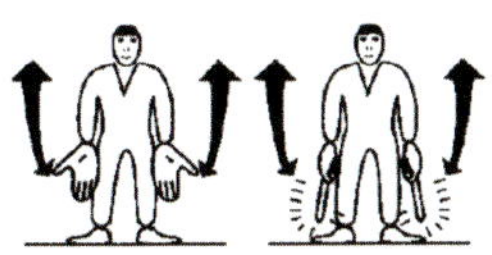	*Reculez.*	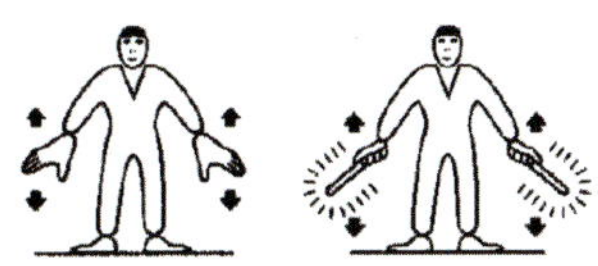	*Ralentissez.*

Les véhicules de service utilisés sur les aérodromes sont équipés de gyrophare de couleur jaune. Les véhicules d'intervention incendie sont équipés en plus d'un gyrophare de couleur bleue.

2. Les intégrations

2.1. Sur un terrain contrôlé

Exemple Valence Chabeuil :
Avant tout il faut se conformer aux clairances du contrôle.
Avant de pénétrer dans le circuit de piste, il est tout à fait possible de proposer au contrôleur une intégration préférentielle. Les termes « longue base », « base éloignée », « longue finale », « courte finale » ne sont pas réglementaires mais couramment employés par le contrôle et les pilotes.

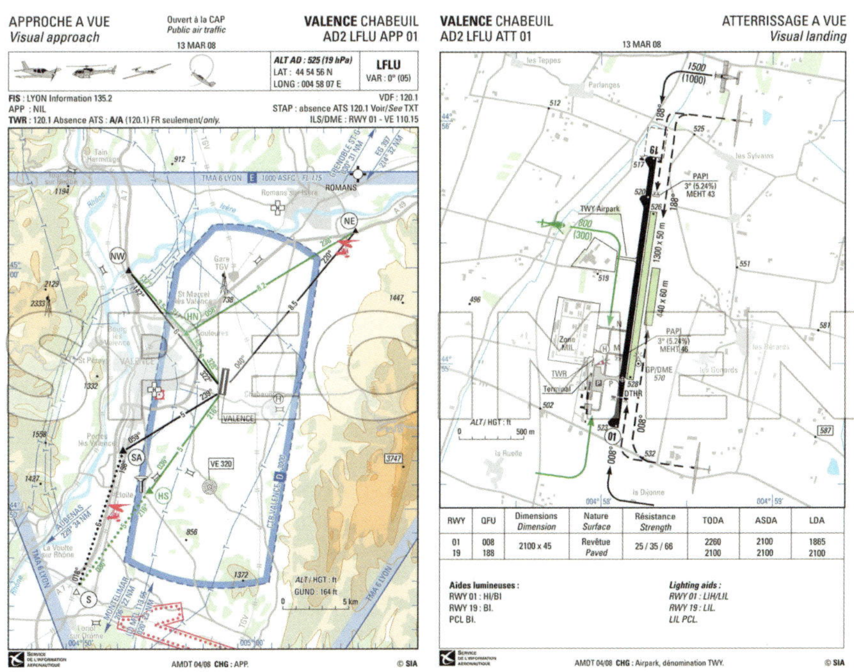

Souce SIA -Reproduit avec l'autorisation E10/2009 - ne pas utiliser pour le vol

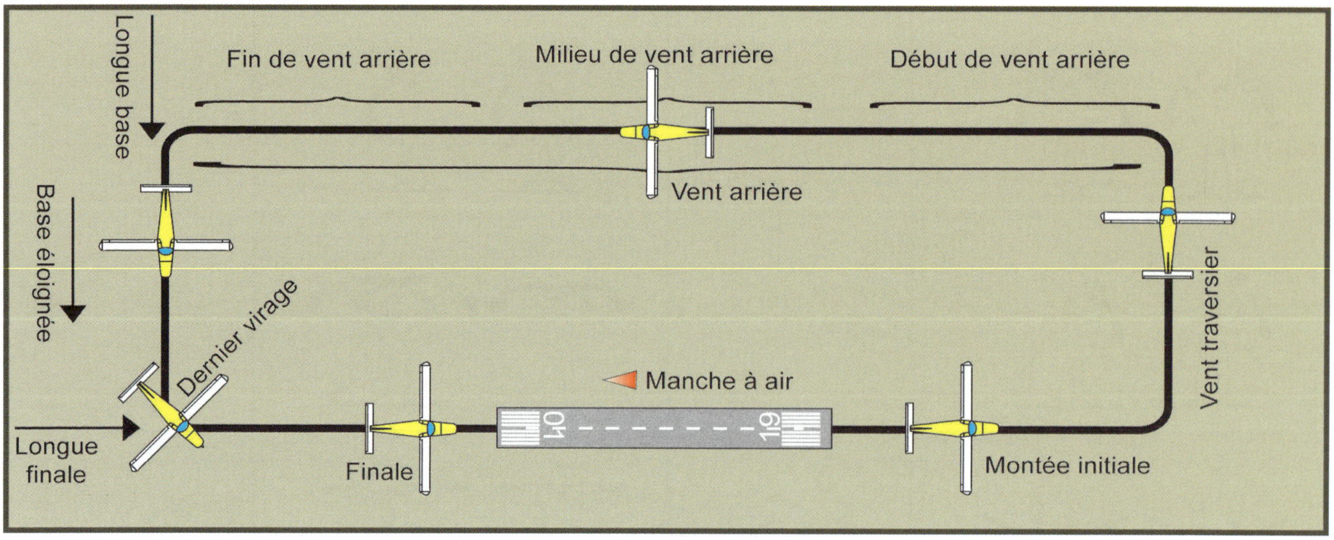

2.2. Sur un terrain non contrôlé

Par principe l'intégration se fait en début de vent arrière après un passage vertical pour observer l'état du terrain et l'aire à signaux. Néanmoins, si la piste en service est connue (cas de l'arrivée sur un terrain où d'autres aéronefs évoluent dans le circuit), ou si le pilote a déjà connaissance du vent et de l'état de la piste (cas du vol local), le commandant de bord peut se dispenser de l'examen de l'aérodrome à l'arrivée et s'intégrer directement en début de vent arrière.

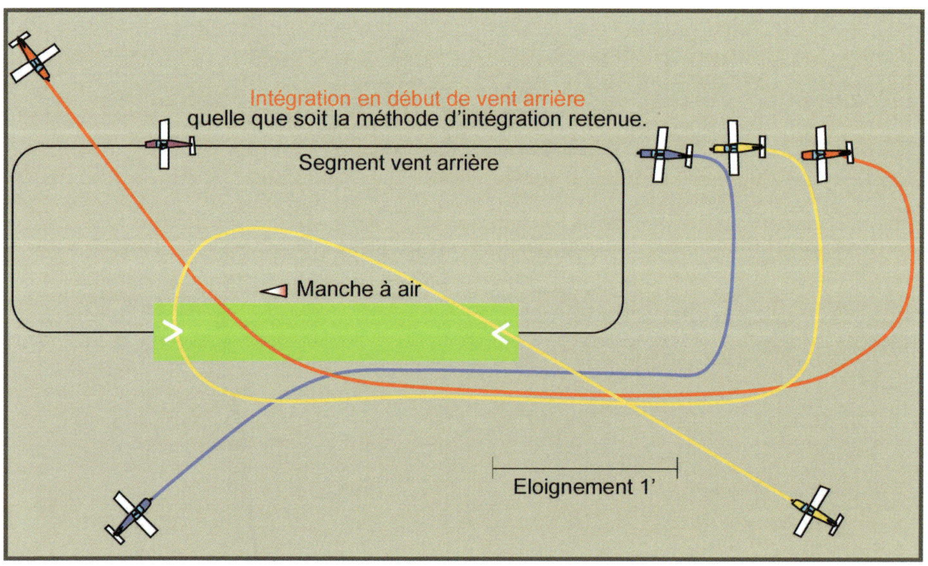

La verticale se fait à une altitude supérieure à celle du plus haut des tours de piste et sans gêner les autres appareils. 500 ft au-dessus est une bonne marge par rapport aux avions en tour de piste.
Pour rejoindre le début de vent arrière aucune méthode n'est prescrite. Le bon sens et la sécurité étant de rigueur.

Cas de l'AFIS (Aerodrom Flight Information Service) :
Le pilote peut s'intégrer directement en vent arrière, en base ou en finale sur un terrain non contrôlé si :
- un agent AFIS est présent sur le terrain,
- la radio est obligatoire sur le terrain (Nota : En France, toute utilisation d'un aérodrome avec AFIS implique la présence obligatoire d'un équipement radio à bord),
- il n'y a aucun autre aéronef dans la circulation d'aérodrome.

En règle générale, les circuits d'aérodrome n'ont pas de dimensions strictement définies. Il incombe au commandant de bord d'adapter le trajet en fonction des capacités manœuvrières de son appareil et des circonstances afin de ne pas gêner les autres aéronefs.

Remarque : ces méthodes ne sont qu'indication.

3. La panne radio

3.1. Sur un aérodrome contrôlé ou en espace aérien contrôlé

Transpondeur sur 7600

3.1.1. Au départ

Le commandant de bord ne doit pas décoller, à moins d'un accord préalable de l'ATC pour un départ sans radio, en se conformant aux signaux optiques.

3.1.2. À l'arrivée

Après avoir reçu une clairance d'intégration dans la circulation d'aérodrome : poursuivre jusqu'à l'atterrissage en veillant à recevoir les informations complémentaires qui peuvent être transmises par signaux visuels, continuer à donner sa position dans le circuit par radio, peut-être n'êtes-vous qu'en panne de réception et que les autres appareils peuvent vous recevoir.
Avant d'avoir reçu une clairance d'intégration, ne pas s'intégrer sauf cas d'urgence ; dans ce cas et si les circonstances le permettent, faire une intégration standard, après être passé à la verticale, et en veillant à recevoir les clairances qui peuvent être transmises par signaux visuels.
Si une procédure particulière est publiée pour l'aérodrome (exemple cartes VAC), s'y conformer.

3.1.3. Les signaux lumineux

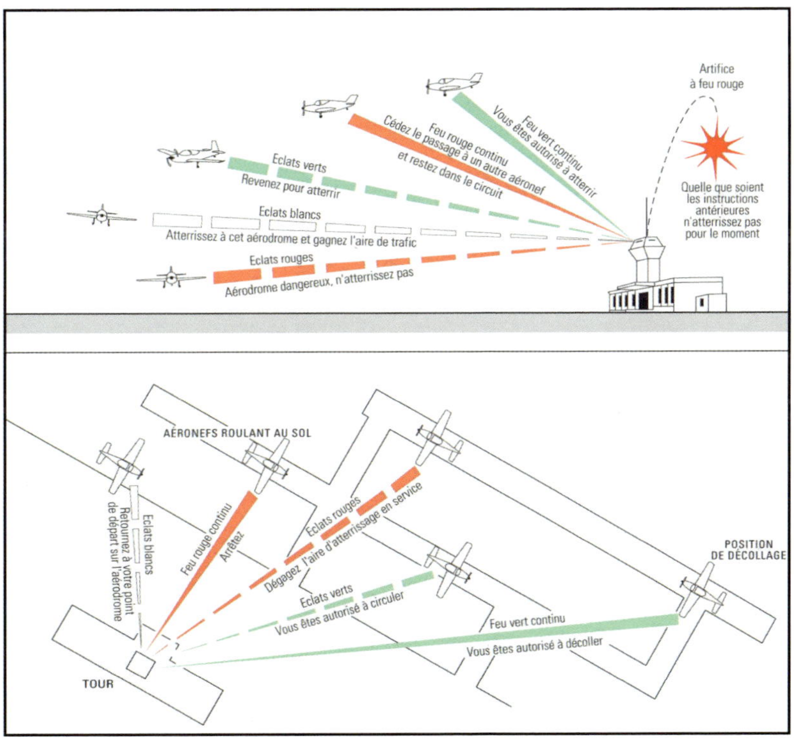

3.2. Sur un aérodrome non contrôlé

Dans le cas où l'agent AFIS est présent et où la radio est obligatoire sur le terrain : se poser sur l'aérodrome approprié le plus proche.

Dans tous les cas où la radio est obligatoire, après atterrissage, informer les organismes de la circulation aérienne.

4. L'interception

La procédure d'interception en vol est destinée à un appareil qui s'est mis en situation irrégulière (en survolant une zone interdite par exemple). L'intercepteur (généralement un avion de chasse) se rend près de l'appareil intercepté devant lui, un peu plus haut et décalé et essaie d'établir un liaison radio ou, s'il n'y parvient pas, lui donnera des ordres au travers de signaux que le pilote intercepté devra savoir interpréter.
Ces signaux sont issus du SERA (règles de l'air et de la circulation aérienne européennes).

INTERCEPTEUR	SIGNIFICATION
Balance des ailes et feux clignotants	Suivez-moi
Break à 90°	Poursuivez votre vol
Sort le train et allume ses phares d'atterrissage	Atterrissez
Break à 90°	Compris

INTERCEPTÉ	SIGNIFICATION
Balance des ailes et feux clignotants	Compris et j'obéis
Balance des ailes	Compris et j'obéis
Sort le train	Compris et j'obéis
Clignotement de tous les Feux	DÉTRESSE

Ces signaux visuels sont employés pour avertir un aéronef qu'il vole sans autorisation dans une zone interdite ou réglementée, ou qu'il vole dans une zone dangereuse, ou qu'il est sur le point de pénétrer dans une zone interdite, réglementée ou dangereuse.
De jour ou de nuit, une série de projectiles tirés du sol à des intervalles de dix secondes et produisant à l'éclatement des étoiles ou des feux rouges et verts, indique à un aéronef qu'il vole sans autorisation dans une zone interdite ou réglementée, ou qu'il vole dans une zone dangereuse, ou qu'il est sur le point de pénétrer dans une zone interdite, réglementée ou dangereuse et qu'il doit prendre les dispositions qui s'imposent (atterrir sur l'aérodrome accessible le plus proche et prévenir les autorités).

Les signaux d'interception doivent être à bord et accessibles au pilote pour tout vol d'un aéronef français dans un pays étranger !

5. Les incidents, les accidents et les infractions

5.1. L'incident

5.1.1. Définition

Un incident de la circulation aérienne a lieu chaque fois que la sécurité d'un aéronef est mise en cause par un autre aéronef, les installations ou les services de la circulation aérienne.

5.1.2. Procédure à suivre

- Mise en cause par un autre aéronef : la procédure AIRPROX est d'envoyer par radio « Message initial AIRPROX », suivi des circonstances de l'incident, puis confirmer après le 1er atterrissage par un compte-rendu écrit dont vous obtenez le formulaire auprès du bureau de piste.

- Mise en cause par un organisme de la circulation : après atterrissage il faut déposer une réclamation auprès du bureau de piste.

5.2. L'accident

5.2.1. Définition

Événement lié à l'utilisation d'un aéronef qui se produit entre le moment où une personne monte à bord avec l'intention d'effectuer un vol et le moment où toutes les personnes qui sont montées dans cette intention sont descendues, et au cours duquel :

a) une personne est mortellement ou grièvement blessée du fait qu'elle se trouve soit :
- dans l'aéronef,
- en contact direct avec une partie quelconque de l'aéronef, y compris les parties qui s'en sont détachées,
- directement exposée au souffle des réacteurs, sauf s'il s'agit de lésions dues à des causes naturelles, de blessures infligées à la personne par elle-même ou par d'autres ou de blessures subies par un passager clandestin caché hors des zones auxquelles les passagers et l'équipage ont normalement accès.

b) l'aéronef subit des dommages ou une rupture structurelle :
- qui altèrent ses caractéristiques de résistance structurelle, de performance ou de vol,
- qui normalement devraient nécessiter une réparation importante ou le remplacement de l'élément endommagé, sauf s'il s'agit d'une panne de moteur ou d'avaries de moteur, lorsque les dommages sont limités au moteur, à ses capotages ou à ses accessoires, ou encore de dommages limités aux hélices, aux extrémités d'ailes, aux antennes, aux pneus, aux freins, aux carénages, ou à de petites entailles ou perforations du revêtement,

c) l'aéronef a disparu ou est totalement inaccessible.

Note 1 : À seule fin d'uniformiser les statistiques, l'OACI considère comme blessure mortelle toute blessure entraînant la mort dans les 30 jours qui suivent la date de l'accident.

Note 2 : Un aéronef est considéré comme disparu lorsque les recherches officielles ont pris fin sans que l'épave ait été repérée.

5.2.2. Procédure à suivre

C'est le Ministre des transports qui prend les dispositions nécessaires et les décisions (enquêtes et sanctions éventuelles).

5.3. L'infraction

5.3.1. Définition

C'est une **déviation volontaire** aux règles de la circulation aérienne constatée par la Gendarmerie, la Police des frontières ou la DGAC qui donne lieu à un procès-verbal d'infraction.

5.3.2. Procédure à suivre

C'est le Directeur de l'aviation civile qui décide de l'application d'une sanction (avertissement, retrait temporaire ou définitif de la licence), sur proposition de la commission régionale de discipline.

6. Définitions

Aire de trafic : les aires de stationnement, d'avitaillement en carburant et d'entretien. Elles regroupent l'aire de stationnement, la station d'avitaillement en carburant et les hangars.

Aire de manœuvre : est la partie de l'aérodrome qui doit être utilisée pour les décollages et atterrissages et la circulation en surface des aéronefs à l'exclusion de l'aire de trafic. Il s'agit donc de la piste et des taxiways.

Aire de mouvement : c'est l'ensemble aire de trafic + aire de manœuvre.

Aire d'atterrissage : est la partie de l'aire de manœuvre servant pour les décollages et atterrissages des aéronefs.

Circulation d'aérodrome : ensemble de la circulation sur l'aire de manœuvre d'un aérodrome et des aéronefs évoluant aux abords de cet aérodrome.

Note : un aéronef est aux abords d'un aérodrome lorsqu'il se trouve dans un circuit d'aérodrome, lorsqu'il y entre ou lorsqu'il en sort.

7. Signaux sol-air

Ces signaux à utiliser par les survivants d'un crash aérien sont sous forme de lettres bâtons et doivent être suffisamment grands pour attirer l'attention des moyens de secours aérien :

V - demandons assistance

X - demandons assistance médicale

N - non

Y - oui

Flèche - nous nous dirigeons dans cette direction

Notes personnelles et conseils de votre pilote-instructeur – Réglementation :

Entraînement à l'examen théorique

1 - À destination d'un aérodrome muni d'un organisme AFIS, en dehors des horaires de fonctionnement de cet organisme, vous effectuez vos échanges radio sur :

a) 123,5 MHz □
b) 123,45 MHz □
c) 121,5 MHz □
d) la fréquence AFIS □

2 - Ce signal disposé sur l'aire à signaux signifie que :

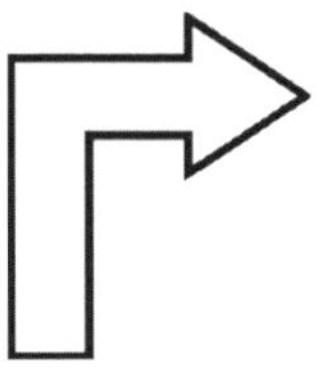

a) le dégagement de la piste après l'atterrissage s'effectue par la droite □
b) le circuit d'aérodrome s'effectue par la gauche par rapport à l'axe de la piste en service □
c) le dégagement de la piste après l'atterrissage s'effectue par la gauche □
d) le circuit d'aérodrome s'effectue par la droite par rapport à l'axe de la piste en service □

3 - Un panneau carré rouge à diagonales jaunes, disposé sur l'aire à signaux signifie :

a) travaux en cours sur l'aérodrome □
b) atterrissage interdit □
c) interdiction d'atterrir après la croisée des pistes □
d) aérodrome réservé aux hélicoptères □

4 - Ce signal disposé dans l'aire à signaux signifie que :

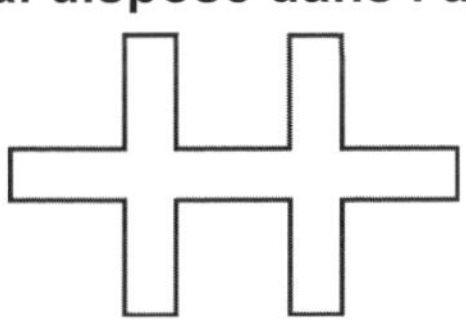

a) le roulage en dehors des voies de circulation (taxiway) est interdit □
b) des vols de planeur sont en cours □
c) les pistes sont fermées, et l'aérodrome est interdit □
d) des vols d'hélicoptère sont en cours □

5 - Le balisage lumineux des véhicules de service évoluant sur l'aire de manœuvre est constitué par des feux à éclats de couleur :

a) verte □
b) jaune □
c) bleue □
d) rouge □

6 - Une piste d'orientation magnétique 203° est numérotée :

a) 20 □
b) 23 □
c) 21 □
d) 03 □

7 - Quand il existe, le marquage axial d'une piste est constitué d'un trait :

a) continu jaune □
b) discontinu blanc □
c) continu blanc □
d) discontinu jaune □

8 - Ce signal placé sur la piste indique :

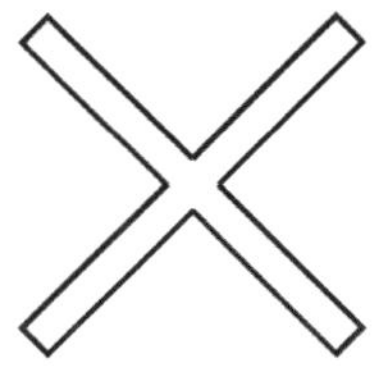

a) que des précautions sont à prendre lors de l'atterrissage □
b) le point de touché des roues □
c) le point d'atterrissage souhaité □
d) une partie inutilisable de la piste □

9 - En approche finale sur un aérodrome dont la piste est équipée d'un P.A.P.I. (Precision Approach Path Indicator) vous observez trois feux blancs et un feu rouge, vous en déduisez :

a) l'avion est sur le plan nominal de descente □
b) l'atterrissage est interdit □
c) l'avion est en-dessous du plan nominal de descente □
d) l'avion est au-dessus du plan nominal de descente □

10 - Vous décollez en piste 11 pour un tour de piste à main gauche. La route de la branche vent traversier est :

a) 020° □
b) 290° □
c) 200° □
d) 110° □

11 - Le marquage axial au sol des bretelles d'accès aux pistes est de couleur :

a) bleu □
b) jaune □
c) vert □
d) blanc □

12 - Dans le circuit de piste d'un aérodrome contrôlé, l'organisme qui délivre les clairances est :

a) le centre d'information de vol (CIV) □
b) le contrôle d'approche (APP) □
c) la tour de contrôle (TWR) □
d) le contrôle régional (CCR) □

13 - Vous arrivez sur un terrain contrôlé, vous êtes seul en tour de piste, la tour vous transmet le QFU :

a) vous ne pouvez en aucun cas demander à atterrir au QFU inverse □
b) vous pouvez demander à vous poser au QFU inverse pour des raisons opérationnelles, sous votre responsabilité □
c) vous pouvez vous poser au QFU inverse pour des raisons opérationnelles avec l'accord du contrôleur et sous sa responsabilité □
d) vous pouvez vous poser au QFU inverse à la seule condition qu'il existe deux pistes parallèles dont l'une est réservée aux atterrissages □

14 - Les pistes font partie :

a) de l'aire de manœuvre □
b) des aires de roulement et de décollage □
c) de l'aire de trafic □
d) de l'aire d'avitaillement □

15 - Avant de pénétrer sur une piste en dur, vous vous arrêtez au point d'attente. Le marquage au sol de ce point est constitué de quatre bandes :

a) deux discontinues blanches et deux autres continues blanches □
b) deux discontinues jaunes et deux autres continues jaunes □
c) toutes les quatre continues et blanches □
d) toutes les quatre continues et jaunes □

16 - Sur un aérodrome où la radio est obligatoire, un organisme AFIS vous passe les paramètres et vous signale qu'il n'y a pas d'autre trafic :

a) vous pouvez vous intégrer en étape de base ou en finale □
b) vous devez vous intégrer en vent arrière □
c) vous devez prendre connaissance des informations données par l'aire à signaux □
d) vous devez débuter l'intégration par une verticale terrain □

17 - À l'approche d'un aérodrome, vous voyez des signaux lumineux rouges intermittents qui vous sont adressés depuis la tour. Ces signaux signifient :

a) n'atterrissez pas pour le moment, mettez-vous en attente □
b) aérodrome dangereux, n'atterrissez pas □
c) atterrissez immédiatement et dégagez l'aire d'atterrissage □
d) cédez le passage à l'aéronef derrière vous □

18 - La tour émet une série d'éclats blancs à l'attention d'un avion dans la circulation d'aérodrome, cela signifie :

a) autorisé à atterrir □
b) atterrissez et rejoignez le parking □
c) interdiction d'atterrir □
d) cédez le passage à un autre aéronef, et restez dans le circuit □

19 - En vol, à la vue d'un artifice éclairant vert et rouge, tiré depuis le sol, vous êtes averti que vous :

a) devez vous poser sur l'aérodrome le plus proche □
b) devez laisser le passage à un autre aéronef et rester dans le circuit □
c) traversez une zone réglementée, dangereuse ou interdite, sans autorisation □
d) ne devez pas atterrir sur l'aérodrome survolé quelles que soient les instructions précédentes □

20 - Au point fixe sur le parking de votre aéro-club, un autre aéronef détruit totalement la dérive de votre avion avec son hélice. Il n'y a aucun blessé. Au sens de l'annexe 13 de l'OACI (portant sur les enquêtes sur les accidents et incidents aéronautiques), cette situation correspond :

a) à un incident □
b) à un accident □
c) à une négligence □
d) ni à un accident, ni à un incident puisque l'avion n'avait pas commencé à se déplacer □

EXAMEN BLANC DE L'ÉPREUVE THÉORIQUE

SECTION RÈGLEMENTATION - Corrections page 385

1 - En dehors des besoins du décollage ou de l'atterrissage, la hauteur minimale de survol d'un établissement portant une marque distinctive (cercle blanc sur fond rouge) est :

a) 500 m (1600 ft) ☐
b) 100 m (300 ft) ☐
c) 300 m (1000 ft) ☐
d) 1000 m (3300 ft) ☐

2 - Au cours d'un vol de navigation par mauvaise visibilité en monomoteur, vous décidez de cheminer le long d'une autoroute. Vous devez vous tenir à une hauteur minimale de :

a) 500 m ☐
b) 1000 m ☐
c) 300 m ☐
d) 150 m ☐

3 - Votre passager désire effectuer des photographies d'un relais hertzien. Vous devez vous en tenir à une distance minimale de :

a) 150 m ☐
b) 50 m ☐
c) 300 m ☐
d) 500 m ☐

4 - Vous êtes au point d'arrêt d'un aérodrome non contrôlé, un ULM est en finale :

a) vous attendez que l'ULM soit posé, car en finale il a la priorité ☐
b) vous vous alignez pour décoller, car vous avez l a priorité ☐
c) vous vous alignez, mais vous ne décollez pas avant qu'il ait remis les gaz ☐
d) vous vous alignez pour décoller, car seuls l es planeurs sont prioritaires ☐

5 - En vol, vous devez éviter un aéronef arrivant face à vous, en effectuant :

a) un virage à gauche ☐
b) une mise en descente ☐
c) un virage à droite ☐
d) Une montée ☐

6 - Vous êtes au point d'arrêt, alors qu'un aéronef se présente à l'atterrissage :

a) vous vous alignez pour décoller, car vous avez la priorité ☐
b) vous attendez que l'aéronef soit posé, car il est prioritaire ☐
c) seuls les planeurs sont prioritaires à l'atterrissage ☐
d) Vous êtes prioritaire si l'avion vient de la gauche ☐

7 - Votre avion et un planeur ont des trajectoires convergentes :

a) le planeur est prioritaire et vous devez effectuer une manœuvre de séparation ☐
b) vous avez la priorité et le planeur effectue ` une manœuvre de séparation ☐
c) l'aéronef venant de la droite est prioritaire ☐
d) Il n'existe pas de règles de priorité en aéronautique ☐

8 - En dehors de tout obstacle artificiel ou de personne, la hauteur minimale de vol est de :

a) 1000 m (3300ft) ☐
b) 50 m (170ft) ☐
c) 300 m (1000ft) ☐
d) 150 m (500ft). ☐

9 - La seule personne responsable de l'application des règles de l'air et de la conduite de l'aéronef est :

a) le propriétaire de l'aéronef ☐
b) le commandant de bord ☐
c) la personne ayant loué l'aéronef ☐
d) le contrôleur ☐

10 - Un ULM vient sur votre gauche au même niveau que vous, avec une route convergente :

a) vous avez la priorité car il s'agit d'un ULM ☐
b) cet aéronef a priorité car il vient de votre gauche ☐
c) vous lui cédez le passage car il est prioritaire ☐
d) vous avez la priorité car il vient de votre gauche ☐

11 - Pour voler dans un espace aérien de classe E :

a) il faut respecter des conditions météorologiques de vol minimales et obtenir une clairance d'entrée ☐
b) il faut obtenir une clairance d'entrée ☐
c) il faut respecter des conditions météorologiques de vol minimales ☐
d) il suffit de veiller la radio après avoir obtenu la clairance d'entrée ☐

12 - Vous souhaitez traverser une zone dangereuse, notée D52. Le transit dans cette zone :

a) présente un danger pour les aéronefs ☐
b) est subordonné à un contact radio avec l'organisme gestionnaire ☐
c) est subordonné à une autorisation de l'organisme gestionnaire ☐
d) est interdit ☐

13 - Dans un espace aérien de classe G, en dehors de la circulation d'aérodrome, vous pouvez bénéficier :

a) du service d'information de vol et du service d'alerte ☐
b) du service d'alerte uniquement ☐
c) du service d'information de trafic et du service d'alerte ☐
d) du service d'information de trafic ☐

14 - Une voie aérienne (AWY) est une région de contrôle :
a) en forme de couloir dont le plancher n'est pas le sol ☐
b) en forme de cylindre dont le plancher n'est pas le sol ☐
c) en forme de couloir, montant du sol au FL 195 ☐
d) en forme de cylindre, montant du sol au FL 195 ☐

15 - Un espace aérien de classe A :
a) est un espace où est rendu le service d'alerte (A = alerte) ☐
b) est interdit aux VFR ☐
c) est un espace exigeant des précautions particulières (A = attention) ☐
d) est un espace supérieur (A = above) ☐

16 - Dans quelles classes d'espaces le vol VFR est-il contrôlé :
a) A, B, C ☐
b) C, D, E ☐
c) B, C, D ☐
d) A, E ☐

17 - Dans un espace de classe D, le contact radio :
a) n'est obligatoire que pour le VFR spécial ☐
b) n'est pas obligatoire ☐
c) est obligatoire ☐
d) est obligatoire mais la classe D est interdite aux VFR ☐

18 - Les espaces aériens de classe E sont des espaces dont la pénétration en VFR est
a) autorisée sans contact radio ☐
b) nécessite une clairance obtenue par radio ☐
c) interdite ☐
d) nécessite une clairance seulement en VFR spécial ☐

19 - La quantité minimum de carburant à emmener pour une navigation en vfr de jour est, en plus d'une solution de diversion :
a) la consommation d'étape ☐
b) la consommation d'étape sans vent + 10% + 20 min de réserve ☐
c) la consommation d'étape sans vent + 10% + 45 min de réserve ☐
d) la consommation d'étape avec vent + 30 min de réserve ☐

20 - L'emport de gilets est obligatoire pour tout vol :
a) au-dessus de la mer ☐
b) à plus de 30 mn de vol ou à plus de 50 NM de la cote ou à une distance d'éloignement supérieure à la distance de planer pour atteindre un terrain d'atterrissage adéquat ☐
c) à plus de 50NM de la côte ☐
d) à plus de 100 NM de la côte ☐

21 - Quel document vous permet de savoir s'il y a des travaux en cours sur votre terrain de destination :
a) AIRMISS ☐
b) NOTAM ☐
c) SIGMET ☐
d) CAVOK ☐

22 - En dessous de la surface 3000 ft/mer ou 1000 ft/sol, les conditions VMC sont identiques à l'intérieur et en dehors des espaces aériens contrôlés :
a) vrai ☐
b) faux : elles dépendent de la classe de l'espace ☐
c) faux : elles changent au FL 45 ☐
d) faux : elles dépendent de l'altitude de transition ☐

23 - Vous êtes en finale sur un aérodrome contrôlé lorsque vous apercevez, tirée de la tour de contrôle, un artifice à feu rouge. Ce signal signifie :
a) quelles que soient les instructions antérieures, n'atterrissez pas pour le moment ☐
b) revenez pour atterrir ☐
c) cédez le passage à un autre aéronef et revenez pour atterrir ☐
d) aérodrome dangereux, n'atterrissez pas ☐

24 - Sur un aérodrome contrôlé, il est nécessaire d'obtenir une clairance avant :
1/ de se déplacer sur l'aire de manœuvre (pistes et voies de circulation)
2/ de pénétrer sur la piste
3/ de décoller
4/ de s'intégrer dans la circulation d'aérodrome
5/ d'atterrir
a) 3, 4 ☐
b) 1, 2 ☐
c) 1, 2, 3, 4, 5 ☐
d) 2, 3, 4, 5 ☐

25 - Alors que vous effectuez un vol VFR, un avion militaire se porte à votre hauteur et bat des ailes ; vous en concluez que :
a) celui-ci vient vous saluer ☐
b) cet aéronef est en difficulté ☐
c) votre VHF est en panne et l'organisme de contrôle l'envoie pour vous le signaler ☐
d) vous devez le suivre ☐

26 - Alors que vous vous apprêtez à quitter le poste de stationnement d'une manifestation aérienne, vous apercevez la personne chargée du guidage au sol croiser les bras énergiquement au dessus de sa tête comme indiqué sur le dessin. Ce geste signifie :

a) avancez plus lentement ☐
b) avancez plus vite ☐
c) arrêtez le moteur ☐
d) arrêtez-vous immédiatement ☐

27 - En contact radio avec la TWR d'un aérodrome situé dans un espace de classe D, alors que vous intégrez le circuit de piste, votre seule VHF devient inopérante. Vous décidez :
a) d'afficher le code transpondeur 7700 et poursuivez votre vol ☐
b) appliquer les consignes particulières à cet aérodrome (carte VAC) ☐
c) vous sortez de la CTR le plus rapidement possible et affichez 7700 au transpondeur ☐
d) vous quittez la CTR en respectant les points de sortie VFR et affichez 7500 au transpondeur ☐

28 - En atmosphère calme, alors que votre moteur tourne « rond », vous constatez une oscillation de la pression d'huile avant qu'elle ne se stabilise en zone inférieure jaune. N'ayant pas d'autres informations, vous vous déroutez vers le terrain le plus proche. Cet incident doit être mentionné sur :

- a) le manuel de vol ☐
- b) le carnet de route ☐
- c) le manuel de maintenance ☐
- d) le livret moteur ☐

29 - Vous devez effectuer le trajet Pau (France)- Saint Sébastien (Espagne). Vous déposez un plan de vol :

- a) Aucun délai de dépôt n'est requis ☐
- b) Il doit être déposé au plus tard avant le départ du poste de stationnement ☐
- c) Il doit être déposé au plus tard 30 minutes avant le départ du poste de stationnement ☐
- d) Il doit être déposé au plus tard 60 minutes avant le départ du poste de stationnement ☐

30 - Les cheminements particuliers utilisés au sol pour rejoindre la piste en service s'appellent :

- a) taxiways ☐
- b) motorways ☐
- c) airways ☐
- d) pistes ☐

31 - Le Té d'atterrissage indique :

- a) la direction d'où souffle le vent ☐
- b) le sens de décollage et d'atterrissage ☐
- c) la présence d'une tour de contrôle ☐
- d) taxe d'atterrissage ☐

32 - La tour émet un feu rouge continu à l'attention d'un avion dans la circulation d'aérodrome, cela signifie :

- a) cédez le passage à un autre aéronef et restez dans le circuit ☐
- b) n'atterrissez pas pour le moment ☐
- c) aérodrome dangereux, n'atterrissez pas ☐
- d) revenez pour atterrir ☐

33 - À l'issue d'une navigation pour intégrer le circuit d'un aérodrome doté d'un organisme AFIS en dehors des horaires de fonctionnement de celui ci , vous:

- a) devez examinez l'aérodrome d'une hauteur supérieure au tour de piste puis rejoindre le début de la branche vent arrière ☐
- b) pouvez vous reporter directement en finale si vous êtessur de l'absence de trafic ☐
- c) pouvez vous reporter directement en étape de base si vous êtes sur de l'absence de trafic ☐
- d) devez effectuer un passage en basse hauteur au-dessus de l'air à signaux puis rejoindre le début de la vent arrière ☐

Notes personnelles et conseils de votre pilote-instructeur – Réglementation :

Notes personnelles et conseils de votre pilote-instructeur – Réglementation :

Section 5

NAVIGATION

Certainement la section la plus passionnante de par sa diversité et son caractère incontournable, vous trouverez aussi dans ces 4 modules des éléments déjà abordés dans les précédentes sections, ici mises en application, et vous y trouverez aussi l'aboutissement de votre formation : être capable d'organiser tout seul son voyage, en tenant compte de tous les paramètres, et ainsi d'avoir toujours un train d'avance sur les événements rencontrés en cours de vol, de ne pouvoir se laisser surprendre et de maîtriser au mieux votre navigation. N'hésitez pas à faire et refaire des préparations de navigation afin de vous créer des automatismes

---

Module 1 « Géographie terrestre, routes et cartes »

NAVIGATION <u>Module 1</u> « Géographie terrestre, route et cartes »

1. La Terre

1.1. Forme de la Terre, axe de la Terre, axe des pôles

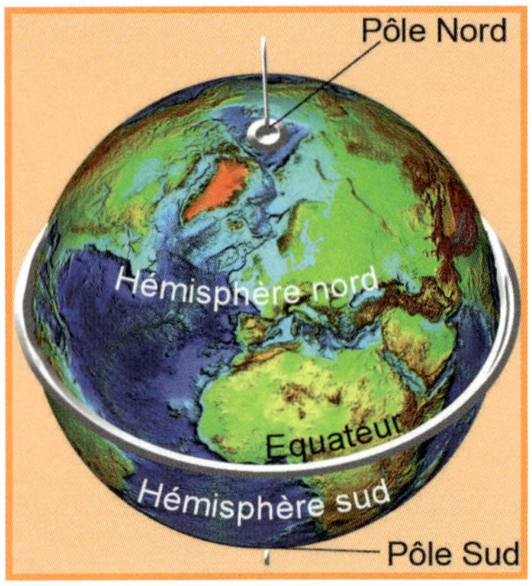

C'est un géoïde de 12 756 km de diamètre à l'équateur. Son aplatissement est de 1/297. Il en résulte un diamètre aux pôles d'environ 12 713 km. Cependant, les dernières mesures des satellites artificiels révèlent une forme bien plus complexe.

L'axe de rotation de la Terre est incliné de 23°27' par rapport à la normale au plan de l'écliptique (plan de l'orbite terrestre autour du Soleil). On le nomme ainsi car les éclipses ne peuvent se produire que lorsque la Lune traverse ce plan. D'un point de vue de l'observateur terrestre fixe, le Soleil semble parcourir ce plan dans sa révolution annuelle.

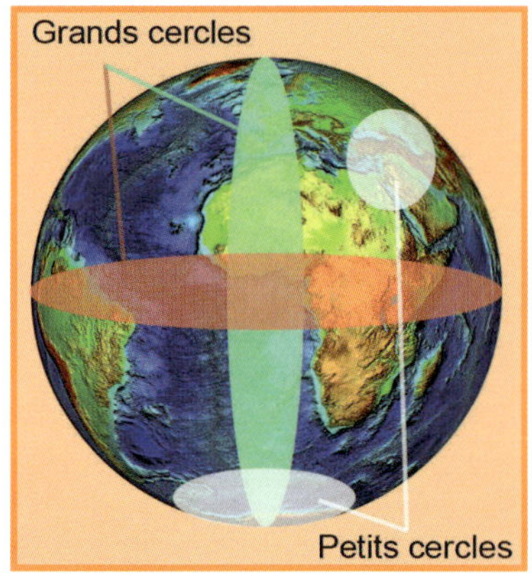

1.2. Grands cercles et petits cercles

Un grand cercle est une ligne qui décrit un plan passant par le centre de la Terre.

Un petit cercle décrit un plan ne passant pas par le centre de la Terre.

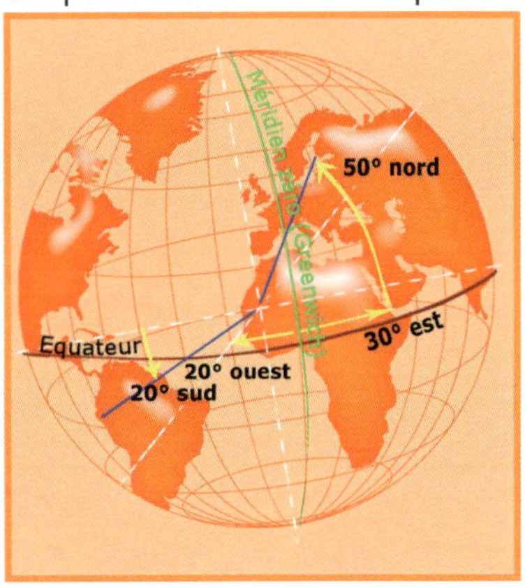

1.3. Parallèles et méridiens

Les parallèles sont des petits cercles perpendiculaires à l'axe des pôles.
Cependant, l'équateur est un grand cercle.
Les méridiens sont des demis grands cercles passant par les pôles.

1.4. Latitude, longitude : unité de repérage d'un point

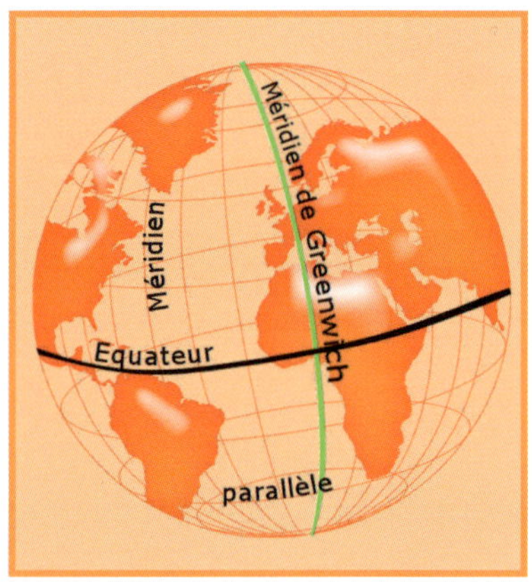

Les coordonnées d'un point à la surface de la Terre sont définies par la latitude (L) et la longitude (G). Ces angles sont exprimés en degrés, minutes et secondes.
La latitude peut être Nord (N) ou Sud (S), tandis que la longitude peut être Est (E) ou Ouest (W).
L'échelle des latitudes s'étend de 0° pour l'équateur à 90° N ou S pour les pôles. L'échelle des longitudes s'étend de 0° pour le méridien de Greenwich à 180° E ou W pour la ligne de changement de date.
Les coordonnées géographiques d'un point sont données par sa latitude puis sa longitude.
Exemple : NANTES : LAT 47° 09'25 « N
LONG 001° 36'28 « W
Noté aussi N47 09 25 W001 36 28

Le découpage des méridiens en degrés et minutes a permis de définir le mille nautique (Nm), l'unité utilisée en navigation aérienne. 1 Nm correspond à la longueur d'une minute d'angle d'arc de grand cercle.

1.5. Orthodromie et loxodromie

L'orthodromie est la trajectoire la plus courte pour relier deux points à la surface de la Terre. Les grands cercles décrivent des orthodromies. Les calculateurs des GPS calculent des orthodromies.

Toute autre trajectoire pour relier deux points à la surface de la Terre est une loxodromie.

La géométrie démontre que pour des distances inférieures à 200 Nm, on peut considérer que le gain entre une orthodromie et une loxodromie est négligeable.

2. Cartes

2.1. Propriété des cartes, conformité et équidistance

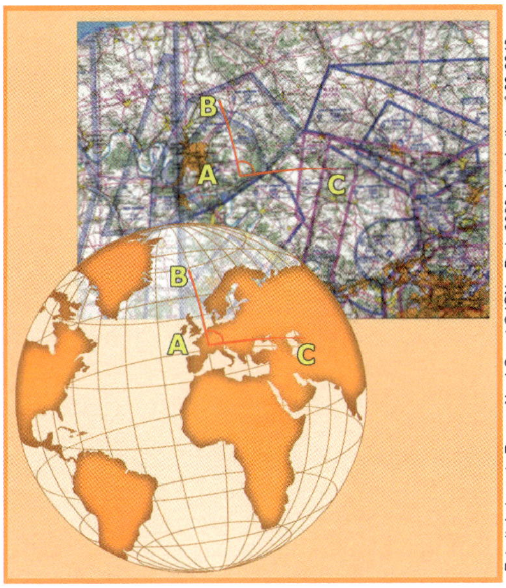

Extrait de la carte France Nord-Ouest © IGN – Paris 2009- Autorisation n° 80-9048

On dit d'une carte qu'elle est conforme lorsque les angles sur la carte sont les mêmes que sur la surface de la Terre.
On dit d'une carte qu'elle est équidistante lorsque les distances sur la carte sont proportionnelles aux distances sur le globe.
Les cartes aéronautiques utilisées en aviation légère ne sont pas rigoureusement équidistantes de par leur méthode de construction, mais l'erreur sur la zone couverte par un feuillet de carte est suffisamment petite pour être acceptable pour la navigation.

L'angle CAB est conservé sur la carte.

2.2. Construction des cartes : projection Mercator, Lambert et stéréographique polaire

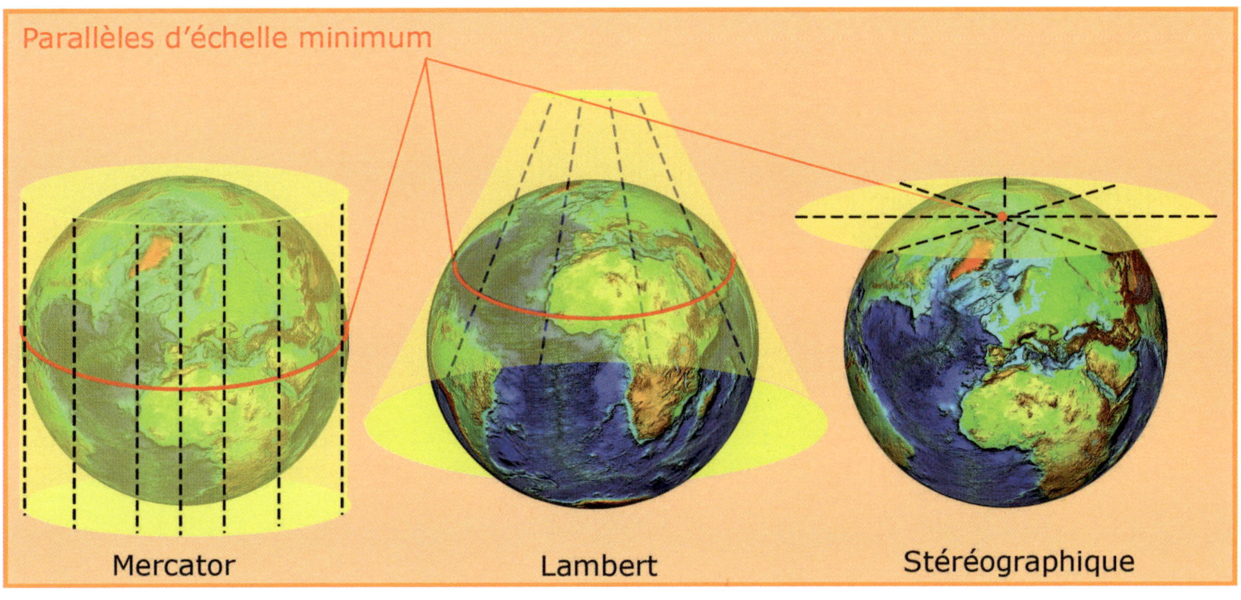

Ces trois types de projection sont conformes.
Le « parallèle d'échelle minimum » est le lieu où la surface de projection est en contact avec la surface de la terre.
Chacune de ces trois projections est adaptée à des latitudes différentes.

Le centre des projections Mercator et Lambert est le centre de la sphère, alors que le centre de projection de la stéréographique, est le pôle opposé à celui représenté.

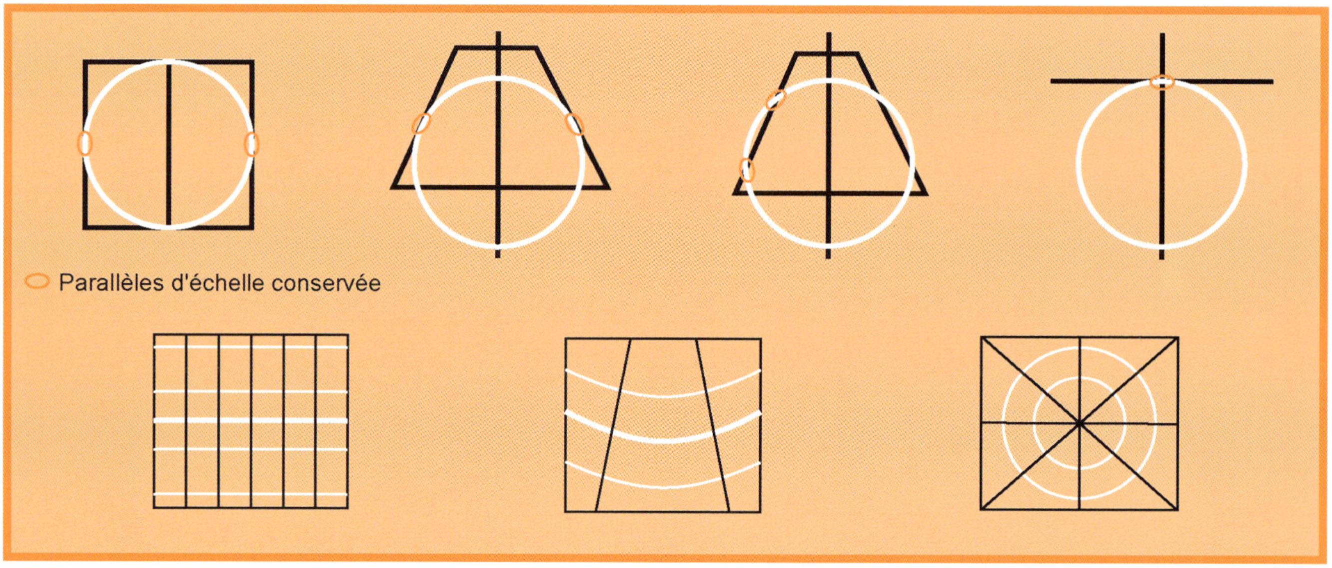

La projection Lambert conforme (dite conique) est celle utilisée sous nos latitudes moyennes.

La surface de projection est conique et tangente à la surface terrestre en une ou deux latitudes précises. Pour la carte IGN OACI France au 1/500 000, les parallèles d'échelle conservées sont, en 2011, (45°54' N et 47°42' N). Les méridiens sont représentés par des segments de droites convergents vers les pôles.

2.3. Échelle d'une carte

L'échelle d'une carte est le rapport entre la distance sur la carte et la distance sur terre.
Sur une carte conforme, l'échelle est différente en tout point de la carte, cependant elle varie peu pour une même carte aéronautique.

Sur une carte au 1/500 000, 1 cm sur la carte représente 500 000 cm sur Terre donc 5 km.

3. La carte OACI 1/500 000

3.1. Propriétés : Lambert, conforme, équidistante

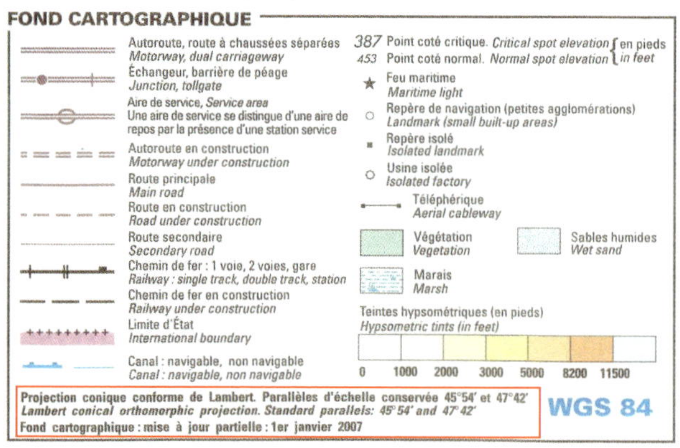

3.2. Convergence des méridiens

Les méridiens se rejoignant aux pôles, il y a convergence.
De ce fait le nautique étant la 21 600ème partie d'un grand cercle, un degré d'écart de latitude sur tout méridien ou de longitude à l'équateur mesure 60 Nm, un degré d'écart de longitude à la latitude de quarante-cinq degrés mesure 60'cos 45° = 42 Nm environ.
Les mesures de distances doivent donc se faire sur les méridiens et comme un degré comporte soixante minutes d'angle, une minute d'angle sur un méridien correspond à un mille nautique.

3.3. Limites verticales de la carte

L'espace aérien couvert par la carte s'étend de la surface (SFC) au FL 115.
Les airways (AWY) de classe E (cf. Navigation, **Module 2**, 1.4. Les zones contrôlées et les minima VFR) dont le plancher peut être sous ce niveau ne sont pas représentées.

Rappel :
AGL : above ground level (au-dessus du sol).
ASFC : above surface (au-dessus de la surface).
AMSL : above mean sea level (au-dessus du niveau moyen de la mer).

3.4. Éclairage, tenue et pliage de la carte

Une carte doit être tenue dans le sens de la route suivie, de préférence à hauteur des yeux de façon à ne pas relâcher totalement la surveillance extérieure (vision périphérique), et de sorte que les repères se présentent dans le même sens sur la carte qu'au sol.

Le pliage doit permettre de suivre la route en évitant dans la mesure du possible les ruptures de trait.
Il n'est pas obligatoire de conserver le pliage d'origine.

4. Orientation sur une carte

4.1. Le nord vrai, le nord magnétique et la déclinaison

La Terre possède un champ magnétique dont la composante horizontale est utilisée en navigation.

Le pôle nord magnétique (qui varie chaque année) n'est pas confondu avec le pôle Nord géographique (qui reste toujours fixe).

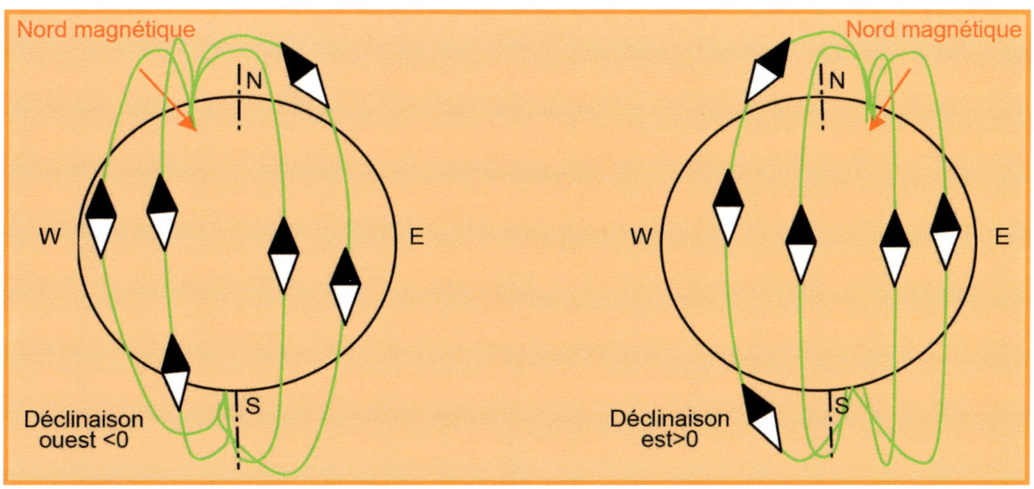

La déclinaison (Dm) est l'angle compris entre le nord géographique (vrai) et le nord magnétique.

4.2. Les lignes isogones

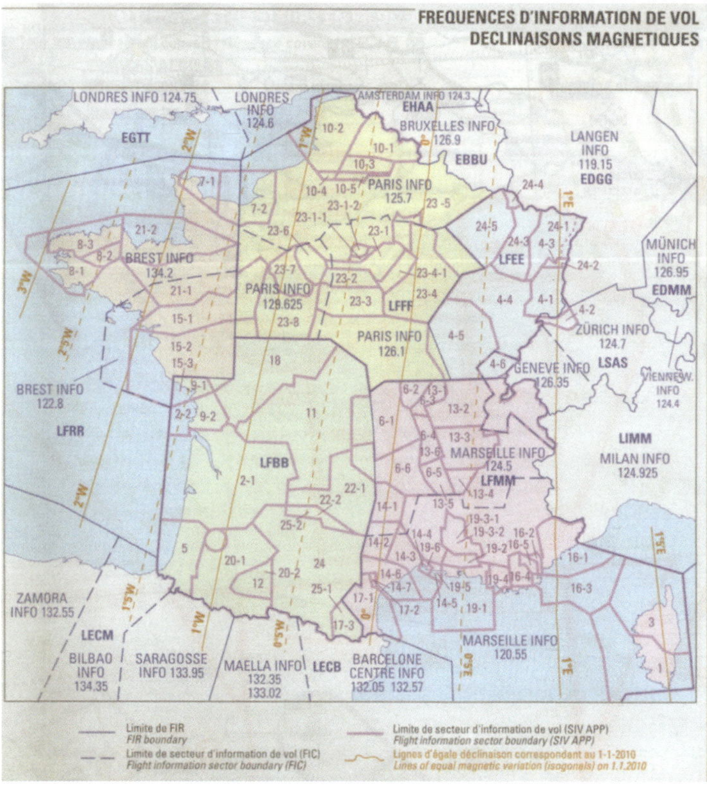

Ce sont les lignes de même déclinaison magnétique.

Ces lignes de déclinaison magnétique peuvent être localement déviées par des perturbations magnétiques à la surface (mine de fer...).

Sur la carte de radionavigation à vue au 1/1 000 000 ci-contre, les lignes sont représentées en orange et respectent l'angle et la direction de déclinaison.

4.3. L'inclinaison magnétique

Le champ magnétique terrestre est parallèle à la surface à l'équateur et sensiblement vertical au pôle Nord.
À Paris, il est incliné vers le sol d'environ 65°.

Les aurores polaires sont créées par des particules électrisées à haute énergie provenant du Soleil, captées et canalisées par les lignes du champ magnétique terrestre vers les pôles. Ces particules excitent ou ionisent les atomes de la haute atmosphère (l'ionosphère). L'atome excité ne peut rester dans cet état et libère alors un photon (particule de lumière).

5. Champ magnétique : influence de l'appareil

5.1. Influence de l'appareil

Le champ magnétique terrestre est détecté par le compas composé d'un barreau magnétique. Cependant, comme tout aimant, le compas est perturbé par les masses métalliques constituant l'appareil (bâtis moteur en acier, vilebrequin en acier, hélice tournante, etc.), mais aussi par les champs magnétiques autres que le champ magnétique terrestre comme les champs magnétiques résultant des conducteurs électriques (dégivreurs de pare-brise électriques, appareils radio-électriques, etc.).

5.2. Déviation et compensation

Ce compas indique 24
cap compas = 243°

Le compas est placé le plus loin possible des matériaux ferreux de l'appareil. Cependant, il subsiste une erreur appelée déviation.
Cette déviation est minimisée par le réglage du compas une fois installé dans l'appareil afin de réduire ou d'annuler ces erreurs. Cette action est appelée compensation.
Cette erreur résiduelle doit être inférieure à 5°, faute de quoi l'appareil n'est plus apte au vol, et un nouveau réglage, ou le remplacement du compas est nécessaire.

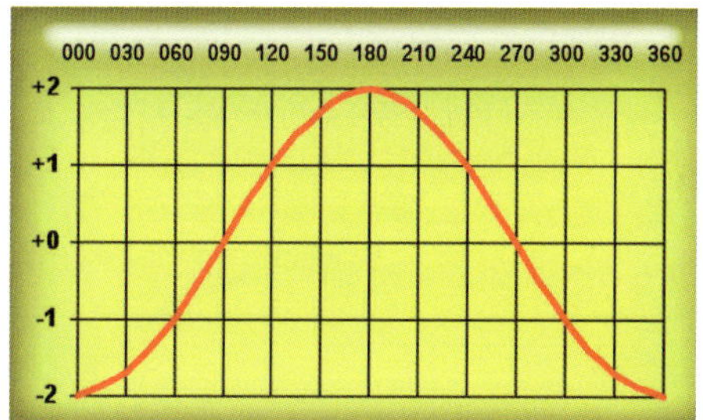

Une fois compensé, on établit une table d'erreur pour chaque cap, cette action s'appelle la régulation.

Cc	N	030°	060°	E	120°	150°
Cm	358°	028°	059°	090°	121°	151°
Cc	S	210°	240°	W	300°	330°
Cm	182°	212°	241°	270°	299°	328°

Le compas ci-dessus indique 243°. La courbe de déviation en exemple à droite indique pour le cap 240, une déviation d = +1.
Le cap magnétique est donc, Cm = Cc + d, soit 243 + 1 = 244..

5.3. Route, cap et références vrais, compas ou magnétiques

Une route est la trajectoire (trace sol) suivie par l'appareil pour relier deux points.

Un cap est l'orientation que prend l'appareil pour suivre la trajectoire décrite par la route.

Cette orientation sera identique à la route si l'appareil n'est pas dévié par le vent.

Dans le cas où l'appareil subit un vent dont l'orientation n'est pas parallèle à la route, il sera dévié de sa route s'il maintient une orientation identique. Il devra donc adopter un cap différent de la route d'une valeur égale à l'angle de dérive.

Route = Cap + dérive

Une dérive est à droite lorsque le vent vient de la gauche, le cap est inférieur à la route. Une dérive est à gauche lorsque le vent vient de la droite, le cap est alors supérieur à la route.
Une dérive droite est dite positive (>0), une dérive gauche est dite négative (<0).

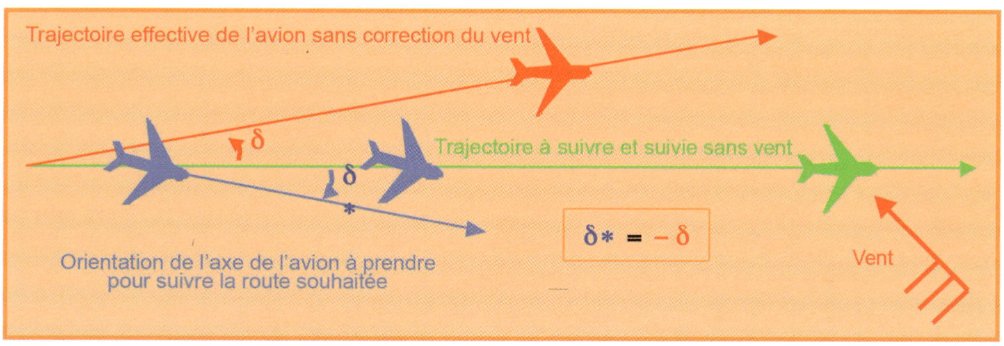

Dans l'exemple ci-dessus, le cap est différent de la route. Il faut prendre un cap corrigé de la dérive δ* afin de suivre la route.
Il existe un angle entre le nord vrai ou géographique et le nord magnétique.
De même, il existe un angle entre le cap compas et le cap magnétique.
Il y aura donc des routes ou des caps ayant pour référence le nord vrai, le nord magnétique ou le nord compas.

Passage du nord vrai au nord magnétique :

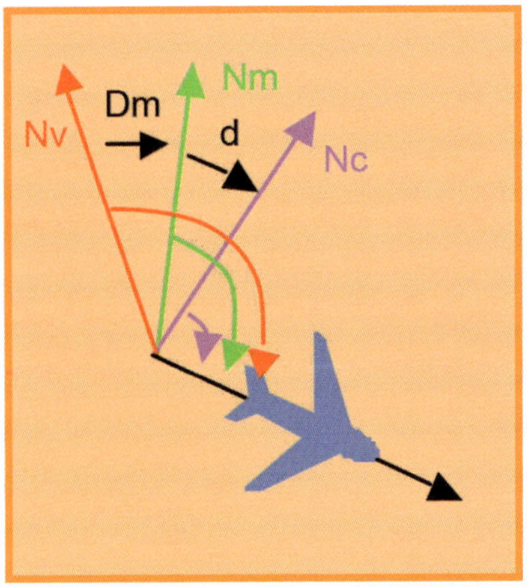

Du **c**ap **v**rai au **c**ap **m**agnétique

Cv – Dm = Cm ↔ Cv = Cm + Dm

De la **r**oute **v**raie à la **r**oute **m**agnétique

Rv – Dm = Rm ↔ Rv = Rm + Dm

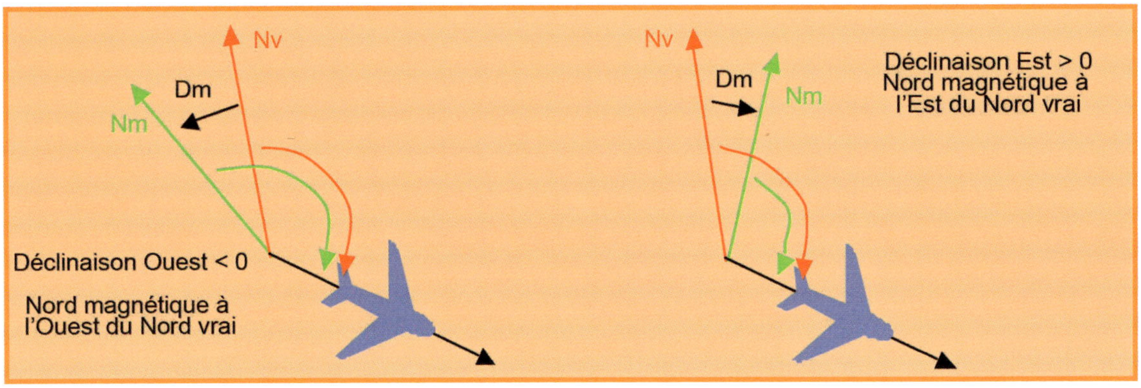

Cv : cap vrai
Cm : cap magnétique
Dm : déclinaison

Rv : route vraie
Rm : route magnétique

Exemple : Déclinaison ouest : Cv = 150° Dm = -10° Cm = 150 – (-10) = 160°
Exemple : Déclinaison est : Cv = 150° Dm = +10° Cm = 150 – (+10) = 140°

Passage du nord magnétique au nord compas :

Du cap magnétique au cap compas

Cm – d = Cc ↔ Cm = Cc + d

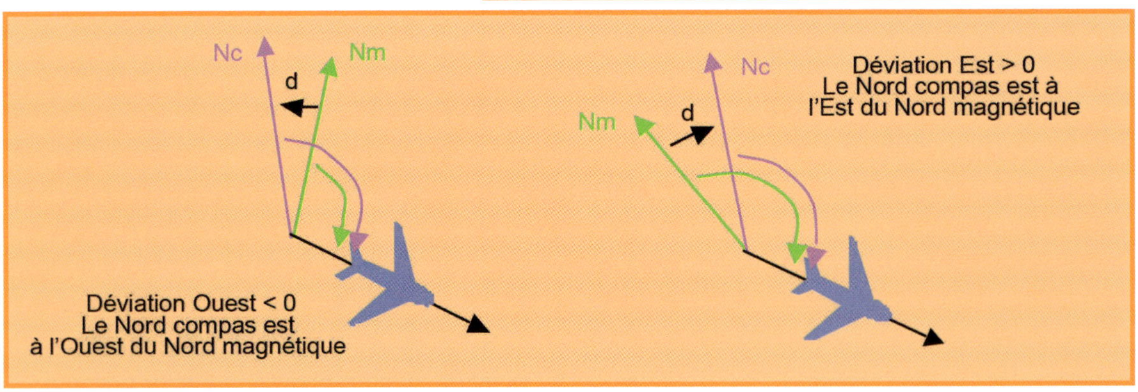

Un moyen mnémotechnique permet de retrouver les formules de bases à l'aide de cette petite phrase :
Retrancher **v**otre **d**érive **c**ela **v**ous **d**onnera **m**ieux **c**haque **m**esure **d**u **c**ap **c**ompas
Route **v**raie - **d**érive ▶ **c**ap **v**rai - **d**éclinaison **m**agnétique ▶ **c**ap **m**agnétique - **d**éviation ▶ **c**ap **c**ompas.

Rv - dérive δ = Cv
Rm - dérive δ = Cm
Cv - Dm = Cm
Cm - d = Cc

Tableau récapitulatif : on applique le calcul poisitf dans le sens de la flèche, le calcul négatif dans le sens contraire.

vrai	Déclinaison	magnétique	déviation	compas	← ↑ = +
Rv	←	Rm	←		Routes
↑		↑			Dérive
Cv	←	Cm	←	Cc	Caps

6. Utilisation de la carte

6.1. Mesure des routes vraies et magnétiques

Sur la carte Lambert utilisée dans les régions de latitude moyenne, seuls les méridiens sont des segments de droites. Il convient donc de les utiliser pour les mesures de routes.

6.2. Mesure des distances

Ce calcul est possible par comparaison des distances reportées sur les méridiens, ou plus facilement directement à l'aide d'une règle à l'échelle de la carte graduées en Nm.
Chemin nord - sud : une minute d'arc (1') vaut un mille nautique (1 Nm).

6.3. Mesure des coordonnées géographiques

Exercice : utiliser les repères sur les parallèles et les méridiens. 1° = 60', 1'= 60". Voir correction page 382.

ROUEN PONTOISE

Rv = °
Dm = °
Rm = °

Distance mesurée à la règle NM

Distance obtenue par report sur un méridien NM

Coordonnées mesurées ETREPAGNY (LFFY)

Latitude N S *

° ' "

Longitude E W *

° ' "

Coordonnées lues sur la carte VAC (LFFY)

N ° ' "

E ° ' "

* rayer mention inutile

01 **ETREPAGNY** LFFY
99 02 25
LAT : 49 18 22 N
LONG : 001 38 19 E
DÉC : 3°W (95)

Entraînement à l'examen théorique

1 - Sur un méridien terrestre, un arc de 1 degré correspond à une distance de :

a) 60 kilomètres ☐
b) 1 mille terrestre ☐
c) 1 mille marin ☐
d) 60 milles marins ☐

2 - Sur une carte Lambert (par exemple la carte OACI au 1/500 000), les méridiens sont représentés par :

a) des cercles ☐
b) des droites parallèles ☐
c) des cercles concentriques ☐
d) des droites ☐

3 - La déclinaison magnétique est de 6° E. Pour suivre la route vraie 230°, avec un vent du nord-ouest qui vous fait dériver de 10°, vous prenez le cap magnétique :

a) 234° ☐
b) 246° ☐
c) 226° ☐
d) 214° ☐

4 - La déclinaison magnétique est de 3° W. Pour suivre la route vraie 335°, avec un vent du nord qui vous fait dériver de 10°, vous prenez le cap magnétique :

a) 348° ☐
b) 342° ☐
c) 322° ☐
d) 328° ☐

5 - Certaines de ces propositions sont vraies :
1/ le pôle nord magnétique et le pôle Nord géographique sont confondus
2/ le pôle nord magnétique n'a pas une position fixe dans le temps
3/ le pôle Nord géographique a une position fixe dans le temps
4/ le pôle nord magnétique a une position fixe dans le temps

a) 1, 3, 4 ☐
b) 4 ☐
c) 1 ☐
d) 2 et 3 ☐

6 - Sur le quadrillage d'une carte de radionavigation au 1/1 000 000 éditée par le SIA, le nord a pour référence :

a) le nord vrai ☐
b) aucun nord puisqu'il n'y a pas de méridiens ☐
c) le nord compas ☐
d) le nord magnétique ☐

7 - La route vraie est 117°. La déclinaison magnétique est de 28° W. La route magnétique est :

a) 117° ☐
b) 145° ☐
c) 089° ☐
d) 028° ☐

8 - La route vraie est 050°. La déclinaison magnétique est de 28° W. La route magnétique est :

a) 022° ☐
b) 050° ☐
c) 028° ☐
d) 078° ☐

9 - La déclinaison magnétique est :

a) l'angle entre les directions respectives du nord magnétique et du nord vrai ☐
b) l'augmentation annuelle de l'intensité du champ magnétique terrestre ☐
c) la décroissance annuelle de l'intensité du champ magnétique terrestre ☐
d) l'angle entre les directions respectives du nord magnétique et du nord compas ☐

10 - Sur une carte deux repères A et B sont situés dans une région où la déclinaison magnétique est Dm 3° E. Vous mesurez une route vraie de A vers B, Rv = 235°. La route magnétique (Rm) pour le vol retour de B vers A est :

a) 052° ☐
b) 055° ☐
c) 232° ☐
d) 058° ☐

11 - Sur votre route, le vent vient de la droite :

a) votre route est supérieure à votre cap ☐
b) votre route est indépendante de votre cap ☐
c) votre route est égale à votre cap ☐
d) votre route est inférieure à votre cap ☐

12 - Entre deux repères, la route vraie est Rv = 225° et la distance de 10 Nm. À la verticale du repère origine vous prenez le cap 225°, et au bout de 6 minutes, à la vitesse propre de 120 kt, vous apercevez sur votre travers droit le repère destination. Vous en déduisez que le vent est de secteur :

a) nord-ouest ☐
b) nord ☐
c) est ☐
d) ouest ☐

13 - La route vraie est 013°. La déclinaison magnétique est de 13° W. La route magnétique est :

a) 026° □
b) 360° □
c) 180° □
d) 013° □

14 - La déviation est de -4°. Pour suivre la route magnétique 274°, avec une dérive droite de 10°, vous prenez le cap compas :

a) 280° □
b) 288° □
c) 260° □
d) 268° □

15 - La dérive est l'angle que fait la route magnétique avec :

a) la route vraie □
b) le cap vrai □
c) le cap magnétique □
d) la direction du vent □

16 - La route vraie est 013°. La déclinaison magnétique est de 13° E. La route magnétique est :

a) 180° □
b) 013° □
c) 360° □
d) 026° □

17 - La déviation est de -2. Pour suivre la route magnétique 274° avec une dérive gauche de 10°, vous prenez le cap compas :

a) 262° □
b) 286° □
c) 266° □
d) 282° □

18 - La route vraie est 356°. La déclinaison magnétique est de 6° W. La route magnétique est :

a) 006° □
b) 350° □
c) 002° □
d) 356° □

19 - Vous mesurez sur votre carte une route vraie au 230°. La déclinaison magnétique est de 6° W. Le vent du 180° vous donne une dérive de 10°. Le cap magnétique à adopter est de :

a) 234° □
b) 240° □
c) 226° □
d) 246° □

20 - La déviation est l'angle entre les directions respectives :

a) du nord carte et du nord vrai □
b) du nord vrai et du nord magnétique □
c) du nord magnétique et du nord compas □
d) du nord vrai et du nord compas □

Notes personnelles et conseils de votre pilote-instructeur – Navigation :

Section 5

NAVIGATION

<u>Module 2</u> « Cartes et principes de navigation »

1. La carte de vol à vue au 1/500 000 OACI éditée par l'IGN

1.1. Les limites de la carte

La carte couvre les espaces situés entre SFC (surface) et le FL 115.
Les airways de classe E, dont le plancher peut être sous ce niveau, ne sont pas représentées.

1.2. La représentation du relief

Projection conique Lambert, parallèles d'échelle conservée 45°54'et 47°42'.

Autoroutes, routes à chaussée séparée		Echangeur, barrière de péage	
Aires de service, se distingue d'une aire de repos par la présence d'une station service		Autoroute en construction	
Route principale		Route secondaire	
Route en construction		Voie ferrée, à une voie, deux voies, gare	
Voie ferrée en construction		Limite d'état	++++++
Canal navigable		Canal non navigable	
Point coté normal en pieds	*395*	Point coté critique en pieds	*540*
Feu maritime		Repère de navigation (petites agglomérations)	
Repère isolé		Usine isolée	
Téléphérique		Végétation (forêts)	
Sable humide		Marais	

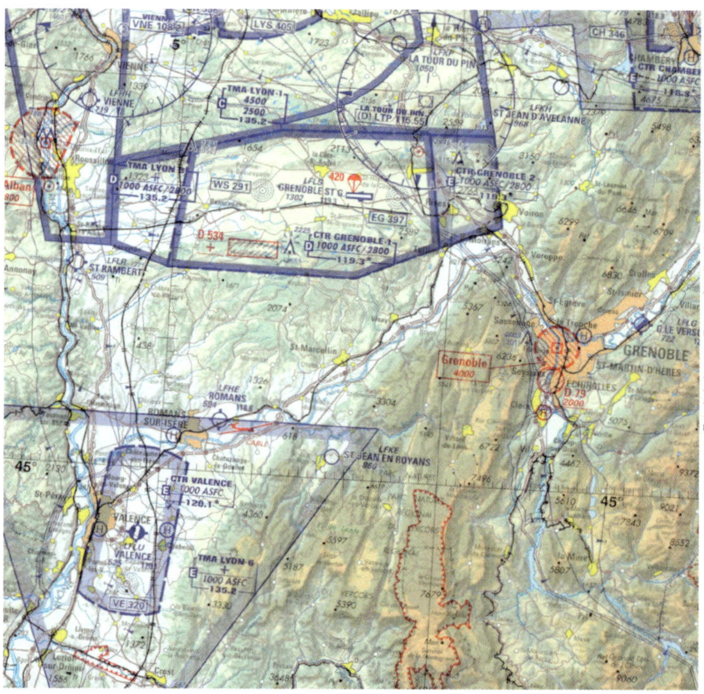

Extrait de la carte France Sud-Est © IGN – Paris 2009- Autorisation n° 80-9048

Teintes hypsométriques en pieds (ft)

0	1000	2000	3000	5000	8200	11500

1.3. Les altitudes : QNH ou QFE

Les altitudes mentionnées sur les cartes sont données par rapport au niveau de la mer (AMSL), les hauteurs, quant à elles, sont données par rapport au sol (AGL : Above Ground Level) et sont notées entre parenthèses. L'unité de mesure est le pied, employé sur les altimètres.

1.4. Les zones contrôlées et les minima VFR

			Classe A	Classe B	Classe C	Classe D	Classe E	Classe F	Classe G
IFR	Espacement		IFR/IFR	IFR/IFR IFR/VFR		IFR/IFR IFR/VFR spé	IFR/IFR	IFR/IFR dans la mesure du possible	Non
	Information de trafic		Non			IVF/VFR	Non	Dans le cadre du service consultatif	
	Limitation de vitesse		Non			250 kt en-dessous du FL 100			
	Radio		Oui						
	Clairance		Oui						Non
VFR	Espacement		VFR interdit	VFR/IFR VFR/VFR	VFR/IFR	VFR spé/IFR	Non	Non	
	Information de trafic			Non	VFR/VFR	VFR/IFR VFR/VFR VFR spé/VFR spé			
	Limitation de vitesse			Non	250 kt en-dessous du FL 100				
	Radio			Oui			Non sauf RMZ	Non	
	Clairance						Non		
	VMC	Visibilité	Sans objet si acceptation vol VFR 300 m vertical 1 500 m latéral	5 km, 8 km au-dessus du FL 100		5 km, 8 km au-dessus du FL 100. VFR Spé : 1 500 m si Vi inférieure à 140kt ou conditions spécifiques de l'aérodrome		1 500 m si Vi inférieure à 140 kt sous 1 000 ft ASFC OU 3 000 FT AMSL, 5 km au-dessus, 8 km au-dessus du FL100	
		Ecart/nuages		300 m vertical 1 500 m latéral		300 m vertical, 1 500 m latéral en VFR spé, hors des nuages en vue de la surface ou conditions spécifiques de l'aérodrome		Hors des nuages en vue de la SFC sous 1 000 ft ASFC ou 3 000 ft AMSL, et au-dessus de cette limite : 300 m vertical et 1 500 m latéral	

Le VFR spécial n'existe qu'en CTR, il n y'a plus de CTR de classe E.

Espaces aériens contrôlés			
CLASSE	A	B C D	E
(S) TMA (S) CTA			
(S) CTR			

D Classe d'espace aérien contrôlé constante pendant les heures d'activité.

D Classe d'espace aérien contrôlé la plus restrictive pendant les heures d'activité.

Les limites latérales et horizontales des CTR de Paris et la partie centrale de la TMA de Paris sont également représentées sur la carte du SIA de la région parisienne au 1/250 000.

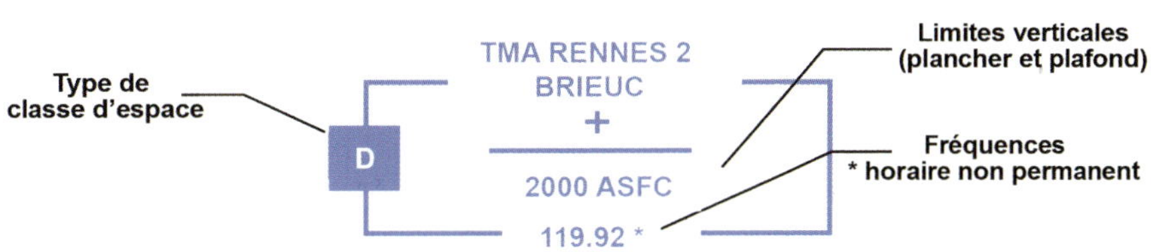

1.5. Les zones P, R, D

Zones interdites, réglementées, et dangereuses.

Zone d'interdiction temporaire	ZIT	Zone de faible superficie		ATZ	
Zone interdite	P	RMZ : zone à radio obligatoire TMZ : zone à transpondeur obligatoire	RMZ, TMZ, RMZ-TMZ	Réglementée, Dangereuse. CBA : zone transfrontalière	R D CBA
Zone où le pilote n'assure pas la prévention des abordages		Zone où le pilote d'assure pas, de nuit, la prévention des abordages		Altitude max de la zone. Type et n° de zone plandond-plancher	ALT MAX : 4900 R 152 2800 ASFC / 800 ASFC

Pour les zones P, R, D et ZRT consulter le complément aux cartes aéronautiques pour connaître les conditions de pénétration éventuelles.

Voir aussi Réglementation, module 2, *1.4. Division de l'espace aérien.*

1.6. Activités de parachutage, voltige, cable, planeur, IFR

Activité IFR hors espace aérien contrôlé ou réglementé.		Activité d'aéromodélisme hors aérodrome, le nombre représente la référence*.	8296
Activité de voltige hors aérodrome, le nombre représente la référence*.	6130	Activité de parachutage, le nombre représente la référence*.	391
Activité planeur, le nombre représente la référence*..	900	Ballon captif, le nombre le nombre représente la référence*.	918 CABLE

* la description de l'activité (lieu, plancher de plafond, altitude) figure sur le complément aux cartes aéronautiques.

Note : un point noir sur le symbole (exemple sur aéromodélisme) représente la situation exacte de l'activité.

1.7. Les différents aérodromes

	Aérodrome ayant une piste en dur	Bande ou plateforme	Hélistation	Hydro-aéro-drome
CIVILE : utilisation civile, activité militaire à la marge possible.			H	
MIXTE : utilisation principale militaire, mais utilisation civile possible.			H	
MILITAIRE : pas d'utilisation civile régulière possible			H	

En France : en l'absence de fréquence attribuée, utiliser 123.500 MHz sur AD et 130.000 MHz sur altiports.

In France : when no frequency is given use 123.500 MHz for AD and 130.000 MHz for altiports.

1.8. Les altitudes minimales de survol (500 ft, voir Réglementation, module 1, 5.4. Les hauteurs minimales de survol)

Agglomérations, installations diverses, réserves et parcs naturels dont le survol est réglementé.		Hauteurs (Above Ground Level) minimales de survol (en)		
Les règles de survol d'agglomérations résultent de la réglementation nationale et ne s'appliquent pas aux pays limitrophes		Hélicoptères	Aéronefs mono-moteurs à moteur à piston	Autres aéronefs moto propulsés
Parc ou réserve naturelle Étendue très petite		Sauf indication contraire sur la carte 1 000 ft (300 m)		
Installations portant une marque distinctive (usine, hôpital, autoroute)		Sauf indication contraire sur la carte (Z.I.T.) 1 000 ft		3 300 ft (1 000 m)
Agglomération de largeur moyenne inférieure à 1 200 m ou plage, stade, rassemblement de personnes		1 700 ft (500 m)		
Agglomération de largeur moyenne comprise entre 1 200 m et 3 600 m ou rassemblement supérieur à 10 000 personnes		3 300 ft (1 000 m)		
Agglomération de largeur moyenne supérieure à 3 600 m ou rassemblement supérieur à 100 000 personnes		5 000 ft (1 500 m)		
Ville de Paris	**(Zone P23)**	6 600 ft AMSL (2 000 m)		
Aéronefs non moto propulsés : voir règle 1				

1.9. Les balises de radionavigation

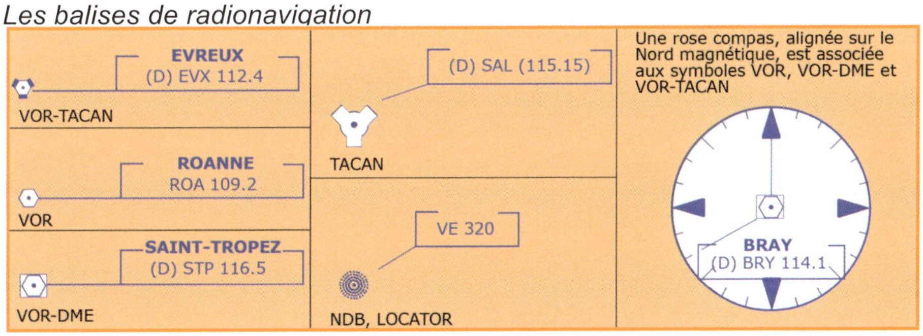

1.10. Les obstacles artificiels

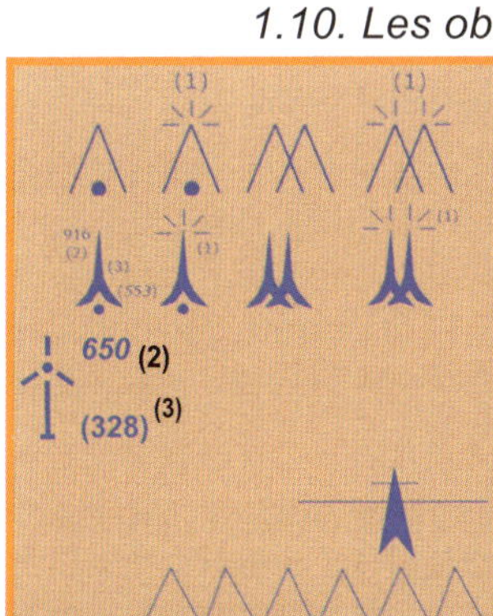

Seuls les obstacles supérieurs à 300 ft sont indiqués (hors agglomération)	
Obstacles ou groupes d'obstacles (> 300 et < 500 pieds AGL)	(1) balisé de nuit (2) côte AMSL du sommet (3) hauteur AGL
Obstacles ou groupes d'obstacles élevés (> 500 pieds AGL)	
Éoliennes, groupe d'éoliennes (>300 pieds AGL)	
☆ Feu aéronautique au sol (hors aérodrome)	
Ligne électrique > 225 kV (hauteur pouvant dépasser 150 pieds)	
Câble suspendu de traversée de vallée(à 300 pieds AGL et plus)	
CABLE (associé à un symbole d'obstacle) : ballon captif	
Certains obstacles non connus des services officiels peuvent manquer, l'IGN ne faisant que transcrire les renseignements sans avoir de moyen de vérification physique sur le terrain.	

1.11. Les itinéraires VFR

	Obligatoire avec contact radio		A sens unique
	Obligatoire sans contact radio		
	Recommandé	Point de report	Obligatoire
			Sur demande
	Limite de FIR		Limite de secteur d'information de vol (SIV) (2 sur la carte en bas de page)

1.12. Les limites verticales

2000	De la surface à 2 000 ft AMSL	2000 AAL	Pour les zones ATZ, de la surface à 2 000 AAL au-dessus du niveau de l'aérodrome
3500 / 1500 ASFC	De 1 500 ft ASFC à 3 500 ft AMSL		
+ / 3000	De 3 000 ft à plus du FL 115 ou plus de 3000 ft ASFC	FL 055	Plancher en FL (< 065) au-dessus du FL 115 ou plus de 3000 ft ASFC

2. Autres documents de navigation

2.1. La carte 1/1 000 000

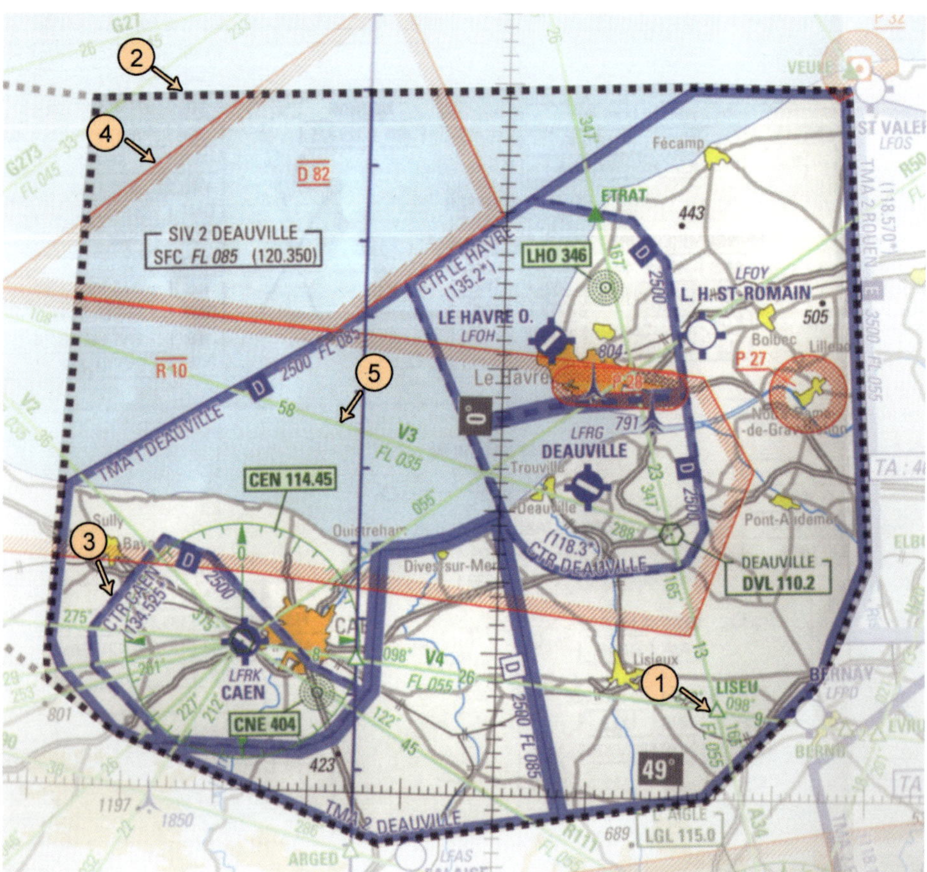

Cette carte, qui couvre l'espace entre SFC et le FL 195, est à utiliser chaque fois que l'altitude de vol choisie est supérieure au domaine couvert par la carte OACI.

En plus des informations représentées sur la carte OACI, on y trouve entre autres :

- les airways(5), qui sont les voies aériennes s'étendant à 5 Nm de l'axe ; seul le plancher (premier niveau utilisable) est spécifié sur la carte ;
- les espaces aériens(3) et zones à statuts particuliers(4) dont le plancher est supérieur au FL 115 et donc qui ne sont pas représentés sur la carte OACI ;
- des points de report(1) ou intersections qui se situent généralement au croisement de deux airways.

Source SIA - Reproduit avec l'autorisation E10/2009 - ne pas utiliser pour le vol.

2.2. Les cartes régionales 1/250 000

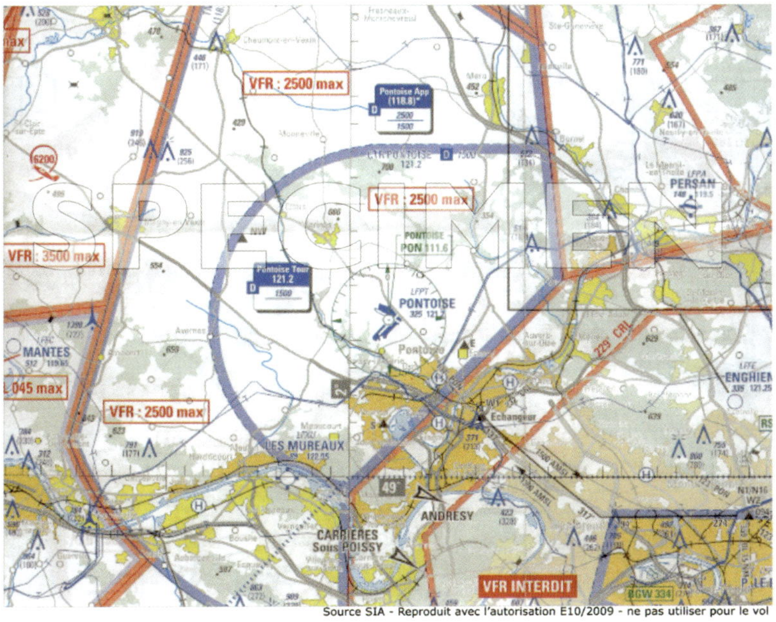

Source SIA - Reproduit avec l'autorisation E10/2009 - ne pas utiliser pour le vol

Il en existe actuellement 6 qui couvrent les régions les plus denses en terme de zones aéronautiques : carte Région parisienne, carte Lyon-vallée du Rhône, carte Marseille delta du Rhône, carte Toulouse-Midi-Pyrénées, carte Nice-Côte d'Azur, et la carte Strasbourg-Alsace-Lorraine.

Elle couvrent l'espace aérien entre la surface et le FL 195 et délivrent les mêmes informations que les cartes 1/500 000 et 1/1 000 000, mais la lecture est améliorée du fait du changement d'échelle.

2.3. Le complément aux cartes aéronautiques

Ce guide contient :

- les informations indispensables de description et de conditions de pénétration des zones réglementées (R), dangereuses (D) ou interdites (P) ;
- la description des zones d'activités particulières (voltige, vélivole, parachutisme, câble, etc.), ainsi que les itinéraires VFR de nuit ;
- les horaires d'ouverture des différents espaces de classe (TMA, CTA, CTR) à l'exception de ceux actifs H24 ;
- la liste des parcs et réserves naturels, ainsi que les conditions de survol ;
- les heures de lever et coucher de soleil ;
- les signaux morses ;
- les signaux optiques ;
- les signaux d'aérodromes.

2.4. Le guide VFR

C'est un ouvrage édité par le SIA (Service de l'information aéronautique), et disponible sur le site Internet du SIA ou en boutiques spécialisées dans le matériel pour pilotes. Il peut être compris dans la pochette VFR du même éditeur, avec les cartes de radionavigation à vue au 1/1 000 000.

Il comprend un résumé de différents textes de réglementation, relatifs aux conditions d'utilisation des aéronefs civils en aviation générale (survol de l'eau, emport de passagers, dépôt des plans de vols, etc.).

Par ailleurs, ce livret comporte des rappels concernant la circulation aérienne (télécommunication, aérodromes, météorologie, classification de l'espace aérien, etc.).

2.5. Les cartes VAC (Visual Approach Charts)

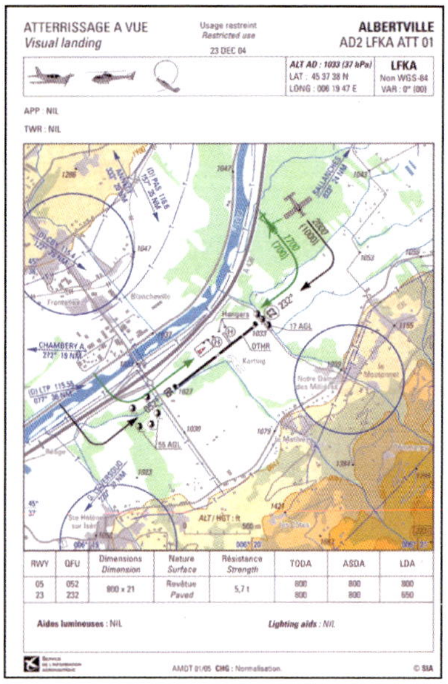

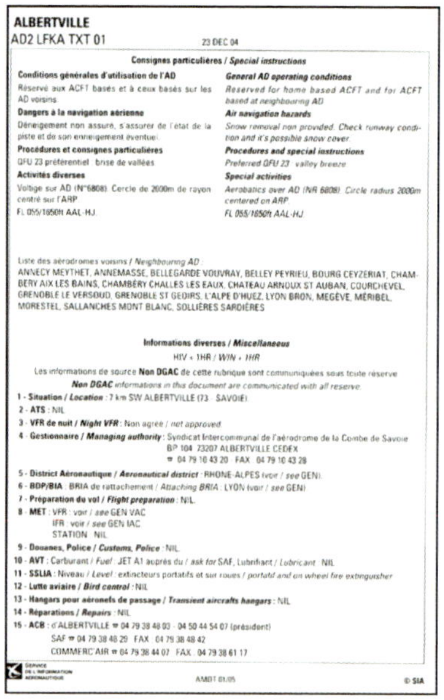

Cette carte comporte les informations nécessaires à l'exécution de l'approche, en vue de l'atterrissage sur un aérodrome. Une carte peut comporter un volet représentant une visualisation d'ensemble permettant de rallier l'aérodrome, et un volet plus détaillé représentant le circuit d'aérodrome, ainsi que les informations concernant l'orientation, les longueurs de pistes et les consignes particulières. Un autre volet précise les adresses et numéros de téléphone des services de la circulation aérienne, stations météo, écoles de pilotages, taxi…

Pour gagner en disponibilité lors de l'intégration sur un aérodrome, la carte doit être étudiée avant le vol de façon à prendre en compte les informations, nécessaires à l'approche et l'atterrissage. Il est en outre recommandé, de s'informer plusieurs jours avant (VAC, NOTAMs, tél...) de l'éventuelle nécessité de préavis d'arrivée, de demande de douane ou encore de la disponibilité de place de parking.

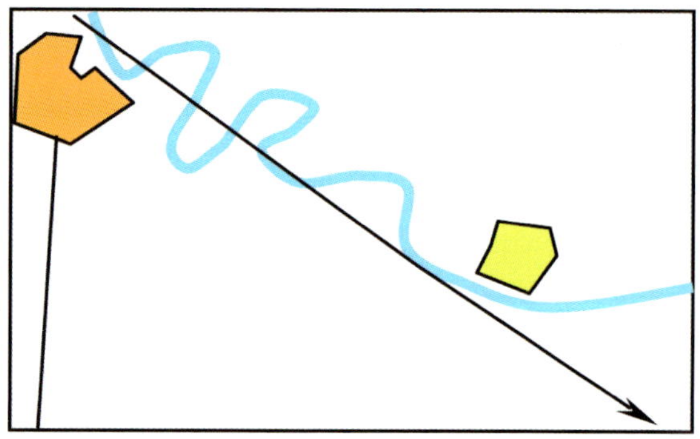

3. Le cheminement

3.1. Principe

Cette méthode consiste à suivre une ligne naturelle ou artificielle comme le cours d'une rivière, une vallée, ou une autoroute.

3.2. Règles et cas d'utilisation

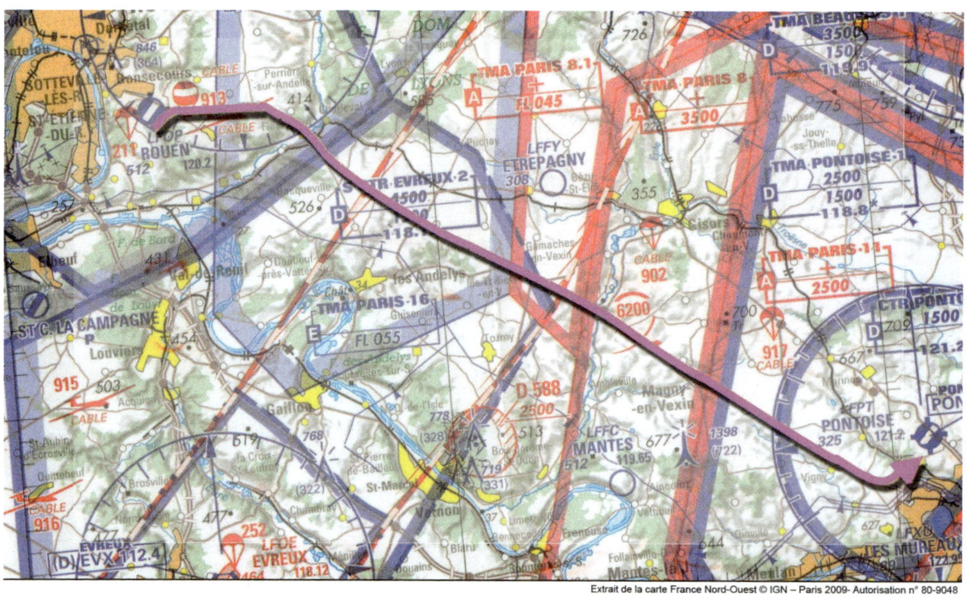

Extrait de la carte France Nord-Ouest © IGN – Paris 2009- Autorisation n° 80-9048

Vérifier la cohérence de la route par rapport à l'orientation de l'axe suivi.

Lorsqu'une partie de trajet longe une ligne naturelle ou artificielle, il est alors possible de la suivre.

Le pilote en place gauche s'arrange pour laisser le repère sur sa gauche afin de conserver la vue du repère. Il est important de choisir des repères facilement identifiables : côtes, autoroutes, lignes TGV, gros cours d'eau. Par mauvaise visibilité, il peut y avoir plusieurs appareils se servant de la même route, il convient donc d'être particulièrement vigilant.

4. L'estime : le cap et la montre

4.1. Définitions

Les unités de mesures utilisées en navigation aéronautique sont le mille nautique (Nm) et le nœud (kt).

1 Nm = 1 852 m   1 kt = 1.852 km/h

L'anémomètre (Badin) mesure approximativement la vitesse de l'appareil en retranchant la pression statique (air au repos) de la pression totale, correspondant à la vitesse de l'écoulement de l'air autour de l'appareil.

- **Vi (vitesse indiquée) :** la position de l'appareil ne permet pas toujours une mesure optimale de la pression statique, on différencie donc vitesse conventionnelle (Vc) et vitesse indiquée (Vi) par l'anémomètre.
- **Vc (vitesse conventionnelle), ou CAS (calibrated air speed) :** elle est obtenue après correction de l'erreur instrumentale et de l'erreur d'antenne, erreur négligeable en vitesse de croisière.
- **Vp (vitesse propre) :** la composante horizontale de la vitesse air est la vitesse propre (Vp). Elle s'obtient en corrigeant la vitesse conventionnelle en fonction de l'altitude et de la température par l'approximation suivante :

  Vp ≈ Vi +/- 1 % de Vi par 5 °C d'écart de température par rapport à la température standard et +1 % Vi par tranche de 600 ft au-dessus de la surface 1 013.25 hPa. Cette approximation reste suffisante tant que la vitesse et l'altitude restent inférieures à 180 kt et 12 000 ft, au-delà, des phénomènes de compressibilité rendent l'usage d'un calculateur indispensable.
- **Vs (vitesse sol) :** Vc, Vi, et Vp sont des vitesses relatives par rapport à la masse d'air dans laquelle évolue l'aéronef. Or, cette masse d'air est souvent en mouvement par rapport au sol. Il convient donc de tenir compte de cette vitesse de déplacement par la relation Vs = Vp + Vent effectif. Le vent effectif est la composante axiale de la vitesse du vent. Cette vitesse est positive dans le cas d'un vent secteur arrière et négative pour un vent de face.
- **Veff (vent effectif)** : vitesse du vent (kt) x cosinus angle entre la route vraie et la direction du vent, cette dernière étant donnée par référence vraie.
- **Rv (route vraie) :** trajectoire sol suivie par l'aéronef par rapport au nord géographique.
- **Rm (route magnétique) :** trajectoire sol suivie par l'aéronef par rapport au nord magnétique.
- **Cv (cap vrai) :** orientation de l'axe longitudinal de l'aéronef par rapport au nord géographique.
- **Cm (cap magnétique) :** orientation de l'axe longitudinal de l'aéronef par rapport au nord magnétique.

4.2. Le triangle des vitesses (route, Vs, cap, Vp, vent) et la dérive (δ)

Consiste à dessiner, à l'échelle et orientés, les différents vecteurs Route, Vent, Vp, pour obtenir le Cap et la Vs.

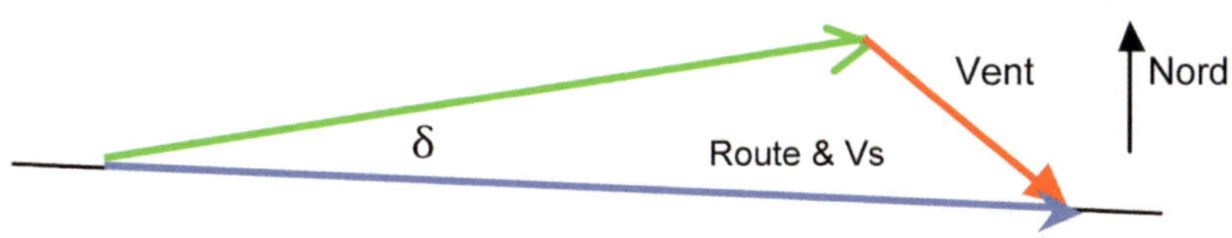

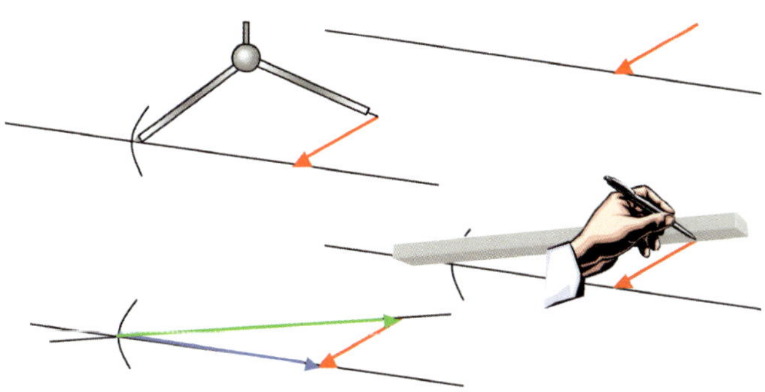

Méthode : tracer d'abord les éléments connus (orientation de la route à suivre, puis sur un point de l'axe de la route, l'extrémité du vecteur vent). Pointer ensuite à l'aide d'un compas la base de la flèche du vent et tracer la Vp sur l'axe de la route. Il ne reste plus qu'à mesurer la Vs, le cap et la dérive. Ce graphique peut être fait par références vraies corrigées ensuite de la déclinaison magnétique.

4.3. Le facteur de base

C'est le nombre de minutes pour parcourir un nautique.

Vp (kt)	Fb	Vp (Nm/min)
60	1	1
80 - 90	0,7	1,4
100 - 110	0,6	1,5
120 – 130	0,5	2
140 - 170	0,4	2,5

Il se calcule en divisant le nombre de minutes comprises en une heure par la distance parcourue en une heure soit 60/V.
On peut calculer le facteur de base sans vent (Fb sans vent) et dans ce cas on considère Fb = 60/Vp, utile pour les préparations à long terme ou bien en tenant compte de l'effet du vent le jour du vol (Fb avec vent), auquel cas on utilise la vitesse sol Fb = 60/Vs.

4.4. Estimation de la dérive

La dérive (δ) résulte de l'action du vent traversier sur la trajectoire de l'aéronef qui est dévié de sa route si aucune correction n'est apportée. C'est l'angle compris entre la route et le cap. Son signe est positif pour une dérive droite (vent venant de la gauche) et négatif pour une dérive gauche (vent venant de la droite). Plus l'appareil est rapide et moins il subit l'effet du vent.

Tableau des sinus :

1/3 20°	**1/2** 30°	**2/3** 40°
70° **1**	60° **9/10**	50° **3/4**

Les cosinus sont définis par les angles complémentaires.

Dérive maxi : **Xmax(°) = Fb.Vw** Vw : Vitesse du vent (kt) δ = Xmax.sin a
Avec (a), angle au vent compris entre la direction du vent et la route.

Exemple : route vraie = 270° Vp = 120 kt ⇨ Fb = 0,5 Vw = 300°/20 k X = 0,5 . 20 = 10°
|δ| = 10. sin 30 = 5 (vent de droite => dérive gauche < 0) δ = -5 Cv = Rv – δ donc Cv = 270 – (-5) =275

4.5. Estimation du temps corrigé

Le facteur de base permet de calculer un temps de parcours sans vent. Plusieurs méthodes permettent de tenir compte de l'effet de vent sur le temps de vol. Le vol sera d'autant plus long que le vent de face sera fort, réduisant la vitesse sol et augmentant le temps pendant lequel le vent est subi.

1ère méthode : on calcule un facteur de base à partir de la vitesse sol pour obtenir les temps de vol avec vent.

Vitesse sol = vitesse propre +/- vent effectif

2ème méthode : on affecte le temps de vol sans vent d'un pourcentage du vent effectif.

% = Vent effectif / Vitesse sol **Temps avec vent = temps sans vent +/- (temps sans vent x %)**

3ème méthode (pour info) : on calcule le retard ou l'avance en fonction du vent et de l'angle au vent

T= X. cos a

T représente un nombre de minutes par heure qu'il faudra corriger* à l'aide d'un tableau pour obtenir un temps Tc à ajouter ou retrancher au temps de vol sans vent.

* Par vent arrière, du fait de la vitesse sol plus forte, le temps de vol pendant lequel on est poussé par le vent est plus court. Inversement par vent de face, la vitesse étant plus faible, le temps pendant lequel on subit le vent est plus long. On perd donc plus de temps par vent de face que l'on en gagne par vent arrière.

tc vent de face	Pas de correction	t +1	12	13	15	Ajouter le chiffre des unités	(t + 10).3
T	0 à 5	6 à 9	10	11	12	13	14 à 24	≥ 25
tc vent arrière	Pas de correction	t - 1	8	9	10	11	t - (UNITÉ / 2)	

4.6. Utilisation du Log de navigation

C'est un document permettant de suivre le déroulement d'une navigation et sur lequel sont reportées les routes à suivre entre les points de passage, ainsi que les heures prévues et réelles d'atteinte de ces points. Ce document peut en outre comporter un certain nombre d'autres cases.

Il existe pratiquement autant de Logs de navigation que de pilotes. Sur ce document on peut trouver par exemple les routes magnétiques ou vraies, les caps et la dérive, les temps de vol sans vent et avec vent, les heures prévues de passage et les heures effectives de passage aux différents points de report, le suivi de la consommation de carburant, et des notes personnelles permettant de se remémorer certains points clés.
Se souvenir toutefois que trop d'informations sont difficiles à exploiter en vol.

Exemple de log de navigation :

Nom		Immat. avion	
Avion		Atis départ:	
Fuel Dep			
Fuel Arr		Atis arrivé:	
Fb			
Bloc Départ :	Bloc arrivé :	Tps de vol:	

Altitude	Cap	Nm	TSV	TAV	Rm	Z secu	Fuel	Observations
			HD :				0	
							+ 10	=> Forfait déc
Sortie ou			HE :				= 10	
vertical			HR :					
			HE :					
			HR :					
			HE :					
			HR :					
			HE :					Vent
			HR :					
			HE :					
			HR :					
			HE :					
			HR :				+ 10	=> Forfait att
Total :	/				/	/		Couché Soleil

Top Cap Altitude Estime Radios Radio Nav Moteur Essence Gyros.
Clotûre du plan de vol : 0810 437 837
Fuel mini réglementaire : (TSV ou TV = étape + procédures)
TSV + 10% + 20' à VI d'attente
TV (Condition du jour) + 20' à VI d'attente

			Le				Info
Avion		**Trajet:**	**LFPT**	**LFAY**	**22,3L**	**Fuel Mini**	Piste
Immat		D.T.:	**48**	**NM**	TTE	34'	
Conso/H	**22L**	Qt Dep	96,0L	Qt Arr	81,7L	**Forfait roulage 2L**	Vent
Fb	**0,7**	HBD			HBA		Visi
A/D Départ :		LFPT	325'		L / Mn	0,37	HBN
T. de piste	1300'	1000'			ATIS	124,125	QNH
APP:	118,800	SOL :			TWR	121,2	C.S
Altitude	Rm	Dist	D rest	Conso	TSV	Observations et Radio NAV	
LFPT			48	HD :			
	005°	**13**		3,3L	9'		
SW			35	HE:			
				HR :		BEAUVAIS 119,9	
	026°	**8**		2,1L	**6'**		
BVS 115,9			27	HE:			
				HR :			
	020°	**12**		3,1L	**8'**		
BRETEUIL			15	HE:			
				HR:			
	020°	**15**		3,9L	**11'**		
LFAY			0	HE:			
GI 339				HR :		AMIENS INFO 123,4	
				0,0L	**0'**		
			0	HE:			
				HR:			
				0,0L	**0'**		
			0	HE:			
				HR :			
TOTAL		**48**	**NM**	12,3L	**34'**		
A/D Arrivée		**LFAY**	**208'**				Info
T. de piste					ATIS		Piste
APP :		SOL:			TWR		Vent
TOP / CAP / ESTIME / RDO / RNAV / MOTEUR / CARBURANT / GYROS							Visi
Route	12,3L	LOG / RDOs / MOTEUR					QNH :
5%	0,6L						HBN :
20 ' res	7,3L						C.S

Z secu = altitude de sécurité.
L'altitude de sécurité est définie de façon à ce que, en tout point d'un tronçon, compte tenu des impressions de navigation (vent chronomètre, tenue de cap...), en cas de perte de référence visuelle, pour retrouver les conditions de vol à vue, un pilote puisse effectuer un demi-tour au taux standard sans se préoccuper du sens de virage avec une marge de franchissement de l'obstacle d'au moins 500 ft.

4.7. L'erreur systématique

Consiste à altérer volontairement son cap pour être sûr d'intercepter un axe naturel artificiel ou radioélectrique permettant de lever le doute sur la direction à prendre pour rejoindre un repère.

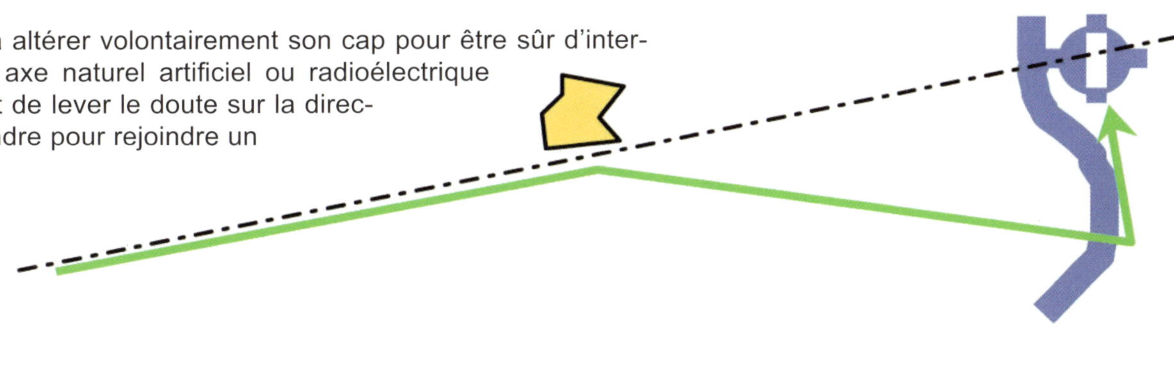

4.8. Le cercle d'incertitude

C'est un cercle dans lequel doit se trouver l'avion au bout d'un temps de vol en supposant que le cap est tenu à 5° près et supposant une correction du vent.

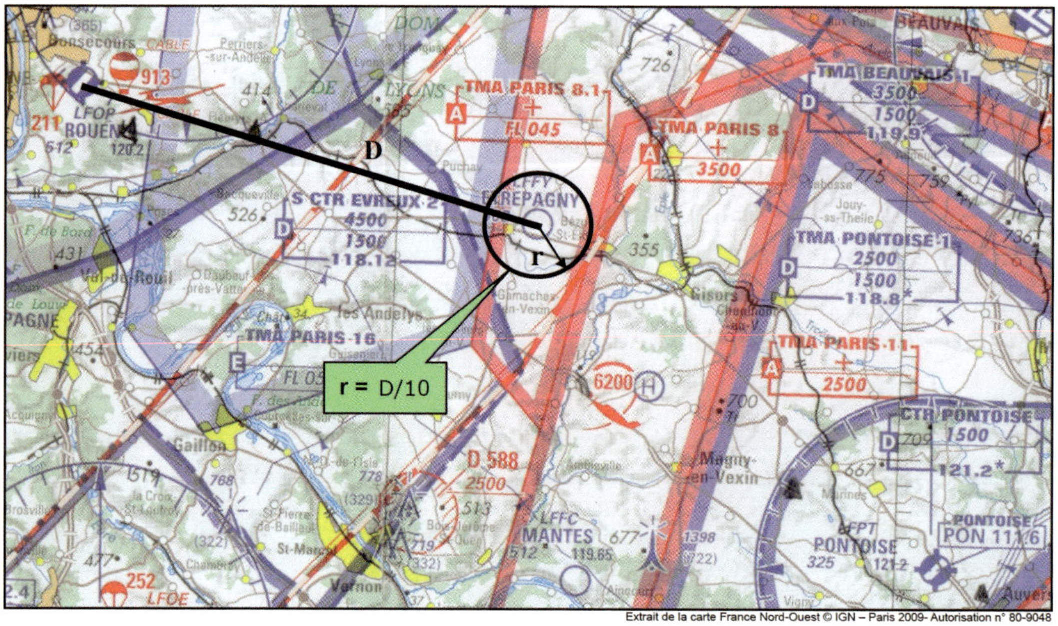

Extrait de la carte France Nord-Ouest © IGN – Paris 2009- Autorisation n° 80-9048

5. La mesure du temps

5.1. Le temps universel, l'heure locale et le temps légal

Le **temps universel (UTC)** est défini par une convention internationale. Il est imposé par l'OACI et est utilisé pour les plans de vol, les prévisions météos, les heures de lever et coucher du soleil, etc.

Le **temps local (Tcg)** varie en fonction de la longitude. Le passage du soleil au zénith de l'observateur correspond à 12 heures locales ou Tcg. Toutes les heures à ce lieu prennent alors pour référence ce midi local.

L'heure locale n'est utilisée que pour les calculs astronomiques.

Nota : les expressions usuelles «chacun voit midi à sa porte» ou «querelles de clochers» viennent des différences d'heures locales entre deux villages !

Le **temps légal** : on évite de changer d'heure sur un même territoire, on adopte ainsi une heure dite légale. En France, l'heure légale est basée sur le temps universel auquel on ajoute une heure l'hiver et deux l'été. Les Etats-Unis couvrant un vaste territoire, adoptent quant à eux plusieurs heures légales.

5.2. Définitions : lever et coucher du soleil, nuit aéronautique

La hauteur d'un astre est l'angle formé par cet astre et l'horizon. Le lever et le coucher de cet astre interviennent lorsque la hauteur est nulle.
En France métropolitaine, la nuit aéronautique commence quand le soleil passe 6° sous l'horizon et se termine lorsqu'il approche 6° sous l'horizon. Par simplification, une demi-heure avant et après quelle que soit la saison sous nos latitudes.

Les bureaux de pistes donnent généralement les heures de lever et coucher du soleil sur leurs aérodromes alors que la documentation d'information aéronautique les donne pour Greenwich. La correction en longitude pour un même parallèle vaut 4 minutes par degré (15°/heure) étant entendu que la nuit tombe plus tôt à l'est qu'à l'ouest.

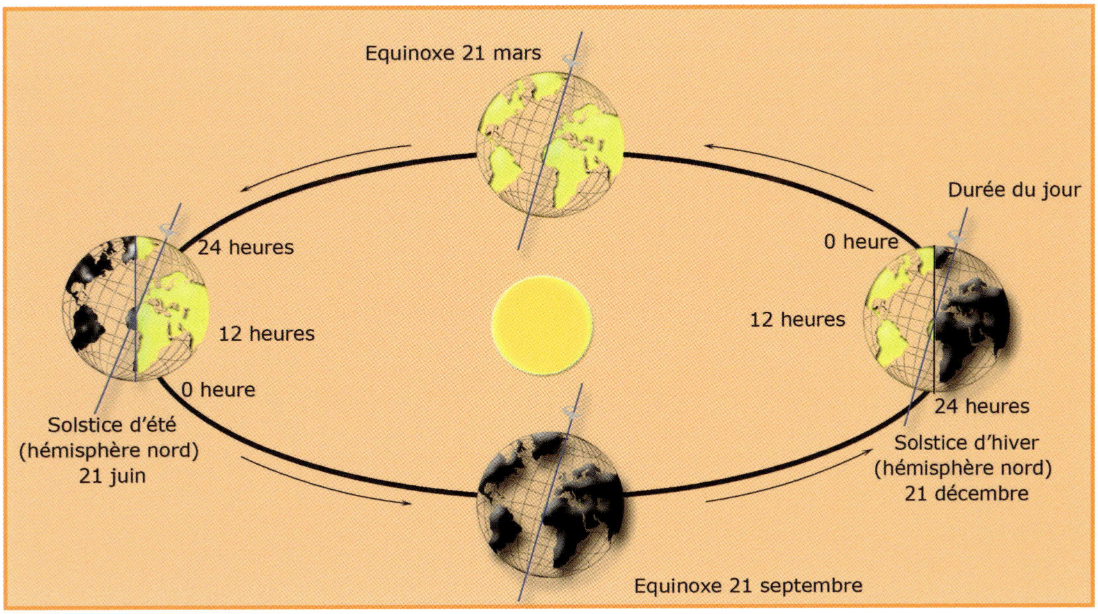

L'influence de la latitude est due à l'inclinaison de l'axe de rotation de la Terre sur le plan de l'écliptique. Pour les latitudes nord, la durée du jour est supérieure à 12 heures dès l'équinoxe de printemps et atteint son maximum au solstice d'été (24 heures au niveau du cercle polaire). Après l'équinoxe d'automne, elle devient inférieure à 12 heures pour atteindre son minimum (0 heure au niveau du cercle polaire) au solstice d'hiver. Les jours d'équinoxe, la durée du jour et de la nuit sont sensiblement égales à 12 heures en tout point du globe. L'hémisphère sud suit un cycle inversé.

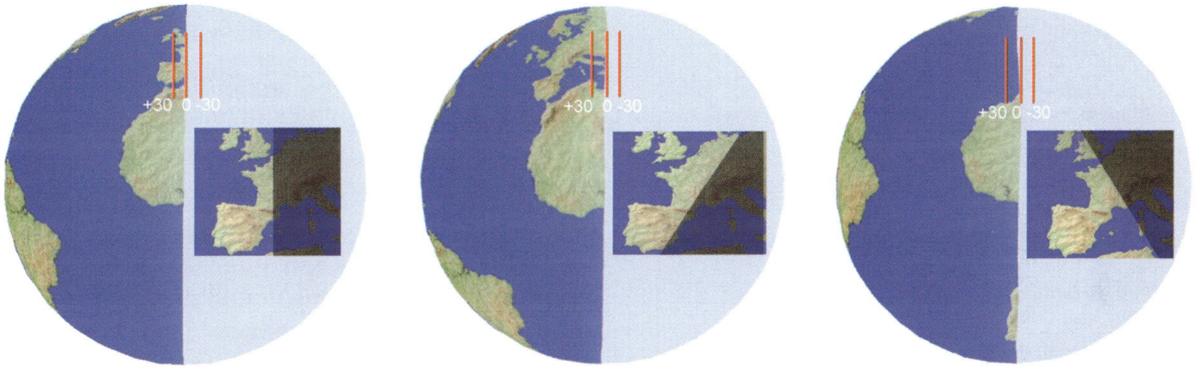

Ci-dessus : influence de la période de l'année sur l'heure de coucher du soleil
L'image de gauche représente l'heure du coucher du soleil sur le méridien de Greenwich le jour de l'équinoxe. Au centre, à la même heure mais le jour du solstice d'été. À droite, à la même heure le jour du solstice d'hiver.
Pour l'hémisphère nord à l'heure (TU) de coucher du soleil sur le méridien de Greenwich le jour de l'équinoxe, on constate que le soleil n'est pas encore couché au solstice d'été alors qu'il fait déjà nuit noire au solstice d'hiver.
Par ailleurs, à l'équinoxe, la durée du jour et de la nuit étant égale, la ligne jour/nuit est parallèle au méridien, l'influence de la latitude sur l'heure de coucher du soleil est donc nulle. Il en est tout autrement les autres jours de l'année où cette ligne n'est plus parallèle aux méridiens. Ainsi, par exemple, le 21 juin, il fait nuit plus tôt à Biarritz qu'à Cherbourg, ces deux villes étant pourtant sur le même méridien. C'est le contraire pour le solstice d'hiver.
On peut trouver les heures de lever et de coucher du soleil pour différentes latitudes et longitudes sur le complément aux cartes aéronautiques.

Entraînement à l'examen théorique

1 - Une distance de 57 km mesurée sur une carte au 1/500 000 a pour valeur :

a) 114 cm ☐
b) 28,5 cm ☐
c) 11,4 cm ☐
d) 5,7 cm ☐

2 - Les zones interdites sont signalées sur les cartes à l'usage du pilote par la lettre :

a) R ☐
b) D ☐
c) A ☐
d) P ☐

3 - Sur une carte d'échelle 1/1 000 000, 25 cm représentent :

a) 2 500 kilomètres ☐
b) 25 kilomètres ☐
c) 2 500 mètres ☐
d) 250 kilomètres ☐

4 - Une zone dangereuse est désignée sur les cartes par la lettre :

a) P ☐
b) D ☐
c) R ☐
d) G ☐

5 - Quel temps met la Terre pour tourner sur elle-même de 45° :

a) 2 h ☐
b) 24 h ☐
c) 3 h ☐
d) 6 h ☐

6 - En matière de circulation aérienne, le temps de référence est :

a) l'heure légale ☐
b) le temps universel coordonné (UTC) ☐
c) le temps du fuseau ☐
d) l'heure locale ☐

7 - Sur la carte au 1/500 000 ce symbole permet de déterminer :

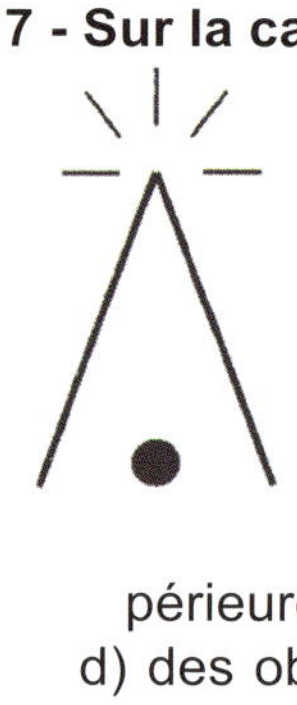

a) des obstacles dont la hauteur est supérieure à 300 ft et inférieure à 500 ft AGL et non balisés de nuit ☐
b) des obstacles dont la hauteur est supérieure à 500 ft et inférieure à 1 000 ft AGL et balisés de nuit ☐
c) des obstacles dont la hauteur est supérieure à 1 000 ft AGL et non balisés de nuit ☐
d) des obstacles dont la hauteur est supérieure à 300 ft et inférieure à 500 ft AGL et balisés de nuit ☐

8 - Afin d'obtenir un guidage par une indication de relèvement, le pilote pourra contacter la fréquence inscrite sur la carte VAC :

Source : SIA - Reproduit avec l'autorisation E10/2009 - ne pas utiliser en vol

a) 121,9 MHz ☐
b) 125,35 MHz ☐
c) 111,15 MHz ☐
d) 119,5 MHz ☐

9 - Vous mesurez sur votre carte une route vraie au 230°. La déclinaison magnétique est de 6° W. Le vent du 180° vous donne une dérive de 10°. Le cap magnétique à adopter est de :

a) 246° ☐
b) 234° ☐
c) 240° ☐
d) 226° ☐

10 - En navigation, l'erreur systématique est :

a) l'erreur dont il faut tenir compte lorsqu'on pratique l'estime ☐
b) votre position dans le cercle d'incertitude due à l'effet du vent ☐
c) l'incertitude que l'on tolère pour la connaissance de sa position ☐
d) une méthode qui consiste à altérer sa route pour rejoindre un repère caractéristique ☐

11 - Le symbole rouge de cette carte OACI IGN au 1/500 000 signale :

Extrait de la carte France Sud-Est © IGN – Paris 2009 - Autorisation n° 80-9048

a) l'existence d'une piste d'aéromodélisme réservée à cette seule activité ☐
b) qu'une activité de planeurs existe, bien qu'il n'y ait pas d'aérodrome ☐
c) l'existence d'une piste non revêtue (en herbe) réservée aux seuls planeurs ☐
d) qu'une activité d'aéromodélisme existe, bien qu'il n'y ait pas d'aérodrome ☐

12 - Sur une carte OACI IGN 1/500 000, le sigle « SIV » attaché à une portion d'espace aérien signifie que vous pouvez obtenir les services d'un :

a) secteur d'information pour la voltige ☐
b) secteur d'information de vol ☐
c) système instrumental de visibilité ☐
d) système d'identification des vols ☐

13 - Le document le plus approprié pour effectuer un vol de navigation en-dessous du FL 115 est la carte :

a) 1/500 000 IGN OACI ☐
b) VAC ☐
c) 1/1 000 000 SIA ☐
d) TEMSI ☐

14 - Les points de report VFR des procédures de départ et d'arrivée d'une CTR se trouvent sur la carte :

a) TEMSI de l'aérodrome correspondant ☐
b) SIA 1/1 000 000 ☐
c) VAC de l'aérodrome correspondant ☐
d) OACI IGN 1/500 000 ☐

15 - Vous décollez de Brest à destination de Genève. À Brest, la nuit aéronautique commence à 17 h 45 TU. La différence de longitude entre ces deux aérodromes est 10°30. À Genève, l'heure de la nuit aéronautique sera :

a) 16 h 53 ☐
b) 18 h 27 ☐
c) 17 h 34 ☐
d) 17 h 03 ☐

16 - Le temps de vol est la durée écoulée entre l'instant auquel l'aéronef :

a) décolle, jusqu'à l'instant auquel il touche le sol à l'atterrissage ☐
b) pénètre sur l'aire de décollage, jusqu'à l'instant auquel il quitte l'aire d'atterrissage ☐
c) commence à se déplacer par ses propres moyens en vue de gagner l'aire de décollage, jusqu'à l'instant auquel il arrive à la verticale du terrain de destination ☐
d) commence à se déplacer en vue de décoller, jusqu'à l'instant auquel il s'immobilise à la fin du vol ☐

17 - Sur une carte VAC, l'altitude de référence d'un terrain correspond :

a) au point moyen de l'aire d'atterrissage ☐
b) au point le plus élevé de l'aire d'atterrissage ☐
c) au point moyen de toutes les installations ☐
d) au point le plus élevé de toutes les installations ☐

18 - Évaluer le cap à tenir et le temps qu'il faut pour rejoindre un point à partir d'une position connue, c'est naviguer :

a) par cheminement ☐
b) à vue ☐
c) à l'estime ☐
d) par inertie ☐

19 - La définition correcte de la nuit aéronautique en France est :

a) la nuit aéronautique commence 30 min avant le coucher du soleil et se termine 30 min après son lever ☐
b) la nuit aéronautique commence 30 min après le coucher du soleil et se termine 30 min après son lever ☐
c) la nuit aéronautique commence 20 min après le coucher du soleil et se termine 20 min avant son lever ☐
d) la nuit aéronautique commence 30 min après le coucher du soleil et se termine 30 min avant son lever ☐

20 - Sur une carte OACI au 1/500 000, vous relevez : R166B 2300 ASFC. Vous en déduisez que la zone réglementée 166 B s'étend en hauteur :

a) à partir de 2 300 ft au-dessus de la surface du sol ☐
b) du niveau de la mer jusqu'à 2 300 ft au-dessus du niveau de la mer ☐
c) du niveau du sol jusqu'à 2 300 ft au-dessus de la surface du sol ☐
d) du niveau du sol jusqu'à 2 300 ft au-dessus du niveau de la mer ☐

Notes personnelles et conseils de votre pilote-instructeur – Navigation :

Section 5

NAVIGATION

Module 3
« Préparation et pratique de la navigation »

NAVIGATION <u>Module 3</u> « Préparation et pratique de la navigation »

1. Préparation du vol

1.1. Tracé du trait

Tracer le trait sur la carte en pensant que le pilote est assis à gauche et qu'il volera de façon à voir ses repères sur la gauche de l'appareil. Le trait doit être suffisamment visible en vol pour ne pas avoir à le chercher. Penser à utiliser les aides radio-électriques et les repères immanquables proches de la route prévue.

1.2. Étude des zones P, R, D et des zones contrôlées

Faire la liste de toutes les zones réglementées, interdites, dangereuses (R, P, D) ainsi que des espaces aériens à traverser (A, C, D, E, G) et vérifier, à l'aide du complément aux cartes, leur perméabilité. En cas d'incompatibilité, modifier l'itinéraire ou l'altitude de croisière afin d'éviter la pénétration de zones interdites ou impénétrables (classe D sans transpondeur, etc.).

Prévoir toujours un itinéraire mauvais temps. En effet, certaines zones militaires d'entraînement au vol à grande vitesse s'étendent jusqu'au sol.
En cas de mauvaises conditions météo, il ne sera pas possible de passer au-dessus, il faut donc prévoir de dévier sa route afin de passer par les couloirs basse altitude (passages prévus sous la zone en certains endroits). Par ailleurs, il est parfois impossible de monter au niveau prévu pour franchir un relief. Il faut donc avoir prévu avant le vol la route à suivre pour contourner par les vallées, au prix parfois d'un surplus de consommation de carburant, qu'il faut par conséquent avoir à bord avant le départ du parking.
Étudier les cartes d'aérodrome et de trajet afin de faire un inventaire des contacts radio à établir et envisager les contacts suffisamment tôt pour avoir les clairances de pénétration avant d'être dans les espaces concernés.

1.3. Mesure de la route vraie

Utiliser un rapporteur aéronautique ou un ploteur en se servant des méridiens comme référence du nord.

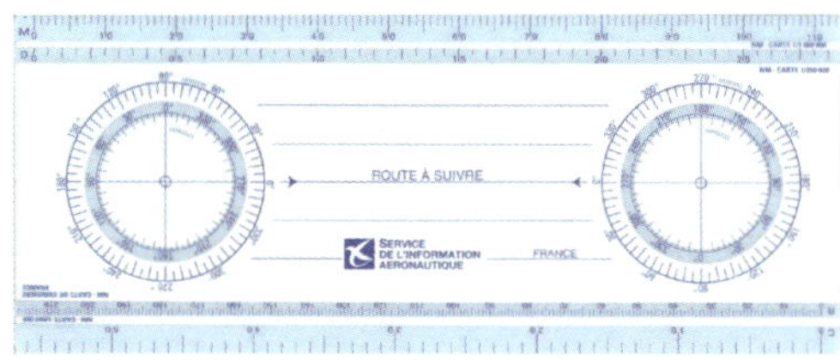

Exemple de ploteur fourni dans le complément VFR.

1.4. Calcul de la route magnétique

Rm = Rv – Dm

Avec Dm : déclinaison magnétique ouest < 0 nord magnétique à l'ouest du nord vrai et est > 0 nord magnétique à l'est du nord vrai.

Exemple : Dm = 3°w Rv =180° => Rm = 180 – (-3) = 183°

La déclinaison magnétique Dm se trouve sur le cartouche de la carte au 1/500 000 ainsi que sur les cartes VAC.

1.5. Prise en compte de la météo : estimation de la dérive

Voir le calcul de la dérive et le triangle des vitesses dans le cours Navigation, <u>module 2</u>, **4. L'estime : le cap et la montre**.

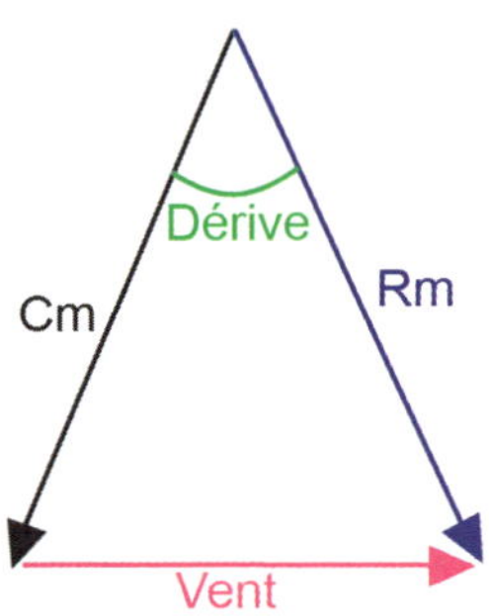

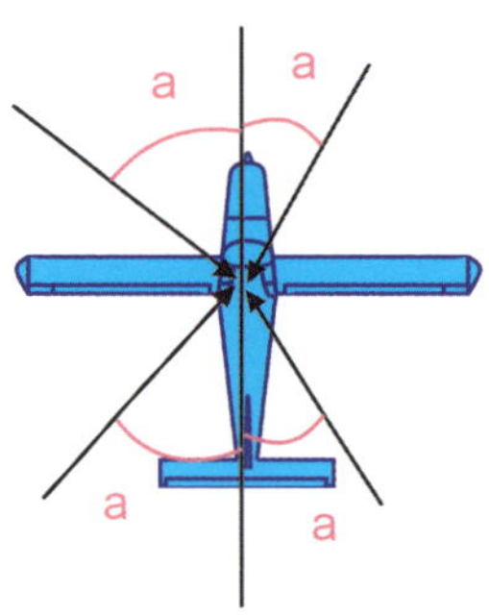

a = angle au vent.
C'est l'angle compris entre la route vraie et la direction du vent.

1.6. Choix des points tournants

Les points tournants (repères) doivent être choisis suffisamment proches pour ne pas augmenter le rayon du cercle d'incertitude mais suffisamment éloignés pour ne pas augmenter inutilement la charge de travail.
En règle générale, on prend un point de repère toutes les 8 à 12 minutes.

Selon le type de région survolée, le choix des repères ne sera pas le même.

Ces points doivent être facilement identifiables :

RÉGION SURVOLÉE	BONS REPÈRES	MAUVAIS REPÉRES
Fortement peuplée	Autoroutes, rivières, lacs	Routes (très nombreuses)
Plaine agricole	Grandes villes Routes importantes Voies ferrées Canaux	Petits villages Petits plans d'eau Lignes haute tension
Forestière	Lignes haute tension, routes	Chemins forestiers
Montagneuse	Villes Voies ferrées Cours d'eau Barrages Vallées Les hauts sommets	Les repères dans le fond des vallées (vus au dernier moment). La neige modifie fortement l'aspect

Le cercle de visibilité représente le cercle qu'il est permis de voir en fonction de la visibilité du jour. Le cercle d'incertitude représente un cercle dans lequel on est sûr de se trouver si le cap a été tenu de façon correcte. Ce cercle a un diamètre de 1/10 de la distance parcourue.

Par faible visibilité, il faut prévoir des points de reports plus proches pour que le cercle d'incertitude soit plus petit que le cercle de visibilité. Cela entraîne une charge de travail plus importante.

1.7. Mesure de la distance et calcul du temps sans vent

Les distances D sont mesurées en nautiques (Nm). Calcul du temps sans vent :

Tsv = D.Fb

Les effets du vent sur la vitesse sol sont estimés au passage des points de report (avance ou retard).

1.8. Étude de la météo

Avant tout vol et notamment en voyage, il faut prendre connaissance des observations et prévisions météos, voir Météorologie, module 4, **« Les services de la météo ».**

1.9. NOTAM (Notice To Air Men)

Etude des NOTAM concernant le terrain de départ, d'arrivée et de dégagement ainsi que pour la route prévue.

1.10. Masse, carburant, centrage

Voir la fiche de pesée et de centrage, l'influence de la quantité de carburant et sa répartition, ainsi que celle des passagers et des bagages sur le centrage également.
Vérifier l'influence de la masse sur les performances au décollage et à l'atterrissage.

La densité de la 100 LL étant de 0.72, 100 litres de 100 LL pèsent 72 kilos.
S'assurer que le chargement de l'avion permet de rester dans la plage de centrage pendant toute la durée du vol, y compris si tout le carburant embarqué est consommé.

1.11. Préparation de l'arrivée

CARTE VAC :

Type de terrain : herbe, dur, contrôlé, non contrôlé
Type de classe d'espace
Fréquences (ATIS, Approche, Tour, Sol)
Cheminements VFR et VFR spécial
Altitude du terrain
Localisation et altitude du tour de piste
Longueur de piste
Consignes panne radio
Survol à eviter
Repérage manche à air

1.12. Le déroutement

L'un des impondérables que vous pourriez rencontrer serait l'impossibilité d'utiliser le terrain de destination prévu pour une raison *x* ou *y*.
Il vous faudra dès lors vous dérouter sur un autre aérodrome, en fonction des conditions météorologiques et du carburant restant.
Pour effectuer un déroutement, voici une méthode basique :
· Calculez un cap estimé à 10° près vers le terrain de déroutement (et le prendre).
· Affinez le calcul du cap en utilisant le rapporteur de navigation.
· Calculez une altitude de sécurité par rapport aux reliefs de la carte 1/500 000ème (et la respecter).
· Vérifiez sur la carte 1/500 000ème les éventuelles zones à statut particulier (P, D, R) sur le trajet puis actualisez votre route et l'altitude à respecter.
· Calculez d'une première estimée vertical terrain de déroutement avec les doigts (un doigt = 5 Nm = 10 km sur la carte 1/500 000ème).
· Prenez des points de repère intermédiaires si le temps de déroutement est supérieur à 15 minutes.
· Faites un bilan de carburant.
· Préparez l'arrivée sur le terrain de déroutement :
1. fréquences radio
2. altitude d'intégration
3. situation de la manche à air, QFU du terrain, altitude et situation du tour de piste.

N'oubliez pas qu'en cas de déroutement, le cheminement et les aides radionavigations peuvent vous faciliter la tâche. Et surtout, n'hésitez pas à utiliser l'aide précieuse d'un contrôleur aérien.

2. Le plan de vol déposé (FPL)

C'est un ensemble de renseignements à fournir aux organismes de la circulation aérienne pour prendre en compte votre vol, dans le but de rendre les services du contrôle, d'information et d'alerte.

2.1. Intérêts

Lorsque l'on souhaite bénéficier du service d'alerte.

2.2. Obligation

Franchissement de frontières, survol de régions inhospitalières, certains survols maritimes, vol VFR de nuit hors vol local, vol IFR.

2.3. Activation et clôture

Le FPL doit être déposé au moins soixante minutes avant l'heure estimée de départ du poste de stationnement. Le plan de vol reste valable si vous débutez le roulage dans l'heure qui suit l'indication portée en case 13. Si vous ne pouvez pas respecter ce délai, il faut déposer un avis de retard auprès de l'organisme que vous avez contacté, sous peine de devoir déposer un nouveau FPL.

Le FPL sera mis en vigueur sur la fréquence TWR ou AFIS, ou après le décollage auprès d'un organisme de la CA en contactant par exemple le Centre d'Information de Vol. La clôture est automatique si le terrain de destination est doté d'une fréquence TWR ou AFIS. Dans le cas contraire, clôturer par radio en vol ou en téléphonant au plus tôt après l'atterrissage auprès d'un CIV dont les numéros de téléphone se trouvent dans le guide VFR ou les cartes VAC.

Nota : en France, pour un vol VFR à l'intérieur du territoire national, le FPL peut être déposé seulement 30 minutes avant le départ.

2.4. Rédaction du plan de vol

Pages suivantes : légende du FPL

Voir aussi : aspect réglementaires du plan de vol en Réglementation, module 3, **5. Le plan de vol**. Les moyens de transmission actuels sont par fax du formulaire au Bureau Régional d'Information et d'Assistance au vol (BRIA), transmission par internet par l'intermédiaire du site OLIVIA, et téléphone au BRIA ; en remplissant un formulaire à déposer auprès d'un bureau de piste. Les renseignements peuvent être aussi transmis par téléphone auprès du bureau de piste de rattachement.

3. Réalisation de la navigation

3.1. Aspects systématiques de la navigation

- Au parking : organisation des moyens radio et de radio navigation, étude du roulage en fonction de la piste en service et du parking,
- avant alignement : briefing avant décollage,
- en cours de montée : check-list montée,
- en début de croisière : check-list croisière (MEGAR),
- en cours de croisière : check-list points tournants,
- avant descente : organisation de l'arrivée, briefing d'arrivée et check-list avant descente,
- en vent arrière : check-list approche (exemple : avion à train rentrant = freins en pression, train sorti verrouillé, volets 10°, pompe électrique sur marche),
- en finale : check-list approche finale (exemple : avion à train rentrant = train sorti verrouillé, volets 30°, hélice petit pas, mélange plein riche, talons au plancher).

La MEGAR est un moyen mnémotechnique permettant de faire les actions à entreprendre en début et en fin de croisière ou lorsqu'on quitte un aérodrome non contrôlé :

- **M**oteur (pression et température vérifiée)
- **E**ssence, électricité (pression d'essence et contrôle des jauges, contrôle de la charge alternateur)
- **G**yroscopes (recalage du directionnel et rappel du cap)
- **A**ltitude (recalage éventuel de l'altimètre et rappel de l'altitude)
- **R**adio radionavigation (contacter le terrain ou quitter la fréquence, et organiser les moyens radio et radionavigation).

DIRECTION GENERALE DE L'AVIATION CIVILE

DIRECTION
DE LA NAVIGATION
AÉRIENNE
50, rue Henri Farman
75720 - PARIS CEDEX 15

cerfa
N° 47-0199

FORMULAIRE ET RÉDACTION DU PLAN DE VOL DÉPOSÉ (FPL)/FLIGT PLAN

Arrêté du 13 mars 1992

PRIORITÉ/Priority
<< = FF ➡

DESTINATAIRE(S)/Addressee(s)

<<=

HEURE DE DÉPÔT
Filing time

➡ EXPÉDITEUR/Originator

<<=

IDENTIFICATION PRÉCISE OU(DES) DESTINATAIRE(S) ET/OU DE L'EXPÉDITEUR/Specific identification of adressee(s) and/or originator

3 TYPE DE MESSAGE/Message type
<< = (FPL

7 IDENTIFICATION DE L'AÉRONEF
Aircraft identification
— F K U N Z

8 RÈGLE DE VOL
Flight rules
— V

TYPE DE VOL
Type of flight
G <<=

9 NOMBRE/Number
— 01

TYPE D'AÉRONEF/Type of aircraft
TRIN

CAT. DE TURBULENCE DE SILLAGE
Wake turbulance cat.
/ L

10 ÉQUIPEMENT/Equipement
— S/C <<=

13 AÉRODROME DE DÉPART/Departure aerodrome
— LFPT

HEURE/Time
0800 <<=

15 VITESSE/Cruising speed
— N0140

NIVEAU/Level
VFR

➡ ROUTE/Road
RBT, PTV, NEV

<<=

16 AÉRODROME DE DESTINATION
Destination aerodrome
— LFQG

DURÉE TOTALE ESTIMÉE/Total cet
HR MIN.
01 30

➡ AÉRODROMES DE DÉGAGEMENT/altn aerodromes
1er/First
LFMN

➡ 2e/2nd.
<<=

18 RENSEIGNEMENTS DIVERS/Other information

)<<=

RENSEIGNEMENTS COMPLÉMENTAIRES (A NE PAS TRANSMETTRE DANS LES MESSAGES DE PLAN DE VOL DÉPOSÉ)
Supplementary information (NOT TO BE TRANSMITTED IN FPL MESSAGES)

19 AUTONOMIE/Endurance
HR MIN.
E / 0430

➡ PERSONNES A BORD/Persons on board
P / 004

➡ RADIO ET BALISE D'URGENCE/Emergency radio
UHF VHF RBDA/clba
R / ~~U~~ ~~V~~ E

ÉQUIPEMENT DE SURVIE/Survival equipement
POLAIRE Polar / DÉSERT Desert / MARITIME Maritime / JUNGLE Jungle
➡ ~~S~~ / ~~P~~ ~~D~~ ~~M~~ ~~J~~

GILETS DE SAUVETAGE/Jackets
LAMPES Light / FLUORES fluores / UHF / VHF
➡ ~~J~~ / ~~L~~ ~~F~~ ~~U~~ ~~V~~

CANOTS/Dinghies
NOMBRE Number / CAPACITE Capacity / COUVERTURE Cover / COULEUR Color
➡ ~~D~~ / ➡ ➡ ~~C~~ ➡ <<=

COULEUR ET MARQUES DE L'AÉRONEF/Aicraft color and markings
A / BLEU, BLANC, ROUGE

REMARQUES/Remarks
➡ ~~N~~ / <<=

PILOTE COMMANDANT DE BORD/Pilot in command
C / MARTIN)<<=

DÉPOSÉ PAR/Filed by

ESPACE RÉSERVÉ A DES FINS SUPPLÉMENTAIRES/Space reserved for additional requirements

SPECIMEN

La loi n° 78-17 du 6 janvier 1978 relative à l'informatique aux fichiers et aux libertés, garantit aux déclarants un droit d'accès et de rectification pour les données les concernant auprès de l'organisme destinataire du formulaire.

<table>
<tr><th colspan="2">Case</th><th>signification</th></tr>
<tr><td>7</td><td>Immatriculation</td><td>5 lettres de l'indicatif</td></tr>
<tr><td rowspan="2">8</td><td>Régime de vol</td><td><table><tr><td>I</td><td>V</td><td>Y</td><td>Z</td></tr><tr><td>IFR</td><td>VFR</td><td>IFR puis VFR</td><td>VFR puis IFR</td></tr></table></td></tr>
<tr><td>Type de vol</td><td><table><tr><td>G</td><td>S</td><td>N</td><td>M</td><td>X</td></tr><tr><td>générale</td><td>régulier</td><td>Non régulier</td><td>mili-taire</td><td>autres</td></tr></table></td></tr>
<tr><td rowspan="3">9</td><td>Nombre</td><td>Nombre d'aéronefs dans le cas de vol en patrouille</td></tr>
<tr><td>Type</td><td>Type OACI ou ZZZZ si d'un type autre puis type en clair case 18</td></tr>
<tr><td>Turbulence de sillage</td><td><table><tr><td>L</td><td>Light aircraft, soit moins de 7 tonnes</td></tr><tr><td>M</td><td>Medium aircraft, soit plus de 7 tonnes et moins de 136 tonnes</td></tr><tr><td>H</td><td>Heavy aircraft, soit plus de 136 tonnes</td></tr></table></td></tr>
<tr><td rowspan="2">10</td><td>Équipement</td><td><table><tr><td>N</td><td>S</td><td>U</td><td>V</td><td>F</td><td>O</td><td>D</td><td>L</td><td>R</td><td>Z</td></tr><tr><td>Aucun équipement correspondant à la route à bord ou hors service</td><td>Equipement correspondant à la route à bord</td><td>UHF</td><td>VHF</td><td>ADF</td><td>VOR</td><td>DME</td><td>ILS</td><td>RNAV</td><td>Autre équipement à spécifier en case 18</td></tr></table></td></tr>
<tr><td>Transpondeur (modes) Zp = transmission de l'altitude pression (alticodeur)</td><td><table><tr><td>N</td><td>A</td><td>C</td><td>X</td><td>P</td><td>I</td><td>S</td></tr><tr><td>Non</td><td>4 chiffres 4096 codes</td><td>A et Zp</td><td>Mode S sans identification aéronef ni Zp</td><td>Mode S avec ZP sans identification aéronef</td><td>Mode S avec identification aéronef sans Zp</td><td>Mode S avec identification aéronef et Zp</td></tr></table></td></tr>
<tr><td rowspan="2">13</td><td>Aérodrome de départ</td><td>Code OACI à 4 lettres ou ZZZZ et en clair précédé de DEP/ case 18 pour un aérodrome privé</td></tr>
<tr><td>Heure de départ</td><td>4 chiffres de l'heure UTC de départ prévu du poste de stationnement</td></tr>
<tr><td rowspan="3">15</td><td>Vitesse de croisière</td><td>N0160 pour vitesse 160 kt K0180 pour vitesse 180 km/h</td></tr>
<tr><td>Niveau de vol</td><td>VFR (pas d'altitude définie) A+ 3 chiffres (en centaine de pieds) si altitude déterminée
F+3 chiffres si niveau déterminé</td></tr>
<tr><td>Route</td><td>Exemple : DCT (direct), RBT (VOR Rambouillet)</td></tr>
<tr><td rowspan="3">16</td><td>Aérodrome de destination</td><td>Code OACI à 4 lettres ou ZZZZ et en clair précédé de DEST/ case 18 pour un aérodrome privé</td></tr>
<tr><td>Durée totale estimée</td><td>Durée du vol depuis le décollage jusqu'à la verticale du terrain de destination (VFR)</td></tr>
<tr><td>Aérodrome de dégagement</td><td>Code OACI à 4 lettres ou ZZZZ et en clair précédé de ALTN/ case 18 pour un aérodrome privé</td></tr>
<tr><td>18</td><td>Renseignements divers</td><td><table><tr><td>EET</td><td>Point de franchissement de la frontière et temps de vol pour y arriver</td></tr><tr><td>OPR</td><td>Nom de l'exploitant de l'aéronef</td></tr><tr><td>TYP</td><td>Type de l'aéronef si le groupe ZZZZ figure en case 9</td></tr><tr><td>DEP</td><td>Nom de l'aérodrome de départ si le groupe ZZZZ figure en case 13</td></tr><tr><td>DEST</td><td>Nom de l'aérodrome de destination si le groupe ZZZZ figure en case 16</td></tr><tr><td>ALTN</td><td>Nom de l'aérodrome de dégagement si le groupe ZZZZ figure en case 16</td></tr><tr><td>RMK</td><td>Toute autre remarque en clair jugée nécessaire</td></tr></table></td></tr>
<tr><td>19</td><td>Renseignements (biffer les mentions inutiles)</td><td><table><tr><td>E</td><td>Groupe de 4 chiffres donnant l'autonomie en heure et minutes</td></tr><tr><td>P</td><td>Nombre de personnes à bord passagers et membres d'équipage, TBN si ce nombre n'est pas connu</td></tr><tr><td>R</td><td>Radio U poste UHF 243.0 MHz, V poste VHF 121.5 MHz, E radiobalise de détresse (RBDA/ELBA)</td></tr><tr><td>S</td><td>Equipement de survie : P Polaire, D Désertique, M Mer, J Jungle</td></tr><tr><td>J</td><td>Gilets, L lampes de gilets, F fluorescéine de gilets, U ou V pour radio portable de gilets</td></tr><tr><td>D</td><td>Canots nombre et quantité D et C si il n'y a pas de canots à bord, capacité maximale, C couverture des canots, couleur</td></tr><tr><td>A</td><td>Couleur et marque de l'aéronef</td></tr><tr><td>N</td><td>remarque</td></tr><tr><td>C</td><td>Pilote commandant de bord</td></tr></table></td></tr>
</table>

3.2. Briefing départ

Permet d'activer la mémoire à court terme (sept items maximum, mais accès instantané) et de définir la répartition des tâches à bord (qui fait quoi ?) de façon à ne pas avoir deux personnes faisant la même chose alors qu'une tâche vitale est délaissée par l'élève et l'instructeur.

- QFU et longueur de piste disponible (si on décolle d'une intersection de taxiway, toute la longueur de piste n'est pas forcément utilisable, prévoir de remonter la piste).
- Sens du virage après décollage et 1er cap (cas d'une route inversée par rapport au sens de décollage).
- 1ère altitude.
- 1ère estimée.
- Qui effectue l'arrêt - décollage en cas d'incident ou de panne (mineure ou majeure) avant décollage ?
- Qui pilote et quelles sont les options possibles (pistes disponibles en fonction du vent) en cas de panne mineure après l'envol ?
- Qui pilote l'appareil, et quelle sera la trajectoire et la vitesse en cas de panne majeure après décollage (panne moteur ou feu moteur) ?

3.3. Check-list points tournants

- TOP : prise d'un Top et (ou) noter l'heure de passage à la verticale du repère.
- CAP : prise du nouveau cap.
- ALTITUDE : vérification de l'altitude ou changement de niveau.
- ESTIMÉE : calcul de l'heure d'arrivée au prochain repère.
- RADIO : contact radio et organisation des fréquences radio.
- RADIO NAV : affichage du prochain flanquement et organisation des fréquences radio nav.
- MOTEUR : contrôle des paramètres moteur (pré affichage, pression et température d'huile).
- ESSENCE : changement de réservoir et contrôle des jauges et calcul du carburant consommé.
- GYRO : recalage du conservateur de caps.

3.4. Le briefing arrivée

Après avoir pris l'ATIS, ou contacté le terrain d'arrivée pour avoir les paramètres, vérifier l'accessibilité du terrain et calculer le point de descente.
Étude de la fiche du terrain d'arrivée :

- contrôlé ou non contrôlé ?
- ouvert à la circulation aérienne publique (CAP) ?
- longueur de la piste et nature du revêtement (limitation) et QFU,
- position du tour de piste (E,W,S,N),
- hauteur ou altitude du tour de piste et altitude du passage vertical éventuel.
- survol à éviter, repérer manche à air
- rappel de l'heure ou du point de mise en descente vers l'altitude et le calage (niveau de vol vers QNH) ;
- trajectoire d'arrivée et type d'intégration (verticale, vent arrière, base ou finale directe) ;
- sens du tour de piste ;
- point de réduction de la vitesse.

3.5. Intégrations sur terrains contrôlés et non contrôlés

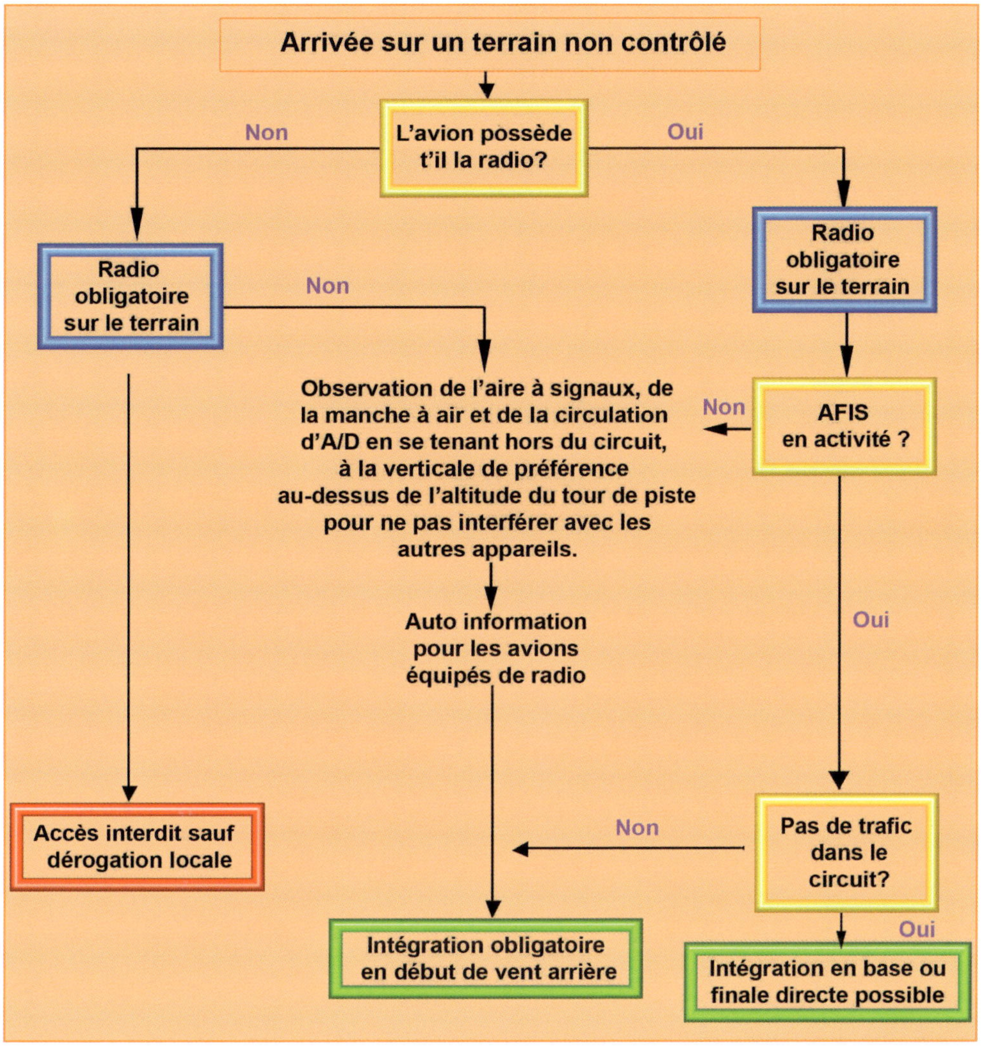

Exemple d'intégration en terrain non contrôlé : voir Réglementation, module 4,*1.1. L'aire à signaux.*

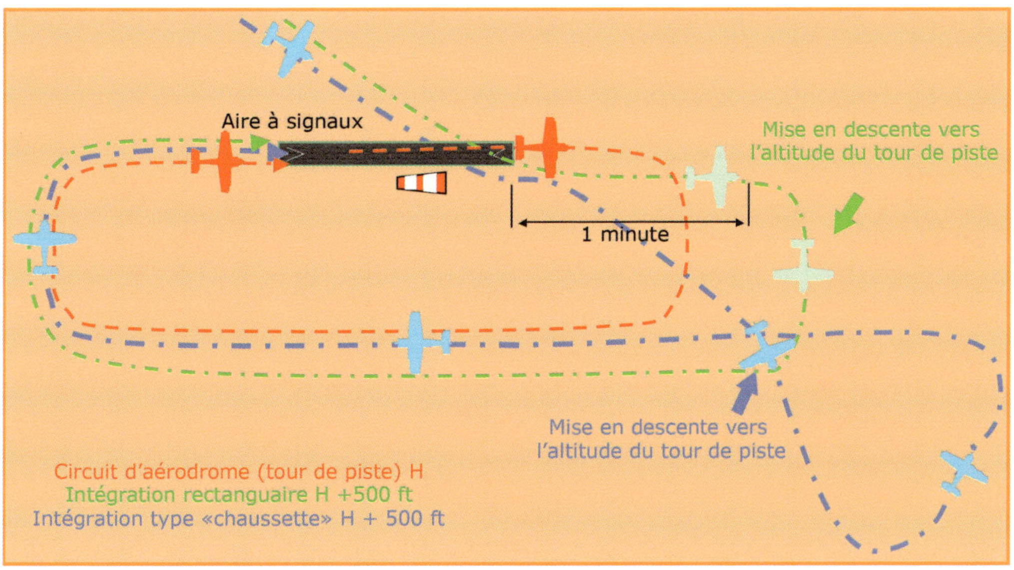

3.6. La taxe d'atterrissage

Les chambres de commerce exploitant les aérodromes instaurent une redevance d'atterrissage dont le prix dépend du type d'aéronef, de son tonnage et du service rendu (« touch and go » ou atterrissage complet).

Lors de l'atterrissage sur un aérodrome se renseigner pour payer la taxe au plus tôt afin d'éviter les frais de facturation qui, dans certains cas, sont plus importants que la taxe !

3.7. Carnet de vol et carnet de route

Chaque pilote doit reporter ses temps de vol sur son carnet de vol (voir Aérotechnique, module 6, **1. Documents appareil** et **2. Documents pilote**).

Il en est de même pour le carnet de route, dont le remplissage est de la responsabilité du commandant de bord (voir Aérotechnique, module 6, **1. Documents appareil**).

Extraits de l'annexe 6 « Exploitation technique des aéronefs » de l'OACI, relatif au carnet de route (chap.II.4) :

« *11.4.1. Il est recommandé que le carnet de route d'un avion comporte les rubriques suivantes correspondant aux chiffres romains indiqués :*

I - Nationalité et immatriculation de l'avion
II - Date
III - Noms des membres de l'équipage
IV - Affectation des membres de l'équipage
V - Lieu de départ
VI - Lieu d'arrivée
VII - Heure de départ
VIII - Heure d'arrivée
IX - Heures de vol
X - Nature du vol (privé, travail aérien, école ou transport public de passagers).
XI - Incidents et observations (s'il y a lieu)
XII - Signature de la personne responsable.

11.4.2. Recommandation.— Il est recommandé que les inscriptions au carnet de route soient effectuées au fur et à mesure, à l'encre ou au crayon indélébile.

11.4.3. Recommandation.— Il est recommandé de conserver les carnets de route, une fois complets, pour permettre d'avoir un relevé complet des vols effectués au cours des six derniers mois. »

3.8. La charge de travail au cours d'une navigation

Il faut, lors d'un vol de navigation, prendre le temps de faire les actions en essayant d'anticiper sur l'appareil pour répartir la charge de travail au cours du vol, afin de ne pas rester sans rien faire pendant de longues minutes, et se laisser déborder par une charge de travail excessive (les pilotes disent qu' « on passe derrière l'avion » ou « qui siffle en croisière pleure en approche »).

4. La phraséologie VFR au cours d'une navigation

Voir Procédure et sécurité, module 2, 1.3.2. Radio en navigation.

Remarques :
- Lorsque l'auto-information est pratiquée sur un terrain ne possédant pas de fréquence attitrée, il faut **IMPERATIVEMENT** répéter le nom du terrain au début de chaque message sur la fréquence 123.5 Mhz.
- On ne dit pas « oui » ou « affirmatif » mais « affirme ».
- On ne collationne (répète) pas le vent, en revanche, toutes les autres instructions doivent l'être.

Entraînement à l'examen théorique

1 - Au-dessus d'une région forestière, les meilleurs repères sont (choisir la combinaison exacte la plus complète) :
1/ les rivières
2/ les grandes routes
3/ les chemins
4/ les lignes à haute tension
- a) 2, 3, 4 □
- b) 1, 2, 3 □
- c) 2, 4 □
- d) 1, 3, 4 □

2 - Au-dessus d'une région agricole, les bons repères sont (choisir la combinaison exacte la plus complète) :
1/ les lignes à haute tension
2/ les villages
3/ les voies ferrées
4/ les grandes villes
- a) 3, 4 □
- b) 2, 3, 4 □
- c) 1, 2, 4 □
- d) 1, 3, 4 □

3 - Pour préparer une navigation entre deux points distants de 60 Nm, vous disposez des éléments suivants :
- vent effectif de face : 20 kt
- vitesse propre : 80 kt
- consommation horaire: 24 l/h.
Pour cette étape, vous prévoyez un délestage de :
- a) 18 l □
- b) 24 l □
- c) 15 l □
- d) 30 l □

4 - Le carburant à emporter lors d'une navigation est calculé à partir de la distance à parcourir et de :
- a) la vitesse sol prévue sur le parcours et une réserve réglementaire □
- b) la vitesse propre prévue sur le parcours □
- c) la vitesse sol prévue sur le parcours □
- d) la vitesse propre prévue sur le parcours et une réserve réglementaire □

5 - Pour la navigation aérienne, l'unité usuelle de distance horizontale est le :
- a) ft (pied) □
- b) Nm (nautical mile) □
- c) km (kilomètre) □
- d) SM (statute mile) □

6 - Un plan de vol déposé (FPL) est obligatoire pour (choisir la combinaison exacte la plus complète) :
1/ voler sans garder la vue du sol ou de l'eau (« on top »)
2/ partir en navigation en VFR de nuit
3/ tout vol en VFR de nuit
4/ partir à destination d'un altiport □
- a) 1, 3 □
- b) 2 □
- c) 3 □
- d) 2, 4

7 - Vous souhaitez entreprendre un vol de navigation qui vous fait traverser une zone dangereuse, notée D52. Dans cette zone, le transit :
- a) ne requiert aucune autorisation particulière □ mais présente un danger pour les aéronefs
- b) requiert une autorisation de transit qui doit être demandée par radio à l'organisme gestionnaire □ 10 minutes avant l'entrée de la zone
- c) ne requiert aucune autorisation particulière mais impose le contact radio avec l'organisme □ gestionnaire
- d) est interdite à la circulation des aéronefs civils □

8 - À la rubrique 9 du plan de vol, dans la case « catégorie de turbulence de sillage », pour votre avion de moins de 7 tonnes, vous inscrivez :
- a) X □
- b) M □
- c) H □
- d) L □

9 - À la rubrique 10 du plan de vol, dans la case « équipement », pour spécifier que votre avion n'est équipé d'aucun moyen radio (ni de communication, ni de navigation), vous inscrivez :
- a) NO □
- b) HS □
- c) S □
- d) N □

10 - À la rubrique 13 du plan de vol, dans la case « heure », vous inscrivez :
- a) l'heure de dépôt du plan de vol □
- b) l'heure estimée de départ du poste de stationnement □
- c) VFR □
- d) l'heure estimée de décollage de l'aérodrome □

11 - À la rubrique 15 du plan de vol, dans la case «vitesse de croisière», pour votre avion qui vole à 90 kt, vous inscrivez :

a) N0090 □
b) N0009 □
c) N9000 □
d) N0900 □

12 - À la rubrique 15 du plan de vol, dans la case « vitesse de croisière », pour votre avion qui vole à 100 kt, considérant un vent de face de 20 kt, vous inscrivez :

a) N0120 □
b) N080 □
c) N0080 □
d) N0100 □

13 - À la rubrique 15 du plan de vol, dans la case « niveau », pour un vol prévu au niveau de vol FL 65, vous inscrivez :

a) NV65 □
b) FL065 □
c) F065 □
d) A0065 □

14 - Pour un vol à destination de l'étranger, le plan de vol (FPL) doit être communiqué :

a) au moins soixante minutes avant l'heure estimée de départ du poste de stationnement □
b) à tout moment, en vol □
c) au moins trente minutes avant l'heure estimée de départ du poste de stationnement □
d) au moins trente minutes avant l'heure estimée de franchissement de la frontière □

15 - Vous arrivez sur un terrain géré par un agent AFIS, le plan de vol sera clôturé en priorité par :

a) cet agent AFIS □
b) vous-même, car l'agent AFIS n'est pas habilité □
c) vous-même, par téléphone, une fois l'aéronef au parking □
d) par l'organisme de contrôle avec lequel vous êtes en contact juste avant votre atterrissage □

16 - Le dépôt d'un plan de vol est obligatoire :

a) au moins 45 minutes avant l'heure estimée de départ du poste de stationnement pour tout survol d'une zone urbanisée □
b) pour pénétrer, en VFR, dans tout espace aérien de classe C ou B □
c) pour tout vol contrôlé □
d) au moins 60 minutes avant l'heure estimée de départ du poste de stationnement en cas de franchissement d'une frontière □

17 - À l'issue d'une navigation, pour intégrer le circuit d'un aérodrome doté d'un organisme AFIS, en dehors des horaires de fonctionnement de cet organisme, vous :

a) devez examiner l'aérodrome d'une hauteur supérieure à celle du tour de piste puis rejoindre le début de la branche vent arrière □
b) pouvez vous reporter directement en étape de base si vous être sûr de l'absence de trafic □
c) pouvez vous reporter directement en finale si vous êtes sûr de l'absence de trafic □
d) devez effectuer un passage à basse hauteur au-dessus de l'aire à signaux puis rejoindre la branche vent arrière □

18 - Sur un aérodrome où la radio est obligatoire, un AFIS vous passe les paramètres et vous signale un avion en étape de base :

a) vous devez débuter l'intégration par une verticale terrain □
b) vous devez vous intégrer en vent arrière □
c) vous pouvez vous intégrer en finale □
d) vous pouvez vous intégrer en étape de base □

19 - L'AFIS rend le service :

a) de contrôle au bénéfice des aéronefs dans la circulation d'aérodrome □
b) de clairance aux aéronefs dans la circulation d'aérodrome □
c) d'information de vol et d'alerte, aucune clairance n'est communiquée □
d) d'information automatique de vol au bénéfice des aéronefs dans la circulation d'aérodrome □

20 - Sur un aérodrome non contrôlé, et en l'absence de fréquence d'auto-information, les procédures radio s'effectuent sur :

a) 123,500 MHz □
b) 121,500 MHz □
c) 121,450 MHz □
d) 243,500 MHz □

Section 5

NAVIGATION

Module 4 « La radionavigation »

1. Les balises de radionavigation : fréquence et portée

BALISES	FREQUENCE	PORTEE
MARKERS	VHF 75 MHz	Verticale
ILS	VHF 108 - 112 MHz	Optique : 1,23 √ H, mais maxi 20 Nm
T :VOR	VHF 108 - 112 MHz	Optique, mais maxi 25 Nm
A :VOR	VHF 112 - 118 MHz	Optique , mais maxi 100 Nm
RADIO	VHF 118 - 137 MHz	Optique, et selon puissance émetteur
NDB	MF 190 - 1750 KHz	200 Nm
LOCATOR	MF 190 - 1750 KHz	20 Nm
GPS	SHF 1575.42 MHz	24 satellites à 20 200 Km d'altitude

La propagation des ondes est aussi influencée par différents facteurs, on notera que la propagation augmente la nuit, en hiver ou sur les surfaces peu accidentées (par ex : la mer).

2. L'ADF (Automatic Direction Finder)

L'ADF ou radiocompas désigne le récepteur de bord, l'installation au sol comporte deux types d'émetteurs.

2.1. L'équipement au sol

Le Locator est implanté à proximité d'un aérodrome généralement dans l'axe de piste, et est destiné à l'approche aux instruments. Il est identifié en général par deux lettres.
Le NDB (Non Directional Beacon) implanté en campagne, aux points clés des régions de contrôle, d'une portée supérieure, est identifié par trois lettres.

2.2. L'équipement

Se compose d'une antenne carénée généralement placée sous l'appareil, d'un récepteur permettant de sélectionner la fréquence et le mode de fonctionnement, et d'un indicateur permettant de lire le gisement ou directement le relèvement magnétique dans le cas d'un RMI (Cf. 4).

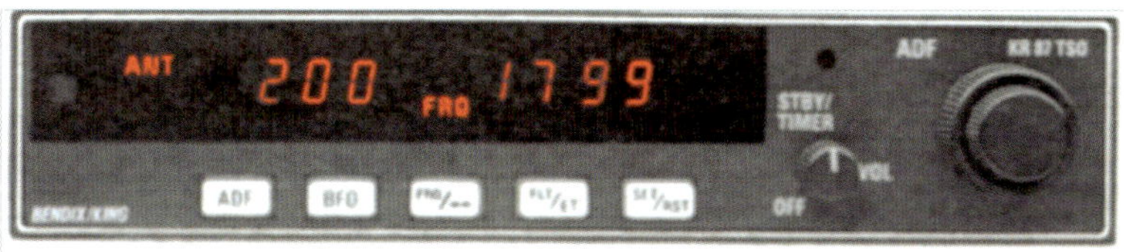

2.3. Principe de fonctionnement

La balise au sol émet un signal omnidirectionnel reçu par l'antenne de bord, qui transmet ce signal au calculateur associé au récepteur. L'afficheur indique alors un gisement, qui est l'angle compris entre le cap de l'appareil et la direction de la balise.

2.4. Définitions : gisement, relèvement, QDM, QDR

On considère que pour des distances inférieures à 100 Nm, la déclinaison magnétique à la position de l'avion est la même qu'à la position de la balise. De même on suppose qu'une droite tracée sur la carte est une orthodromie.

GISEMENT : angle formé par l'axe aéronef et la balise.
RELÈVEMENT : angle formé entre le nord et la balise.
QDM : relèvement magnétique de la station par l'aéronef.
QDR : relèvement magnétique de l'aéronef par la station

Relèvement = Cap + Gisement

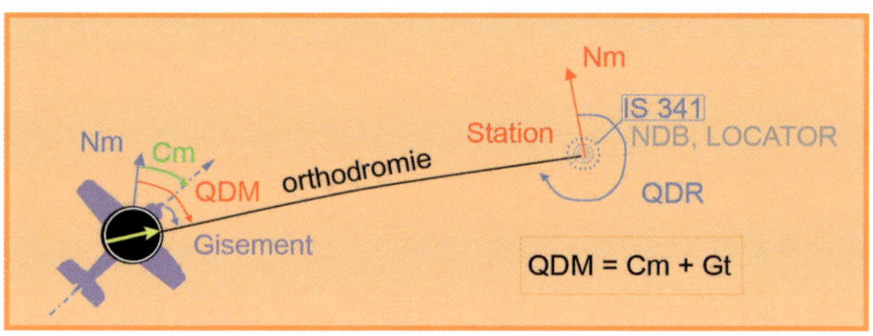

2.5. Utilisation avec le vent

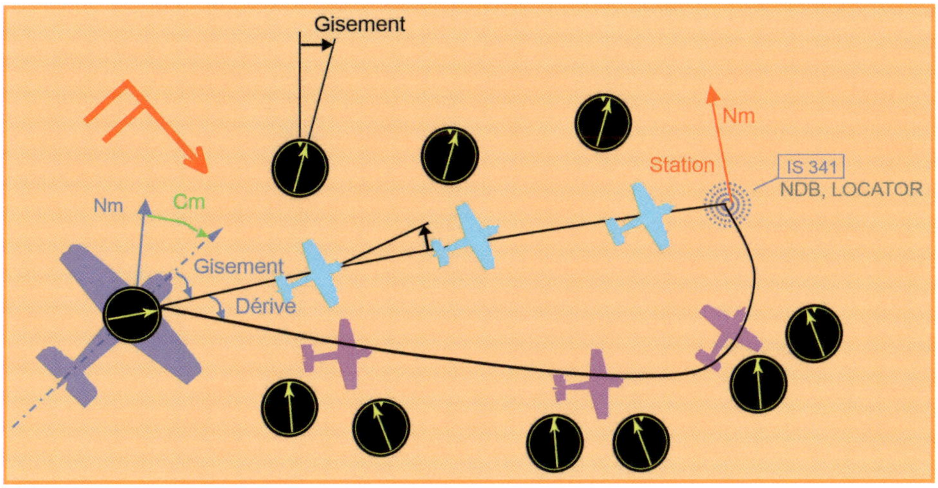

La figure ci-contre illustre la nécessité de corriger le vent par rapport à une route à gisement nul. En effet, si le pilote cherche à centrer l'aiguille dès qu'un gisement apparaît, il décrira une trajectoire appelée « **courbe du chien** » qui se termine en général face au vent à la verticale de la balise. Au contraire, si dès le départ le pilote vole à gisement constant en corrigeant la dérive, il pourra suivre la route la plus directe.

2.6. Erreurs instrumentales

Le radiocompas est sensible aux perturbations atmosphériques. Par temps orageux, l'aiguille a tendance à pointer dans la direction de la cellule orageuse. De plus, à certaines heures de la journée notamment lors du crépuscule, l'onde se réfléchit sur les hautes couches de l'atmosphère, rendant l'indication peu fiable. Par ailleurs, en mode BFO (destiné à l'identification du code morse de la balise), l'aiguille effectue un battement synchronisé avec l'indicatif, il convient donc de sélectionner "ADF" pour exploiter les informations.

3. VOR (Vhf Omni directionnel Range) et TACAN (TACtical Air Navigation)

3.1. L'équipement au sol

Il existe deux types de VOR :
- Les A-VOR (Airway VOR) ou VOR de navigation, implantés en campagne ou sur certains aérodromes. Ils servent à matérialiser les airways. La distance de réception est une portée optique (D = 1,23 √ H avec Distance en nautique (Nm) et hauteur en pied (ft)).
- Les T-VOR (Terminal VOR) dont la puissance est réduite et donc leur portée également (25 Nm). Ils sont situés à proximité des aéroports importants et sont utilisés comme repères pour les approches en vol aux instruments.

Les VOR sont représentés sur les cartes entourés d'une rose graduée orientée par rapport au nord magnétique.

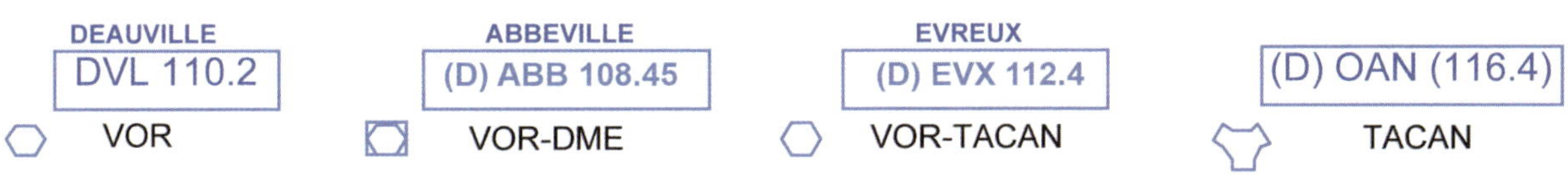

3.2. L'équipement

L'installation du VOR se compose d'une antenne, située en général sur la queue de l'appareil en forme de V, d'un récepteur, destiné à l'affichage et à l'écoute du code morse d'identification de la balise, d'un indicateur à aiguille représentant la radiale, muni d'un sélecteur OBS, destiné à la sélection de la route ou de la radiale.

3.3. Principe d'utilisation en suivi de route

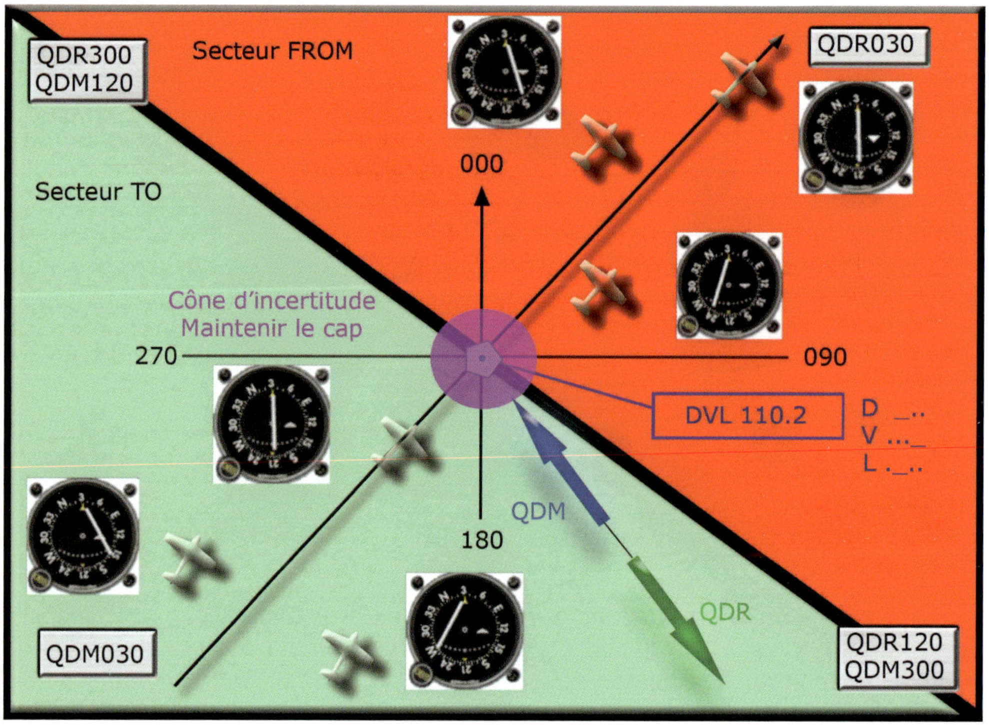

3.4. Utilisation avec le vent

En présence de vent, si celui-ci est connu, afficher la correction de dérive correspondant à la route sélectionnée. Si le vent n'est pas connu, dans un premier temps, après avoir sélectionné le QDM ou le QDR à suivre, prendre le cap correspondant à ces routes magnétiques. Si le vent est dans l'axe, il n'y aura pas de dérive mais un allongement ou une diminution du temps de vol, ce qui est sans conséquence sur l'utilisation du VOR. Dans le cas où le vent n'est pas dans l'axe, un écart apparaîtra. Dans ce cas, prendre un cap tel que l'écart s'annule, puis afficher une correction de dérive d'environ 10°. Si l'aiguille reste centrée, continuer à ce cap. Dans le cas contraire revenir à l'écart nul et, selon le cas, doubler ou diviser par deux la correction. Renouveler l'opération de proche en proche, jusqu'à avoir un suivi correct de la route. L'application de cette méthode permet en général au bout de 20 minutes d'estimer la dérive.

Exemple : Vp=120 kt, QDM à suivre = 270°, le pilote ne connaît pas le vent, ni la dérive ni le cap à suivre qu'il devra déterminer par tâtonnement.

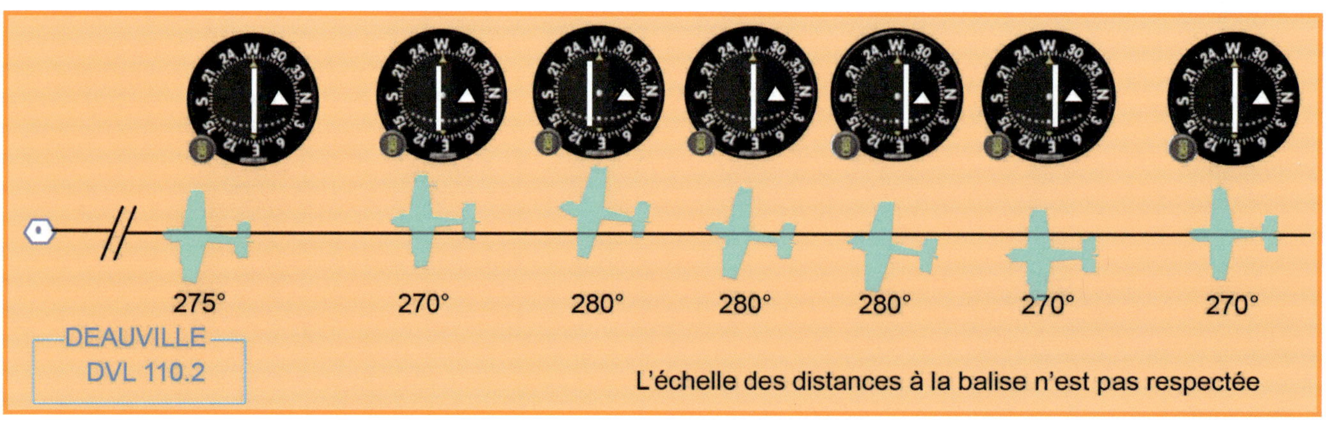

3.5. Utilisation en flanquement

L'indication de l'aiguille étant indépendante du cap de l'aéronef, cette dernière permet de valider le passage d'un repère. Pour cela on choisit un VOR le plus en travers possible, de façon à couper la radiale idéalement à angle droit. On sélectionne sur l'OBS la radiale passant par le repère de façon à obtenir une indication en FROM.

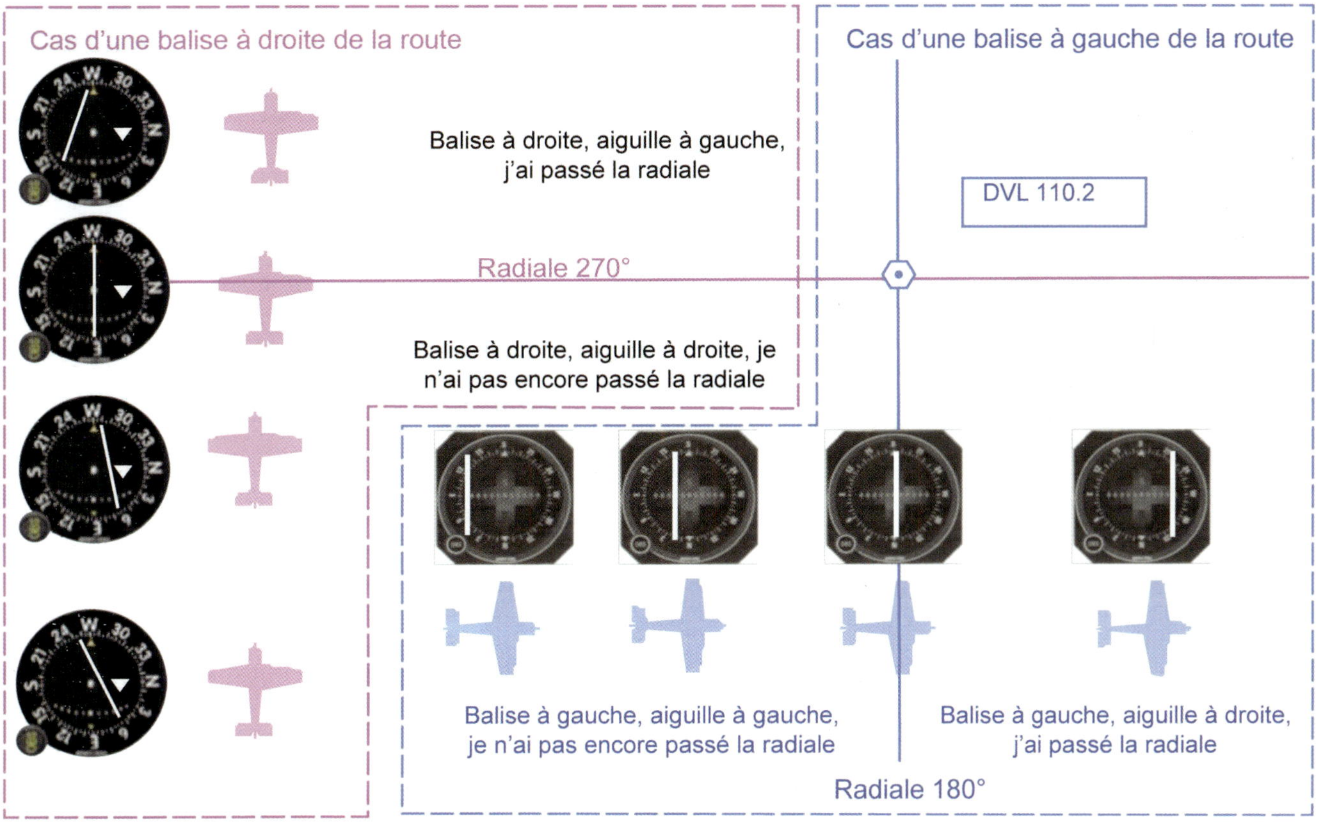

3.6. Se situer

Permet de lever le doute sur une position, ou de retrouver sa position à l'aide de deux balises.

On sélectionne la balise et on tourne l'OBS jusqu'à centrer l'aiguille en FROM, on sait alors sur quelle radiale on se trouve.

En cas d'égarement, choisir deux balises proches de la position supposée. Sélectionner la première et centrer l'aiguille en FROM, lire la radiale et la noter, tracer la radiale sur la carte. Faire de même avec la deuxième balise. L'avion se trouve à l'intersection.

Si on se croit totalement perdu, se mettre en régime d'attente. Prendre le temps de se stabiliser, et décrire des hippodromes avec une branche rectiligne d'une minute. On ne procédera à la détermination de sa position que dans les segments rectilignes, les virages seront exclusivement consacrés au pilotage et à l'orientation de l'avion.

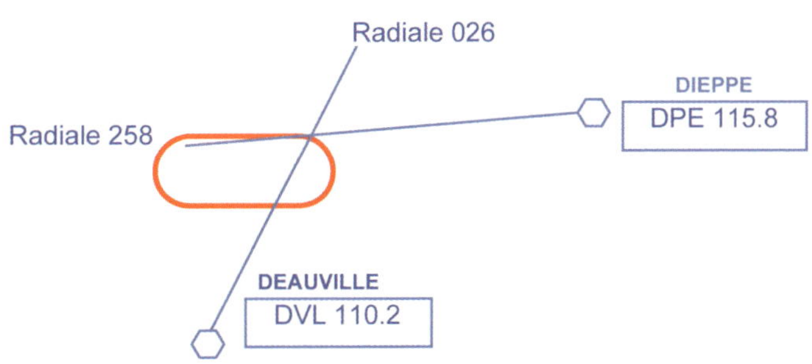

3.7. Méthode : fréquence, radiale, identification

- Mise en marche (certains récepteurs sont intégrés à la radio VHF).
- Affichage de la fréquence relevée sur la carte.
- Sélection de la route QDM ou du relèvement QDR.
- Ecoute de l'indicatif morse.

3.8. Cas d'obligation d'emport

En VFR "on top" (vol sans contact visuel du sol ou de l'eau) ainsi qu'en VFR de nuit, si un ADF n'est pas à bord en fonction de la route prévue.

4. RMI (Radio Magnetic Indicator)

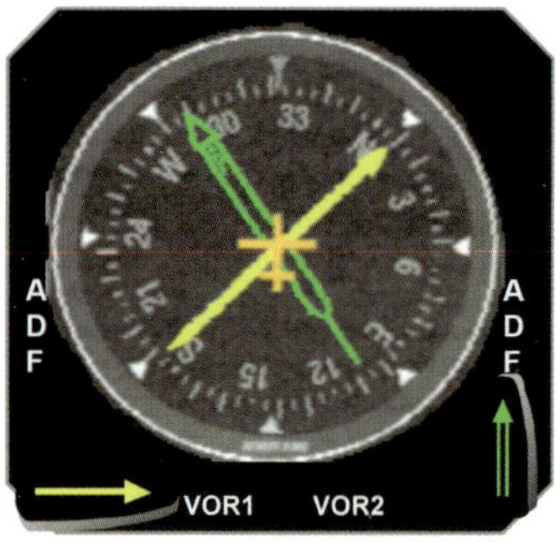

QDM 288 QDR

QDM 008 radiale

4.1. Présentation

Ce type d'instrument se rencontre généralement sur les avions de tourisme haut de gamme (TB20GT, GROB120) ainsi que sur les avions d'affaires et de lignes, bien que sur ces derniers, il soit de plus en plus remplacé par un affichage EFIS (Electronic Flight Instruments System). C'est un conservateur de cap asservi à une vanne de flux permettant de ne pas avoir à recaler le gyroscope, couplé à un ADF et souvent un VOR.

4.2. Utilisation

En règle générale, l'aiguille double est utilisée pour l'ADF alors que l'aiguille simple est utilisée en mode VOR, bien qu'il soit possible sur les indicateurs évolués de sélectionner deux aiguilles en mode VOR ou deux ADF à condition d'avoir deux récepteurs. Dans le cas d'utilisation conventionnelle, la pointe de l'aiguille ADF ou VOR indique le QDM, alors que la queue de l'aiguille indique le QDR.

5. HSI (Horizontal Situation Indicator)

5.1. Présentation

Cet instrument se rencontre également sur les avions de tourisme haut de gamme (TB20, GROB120..) ainsi que sur les avions d'affaires et de lignes, bien que sur ces derniers, il soit de plus en plus remplacé par un affichage EFIS. C'est un conservateur de cap asservi à une vanne de flux permettant de ne pas avoir à recaler le gyroscope, couplé à un VOR/ILS. Par rapport à un VOR OBS conventionnel, son principal avantage réside dans le fait qu'il est toujours directionnel quel que soit l'axe sélectionné.

5.2. Utilisation

La philosophie d'utilisation est la même que celle du VOR. Sur la figure ci-contre, l'avion se trouve au cap 190° avec un index (pinule) de tenue de cap couplé au pilote automatique si présent à bord sur le 235°, la route matérialisant l'axe est au 182°, l'avion est aligné sur cet axe. Des drapeaux (flags) indiquent la non réception de l'axe (NAV), du plan (GS ou GLIDE), ainsi que le couplage à la vanne de flux (HDG heading).

6. DME (Distances Measuring Instrument)

6.1. Présentation

Cet instrument mesure une distance oblique en portée visuelle ne pouvant excéder 200 Nm avec une précision de l'ordre de 0.2 Nm entre la station et l'avion. Un appareil volant à 6 000 ft passera à la verticale de la station avec une indication de 1 Nm. Cet instrument combine la plupart du temps un indicateur de vitesse sol, ainsi qu'une indication de temps à la station.

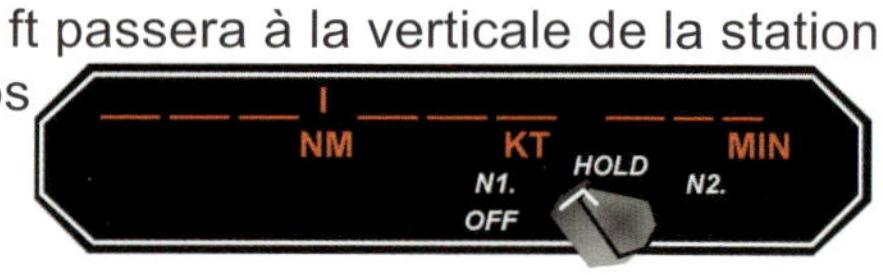

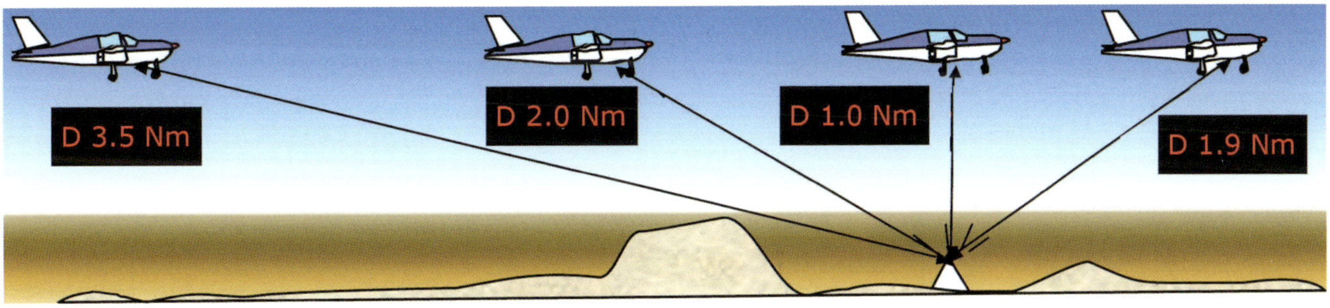

6.2. Utilisation

Il faut sélectionner la fréquence de la station DME, soit par le biais de l'indicateur lui même, soit par le truchement du récepteur de navigation. Dans ce cas il faut spécifier sur quel poste on reçoit le signal. Une fois fait, on peut positionner le sélecteur sur HOLD, la fréquence du DME est conservée. On peut alors changer la fréquence du VOR, et l'utiliser sans altérer la réception DME.

7. Radar primaire : présentation

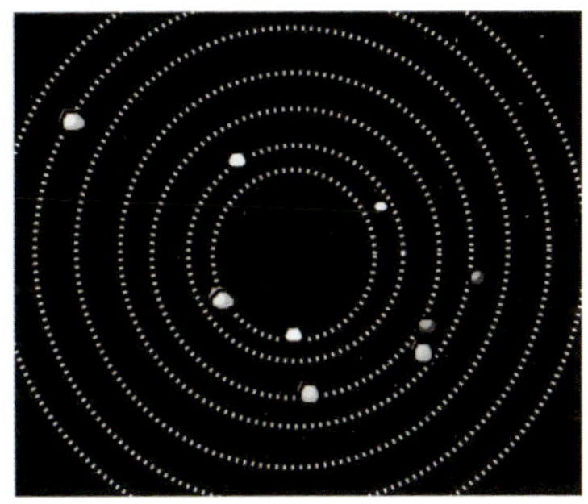

Système envoyant de brèves impulsions radioélectriques à très haute fréquence, qui, une fois réfléchis sur un obstacle, permettent de déterminer sa position, en fonction de l'orientation de l'antenne et du temps aller-retour. Ce système ne nécessite aucune installation à bord de l'appareil. Il est utilisé par certains contrôleurs civils et par les militaires. À faible hauteur, le signal est brouillé par les réflexions parasites du sol.

8. Radar secondaire et transpondeur (SSR)

8.1. Présentation

C'est un système associé au radar primaire qui interroge le transpondeur des appareils afin d'obtenir des informations facilitant l'identification des avions et leur contrôle. Il est composé de 4 boutons permettant de sélectionner un code de 0 à 7 représentant 4 096 combinaisons.

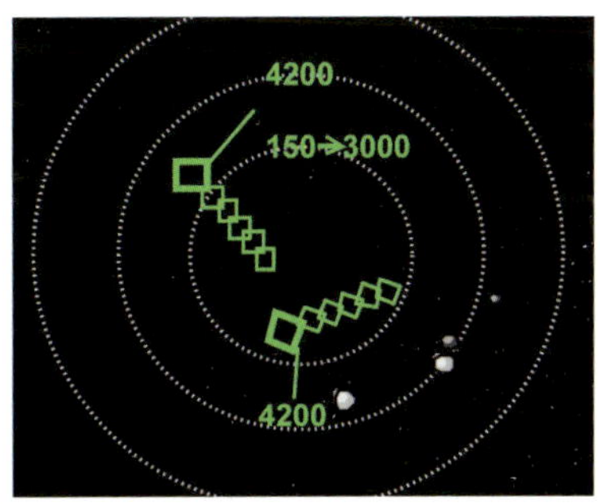

OFF : l'appareil est hors tension.

SBY : l'appareil est sous tension mais n'émet pas.

ON : l'appareil émet seulement le code affiché (mode A).

ALT : l'appareil transmet en plus du code l'altitude pression (mode C).

TEST : permet de vérifier l'alimentation de l'appareil.

IDENT : transmet une surbrillance sur le radar.

8.2. Règles d'utilisation

Lorsque l'aéronef est doté d'un équipement mode C en état de fonctionnement, l'aéronef doit utiliser ce mode en permanence, sauf consignes contraires des organismes des services de la circulation aérienne. De même pour les transpondeurs dits «Mode S», qui sont plus précis et transmettent plus de données comme par exemple le numéro de vol ou l'immatriculation de l'aéronef

8.3. Obligation d'emport et d'utilisation

En espace aérien de classe A, B, C, D, en TMZ ainsi qu'en IFR et VFR de nuit.

8.4. Codes particuliers

7000 : VFR 7600 : panne radio 7700 : détresse 7500 : intervention illicite

9. ILS (Instrument Landing System) et Markers

9.1. Présentation

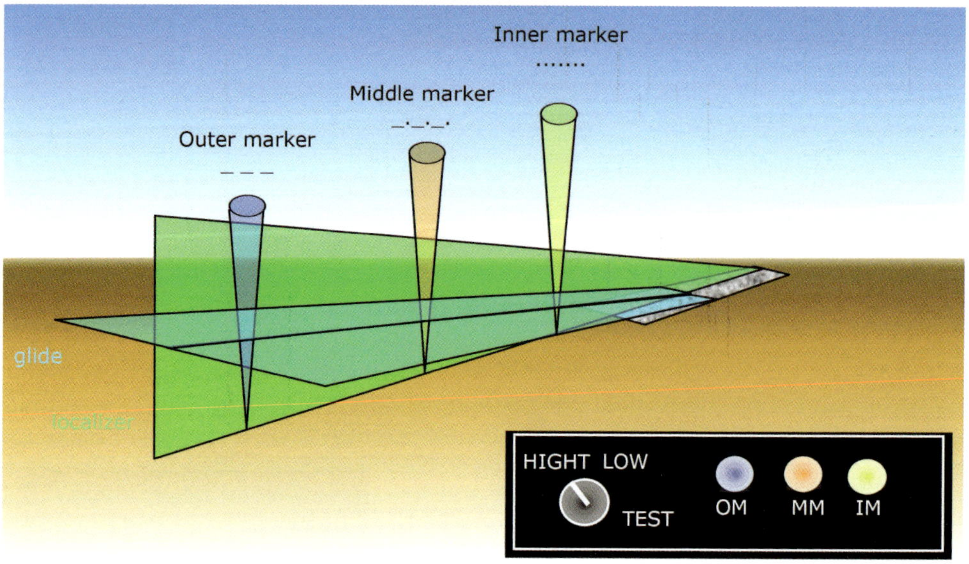

L'ILS est un système d'atterrissage aux instruments émettant sur des fréquences allant de 108,0 à 111,9 MHz et composé de deux faisceaux. Le localizer matérialisant l'axe, utilise le récepteur VOR avec une précision plus importante ; ainsi un écart de 2,5° amène l'aiguille en butée. Le glide qui fonctionne dès que la fréquence de l'ILS est sélectionnée, indique le plan de descente généralement calé à 5 %.

Les markers sont parfois associés à L'ILS, ils émettent un signal lumineux et un code en morse dès que l'avion survole la balise. Ils permettent de contrôler des hauteurs de passage lors de la descente aux instruments sur l'ILS.

9.2. Utilisation

Après avoir sélectionné la fréquence, afficher l'axe afin de faciliter la matérialisation. Ecouter ensuite le code morse pour identification. Un ILS s'intercepte en général sous un angle à 45° à partir du palier. Il est préférable d'avoir un contrôle de hauteur par le biais des markers ou d'un radio altimètre, afin d'avoir la certitude de se trouver sur la bonne pente. Il existe des faisceaux parasites appelés faux glides, qui, bien qu'assez éloignés du glide, risquent d'être interceptés en cas d'interception par le haut. S'assurer ensuite de la cohérence du vario pour rester sur la pente à l'aide de la formule :

Vz = % x Vs

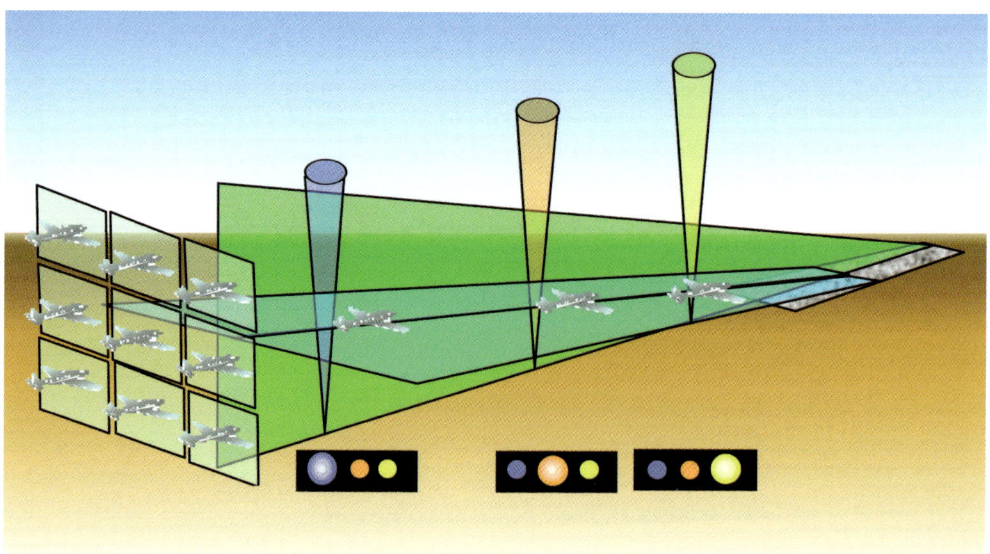

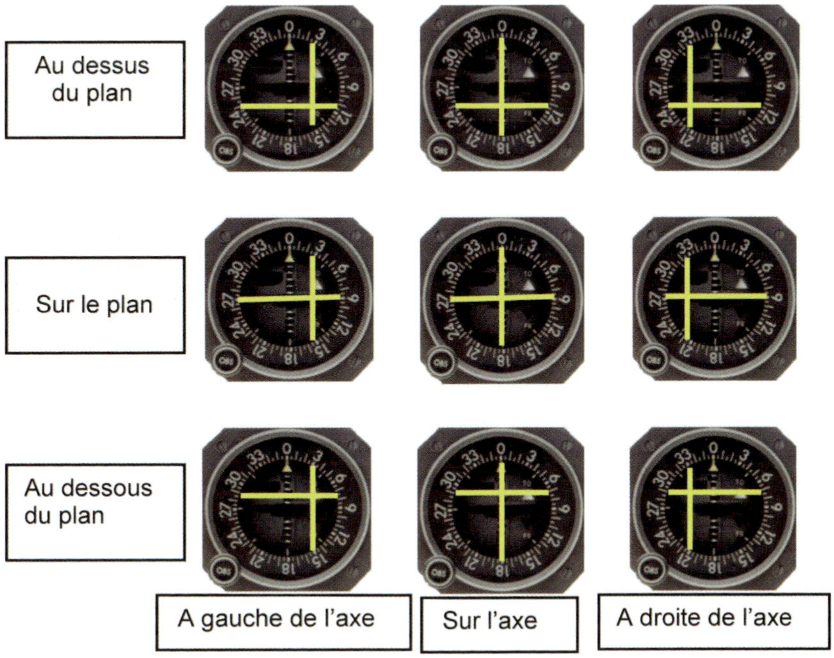

10. Gonio (ou VDF)

10.1. Présentation

Cette méthode simple nécessitant un opérateur au sol se base sur le relèvement des ondes radio.

10.2. Utilisation

01 **MURET** LHERM LFBR
02 04 018

LAT : 43 26 57 N
LONG : 001 15 49 E
DEC : 1° W (00)

VDF : MURET Vdf Gonio 123.2

Le terrain de destination doit avoir l'appareillage goniométrique. Cette information est signalée par la mention VDF sur la fiche VAC du terrain.

Le pilote après avoir sélectionné la fréquence, transmet « Muret Fox Charly Bravo émission pour un QDM », le contrôleur indique alors la route magnétique pour rejoindre la station « Fox Charly Bravo QDM 230 ». Le pilote n'a plus qu'à suivre cette route pour rejoindre la station. Très simple, cette méthode utile par mauvaises conditions météo, nécessite cependant la disponibilité du contrôleur. Certains aérodromes possèdent une fréquence spécifique.

Entraînement à l'examen théorique

1 - La bande de fréquence utilisée par les Services Mobiles Aéronautiques pour la radiotéléphonie s'étend de :
a) 118 à 136,975 MHz □
b) 108 à 117,975 MHz □
c) 11650 à 13200 kHz □
d) 1810 à 2850 kHz □

2 - Les balises VOR fonctionnent dans la gamme de fréquence :
a) MF □
b) HF □
c) UHF □
d) VHF □

3 - Les balises NDB fonctionnent dans la gamme de fréquence :
a) HF □
b) MF □
c) VHF □
d) UHF □

4 - La balise de détresse d'un aéronef émet sur la fréquence :
a) 123,50 MHz □
b) 123,45 MHz □
c) 121,25 MHz □
d) 121,50 MHz □

5 - Pour bénéficier des services d'un radar secondaire, vous devez posséder (choisir la combinaison exacte la plus complète) :
1/ un émetteur/récepteur VHF
2/ un VOR
3/ un transpondeur
4/ un DME
5/ un ADF
a) 1, 3 □
b) 1, 2, 3 □
c) 3 □
d) 3, 4 □

6 - Vous disposez des indications suivantes : Cm = 090°, gisement balise = +10° droite. La route magnétique pour rejoindre la balise est :
a) 090° □
b) 080° □
c) 100° □
d) 010° □

7 - Loin de la station, sans vent, vous voulez rejoindre la route sélectionnée. Vous prenez le cap :

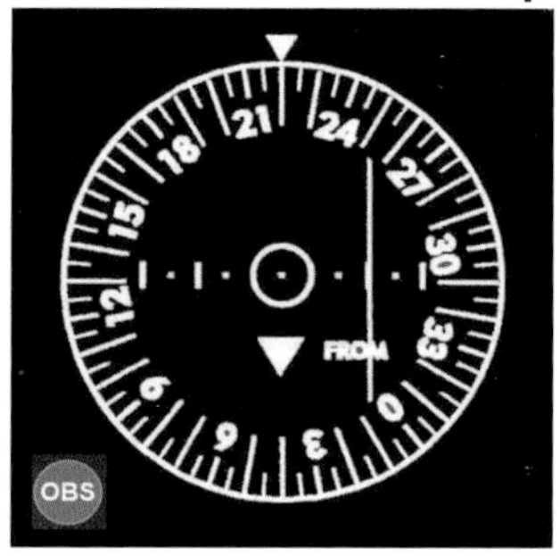

a) 040° □
b) 190° □
c) 250° □
d) 220° □

8 - Par vent nul, un opérateur VDF (goniomètre) vous indique que vous vous trouvez sur le QDR 300° de la station. Pour rejoindre celle-ci, vous devrez prendre le cap magnétique :
a) 030° □
b) 210° □
c) 300° □
d) 120° □

9 - Sur une carte, l'abréviation indiquant qu'il existe une station radar secondaire de surveillance est :
a) SSR □
b) VDF □
c) SRE □
d) PAR □

10 - Un guidage radio goniométrique nécessite :
1/ un opérateur sol avec un équipement VDF
2/ un aéronef équipé d'une radio VHF
3/ une station sol équipée d'un radar primaire
4/ une station sol équipée d'un radar secondaire
5/ un aéronef équipé d'un récepteur radiocompas
6/ un aéronef équipé d'un transpondeur
a) 1 et 3 □
b) 1, 5 et 6 □
c) 1 et 2 □
d) 2, 4 et 6 □

11 - Après centrage de l'aiguille à l'aide de l'OBS, avec indicateur FROM, un VOR indique :
a) la dérive □
b) le cap à tenir pour rejoindre la station □
c) la distance entre l'avion et la station □
d) le radial sur lequel se trouve l'avion □

12 - L'indication du VOR vous situe :

a) sur le radial 030 ☐
b) sur le radial 300 ☐
c) sur le radial 120 ☐
d) à la verticale de la station ☐

13 - Depuis le passage à la verticale du VOR, vous avez tenu le cap constant. Après deux minutes, vous concluez que vous avez subi une dérive :

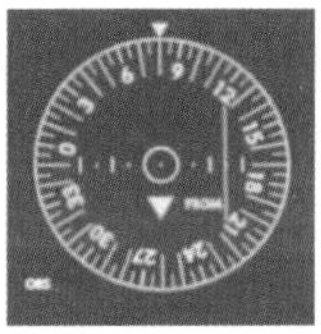

a) droite, et vous tournez à droite pour rejoindre le radial affiché ☐
b) droite, et vous tournez à gauche pour rejoindre le radial affiché ☐
c) gauche, et vous tournez à gauche pour rejoindre le radial affiché ☐
d) gauche, et vous tournez à droite pour rejoindre le radial affiché ☐

14 - La distance théorique de réception d'un VOR pour un avion volant à une altitude de 900 ft est voisine de :

a) 20 Nm ☐
b) 60 Nm ☐
c) 40 Nm ☐
d) 100 Nm ☐

15 - La position de l'aéronef symbolisé par le cercle noir est représentée par l'indicateur VOR/DME (voir annexe page suivante) :

a) 3 ☐
b) 1 ☐
c) 4 ☐
d) 2 ☐

16 - Sur une carte OACI, le relèvement d'un point pris à partir d'une rose VOR est :

a) magnétique ☐
b) géographique ☐
c) compas ☐
d) vrai ☐

17 - Le transpondeur est un équipement permettant :

a) d'identifier et de suivre un vol à l'aide d'un radar sol ☐
b) de recevoir des informations météorologiques ☐
c) d'effectuer un vol sans visibilité ☐
d) la pratique du VFR en haute altitude ☐

18 - L'information d'altitude envoyée par un transpondeur fonctionnant en mode C se fait par rapport au calage :

a) 1013,25 hPa ☐
b) AMSL ☐
c) QNH ☐
d) QFE ☐

19 - Sur le transpondeur, vous affichez le code 7700 pour signifier :

a) une panne radio ☐
b) que vous êtes en vol VFR et que vous n'avez pas reçu d'instructions d'un organisme de contrôle de la circulation aérienne ☐
c) une situation d'urgence ou de détresse ☐
d) une intervention illicite ☐

20 - Pour indiquer une panne radio, vous affichez sur le transpondeur le code :

a) 7700 ☐
b) 7500 ☐
c) 7000 ☐
d) 7600 ☐

Annexe 1 (question n°15)

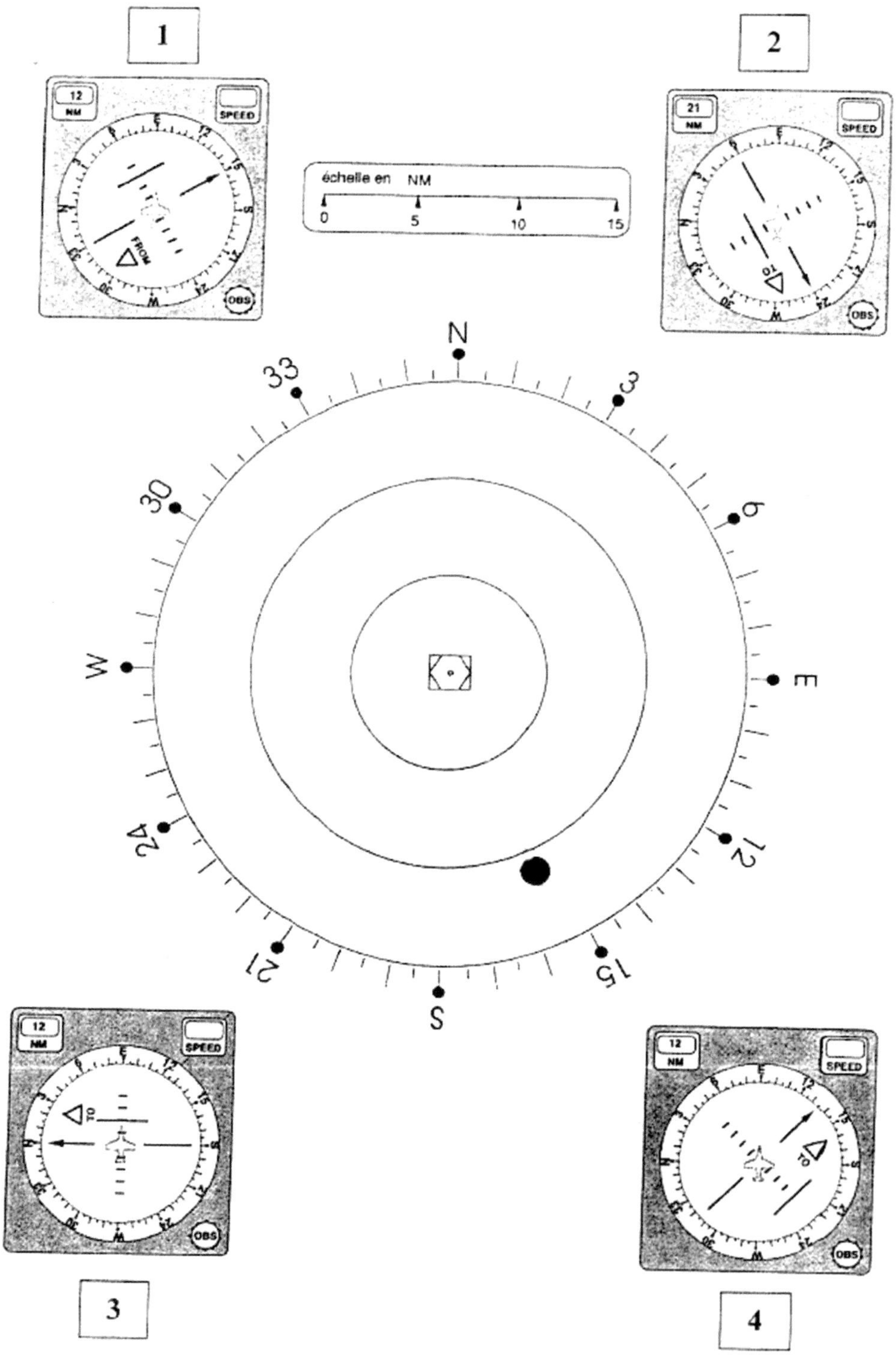

EXAMEN BLANC DE L'ÉPREUVE THÉORIQUE

SECTION NAVIGATION - Corrections page 386

1 - Sur une carte conforme (par exemple, la carte OACI au 1/500.000), vous mesurez, par rapport à un méridien, une route représentée par une droite. Cette route est une route :

a) magnétique ☐
b) gyroscopique ☐
c) vraie ☐
d) compas ☐

2 - Sur une carte d'échelle 1/500.000, 5 cm représentent :

a) 2,5 km ☐
b) 250 m ☐
c) 25 km ☐
d) 250 km ☐

3 - Cap compas = 235° déviation compas = -2°, le cap magnétique est :

a) Cm = Cc + d soit 235 + (-2) = 233 ☐
b) Cm = Cc - d soit 235 - (-2) = 237 ☐
c) Cm = Cc - D soit 235 - 2 =233 ☐
d) Cm = Cc + D soit 235 + 2 = 237 ☐

4 - Concernant les grands cercles

1/ le plan formé par le cercle passe par le centre de la terre
2/ l'équateur est un grand cercle
3/ les méridiens sont des grands cercles
4/ les parallèles sont des grands cercles

a) 2 + 3 ☐
b) 1 + 2 + 3 ☐
c) 1 + 3 ☐
d) 1 + 2 ☐

5 - Définitions du mile nautique

1/ 1NM = 1.852 Km
2/ 1NM = 1.6 Km
3/ 1NM = 1 minute d'arc sur un grand cercle
4/ 1NM = 1 mile terrestre

a) 1 + 3 ☐
b) 1 + 3 + 4 ☐
c) 2 + 3 ☐
d) 2 + 3 + 4 ☐

6 - Les lignes isogones sont :

a) des lignes d'égale déclinaison magnétique ☐
b) des lignes d'égale pression atmosphérique ☐
c) des lignes d'égale distance entre 2 terrains ☐
d) des lignes d'égale dérive ☐

7 - le cap magnétique est :

a) égal au cap compas ☐
b) le cap compas corrigé de la déviation ☐
c) le cap compas corrigé de la déclinaison ☐
d) la route tracée sur la carte ☐

8 - Les cartes 1/1.000.000 du SIA et 1/500.000 IGN sont de type :

a) Mercator ☐
b) Lambert ☐
c) stéréographique ☐
d) stéréographique polaire ☐

9 - Vous entendez : «Le vent est du 040». Cela signifie :

a) l'angle entre le Nord et la direction où va le vent est de 40 degrés ☐
b) la vitesse du vent est de 40 km/h ☐
c) la couche d'inversion du vent est au FL 40 ☐
d) l'angle entre le Nord et la direction d'où vient le vent est de 40 degrés ☐

10 - Pour parcourir une distance de 120 NM, avec une vitesse propre de 150 Kt et un vent effectif de face de 30 Kt, il faut :

a) 1 h ☐
b) 40 min ☐
c) 48 min ☐
d) 53 min ☐

11 - La dérive est :

a) indépendante de la Vp ☐
b) indépendante de la force du vent ☐
c) d'autant plus forte que la Vp est faible ☐
d) d'autant plus forte que la Vp est forte ☐

12 - Le 26 janvier l'heure légale à Paris est UTC + 1. Il est 17h23, vous en déduisez que l'heure UTC est :

a) 16h23 ☐
b) 17h23 ☐
c) 18h23 ☐
d) 19h23 ☐

13 - En France métropolitaine, la nuit aéronautique commence :

a) 1/4 d'heure après le coucher du soleil ☐
b) 1/2 heure après le coucher du soleil ☐
c) à l'heure du coucher du soleil ☐
d) 1/2 heure avant le coucher du soleil ☐

14 - Le cap vrai (Cv) est l'orientation de l'axe longitudinal de l'avion par rapport :

a) au nord compas ☐
b) au nord géographique ☐
c) à la route vraie ☐
d) au trait tracé sur la carte ☐

15 - La dérive :

1/ est l'angle compris entre le Cv et la Rv
2/ dépend de l'orientation et de la force du vent
3/ est fonction de la vitesse de l'avion
4/ est l'angle compris entre le Cm et la Rm

a) 1 + 2 ☐
b) 1 + 2 + 3 + 4 ☐
c) 1 + 2 + 4 ☐
d) 2 + 3 ☐

16 - Le facteur de base d'un avion volant à 120 kt est :

a) 0.5 ☐
b) 1.2 ☐
c) 12 ☐
d) 2 ☐

17 - Quel temps mettez-vous pour parcourir une distance de 30 NM sans vent avec un avion dont la vitesse de croisière est égale à 100 nœuds :

a) 18 min ☐
b) 1.8 h ☐
c) 20 mn ☐
d) 15 min ☐

18 - Vous souhaitez traverser une zone dangereuse, notée D52. Le transit dans cette zone :

a) présente un danger pour les aéronefs ☐
b) est subordonné à un contact radio avec l'organisme gestionnaire ☐
c) est subordonné à une autorisation de l'organisme gestionnaire ☐
d) est interdit ☐

19 - Un espace aérien de classe A :

a) est un espace où est rendu le service d'alerte (A = alerte) ☐
b) est interdit aux VFR ☐
c) est un espace exigeant des précautions particulières (A = attention) ☐
d) est un espace supérieur (A = above) ☐

20 - Pour faire une navigation entre deux points distants de 120 NM, vous disposez des éléments suivants :

- vent effectif de face 10 Kt
- vitesse propre 90 Kt
- consommation horaire 34 l/h

(on suppose que l'excédent de consommation en montée par rapport à cette consommation horaire est compensé lors de la descente)
Pour cette étape, vous prévoyez une consommation hors roulage de :

a) 45 litres ☐
b) 51 litres ☐
c) 41 litres ☐
d) 23 litres ☐

21 - Pour effectuer un trajet, vous mesurez une route sur la carte au 1/500 000 O.A.C.I. Ce sera une route:

a) compas ☐
b) magnétique ☐
c) vraie ☐
d) grille ☐

22 - Pilote d'un avion basé à Colmar, vous vous annoncez aux abords de Sarre-Union (auto information). Il n'y a personne sur la fréquence. Vous disposez du QNH :

a) vous devez d'abord reconnaître le terrain en effectuant une verticale puis vous intégrer en vent arrière ☐
b) vous ne pouvez vous poser si la veille de la fréquence n'est pas assurée ☐
c) vous pouvez vous intégrer directement en finale ☐
d) vous pouvez vous intégrer directement en vent arrière ☐

23 - Certains aérodromes sont dotés d'une fréquence sol. L'utilisation de cette fréquence est :

a) réservée aux vols commerciaux ☐
b) réservée aux seuls aéronefs partant en régime IFR ☐
c) obligatoire pour tout aéronef évoluant au sol ☐
d) optionnelle ☐

24 - Par le dépôt d'un plan de vol, le commandant de bord atteste implicitement qu'il détient les qualifications et licences requises pour l'exécution du vol projeté et que l'aéronef est équipé en conséquence :

a) vrai ☐
b) faux ☐
c) seulement dans le cas d'un plan de vol IFR ☐
d) le commandant de bord détient toujours toutes les qualifications ☐

25 - Le commandant de bord déposant un plan de vol s'engage à respecter et à appliquer, dans la mesure du possible, les règles et procédures consécutives au dépôt du FPL :

a) faux, c'est seulement une indication ☐
b) faux, le commandant de bord ne s'engage à rien ☐
c) vrai ☐
d) faux ☐

26 - Lorsqu' aucune hauteur de tour de piste n'est publiée sur la carte VAC le tour de piste s'effectue à :

a) 1500 ft AMSL ☐
b) 1000 ft AGL ☐
c) 1000 ft AMSL ☐
d) 1500 ft AGL ☐

27 - Cochez la réponse fausse :

a) Relèvement = Cap + Gisement ☐
b) QDM = Cap + Gisement ☐
c) QDR = QDM +/- 180° ☐
d) QDM = QDR + 180° ☐

28 - Le VOR :

1/ Fonctionne sur la gamme VHF
2/ A une portée optique
3/ A une portée de 200 NM
4/ Permet de suivre des QDM et QDR

a) 1 + 2 + 3 ☐
b) 1 + 3 ☐
c) 4 ☐
d) 1 + 2 + 4 ☐

29 - Le DME mesure la :

a) Distance horizontale ☐
b) Distance verticale ☐
c) Distance oblique ☐
d) La longueur de piste ☐

30 - A propos des codes transpondeur :

1/ 7000 = détresse
2/ 7600 = panne radio
3/ 7500 = feu moteur
4/ 7700 = détresse

a) 2 + 4 ☐
b) 1 + 2 + 4 ☐
c) 1 + 2 + 3 ☐
d) 2 + 3 ☐

31 - L'ILS :

a) Donne l'axe et le plan de descente ☐
b) Donne seulement l'axe de piste ☐
c) signifie : Internationnal Long wave Système ☐
d) Donne seulement le plan d'approche finale ☐

32 - Le QDM est :
- a) le Cv à adopter pour suivre un radial VOR ☐
- b) la Rm pour rejoindre une station ☐
- c) le Cc à adopter pour rejoindre une station ☐
- d) le Cm pour rejoindre la station ☐

33 - Le QDR est :
- a) le relèvement magnétique de l'avion par la station ☐
- b) le relèvement magnétique de la station par l'avion ☐
- c) la route à suivre pour rejoindre la station ☐
- d) le Cm à suivre pour rejoindre la station ☐

34 - Les indications d'un VOR ont pour référence le nord :
- a) magnétique ☐
- b) vrai ☐
- c) géographique ☐
- d) tropical ☐

Notes personnelles et conseils de votre pilote-instructeur – Navigation :

Notes personnelles et conseils de votre pilote-instructeur – Navigation :

Section 6

FACTEURS HUMAINS

Ces deux modules sont destinés à démontrer que, plus qu'avec une préparation assidue et un avion en totale conformité, un vol ne se déroulera dans les meilleures conditions qu'avec un commandant de bord parfaitement sain de corps et d'esprit. Vous y trouverez tout ce qui concerne l'homme, son corps, ses capacités, ses sens, ses réactions, et ce qui fera donc de lui un bon commandant de bord.

Module 1 « Aéromédecine »

1. Oxygène

Un des rôles du sang est de transporter l'oxygène issu des échanges pulmonaires aux différents tissus de l'organisme.

Ce transport est effectué par **l'hémoglobine**, récepteur de l'oxygène présent dans les **globules rouges**.

Plusieurs phénomènes peuvent empêcher la bonne distribution de l'oxygène :

- une **pression partielle d'oxygène trop faible** va empêcher la bonne diffusion au niveau des alvéoles pulmonaires. Cette pression partielle diminue lorsque la pression ambiante diminue (**augmentation d'altitude**) et lorsque la concentration d'oxygène diminue (altitude). Pour information, la saturation de l'hémoglobine en oxygène au niveau de la mer est proche de 100 % pour ne plus être que de 80 % à 15 000 ft ;
- la saturation de l'hémoglobine par un gaz autre que l'oxygène ; c'est **l'intoxication au monoxyde de carbone (CO)**. Ce gaz, qui peut être émis par des systèmes de **chauffage** cabine défectueux, est **incolore et inodore**. Il se fixe de façon préférentielle et irréversible sur l'hémoglobine, empêchant ainsi le transport de l'oxygène. Plus la durée d'exposition au CO est importante, plus la quantité d'hémoglobine non fonctionnelle est importante. Les premiers **symptômes** sont : maux de tête et nausées. **Solution** : couper le chauffage pour éviter la pénétration de fumée dans la cabine (position coupe feu), et ventiler la cabine en ouvrant (si possible) la verrière.

La carence en oxygène est appelée **hypoxie** et conduit à des dysfonctionnements graves, en particulier au niveau cérébral.

Hyper ventilation : due à une **fréquence respiratoire trop élevée** (stress), peut provoquer des évanouissements dus à un excès d'oxygène. **Solution** : diminuer de façon volontaire sa fréquence respiratoire.

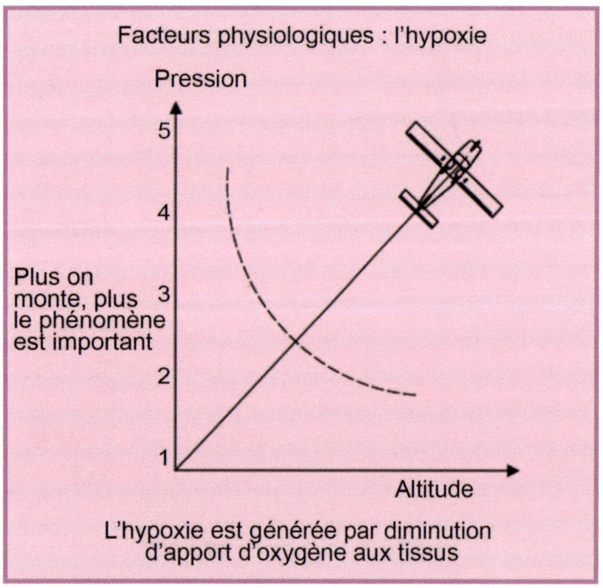

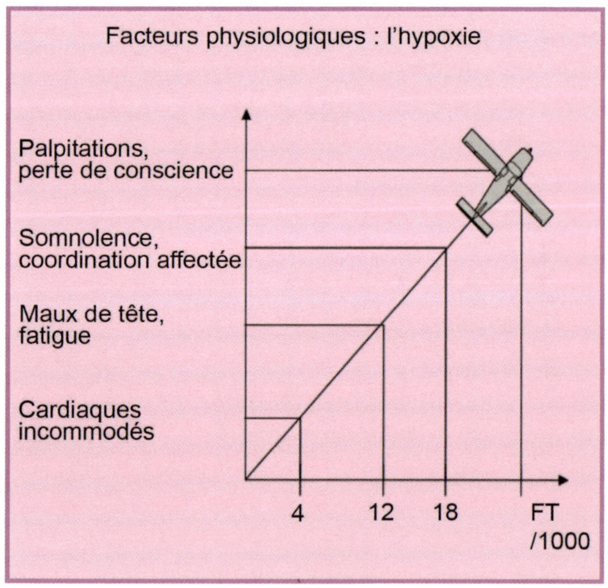

Altitude (en ft)	Signes Cliniques
12 000	Maux de tête, fatigue
18 000	Maux de tête, somnolence, perturbations visuelles, trouble du comportement, perte de coordination
22 000	Palpitations, hyperventilation, perte de conscience
25 000	Convulsions, collapsus

Altitude (en ft)	Temps de conscience utile		
	Décompression progressive		Décompression explosive
	Activité faible	Activité modérée	
25 000	5 min	3 min	2 min
30 000	1,5 min	45 s	30 s
35 000	45 s	30 s	20 s
40 000	25 s	18 s	12 s

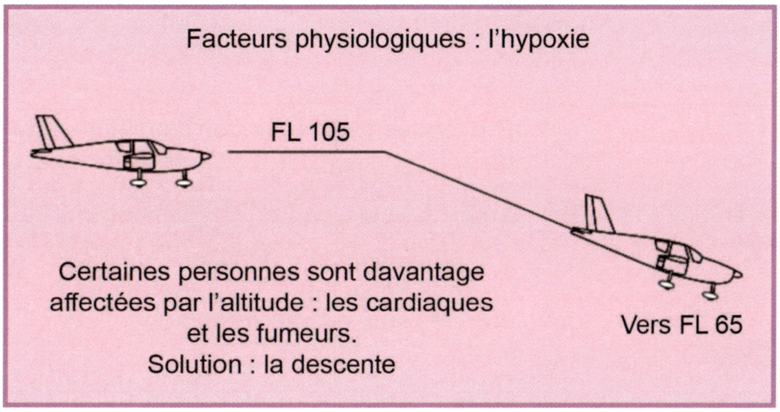

2. Barotraumatismes

- Douleurs auriculaires :

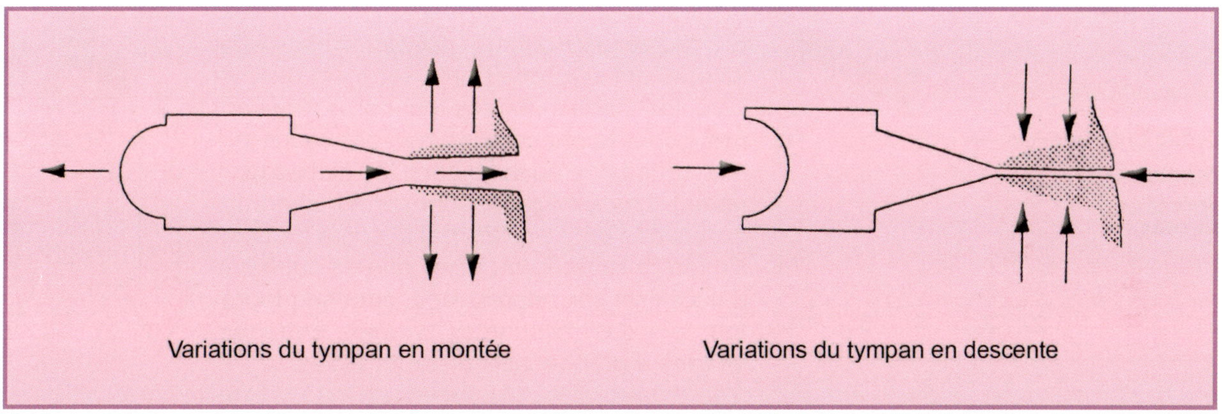

Lors de la **montée**, la pression diminue et l'équilibre des pressions de part et d'autre du tympan s'effectue par la **trompe d'Eustache**. Lors de la **descente**, l'augmentation de la pression peut provoquer la fermeture de la trompe, en particulier lorsque le pilote est enrhumé, et l'équilibre des pressions ne peut s'effectuer. Le tympan est alors bombé vers l'intérieur. Si la différence de pression s'accentue, le **tympan peut éclater**.

Il convient donc, de manière générale, d'effectuer des descentes avec des vitesses verticales modérées (500 ft/ min).
Si un passager se plaint de douleurs, arrêter la descente. On peut tenter de rééquilibrer les pressions en soufflant, nez bouché.

- Douleurs dentaires :

Certains amalgames peuvent contenir des bulles d'air. La diminution de la pression lors de la montée peut provoquer des éclatements de l'amalgame et des douleurs.

- Douleurs abdominales :

La diminution de la pression de l'air extérieur lors de la montée peut provoquer une dilatation des gaz contenus dans le tube digestif et peut conduire à l'apparition de douleurs à l'estomac ou aux intestins. Éviter les boissons gazeuses avant le vol.

- Plongée sous-marine :

Éviter de faire un vol après une plongée afin d'éviter les problèmes causés par l'azote. Consulter les tables de désaturation et respecter les délais.

3. Accélérations

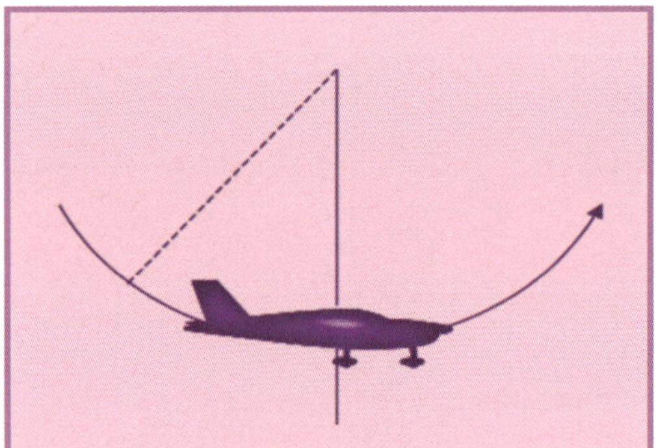
Avion en ressource

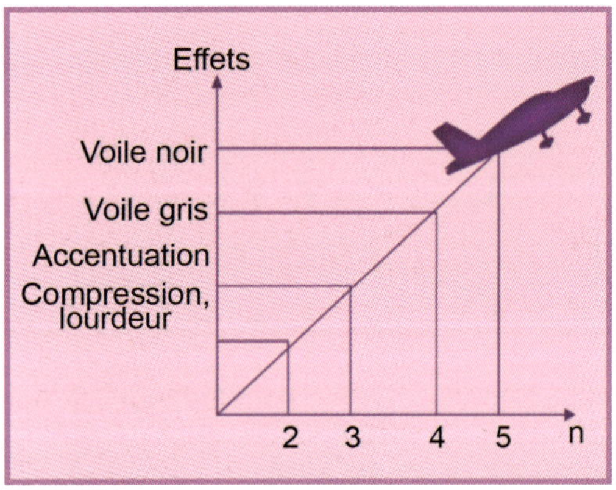

Provoquée par l'apparition d'un facteur de charge n (voir Technique du vol, Module 3, **2. Le facteur de charge**), exprimée en nombre de g, l'accélération est dite positive lorsque le pilote a la sensation d'être écrasé dans son siège : n > 1 g, et négative lorsque le pilote a la sensation de « décoller » du siège : n < 0 g. En temps normal, le corps subit 1 g, n = 1 g. Autour de n = 0 g, c'est l'état d'apesanteur, le pilote a l'impression de « flotter » dans les airs.

En facteur de charge positif, la pression sanguine augmente dans la partie basse du corps, et le cerveau peut ne plus être suffisamment irrigué provoquant le phénomène de voile gris (rétrécissement de la vision) puis de voile noir avec perte de connaissance.

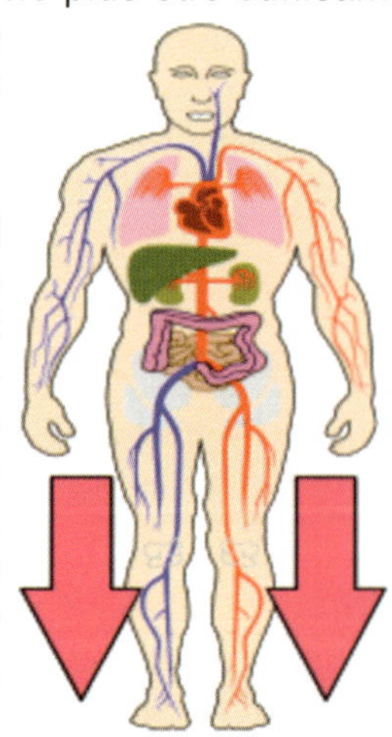

En facteur de charge négatif, c'est l'effet inverse qui se produit et le sang est envoyé vers les parties hautes du corps pouvant provoquer le phénomène de voile rouge (vision rouge due au sang dans les globes oculaires). Les g négatifs sont moins bien supportés que les g positifs par le corps humain. En temps normal, le pilote privé ne subit pas d'accélérations importantes, attention toutefois lors des ressources, virages engagés, virages à grande inclinaison et vrilles.

4. Vision

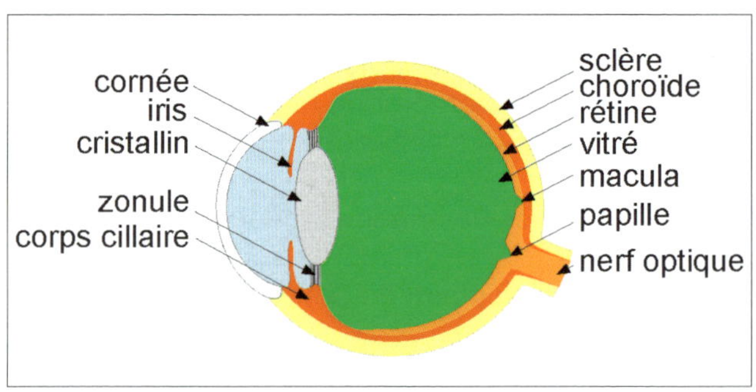

La rétine est la membrane du fond de l'œil, l'organe sensible à la lumière. Elle couvre environ 75% de la face interne du globe oculaire.

Elle est composée d'une couche épithéliale interne et d'une couche cellulaire externe enveloppant les cellules nerveuses sensorielles qui captent les signaux lumineux : les cônes (vision diurne et colorée) et les bâtonnets (vision crépusculaire et nocturne en noir et blanc).

Notre vision est binoculaire. Une vision monoculaire (inaptitude d'un œil temporaire) dégrade la perception des reliefs, des formes et des mouvements.

4.1. Limites du champ visuel

70 % de nos perceptions passent par la vision. Cependant, l'efficacité de la vision est limitée :
- champ visuel à 200°,
- la performance diminue avec l'âge,
- la vision comporte plusieurs champs concentriques.

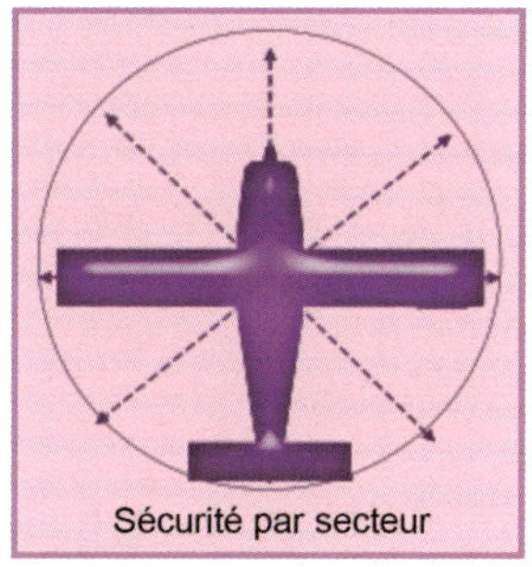

VISION CENTRALE (cônes)	VISION PÉRIPHÈRIQUE (bâtonnets)
Perception des détails	Perception des formes
Perception des couleurs	Perception des niveaux de gris
Identification des textures	Perception du mouvement
Identification des objets	Détection des objets
Vision diurne	Vision nocturne

4.2. Illusions d'optique

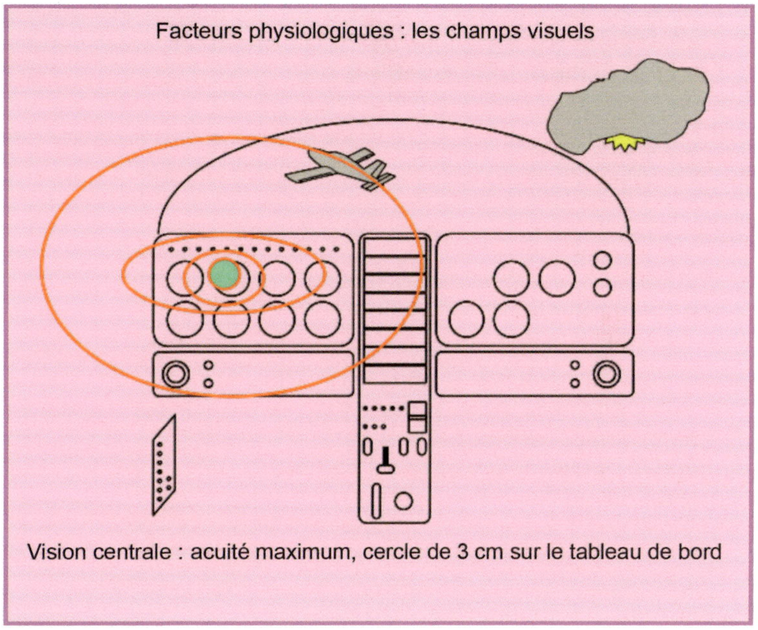

L'illusion de Kraft en approche :

Plusieurs atterrissages courts avant la piste en approche de nuit avaient alerté les chercheurs sur l'existence d'une illusion visuelle de perception de hauteur lors de la mise en service du B-727 à la fin des années 60.
Kraft avait organisé une expérimentation en simulateur B-727 en neutralisant l'indicateur d'altitude et en comparant des approches sur des terrains mal éclairés ou proches de zones sombres (plan d'eau, etc.).
Les résultats montrent que dans ce dernier cas, tous les pilotes, quel que soit leur niveau d'expérience, surévaluent la hauteur pendant l'approche et de ce fait corrigent la pente en adoptant une trajectoire sous le plan nominal.

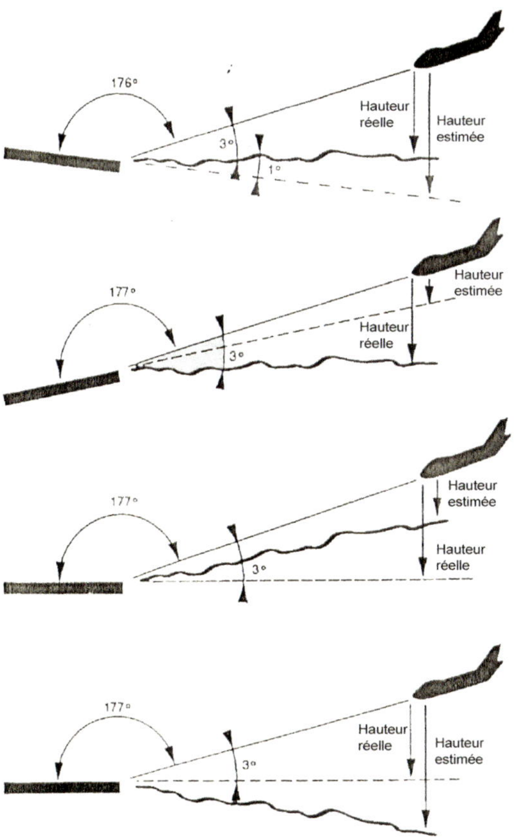

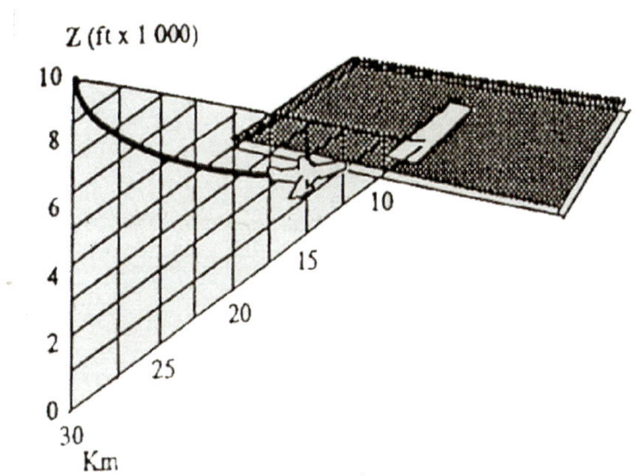

Des illusions d'optique peuvent amener à piloter une trajectoire d'approche sur un plan non conforme lorsque seules des références visuelles sont utilisées (cas du VFR).

Ces illusions sont rencontrées lorsque :

- le **terrain présente une pente montante par rapport à la piste** : dans ce cas, le pilote qui se base sur le terrain va conduire une approche avec un plan trop fort,
- **le terrain présente une pente descendante par rapport à la piste** : plan d'approche trop faible,
- **de nuit ou par faible luminosité** : tendance à conduire des plans d'approche trop faible (trop bas).

5. Équilibre

Afin de se représenter la position du corps dans l'espace, le cerveau va utiliser des informations en provenance de deux capteurs principaux :

- **l'oreille interne** qui est capable grâce aux **canaux semi-circulaires** de mesurer (dans certaines limites) les **accélérations** subies par le corps dans les trois axes,
- la **vue** : la **ligne d'horizon** est bien le premier instrument de pilotage VFR.

Lorsque les informations reçues par ces deux capteurs sont cohérentes, il n'y a pas de problème.
En IMC, le pilote perd son capteur principal : la vue.

Deux types de problèmes peuvent alors survenir :

- en l'absence **d'horizon artificiel**, l'appareil pourra s'incliner et changer d'assiette très progressivement. Si ce mouvement est suffisamment lent, il ne sera pas détecté par les canaux semi-circulaires et l**e pilote perdra le contrôle de l'appareil** (VNE, décrochage, vrille...),
- si le pilote utilise un **horizon artificiel**, dans les mêmes circonstances, il peut éprouver une **sensation de malaise**. En effet, son horizon lui indique que l'appareil est incliné et cette inclinaison n'a pas été détectée par l'oreille interne. Le cerveau reçoit alors deux informations contradictoires.

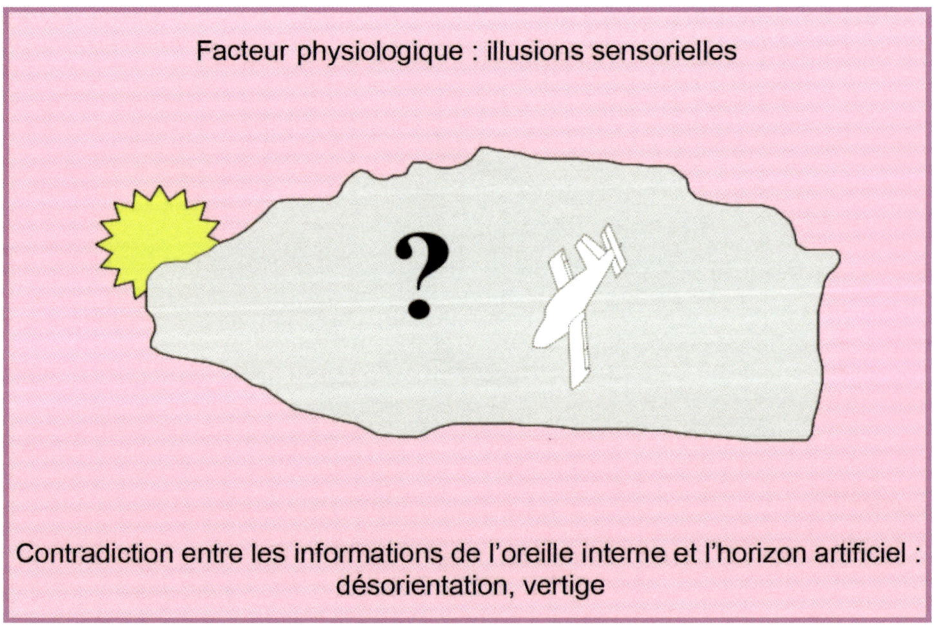

Voler en IMC (conditions météorologiques de vol aux instruments) vous expose à des illusions sensorielles pouvant conduire à une perte de contrôle.

Par faible visibilité, ou en cas de passage en IMC, faites confiance aux instruments.

6. Hygiène de vie

M	Médicament	Suis-je sous l'effet de médicaments (ou drogues) susceptibles d'avoir des effets sur ma vigilance, mon efficience, mon jugement ?
A	Alcool	Mon alcoolémie est-elle bien à zéro ?

F	Fatigue	Suis-je fatigué de façon aiguë ou chronique ? Ai-je une dette de sommeil ?
O	Opérationnel	Suis-je en condition optimale sur le plan physique, sans handicap occasionnel, et sur le plan ORL ?
R	Repas	Ai-je mangé ni trop, ni trop peu ? (sucres rapides = risque d'hypoglycémie)
M	Mental	Suis-je serein sur le plan psychologique, non stressé, sans surcharge émotionnelle, ni tourment ?
E	Excitation	Suis-je calme, en pleine possession de mes moyens ? Non surexcité, non porté vers des comportements dangereux, téméraires ou indisciplinés ?

Nul ne doit piloter un aéronef sous l'effet de drogues, de médicaments, ou si il estime que ses capacités intellectuelles ou physiques sont diminuées. En conséquence, l'usage de médicaments doit être limité à des produits n'altérant pas la vigilance (demander l'avis d'un médecin).

Par ailleurs, l'alcool même en faible quantité, augmente le temps de réaction, et diminue la vigilance et la résistance à l'hypoxie et altère le jugement ; sa consommation est à proscrire au moins huit heures avant un vol.

Nota : les effets de l'alcool apparaissent dans les deux heures après ingestion, et la quantité d'alcool décroit de 0,15 g par heure.

Il est important d'être en parfaite condition physique et mentale, le manque de sommeil, une digestion difficile, des soucis, ou la pression, peuvent conduire à des comportements à risque.

Éviter aussi de piloter en cas de douleurs dentaires ou après une anesthésie, demander l'avis de votre chirurgien dentiste.

Notes personnelles et conseils de votre pilote-instructeur – Facteurs Humains :

Entraînement à l'examen théorique

1 - Une alcoolémie, même légère, peut :
- a) altérer votre jugement □
- b) diminuer votre temps de réflexe □
- c) améliorer votre résistance à l'hypoxie □
- d) améliorer votre perception de la réalité □

2 - La meilleure méthode pour traiter l'hyperventilation, tout en continuant à piloter est :
- a) de mettre un masque à oxygène □
- b) d'exécuter la manœuvre de Valsalva □
- c) de fermer les yeux pour vous détendre □
- d) d'énoncer vos actions à voix haute afin de vous calmer et de réduire votre fréquence respiratoire □

3 - La rétine est constituée de deux types différents de cellules qui captent respectivement :
- a) les formes rondes et les formes pointues □
- b) le relief et la couleur □
- c) les objets proches et les objets éloignés □
- d) sous faible et forte lumière □

4 - Les vols effectués immédiatement après avoir fait de la plongée sous-marine :
- a) ne nécessitent aucune précaution particulière □
- b) sont permis, dans la mesure où l'altitude de vol est supérieure à 3 000 m □
- c) peuvent être dangereux, en cas de non-respect des règles de désaturation en azote □
- d) doivent être évités car ils peuvent provoquer une hypoxie □

5 - L'inhalation de monoxyde de carbone (CO) :
- a) peut être compensée en augmentant l'altitude de vol □
- b) est inoffensive en faible quantité □
- c) est insidieuse, car c'est un gaz inodore □
- d) augmente la saturation en oxygène du sang □

6 - La vision centrale :
- a) ne sert que le jour □
- b) remplace la vision périphérique en cas de défaillance, avec la même efficacité □
- c) perçoit les détails et est sensible aux couleurs □
- d) n'est sensible qu'aux mouvements □

7 - Vous venez de consommer de l'alcool, votre ligne de conduite est :
- a) je peux voler car je ne dépasse pas le taux autorisé de 0,05 % d'alcool dans le sang □
- b) je peux voler car je ne dépasse pas le taux autorisé de 0,15 % d'alcool dans le sang □
- c) je ne vole pas ! □
- d) je peux voler car je ne dépasse pas le taux autorisé de 0,08 % d'alcool dans le sang □

8 - L'hypoxie d'altitude est la conséquence :
- a) d'une hyperventilation □
- b) des faibles températures □
- c) du manque d'oxygène □
- d) du stress □

9 - Pour lutter contre les effets de l'hyperventilation :
- a) il faut diminuer sa fréquence respiratoire □
- b) il faut augmenter sa fréquence respiratoire □
- c) il n'y a pas de remède □
- d) il faut respirer de l'oxygène □

10 - Le système sensoriel qui vous fournit le plus d'informations est :
- a) le toucher □
- b) la vue □
- c) l'odorat □
- d) l'ouïe □

11 - Des boissons mentionnées ci-dessous, quelles sont celles qui affectent le plus l'organisme à haute altitude :
- a) le lait □
- b) le jus de pomme □
- c) les boissons gazeuses □
- d) les boissons riches en vitamines C □

12 - La partie du corps la plus sensible au manque d'oxygène est :
- a) les oreilles □
- b) le cerveau □
- c) la fesse droite □
- d) l'estomac □

13 - À partir de quelle altitude les facultés intellectuelles du pilote commencent à se dégrader de manière importante :
- a) 18 000 ft □
- b) dès le décollage □
- c) 5 000 ft □
- d) 12 000 ft □

14 - Les risques d'otites barotraumatiques sont plus importants :

a) lors de la descente ☐
b) lors de la montée ☐
c) en été ☐
d) lors de la mise en palier ☐

15 - Un vol à haute altitude entraîne une :

a) diminution du rythme de la ventilation et de la fréquence cardiaque ☐
b) diminution du rythme de la ventilation et une augmentation de la fréquence cardiaque ☐
c) augmentation du rythme de la ventilation et une baisse de la fréquence cardiaque ☐
d) augmentation du rythme de la ventilation et de la fréquence cardiaque ☐

16 - Un pilote sera d'autant plus sensible à l'hypoxie que :

a) sa prise d'altitude sera rapide ☐
b) sa perte d'altitude sera rapide ☐
c) son alimentation sera pauvre en graisse ☐
d) l'augmentation de pression statique sera grande ☐

17 - Un « voile noir » peut être provoqué par :
1/ une ressource
2/ une mise en descente brusque
3/ un virage à grande inclinaison
4/ un vol dos en palier
5/ une rafale latérale

a) 2 et 4 ☐
b) 1 et 4 ☐
c) 5 et 4 ☐
d) 1 et 3 ☐

18 - Le champ visuel humain présente des ouvertures horizontales et verticales dont les valeurs respectives sont d'environ :

a) 140° et 220° ☐
b) 160° et 90° ☐
c) 90° et 160° ☐
d) 200° et 140° ☐

19 - Les accélérations dites :

a) « positives » sont sans effet sur la circulation sanguine ☐
b) « positives » ont tendance à réduire l'arrivée du sang au cerveau ☐
c) « négatives » ont tendance à réduire l'arrivée du sang au cerveau ☐
d) « négatives » sont sans effet sur la circulation sanguine ☐

20 - Parmi les sons qui dégradent l'audition, vous pouvez affirmer que :

a) les sons graves sont les plus néfastes pour l'oreille interne à court terme ☐
b) les sons graves sont les plus néfastes pour l'oreille externe à court terme ☐
c) les sons aigus sont les plus néfastes pour l'oreille interne à court terme ☐
d) les sons aigus sont les plus néfastes pour l'oreille externe à court terme ☐

Notes personnelles et conseils de votre pilote-instructeur – Facteurs Humains :

Section 6

FACTEURS HUMAINS

<u>Module 2</u> « Mémoire, stress et raisonnement »

Notes personnelles et conseils de votre pilote-instructeur – Facteurs Humains :

....

....

....

....

....

....

....

....

FACTEURS HUMAINS Module 2 « Mémoire, stress et raisonnement »

1. La mémoire

L'homme a besoin, pour le traitement des multiples informations qui l'assaillent à bord d'un aéronef, d'utiliser sa **mémoire**.

La mémoire de l'homme est comparable en tout point avec celle d'un ordinateur : l'homme possède une mémoire de travail, mémoire « instantanée » comparable à la mémoire vive d'un ordinateur à laquelle il a accès facilement mais qui est limitée en taille et dans le temps. Il s'agit de la **mémoire à court terme** qui vous permet par exemple de retenir immédiatement après l'avoir entendu un numéro de téléphone que vous aurez oublié d'ici quelques minutes, car d'autres informations auront pris sa place.

L'homme possède aussi un deuxième type de mémoire plus difficile d'accès et en théorie illimitée : il s'agit de la **mémoire à long terme**.

La mémoire à long terme stocke et réorganise les connaissances assimilées au cours d'une vie d'apprentissage (ex : Marignan ? ... 1515). Elle est précise et permet de stocker des milliers d'informations.

Par opposition à la mémoire à court terme rapide d'accès, l'accès à la mémoire à long terme demande parfois du temps pour retrouver une information.

Par opposition à la mémoire à long terme, la mémoire à court terme est limitée en taille et permet en moyenne de stocker 7 items, mais l'entraînement permet d'augmenter la taille de cette mémoire.
Elle est aussi limitée dans le temps et souffre des interruptions.

Les conséquences dans l'aéronautique sont les suivantes :

a) nous avons besoin de faire des **briefings** qui servent dans les phases de vol intense.
Lors de l'énonciation des briefings nous allons chercher dans notre mémoire à long terme les éléments dont nous allons avoir besoin pour les placer dans notre mémoire de travail, plus facile d'accès.
Ex : « nous décollons en piste 23, configuration lisse, à la vitesse de 55 kt

1er virage	à gauche
1er cap	120°
1ere altitude	2 000 ft
1ere estime	la ville de Villefranche à 16h42 »

Les briefings ne doivent pas être trop longs pour ne pas dépasser la taille de la mémoire à court terme (7 items environ).

b) il faut **noter les fréquences et les clairances** données par le contrôle car, en cas d'interruption, l'information va être perdue.

mémoire	accès	taille	durée	utilisation
court terme	facile	limitée (+/- 7)	courte	mémoire de travail
long terme	+/- long	illimitée	illimitée	stockage des connaissances

2. La prise de décision

2.1. Mécanismes de la décision

La prise de décision est un processus complexe qui met en jeu :

- sa propre expérience, son vécu, son savoir faire, bref, ce que l'on sait faire,
- l'analyse que l'on fait des différents paramètres d'une situation,
- le temps imparti pour prendre une telle décision.

2.2. Les risques

Les décisions ont une validité réduite dans le temps et prennent parfois un caractère irréversible du fait de la dynamique de la situation à gérer.

Les décisions sont influencées et pénalisées par différents facteurs comme :
- le stress ou la fatigue,
- une mauvaise ambiance dans le cockpit,
- la conformité à une majorité, à un groupe,

Ex. : - Moi j'y vais
- Bon, ..., alors moi aussi (mais s'y j'étais seul je n'irai pas !!!)

- mais aussi un manque de connaissance ou d'expertise par rapport à une situation,
- le caractère du pilote et ses défauts (machisme, anti-autoritaire, impulsivité, l'invulnérable, le pessimiste résigné, etc.).

2.3. Attitudes et comportements dangereux

Comportement de l'anti-autoritaire :

C'est l'attitude « laissez-moi faire ! Je n'aime pas que l'on me dise ce que je dois faire », « l'instructeur n'enseigne que des choses inutiles », « les check-lists, la réglementation et les procédures sont pour les autres mais pas pour moi ».

Comportement de l'impulsif :

C'est l'attitude : « il faut que je fasse quelque chose, vite ! », le sujet agit dans la précipitation et sans réflexion par conséquent la décision et souvent inadaptée et va parfois à l'opposé du résultat escompté.

Comportement de l'invulnérable :

C'est l'attitude : « je suis invincible, il ne peut rien m'arriver. », la personne connaît les risques d'accidents et d'erreurs mais cela n'arrive qu'aux autres, elle prend des risques et se teste.

Comportement du macho :

C'est l'attitude « moi, je peux le faire », le macho veut prouver aux autres qu'il est le meilleur et il est prêt à prendre des risques pour cela, il veut susciter l'admiration chez les autres.

Comportement résigné :

C'est le comportement type « Calimero » : « c'est vraiment trop injuste, ça n'arrive qu'à moi », « à quoi bon essayer, c'est perdu d'avance », il pense que son destin est immuable que rien ne pourra changer un futur déjà écrit, il laisse agir les autres, même s'ils sont d'une expertise moindre.

L'appréciation du risque : le risque interne et le risque externe

Le **risque externe** est le risque « objectif », il mesure le caractère de dangerosité d'une situation si rien n'est fait pour modifier cette situation (gestion des priorités, changement de trajectoire, application des procédures...). Ex. : départ en virage engagé, situation objectivement à potentiel dangereux nécessitant une action rapide.

Le **risque interne** est le risque « subjectif ». Il est le résultat d'une représentation subjective d'une situation. Il mesure le risque d'échec personnel à sortir d'une situation du fait de son inexpérience, de son manque de connaissances ou du manque de temps disponible.

Ex. 1 : préparation machine tardive entraînant une peur d'échec à la préparation de la machine et à la stabilisation compte tenu du manque (subjectif) de temps. Chacun ayant son expérience, une telle situation va être vécue différemment par un pilote novice et par un pilote plus expérimenté. L'expérience et l'entraînement en sont donc les principaux remèdes.

Ex. 2 : panne du GPS en vol alors que la navigation était basée sur le GPS ; pour un pilote qui a suffisamment préparé sa navigation et a suivi la progression de l'avion, le risque est nul.

2.4. Les biais de décision

Le biais de conformité à une majorité :

Qu'on le veuille ou pas, qu'on s'en rende compte ou pas, nous avons une propension naturelle à suivre la majorité plutôt que de respecter ses choix.

Ex. 1 : lors d'une navigation par météo hasardeuse des pilotes plus expérimentés peuvent décider de partir en vol, un pilote plus novice, qui ne serait certainement pas parti s'il avait été seul, décide de partir quand même en suivant une décision qui n'est pas la sienne mais celle d'un autre pilote, plus expérimenté et donc mieux armé pour gérer une telle situation météorologique.

Ex. 2 : faire, sans sens critique, tout ce que demande le contrôleur même si cela ne nous convient pas. On peut toujours discuter (courtoisement) une clairance qui ne nous paraît pas satisfaisante.

Le biais de confirmation :

Naturellement nous sélectionnons plus facilement les éléments qui confirment nos décisions plutôt que ceux qui les infirment.

Ex. : décision de partir en vol dans des conditions météorologiques difficiles parce qu'on a aperçu subrepticement un coin de ciel bleu, donc, forcément, « ça se dégage ».

Biais d'habitude :

Décisions orientées vers des solutions habituelles, familières même si elles sont inadéquates.

Ex. : décision de se poser en piste 23 alors que le vent désigne la piste 05, parce que la piste 23 est la plus souvent utilisée compte tenu des vents dominants.

Biais de sélection des données :

La préférence oriente fortement la sélection des faits.

Biais de l'appréciation des risques :

Les risques sont soit sous-évalués, soit sur-évalués et l'on passe souvent d'un défaut de confiance en soi à bord, à un excès.

Attention à ne pas laisser la prise de décision aux systèmes perfectionnés de bord style GPS, qui font tomber le pilote dans un excès de confiance.

3. Le stress

3.1. Définition

Le stress est un phénomène physiologique naturel d'adaptation à une situation. Le stress est bénéfique à la gestion d'une situation dans la mesure où il ne dépasse pas une certaine intensité.

3.2. Mécanismes

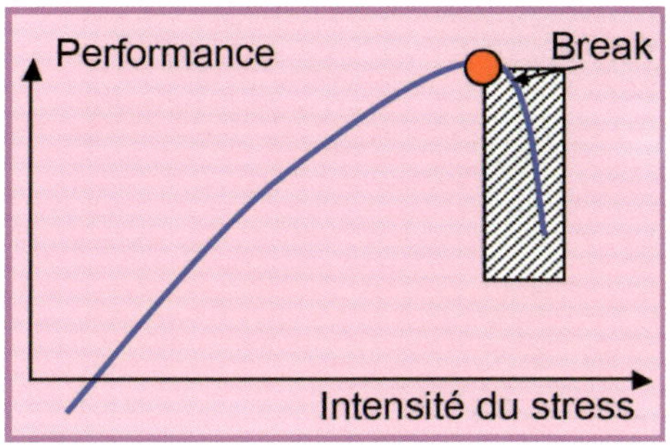

Ce phénomène physiologique déclenche la sécrétion d'hormones qui vont mobiliser les énergies que nous stockons (sucres et graisse) pour nous donner un coup de fouet.

Sous l'effet du stress, le rythme cardiaque et la fréquence respiratoire vont s'accélérer afin d'alimenter notre cerveau en oxygène, dont il a besoin pour fonctionner.

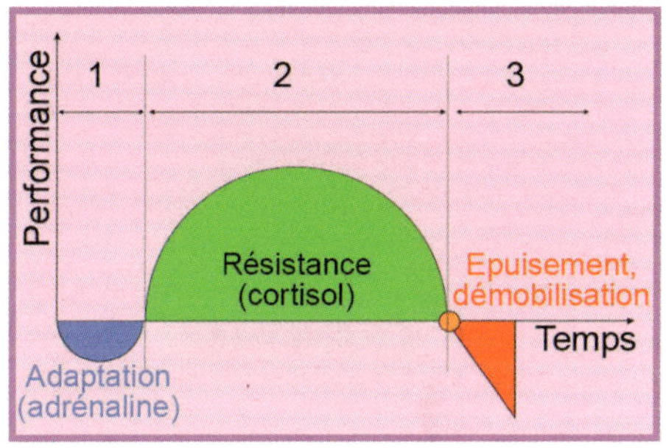

Bref, sous l'effet du stress, l'organisme se mobilise afin d'augmenter nos performances pour réagir face à une situation inhabituelle.
Le stress a donc un effet positif sur la performance dans la mesure où il n'atteint pas une trop forte intensité, le « **break point** », ou la performance chute brutalement, pour tomber dans l'état de panique, où toutes analyses ou réflexions deviennent impossibles (état animal).

- Situation ressentie comme dangereuse, menace physique ou psychologique.
- Ambiguïté sur la représentation d'une situation.
- Surcharge de travail.
- Tâche effectuée ou ressentie comme hors norme.

- Erreur.
- Réduction de l'attention.
- Imperméabilité aux informations des sources différentes.
- Approximation.
- Actions différées.
- Filtrage des informations.
- Omission.
- Régression.
- Tension musculaire.

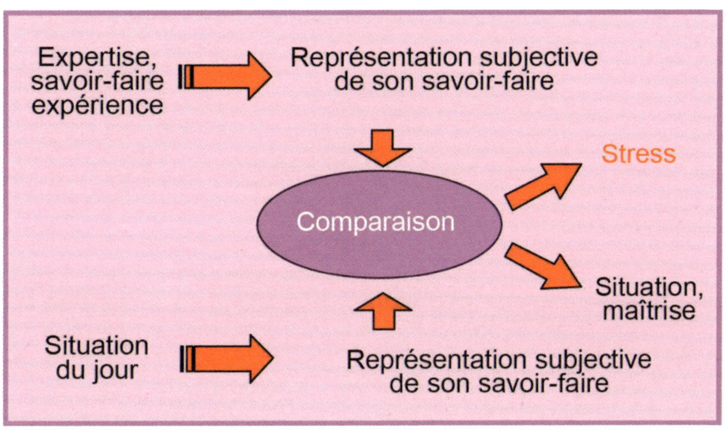

3.3. Facteurs favorisant le stress chronique

100	Mort d'un conjoint
73	Divorce
65	Séparation
63	Mort d'un parent proche
53	Blessure ou maladie
50	Mariage
47	Licenciement
39	Naissance
38	Modification d'une situation financière
26	Exploit personnel marquant
25	Changement habitudes alimentaires
13	Vacances
12	Noël
11	Amendes

Facteurs de déclenchement d'un stress chronique. Ces facteurs se cumulent (Holmes et Raye).

Que faire face au stress ?

- faire simple, gérer les priorités : **pilotage, trajectoire puis procédures**,
- revenir et suivre les méthodes enseignées,
- utiliser les ressources de l'équipage,
- affronter la réalité sans se voiler la face,
- ne pas baisser les bras, il existe toujours une solution.

Utiliser les assistances possibles : contrôleur, service d'information de vol qui pourront vous donner des conseils et vous apporter une assistance technique ou psychologique.

4. La charge du travail

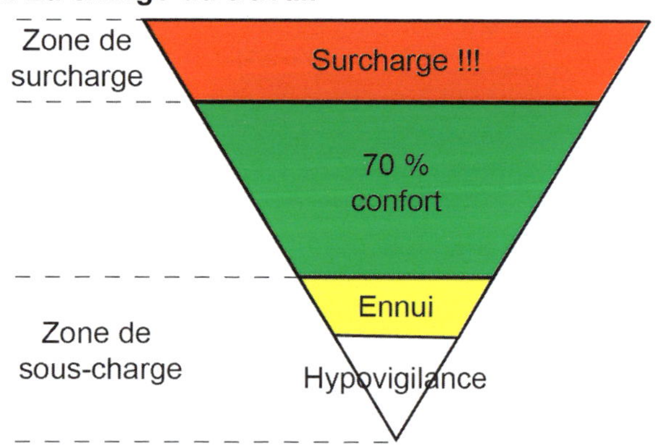

On appelle **charge de travail** la proportion des ressources investies dans l'action.

Lorsqu'elle est **trop faible** (en croisière) on risque d'aboutir à des problèmes **d'hypovigilance**. Le briefing arrivée, en plus de la réactivation de la mémoire vive, permet de se « réveiller » avant l'arrivée, qui est une phase à forte charge de travail.

Lorsqu'elle est **trop élevée**, on assiste à un **effondrement de la performance**. Il faut alors traiter les tâches par ordre d'importance en privilégiant la base : piloter l'appareil.

5. Les erreurs

5.1. Mécanisme

La préparation, l'expérience, l'anticipation n'excluent pas l'erreur. L'erreur est normale, elle est une expression de notre intelligence.

Personne n'est à l'abri d'une erreur.

L'erreur est une étape nécessaire à l'apprentissage. À chaque vol, nous faisons plusieurs erreurs sans forcement qu'il y ait des conséquences pour la sécurité (coupure des phares au lieu de la pompe, démarrage sur le mauvais réservoir…).

Traitement de l'information :

Nos 5 sens (vue, toucher, ouïe, goût et odorat) associés aux sensations que détectent certains de nos muscles

(sens kinesthésique), perçoivent les informations, le cerveau analyse ensuite ces informations et les identifie. L'individu utilise son système cognitif (sa culture, sa mémoire, son expérience...) pour interpréter ces informations puis l'individu décide d'une action en rapport avec les informations perçues.
L'erreur peut alors résulter d'une mauvaise perception (ex : illusion sensorielle).

5.2. Différents types d'erreur

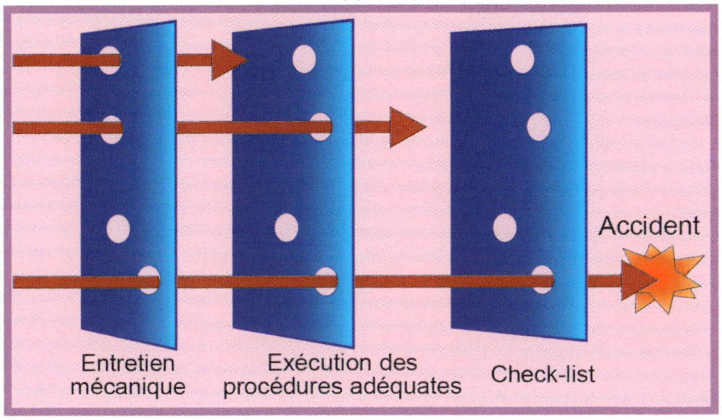

L'erreur de représentation : un pilote habitué à une piste horizontale se trouvera trop haut en approche sur une piste montante, et aura tendance à faire une approche plate.

L'erreur de routine : action faite machinalement, elle concerne les actions que nous réalisons régulièrement, et qui deviennent des habitudes.

Ce type d'erreur peut avoir pour origine une distraction (ex : interruption des actions par le contrôleur, dispersion d'attention...) ou est favorisée par la pression temporelle (impression que l'on a pas assez de temps pour faire tout ce que l'on a à faire).

Remède : faire scrupuleusement ses check-list en vérifiant ce que l'on fait.

L'erreur de connaissance : erreur liée à un manque de connaissances lié aux procédures, ou à l'appareil (familiarisez-vous avec le manuel de vol par exemple).

L'erreur de règle : application d'une règle inadaptée à la situation.

On distingue une erreur active, dont l'effet est immédiat (ex : tirer la mixture au lieu de la manette des gaz implique un arrêt instantané du moteur), de l'erreur latente dont les effets vont avoir lieu plus tard (ex : coupure de l'alternateur au lieu de la pompe sans check-list efficace, entraînant une décharge progressive de la batterie puis une fois vide une panne électrique).

Exemple : panne moteur en montée initiale :

Application des procédures : lors des phases de montée initiale et de descente finale la pompe auxiliaire est systématiquement mise en fonction ; la panne de la pompe principale est alors transparente.

Si la pompe auxiliaire est oubliée, l'arrêt de la pompe principale (défaillance) entraîne l'arrêt du moteur. L'application d'une check-list « panne moteur après décollage », qui requiert la mise en fonction de la pompe auxiliaire, permet de détecter l'erreur (pompe auxiliaire sur OFF) et un redémarrage du moteur après quelques très longues secondes pour le pilote.

Si la check-list n'est pas appliquée, l'atterrissage hors piste est alors inéluctable : accident/incident.

Les erreurs ont deux origines : le non respect des procédures et la non application de la check-list adaptée.

6. Le projet d'action

Le pilote a toujours un projet d'action : ce sont les actions et les stratégies prévues à plus ou moins long terme qui vont lui permettre d'affronter une situation (arrivée sur un terrain).

Le projet d'action est :
- indispensable à la compréhension d'une situation dynamique,
- un guide, mais aussi un filtre très directif par rapport au réel,
- très résistant aux événements contradictoires,
- coûteux à remettre en cause.

Lorsque **l'analyse** de la situation impose une modification de son projet d'action (*ex. déroutement, interruption volontaire du vol...*), il est très souvent difficile d'accepter **l'évidence** et d'agir en conséquence.C'est pourtant la conduite la plus sûre.

Entraînement à l'examen théorique

1 - Pour voler en IMC sans risquer la désorientation spatiale et la perte totale du contrôle de votre avion :

a) il faut limiter la durée du vol en nuage à 15 minutes □
b) il faut limiter la durée du vol en nuage à 30 secondes □
c) vous devez passer une qualification IR sanctionnant un apprentissage du vol aux instruments, et l'utiliser sur un avion équipé pour ce genre de vol □
d) il suffit de voler dans un avion classé IFR □

2 - La mémoire à court terme :

a) contient beaucoup moins d'informations que la mémoire à long terme □
b) a une capacité quasi-illimitée □
c) a un temps d'accès quasi-illimité □
d) contient beaucoup plus d'informations que la mémoire à long terme □

3 - La fatigue et la concentration permanente :

a) augmentent la tolérance à l'hypoxie jusqu'à 15 000 pieds □
b) augmentent la tolérance à l'hypoxie □
c) diminuent la tolérance à l'hypoxie □
d) n'ont aucun effet sur l'hypoxie □

4 - La mémoire à long terme :

a) a un temps d'accès plus réduit que celui de la mémoire à court terme □
b) a un temps d'accès invariable □
c) est d'un accès instantané □
d) a un temps d'accès plus grand que celui de la mémoire à court terme □

5 - Les trois phases de la réaction de stress sont dans l'ordre :

a) alarme, épuisement, résistance □
b) résistance, alarme, épuisement □
c) alarme, résistance, épuisement □
d) épuisement, alarme, résistance □

6 - Le stress :

a) est toujours inhibé par un événement heureux de la vie □
b) peut être provoqué par un événement heureux de la vie □
c) est une cause d'inaptitude médicale □
d) est incompatible avec le vol □

7 - La performance :

a) d'apprentissage est considérablement améliorée lorsque le niveau de stress est à son maximum □
b) peut être améliorée sous l'effet d'un stress modéré □
c) n'est pas affectée par un stress d'origine familiale □
d) n'est jamais affectée par le stress chez un pilote expérimenté □

8 - Une bonne décision :

a) est toujours la première envisagée □
b) tient compte de votre savoir-faire □
c) doit ignorer la contrainte temporelle □
d) est une décision immédiate □

9 - Pour consommer le moins possible de ressources mentales, vous pilotez :

a) en déduisant des règles connues, la conduite s'appliquant aux événements constatés □
b) en construisant à chaque phase une règle à partir des connaissances mémorisées et des schémas □
c) en suivant des séquences préparées à l'avance, appelées schémas □
d) en construisant à chaque étape les actions à faire, d'après vos connaissances profondes □

10 - Dans une situation de stress intense :

a) vos actions deviennent de plus en plus réfléchies □
b) vous risquez une régression de vos acquis □
c) votre meilleure défense est d'agir sans réfléchir jusqu'à la découverte de l'origine du stress □
d) votre capacité d'analyse de la situation s'améliore □

11 - Voler aux instruments sans apprentissage :

a) vous expose à des illusions sensorielles et à un risque de désorientation totale □
b) est possible dans un avion équipé réglementairement pour ce type de vol □
c) est possible le jour □
d) est possible dans un avion équipé d'un horizon artificiel □

12 - La fatigue :
- a) ne peut pas influencer la performance d'un sujet entraîné □
- b) ne peut pas influencer la performance d'un sujet jeune □
- c) peut diminuer la performance □
- d) augmente le niveau de performance d'un pilote expérimenté □

13 - L'effet du stress :
- a) est identique d'un pilote à l'autre, seul l'agent stressant conditionne le type de réaction □
- b) ne dépend que de la volonté du pilote qui le subit □
- c) est identique d'un pilote à l'autre, seul l'environnement conditionne le type de réaction □
- d) diffère d'un pilote à l'autre, chaque individu a un mode de gestion propre des agents stressants qu'il rencontre □

14 - Au cours d'un vol en double commande, si vous ressentez un début de malaise dû au mal de l'air :
- a) vous le signalez à votre instructeur qui organisera le vol en conséquence □
- b) vous ne dites rien, en général, ça passe au bout de 10 minutes □
- c) vous vous relaxez, car vous savez que ça n'est dû qu'à la tension nerveuse □
- d) ne pas emporter de sac à vomi en vol constitue une infraction □

15 - Le stress est :
- a) l'épuisement consécutif au manque d'oxygène □
- b) la fatigue oculaire du pilote □
- c) la réaction d'adaptation de l'individu au milieu □
- d) la fatigue consécutive au franchissement de fuseaux horaires □

16 - Vous êtes habitué au terrain de Toulouse Blagnac (longueur de piste 3 200 m et largeur 45 m). Vous décidez de vous poser sur une piste de 700 m de long et 15 m de large. En finale, vous risquez :
- a) d'arrondir trop haut □
- b) de vous poser avant la piste □
- c) de vous croire trop éloigné et trop haut □
- d) de vous croire trop près et trop haut □

17 - La tolérance personnelle à une charge de travail dépend de :
1 - votre état de santé
2 - vos connaissances, votre expérience et votre savoir faire
3 - votre niveau de stress
4 - votre état de fatigue
- a) 2, 4 □
- b) 1, 3, 4 □
- c) 1, 2, 3, 4 □
- d) 1, 2, 3 □

18 - L'utilisation des check-lists doit être effectuée de telle sorte que :
- a) leur exécution ne puisse pas être faite en même temps que d'autres actions □
- b) leur exécution ne soit pas simultanée avec des tâches importantes □
- c) elles puissent être repoussées car la redondance dans les check-lists suivantes sert de vérification □
- d) leur exécution puisse être faite en même temps que d'autres actions □

19 - Le nombre maximal d'éléments, sans relation entre eux, qui peuvent être stockés dans la mémoire de travail est :
- a) environ 30 éléments □
- b) environ 7 éléments □
- c) illimité □
- d) très limité, seulement 3 éléments □

20 - Concernant la relation entre la performance et le stress, laquelle des affirmations suivantes est juste ?
- a) un pilote bien entraîné est capable d'éliminer tout type de stress complètement lorsqu'il est programmé pour un vol □
- b) le stress familial n'affectera pas la performance du pilote parce qu'il est capable de laisser ce type de stress au sol □
- c) un élève-pilote apprendra mieux et plus vite sous un stress intense □
- d) un niveau modéré de stress peut améliorer la performance □

Notes personnelles et conseils de votre pilote-instructeur – Facteurs Humains :

Section 7

PROCÉDURES ET SÉCURITÉ

En vol, de nombreux outils sont à votre disposition pour entendre et être entendu, et ceci pour les phases de vol standard comme les situations d'urgences et de détresse. Ces deux modules, très courts, sont aussi très riches de toutes les situations courantes et exceptionnelles que peut rencontrer un commandant de bord. Vous aurez d'autant plus de facilité à assimiler ces notions élémentaires que vous les utiliserez systématiquement depuis le début de votre formation. Par exemple, avant vos premiers tours de piste tout seul aux commandes, vous avez entendu maintes fois votre instructeur discuter avec la tour de contrôle, et intuitivement vous aurez assimilé beaucoup d'informations vues dans cette section.

Module 1 « Généralités »

1. Informations diverses

Réglage des sièges : avant chaque vol, les pilotes doivent régler leurs sièges afin de pouvoir utiliser confortablement toutes les commandes. Après le réglage, le pilote devra s'assurer que le siège est **correctement verrouillé**. En effet, des accidents se sont produits lorsque ce contrôle n'a pas été correctement effectué : à la rotation, le siège recule et le pilote ou le passager avant se « retient » au manche, provoquant un décrochage à proximité du sol.

Harnais et ceintures : avant chaque vol, les ceintures doivent être correctement attachées. Le commandant de bord doit s'assurer que ses **passagers** le sont et capables de **détacher** par eux-même leur ceinture. Si l'appareil dispose de harnais, ceux-ci seront utilisés systématiquement. Lors de vol en **conditions turbulentes**, il convient de serrer davantage les ceintures afin de ne pas se cogner au plafond.

Intoxication au monoxyde de carbone : l'air chaud utilisé en cabine circule autour du pot d'échappement pour y être réchauffé. Si le pot fuit, l'air se charge en monoxyde de carbone, ce qui peut provoquer une **perte de connaissance puis la mort**, si l'exposition est suffisamment longue. Ce gaz est incolore et inodore, cependant il est accompagné d'une **odeur de gaz d'échappement**.
En cas de doute, il convient de mettre le système de chauffage sur « air froid » (sur le Rallye par exemple, tirer les deux tirettes) et **d'aérer** au maximum la cabine. Les premiers symptômes d'intoxication sont : vertiges, maux de tête et nausées.

Manipulation de l'hélice : en règle générale, **éviter de manipuler l'hélice**. En cas contraire :
- vérifier que les **magnétos** sont **sur off**, clefs ôtées,
- vérifier que les **freins** sont **serrés**,
- vérifier que la **mixture** est sur **plein pauvre,**
- **dégager** le champ de l'hélice.

Remarque : à la fin de chaque vol on vérifie la bonne qualité de la mise à la masse des magnétos en effectuant à faible régime moteur un essai coupure.

Utilisation de la barre de tractage : cette barre qui se fixe à la jambe de train avant peut être utile pour manœuvrer l'appareil au sol.
Cependant son usage nécessite quelques précautions :
- vérifier sa fixation avant de tirer l'appareil,
- toujours tirer la barre en se maintenant au moyen de l'hélice afin d'éviter de tomber en arrière si la barre se détache,
- ne jamais laisser une barre accrochée au train sur le parking : risque de mise en route barre en place.

Equipement de survie, gilets, canots : dans certaines circonstances, l'emport de ces équipements est obligatoire. Si possible, les occupants de l'appareil devront vêtir les gilets avant le départ (voir Réglementation, <u>module 3</u>, **« Les règles d'emport et d'équipement »**).
Le commandant de bord devra également avoir pris connaissance du mode d'emploi des gilets et canots et en avoir parlé aux passagers.

Informations aux passagers : le commandant de bord se doit d'informer et de rassurer (ou d'éviter de communiquer son stress aux passagers).
- Comment monter à bord de l'appareil ? Comment attacher et détacher les ceintures ? Comment ouvrir la verrière ?
- En cas d'atterrissage forcé :
  - poser les objets à terre,
  - serrer la ceinture,
  - enlever les lunettes,
  - se mettre « en boule » avant l'impact.
- En présence d'un passager stressé, être rassurant, distraire son attention par des explications, donner le nom des villes…

Check-list et briefings : les check-list sont des contrôles effectués dans certaines phases du vol afin de vérifier qu'aucune action n'a été oubliée par le pilote. C'est le jour où l'on n'effectue pas une check-list (ou sa visite pré-vol) sous la pression temporelle ou le stress qu'elle aurait réellement été utile. **En cas de stress, éviter**

l'improvisation, voire d'effectuer le vol prévu.
Les briefings ont lieu dans un souci d'anticipation et de réactivation de la mémoire à court terme avant une phase de vol particulièrement dense qui va requérir toute l'attention du pilote (arrivée, décollage...). **Mieux vaut savoir ce qu'il va falloir faire dans 5 minutes que de ne pas savoir ce qu'il faut faire maintenant !**

2. Procédure d'urgence

2.1. Feu moteur en vol

Les moteurs d'avions légers ne sont pas équipés d'extincteurs. La procédure vise donc à :

- limiter la propagation de l'incendie,
- éviter l'asphyxie des passagers.

En cas d'incendie moteur, se conformer à la procédure donnée section 3 du manuel de vol puis effectuer une descente d'urgence suivie d'un atterrissage en campagne.

Exemples sur Rallye :

Incendie moteur
- Robinet d'essence .... fermé
- Pompe de gavage .... coupée
- Mettre plein gaz
- Manette de ventilation .... coupe feu
Après l'arrêt du moteur :
- Contact magnétos .... coupé
- Contact général .... coupé
- Excitation de l'alternateur .... coupée
ATTENTION : ne pas tenter une remise en marche.

2.2. Feu moteur au sol

Au sol, les occupants peuvent évacuer l'avion plus rapidement. La procédure sera donc légèrement différente :

- tout couper,
- évacuer l'appareil.

Remarque : utiliser en cas de feu d'essence un extincteur à poudre, mais en aucun cas un extincteur à eau pulvérisé (risque de graves brûlures).

Feu moteur au sol
Robinet d'essence .... fermé
Mélange .... étouffoir
Contact magnéto .... coupé
Contact général .... coupé
Excitation alternateur .... coupée
Evacuer l'avion

2.3. Incendie en cabine

Remarques :

- sur le Rallye, ventilation ouverte : les deux tirettes sont tirées,
- le feu électrique se reconnaît par une odeur de « plastique brûlé ».

Incendie cabine
Eteindre le foyer par tous les moyens possibles. (Extincteur en option).
Pour éliminer les fumées, ouvrir à fond la ventilation et au besoin entrouvrir la verrière à VI<150 km/h d'environ 10 cm.
En cas de feu d'origine électrique : couper l'excitation de l'alternateur et le contact général.

2.4. Atterrissage sans moteur

Ces actions sont à effectuer en finale avant l'atterrissage. Remarques :

- la batterie ne sera coupée qu'après la sortie des volets électriques,
- l'amerrissage s'effectue parallèlement à la houle, train rentré si possible,
- en règle générale, il faut :
  - éviter les obstacles,
  - toucher à la vitesse la plus faible possible,
  - conserver les ailes à plat.

Atterrissage sans moteur en campagne
Amerrissage
Essence .... Fermée
Contact magnéto .... Coupé
Excitation alternateur .... Coupée
Verrière .... Déverrouillée
Annonce passagers .... Effectuée

Après la sortie des volets
Contact général .... Coupé

L'ensemble des procédures d'urgence est décrit dans le manuel de vol. Celles qui n'ont pas été décrites ici feront l'objet d'un exercice pratique en vol ou seront décrites dans d'autres cours théoriques.

3. Équipement minimum

* = obligatoire (sauf pour certaines classes d'ULM comme le paramoteur. L'instrumentation minimum est obligatoirement présente sur le tableau de bord lors de la vente la machine)

Équipement	Obligatoire pour le VFR	Obligatoire pour le VFR de nuit	Obligatoire pour le VFR ON TOP
Anémomètre	*	*	*
Bille		*	*
Altimètre	*	*	*
Compas	*	*	*
Variomètre		*	
VOR ou ADF ou GPS homologué classe A, B ou C	Sur certains itinéraires spécifiés. Ex : transit.	*	*
Montre	*	*	*
Horizon artificiel		*	
Deuxième horizon ou bille aiguille alimentation indépendante		*	
Conservateur de cap		*	
Lampe autonome		*	
Fusibles de rechange		*	
Feux de navigation (voir ci-dessous)		*	
Feux anticollision		*	
Phare atterrissage		*	
Température extérieure		*	
Eclairage instruments		*	
Émetteur-Récepteur VHF	Dans les espaces où la radio est obligatoire	*	*
Émetteur-Récepteur HF	Zones H	Zones H	Zones H
Transpondeur mode A ou C ou S	Espaces où le transpondeur est obligatoire. Ex : EAC A, B, C, D.	*	Espaces où le transpondeur est obligatoire. Ex : EAC A, B, C, D.
RBDA	Obligatoire sauf si : • CRNA[(1)], • tour de piste, • reste en communication radio à moins de 25 Nm du terrain.		Obligatoire sauf si : • CRNA[(1)], • tour de piste, • reste en communication radio à moins de 25 Nm du terrain.

(1) le CNRA est un certificat de navigabilité restreint d'aéronef (constructeur amateur avion).

Les feux de navigation sont de couleur conventionnelle et sont visibles selon des secteurs définis afin d'évaluer la trajectoire de l'avion :

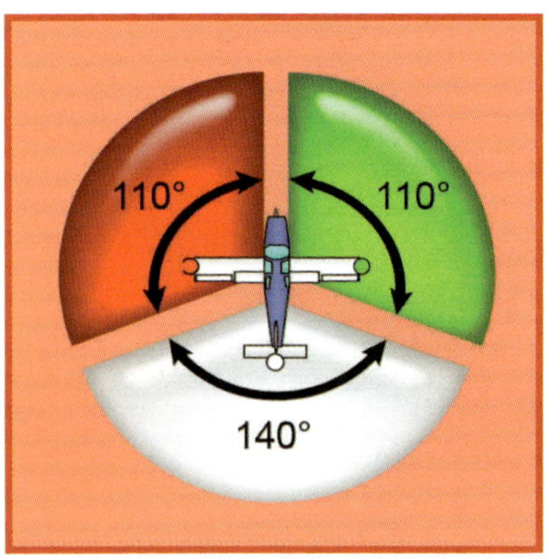

- rouge à gauche (110°)
- vert à droite (110°)
- blanc à l'arrière (140°).

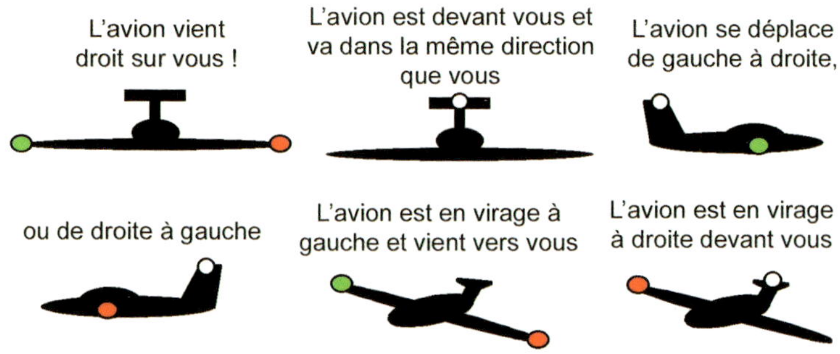

4. Procédure antibruit

Sur certains terrains, des procédures antibruit sont publiées afin de limiter les nuisances sonores. Le pilote prendra soin de respecter ces procédures publiées sur la page « consignes particulières » des cartes VAC.

Ces mesures peuvent être de plusieurs ordres :
- limitation des tours de piste (TDP) aux aéronefs basés,
- interdiction des TDP à certaines heures,
- interdiction des TDP basse hauteur,
- montée à pente max après le décollage,
- altérations de cap après le décollage,
- les villes entourées sur la page 1 des cartes VAC ne doivent pas, dans la mesure du possible, être survolées…

ROUEN VALLEE DE SEINE
AD2 LFOP TXT 01 — 12 MAR 09

Consignes particulières / *Special instructions*

Conditions générales d'utilisation de l'AD
Piste non revêtue RWY 05/23 : utilisation sur PPR ROUEN TWR, demande à formuler par télécopie au 02 35 80 53 03 ou 02 35 79 07 45.

General AD operating conditions
Unpaved RWY 05/23: use of RWY on PPR ROUEN TWR, request by FAX: 02 35 80 53 03 or 02 35 79 07 45.

Dangers à la navigation aérienne
Forte concentration d'oiseaux aux abords et sur l'aérodrome en cas de vents et/ou de fortes pluies sur la côte.

Forte activité ULM, parapentes et planeurs à proximité du point « S »: aérodrome privé de VAL-DE-REUIL.

Air navigation hazards
Heavy concentration of birds in the vicinity and over the aerodrome in the event of winds and/or of heavy rainfalls on the coast.

ULM, paragliders and gliders heavy activity in the vicinity of "S" point : private AD VAL-DE-REUIL.

Procédures et consignes particulières
QFU 223 préférentiel cause procédure IFR et balisage HI.
…ct radio recommandé avec … verticale de ROU.
…uente CTR TMA hors HOR …elle des espaces sur ATIS.
…e la piste 04/22 (côté pla-…
…WY 22, monter à 1000 ft …
…nimum 300 ft AAL unique- …ns le cadre des vols d'en- … bord.

Procedures and special instructions
Preferred QFU: 223, due to IFR procedure and RWY lighting LIH.
On arrival and in transit, radio contact recommended with ROUEN APP 10 min before overhead ROU.
Because of frequent activation of CTR TMA outside specified HOR, airspace real activity information on ATIS.
Eastern pattern from RWY 04/22 under ATS clearance.
After take-off RWY 04 or RWY 22, climb straight ahead 1000 ft AAL before turning.
"Low height" circuits : minimum 300 ft AAL only with ATS clearance for training flights with an instructor on board.

AMDT 04/09 — © SIA

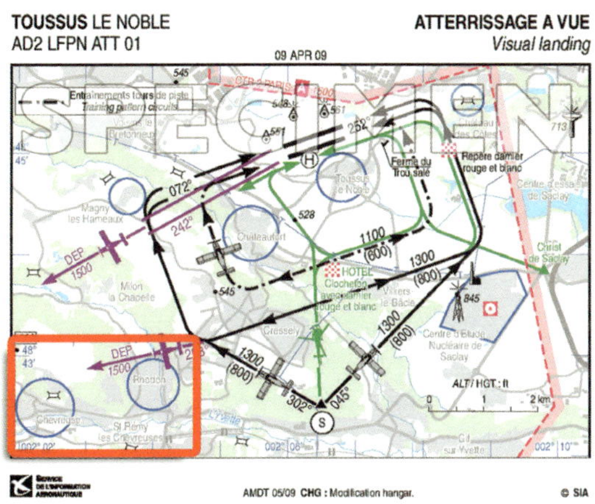

TOUSSUS LE NOBLE
AD2 LFPN TXT 02

Procédures VFR avions

DEPART RWY 07L/R

Face à l'Est : monter dans le circuit extérieur vers 1500 ft AMSL.

Dans la mesure du possible en fin de vent arrière suivre RM 258° pour éviter Rhodon et Chevreuse.

Quitter les circuits à l'Ouest de l'AD.

DEPART RWY 25R/L

Face à l'Ouest : Au passage de l'extrémité de piste altération de route de 10° à gauche pour suivre la RM 242° et éviter le survol de Magny les Hameaux.

Monter vers 1500 ft AMSL et quitter les circuits à l'Ouest de l'AD.

5. Services de Sauvetage et de Lutte contre l'Incendie des Aéronefs sur les aérodromes (SSLIA)

L'ensemble des règlements de la SSLIA sont repris dans le Code de l'aviation civile. Ils s'accompagnent d'un classement qui comprend plusieurs catégories de 1 à 10.
Tableau de classification des niveaux de protection SSLIA :

Aérodrome	Agent extincteur principal		Agent complémentaire en kg	Nombre de véhicules SSLIA	Effectif personnel
Niveau de protection	Quantité d'eau en litres	Débit en litres par minute			
10	32300	11200	450	3	6 pompiers d'aérodrome + 1 chef de manœuvre
9	24300	9000			
8	18200	7200			
7	12100	5300	225	2	4 pompiers d'aérodrome + 1 chef de manœuvre
6	7900	4000			
5	5400	3000	180	1	2 pompiers d'aérodrome
4	2400	1800	135		
3	1200	900			
2	0	0	250	1 véhicule léger	1 pompier d'aérodrome
1	0	0	50	-	-

6. CFIT : Controlled Flight Into Terrain

6.1. Définition

Le 20 Janvier 1992, un appareil de la compagnie Air Inter percute le mont Saint-Odile lors de son approche sur l'aéroport de Strasbourg-Entzheim. L'avion était neuf, en parfait état et l'équipage en avait le contrôle : il s'agit d'un CFIT (Controlled Flight Into Terrain).

Le terme CFIT, apparu dans les années 1970, désigne les collisions avec le sol d'un appareil en bon état de vol sans perte de contrôle du pilote. Il s'agit d'une action involontaire : le pilote n'a pas conscience qu'il oriente la trajectoire de l'avion vers le sol ou le relief.

La prévention des CFIT fait partie des priorités de l'OACI.

6.2. Causes

En VFR, les CFIT sont en général associés à la perte des références extérieures.

Celle-ci peut survenir dans certaines situations, comme par exemple :
- mauvaises conditions météorologiques : vol dans la couche nuageuse ou vol par mauvaise visibilité ;
- nuit noire.

Dans quel contexte se retrouve-t-on dans une couche nuageuse alors que le vol VFR nous l'interdit formellement ?

☞ **Excès de confiance en la machine**
La généralisation des GPS de bord en aviation légère a entraîné une sur-confiance du pilote dans ce système. Le pilote a l'impression qu'il ne peut plus se perdre puisque le GPS connaît sa position. Mais la quasi-totalité des GPS actuels ne gèrent de manière fiable que la navigation horizontale : ils permettent de planifier une route selon des points définis (*waypoints*) mais gèrent la navigation verticale de manière trop imprécise.

☞ **Syndrome « objectif : destination »**
Malgré la détérioration des conditions météo, le pilote aveuglé par son seul objectif d'arriver à destination prend la décision de poursuivre son vol. Cette décision de continuer malgré des conditions marginales peut être facilitée par un biais d'habitude (« j'ai fait le trajet des dizaines de fois, je connais bien le coin »), un biais de confirmation (« c'est juste un petit nuage sur la route, derrière j'ai vu qu'il fait plus clair ») ou une impression d'invulnérabilité (« de toutes façons j'ai déjà 100 heures de vol et jamais un pépin, je ne risque rien, je suis bon ! »).

☞ **Mauvaise préparation du vol**
Avant de partir en vol, le pilote doit absolument effectuer une préparation rigoureuse et complète du vol. En ce qui concerne la météo, cette préparation passe par l'étude approfondie des bulletins météos les plus récents (METAR, TAF, TEMSI, WINTEM, SIGMET, etc.) en prenant en compte les prévisions et observations sur le(s) terrain(s) de destination et sur la route empruntée. Il est également possible de consulter un prévisioniste Météo France par téléphone.

6.3. Quelles sont les solutions possibles pour éviter les CFIT ?

Certains appareils de nouvelle génération à avionique « Glass Cockpit » (instrumentation sur écrans) commencent à être équipés de systèmes d'aide à la détection d'obstacles (GPWS). C'est une solution couteuse qui équipe une minorité des appareils actuellement utilisés. Si vous utilisez un avion ou un ULM équipé, cette aide ne doit pas vous affranchir des règles et limites que vous vous fixeriez si vous voliez sur un avion ou un ULM non équipé (cf.: excès de confiance en la machine). Il est important aussi de bien connaitre le fonctionnement des systèmes de bord et des automatismes qui s'ils sont utilisé à mauvais escient peuvent mettre votre vol en danger car ils sont chronophages.
Il existe également dans certaines zones de contrôle des « filets de sauvegarde » qui alertent le contrôleur d'un

risque de collision entre l'avion au radar et le relief (MSAW : minimum safe altitude warning). Ce système est principalement conçu pour les vols en IFR (vol aux instruments).

Ce qu'il y a de plus efficace pour éviter un CFIT, c'est le pilote !

En respectant les conditions de vol à vue (VMC) et en fixant des marges de sécurité confortables vous diminuez le risque de vous retrouver en situation potentielle de CFIT.

Ceci passe par une **préparation rigoureuse du vol**, la **connaissance de ses limites** en fonction de ses capacités, la **mise en œuvre d'un déroutement** ou la **conduite d'une interruption volontaire du vol** si les conditions de vol deviennent marginales. Le contexte ne doit pas avoir d'influence sur une décision de déroutement.

6.4. Exemples

Vous prévoyez une navigation de nuit avec atterrissage à destination. Lors de votre préparation vous constatez que le PAPI ne fonctionne pas. Le risque potentiel de CFIT augmente, il y a un risque de « trou noir » à l'approche. Une solution peut être un indicateur de plan de descente instrumental (Glide) sur une piste équipée d'un ILS, ou un changement de destination…

Vous prévoyez une navigation de jour, avec des conditions météo médiocres. Après une préparation complète, même si les minima réglementaires sont satisfaits par les conditions du jour, fixez-vous vos propres « minima » (en fonction de votre expérience, qualifications, contexte…). C'est vous qui fixez le curseur : si c'est bon je pars, si ce n'est pas bon je ne pars pas !

7. Les incursions de piste, les incursions d'espace aérien contrôlé

Le 4 avril 2001, un avion de ligne percute au décollage de Milan un petit jet égaré dans le brouillard, l'accident fit 118 victimes. Nul pilote ne doit ignorer qu'il est nécessaire d'obtenir une clairance pour pénétrer une piste sur un aérodrome contrôlé, et qu'un appareil en finale est prioritaire sur un appareil au sol, ou qu'une autorisation est obligatoire en classe d'espace C et D. Cependant de nombreux incidents de circulation résultent de la pénétration inopinée de piste par des aéronefs, mais aussi d'espaces aériens contrôlés sans autorisation, soit du fait d'une mauvaise visibilité, d'une incompréhension, soit par méconnaissance des limites de la piste, du balisage, des contours des zones aériennes contrôlées, des règles de l'air, soit par pure distraction.

7.1. Le balisage

7.1.1. Les taxiways

Sur l'herbe ils sont bordés de cônes jaunes.
Sur le dur, ils sont balisés par une ligne continue jaune axiale, et balisé en bleu la nuit.

7.1.2. Les pistes

Elles sont balisées par une ligne discontinue axiale blanche. Latéralement, des lampes blanches composent le balisage avec au seuil une rangé de lampes vertes et à l'extrémité une rangée de lampes rouges.
Lorsqu'il existe, le balisage axial est composé de feux de couleur blanche, ce qui permet de le distinguer du balisage lumineux des taxiways de couleur bleue.

Les pistes en herbe sont balisées par des cônes blancs situés latéralement le long de la piste.
Les marques de seuil sont composées de chevrons blanc situés sur la piste elle-même (2 pour les pistes inférieures à 80 m de large et 3 pour les pistes de 80 m à 100 m de largeur).

7.1.3. Les points d'attente (autrefois points d'arrêt))

Ils sont généralement repérés par des panneaux rouges situés latéralement du marquage au sol.

Ces points d'attente sont situés à des distances variables de l'axe de piste en fonction du type de piste et du type de procédures de vol aux instruments en vigueur.

Lorsque les points d'attente n'ont pas été établis ou que leurs marques ne sont pas visibles, et sauf consignes particulières d'utilisation de l'aérodrome, tout aéronef maintient sa position à une distance raisonnable du bord de la piste de manière à ne pas gêner les mouvements des autres aéronefs.

Note : le Doc.4444 OACI préconise une distance du bord de piste au moins égale à :
- *30 m pour une piste revêtue d'une longueur inférieure à 900 m ou une piste non revêtue ;*
- *50 m pour une piste revêtue d'une longueur égale ou supérieure à 900 m.*

Les points d'attente sont matérialisés au sol par un double trait continu conjoint à un double trait discontinu et perpendiculaire à la ligne axiale du taxiway.

7.2. Les clairances

Sur aérodrome contrôlé, une clairance est nécessaire pour rouler ou pénétrer une piste
Expressions conventionnelles :
- Pénétrez : vous pouvez dépasser le point d'attente
- Remontez : Cela consiste à rouler sur la piste en direction du seuil
- Autorisé : n'est utilisé que pour le décollage et l'atterrissage
- Immédiatement : utilisé par le contrôle pour signifier une manœuvre devant être exécutée sans délais par le pilote pour des raisons de sécurité.

7.3. Les panneaux d'aérodrome

Vous êtes sur le taxiway alpha, au delà de cette pancarte, vous entrez sur la piste 05-23. Le seuil de piste 05 est à gauche, le seuil 23 à droite.

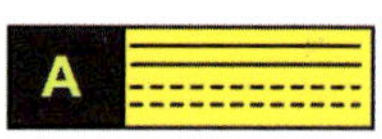

Au delà de cette pancarte, vous dégagez la piste par le taxiway alpha.

Au delà de cette pancarte, vous pénétrez sur la piste 23-05.

Vous arrivez au niveau de taxiway golf, le taxiway hotel est tout droit.

Exemple LFPT, Pontoise-Cormeilles

Les panneaux rouges signifient qu'au delà on pénètre sur une piste. Il faut donc marquer l'arrêt avant le panneau.

Les lignes au sol matérialisent les points d'attente, si on est du coté de la ligne continue, alors l'arrêt doit être marqué sauf instruction contraire du contrôle. Du côté discontinu, on peut rouler.

Les panneaux jaunes indiquent les taxiway depuis une piste.

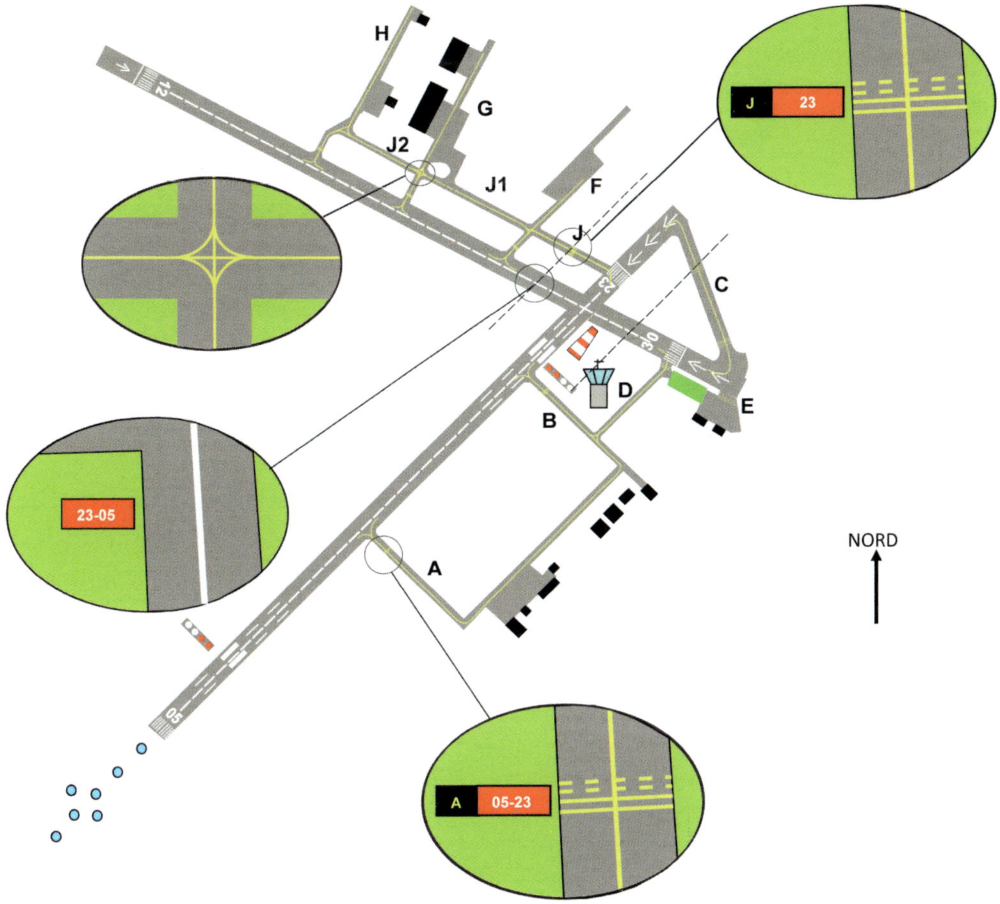

7.4. Précautions

Avant de rouler étudiez la carte VAC et faites un briefing de roulage, soyez attentif au balisage, et aux clairances, ne restez pas dans le vague, et en cas de doute, n'hésitez pas à faire répéter une clairance.

8. Le virage engagé

Lorsqu'un pilote incline son appareil au delà de 30° sans contrôle, il risque de se retrouver en virage engagé.
Par exemple, après une mise en virage pour apprécier un monument (ou sa propre maison), sans circuit visuel approprié du commandant de bord pour tenir son altitude, l'appareil va (par effets gyroscopiques) prendre une assiette dangereusement à piquer, associée à une forte augmentation d'inclinaison qui amplifiera le phénomène.
Les conséquences seront une augmentation de la vitesse pouvant aller jusqu'à la VNE, une perte d'altitude approchant les moins 2 000 ft par minute et un appareil quasiment en vol dos. Et tout ceci sans que le pilote ne s'en aperçoive le moins du monde !
Cette situation conduit rapidement à l'accident, alors que les remèdes sont simples :

- toujours vérifier son altitude et limiter son inclinaison avec des circuits visuels permanents pour maintenir son assiette en virage,
- si jamais le pilote se rend compte qu'il est en virage engagé (anémomètre proche de VNE, perte rapide d'altitude, variomètre excessif, et surtout une vision extérieure où la terre semble remplacer le ciel), la réaction doit être immédiate avec :
  1- une réduction totale des gaz,
  2- une action en roulis pour une inclinaison au neutre,
  3- une action en tangage pour effectuer une ressource souple.

N'hésitez pas à demander à votre instructeur favori d'effectuer cet exercice en vol.

Entraînement à l'examen théorique

1 - De retour au parking, avant l'arrêt du moteur, l'essai coupure effectué sur les magnétos a pour but :

a) d'éviter l'encrassement des bougies ☐
b) de faciliter un démarrage ultérieur du moteur ☐
c) de vérifier la puissance moteur ☐
d) de vérifier la bonne qualité de cette coupure ☐

2 - Vous envisagez de traverser, sans gilet de sauvetage, un estuaire dont la largeur est de 6 km. Le vent est nul. Vous considérez une finesse de 6 pour déterminer la hauteur minimale de vol qui vous permettrait de rejoindre la côte en cas de panne moteur et vous trouvez :

a) 1 650 m ☐
b) 1 000 m ☐
c) 250 m ☐
d) 500 m ☐

3 - En vol, l'alternateur tombe en panne. Les actions à effectuer sont :

1/ couper les alimentations électriques de l'alternateur et de la batterie pour éviter tout risque d'incendie
2/ couper l'alimentation des moyens de radionavigation non nécessaires
3/ couper les phares si leur utilisation n'est pas nécessaire
4/ limiter au maximum les échanges radio
5/ interrompre le vol (atterrissage en campagne)

a) 2, 3 et 4 ☐
b) 3, 4 et 5 ☐
c) 1 et 5 ☐
d) 2 et 3 ☐

4 - Un avion dispose des feux de navigation suivants, depuis la place pilote :

a) feu rouge à gauche, vert à droite, blanc derrière, tous clignotants ☐
b) feu rouge à gauche, vert à droite, blanc derrière ☐
c) feu rouge à droite, vert à gauche, blanc derrière ☐
d) feu blanc vers l'avant, rouge vers l'arrière ☐

5 - En cas de feu moteur, les consignes à appliquer se trouvent dans le :

a) carnet de route ☐
b) livret moteur ☐
c) manuel de vol ☐
d) livret cellule ☐

6 - En cas de feu d'essence 100 LL, l'agent extincteur le mieux adapté est :

a) la poudre ☐
b) l'hydrogène ☐
c) l'eau pulvérisée ☐
d) l'oxygène ☐

7 - Au cours d'un vol, vous constatez la perte du cône d'hélice. Les actions à effectuer en priorité sont :

1/ surveiller attentivement la température des cylindres
2/ écourter le vol si possible
3/ procéder immédiatement à un atterrissage en campagne
4/ couper immédiatement le moteur pour éviter une surchauffe
5/ ouvrir les volets de capot s'ils existent

a) 3 et 4 ☐
b) 1, 2, 5 ☐
c) 1, 3, 5 ☐
d) 1, 5 ☐

8 - Vous souhaitez laisser votre avion sur un parking extérieur. Les précautions à prendre pour éviter que des contraintes trop importantes ne s'exercent sur la cellule en cas de vent fort sont :

1/ placer l'avion perpendiculairement au vent pour éviter tout phénomène de sustentation
2/ placer l'avion face au vent pour éviter tout phénomène de retournement
3/ bloquer les roues de l'avion avec des cales afin d'éviter tout mouvement de l'avion
4/ ne pas bloquer les roues pour éviter toute contrainte sur le train d'atterrissage
5/ si possible, amarrer l'avion à des points d'ancrage
6/ bloquer les gouvernes pour éviter qu'elles ne soient endommagées
7/ débloquer les gouvernes afin de minimiser les contraintes

a) 2, 3, 5, 6 ☐
b) 1, 4, 5, 6 ☐
c) 2, 4, 5, 7 ☐
d) 1, 3, 5, 7 ☐

9 - Pour effectuer un vol sans contact visuel du sol ou de l'eau, l'équipement de votre avion avec un VOR ou un radiocompas automatique ou un GPS (homologué) est :

a) facultatif, si l'avion possède 2 VHF ☐
b) facultatif ☐
c) recommandé ☐
d) obligatoire ☐

10 - Les limitations concernant les vitesses d'utilisation d'un aéronef se trouvent :

a) dans le manuel d'entretien ☐
b) dans le carnet de route ☐
c) dans le manuel de vol ☐
d) sur la fiche de pesée ☐

Section 7

PROCÉDURES ET SÉCURITÉ

<u>Module 2</u> « Communication »

Notes personnelles et conseils de votre pilote-instructeur – Procédure et sécurité :

....

....

....

....

....

....

....

....

1. Radiotéléphonie

Pour les communications radio, le pilote utilise un langage spécifique, la phraséologie, qui pour la France, peut être en langue anglaise ou française. Néanmoins, hors espace aérien contrôlé, ou en dehors des horaires des organismes de contrôle ou des agents AFIS, ou lorsque la mention «FR seulement» est marquée sur la carte VAC, l'emploi de la langue française est obligatoire.
Ce langage a été mis au point afin d'éviter toute confusion phonétique. Il comporte un alphabet, une règle d'énonciation des nombres, des expressions conventionnelles et des structures de phrase précises.

1.1. Alphabet et nombres

Alpha **B**ravo **C**harlie **D**elta **E**cho **F**ox-trot **G**olf **H**otel **I**ndia **J**uliette **K**ilo **L**ima **M**ike **N**ovembre **O**scar **P**apa **Q**uebec **R**oméo **S**ierra **T**ango **U**niforme **V**ictor **W**hisky **X**-ray **Y**ankee **Z**oulou	**0** : zéro **1** : unité **2** : deux **3** : trois .... **10** : unité zéro (ou dix) **11** : unité unité (ou onze) **12** : unité deux (ou douze) .... **100** : unité cent (ou cent) **101** : unité zéro unité (cent un) **102** : unité zéro deux (...) .... **200** : deux cent (...) **201** : deux zéro unité (...) **202** : deux zéro deux (...) .... **1000** : unité mille (...) **1001** : unité mille unité (...) **1002** : unité mille deux (...) .... **1010** : unité mille unité zéro **1011** : unité mille unité unité .... **,** : décimale **121.850** : unité deux unité décimale huit cinq zéro. Se dit plus simplement cent vingt et un décimal huit cent cinq	**Affir<u>me</u>** **Néga<u>tif</u>** **Approuvé** **Autorisé** **Break break** **Collationnez** **Confirmez** **Contactez** **Correction** **Correct** **Demande** **J'écoute** **Prêt à copier** **Vérifiez** **Rappelez** **Répétez** **Reçu** **Veillez** **Quittez** **Wilco** **Roger**	oui non autorisé (après une demande) autorisé utilisé par le contrôle, pour séparer deux messages destinés à deux avions différents répétez le message confirmez contactez correction sur le message précédent c'est exact demande une autorisation j'écoute j'écoute vérifiez rappelez répétez reçu veillez la fréquence quittez la fréquence compris et sera exécuté compris

1.2. Échelle de lisibilité

Essais radio : lorsque la réception est mauvaise, le pilote ou le contrôleur peuvent procéder à des essais radio et classer la réception sur une échelle de **lisibilité radio**.

1- ILLISIBLE
2- LISIBLE PAR INSTANT
3- DIFFICILEMENT LISIBLE
4- LISIBLE
5- PARFAITEMENT LISIBLE

Exemple :

F.BVLE, pour essai radio.
Je vous reçois 5, F-BVLE
Merci, F-BVLE

1.3. Structure des messages

Indicatifs des aéronefs : les aéronefs sont immatriculés grâce à un code de cinq lettres attribué par l'Etat d'immatriculation, la première désignant la nationalité de l'aéronef (F pour France). L'immatriculation s'énonce à l'aide de l'alphabet international, lettre par lettre. Ex. : F.GPTC Fox-trot Golf Papa Tango Charlie

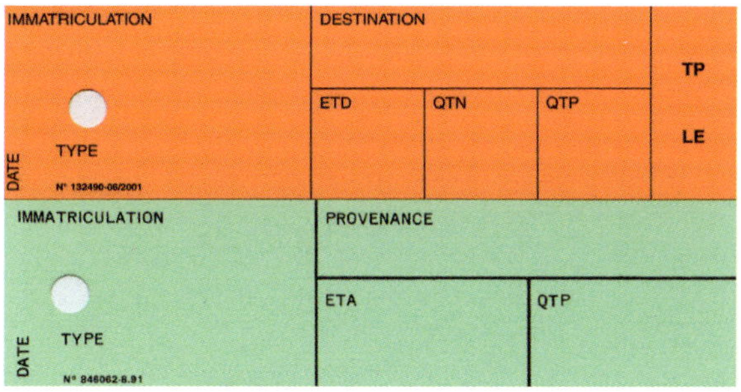

Lors du premier contact, le pilote doit utiliser **l'immatriculation complète** afin d'en informer le contrôleur. Si celui-ci répond par un **indicatif abrégé** (ex. : F.TC) le pilote peut alors utiliser cet indicatif pour les messages ultérieurs : c'est le seul *« F.TC »* en contact radio. L'indicatif doit toujours contenir la nationalité de l'appareil.

Lors du **premier contact**, le contrôleur doit remplir un strip sur lequel doivent figurer des éléments précis. Il est donc important que le message du pilote contienne tous les éléments nécessaires afin de ne pas encombrer la fréquence par un message complémentaire.

Le premier contact s'établit au parking, avant de rouler, ou en vol avant l'arrivée et ceci après avoir noté l'ATIS si le terrain en est muni.

1.3.1. Radio en tour de piste

Le **premier appel** est destiné à établir le contact et à contrôler que l'on utilise la bonne fréquence. À cette fin le pilote doit toujours préciser le **nom du terrain appelé**, ce qui ne sera plus indispensable lors des messages ultérieurs (sauf en auto-information sur 123.5). Pour le premier appel, toutes les lettres de l'immatriculation doivent être prononcées en alphabet international. Par la suite seule l'immatriculation abrégée en trigramme (lettre de nationalité plus les deux dernières, prononcées en alphabet international), est utilisée.

Ex. : Avion : « Toussus sol, F.BVLE, bonjour ».
CTRL : « F.LE, Toussus sol, bonjour »

Après avoir établi le contact, les messages proprement dits vont commencer. Ils comportent systématiquement la même **structure de base** et parfois quelques « options » :

IMMATRICULATION / POSITION / INTENTIONS / OPTIONS

Ex : F.LE, un Rallye, au parking Farman, avec l'information G, demande le roulage pour
- des tours de piste,
- un vol local,
- un vol à destination de.. ou

F.LE, Rallye, au parking Farman, avec G, pour des tours de piste.

Les messages doivent respecter, pour des raisons de **sécurité**, la phraséologie. Cependant, lorsque le **trafic est dense**, il convient d'occuper le moins longtemps la fréquence. C'est pourquoi on peut être amené à épurer les messages tout en évitant les ambiguïtés.
Toutes les autorisations fournies par la tour doivent être **collationnées** : le pilote va répéter le message de la tour pour que le contrôleur puisse détecter d'éventuelles erreurs de compréhensions :

DEMANDE
AUTORISATION
COLLATIONNEMENT

Ex. : F.LE, Rallye, au parking Farman, avec G, pour des tours de piste.
F.LE, roulez point d'attente piste 25 droite et rappelez prêt.
Je roule point d'attente 25 droite et je rappel prêt, F.LE.
Ou Je roule point d'attente 25 droite, F.LE.
Ou 25 droite, F.LE. (là, il y a beaucoup de monde sur la fréquence !)

Remarque : on ne collationne pas le **vent** donné par la tour au décollage et à l'atterrissage.
La phraséologie donnée en exemple jusqu'ici est celle utilisée sur un terrain contrôlé sur lequel on demande des autorisations au contrôleur. Sur les **terrains non contrôlés**, le pilote ne demande pas d'autorisation (il n'y a pas de contrôleur !), mais signale ses intentions. **Il va donc utiliser JE au lieu de POUR.**

Ex : F.BVLE, je roule point d'attente 25 droite.
Ex. : FBVLE, pour essai radio.
Je vous reçois 5, F-BVLE
Merci, F-BVLE

Lors des évolutions dans un circuit d'aérodrome, les contacts radio doivent être établis à des endroits précis.

Sur un terrain contrôlé, le premier contact se fera au parking après avoir pris l'ATIS et avant le roulage, et le suivant selon la clairance du contrôleur, exemple : F.LE, roulez piste 25 G et rappelez au point d'attente.

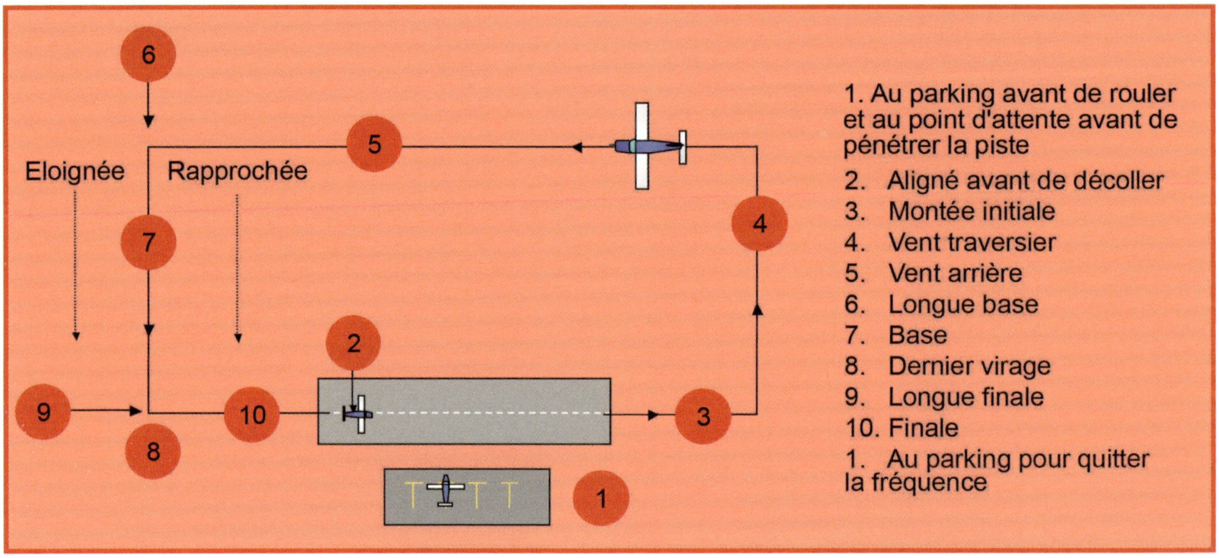

Sur un **terrain non contrôlé**, le **premier contact s'effectue au parking et systématiquement** aux points 2, 5, 7, 10 et 1.

Dans le cas où le terrain ne possède pas de fréquence radio propre, on utilisera la fréquence **123.5 MHz** sur laquelle on peut également entendre d'autres aérodromes suffisamment proches. Dans ce cas, il faut impérativement **préciser à chaque message le nom du terrain** sur lequel on évolue.

Dans les deux cas, le **dernier contact s'effectue au parking : on quitte la fréquence** avant de couper la radio.

Terrain contrôlé : F.LE, au parking Farman, pour quitter la fréquence
F.LE, vous pouvez quitter, bonne journée
Je quitte, bonne journée, F.LE.

Terrain non contrôlé : F.LE, au parking, je quitte la fréquence, au revoir.

Exemple :

	PILOTE	*CONTRÔLEUR*
Au parking	Toussus sol, Fox Bravo Victor Alpha Kilo, bonjour.	Fox Alpha Kilo, Toussus, bonjour.
Au parking	Fox Alpha Kilo, un Rallye, au parking Farman, avec information … pour un vol local.	Fox Alpha Kilo, roulez pour le point d'attente 07D, rappelez prêt.
Au parking	Je roule au point d'attente, Fox Alpha Kilo.	
Au point d'attente	Toussus tour, Fox Alpha Kilo, prêt au départ.	Fox Alpha Kilo, avez- vous visuel d'un TB20 en final ?
Au point d'attente	Affirme, Fox Alpha Kilo.	Fox Alpha Kilo, derrière le TB20 en courte finale, alignez-vous derrière et attendez.
Au point d'attente	Derrière le TB20 en courte, je m'aligne derrière et j'attends, Fox Alpha Kilo.	
Une fois aligné sur la piste		Fox Alpha Kilo, autorisé décollage, le vent zéro trente degrés dix nœuds.
Sur la piste	Je décolle, Fox Alpha Kilo. ou Autorisé décollage, Fox Alpha Kilo.	

1.3.2. Radio en navigation

	AÉRODROME CONTRÔLÉ		AÉRODROME NON CONTRÔLÉ	
	AVION	TWR	AVION	AFIS
SOL DÉPART	- Pontoise, F.BVLD Bonjour. - F.LD, Rallye au parking tour avec l'info G pour une navigation à destination de Deauville. - Je roule au point d'attente 30 et je rappelle prêt F.LD.	- F.LD, Pontoise tour, Bonjour. - F.LD, roulez au point d'attente 30 et rappelez prêt.	- Dieppe, F.BVLD Bonjour. - F.LD, un Rallye au parking, consignes pour un vol à destination de Prunay - Je roule 13, F.LD.	- F.LD, Dieppe, Bonjour. - F.LD, piste en service 13, le vent du 110°/12Kt, QNH 1 013, QFE 1 000.
DÉPART	- F.LD, prêt au départ. - Je m'aligne et autorisé au décollage F.LD. (ou) - Derrière l'avion en finale je m'aligne derrière et j'attends F.LD. - Autorisé décollage, F.LD. - F.LD, en sortie de circuit pour quitter la fréquence. - F.LD, je quitte merci.	- F.LD, autorisé décollage (ou) alignez-vous et autorisé décollage le vent 200°/10 kt. (ou) - F.LD, derrière l'avion en finale, alignez-vous derrière et attendez. - F.LD, autorisé décollage, le vent du 200°/10 kt. - F.LD, vous pouvez quitter la fréquence, bon vol.	(après écoute et surveillance visuelle de la finale) - F.LD, prêt au point d'attente 13, je m'aligne et je décolle. - Reçu l'information de trafic, je décolle, F.LD. - F.LD, je quitte le circuit et la fréquence au revoir.	- F.LD, le vent 120°/15 kt un avion en début de vent arrière. - F.LD, aucun trafic à vous signalez au revoir bon vol.
TRANSIT	- Evreux F.BVLD Bonjour. - F.LD, un Rallye en provenance de Pontoise, en direction de Deauville à 2 000 ft, à 3 min de l'entrée de zone pour transiter au sud de vos installations. - QNH 1 011, transpondeur 6 202, je rappelle en sortie, F- LD - F.LD, en sortie pour quitter la fréquence. - Je quitte la fréquence, au revoir merci, F.LD.	- F.LD, Evreux, bonjour. - F.LD, transit approuvé à 2 000 ft, QNH 1 011, Transpondeur 6 202, rappelez en sortie. - F.LD, vous pouvez quitter la fréquence, transpondeur 7 000	- Soissons, F.BVLD, Bonjour. - F.LD, un Rallye en provenance de Dieppe à destination de Prunay, à 1 500 ft, je vais transiter vertical dans 5 min. - F.LD, reçu l'info de trafic, je monte à 2 000 ft 1 011. - F.LD, j'ai passé la verticale, je quitte le circuit et la fréquence, au revoir monsieur.	- F.LD, Soisons bonjour - F.LD, le QNH à soissons 1 011, 2 avions en TDP 300 ft plus bas. - Reçu, F.LD. - Aucun trafic connu à vous signaler, F.LD, au revoir.

	AÉRODROME CONTRÔLÉ		AÉRODROME NON CONTRÔLÉ	
	AVION	TWR	AVION	AFIS
ARRIVÉE	(ATIS) - Deauville, F.BVLD, Bonjour. - F.VLD, un Rallye en provenance de Pontoise à destination de vos installations à 2 000 ft, point sierra estimé à 15h43. - La 12 en service, 1 011, 993, je rappelle à Sierra F.VLD - F.VLD, vertical Sierra. - Je rappelle début de vent arrière 12, reçu l'info de trafic, F.VLD. - F.VLD, début de vent arrière 12, j'ai visuel sur le trafic. - n° 2, je rappelle en finale, F.VLD. - F.VLD, en finale pour un complet. - Autorisé à l'atterrissage, F.VLD - F.VLD, la piste est dégagée, pour rouler au parking. - 121.92, F.VLD, au revoir.	- F.VLD, Deauville Tour, Bonjour. - F.VLD, Piste en service 12, vent 150°/12 kt, QNH 1 011, QFE 993, Rappelez Sierra - F.VLD, rappelez début de vent arrière 12, un avion en montée initiale - F.VLD, reçu, n° 2, rappelez en finale. - F.VLD, autorisé à l'atterrissage, vent du 150°/12 kt. - F.VLD, le sol sur 121.92, au revoir.	- Prunay, F.BVLD, Bonjour - F.BVLD, en provenance de Dieppe, à destination de vos installations à 2 000 ft, verticale estimée à 19h12 .- F.BVLD, Verticale, je m'intègre en début de vent arrière 25 - F.BVLD, vent arrière 25. - F.BVLD, étape de base 25. - F.BVLD, en finale 25 pour un complet. - F.BVLD, la piste est dégagée je roule au parking.	« Les services AFIS ne sont pas assurés en ce moment. Veuillez pratiquer l'auto-information »
SOL ARRIVÉE	- Le sol, F.VLD, Bonjour. - 1ère à droite au pied de la tour, F.VLD.- F.VLD, au pied de la tour pour quitter. - Je quitte, F.VLD., Au revoir	- F.VLD, Bonjour 1ére à droite et garez vous au pied de la tour. - Quitter, F.VLD, (à tout de suite) au revoir.	- F.BVLD, au parking, je quitte au revoir.	

1.3.3. Utilisation ; portée radio

Outre les contacts obligatoires lors de la traversée de certaines zones, la radio peut s'avérer utile au pilote :

- Informations **météo** :
  - en écoutant l'ATIS ou le STAP (Service de Transmission Automatique des Paramètres) d'un terrain proche de la route,
  - en demandant la météo d'un terrain précis à un service de contrôle,
  - en contactant les **CIV (Centre d'Information en Vol)** dont les limites sont fournies dans l'atlas VAC et sur les cartes 1/500 000 (fig. 2),
  - en contactant la fréquence **VOLMET** (fréquences sur la légende des cartes 1/1 000 000).

- En cas d'incertitude sur la position :
  - possibilité d'un guidage radar lorsque l'organisme de contrôle en est équipé (les espaces de classe A, B, C, D sont tous équipés d'un radar secondaire),

    Exemple :
    F.LE, pour guidage radar
    F.LE, guidage radar, prenez le cap 150°
    Guidage radar, cap 150, F.LE

  - possibilité d'un guidage goniométrique lorsque le terrain est équipé. Cette particularité figure sur la VAC 01 du terrain avec la fréquence assignée au gonio (fig. 1). La goniomètre (gonio, ou VDF) est un dispositif qui permet de relever la provenance (QDR) d'une émission radio. Le contrôleur est alors en mesure de donner une route pour rejoindre le terrain (QDM). Le pilote devra émettre suffisamment longtemps.

    Exemple :
    F.LE, pour un QDM
    F.LE, QDM 150
    QDM 150, F.LE

Fig. 1

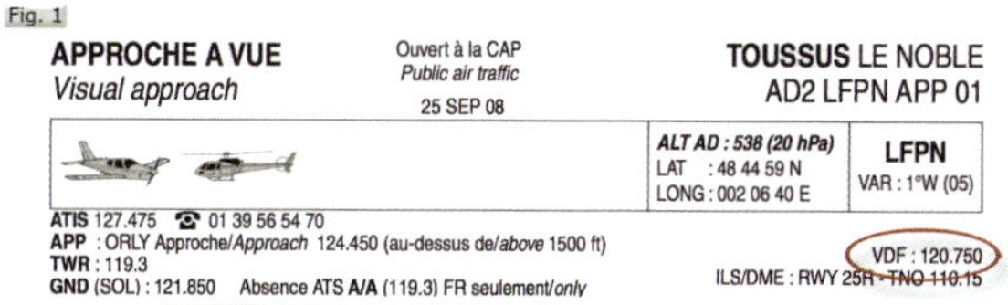

Source SIA - Reproduit avec l'autorisation E10/2009 - ne pas utiliser pour le vol

Chaque type de fréquence a une portée opérationnelle spécifique donnée ici à titre indicatif :

- AFIS : 16 Nm – 3 000 ft AAL

- TWR : 25 Nm – 4 000 ft

- APP :
  - 25 Nm - FL100
  - 40 Nm - FL150
  - 50 Nm - FL250

- ATIS : 60 Nm - FL200

- FIS à l'intérieur du secteur jusqu'au FL250
- VOLMET : 250 Nm - FL450

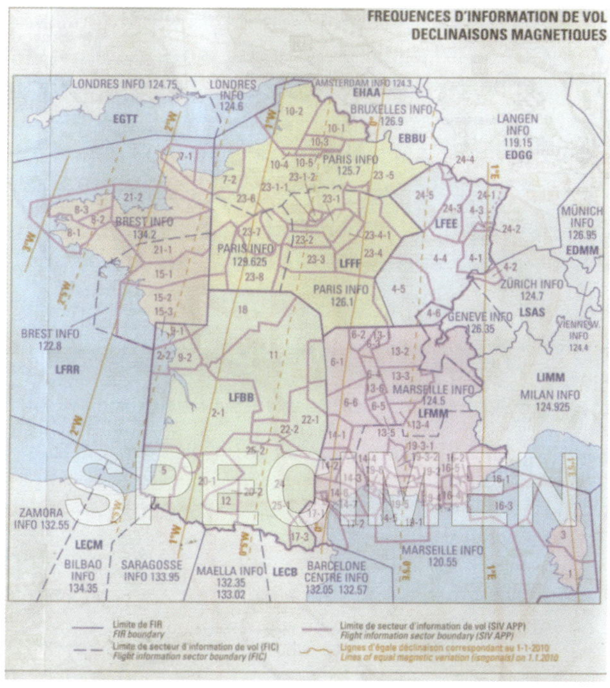

Source SIA - reproduit avec l'autorisation E10/2009 - ne pas utiliser en vol

2. Équipement : le récepteur radio

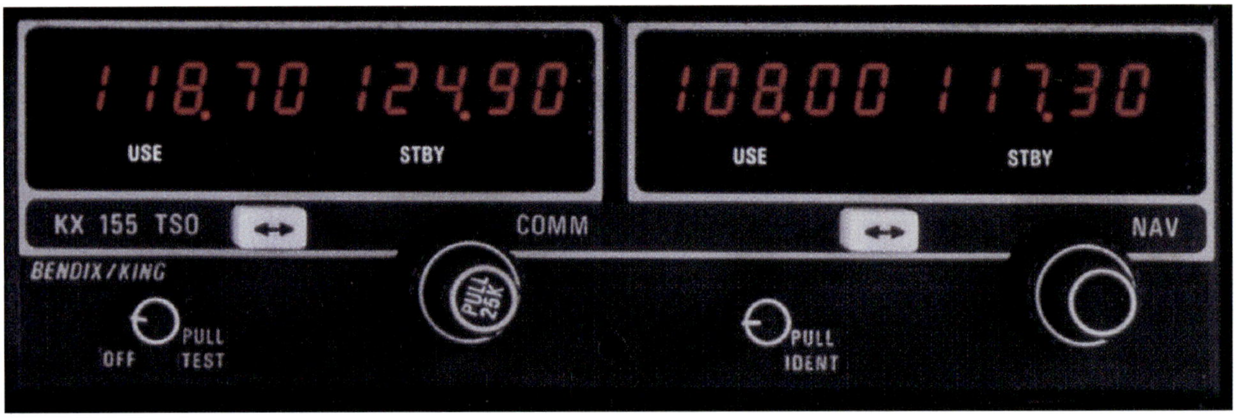

L'émetteur va permettre les communications air - sol. Il comporte souvent deux fonctions distinctes :

- **COM** : partie émetteur récepteur radio (partie de gauche sur la photo),
- **NAV** : récepteur de balises de navigation de type VOR (à droite sur la photo). Son fonctionnement est décrit dans le cours Navigation, module 4, **3. VOR et TACAN**.

On remarque sur ce type de récepteur que la partie COM permet d'afficher deux fréquences radio :

- la fréquence de gauche (**USE**) est celle utilisée pour l'émission et la réception. Elle est également nommée **fréquence active**,
- la fréquence de droite est en **attente** (**STBY** : STAND-BY). Cette fréquence peut devenir active par une pression sur le bouton blanc. Dans ce cas, la fréquence active passe en stand-by. Certains émetteurs ne comportent pas de fréquence stand-by.

Le **réglage des fréquences** s'effectue toujours sur la fréquence STBY à l'aide d'un bouton double :

- Grande couronne : affichage des unités. Ex : 124.90
- Petite couronne : affichage des décimales. Ex : 124.90

Il est parfois nécessaire de tirer cette partie du bouton pour afficher des fréquences intermédiaires (*Ex : 124.125*).

La **mise en fonctionnement** de l'appareil (pour les fonctions COM et NAV) se fait avec le bouton de gauche ainsi que le réglage du **volume sonore**. Si cette commande est tirée, elle active la fonction test : le pilote entend un souffle dans le casque qui confirme le fonctionnement de l'appareil et permet de régler le volume.

Pratiquement tous les appareils radio possèdent un **squelch**. C'est un filtre dont le but est de supprimer le bruit de fond et dont la sensibilité est réglable. Ce filtre diminue l'efficacité en réception.

Pour émettre, le pilote doit presser un bouton, l'alternat, généralement situé sur le manche. Cette action allume un voyant sur l'émetteur ou affiche « TX ».

La gamme des fréquences **VHF** de communication aéronautique s'étend **de 118 à 136,990 Mhz**. Les fréquences des terrains se trouvent sur les cartes VAC ou de navigation.

Il existe également certaines **fréquences particulières :**

- **123.5 :** auto-information sans fréquence propre,
- **130.00 :** auto-information sur les altiports sans fréquence propre,
- **121.5** : fréquence de détresse internationale.

La portée d'émission sur la gamme VHF est relativement réduite. Certains espaces sont trop vastes pour être couverts par la VHF (Ex : Atlantique). Ces espaces sont alors **dénommés de type H** (par opposition au **type V**) et nécessitent l'usage d'une **radio HF**.

3. Le transpondeur

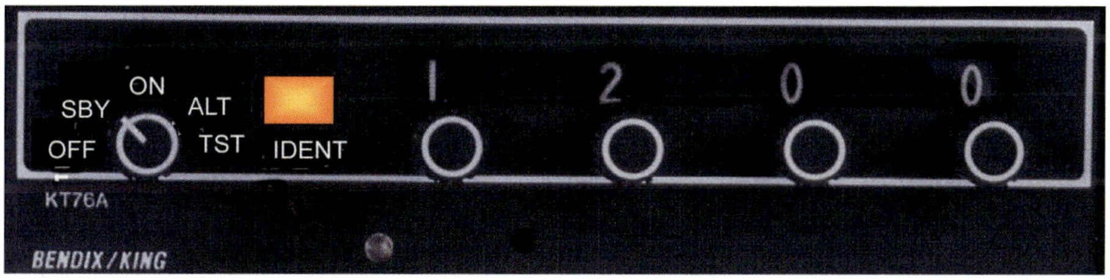

C'est un appareil qui permet aux aéronefs de dialoguer avec les tours possédant un **radar secondaire (SSR** : radar secondaire de surveillance).

Le pilote peut afficher un **code à quatre chiffres** donné par la tour à l'aide des boutons de droite. Le contrôleur voit alors apparaître sur son écran le spot de l'aéronef et une étiquette lui indiquant le code émis par l'avion. Il sait alors qui est qui.

Le bouton gauche permet d'utiliser les **fonctions du transpondeur** :

- **OFF ;**
- **STBY** : **standby**. Lors de la mise en route du transpondeur, le contrôleur ne reçoit pas instantanément le code. Une **période d'acquisition** entre l'appareil et la tour est indispensable. Les anciens transpondeurs utilisent une technologie à tube qui a besoin d'un temps de chauffe, avant de délivrer sa puissance comme un ampli à lampe. Sur la position standby (SBY), le transpondeur est alimenté, chauffe, mais ne répond à aucune interrogation du radar ;
- **ON** : le contrôleur reçoit uniquement le **code**. Egalement nommé **mode A ;**
- **ALT** : le contrôleur reçoit le code ainsi que le **niveau de vol de l'appareil**. Ce niveau de vol est codé par une capsule barométrique spécifique au transpondeur et qui est calibrée à 1013 hPa. Egalement nommé **mode C** ;
- **TST** : **test** du transpondeur. Doit allumer le voyant orange qui clignotera pour certifier que le transpondeur est opérationnel.

Le poussoir **IDENT** permet, sur demande du contrôleur, de renforcer l'intensité lumineuse du spot sur l'écran radar.

Codes spécifiques :

7500 : détournement
7600 : panne radio
7700 : détresse
7000 : VFR. Code à afficher spontanément en VFR. Utiliser le mode ALT.

4. La balise de détresse

Le déclenchement de la **balise de détresse** embarquée (**RBDA** : Radio Balise de Détresse Automatique) est conditionné par la position de son interrupteur de commande qui se situe sur le tableau de bord ou sur la balise elle-même :

- position **AUTO** : déclenchement automatique à **l'impact**. C'est la position normale de l'interrupteur.
- position **manuelle** : **ON**. Avant un atterrissage forcé, le pilote sélectionne cette position.

Cette balise, alimentée par une batterie autonome, émet sur **121.5 MHz**, **243 MHz** (fréquence de détresse militaire) et **406 MHz** (fréquence de détresse satellitaire) un signal continu. La réception d'une balise va immédiatement déclencher des recherches. N'utiliser la position ON qu'en cas de besoins véritables et justifiables.

5. La panne radio

Si, après plusieurs tentatives de contact radio, vous n'obtenez pas de réponse, il faut procéder à des vérifications afin de déterminer si la radio est en panne ou non.

La panne peut être **partielle ou totale** : panne d'émission et/ou de réception.

Lorsque la panne est avérée, il convient d'appliquer la procédure de panne suivante, dans la mesure du possible (autonomie, météo...).

Remarque : on peut émettre en signalant sa position et ses intentions si on pense à une panne de réception. Les messages seront alors précédés de la phrase : « **TRANSMISSION EN L'AIR** ».

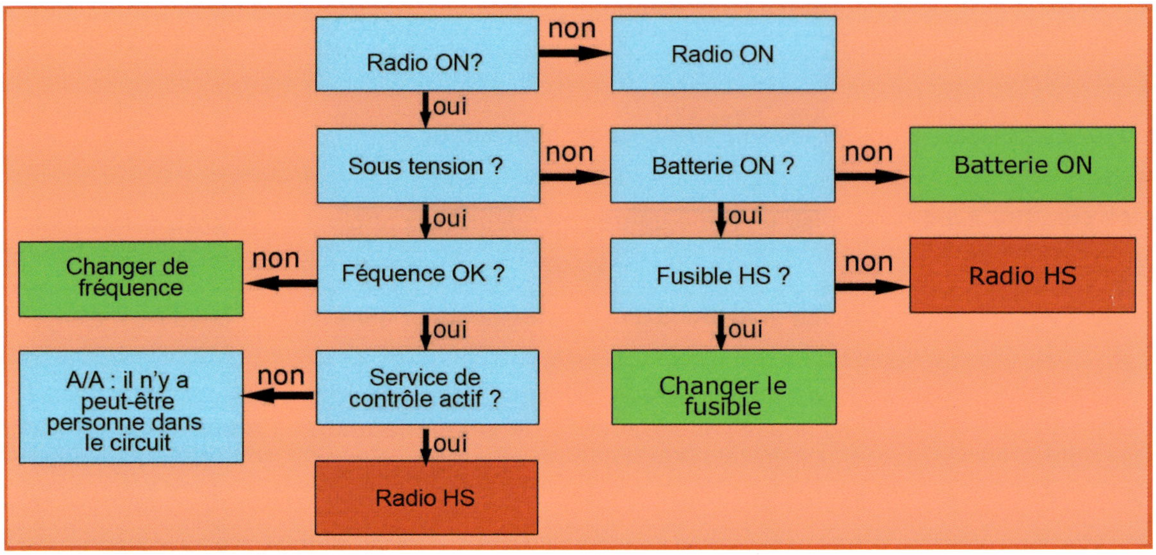

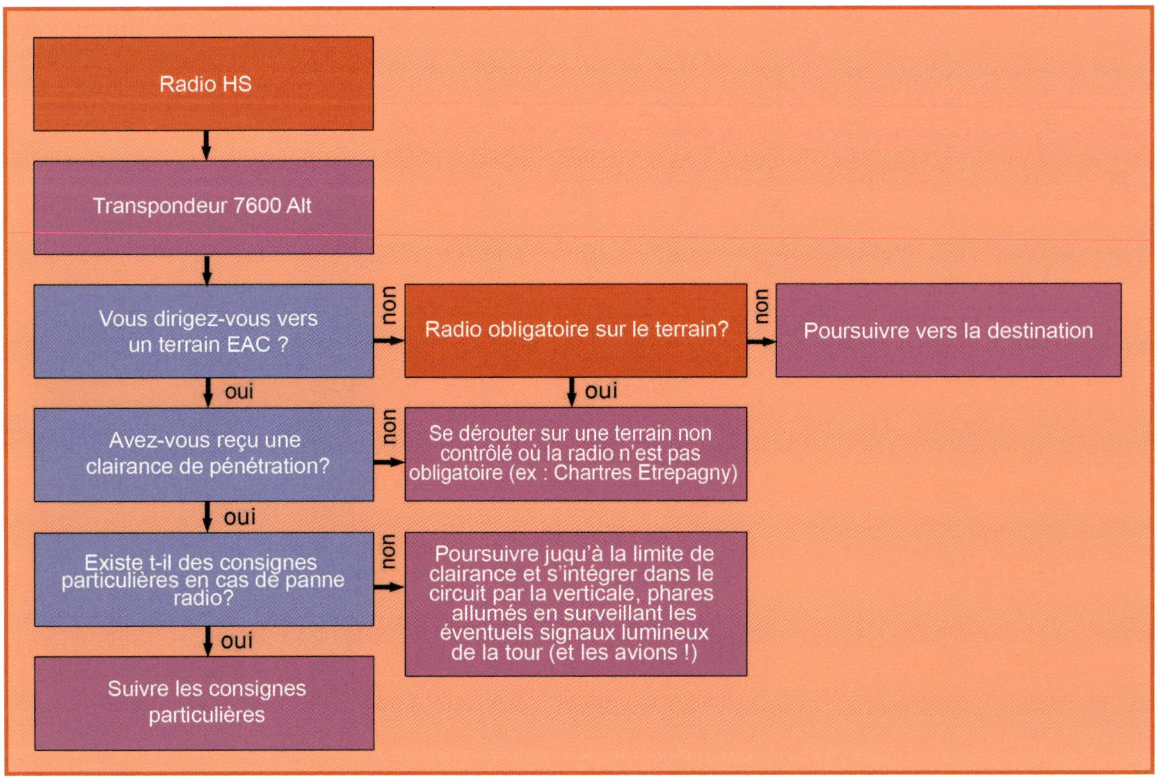

6. Procédure d'urgence et de détresse

Certaines circonstances peuvent amener le pilote d'un aéronef à lancer un message de détresse ou d'urgence :

Situation	DÉTRESSE	URGENCE
Contexte	Danger grave et imminent nécessitant une aide immédiate. *Ex : Feu, niveau très bas essence*	Difficultés contraignant un avion à atterrir sans nécessiter un secours immédiat. *Ex : Problèmes moteur mineurs*
Fréquence à utiliser	• Service de contrôle en contact avec l'avion • Service de contrôle d'une zone voisine • 121.5 Mhz ou 243 Mhz	
Message radio	MAYDAY (trois fois)	PANNE-PANNE (trois fois)
	• Indicatif de l'avion (3 fois) • Nature du problème • Tous renseignements utiles : position, route, intentions… • Nature de l'assistance demandée : guidage radar…	
Code transpondeur	7700	
Morse	S.O.S … / --- / …	X.X.X -..- / -..- / -..-

Un appareil ayant lancé un **message de détresse est prioritaire** sur un appareil ayant lancé un message de panne qui est lui-même prioritaire sur tout autre appareil.

Le contrôleur peut imposer le **silence radio** sur la fréquence en utilisant le terme « silence mayday ». Dans ce cas, tous les aéronefs autres que celui ayant passé le message de détresse doivent cesser d'émettre.
Une fois la situation redevenue normale, le contrôleur annonce « fin de silence mayday ».

Un commandant de bord d'un appareil en vol se doit de collaborer, de participer aux recherches et de porter assistance, en cas d'une situation de détresse pour autre aéronef, dans la limite où il ne met pas ses passagers ou lui-même en danger.

Notes personnelles et conseils de votre pilote-instructeur – Procédures et sécurité :

Entraînement à l'examen théorique

1 - Sur la position SBY le transpondeur :
- a) émet, mais le contrôleur ne voit pas d'affichage sur son écran ☐
- b) seule la porteuse de l'onde est transmise ☐
- c) est une position de secours non utilisée en France ☐
- d) est alimenté mais ne transmet pas de signal ☐

2 - La fréquence « sol » que vous rencontrez sur les aérodromes importants :
- a) ne sert qu'au contrôle sur les parkings ☐
- b) est réservée aux vols commerciaux ☐
- c) est réservée aux aéronefs en régime IFR ☐
- d) est destinée à tous les aéronefs évoluant au sol ☐

3 - À destination d'un aérodrome muni d'un organisme AFIS, en dehors des horaires de fonctionnement de cet organisme, vous effectuez vos échanges radio sur :
- a) 123,5 MHz ☐
- b) la fréquence AFIS ☐
- c) 121,5 MHz ☐
- d) 123,45 MHz ☐

4 - La bande de fréquence utilisée par les Services Mobiles Aéronautiques pour la radiotéléphonie s'étend de :
- a) 108 à 117,975 MHz ☐
- b) 11650 à 13200 kHz ☐
- c) 118 à 136,975 MHz ☐
- d) 1810 à 2850 kHz ☐

5 - Dans l'alphabet aéronautique international la lettre « A » s'énonce :
- a) arsène ☐
- b) alice ☐
- c) alfa ☐
- d) ambre ☐

6 - Sur une fréquence VOLMET vous obtenez des renseignements concernant :
- a) les NOTAM en vigueur dans la FIR ☐
- b) l'activité des zones militaires dans la FIR ☐
- c) les NOTAM en vigueur sur certains aérodromes importants ☐
- d) les conditions météorologiques sur certains aérodromes importants ☐

7 - Vous êtes aux commandes d'un aéronef immatriculé F-MAEV, votre indicatif abrégé est :
- a) F-EV ☐
- b) EV ☐
- c) V ☐
- d) F-V ☐

8 - Pour signaler votre arrivée à la verticale d'un terrain à une altitude de 2 300 ft, vous annoncez :
- a) 2 300 pieds ☐
- b) 2 300 pieds QFE ☐
- c) 2 300 alt ☐
- d) deux mille trois ☐

9 - À la demande de la tour de contrôle d'aérodrome, vous transmettez les caractéristiques de votre vol :
- a) quarante-cinq et deux mille cinq cent ☐
- b) cap zéro quarante-cinq à deux mille cinq cent pieds ☐
- c) cap quarante-cinq à deux mille cinq cent pieds
- d) cap nord-est à deux mille cinq ☐
☐

10 - Le bouton « squelch » de votre radio sert à :
- a) augmenter la portée de l'émission ☐
- b) augmenter la portée de la réception ☐
- c) améliorer la qualité de l'émission ☐
- d) diminuer les bruits de fond parasites ☐

11 - L'expression « WILCO » :
- a) est un ordre de dégagement du circuit de piste ☐
- b) désigne la lettre W dans le code d'épellation ☐
- c) signifie : bien reçu ☐
- d) signifie : votre message a été compris et sera exécuté ☐

12 - Dans l'échelle de lisibilité radiotéléphonique, « 4 » signifie :
- a) lisible par instants ☐
- b) transmission hachée ☐
- c) illisible ☐
- d) lisible ☐

13 - Est obligatoire le collationnement :
1/ des calages altimétriques
2/ de la piste en service
3/ de la météo
4/ des clairances
5/ des informations de trafic
6/ des codes transpondeur
7/ du vent
8/ du cap et du niveau

- a) 1 à 8 □
- b) 1, 3, 4, 5, 6 et 8 □
- c) 1, 2, 4 et 7 □
- d) 1, 2, 4, 6 et 8 □

14 - Dans l'alphabet aéronautique international la lettre « Z » s'énonce :

- a) zigzag □
- b) zulu □
- c) zero □
- d) zodiac □

15 - La tour de contrôle vous transmet : « Foxtrot Delta Mike, derrière le CESSNA 172 en finale, alignez-vous derrière et attendez ». Vous répondez :

- a) Derrière le CESSNA 172 en finale, je m'aligne derrière et j'attends, Foxtrot Delta Mike □
- b) Je m'aligne et j'attends, Foxtrot Delta Mike □
- c) Wilco, Foxtrot Delta Mike □
- d) Foxtrot Delta Mike □

16 - L'expression « ROGER » :

- a) signifie : J'exécute à l'instant votre instruction □
- b) désigne la lettre R dans le code d'épellation □
- c) signifie : J'ai reçu en entier votre dernière transmission □
- d) signifie : Veuillez répéter votre dernier message □

17 - L'expression « BREAK BREAK » :

- a) sépare deux messages transmis à deux aéronefs différents, dans un environnement radio encombré □
- b) est un ordre d'arrêt □
- c) est un ordre de dégagement du circuit de piste □
- d) annule le message précédent □

18 - L'expression conventionnelle pour dire « oui » est :

- a) roger □
- b) bien compris □
- c) affirme □
- d) bien pris □

19 - Dans l'échelle de lisibilité radiotéléphonique, « 3 » signifie :

- a) aucun problème pour comprendre □
- b) illisible □
- c) parfaitement lisible □
- d) difficilement lisible □

20 - Après l'atterrissage, vous sortez de la piste et vous stoppez sur le taxiway. Vous annoncez :

- a) Foxtrot Foxtrot Hotel, piste dégagée □
- b) Foxtrot Foxtrot Hotel, piste vacante □
- c) Foxtrot Foxtrot Hotel, piste libérée □
- d) Foxtrot Foxtrot Hotel, piste claire □

Notes personnelles et conseils de votre pilote-instructeur – Procédures et sécurité :

Section 8

MODULES COMPLÉMENTAIRES

Ces quatre modules ne sont pas compris dans l'examen théorique mais vous permettront d'aborder des notions très importantes une fois votre brevet en poche (mais aussi pour votre culture aéronautique !).
Ils vous permettront d'étendre vos connaissances et de pouvoir entreprendre d'autres types de navigation, quels que soient la distance, le relief ou l'heure de la journée, et pourquoi pas passer les habilitations et qualifications !

Module 1 « Global Positionning Systeme – GPS »

MODULES COMPLÉMENTAIRES Module 1 « GPS »

1. Historique

Le système GPS est un système de positionnement par satellites qui a été inventé, développé et **mis en place par le département de la Défense américaine** (DoD pour Department of Defense) pour remplacer les autres systèmes de positionnement alors existants. Il permet de déterminer la position et la vitesse d'un objet à chaque instant.

L'histoire du GPS débute en 1963, lorsque la division spatiale de l'U.S. Air Force étudie un système de radionavigation débuté par la société Californian Aerospace Corporation.

Le 22 février 1978, le premier satellite GPS est mis en orbite, et est officiellement déclaré opérationnel le 29 mars 1978. C'est le premier des quatre mis en service cette année là.

Toujours en 1978, le département des transports américains (DoT pour Department of Transport) accepte, avec le DoD, que le **système GPS soit utilisé par les services civils**, pour réduire le nombre de balises de radionavigation aériennes. Il propose alors le SPS (Standard Positioning System), une version dégradée du GPS. Le PPS (Precise Positioning System) est, quant à lui, strictement réservé à l'armée américaine.

En 1983, les USA demandent que le SPS soit accessible dans le monde entier et que sa précision soit de 100 m à l'horizontal, avec une probabilité de 95 %. **Le système pourra néanmoins être dégradé par l'armée américaine en cas de besoin.**

Le 10 janvier 1987, le système géodésique WGS 84 est adopté pour tous les calculs de position avec le GPS.

Le 14 février 1989, le premier satellite du bloc II est mis en orbite. Ce type de satellite est beaucoup plus précis, et peut rester 14 jours sans contact avec les stations au sol tout en gardant une précision suffisante.

Le 4 juillet 1991, les informations transmises par les satellites sont dégradées grâce à une manipulation des messages appelée SA (Selective Availability).

Le 1er mai 2001, les USA annoncent que la SA est supprimée. Cela signifie que le GPS, qui donnait jusqu'à ce jour une position à 100 m près dans 95 % des cas, devient 10 fois plus précis.

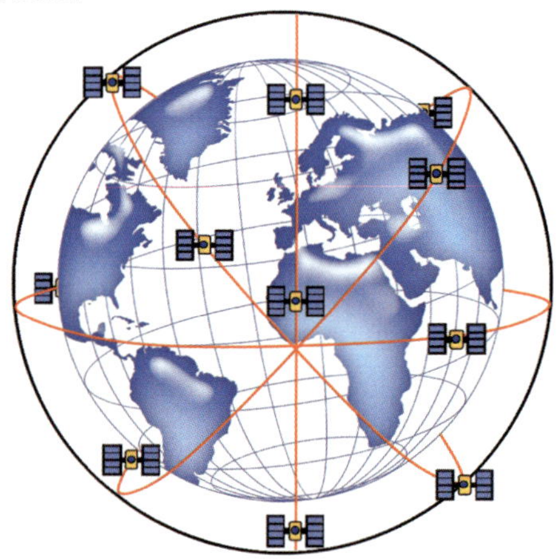

Depuis la chute du mur de Berlin et progressivement à partir des années 90, les systèmes conccurents russe GLONASS et chinois BEIDOU sont intégrés dans la constellation de satellites pour former avec son homologue américain un système global appelé GNSS.

A noter que le projet Galiléo, 100 % européen, vient petit à petit ajouter ses émissions à ce système global GNSS. Ils devrait être pleinement opérationnel en 2020.

2. Description du système

Le système est composé de **trois parties** distinctes :

- **la partie spatiale**, qui est constituée d'un ensemble de **24 satellites** répartis sur 6 plans orbitaux. Ces satellites évoluent à une altitude d'environ 20 000 km et mettent environ 12 heures pour effectuer une rotation. Chaque satellite possède un oscillateur qui fournit une fréquence fondamentale de 10,23 MHz calibrée sur des horloges atomiques. **Il transmet régulièrement des signaux horaires, la description de l'orbite suivie (éphéméride) et diverses autres informations ;**
- **la partie de contrôle** est la partie qui permet de **piloter et de surveiller le système**. Elle est composée de **cinq stations américaines au sol**, réparties dans le monde dont celle de Colorado Springs qui est la

station maîtresse. Leur rôle est d'enregistrer toutes les informations émises par les satellites, de calculer leurs éphémérides et de transmettre des données de correction grâce à des antennes. La station maîtresse doit également déceler tous les dysfonctionnements des satellites et assurer la maintenance de ceux-ci. La partie de contrôle **sert donc à assurer la précision exigée par le système GPS** ;

- **la partie des utilisateurs** a d'abord été associée aux récepteurs militaires. Le matériel des militaires a été intégré dans des avions, des bateaux, des sous-marins… Actuellement, le segment utilisateur **regroupe l'ensemble des utilisateurs civils et militaires qui ne font que recevoir des informations des satellites**. Le nombre d'utilisateurs GPS n'est donc pas limité puisque les récepteurs ne font que capter les ondes émises par les satellites : c'est le même principe de fonctionnement qu'une radio.

3. Principe de fonctionnement

► Mesure de distance

Les satellites envoient des ondes électromagnétiques qui se propagent à la vitesse de la lumière. Connaissant la vitesse de propagation de la lumière (la vitesse retenue par convention pour le système GPS est c = 299 792 458 m/s), on peut alors calculer la distance qui sépare le satellite du récepteur en connaissant le temps que l'onde a mis pour parvenir du satellite au récepteur.

Pour mesurer le temps mis par l'onde pour lui parvenir, le récepteur GPS compare l'heure d'émission (inclus dans le signal) et de réception de l'onde émise par le satellite. Cette distance est appelée pseudo range, ce qui signifie pseudo distance.

► Triangulation

Avec un satellite :

Quand vous allumez votre récepteur GPS et qu'il capte le signal d'un satellite. Il vous donne la position et la distance de votre poste.

Une seule distance ne vous aide pas beaucoup car tout ce que vous savez, c'est que vous vous trouvez quelque part sur une sphère dont la circonférence détermine votre distance du satellite.

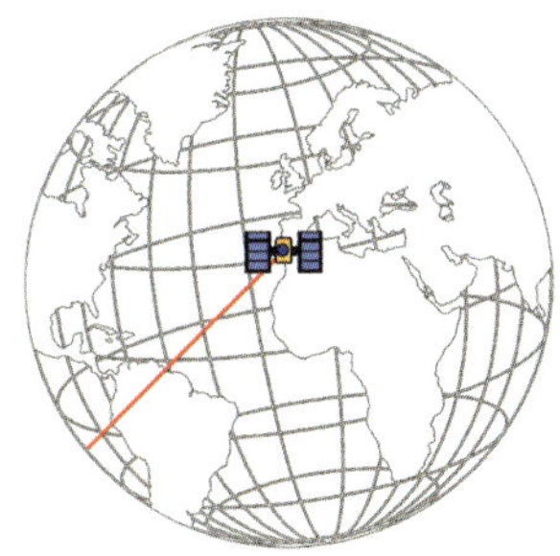

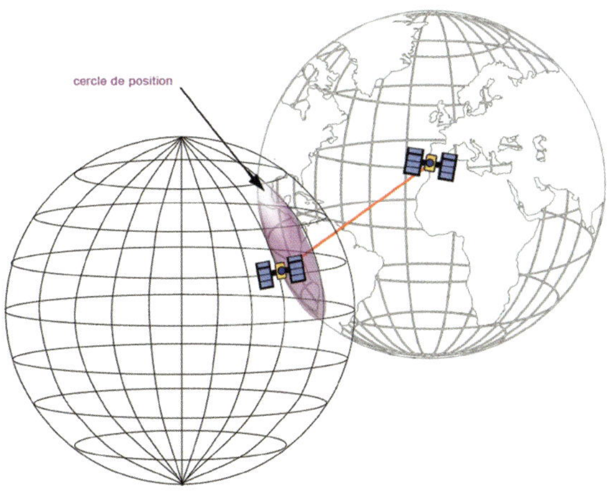

Avec deux satellites :

Si le récepteur capte des signaux provenant d'un deuxième satellite, vous pouvez cerner un peu mieux votre position.

Vous savez maintenant que vous êtes quelque part à l'intersection de ces deux sphères.

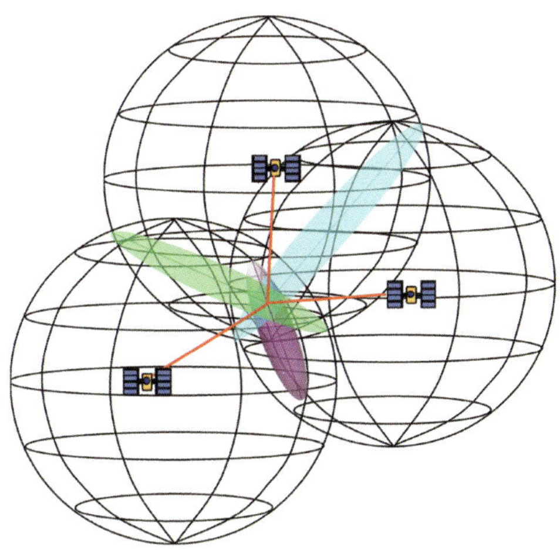

Avec trois satellites :

Maintenant, si votre récepteur capte les signaux d'un troisième satellite, vous vous trouvez à l'intersection des trois sphères.

En théorie, pour un environnement 3D, trois satellites suffisent à calculer une position.

Mais dans la pratique, quatre satellites sont nécessaires pour obtenir une altitude…

► Le géoïde WGS84

Le positionnement 3D donne ainsi les coordonnées du récepteur dans l'espace, dans un repère à trois axes appelé ECEF (Earth Centered, Earth Fixed : « Terre centrée, Terre fixée ») et qui a pour origine le centre de gravité des masses terrestres.

La Terre n'est pas une sphère parfaite, il faut donc en tenir compte pour convertir les coordonnées « x, y, z » en « latitude, longitude, altitude ». Pour se faire, un ellipsoïde a été inventé pour illustrer l'aplatissement de la Terre aux pôles.
Afin d'être plus fidèle à la réalité, le raisonnement se fait en termes de géoïde. Le géoïde indique le niveau de différentes régions par rapport à l'ellipsoïde de référence.

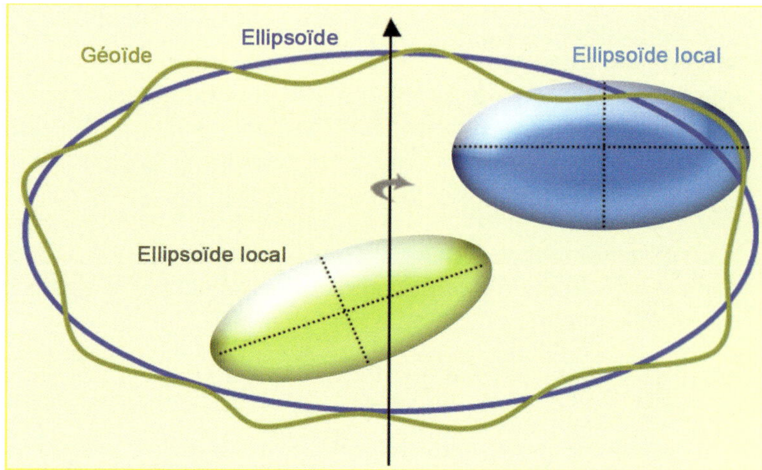

Figure 1 : Les systèmes de références locaux et globaux.
À cause de toutes ces subtilités, pas moins d'une vingtaine de systèmes géodésiques différents ont été créés durant les 50 dernières années. Le système géodésique le plus utilisé actuellement étant le WGS 84, calculé en 1984.

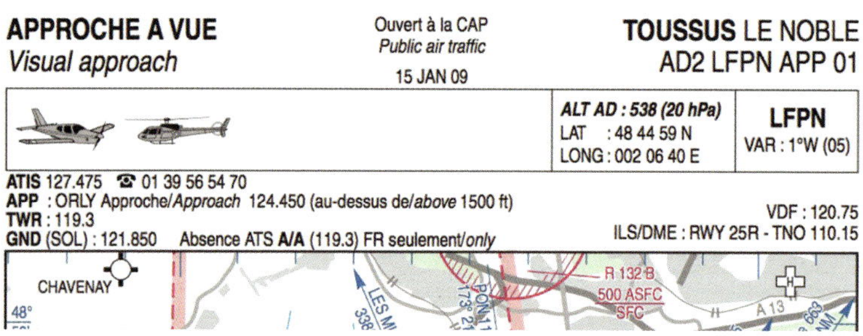

Figure 2 : Légende de carte VAC

► Mesure précise du temps et GPS différentiel

La mesure du temps reste une des principales actions pour la bonne précision du système.
Si une erreur de mesure du temps se produisait, même d'un millième de seconde, cela agirait sur la précision du positionnement. **Par exemple, une erreur d'un millième de seconde produirait une erreur de positionnement de 300 km!**

Or, les satellites du système GPS sont équipés d'une horloge atomique au césium extrêmement précise, mais celle des récepteurs l'est beaucoup moins.

Pour palier ces différentes sources d'erreurs, les utilisateurs civils ont développé le DGPS. Pour utiliser la fonction DGPS, il faut connaître le plus proche centre de correction du secteur dans lequel on se trouve : pour le nord de la France, c'est la station Oostende, qui se trouve en Belgique.

Un centre DGPS n'est en fait qu'un relais : il capte les émissions des satellites et transmet les corrections à apporter aux appareils connectés. Le positionnement du centre est connu avec une précision infime, ce centre DGPS analyse les signaux envoyés par chacun des satellites et analyse ainsi l'erreur, générée aléa-

toirement par chacun des satellites. Ensuite, grâce à de puissants émetteurs, le centre envoie aux individus le désirant, les corrections à apporter au signal de chacun de ces satellites pour ainsi obtenir une meilleure précision. Il est bien sûr entendu que plus on est près d'un centre, meilleure sera la précision, car les signaux de correction dudit centre sont émis à partir de la Terre, c'est-à-dire que ces signaux ont une moins grande portée que ceux des satellites.
Pour l'utilisateur désirant utiliser le DGPS, il faut brancher un récepteur DGPS sur le récepteur GPS normal (quand cela est possible, car tous les récepteurs ne sont pas compatibles avec un récepteur DGPS), configurer le récepteur GPS et, ensuite, la position sera automatiquement corrigée.

Ce système est surtout utilisé dans la marine (toutes les eaux territoriales françaises sont couvertes) et l'aviation.

► **Précision du système**

	GPS avec SA	DGPS ou GPS sans SA	PPS Militaire
Précision dans 95 % des cas	100 m	10 m	Top secret

4. Navigation et application à l'aviation légère

En plus de la position et de l'heure qu'un récepteur GPS indique avec beaucoup de précision, il donne aussi d'autres renseignements qui facilitent le travail à l'utilisateur, en voici quelques exemples :

- en utilisation basique, le récepteur indique :
  - les coordonnées géographiques de la position du récepteur,
  - l'heure,
  - l'altitude par rapport au référentiel WGS84,
  - la route sol **TRK** suivie par rapport au nord magnétique ou géographique,
  - la vitesse sol **SPD**.
  À partir de ses TRK et SPD, le pilote peut ainsi déduire le **vent réel** rencontré ;

- pour l'utilisation des fonctions de navigation, il convient d'abord de définir le waypoint (**WPT**) : position géographique en latitude et longitude de la destination (extraite d'une carte ou de la base de données de votre récepteur) ou relèvement-distance par rapport à un WPT existant, à laquelle est associée un nom.

  Le récepteur peut ainsi vous donner les informations suivantes :
  - **BRG** (bearing) : la route sol instantanée à prendre entre votre position et le WPT,
  - **DST** : la distance horizontale entre votre position instantanée et le WPT,
  - **ETE** : l'estimation du temps nécessaire pour atteindre le WPT,
  - **ETA** : l'estimation de l'heure de passage du WPT.

Attention : pour calculer l'ETE et l'ETA, le récepteur se base sur la vitesse sol instantanée sans tenir compte d'éventuels changements de direction du vent.

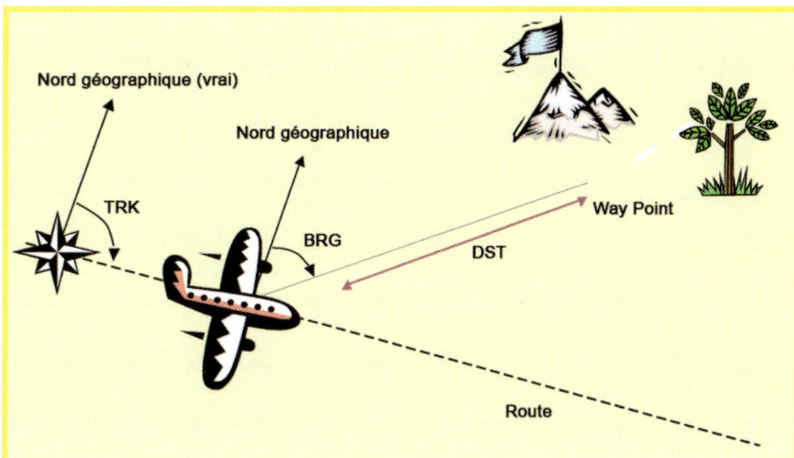

Figure 3, ci-contre : les paramètres de navigation.

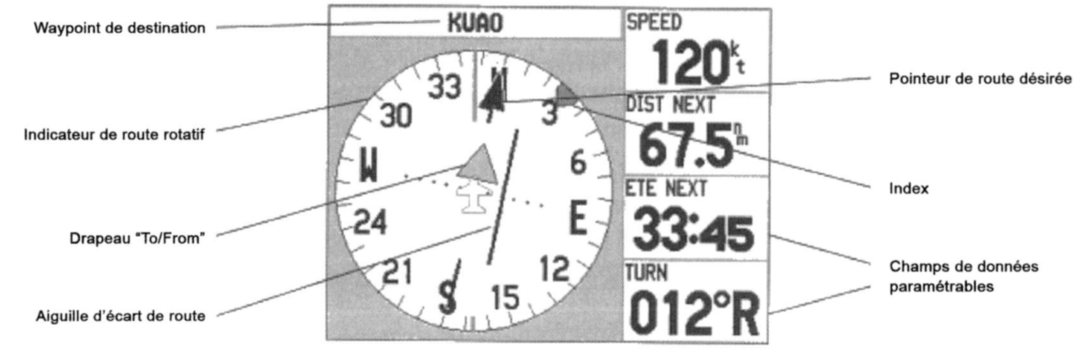

Figure 4, ci-dessus : Mode de présentation type HSI.

Vous pourrez ainsi utiliser :

- ► la fonction **GOTO** qui permet de déterminer rapidement une route depuis votre position vers un WPT quelconque ;
- ► un développement de cette fonction est **NRST** (NeaReST), qui vous donne la possibilité de rechercher dans votre base de données les VOR, NDB, WPT ou APT (aérodrome) les plus proches de votre position en fonction de paramètres prédéterminés (longueur de piste mini, type de surface…) ;
- ► la fonction **TRIP** qui permet de suivre une route formée d'un ensemble de WPT.

Figure 5, ci-dessous : mode de présentation basique complet

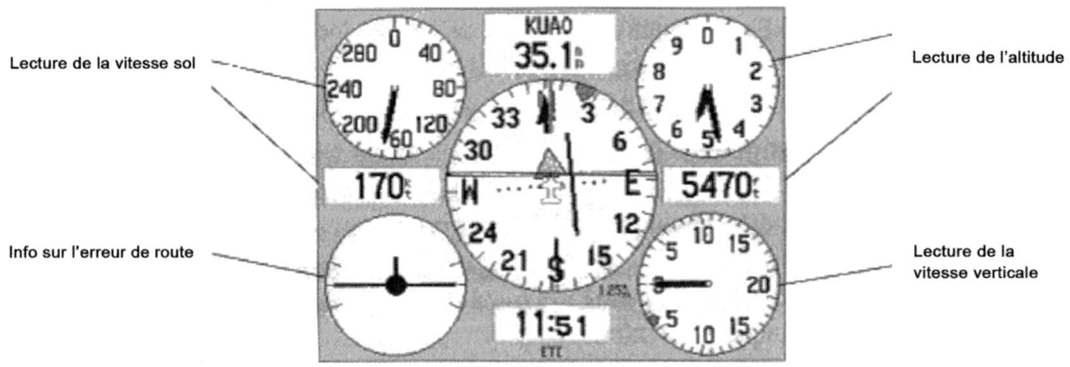

Lorsque l'on choisit une route, le récepteur sélectionne les points dans l'ordre donné. Dès qu'il atteint un point intermédiaire, il passe automatiquement au suivant.
On peut ainsi décrire une trajectoire contenant une multitude de points.

Certains appareils ont la possibilité de visualiser le trajet parcouru. Un petit affichage présente la trajectoire suivie depuis le point de départ. Ceci offre à l'utilisateur une vision d'ensemble de sa navigation, plus particulièrement lorsqu'il choisit une route à suivre. Les récepteurs de dernière génération permettent même d'afficher une carte comme fond d'écran sur laquelle peuvent apparaître les espaces aériens. On voit alors la ligne de trajet parcouru se superposer à la carte.

Remarque : les noms des fonctions employées dans ce module sont ceux rencontrés le plus fréquemment. Des variantes peuvent être utilisées en fonction du modèle ou de la marque de votre récepteur.

5. Les limites du système

Le GPS n'est pas seulement un appareil de mesure de position sur Terre, il s'impose comme un véritable outil **d'aide à la navigation**. Toutefois, il faut être conscient qu'il dépend uniquement de l'administration américaine et que sa précision et sa disponibilité **dépendent du bon vouloir du DoD**.
De nombreux projets ont été développés ou sont à l'étude dans de nombreux pays pour palier cette dépen-

dance. L'Europe développe la mise en place de son propre système de navigation par satellite : le projet Galileo.
La complexité d'utilisation et de réglage de certains récepteurs impose une lecture attentive et rigoureuse du manuel d'utilisation avant toute application en conditions opérationnelles. Une attention particulière sera apportée au **choix des unités et des paramètres à afficher**.

L'utilisation du GPS, en simplifiant notre façon de nous déplacer, nous fait oublier que nous ne vivons pas dans un monde virtuel et que nous n'avons pas forcément besoin d'avoir les yeux rivés sur cet appareil pour nous déplacer, car il existe suffisamment de repères dans l'espace et d'autres moyens de navigation pour ne pas forcément avoir recours à cette technologie parfois « superflue ».

Il faut donc, **en cas de problème d'interprétation dans l'affichage des données, retourner aux bases mêmes de la navigation (estime, cheminement...).**

Bref, la présence à bord d'un récepteur GPS ne doit en aucun cas :
- **dispenser le commandant de bord d'une préparation complète de son vol ;**
- **amener le commandant de bord à dépasser ses propres limites.**

Avertissement : de nombreuses applications d'aide à la navigation sont téléchargeables sur tablettes et smartphones pourvus d'un GPS intégré.

À la différence des systèmes embarqués et spécialisés en navigation satellitaire, aucune ne dispose de la ressource RAIM, qui permet aux appareils certifiés aéronautique de s'autocontrôler et de détecter ainsi toute défaillance du calculateur interne.

Il faut donc utiliser leurs informations avec prudence, sans compter que les batteries ne sont pas éternelles, et qu'elles ont la malheureuse tendance à chauffer !

Notes personnelles et conseils de votre pilote-instructeur :

....

....

....

....

....

....

....

....

....

....

....

Notes personnelles et conseils de votre pilote-instructeur :

Section 8

MODULES COMPLÉMENTAIRES

Module 2 « Qualification vol de nuit »

MODULES COMPLÉMENTAIRES Module 2 « Qualification vol de nuit »

Attention : le vol de nuit est absolument interdit pour les ULM en France et aucune question n'est posée sur ce sujet au théorique ULM. Néanmoins, si vous désirez voler dans un pays où le VFR de nuit est autorisé, nous vous conseillons de lire ce module.
Le vol de nuit en VFR (vol à vue) est tout à fait envisageable mais nécessite une formation spécifique qui va vous donner les informations et l'entraînement nécessaires pour sa bonne réalisation.
Cette formation vous sera profitable pour évoluer en toute sécurité la nuit, mais elle vous sera bénéfique aussi pour le vol en VFR de jour, lorsque les conditions de vol sont dégradées, ou pour la suite, si vous décidez d'apprendre à voler en régime de vol IFR (Instrument Flight Rules, aux instruments).
La nuit, la perte des références visuelles utilisées en VFR de jour (horizon, vue du sol) va vous désorienter et vous allez être victime d'illusions sensorielles.
Le vol de nuit va donc faire appel à d'autres références que celles utilisées habituellement par le pilote VFR, le pilotage devra être basé sur les instruments et sur la radionavigation pour déterminer l'attitude et la position de l'avion dans l'espace.

1. Aspect réglementaire

1.1. La nuit aéronautique

En France métropolitaine (et pour les latitudes moyennes entre 30° et 60°), la nuit aéronautique débute à l'heure du **coucher du soleil plus 30 minutes** (SS+30 ; SS = Sun Set) et se termine à l'heure du **lever du soleil moins 30 minutes** (SR-30 ; Sun Rise). Les heures de lever et de coucher du soleil sont données en temps légal ou en UTC (temps universel ; Universal Time Clock) : ajouter 1 heure en hiver et 2 heures en été, pour convertir les heures UTC en heures légales (l'heure de la nuit est disponible sur http://nav3000.free.fr/moteur/nuit_1.htm ou sur le complément aux cartes aéronautiques).

1.2. Équipement minimum

► **de l'avion :**

Pour pouvoir faire un vol de nuit en VFR, l'avion utilisé devra, en plus de l'équipement réglementaire du VFR de jour, être équipé pour le VFR de nuit, soit :

- des feux de navigation qui permettent de matérialiser la trajectoire des autres avions ;
- un feu anticollision ;
- un phare d'atterrissage ;
- un dispositif d'éclairage des instruments de bord ;
- un jeu complet de fusibles de rechange ;
- une torche électrique qui sera utilisée pour lire les instruments en cas de panne électrique à bord ;
- un horizon artificiel ;
- un indicateur de virage (aiguille) ou un deuxième horizon artificiel ;
- un conservateur de cap ;
- un variomètre ;
- un radio VHF ;
- un récepteur VOR ou un ADF adapté à la route ou un GPS de classe A ;
- pour le vol en France métropolitaine, un transpondeur mode A+C avec alticodeur ou mode S niveau 2 avec alticodeur ;
- un altimètre.

► **de l'aérodrome** :

Un vol en VFR de nuit ne pourra se faire qu'au départ et à l'arrivée d'un **aérodrome agréé** pour le vol VFR de nuit. Cette homologation est inscrite sur les cartes d'approche VFR autrement appelées cartes VAC (Visual Approach Chart), dans la section « informations diverses ».

Exemple à Pontoise : voir page suivante

PONTOISE CORMEILLES EN VEXIN
AD2 LFPT TXT 02 — 31 JUL 08

Informations diverses / *Miscellaneous*
HIV + 1 HR / *WIN + 1 HR*
Les informations de source **non DGAC** de cette rubrique sont communiquées sous toute réserve.
Non DGAC *information in this document is communicated with all reserve.*

1 - Situation / *Location* : 7 km NW PONTOISE (95 - VAL D'OISE).
2 - ATS : 0500-2030
Après 2030 : LUN-VEN O/R avant 1600.
SAM, DIM et JF O/R avant 1600 le dernier jour ouvrable précédent.
After 2030 : MON-FRI O/R before 1600.
SAT, SUN and HOL O/R before 1600 on the last working day.
☎ 01 30 31 13 25 - FAX : 01 30 73 06 99
Aérodrome de PONTOISE, 95650 BOISSY L'AILLERIE.
3 - VFR de nuit / *Night VFR* : agréé / *approved*
4 - Gestionnaire / *Managing authority* : Aéroports de Paris
Direction du Bourget et des aérodromes d'aviation générale.

Les VAC (carte d'approche du vol à vue) donnent aussi les consignes spécifiques à respecter pour chaque aérodrome (voir section : « consignes particulières »).

PONTOISE CORMEILLES EN VEXIN
31 JUL 08 — AD2 LFPT TXT 01

Consignes particulières / *Special instructions*

Conditions générales d'utilisation de l'AD
La MTOW des avions admis sur l'AD est limitée à 17 t.

General AD operating conditions
The MTOW for aircraft allowed on the AD is limited to 17 t.

Procédures et consignes particulières
Roulage interdit hors piste et TWY.
Effectuer le décollage à pente MAX RWY 12.

Hélicoptères : Vols d'école et d'entraînement HEL réservés aux HEL ≤ 5 t basés.
ACFT : SAM, DIM et JF : entraînements tour de piste réservés aux ACFT basés.
De 1000 à 1200 : Entraînements tours de piste réservés aux ACFT basés, monomoteurs à hélices, équipés d'un dispositif atténuateur de bruit, et dont la MTOW est inférieure à 8618 kg.
Circuits basse hauteur : vols d'entraînement avec instructeur uniquement.
- Piste 05/23 : sens identique aux circuits publiés.
- Piste 12/30 : sens à l'opposé des circuits publiés.

Compte tenu de l'environnement urbain, respecter les circuits dans toute la mesure du possible.

Procedures and special instructions
Taxiing prohibited except on RWY and TWY.
TKOF RWY 12 must be conducted with MAX climb gradient.

Helicopters : HEL training flights reserved for home based HEL with a MAX weight ≤ 5 t.
ACFT : SAT, SUN and HOL : training on traffic patterns reserved for home based ACFT.
From 1000 to 1200 : traffic patterns reserved for home based ACFT, single engine, equipped with a noise attenuator, and which MTOW is below 8618 kg.

Low height circuits : only for training flights with instructor.
- RWY 05/23: same direction as the published circuits.
- RWY 12/30: opposite direction to the published circuits.

Follow circuits as far as possible to respect urban surroundings.

Circuit 05/23 1000 ft (700 ft QFE) :
- Circuit sur clairance ATC.
- En l'absence des services ATS : le circuit est utilisable si VIS < 5 km et plafond < 1500 ft.

05/23 1000 ft (700 ft QFE) circuit:
- Circuit on ATC clearance.
- Without ATS services: the circuit available if VIS < 5 km and ceiling < 1500 ft.

VFR spécial
En présence d'IFR dans la CTR, ACFT et HEL : VIS ≥ 3000 m.
Points de report :

Special VFR
With IFR traffic in the CTR, ACFT and HEL: VIS ≥ 3000 m.
Reporting points :

Point	Coordonnées / *Coordinates*	Noms / *Names*
NW	49 08 51 N - 001 53 57 E	Château d'eau de Bercagny *Bercagny Water tower*
E	49 04 42 N - 002 06 26 E	Ennery
S	49 02 05 N - 002 02 01 E	Vauréal

VFR de nuit
Itinéraires VFR de nuit (Magny-PON et Nanteuil-PON)
Ecouter l'ATIS et contacter Pontoise APP 3 min avant les points Magny ou l'Isle Adam.
Panne de communication à l'arrivée, suivre les dernières instructions reçues et/ou respecter les consignes générales de panne radio, en se présentant à la verticale de l'aérodrome à une hauteur de 1200 ft.
Entraînement VFR de nuit :
Interdit entre 2030 et 0500 (HIV + 1HR).

Night VFR
Night VFR routes (Magny-PON and Nanteuil-PON)
Monitor ATIS and contact Pontoise APP 3 min before the points Magny or l'Isle Adam.
Radio communication failure: on arrival, follow the last received instructions and/or respect the radio failure instructions by proceeding overhead AD 1200 ft height.

Night VFR training:
Forbidden between 2030 and 0500 (WIN + 1HR).

SERVICE DE L'INFORMATION AERONAUTIQUE — AMDT 09/08 — © SIA

► **du pilote :**

Qui doit avoir l'autorisation vol de nuit avec l'expérience requise, pour pouvoir être commandant de bord de l'avion choisi, volant en VFR de nuit.

Si les privilèges de votre licence de pilote privé doivent être exercés de nuit, au moins 5 heures de vol supplémentaires sur avion doivent être effectuées de nuit, comprenant 3 heures de formation en double commande, dont au moins 1 heure de navigation en campagne, 5 décollages en solo et 5 atterrissages complets en solo.
Cette habilitation sera mentionnée sur votre carnet de vol par l'instructeur et sur votre licence par l'Autorité.
Pour l'emport de passager, la règle des trois atterrissages et trois décollages dans les trois derniers mois prévaut avec au moins un atterrissage et un décollage de nuit.

1.3. Minima météo

- Ce sont les mêmes conditions de visibilité que pour le VFR de jour en espaces aériens contrôlés, et qui s'appliquent dans toutes classes d'espace.

- Le plafond est au minimum de 1 500 pieds au moins au-dessus du niveau de croisière prévu.

- La vue du sol est requise sous 3 000 pieds mer ou 1 000 pieds sol.

1.4. Règle d'emport carburant

Pour le VFR de nuit, la réserve finale est portée à 45 minutes de vol, ainsi on calculera le carburant minimum à emporter comme suit :

- délestage compte tenu du vent et de la météo,
- réserve finale de 45 minutes,
- plus une réserve de dégagement si l'aérodrome de destination doit être utilisé avec une télécommande de balisage de piste (ou PCL : pilot control lighting).

L'aérodrome de dégagement devra alors être doté d'un organisme de la circulation aérienne en fonction à l'heure prévue d'arrivée, sauf si l'aéronef est équipé de deux émetteurs/récepteurs VHF.

1.5. Plan de vol

On appelle « vol aux abords d'un aérodrome » tout vol dans un rayon de 12 km autour du terrain ou tout vol dans les limites d'une CTR dans le cadre d'un vol en espace aérien contrôlé disposant de ce type de zone.

En dehors de ces vols, un plan de vol déposé (FPL) est obligatoire et doit être déposé 60 minutes avant le départ du poste de stationnement.
Nota : en France, si les terrains de départ et de destination sont gérés par le même service de contrôle, le FPL n'est pas obligatoire.

1.6. Itinéraire et niveau minimal

Les itinéraires VFR de nuit qui sont publiés dans les espaces aériens de classe G ou E sont des itinéraires recommandés.
Ils deviennent obligatoires s'ils sont définis pour permettre de déroger à une règle particulière, comme les hauteurs de survol.
Sauf pour les besoins du décollage et de l'atterrissage et sauf autorisation expresse de l'autorité compétente, un vol VFR de nuit est effectué à un niveau qui n'est pas inférieur à l'altitude minimale de vol fixée en France :

- au-dessus de régions accidentées ou montagneuses à 2 000 pieds au moins au-dessus de l'obstacle le plus élevé situé dans un rayon de 8 km autour de la position estimé de l'aéronef.
- ailleurs que dans ces régions à 1 500 pieds au moins au-dessus de l'obstacle le plus élevé situé dans un rayon de 8 km autour de la position estimée de l'aéronef.

Nota : actuellement en France sont considérées comme montagneuses les régions où le relief s'élève à plus de 5 000 pieds.

1.7. Radiocommunication

En vol local sans organisme de la circulation aérienne, le pilote en VFR de nuit assure une veille radio téléphonique et indique au premier appel d'un autre pilote sa position, son altitude et ses intentions.
En espace aérien contrôlé, le pilote veille la fréquence comme il le ferait en VFR de jour.

2. Spécificités du vol de nuit

2.1. Le balisage lumineux

Balisage des obstacles :
Les obstacles pouvant présenter un danger pour la circulation aérienne au sol ou en vol sont balisés à l'aide de feux rouges d'intensité moyenne. Dans certains cas, des phares de danger émettent une série d'éclats rouges de forte intensité.
Les obstacles balisés situés au voisinage des aérodromes sont indiqués sur les cartes d'aérodrome.

Balisage des véhicules : feux à éclats de couleur

- jaune : véhicules de service (flyco…)
- rouge : véhicules de secours
- bleu : véhicules de police

Balisage de la piste et des taxiways :
En l'absence d'organisme de la circulation aérienne, le balisage lumineux est mis en œuvre par le pilote, par le biais de la télécommande radioélectrique de balisage (ou PCL : Pilot Controlled Lighting), si l'aérodrome en est équipé.

Le balisage est alors allumé en donnant **trois coups d'alternat en moins de cinq secondes** sur la fréquence assignée pour la circulation d'aérodrome ou sur la fréquence d'auto-information, si plusieurs fréquences sont attribuées à l'aérodrome.
Si l'aérodrome est pourvu d'équipements supplémentaires tels que des feux à éclats ou le passage en haute intensité du balisage, ceux-ci pourront être mis en œuvre en donnant cinq coups d'alternat en moins de cinq secondes.

Le balisage est déclenché pour une durée de 15 minutes à partir du nouvel ordre qui peut être donné à tout moment. Il devra être mis en œuvre avant tout mouvement de l'avion sur l'aire de manœuvre et tant que l'avion évolue à moins de 6.5 Nm de l'aérodrome.

Il existe différents systèmes de balisage dont nous allons voir les principaux, et qui vous aident à localiser les pistes, les voies de circulation, les aires de parking et l'environnement général sachant que tous les aérodromes ne sont pas équipés de l'ensemble de ces systèmes.

2.1.1. Feux de délimitation de piste

Les feux de bord de piste sont blancs et utilisés de nuit ou de jour par mauvaise visibilité.
Ils sont classés selon leur intensité :
HI : pour la haute intensité unidirectionnelle ou bi-directionnelle.
BI : pour la basse intensité omnidirectionnelle.

2.1.2. Feux de seuil de piste

Les feux de seuil de piste marquent le début de la zone « atterrissable » de la piste. Ils sont présents aux deux seuils de la piste et sont composés d'une rangée d'aux moins quatre feux verts, qui peut être complétée par deux feux à éclats blancs de part et d'autre du seuil.
La partie de piste avant le seuil décalé est balisée en rouge.

2.1.3. Feux d'extrémité de piste

Ces feux sont vus en rouge du côté de l'approche, et en vert de l'autre côté, s'ils coïncident avec le seuil de piste.

2.1.4. Balisages complémentaires

Sur certaines pistes un balisage HI de l'axe de piste et des sorties de piste peuvent être présents.
Des feux de zone d'impact (rampe d'approche) sous la forme de plusieurs barrettes de feux blancs encastrés dans les 900 premiers mètres de la piste existent aussi.

2.1.5. Balisage des voies de circulation et des aires de parking

Les voies de circulation et les aires de parking sont délimitées par des feux bleus ou éventuellement par des balises réfléchissantes.
Il peut aussi y avoir un balisage axial des voies de circulation qui sera vert.

Remarque : le PAPI ou le VASI sont des aides très précieuses en approche finale. On les trouve fréquemment sur les terrains agréés vol de nuit.

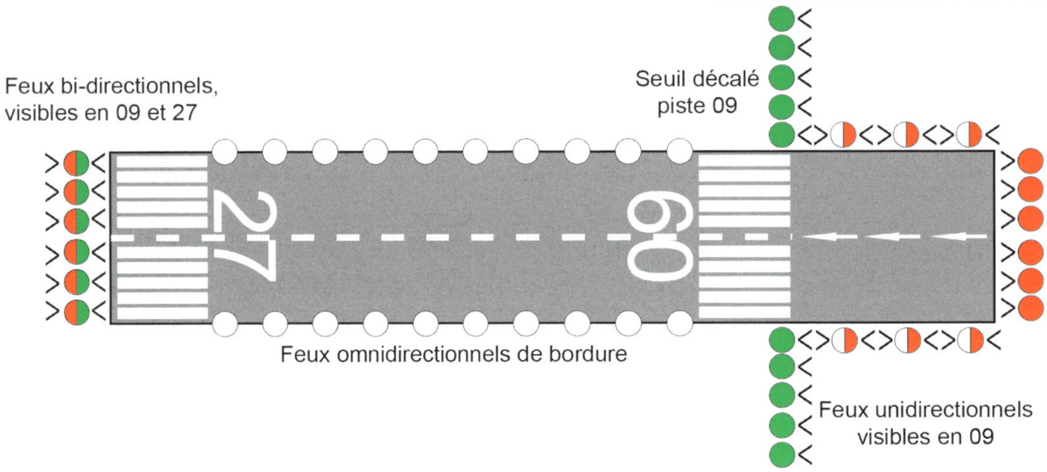

2.2. Les feux de navigation

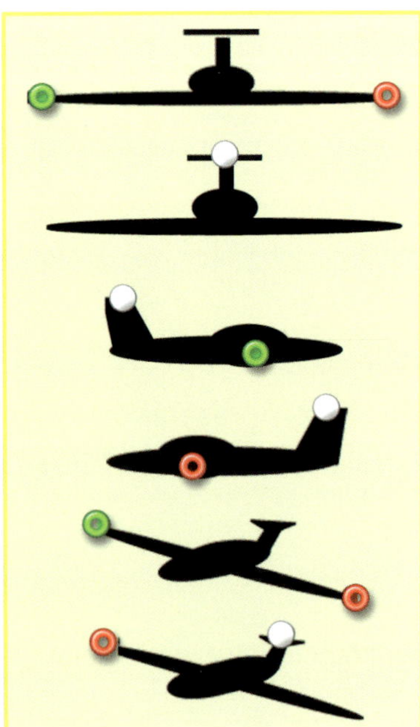

Ils permettent grâce à leur couleur et leur position de déterminer la trajectoire des avions.

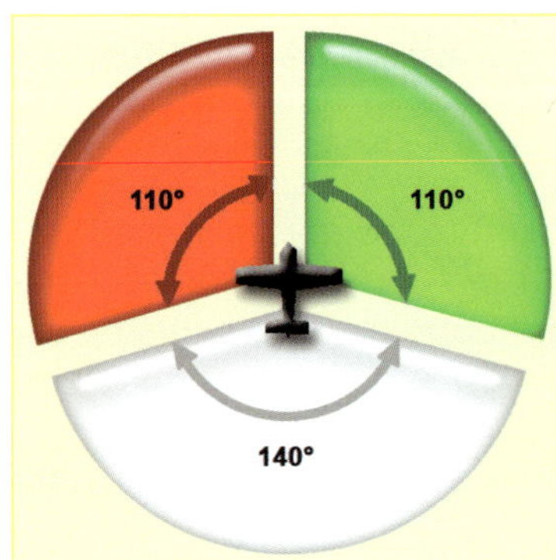

L'avion vient droit sur vous !

L'avion est devant vous et va dans la même direction que vous.

L'avion se déplace de gauche à droite,

ou de droite à gauche.

L'avion est en virage à gauche et vient vers vous.

L'avion est en virage à droite devant vous.

2.3. Météorologie nocturne

Les stratus et le brouillard sont plus fréquents de nuit, en particulier lorsque la température est proche de la température du point de rosée. Lorsqu'il n'y a qu'un degré d'écart le risque de brouillard existe dans l'heure qui suit.
Si la visibilité verticale semble satisfaisante, la visibilité oblique et, a fortiori la visibilité horizontale, peuvent être pratiquement nulles.
De nuit, l'absence de soleil élimine tout mouvement convectif, cependant certains cumulo-nimbus formés de jour par convection restent actifs de nuit.
De même les cumulo-nimbus de fronts orageux sont actifs de nuit.
Ces cumulo-nimbus sont plus faciles à déceler de jour que de nuit.

De nuit, il est extrêmement facile de rentrer dans une couche nuageuse involontairement (en particulier les nuits sans lune), il existe cependant quelques signes qui peuvent vous aider à éviter d'entrer dans la couche :

- quand vous allez vers une couche nuageuse, il semble qu'un voile translucide est lentement tiré devant et sous l'avion, les lumières visibles clignotent dans un premier temps puis disparaissent. De plus, un halo se forme autour des feux de navigation : vous êtes dans la couche,
- on peut détecter l'existence de nuages ou de brouillard en allumant brièvement les phares d'atterrissage : on constatera une forte diffusion du faisceau lumineux.

Lorsque vous réalisez que vous êtes entré dans un nuage, vous devez calmement mais rapidement faire demi-tour pour en sortir (adopter le taux 1 ou taux standard et faire un 180 à l'aide de l'horizon artificiel).
Les risques de devoir voler soudainement dans des conditions météorologiques de vol aux instruments (IMC) augmentent la nuit. Même si on estime que seulement 10 % des vols VFR sont effectués la nuit, 30 % des accidents étant le résultat d'un vol VFR en IMC se produisent après la tombée du jour.
Par une nuit sans lune, il est difficile de distinguer le sol, le relief et les nuages : l'utilisation des références instrumentales constitue alors le moyen primaire de contrôle de l'avion.

2.4. La vision de nuit

La vision de nuit est assurée par les cellules de la rétine appelées « bâtonnets ». Les bâtonnets, situés en périphérie de la rétine, sont spécialisés dans la vision des mouvements et des contrastes, mais ne permettent pas de distinguer les couleurs et les détails fins.
La vision de nuit se caractérise donc par une vision en nuance de gris, sans couleur, surtout sensible aux mouvements.
La vision de nuit sera affectée par l'alcool, le tabac, certains médicaments et par le manque d'oxygène (hypoxie).
L'œil met du temps à s'adapter à la faible luminosité de la nuit et doit se réadapter s'il est ébloui. Éviter les sources de lumières inutiles dans l'avion qui viendraient vous éblouir.

2.5. Illusions sensorielles du vol de nuit ou du vol en IMC

2.5.1. Illusion somatogravique

Lorsque notre corps subit une accélération après le décollage (ou durant une remise des gaz), le cerveau combine les forces d'accélération et de gravité en une seule force agissant à la fois vers le bas et vers l'arrière. Les pilotes qui ressentent cette illusion de cabrer ont souvent le réflexe de pousser sur le manche.

Pour info : des erreurs de perception d'assiette peuvent se produire lorsque l'équipage évolue dans un milieu où les forces diffèrent de façon marquée des forces qu'il rencontre normalement au cours de ses activités au sol où la force gravitationnelle est une référence stable considérée comme la verticale. L'accélération de gravité est le même phénomène physique qu'une accélération imposée, et par conséquent, dans certaines circonstances, il peut être difficile de distinguer les deux. Lorsque l'accélération imposée est de courte durée, comme le rebond d'une automobile ou les mouvements d'une balançoire, on peut percevoir la différence entre un mouvement imposé et un mouvement dû à la force gravitationnelle. Toutefois, lorsque l'accélération imposée est soutenue, comme dans le cas de l'accélération prolongée d'un aéronef sur sa trajectoire de vol, le mécanisme de perception humain ne peut faire la distinction entre l'accélération imposée et l'accélération due à la gravité. Le corps perçoit la somme de ces deux accélérations, et cette force résultante devient l'accélération de référence que l'on perçoit comme étant la verticale. Les illusions d'assiette se produisent presque exclusivement lorsqu'il n'y a pas de références visuelles extérieures pour indiquer la position de l'horizon vrai.

En l'absence de repères visuels, la perception du mouvement et de la position spatiale est assurée principalement par les organes vestibulaires, c'est pourquoi on utilise le terme illusion vestibulaire pour décrire les circonstances dans lesquelles ces organes ne détectent pas correctement le mouvement et (ou) la position spatiale. Des expériences ont démontré qu'il existe des différences marquées entre les personnes en ce qui a trait à l'importance de ces illusions et à la période d'exposition nécessaire pour qu'elles apparaissent.

Prenons à titre d'exemple un avion en vol rectiligne en palier qui accélère dans le sens du vol suite à une augmentation de la puissance moteur. Dans ce cas, le sens de la force d'inertie due à l'accélération est vers l'arrière de l'avion et, aux fins de la présente démonstration, on peut considérer qu'elle se trouve le long de l'axe longitudinal de l'avion. La force d'inertie se combine à la force gravitationnelle pour produire une force résultante qui est inclinée vers l'arrière de l'avion. Si le pilote utilise ensuite cette force résultante comme référence de la verticale, il a alors l'impression fautive que l'avion est dans une assiette de cabrer. Si le pilote compense les gouvernes ou repousse le manche pour corriger cette assiette de cabré perçue, l'avion pique du nez et la vitesse augmente. Le changement d'assiette modifie le sens du vecteur de la force résultante de manière à soutenir et peut-être même amplifier la fausse perception de cabré.

Des erreurs importantes de perception peuvent survenir dans les toutes premières secondes d'un changement des forces environnantes. Des expériences menées en vol ont démontré que l'illusion survient très rapidement et qu'elle croît relativement vite au cours des six à huit premières secondes. Ce phénomène porte le nom d'illusion somatogravique, et il est particulièrement dangereux s'il se produit au moment du décollage ou au cours d'une remise des gaz, en particulier de nuit ou par visibilité réduite. La décélération de l'avion produira l'effet inverse, c'est-à-dire, une fausse impression de piqué.

2.5.2. Illusion de Kraft

De nuit, du fait de manque de références au sol, le pilote est victime d'illusions sensorielles qui lui font surestimer sa hauteur par rapport au sol.

2.6. Les instruments du vol de nuit

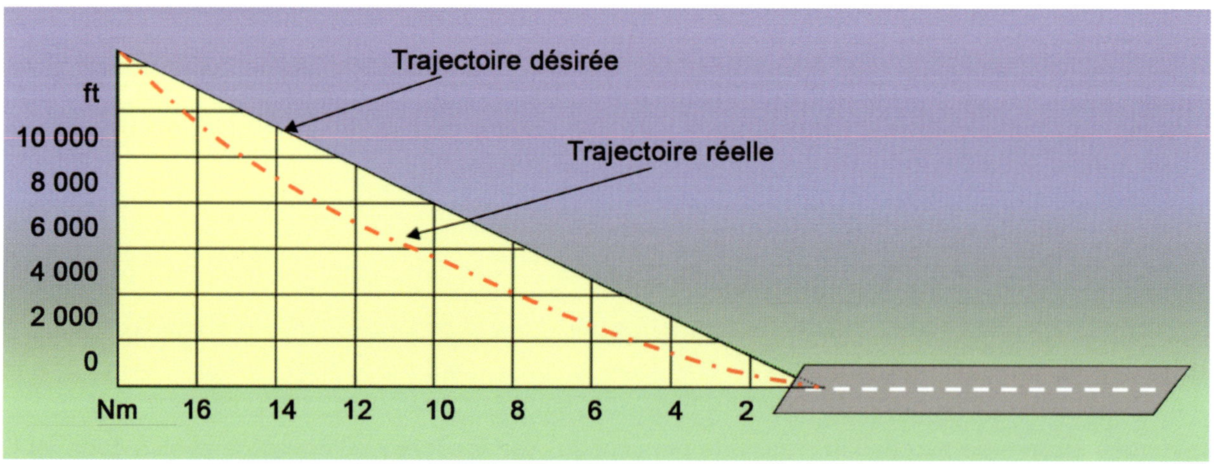

Vous connaissez les instruments du vol de nuit (cf. cours gyroscopes et circuit anémométrique) : **l'horizon artificiel, le conservateur de cap, le badin, l'altimètre, la bille-aiguille et le variomètre.**
Différentes phases du vol (palier, virage, descente...) vont mettre en œuvre certains de ces instruments dans un certain ordre en leur donnant plus ou moins d'importance : c'est la **notion de circuit visuel**.
Il y aura un circuit visuel pour chaque phase d'un vol, différents les uns des autres selon que vous vouliez faire

un palier, une montée, une descente ou un virage.
L'instrument principal sur lequel repose tout circuit visuel est **l'horizon artificiel** qui est un gyroscope renseignant sur l'attitude de l'avion et donnant des informations précises d'assiette et d'inclinaison.
L'horizon artificiel est situé sur le tableau de bord au centre de votre champ visuel et autour de lui sont disposés les autres instruments selon la norme du « **Té basique** ».

Dans les différentes phases du vol le circuit visuel s'articule autour de cet instrument :

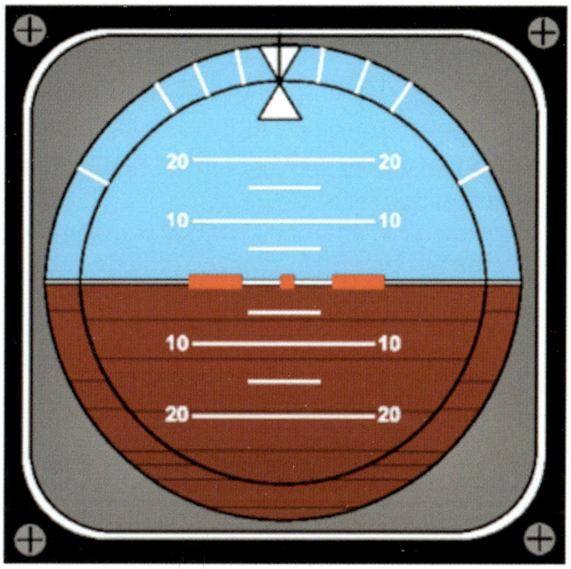

L'instrument principal est **l'horizon artificiel**, qui est le départ d'un circuit visuel que l'on parcourt en étoile.

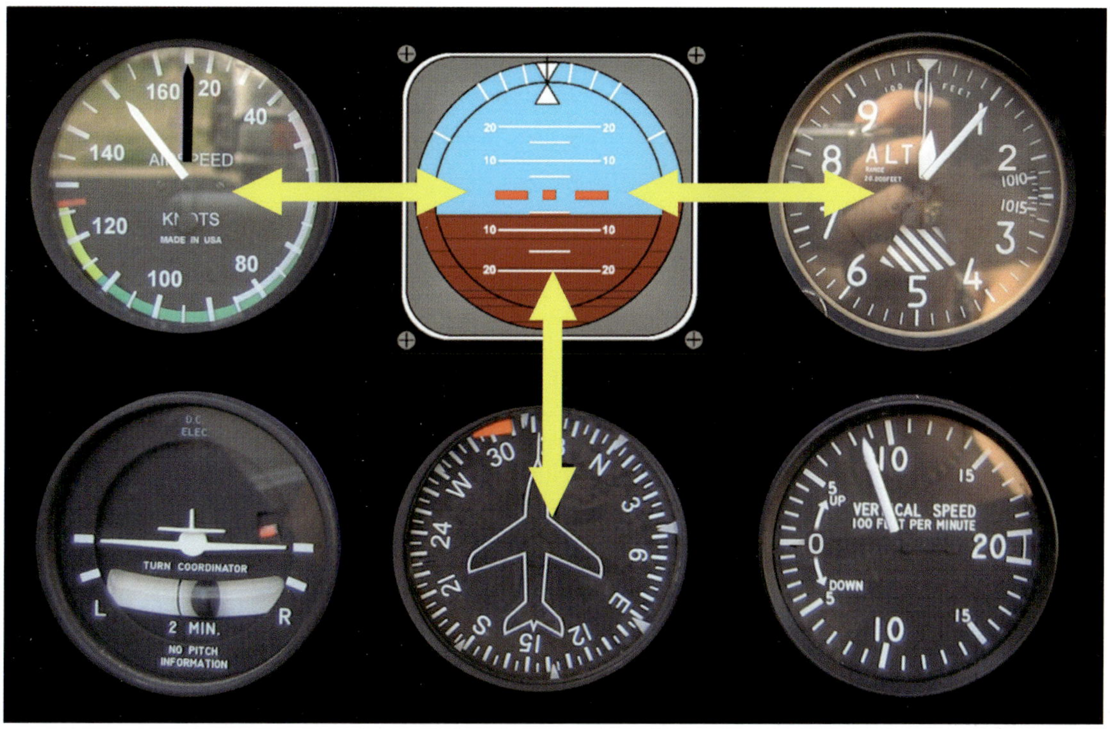

Les instruments dits « secondaires » (traits jaunes) sont ceux que l'on vérifie de façon privilégiée dans telle ou telle phase de vol (montée, virage...) mais **on ne passe pas d'un instrument secondaire à un autre sans repasser par le principal.**
Le circuit visuel général se fera donc de la manière suivante : Horizon-Altimètre, Horizon-Cap, Horizon-Vitesse,

et ainsi de suite, Horizon-Altimètre, Horizon-Cap, Horizon-Vitesse… auquel on pourra ajouter d'autres instruments pour le compléter (par exemple le variomètre en descente).

Exemple de la montée rectiligne :
Le regard part de l'horizon artificiel : les grosses flèches jaunes indiquent les instruments secondaires. Les flèches plus fines indiquent les autres instruments à surveiller « du coin de l'œil ».

Rappel : **un avion en montée se contrôle à la vitesse et non au vario.**

On surveille l'instrument principal : l'horizon, soit l'assiette, ici 10 degrés au-dessus de l'horizon et l'inclinaison qui doit rester nulle.
On surveille les trois secondaires qui sont :
- **l'anémomètre** pour conserver la vitesse de montée ; c'est le paramètre piloté que l'on obtient en affichant la bonne assiette (voir manuel de vol),
- le **conservateur de cap** pour maintenir le vol rectiligne, en suivant la pinnule* si l'avion en est équipé,
- un petit coup d'œil à **l'altimètre** de temps en temps pour anticiper la mise en palier.

En descente, le circuit visuel est semblable à la montée, sauf que le paramètre piloté n'est plus la vitesse mais le vario. On remplace donc dans le circuit visuel l'anémomètre par le variomètre.

* la pinnule est solidaire de la rose des caps du conservateur de cap, et sert à mieux visualiser le cap à suivre que le pilote a choisi. Le pilote, à l'aide d'une molette, positionne la pinnule au cap qu'il a choisi.

(On note Θ l'assiette et Φ l'inclinaison)

	Instrument **PRIMAIRE** :	Instruments **SECONDAIRES** :	
PALIER rectiligne	Horizon Artificiel : Θ de palier (cf. manex) Φ = 0	■ Altimètre : l'altitude est constante. ■ Conservateur de cap (pinnule en rouge) : le cap est constant.	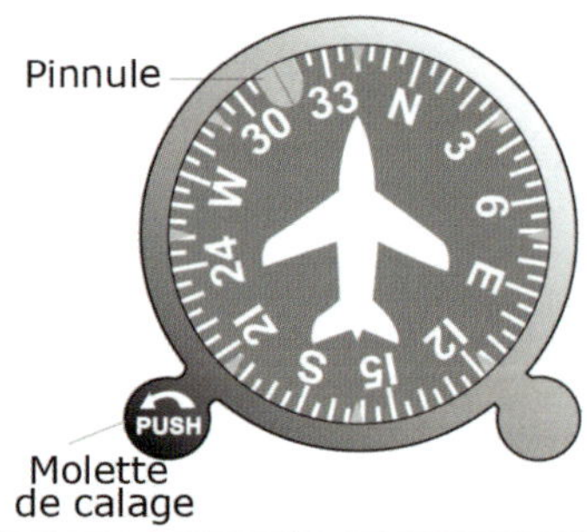
MONTÉE rectiligne	Horizon Artificiel : Θ de montée (cf. manex) Φ = 0	■ Anémomètre : la vitesse est constante et égale à la vitesse de montée (cf. manuel de vol). ■ Altimètre : pour anticiper la mise en palier (1/3 du vario).	
DESCENTE rectiligne	Horizon Artificiel : Θ de descente (cf. manex) Φ = 0	■ Vitesse : à contrôler. ■ Variomètre : le vario est constant et conforme au vario choisi. ■ Altimètre : pour anticiper la mise en palier (1/3 du vario).	

VIRAGE en PALIER	Horizon Artificiel : Θ de palier Φ = inclinaison au taux standard	■ Altimètre : l'altitude est constante. ■ Conservateur de cap : pour anticiper la sortie de virage. ■ Aiguille : pour contrôler le taux standard.	
VIRAGE en MONTÉE	Horizon Artificiel : Θ de montée Φ = inclinaison au taux standard	■ : la vitesse est constante et égale à la vitesse de montée (cf. manuel de vol). ■ Altimètre : pour anticiper la mise en palier (1/3 du vario). ■ Conservateur de cap : pour anticiper la sortie de virage. ■ Aiguille : pour contrôler le taux standard.	
VIRAGE en DESCENTE	Horizon Artificiel : Θ de descente Φ = inclinaison au taux standard	■ Variomètre : le vario est constant est conforme au vario choisi. ■ Altimètre : pour anticiper la mise en palier (1/3 du vario). ■ Conservateur de cap : pour anticiper la sortie de virage. ■ Aiguille : pour contrôler le taux standard. ■ Vitesse : à contrôler.	

3. Mise en œuvre du vol de nuit

3.1. La visite pré-vol

Elle s'effectue dans une zone éclairée ou à l'aide de la lampe torche obligatoire (on en profite pour vérifier son bon fonctionnement).

On **vérifiera particulièrement l'équipement spécifique du vol de nuit** : feux de roulage et d'atterrissage, les trois feux de navigation, le feu d'anticollision, les feux à éclats, l'éclairage du tableau de bord…

La propreté des surfaces vitrées est importante pour éviter la diffusion de la lumière au travers du pare-brise et pour avoir une vue sur l'extérieur parfaitement nette.

Il est recommandé de faire plusieurs amphi-cabines pour se familiariser avec le positionnement des commandes et interrupteurs.

La pré-vol se poursuivra après la mise en route et pendant le roulage pour vérifier le bon fonctionnement des systèmes et des instruments nécessaires au vol.

3.2. Le roulage

L'éclairage des voies de circulation se fait grâce aux feux de roulage, dont l'efficacité est bien inférieure à celle de nos véhicules ; il convient donc **d'adapter notre vitesse de roulage**, notre champ visuel étant réduit par manque de visibilité et l'appréciation des distances plus difficile. N'hésitez pas à solliciter les personnes compétentes à bord ou par la radio pour vous guider lorsque vous hésitez sur le chemin à prendre.

Le feu de roulage sera utilisé de la façon suivante : lorsque nous décidons de rouler, il devra être mis en fonction pour signaler aux autres appareils que notre avion est sur le point de se mouvoir. Lorsque nous décidons de nous arrêter (par exemple au point d'attente pour faire les essais moteur) nous l'éteignons. Par mauvaise visibilité, ou sur un terrain mal éclairé, il peut être judicieux de laisser le phare de roulage allumé, ce qui nous permettra d'être mieux vu des autres aéronefs au sol.

Pendant le roulage, **il est particulièrement important de vérifier le bon fonctionnement des instruments utilisés de nuit :**

- les instruments donnant le cap de l'avion ;
- position de la bille et de l'indicateur de virage ;
- position de l'horizon artificiel.

PAS QUESTION DE DÉCOLLER SANS AVOIR VÉRIFIÉ LE FONCTIONNEMENT DES INSTRUMENTS UTILISÉS DE NUIT.

Pour cela, on vérifiera une fois sorti du parking et pendant un virage à gauche, puis un virage à droite :
« Virage à gauche ... les caps diminuent une fois (en regardant le compas) ... deux fois (en regardant le conservateur de cap) ... la bille à droite ... l'indicateur de virage à gauche ... l'horizon est stable ».
« Virage à droite ... les caps augmentent une fois (en regardant le compas) ... deux fois (en regardant le conservateur de cap) ... la bille à gauche ... l'indicateur de virage à droite ... l'horizon est stable ».

3.3. Le décollage

Avant de décoller, tous les phares seront mis en fonction : le phare de roulage et le phare d'atterrissage. La phase d'accélération ne présente pas de difficulté particulière, mais les premiers décollages peuvent vous donner une impression visuelle déconcertante, du fait du manque de repères visuels extérieurs, et de cette étendue noire au-dessus et en-dessous de vous.

Un des dangers les plus importants après un décollage de nuit se manifeste lorsque la montée s'effectue dans des conditions de trou noir, où il n'y a aucune lumière à la surface du sol et où le ciel est couvert ou sans lune. Un des facteurs contributifs aux accidents en vol de nuit est l'illusion somatogravique ou « fausse illusion de montée » ; le pilote, persuadé d'être en montée car abusé par ses sens qui lui font ressentir l'accélération due au moteur pour une sensation de montée, vient percuter la planète (voir Procédures et Sécurité, **module 1, 6. CFIT)**.

Par conséquent, afin d'avoir l'assurance d'une pente positive et de l'absence de danger d'impact avec le sol lors d'une phase de montée initiale effectuée de nuit, il est indispensable de piloter l'avion en utilisant les préaffichages de montée (assiette et puissance conformes au manuel de vol) et de vous en remettre aux instruments de pilotage sans visibilité, jusqu'à ce que des repères visuels adéquats se présentent. Ne vous fiez pas à vos sensations.

La méthode de pilotage de nuit fait appel aux instruments et **lors de la rotation, le pilote affichera l'assiette de montée à l'horizon artificiel.**
La montée sera confirmée par le variomètre (« vario positif ») et par l'altimètre.
Le pilote affinera l'assiette en cherchant à obtenir la vitesse de montée indiquée dans le manuel de vol. La montée initiale sera poursuivie jusqu'à l'altitude de sécurité et dans l'axe de la piste dont nous savons qu'il est dégagé d'obstacles.

Cette altitude de sécurité est déterminée de la façon suivante :

- hauteur minimale de survol de 1 000 ft en vol local ;
- et 1 500 ft en voyage.

3.4. En route

En route, les meilleurs repères visuels sont sans aucun doute et dans cet ordre :

- les villes,
- les autoroutes et les routes importantes. Dans certaines régions, leur densité peut être telle que la confusion est possible : avant de suivre une route ou un quelconque repère assurez-vous de la cohérence de l'orientation que vous allez suivre (en s'aidant du conservateur de cap).

Certains repères utilisables de jour deviennent inutilisables de nuit car ils ne sont plus éclairés (rivières, lignes hautes tensions...), sauf si la nuit est claire et qu'une pleine lune est présente.

La radionavigation est particulièrement adaptée au vol de nuit. En effet, la nuit vous pouvez (et il est même recommandé de le faire) utiliser le VOR pour la navigation.
L'utilisation d'un GPS est aussi recommandée, mais en matérialisant la trajectoire et la position de l'avion (en d'autres termes en sachant toujours où vous êtes et où vous allez, ne suivez pas le GPS à l'aveuglette).

Par contre, de nuit, les indications du radiocompas peuvent être erronées, les ondes électriques du radiocompas (dans la gamme des M.F., H.F.) étant perturbées par l'ionosphère la nuit.
Encore une fois, avant de suivre sans réfléchir la direction indiquée par le radiocompas on devra en vérifier la cohérence.
En région faiblement peuplée, le sol et le relief sont difficilement identifiables, on veillera donc, pendant le vol, au respect de l'altitude de sécurité établie lors de la préparation du vol.

3.5. L'approche et l'atterrissage

Pour vous aider, passant le travers du seuil de la piste en vent arrière, prenez un top chrono et comptez 1 minute et 10 secondes au cap de vent arrière avant de virer en base.
Si l'aérodrome est pourvu d'une aide lumineuse de type PAPI ou VASI (Precision Approach Path Indicator, Visual Approach Slope Indicator), l'approche ne présente pas de difficultés particulières.
Si l'aérodrome n'en est pas pourvu, la phase d'approche est beaucoup plus délicate.
Un soin tout particulier devra être apporté à la tenue du plan de descente sous peine d'atterrir avant la piste dans le pire des cas, et dans le meilleur, d'arriver avec un plan faible sur la piste avec très certainement une vitesse inadaptée car proche de la vitesse de décrochage (rappel : vitesse en finale = 1.3 Vs sans vent).
Pour nous aider à contrôler le plan de descente, nous allons utiliser simultanément l'altimètre et le variomètre.
De nuit, du fait de manque de références au sol, le pilote est victime d'illusions sensorielles qui le font surestimer sa hauteur par rapport au sol.

3.6. Les pannes

a. **Pannes d'éclairage du tableau de bord** : Commande, Alimentation, Protection, Signalisation (C.A.P.S.), utiliser la lampe de secours obligatoire en vol de nuit.

b. **Panne de phare d'atterrissage** : évitez l'arrondi qui pourrait être fait trop haut, réduisez le taux de descente et affichez une assiette légèrement à cabrer (capot sur les lampes rouges de fin de piste) en ajustant la puissance et attendre le « BOUM », signe que vous venez de vous poser. Les lampes délimitant les bords gauche et droit de la piste peuvent vous donner une indication de hauteur.

c. **Panne de radio** : suivez votre plan de vol, conformez-vous aux indications des VAC, attendez-vous à recevoir des instructions du contrôle aux moyens des signaux lumineux.

d. **Panne de génération électrique** : CAPS, faites la C/L qui s'impose et délestez au maximum en ne gardant que l'essentiel (les choses qui consomment le plus d'énergie électrique sont les circuits résistifs pour le dégivrage, les phares et la radio en émission). Déroutez-vous vers un aérodrome accessible. Pendant le vol une attention particulière doit être accordée à l'ampèremètre, instrument qui va révéler le dysfonctionnement de l'alternateur et la décharge progressive de la batterie.

4. Conclusion

Le vol VFR de nuit peut être une expérience agréable, mais il comporte manifestement plus de risques qu'un vol de jour : on ne voit rien la nuit !
Être conscient des dangers associés à chaque phase d'un vol VFR de nuit vous aidera à ne pas faire partie des statistiques. Ayez toujours à l'esprit que, par définition, une illusion ne fait que nous tromper, alors ne vous fiez pas entièrement à vos sens et faites usage des aides à la navigation et des instruments à votre disposition.

Notes personnelles et conseils de votre pilote-instructeur :

Section 8

MODULES COMPLÉMENTAIRES

Module 3 « Anglais Aéronautique »

Notes personnelles et conseils de votre pilote-instructeur :

....

....

....

....

....

....

MODULES COMPLÉMENTAIRES Module 3 « Anglais aéronautique »

Cette annexe est une liste de mots importants à connaître en anglais, mais non exhaustive.

La phraséologie vue au chapitre Procédures et Sécurité, module 2, **« Communication »**, est celle qui sera utilisée sur tout autre aérodrome que francophone. Vous en trouverez ci-dessous l'application.

1. Alphabet et nombres

Alpha	Novembre	0 : zero	**Affirme**	affirme	**Prêt à copier**	ready to copy
Bravo	Oscar	1 :one	**Négatif**	negative	**Vérifiez**	check
Charlie	Papa	2 : two	**Approuvé**	approved	**Rappelez**	report
Delta	Quebec	3 : three	**Autorisé**	cleared	**Répétez**	say again
Echo	Roméo	9 : niner	**Break break**	(pour séparer deux mes-sages destinés à deux avions différents)	**Reçu**	copied
Fox-trot	Sierra	....			**Veillez**	monitor
Golf	Tango	10 : one zero			**Quittez**	leave frequency
Hotel	Uniforme	11 : one one			**Wilco**	(compris et sera éxecuté)
India	Victor	12 : one two				
Juliette	Whysky	....	**Collationnez**	repeat	**Roger**	(compris)
Kilo	X-ray	100 : one zero zero	**Confirmez**	confirm		
Lima	Yankee	101 : one zero one	**Contactez**	contact		
Mike	Zoulou	....	**Correction**	correction		
		, : decimal	**Correct**	corect		
			Demande	request		
		121.850 : one two one décimal eight five zero	**J'écoute**	go ahead		

2. Radio en tour de piste

Sur un terrain contrôlé, le premier contact se fera au parking après avoir pris l'ATIS et avant le roulage, et le suivant selon la clairance du contrôleur, exemple : F.LE, taxi holding point runway 25L and report ready.

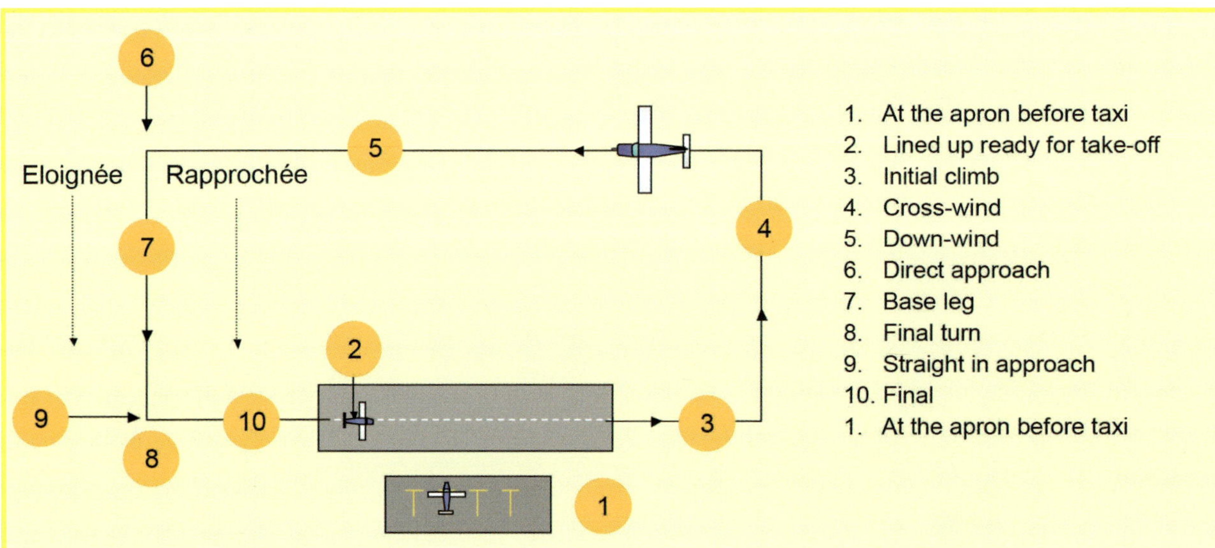

Le **dernier contact s'effectue au parking : on quitte la fréquence avant de couper la radio.**

Terrain contrôlé : F.LE, Farman apron to leave frequency
F.LE, leave frequency bye
Leaving frequency bye, F.LE.
Terrain non contrôlé : F.LE, at the apron leaving frequency bye.

	PILOTE	CONTRÔLEUR
Au parking	Toussus ground, Fox Bravo Victor Alpha Kilo good day	Fox Alpha Kilo, Toussus, good day
Au parking	Fox Alpha Kilo, a Rallye aircraft, Farman apron, with information … for a local flight	Fox Alpha Kilo, taxi holding point runway 07L and report ready on tower frequency
Au parking	Taxiing holding point 07L and will report ready on tower frequency, Fox Alpha Kilo	
Au point d'attente	Toussus tower, Fox Alpha Kilo, holding point 07L ready for departure	Fox Alpha Kilo,report in sight of a TB20 final 07L
Au point d'attente	Trafic in sight, Fox Alpha Kilo	Fox Alpha Kilo, behind the landing TB20 line up and wait behind
Au point d'attente	Behind the landing TB20 will line up and wait behind, Fox Alpha Kilo	
Une fois aligné sur la piste		Fox Alpha Kilo, cleared for take-off 07L, the wind zero three zero degrees ten knots
Sur la piste	Cleared for take-off 07L, Fox Alpha Kilo	

3. Radio en navigation

	AÉRODROME CONTRÔLÉ		AÉRODROME NON CONTRÔLÉ	
	AVION	TWR	AVION	AFIS
SOL DÉPART	- Pontoise, F.BVLD Good morning. - F.LD, Rallye tower apron with information G for a flight to Deauville. - Taxiing holding point 30 F.LD.	- F.LD, Pontoise tower, Good morning. - F.LD, taxi holding point 30 and report ready.	- Dieppe, F.BVLD Good day. - F.LD, a rallye on the apron, a flight to Prunay for the latest parameters - Taxiing runway 13, F.LD.	- F.LD, Dieppe, Good Day. - F.LD, runway 13 in use, the wind 110°/12Kt, QNH 1013, QFE 1000.
DÉPART	- F.LD ready for departure runway 30. - Lining up and cleared for take-off 30 F.LD. (ou) - Behind the traffic on final will line up and wait behind F.LD. Puis - Cleared for take-off 30, F.LD. - F.LD, to leave frequency. - F.LD, leaving bye.	- F.LD, cleared (ou) line up for take-off the wind 200°/10 kt. (ou) - F.LD, behind the traffic on final line up and wait behind. Puis - F.LD, cleared for take-off runway 30 the wind 200°/10 kt. - F.LD, you can leave frequency bye.	(après écoute et surveillance visuelle de la finale) - F.LD, ready for departure holding point 13, lining up and taking-off runway 13. - Copied for the trafic taking off runway 13, F.LD. - F.LD, leaving frequency thank you.	- F.LD, the wind 120°/15Kt one aircraft beginning downwind. - F.LD, no more trafic in the area have a nice flight
TRANSIT	- Evreux F.BVLD good morning. - F.LD, a rallye aircraft from Pontoise to Deauville at 2000ft, 3 min from entering your zone would like to transit south of the airfield - QNH 1011, squawking 6202, will report leaving the area, F- LD - F.LD, to leave frequency. - Leaving frequency thank you, F.LD.	- F.LD, Evreux, Good morning. - F.LD, transit is approved 2000 ft, QNH 1011, Squawk 6202, report leaving my area. - F.LD, you may leave my frequency squawk 7000 bye.	- Soissons, F.BVLD, good morning. - F.LD, a Rallye from Dieppe to Prunay, at 1500 ft, will fly overhead in 5 min. - F.LD, traffic information received, climbing 2000 ft 1011. - F.LD,just passed overhead your airfield, leaving the are good bye	- F.LD, Soissons good morning - F.LD, the QNH in s Soissons 1011, 2 aircraft circuit patterns 300 ft below. - Copied, F.LD. - No more traffic in your area, F.LD, good bye..

ARRIVÉE	(ATIS) - Deauville, F.BVLD, Bonjour. - F.VLD, a Rallye from Pontoise to your airfield at 2000 ft, sierra point estimated at 15h43. - Runway 12 in use, 1011, 993, will report Sierra F.VLD - F.VLD, overhead Sierra. - Je rappelle début de vent arrière 12, reçu l'info de trafic, F.VLD. - F.VLD beginning downwind 12 traffic in sight. - number 2, will report final 12, F.VLD. - F.VLD, final runway 12 for a full stop landing. - Cleared to land runway 12, F.VLD - F.VLD, runway vacated, to taxi to the apron. - 121.92, F.VLD, bye.	- F.VLD, Deauville Tower, Bonjour. - F.VLD, runway 12 in use, wind 150°/12 kt, QNH 1011, QFE 993, Report Sierra point. - F.VLD, report begining downwind runxay 12, one aircraft initial climb. - F.VLD, copied, report final 12 you are number 2. - F.VLD, cleared to land runway 12, wind 150°/12kt. - F.VLD, contact ground on 121.92, bye	- Prunay, F.BVLD, Bonjour - F.BVLD, from Dieppe to your airfield at 2000 ft, overhead estimated at 19h12. - F.BVLD, overhead, joining beginning downwind runway 25 - F.BVLD, downwind runway 25. - F.BVLD, base leg 25. - F.BVLD, final 25 for a full stop, landing 25. - F.BVLD, runway 25 vacated taxiing to the apron.	« No AFIS services for the moment. Air to air information in progress. »
SOL ARRIVÉE	- Ground, F.VLD, Bonjour. - First right and in front of the tower, F.VLD. - F.VLD, tower apron to leave frequency - See you, F.VLD., bye	- F.VLD, Bonjour first right and park in front of the tower. - You may leave, F.VLD, see you. .	- F.BVLD, at the apron leaving frequency bye.	

4. Urgences

Ci-dessous les traductions de messages d'urgence, que vous pouvez être amenés à lancer, la connaissance par cœur de ces phrases toutes faites vous permettra d'adapter ensuite en fonction des événements.

« J'ai un passager malade à bord, je demande à faire un circuit court pour être prioritaire à l'atterrissage. »
« I've got a sick passenger on board, request a short circuit and priority for landing. »

« Pourriez-vous me donner les dernières conditions météo sur le terrain ? Elles sont en train de se dégrader sur la route. »
« Could you give me the latest weather at your airfield ? The weather on my track in deteriorating. »

« Je ne suis pas familier avec votre aérodrome, pourriez-vous me donner des instructions jusqu'au parking ? »
« I am unfamiliar with your airfield, could you please give me instructions to my stand ? »

« Je viens juste d'avoir une panne d'alternateur, je vais devoir couper mon transpondeur. Pourriez-vous me donner un cap vers le terrain ? »
« My alternator just became inoperative, I will have to stop my transponder. Could you give me directions to your airfield ? »

« Je viens d'exploser un pneu sur la piste, je suis dans l'incapacité de dégager la piste ».
« My tire bursted on the runway, I will be unable to vacate the runway ».

« Mon passager vient d'avoir une crise cardiaque, je me déroute sur votre terrain, pourriez-vous prévoir une ambulance ? »
« My passenger just had a heart-attack, I am diverting to your airfield, can you organise an ambulance ? »

5. Lexique

L'AVION			
Aéronef	Aircraft	Les ailes	The wings
Avion	Aeroplane	La roulette de nez	The nose wheel
Côté gauche	Port side	La soute	The hold
Côté droit	Starboard side	Un amortisseur	A shock absorber
L'avant	Forward	Les freins	The brakes
L'arrière	The rear	Déraper	To skid
Le dessous	The belly	L'empennage de queue	The tail unit
L'hélice	The propeller	Le train d'atterrissage	The landing gear
Une hélice à pas variable	A variable pitch propeller	Un train rentrant	A retractable landing gear
Les pneus	The tyres	Une bougie	A sparkplug
Un pneu crevé /à plat	A punctured tire/ A flat tyre	Un fusible	A fuse
Le pare-brise	The windshield	Avitailler	To refuel
La dérive	The vertical stabilizer	Le robinet de purge	The drain valve
La gouverne de direction	The rudder	Le saumon d'aile	The wing tip
La gouverne de profondeur	The elevator	Les volets de bord d'attaque	The slats
Les ailerons	The ailerons	Les volets	The flaps
Le bord d'attaque	The leading edge	Les feux de position	The nav lights
Le bord de fuite	The trailing edge	Le phare d'atterrissage	The landing light
Le tube Pitot	The Pitot tube	La verrière	The canopy
Le compensateur	The trim		

MÉTÉOROLOGIE			
Prévision météo	The weather forecast	La brume	Mist
Un grain	A squall	Le brouillard	Fog
Une amélioration	An improvement	Une couche	A layer
Une aggravation	A deterioration	Le givrage	Icing
La bruine	Drizzle	Le cisaillement de vent	Wind-shear
La grêle	Hail		

NAVIGATION			
Le cap	The heading	La vitesse propre	The airspeed
La route	The track	La vitesse sol	The ground speed
La dérive	The drift	L'autonomie	The endurance
Un repère	A Landmark	L'heure prévue d'arrivée	The estimated time of arrival (ETA)
La vitesse du vent	The wind velocity	Un créneau	A slot
Une approche directe	A straight in approach	Saturation de trafic	Traffic congestion
Une baïonnette	A side step	Trafic en sens inverse	Opposite traffic
		En panne	Inoperative

LE POSTE DE PILOTAGE			
Un cadran	A dial	Un voyant d'alarme	A warning light
Un écran	A screen	L'horizon artificiel	The artificial horizon
L'anémomètre	The airspeed indicator	Une jauge	A gauge
Le conservateur de cap	The directional gyro	La manette des gaz	The throttle lever
L'altimètre	The altimeter	Le volant	The yoke
La bille/aiguille	The turn and bank indicator	Le variomètre	The vertical speed indicator

L'AÉRODROME			
La douane	Customs	Le seuil de piste	The runway threshold
La piste	The runway	Le véhicule qui guide	The «Follow me» car
Les voies de circulation	Taxiways	La personne qui vous parque	The marshaller
Le point d'attente	The holding point	L'aérogare	The terminal
Une piste en herbe	A grass strip		

COMMUNICATIONS ATC			
Le gonio	The direction finder	Une approche interrompue	A missed approach
Un tour de piste	A runway pattern	La montée initiale	Initial climb
Remonter la piste	To backtrack	La branche vent traversier	Cross wind leg
Vérifiez vos minima	Check your minima	La vent arrière	Down wind leg
Un décollage interrompu	An aborted take off	L'étape de base	Base leg
Le collationnement	The readback	Longue finale	Long final
Accuser réception	To acknowledge	Courte finale	Short final
Répétez	Say again	La piste en service	The runway in use
Ignorez message	Disregard last transmission	Un circuit main droite	A right hand circuit
Je vous reçois 5	Read you five	Un circuit main gauche	A left hand circuit
Quitter la fréquence	To leave frequency	Un passage bas	A low-pass
Veiller la fréquence	To monitor frequency	Terrain en vue	Field in sight
Une procédure anti bruit	A noise abatement procedure	Appareil en vue	Traffic in sight
Une zone interdite	A prohibited area	Appareil en sens opposé	Opposite traffic
Une zone dangereuse	A dangerous area	Trafic convergent	Converging trafic
Une zone réglementée	A restricted area	Remplir un plan de vol	To fill in a flight plan
Un espace aérien contrôlé	A controlled airspace	Un niveau de croisière	A cruising level
Les voies aériennes	The airways	Se dérouter sur	To divert to
Un point de report	A reporting point	Un déroutement	A diversion
Une panne de communication	A communication failure	Un transpondeur	A transpondeur
Une approche directe	A straight-in approach	Afficher un code transpondeur	To squawk

SITUATIONS NON ROUTINIERES			
Un feu moteur	An engine fire	Une collision aviaire	A bird strike
Un extincteur	A fire extinguisher	Un avion foudroyé	Struck by lightning
Une panne moteur	An engine failure	Une batterie à plat	A flat battery
Une survitesse	An overspeed	Un pare-brise fendu	A cracked windshield
Une surchauffe	An overheat	Une attaque cardiaque	A heart attack
Une chute de pression d'huile	An oil pressure fail	Un blessé	A wounded person

SITUATIONS NON ROUTINIERES			
Une fuite d'huile	An oil leak	Un gilet de sauvetage	A life-jacket
Un problème structurel	A fuselage damage	Etre à court de carburant	To be short of fuel
Des problèmes de commandes	Flight control troubles	Sortir de la piste	To skid off the runway
Une alarme sonore	A warning horn		

MISCELLANEOUS			
Hébergement	Accomodation	Être à la verticale de	To be overhead
Le trait de côte	The coast line	Remettre les gaz	To go around
Au voisinage de	In the vicinity of	Faire chauffer le moteur	To warm up the engine
Une grue	A crane	Un circuit raccourci	A short circuit
Un château d'eau	A water tower	Tenez moi au courant	Keep me advised
Se diriger vers	To proceed to	Message brouillé	Garbled/Jammed
Annuler	To cancel	Être pris dans la turbulence	To be caught in turbulence
Être par le travers de	To be abeam		

Notes personnelles et conseils de votre pilote-instructeur :

Section 8

MODULES COMPLÉMENTAIRES

Module 4 « Qualification vol montagne »

MODULES COMPLÉMENTAIRES Module 4 « Qualification vol montagne »

Attention : il n'y a pas de qualification montage pour les pilotes ULM en France et aucune question n'est posée sur ce sujet au théorique ULM. Chacun est libre d'utiliser une altisurface en Ultra Léger. Néanmoins, si vous désirez voler en toute sécurité dans un environnement de hautes altitudes, nous vous conseillons de lire dans ce module les chapitres de 1 à 3 inclus.

1. Généralités

Le vol en montagne est une extension de la qualification du pilote privé ou professionnel avion, et permet au pilote de pouvoir utiliser les altiports ou alti-surfaces.

1.1. Pourquoi une qualification montagne ?

Parce que l'environnement montagneux nécessite, de la part du pilote, une vigilance accrue et une gestion de l'environnement plus grande qu'en plaine, parce que l'atterrissage et le décollage d'un altiport ou d'une alti-surface relèvent d'une technique spécifique, qui impose un apprentissage particulier. De plus, l'instabilité engendrée par l'influence du relief sur les masses d'air requière une plus grande exigence de pilotage qu'en plaine.

1.2. Que différencie un altiport ou une alti-surface d'une piste classique ?

Les pistes sont généralement plates ou présentent de légers dénivelés, cela permet de se poser et de décoller face au vent. En montagne, l'environnement ne permet pas de construire de longues pistes. Aussi, les pistes sont établies à flanc de montagne et présentent des dénivelés importants. Il en résulte que le décollage se fait en descente et l'atterrissage se fait en montée. Par ailleurs, la pente de la piste étant généralement plus forte que la pente de montée de l'avion, la remise de gaz n'est plus possible, passé un point de décision, et l'arrondi doit être accompagné au moteur, et de surcroît plus prononcé que sur piste plate.

2. Météo en montagne

2.1. La turbulence et les courants verticaux, définitions

Les courants ascendants et descendants (rabattants) : les courants ascendants peuvent être de nature thermique ou orographique (soulèvement au vent d'un relief), les courants descendants apparaissent généralement sous le vent, les turbulences seront d'autant plus fortes que le relief est irrégulier, et la pente abrupte, mais se rencontrent aussi en présence de cumulonimbus, ou de virga (pluie s'évaporant sans toucher le sol), ainsi que sous les nuages de rotor.

Ascendance thermique : les variations de l'échauffement du sol, en fonction de la nature de celui-ci, provoque un échauffement plus ou moins marqué de l'air par contact. L'air chauffé au contact du sol se dilate. Une bulle de convection se forme et s'élève du fait de sa densité plus faible par rapport à l'air qui l'entoure.
Le courant ascendant ainsi formé sera d'autant plus fort que le vent est faible et que le sol absorbe peu la chaleur. Du moins absorbant au plus absorbant on trouvera : la roche, l'herbe, les champs (blé mur ou chaume), les forêts, l'eau.
Sur la roche, la chaleur se concentre en surface et pénètre peu dans la matière, la température est donc très élevée en surface et faible au cœur, c'est pour cette propriété que les maisons en pierre permettent d'avoir une certaine fraîcheur, même en plein été. L'eau, au contraire, chauffe en profondeur sur plus d'un mètre, il en résulte que l'air s'échauffe peu à son contact.

2.2. Effet de Foehn (voir Météorologie, module 2, *3.3. L'effet de Foehn)*

Une masse d'air humide poussée sur le flanc d'un relief s'assèche par les précipitations sur le côté au vent, il en résulte une nébulosité plus faible sous le vent ainsi qu'une température plus douce du côté sous le vent.

*2.3. L'onde orographique (*voir Météorologie, module 2, *2.6. Le vent et le relief* et module 3, *5.1. Les différents types : cumulonimbus, convection et orographique)*

Les rotors : en sous ondulatoire par vent modéré, il se forme un nuage de rotor immobile, ce nuage de type cumulus est le siège de turbulences sévères et de courants rabattants.

2.4. Les brises de montagne

La brise de vallée : le jour, les flancs de montagnes s'échauffent plus vite que le fond de la vallée, apparaît dans la vallée une brise montante.

La brise de montagne : la nuit, les flancs des montagnes se refroidissent, et créent une brise descendante qui souffle vers le bas de la vallée.

2.5. Orages

Les orages en montagne apparaissent l'été en fin d'après-midi, et sont généralement plus violents et plus soudains qu'en plaine, car la convection est augmentée par le relief. Il est donc primordial de consulter les dernières prévisions avant d'entreprendre un vol, afin de se prémunir des risques d'orages. Il peut être beaucoup plus difficile d'éviter une cellule orageuse en présence de relief, et à proximité desquelles les turbulences peuvent être sévères.

3. Navigation et pilotage en montagne

En montagne, la navigation requière une bonne lecture de carte afin d'identifier les reliefs et les vallées. De plus, lors de vols en altitude, la présence de ligne de crête peut masquer les repères situés au fond des vallées. En hiver, la neige change le paysage et rend difficile le repérage des villages qui se confondent avec l'environnement.

3.1. Le vol en vallée

En général, on vole du côté au vent et sur la face ensoleillée, sinon on vole à droite de la vallée, et on doit s'assurer avant un vol en vallée qu'il sera possible de faire demi-tour. Il convient donc d'éviter les vallées étroites, qui peuvent monter plus que l'avion n'en est capable. Il est impératif de s'assurer, d'après le manuel de vol, des performances de l'avion en montée à l'altitude prévue, ainsi que le plafond opérationnel dans les conditions de masse et de température.

Dans certaines régions, l'exploitation forestière utilise des câbles traversant les vallées pour le transport des grumes, le vol à basse altitude présente donc un danger. Vérifier aussi sur les cartes, avant le vol, de la présence des lignes électriques traversant les vallées à altitude importante, ainsi que des câbles de téléphérique.

3.2. Altitude de sécurité

Plus encore qu'en plaine, on adoptera une altitude de sécurité majorée : 2 000 ft au-dessus du relief, et on veillera la fréquence montagne 130.00 Mhz

3.3. Franchissement d'un col

Afin d'éviter de se retrouver face à une pente en cas de rabattants, on aborde un col sous un angle de 45°. Si la deuxième ligne de crête s'élève, c'est le signe que, sauf rabattants forts, le col pourra être franchi ; dans le cas contraire, il convient de faire demi-tour ou de prendre de l'altitude si la motorisation le permet. Une hauteur de 2 000 ft au-dessus du relief est généralement requise, pour éviter des turbulences et d'être rabattu.

3.4. Approche et atterrissage

L'intégration standard n'étant pas réalisable, chaque terrain requière une stratégie d'arrivée particulière, elle est précisée sur les cartes VAC. Cela consiste en un survol vertical pour rejoindre la branche d'éloignement qui n'est pas forcément vent arrière. En finale, le pilote doit choisir entre poursuivre l'approche en vue de l'atterrissage (qui dans ce cas ne doit faire aucun doute), ou dégager l'axe si les conditions de vents rendent l'approche dangereuse, sachant que la remise de gaz n'est pas possible.

Si le pilote décide de poursuivre, l'atterrissage nécessite une variation d'assiette plus forte que lors d'un atterrissage classique car la piste monte, aussi il faut que l'avion remonte pour prendre contact avec le sol, c'est en quelque sorte une remise de gaz à l'issue de laquelle l'avion touche le sol. Une fois l'avion au sol, il convient de profiter de l'élan pour rejoindre la plate-forme.

3.5. La neige

L'approche sur surface enneigée diffère entre autre par l'absence de freinage possible. Par ailleurs, un atterrissage sur une surface non préparée nécessite une bonne connaissance des différents types de neige. Dans le cas d'un atterrissage sur glacier, il faut faire « la trace » en posant sans tenter de s'arrêter et donc en gardant suffisamment de portance pour tasser la neige et être capable de re-décoller, même si un affaissement se produit. Dans le cas où le passage se passe bien, alors l'atterrissage peut être envisagé.

4. Réglementation

4.1. Alti-ports et alti-surfaces

Ces deux plates-formes présentent des pentes importantes, et nécessitent une qualification spéciale pour atterrir ou décoller. Cette qualification peut être une qualification montagne et/ou une qualification de site.
Les altiports sont des terrains d'état et les alti-surfaces sont ouverts par arrêtés préfectoraux, et nécessitent moins d'infrastructures.

4.2. Formations et qualifications

Une formation de site « roues » est obligatoire pour habiliter le pilote d'avion à utiliser une alti-surface ou un altiport donné, sauf si le pilote détient la qualification montagne « roues ». Les conditions relatives à cette formation sont fixées par arrêté.

Une formation de site « skis » est obligatoire pour habiliter le pilote d'avion à utiliser une alti-surface enneigée ou un altiport donné enneigé, sauf si le pilote détient la qualification montagne « skis ». Les conditions relatives à cette formation sont fixées par arrêté.

Pour obtenir l'une des qualifications montagne, le candidat doit remplir les conditions qui sont fixées par arrêté.

Le titulaire de la qualification montagne « roues » est habilité à effectuer sur avion des atterrissages ou des décollages sur des alti-surfaces ou des altiports.

Le titulaire de la qualification montagne « skis » est habilité à effectuer sur avion des atterrissages ou des décollages sur des alti-surfaces ou des altiports enneigés.

Une qualification montagne obtenue à titre de pilote professionnel avion peut être reportée sur une licence de pilote privé avion et vice versa.
Les privilèges du titulaire d'une qualification montagne délivrée hors du territoire métropolitain, à un candidat ayant satisfait à l'épreuve pratique en vol dans des conditions différentes de celles normalement exigées pour la délivrance de cette qualification, sont limités à l'espace aérien considéré. Cette limitation est levée lorsque le titulaire a satisfait à une épreuve en vol complémentaire.

4.3. Validité

La qualification montagne est valide pendant 24 mois. Pour proroger la qualification de vol en montagne, le candidat devra :
1) avoir accompli au moins 6 atterrissages en montagne au cours des 24 derniers mois,
2) avoir réussi un contrôle de compétences avec un FE.

Si la qualification est arrivée à échéance, le candidat devra satisfaire à un contrôle de compétence avec un FE..

4.4. Équipement recommandé ou obligatoire

Pour tout vol comportant un atterrissage en montagne, l'emport des objets suivants est recommandé :

- un poste de secours émetteur-récepteur VHF ;
- un téléphone portable.

En outre, pour tout vol comportant un atterrissage sur sol enneigé, l'emport des objets suivants est obligatoire :

- une pelle ;
- une corde ;
- des vêtements chauds et une couverture de survie ;
- des raquettes ou des skis,

Et l'emport des objets suivants est recommandé :

- une trousse à pharmacie ;
- un piolet ;
- une trousse d'outillage devant permettre un dépannage de fortune de l'avion ;
- des vivres et boissons pour une journée complète ;
- un réchaud avec combustible ;
- une boîte d'allumettes ou un briquet ;
- un couteau ;
- des bougies.

4.5. Conditions de délivrance

Les formations de site et les qualifications montagne sont régies par les arrêtés du 31 juillet 1981, par le paragraphe FCL 1.017 de l'arrêté du 29 mars 1999, par l'arrêté du 2 février 2004 et par le PART FCL 815 de l'arrêté du 3 novembre 2011.

- Conditions de délivrance des formations de site et des qualifications montagne ;
- Conditions exigées pour la délivrance des formations de site.

La formation de site est délivrée au candidat qui remplit les conditions suivantes :

a) sur altiport ou sur alti-surface, être titulaire d'une licence de pilote professionnelle d'avion délivrée ou validée par l'autorité française ou d'une licence de pilote privé d'avion, délivrée par un Etat membre de la Communauté européenne ou partie à l'Espace économique européen, par la Confédération suisse ou validée par l'Autorité Française. Le titulaire d'un brevet et d'une licence de base de pilote d'avion peut seulement être candidat à une formation de site sur l'altiport où il effectue sa formation BB ;

b) avoir suivi de manière satisfaisante et complète une formation de site, dispensée par un instructeur de vol montagne (MI) ou un instructeur en vue de la formation de site et sanctionnée par un instructeur de vol montagne. Cette formation est basée sur le programme de formation de la qualification montagne.

4.5.1. Conditions exigées pour la délivrance des qualifications montagne

La qualification montagne est délivrée au candidat qui remplit les conditions suivantes :

a) être titulaire d'une licence de pilote professionnelle d'avion délivrée ou validée par l'autorité française, ou d'une licence de pilote privé avion, délivrée par un Etat membre de la Communauté européenne ou partie à l'Espace économique européen, par la Confédération suisse ou validée par l'autorité française ;

b) les candidats à une qualification de vol en montagne devront avoir accompli, au cours d'une période de 24 mois : un cours théorique et une formation en vol auprès d'un ATO ou DTO. Le contenu du cours correspondra aux privilèges souhaités (roues et/ou skis) ;

c) satisfaire à une épreuve d'aptitude.

À l'issue de la formation, le candidat devra réussir un examen pratique avec un FE qualifié à cet effet. L'examen pratique devra inclure :

1) un examen oral portant sur les connaissances théoriques ;

2) 6 atterrissages sur au moins 2 surfaces différentes pour lesquelles une qualification de vol en montagne est jugée nécessaire et qui sont autres que la surface de départ.

4.5.2. Conversion d'une licence de pilote d'avion en licence PART FCL de membre d'équipage de conduite d'avions

Dans le cadre de la délivrance d'une licence de pilote de membre d'équipage de conduite d'avions conforme aux dispositions du règlement européen n° 1178/2011 de la commission du 3 novembre 2011 dit « AIRCREW » sur la base d'une licence de pilote d'avion conforme aux dispositions des arrêtés du 31 juillet 1981 et du 29 mars 1999 (FCL1) susvisés, la qualification montagne portée sur la licence de pilote d'avion est reportée sur la licence PART FCL de membre d'équipage de conduite d'avions.

4.5.3. Vols en solo

Au cours de la formation de site ou à la qualification montagne, le pilote peut effectuer des tours de piste seul à bord de l'appareil sur autorisation préalable de l'instructeur de vol montagne présent sur le site lors de l'exécution de ces vols.

4.5.4 Examen pratique et contrôle de compétences

Le contrôle d'aptitude pour la délivrance ou le contrôle de compétence pour la prorogation ou le renouvellement d'une qualification montagne devrait contenir les éléments suivants :

(a) examen oral

L'examen oral devrait être effectué avant le vol et devrait couvrir tous les éléments pertinents des connaissances théoriques. Le candidat devrait répondre à une question au minimum dans chacune des sections suivantes:

(1) équipement spécifique pour le vol en montagne (équipement personnel et avion) ;

(2) règles du vol en montagne.

Si l'examen oral révèle des lacunes en connaissances théoriques, l'examen en vol ne devrait pas être commencé et le contrôle de compétence est échoué.

(b) examen pratique de compétence

Pendant l'examen en vol, deux sites différents de l'aérodrome de départ devraient être utilisés pour la reconnaissance, l'approche, l'atterrissage et les décollages. Pour la qualification montagne «ski» ou l'extension de la qualification montagne roue à la qualification montagne «ski», un des deux sites différents devrait être un glacier.

4.5.5. Conditions s'attachant à la mention de la formation de site et à sa validité

1) Autorisations

Pour le titulaire d'une Autorisation de Base LAPL (ABL) délivrée par l'autorité française, la mention « Autorisation d'accès au site de... » est apposée par l'instructeur de vol montagne sur le carnet de vol du pilote à l'issue de la formation de site. L'instructeur y porte le nom du site, ses références, la date et sa signature.

Pour le titulaire d'une licence de pilote privé avion délivrée par un état de la Communauté européenne ou partie à l'Espace économique européen ou par la Confédération suisse ou d'une licence de pilote d'avion validée, l'autorisation d'accès au site est délivrée par l'instructeur de vol montagne sous la forme d'une attestation, à l'issue de la formation de site.

L'instructeur y porte le nom du site, ses références, la date et sa signature.

Un pilote peut détenir en même temps, concernant les alti-surfaces, seulement deux autorisations telles que visées par le présent paragraphe, en état de validité.

2) Expérience récente

En vertu de l'autorisation visée au paragraphe 1 chapitre du 4.5.5, le titulaire ne peut réaliser un atterrissage

sur le site en tant que commandant de bord que s'il y a effectué au moins un atterrissage en tant que commandant de bord dans les six derniers mois.
À défaut, le titulaire doit effectuer un vol d'entraînement avec un instructeur de vol montagne.
Ce dernier renouvelle l'autorisation d'accès au site sur le carnet de vol du titulaire pour le titulaire d'une licence française ou sous la forme d'une attestation dans les autres cas.

3) Passerelle autorisation de site vers qualification montagne

Le titulaire d'une qualification montagne dont les privilèges sont restreints à l'accès aux altiports ou altisurfaces désignés, peut obtenir la levée de la ou des restrictions à condition de :
- se soumettre à un vol d'évaluation auprès d'un organisme de formation agréé (ATO) pour dispenser des formations à la qualification montagne ou d'un organisme de formation déclaré (DTO) ayant fait figurer, dans la partie de sa déclaration relative aux formations dispensées, la formation à la qualification montagne conforme au FCL.815 ;
- suivre une formation complémentaire dont le contenu est déterminé au cas par cas par l'ATO ou le DTO, compte-tenu du vol d'évaluation. Le contenu de la formation complémentaire aménagée comporte de la théorie au sol et de l'instruction en vol ;
- réussir un examen pratique avec un FE.

4.5.6. Validité des qualifications montagne

La validité des qualifications montagne est celle prévue au règlement européen n° 1178 / 2011 de la commission du 3 novembre 2011.

4.5.7. Délivrance de la qualification montagne

À l'issue de la réussite à l'épreuve d'aptitude, l'examinateur, après avoir contrôlé que le candidat remplit toutes les conditions exigées pour la délivrance de la qualification, délivre à celui-ci un certificat provisoire valable deux mois lui permettant d'exercer sur le territoire national les privilèges attachés à cette qualification, dans l'attente de la délivrance de la qualification par le ministre de l'Aviation Civile.

Notes personnelles et conseils de votre pilote-instructeur :

CORRECTIONS

AÉROTECHNIQUE Module 4 « Instruments anémométriques »

Correction de l'exercice de la page 96

Supposons que le QNH du jour est 1 020 hPa et que l'altitude topographique du terrain est de 300 ft. Remplir le tableau avec les indications d'altitude ou de hauteur fournies par un altimètre calé au QNH ou au QFE ainsi que les pressions pour les différentes positions de l'avion.

	QNH	QFE	Pression au Niveau de l'avion
Avion posé au niveau de la mer	**0**	**-300 ft**	**QNH 1020**
Avion posé sur le terrain	**300 ft**	**0**	**QFE 1010**
Avion volant à une hauteur de 900 ft au-dessus du terrain	**1200 ft**	**900 ft**	**977 hPa**

NAVIGATION Module 1 « Géographie terrestre, route et cartes »

Exercice de la page 251

Utiliser les repères sur les parallèles et les méridiens. 1° = 60', 1'= 60"

ROUEN PONTOISE

Rv = 116 °
D = -(-3) °
Rm = 119 °

Distance mesurée à la règle 38 NM

Distance obtenue par report sur un méridien 38 NM

Coordonnées mesurées ETREPAGNY (LFFY)

Latitude N ~~S~~ *

49° 18' 20"

Longitude E ~~W~~ *

1° 38' 20"

Coordonnées lues sur la carte VAC (LFFY)

N 49° 18' 22"

E 001° 38' 19"

* rayer mention inutile

01 **ETREPAGNY** LFFY
99 02 25
LAT : 49 18 22 N
LONG : 001 38 19 E
DÉC : 3°W (95)

Correction des entraînements à l'examen théorique

T1 p. 8	
1	D
2	A
3	A
4	C
5	A
6	C
7	C
8	C
9	D
10	A
11	B
12	C
13	C
14	B
15	A
16	B
17	B
18	A
19	A
20	A
Note	/20

T2 p. 18	
1	B
2	D
3	D
4	A
5	C
6	C
7	B
8	A
9	A
10	B
11	D
12	A
13	A
14	C
15	C
16	C
17	C
18	B
19	D
20	A
Note	/20

T3 p. 30	
1	A
2	D
3	A
4	A
5	A
6	B
7	A
8	C
9	D
10	A
11	A
12	A
13	D
14	B
15	C
16	C
17	B
18	D
19	A
20	D
Note	/20

Examen Blanc p. 32	
1	D
2	A
3	A
4	A
5	B
6	B
7	A
8	C
9	B
10	A
11	C
12	C
13	C
14	B
15	D
16	A
17	C
18	A
19	B
Note	/19

A1 p. 51	
1	B
2	D
3	B
4	C
5	B
6	D
7	D
8	B
9	D
10	B
11	B
12	C
13	A
14	B
15	D
16	C
17	B
18	D
19	C
20	D
Note	/20

A2 p. 68	
1	B
2	D
3	C
4	D
5	A
6	A
7	C
8	B
9	D
10	D
11	A
12	A
13	C
14	D
15	A
16	B
17	C
18	A
19	B
20	A
Note	/20

A3 p. 86	
1	D
2	D
3	C
4	C
5	C
6	D
7	C
8	C
9	C
10	D
11	B
12	A
13	C
14	D
15	B
16	D
17	C
18	D
19	C
20	D
Note	/20

A4 p. 98	
1	A
2	D
3	A
4	D
5	D
6	D
7	C
8	A
9	C
10	A
11	B
12	B
13	A
14	D
15	C
16	B
17	A
18	A
19	A
20	D
Note	/20

A5 p. 109	
1	C
2	C
3	A
4	B
5	D
6	B
7	D
8	B
9	A
10	B
11	D
12	C
13	C
14	C
15	B
16	D
17	B
18	A
19	D
20	A
Note	/20

A6 p. 129	
1	D
2	C
3	A
4	B
5	A
6	B
7	D
8	D
9	C
10	B
11	D
12	B
13	C
14	C
15	A
16	C
17	D
18	B
19	B
20	A
Note	/20

CORRECTIONS

EXAMEN BLANC p. 131	
1	B
2	B
3	B
4	A
5	C
6	A
7	D
8	D
9	B
10	C
11	D
12	B
13	B
14	B
15	A
16	C
17	B
18	C
19	C
20	A
21	A

EXAMEN BLANC p. 131	
22	A
23	A
24	A
25	B
26	C
27	B
28	C
29	C
30	B
31	A
32	B
33	D
34	D
35	B
36	A
37	B
38	C
39	A
40	B
41	B
Note	/41

M1 p. 147	
1	D
2	C
3	B
4	B
5	C
6	D
7	D
8	A
9	A
10	C
11	C
12	B
13	C
14	B
15	A
16	B
17	B
18	A
19	D
20	A
Note	/20

M2 p. 159	
1	D
2	D
3	B
4	C
5	A
6	C
7	D
8	D
9	A
10	C
11	C
12	A
13	B
14	D
15	A
16	A
17	B
18	D
19	C
20	C
Note	/20

M3 p. 173	
1	C
2	B
3	B
4	D
5	A
6	D
7	B
8	D
9	A
10	B
11	D
12	C
13	D
14	C
15	C
16	C
17	D
18	B
19	D
20	D
Note	/20

M4 p. 190	
1	C
2	A
3	D
4	B
5	B
6	B
7	C
8	C
9	D
10	C
11	A
12	D
13	C
14	C
15	B
16	C
17	C
18	A
19	D
20	D
Note	/20

EXAMEN BLANC p. 193	
1	A
2	
3	B
4	C
5	C
6	C
7	C
8	C
9	A
10	C
11	A
12	B
13	B
14	D
15	B
16	A
17	C
18	A
19	B
20	B
21	A

EXAMEN BLANC p. 193	
22	C
23	B
24	A
25	B
26	D
Note	/26

R1 p. 207	
1	B
2	D
3	A
4	D
5	C
6	D
7	B
8	B
9	D
10	B
11	D
12	A
13	B
14	B
15	D
16	D
17	A
18	C
19	A
20	D
Note	/20

R2 p. 217	
1	D
2	D
3	C
4	C
5	C
6	C
7	D
8	D
9	C
10	C
11	A
12	A
13	A
14	C
15	B
16	A
17	C
18	B
19	B
20	C
Note	/20

R3 p. 225	
1	B
2	D
3	A
4	A
5	B
6	C
7	C
8	A
9	C
10	D
11	C
12	B
13	D
14	B
15	C
16	A
17	D
18	A
19	B
20	C
Note	/20

R4 p. 237	
1	D
2	D
3	B
4	B
5	B
6	A
7	B
8	D
9	D
10	A
11	B
12	C
13	B
14	A
15	B
16	A
17	B
18	B
19	C
20	B
Note	/20

EXAMEN BLANC p.239	
1	C
2	C
3	A
4	A
5	C
6	B
7	A
8	D
9	B
10	D
11	C
12	A
13	A
14	A
15	B
16	C
17	C
18	A
19	D
20	B
21	B

EXAMEN BLANC p.239	
22	B
23	A
24	C
25	D
26	D
27	B
28	B
29	D
30	A
31	B
32	A
33	A
Note	/3

N1 p. 252	
1	D
2	D
3	A
4	A
5	D
6	A
7	B
8	D
9	A
10	A
11	D
12	D
13	A
14	D
15	C
16	C
17	B
18	C
19	C
20	C
Note	/20

N2 p. 268	
1	C
2	D
3	D
4	B
5	C
6	B
7	D
8	D
9	D
10	D
11	B
12	B
13	A
14	C
15	D
16	D
17	B
18	C
19	D
20	C
Note	/20

CORRECTIONS

N3 p. 281	
1	C
2	A
3	B
4	A
5	B
6	B
7	A
8	D
9	D
10	B
11	A
12	D
13	C
14	A
15	A
16	D
17	A
18	B
19	C
20	A
Note	/20

N4 p. 292	
1	A
2	D
3	B
4	D
5	A
6	C
7	C
8	D
9	A
10	C
11	D
12	B
13	D
14	C
15	B
16	A
17	A
18	A
19	C
20	D
Note	/20

EXAMEN BLANC p. 295	
1	C
2	C
3	A
4	B
5	A
6	A
7	B
8	B
9	D
10	A
11	C
12	A
13	B
14	B
15	B
16	A
17	A
18	A
19	B
20	B
21	C

EXAMEN BLANC p. 295	
22	A
23	C
24	A
25	C
26	B
27	D
28	D
29	C
30	A
31	A
32	B
33	A
34	A
Note	/34

FH1 p. 306	
1	A
2	D
3	D
4	C
5	C
6	C
7	C
8	C
9	A
10	B
11	C
12	B
13	D
14	A
15	D
16	A
17	D
18	D
19	B
20	C
Note	/20

FH2 p. 316	
1	C
2	A
3	C
4	D
5	C
6	B
7	B
8	B
9	C
10	B
11	A
12	C
13	D
14	A
15	C
16	C
17	C
18	B
19	B
20	D
Note	/20

PS1 p. 328	
1	D
2	D
3	A
4	B
5	C
6	A
7	B
8	A
9	D
10	C
Note	/10

PS2 p. 340	
1	D
2	D
3	B
4	C
5	C
6	D
7	A
8	A
9	B
10	D
11	D
12	D
13	D
14	B
15	A
16	C
17	A
18	C
19	D
20	A
Note	/20

INDEX

INDEX

TABLE DES MATIÈRES

TABLE DES MATIÈRES

TECHNIQUE DU VOL

AÉROTECHNIQUE

MÉTÉOROLOGIE

Module 1 « L'atmosphère »

Module 2 « Le vent, les nuages et les précipitations »

Module 3 « Frontologie, givrage et orages »

Module 4 « Services de la météo »

RÉGLEMENTATION

Module 1 « Licences et règles de l'air »

Module 3 « Les règles d'emport et d'équipement »

Module 4 « Circulation d'aérodrome »

NAVIGATION

Module 1 « Géographie terrestre, routes et cartes »

Module 2 « Cartes et principes de navigation »

FACTEURS HUMAINS

Module 1 « Aéromédecine»

Module 2 « Mémoire, stress et raisonnement»

PROCÉDURES ET SÉCURITÉ

Module 1 « Généralités »

Module 2 « Communication »

MODULES COMPLÉMENTAIRES

Module 1 « Global Positionning Systeme – GPS »

Module 2 « Qualification vol de nuit »

Module 3 « Anglais Aéronautique »

Module 4 « Qualification vol montagne »

CORRECTIONS DES EXERCICES ET ENTRAÎNEMENTS À L'EXAMEN

Vous venez d'étudier les cours théoriques nécessaires au niveau de compétences réclamé par la réglementation européenne.

En complément du *Manuel de pilotage d'avion*, **Pierre-Marie Cottier**, **pilote professionnel et instructeur expérimenté** et **MAXIMA**, vous proposent des **formules de cours par correspondance** pour réviser et parfaire vos connaissances :

⇒ « **VITEST PPL** » pour préparer votre examen théorique en 3 mois.

⇒ « **PPL PREMIUM** » qui inclut un stage de perfectionnement intensif.

Ces formules vous garantissent un service personnalisé avec :

⇒ l'organisation **d'un programme de révision adaptable** à vos obligations professionnelles et personnelles pour étudier chez vous, à votre rythme ;

⇒ des **QCM d'entraînement avec corrections** explicatives pour une préparation optimale de votre examen ;

⇒ un **instructeur disponible** pour répondre à toutes vos questions.

L'acquisition d'un exemplaire imprimé du *Manuel de pilotage d'avion* vous permet de bénéficier de tarifs préférentiels pour cet encadrement pédagogique personnalisé dont vous trouverez le descriptif complet et les tarifs sur le site www.ctrformation.fr.

Après en avoir pris connaissance et fait votre choix, **remplissez, découpez et adressez-nous l'original du bon ci-dessous** pour bénéficier des conditions tarifaires les plus avantageuses.

✂ -

Original à adresser par la poste à DUNOD Éditeur / MAXIMA
11, rue Paul Bert - 92240 Malakoff

Nom :   E-mail :

Prénom :   Téléphone :

Formule choisie : ☐ VITEST PPL   ☐ PPL PREMIUM

DUPLIPRINT
733, rue Saint-Léonard, 53100 MAYENNE
N° 2968030Y
Dépôt légal : janvier 2022

Imprimé en France